现代远程教育系列教材

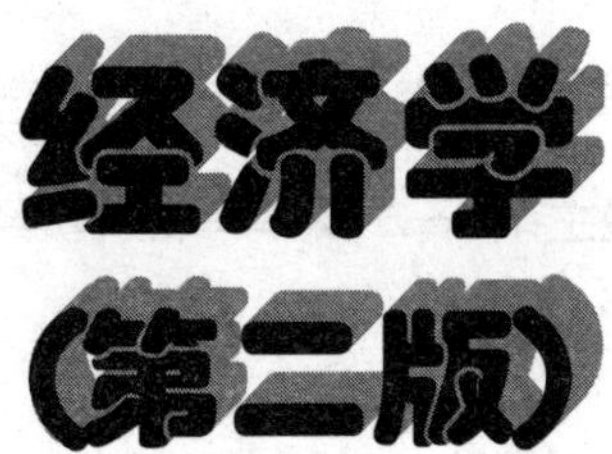

经济学（第二版）

主编 张 嫚

参编 吴 刚 王凤慧 张 震

经济科学出版社

图书在版编目（CIP）数据

经济学/ 张嫚主编. —2 版. —北京：经济科学出版社，2007.2（2015.8 重印）

（现代远程教育系列丛书）

ISBN 978-7-5058-6119-0

Ⅰ. 经… Ⅱ. 张… Ⅲ. 经济学-远距离教育-教材 Ⅳ. F0

中国版本图书馆 CIP 数据核字（2007）第 020973 号

现代远程教育系列教材
编 审 委 员 会

总 序

随着知识经济和信息化时代的到来，终身学习成为社会大趋势，网络教育作为现代远程教育的一种先进模式正在成为人们终身学习的首选形式。

网络教育突破了时间和空间的限制，使高等学校的优秀教育资源冲破校园围墙的限制，让更多的学习者共享，具有开放性、交互性、共享性、协作性、自主性等特点。通过构造现代远程教育的“学习环境”，提供学生自主建构知识的空间，帮助人们随时随地学习，实现学生个体与群体的融合，从而满足人们在校园外接受高等教育的愿望。

经历了近十年的光阴，现代远程教育由萌芽到蓬勃发展。迄今为止已经发展到67所远程教育试点院校，学生发展到几百万人。作为试点院校之一，各高校网络教育学院结合财经、管理学科专业适合网络教育的特点，近年来推出了远程教育高等学历课程体系，最大限度地满足学生个性化自主学习的需要和社会对财经、管理人才的需要。为了确保网络教育质量，本着“我们的产品是教育服务”的宗旨，各高校网络教育学院正在努力建立标准化的网络教育管理系统，为学生提供全面周到的服务，建设有中国特色的一流网络大学。

网络教育的不断发展对网络学习教材建设提出新的挑战。如何在尊重传统教育系统性的同时，在教材的内容上更能满足人们继续学习的需要，增强教材的实用性和适用性；在教材的表现形式上更直观，更易理解，更便于自学，是我们正在努力解决的一个重大课题。为此，我们结合网络教学和课件的特点，组织具有丰富教学经验的老师编写了这套现代远程教育系列教材，尽力做到知识点明确，突出重点要点，使之便于学生自学。同时，在教材内容上也更强调实用性和适用性。意在使这套教材既适用于现代远程教育学习者使用，同时也适合财经管理在校修学的学生和在职人员学习和自学。

教材的改革是教育理念转变的结果，而教育理念的转变是一个长期而艰巨的过程。它不仅需要教师的努力，更需要广大学生和读者的积极参与。我们热切地希望读者对这套教材提出自己的意见和建议，使这套教材不断得以完善。

这套丛书的编写得到了经济科学出版社的大力支持，对此套丛书的选题策划到整体设计都提出了中肯的、有建设性的建议，为其能够及时的出版与广大读者见面付出了大量的、艰辛的努力，在此表示衷心的感谢。

现代远程教育系列教材编委会

杨 青

2003年9月

前　言

美国MIT经济学家、诺贝尔经济学奖获得者萨缪尔森在回答为什么要学习经济学这一问题时曾写道："在学习经济学的众多理由中，我们已开始认识到为什么要学习经济学的一条重要的理由是，在你的一生中——从摇篮到坟墓——你都会碰到无情的经济学真理。作为一个选民，你要对政府赤字、税收、自由贸易、通货膨胀及失业等问题做出判断，而对这些问题只有在你掌握了经济学基本原理之后，才能够得以理解。你的前途不仅取决于你的能力，而且还取决于你所不能控制的经济力量如何影响你的工资……当然，学经济学并非要让你变成天才，但若不学习经济学，命运的骰子就会与你格格不入……除了有用之外，你可能还会发现经济学本身是一个颇具魅力的领域。一批又一批学生常常惊讶地发现，经济学竟会是如此的趣味盎然……"

无须赘言经济学的重要性，当你步入经济学殿堂，踏上经济学学习的终生之旅后，你一定会发现经济学中所学的基本概念将成为指导你人生决策的潜移默化的力量。去用心体会这一博大精深的领域吧，你一定不虚此行！

本书是一本引导读者进入经济学殿堂的入门教材，在编写的过程中始终贯穿着以读者需求为导向的原则，因此，从框架设计、内容安排、语言运用、格式编排上尽量做到便于读者自学。除正文外，教材还提供了：

(1) 大量来自于实际生活的案例，以期拉近理论与实践的距离；

(2) 有关经济学家的背景资料，包括他们的人生经历、生活趣事、学术贡献，走近经济学大家的生活，感受他们的平凡与伟大；

(3) 各章学习目标、各章小结与关键名词，使读者能够提纲挈领迅速掌握各章的核心内容，对于时间资源很稀缺的读者尤其有帮助；

(4) 内容丰富的附录，教材的附录部分提供了经济学参考书目、经济学相关网站、经济学术语表、缩略语表。尽管是附录，我们仍倾注了与正文同样的心血，因为我们坚信，这些内容是便利读者掌握经济学核心内容、拓展读者学习视野、加大教材信息量与附加值的必要元素。

读者在阅读本教材的同时，可将本书与经济学的教学课件相结合，根据课程学习大纲的要求进行学习。

我们对本书的第二版进行修改时，除保留原有的特点，应学生与教学要求，内容做了相应删减，章节结构也做了适当调整，使该教材更具有提纲挈领的作用，并顺应时势增加了案例题，引导学生学以致用，更快学会用理论知识解决现实问题。

本教材是团队合作的成果，主要成员有吴刚、王凤慧、张震，他们勤奋的工作态度与极高的工作热情是本书得以早日与读者见面的不可或缺的力量。由于时间仓促及水平所限，书中一定存在不完善与不尽如人意之处，请读者不吝指正，我们将在以后的修订过程中加以完善。

张　嫚

2006 年 8 日

目/录

第一章　导　　言

学习目标

通过本章的学习掌握经济学的研究对象，稀缺性、效率与机会成本等概念，理解生产可能性曲线的含义，经济学要回答的三个基本问题及经济制度的三种类型。了解经济学的研究领域、研究方法与经济学发展的简要历程及主要学派的代表人物与理论观点。

关键名词

经济学　稀缺性　资源　经济物品　自由取用物品　资源配置效率　帕累托改进　机会成本　生产可能性边界　宏观经济学　微观经济学　生产什么　如何生产　为谁生产　市场经济　计划经济　混合经济　实证研究　规范研究

1.1　经济学的研究对象

1.1.1　经济学的基本含义

经济（Economy）一词源于希腊文，原意是家计管理。在中国古汉语中，“经济”一词是“经邦”和“济民”、“经国”和“济世”，以及“经世济民”等词的综合和简化，隐含“治国平天下”的意思，不仅包括国家如何理财、如何管理其他各种经济活动，而且包括国家如何处理政治、法律、教育、军事等方面的问题。“经济”一词很早就从中国传到日本，当来自西方的经济学理论（Economics）在19世纪传入中、日两国的时候，日本学者率先把Economics一词译为“经济学”。在中国，通常把从英、美等发达市场经济国家传过来的经济学称为“西方经济学”，以与中国本土的经济学理论相区分，但随着经济全球化进程及中国经济市场化进程的加速，“西方经济学”的一些原理同样适用于解释与指导中国的经济发展实践，因此，用“经济学”代替“西方经济学”这个称呼更为准确。

对经济学的基本含义与研究对象，不同学者有不同的理解与界定。一个比较流行且广为接受的定义是：经济学是研究社会如何有效利用稀缺的资源以生产有价值的商品，并将其分配给不同经济主体的一门学科。

从上述定义可知，研究稀缺资源的有效配置是经济学的核心问题。上述经济学定义中涉及了稀缺性、资源及效率三个关键概念，下面将分别对这三个概念进行剖析，以便更深入的理解经济学的含义。

1.1.2 稀缺性

稀缺或稀缺性（Scarcity）是指相对于人类无限的欲望或需要而言，可用于满足这种欲望或需要的资源是有限的。稀缺性这一概念具有两个关键特征：

首先，稀缺性是一个相对的概念，是相对于人类无限的欲望而言的。在人类社会发展过程中，随着生存条件的不断变化，人类的需要也具有无限增长的趋势。而为了满足这种需要，就要生产更多的物品和提供更多的劳务。而要生产更多的物品和劳务就需要更多的资源，但在一定时期内，可用于生产物品和劳务的资源相对于人们的需要而言总是远远不够的。

其次，稀缺性也是一个动态的概念，即某些商品在某一时期的供给可能是极大丰富的，但随着生产与消费的扩张，其供给会变得相对不足，如时间资源、水资源、环境资源等。水曾经被认为是供给极为丰富的资源，但目前在世界上的大多数城市中，水已经不再可以免费获取了。因此，水在这些城市中已经变成了经济资源；又如，到目前为止，空气还通常被认为是供给极大丰富的资源，但随着工业污染的日趋恶化，在一些污染严重的地区，想要呼吸新鲜的空气也必须付出代价。

商品与资源的稀缺性在我们生活的世界中是普遍存在的，我们随时随处都面临着如何配置稀缺商品与资源的问题。我们所拥有的时间是有限的，因此需要考虑如何在一生中、一年中，甚至是一天中有效的利用时间来实现自己的生活目标；我们所拥有的货币是有限的，并常常被货币的稀缺性问题所困扰，在既定的收入约束下我们需要斟酌使用货币资源；大学的招生指标是稀缺的，因此需要通过激烈的高考等形式来决定稀缺的指标的分配；城市的土地是稀缺的，因此，政府需要决定有限的土地资源应用于何种用途，是用于绿化，还是用于房产开发或是兴建工厂？你能否列举出你身边的与稀缺性有关的问题，并考虑所涉及的稀缺资源是如何分配的。

1.1.3 资源的种类

资源是指可供利用的能够满足人类需要的物品。资源按其是否具有稀缺性可以分为自由取用物品（Free goods）与经济物品（Economic goods）。自由取用物品是指不具有稀缺性，不需要付出代价就可以获得的物品，如平日我们所呼吸的空气、所沐浴的阳光；相应的，经济物品是指具有稀缺性，需要付出一定代价才能获得的物品，如平时所购买的各种商品与劳务。如果用价格来衡量，自由取用物品的价格为零，经济物品的价格大于零。由于资源的稀缺性是一个动态概念，因此，自由取用物品与经济物品的划分也不是一成不变的，会随时间的变化而发生变化。

如果一种资源取之不尽、用之不竭，则没有必要研究配置问题，正是由于资源具有稀缺性，从而引发了如何在不同的经济主体与资源的不同用途之间进行配置的问题。因此，经济学中所研究的资源是指具有稀缺性的资源，经济学只研究经济物品的配置问题。

稀缺资源按其性质不同可以划分为人力资源和非人力资源两大类。人力资源是指各种形式的劳动，包括脑力劳动和体力劳动。非人力资源是指除人力资源以外的其他资源，具体包括两大类：一类是大自然的赠与物，包括土地、矿藏、原始森林、野生动物等；另一类是人类劳动创造出来的生产资料，如工具、机械设备、建筑原料等。也可以把稀缺资源分为劳动、土地、资本三大类，劳动即前面所说的人力资源，土地则泛指一切自然资源，即上述非人力资源中的第一类资源，而资本则指上述所说的非人力资源中的第二类资源。当稀缺资源用于生产商品和劳务时又被称为生产要素（Production factor），生产要素可以按照上述方式进行分类。

1.1.4　效率

人类欲望的无限性与资源的稀缺性决定社会必须以一定的方式对稀缺资源进行有效配置，以最大限度满足人类无限的欲望。“有效配置”是指有效率的配置（Efficient allocation）。效率是经济学定义中另外一个关键概念，效率也称为资源配置效率，是指在不会使其他人境况变坏的前提下，一种资源配置方式如果不再有可能改进任何人的境况，那么，该项资源当前的配置方式就是有效率的。这一概念最初是由意大利经济学家帕累托（Pareto）提出来的，因此也被称为帕累托效率（Pareto efficiency）。人们通常也把至少能使一个人的境况变好而没有人的境况变坏的资源重新配置称为帕累托改进（Pareto improvement），帕累托效率也意味着不再存在帕累托改进的机会，因此也被称为帕累托最优状态（Pareto optimum）。

在现有资源约束下，假设一个社会生产弹药（军用品）和面包（民用品）两种商品。若要判断现有稀缺资源在弹药和面包两种商品间的当前配置是否有效率，就要考察如果社会要多生产弹药，是否必须要放弃或减少面包的生产，如果答案是肯定的，就意味着当前的资源配置是有效率的，否则意味着当前的资源配置是无效率的，还存在着进行帕累托改进的余地。

美国经济学家、诺贝尔经济学奖获得者萨缪尔森曾精辟地指出，经济学的精髓在于承认稀缺性的现实存在，并研究一个社会如何进行组织以便最有效地利用资源，这一点是经济学的独特贡献。

1.2 经济学的基本概念

1.2.1 机会成本（Opportunity cost）

美国艾森豪威尔总统曾言："……造出的每一支枪，下水的每一艘军舰，发射的每一枚火箭，归根结底都意味着一种对于那些忍饥挨饿人们的抢劫。"这一表述充分反映了下面的经济学道理：资源稀缺性的存在迫使人们在资源的各种用途之间做出选择，选择本身是一个取舍过程，选择了这一用途或机会就必然要放弃其他用途或机会，而放弃的用途或机会可能给决策者带来收益。

经济学中用机会成本概念来解释这一现象，所谓机会成本是指将资源用于某一用途而放弃的其他用途中可能给决策者带来最高收益的那项用途所产生的收益。从生产角度而言，用某种资源生产某种东西的机会成本，就是未把该种资源投入其他最有利可图的商品生产所放弃的收益。例如，企业的一笔资金如果用于投资某个项目的话，那么，它就失去了投资其他项目或把这笔钱存入银行获得利息的机会，相应的会带来一定的利益损失。

机会成本实际上是一种选择成本，它是因选择行为而产生的成本。机会成本概念对分析资源的有效配置具有重要作用。机会成本的概念不仅适用于生产的选择，也适用于消费的选择。如手中的100元钱可以买衣服，也可以买经济学教科书，如果必须要在两者之间进行选择，不同时期对不同的决策者来说所面临的机会成本就会有所差异。一个城市将有限的土地用于大量兴建工厂就会造成绿地数量有限，市民就会付出被动接受污染的代价，甚至可能需要去购买矿泉水或是去看医生。

1.2.2 经济组织与经济制度

1. 经济组织的三个基本问题

从上面的分析可知，经济学主要研究如何有效配置稀缺的资源。实现经济学的研究目标需要面对与解决三个基本问题：生产什么（What to produce）？如何生产（How to produce）？为谁生产（For whom to produce）？这是古往今来任何社会都需要回答的三个关键问题。

（1）生产什么及生产多少。在有限的资源与技术条件下，一个社会必须决定生产什么商品，每种商品生产多少以及什么时候进行生产？如一个社会必须决策是生产更多的民用产品，还是生产更多的军用品？是生产更多的面包，还是生产更多的机械设备以保证未来更高的消费水平？是生产更多的工业品，还是生产更多的农产品？如果选择了生产哪种商品，应生产多少？

(2) 如何生产。在决定了生产什么商品之后，一个社会还必须解决谁来生产，使用什么样的资源要素、采用何种技术进行生产的问题。如金融服务的提供中是使用更多的劳动力还是使用更多的自动存取款机去提供存取款业务？生产是选择在繁华的大城市还是偏僻地区？雇用员工时是选择临时工还是长期合同工？等等。

(3) 为谁生产。商品生产出来之后由谁来享用？或者说商品如何在不同的经济主体之间进行分配，谁应消费多少？谁来消费奢侈品，谁来消费低档品？是按收入多少进行分配，还是按劳分配或是平均分配？

2. 经济制度

经济制度决定了社会资源的整合与配置方式，根据一个社会对上述三个问题的不同回答与解决方式，可以把经济制度分为以下三种类型：即市场经济、计划经济和混合经济。不同经济制度之间的关键区别在于：谁是决策者，谁来决定资源的配置。

(1) 市场经济 (Market economy) 是指以市场活动为基础进行资源配置的经济组织方式。在这一方式下，生产什么、如何生产和为谁生产问题主要依靠价格机制和供求力量来解决。市场经济下，个人和企业是主要的决策者，根据价格信号来决定自身所拥有的资源如何进行配置。价格、市场供求、盈亏、刺激与奖励等一整套系统决定了生产什么、如何生产和为谁生产的问题。企业会利用成本最低或收益最高的生产技术（回答了如何生产问题），生产那些利润最高的商品（回答了生产什么的问题）。消费者则根据自身的收入状况做出购买决策（回答了为谁生产的问题），消费者的自身收入可能来自于工资收入、股票证券等财产收入。

(2) 计划经济，也称命令经济 (Command economy)，是指由政府作为决策者做出有关生产和分配决策的经济组织方式。在这一方式下，生产什么、如何生产和为谁生产问题主要由政府来决策。政府拥有几乎全部生产资料，企业几乎都是国有企业，劳动力多数为国有企业雇员，因此，政府决定了社会生产什么，如何生产，并决定产品如何在不同的部门、产品与经济主体间进行分配。20 世纪前苏联大部分时期所采取的经济制度，以及中国在新中国成立后至20 世纪 80 年代左右所采取的制度是计划经济的典型代表。

(3) 当今社会几乎没有任何社会的经济制度属于纯粹的市场经济或纯粹的计划经济。几乎所有社会的经济组织形式都是既有政府决策又有市场决策成分的混合经济 (Mixed economy)。混合经济中政府与市场都是决策者，两者各司其职，影响着社会的资源配置。依赖政府与市场在资源配置决策中所占比重的不同，混合经济有着不同的表现形式，如美国、英国等发达国家其市场决策的领域较广，政府干预相对较少；而一些新兴的转型经济国家所实施的混合经济中则政府干预的领域较广。萨缪尔森在其教科书中这样描述美国经济的特征：今天，美国的大多数决策都是在市场中进行的。但是，政府在监督市场运行方面扮演着重要的角色：政府制定法律来监督经济生活，提供教育和治安服务，并管制污染。

1.2.3 生产可能性边界

生产可能性边界（PPF），也称生产可能性曲线，描述了在社会技术水平与资源数量既定的条件下，一个经济体系利用现有资源进行生产所能得到的最大的商品产量组合。图1－1中曲线即为生产可能性边界。生产可能性曲线所对应的横纵坐标分别是一个社会利用现有资源生产的两种商品A与B的数量。位于该曲线上的点意味着在现有的技术与资源约束下所能生产出的商品A与商品B的最大组合，如图1－1中的A点与B点，这三点之间的区别是所生产的商品A与商品B的组合不同，相对于B点的商品组合，A点所对应的商品组合表示现有的资源更多的用于生产商品B。

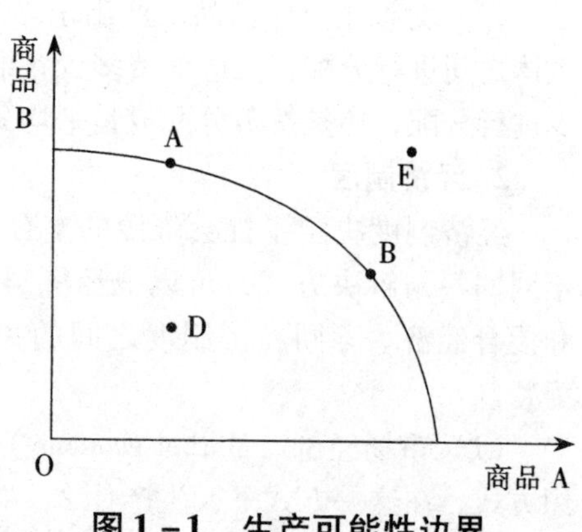

图1－1 生产可能性边界

生产可能性边界上的点表示现有资源得到充分利用时所能生产的两种商品或劳务的不同组合，如图1－1中的A点和B点；生产可能性边界以内的点，如图1－1中的D点，表示在现有的技术条件下，资源没有得到充分利用，存在着资源闲置的状况；生产可能性边界以外的点，如图1－1中的E点，表示现有资源与技术条件下无法实现的商品或劳务的生产组合。

生产可能性边界可用于描述在既定资源与技术约束下，经济主体如何配置其资源，反映出经济主体对资源在不同产品配置上的偏好。如一个社会在其权利范围内，利用有限的土地、资金与劳动力资源可在绿地草坪等公共产品与服装机械等私人产品的生产上做出选择。如图1－2所示，A点表示这个社会将更多的资源投入到公共产品的生产上，而B点则表示该社会将更多资源用于私人产品的生产上。如果该社会选择A点的资源配置模式可能表现为更清洁的环境、更多的草坪绿地，而如果选择B点的资源配置模

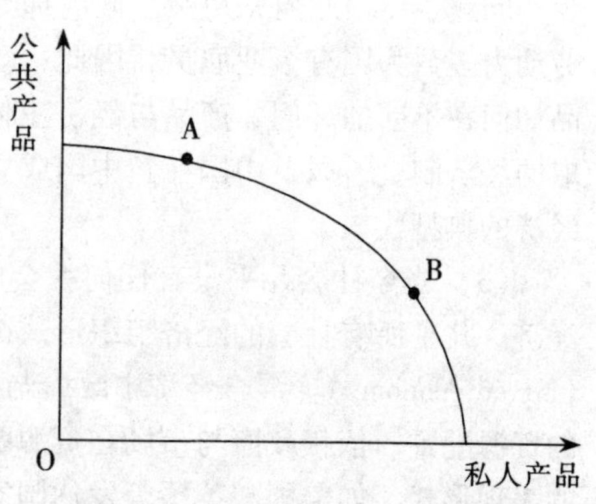

图1－2 公共产品与私人产品间的生产可能性边界

式则更可能出现居民的钱包很鼓，但环境却较差的状况。你所在的城市或地区更接近于哪种状况呢？

生产可能性边界不是一成不变的，当放松资源与技术水平既定的约束条件时，生产可能性边界会向内或向外移动。例如，当社会发现了新资源或出现技术进步时，生产可能性边界就会向外移动，即会生产出更多的各种商品，如图 1－3 中从 PPF_1 到 PPF_2 的移动。依赖于资源与技术的不同类型，各种商品产量增加的幅度会有所差异。由于战争或灾害的发生所导致的资源减少以及技术退步则有可能造成生产可能性曲线向内移动，如图 1－3 中从 PPF_2 到 PPF_1 的移动。

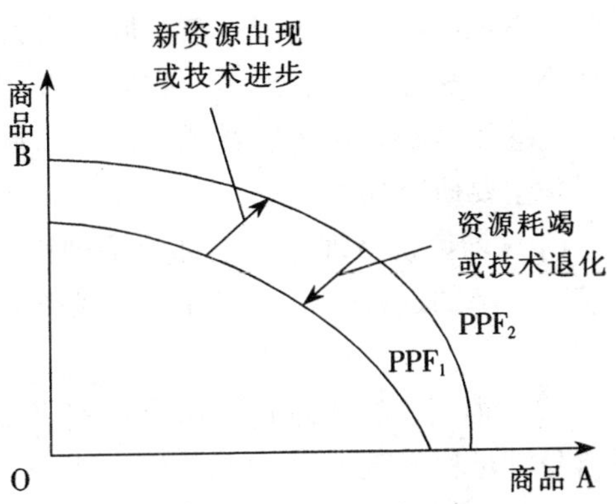

图 1－3 资源与技术水平的变化对生产可能性边界的影响

生产可能性边界向外推移的过程也是经济实现增长的过程，但经济增长的过程还可能表现为另外两种方式：商品组合点从生产可能性曲线以内移到生产可能性边界上，以及商品组合点向靠近生产可能性边界的方向移动。

一般地，导致经济增长的原因主要有两个：第一，资源供给的增加，如新资源的发现、人口增加导致的劳动力的增加以及储蓄、投资的增加导致的厂房、机器和其他资本品存量的增加。第二，技术的进步，它可以使我们从同一数量的资源中，获得更多的产品，或者说从一定的资源投入中获得更高的产出。

1.3 宏观经济学与微观经济学

经济学按照研究领域的不同分为微观经济学与宏观经济学。微观经济学主要研究单个经济主体的资源配置决策，包括单个消费者、单个生产者、单个市场的行为。宏观经济学则主要研究经济整体的行为，即宏观层面上的资源配置问题，包括国民收入的决定、通货膨胀与失业、经济周期与经济增长、宏观经济政策等问题。

1.3.1 微观经济学的研究领域

微观经济学（Microeconomics）的研究起源较早，源于经济学的鼻祖亚当·斯密所在的 18 世纪，亚当·斯密是经济学的创始人，也是微观经济学的创始人，亚当·斯密在其著名的《国富论》一书中，研究了如何确定具体商品的价格以及土地等生产要素的价格，并研究了市场机制配置资源的优点与缺点，大力宣扬价格这只“看不见的手（Invisible hand）”在资源配置中的重要作用。

现代微观经济学的研究领域发生了较大的扩展，出现了经济学的“帝国主义”倾向，微观经济学的研究逐渐扩展到更为广泛的研究领域，出现了制度经济学、公共选择理论、法经济学、成本—收益分析、家庭经济学、人力资本理论等较新的研究内容。这些领域都是在传统微观经济学基本理论基础之上发展起来的。具体而言，微观经济学主要研究如下问题：

（1）均衡价格理论，也称价格理论。研究商品的价格如何决定以及价格如何调节整个经济的运行，这一部分是微观经济学的中心，其他内容都是围绕这一中心而展开的。

（2）消费者行为理论。研究消费者如何在既定的资源约束下做出消费决策以实现自身满足程度最大化。

（3）生产者行为理论。研究生产者如何进行产量与成本决策以实现利润最大化。

（4）市场结构理论。研究提供相同或相近的某种商品或服务的企业间的相互关系及其引发的企业决策上的差异。

（5）收入分配理论。研究与商品市场相对的生产要素市场的问题，包括资本、劳动、土地等各种生产要素的需求与供给及各种生产要素的均衡价格的决定等。

（6）一般均衡理论。研究相互作用的单个商品市场间的关联及其引发的资源配置问题。

（7）市场失灵与政府干预。研究市场机制配置资源的失灵之处与政府的微观经济职能。

1.3.2 宏观经济学的研究领域

以亚当·斯密的理论主张为核心的古典经济理论在20世纪30年代遭遇了前所未有的挑战，自由放任的经济管理方式难以解决经济危机所伴随的商品相对过剩、经济萧条问题。在这样的背景下，现代宏观经济学的应运而生，其标志便是1936年英国剑桥大学的经济学家梅纳德·凯恩斯的《就业、利息与货币通论》的出版。但宏观经济学（Macroeconomics）一词本身是由挪威经济学家、首届诺贝经济学奖获得者——R·弗里希（R. Frisch）在1933年提出来的。

由于宏观经济学是把国民收入作为最基本的总量指标，以国民收入决定为中心来研究资源的配置问题，分析整个经济的运行，其他理论都围绕这一理论展开，在这一意义上宏观经济理论又被称为国民收入决定理论。具体而言，宏观经济学的研究领域包括如下主要方面：

（1）国民收入决定理论。国民收入是衡量一国经济资源利用情况和整个国民经济状况的基本指标。国民收入决定理论就是要从总需求和总供给等不同的分析角度出发，探讨国民收入决定及其变动的规律。国民收入决定理论是宏观经济学研究的核心问题。

(2) 失业与通货膨胀理论。失业与通货膨胀是各国宏观经济面临的最主要问题。宏观经济学把失业与通货膨胀和国民收入联系起来，探讨问题形成的原因及其相互关系，以便找出解决问题的途径。

(3) 经济周期与经济增长理论。经济周期是指国民收入的短期波动，经济增长是指潜在国民收入的长期增长趋势。这一理论主要分析国民收入短期波动的原因，长期增长的源泉等问题，以期实现经济长期稳定的增长。

(4) 开放经济理论。开放经济理论主要分析开放经济条件下一国国民收入的决定与变动如何影响别国，以及如何受到别国的影响，同时也要分析开放经济下一国经济的调节问题。

(5) 宏观经济政策。宏观经济学在提供分析宏观经济运行规律的工具方法的同时，也为国家的宏观调控提供理论依据。宏观经济政策则是在所提供的理论依据基础上所形成的具体干预措施，宏观经济政策的实施是政府宏观经济管理职能的重要体现，与政府的微观经济管理职能共同构成政府的经济管理职能。宏观经济政策问题包括政策目标（即通过宏观经济的调节要达到什么目的）、政策工具（即用什么具体办法来达到这些目的），以及政策效应（即宏观经济政策对经济的作用）。不同流派的经济学家对各种宏观经济现象分析阐释的角度有所区别，并由此提出了不同的政策主张。

经济学的上述两个分支曾经一度界限分明，各有各的研究领域，但近年来，这两个分支逐渐融合起来，经济学家们正试图运用微观经济学的分析工具来研究国民收入决定、失业与通货膨胀等宏观经济学领域的问题，以建立宏观经济分析的微观基础，这两个领域的界限正在逐渐淡化。

1.4 经济学的研究方法

1.4.1 实证分析与规范分析

实证分析（Positive analysis）是指摆脱价值判断，对经济本身的内在运行规律进行研究，并根据这些规律，分析和预测经济主体经济行为后果的研究方法。通常也将运用实证分析方法，对经济行为进行描述、解释、预测的经济学理论称为实证经济学。实证分析方法是独立于任何特殊的伦理观念，不涉及价值判断，旨在回答“是什么”、“能不能做到”、“有哪些可供选择的方案，后果如何”之类的实证问题。如今年的通货膨胀率有多高？失业率是多少？微软视窗系统的市场份额有多高？在探讨这些问题时，只是就事论事，不做价值判断，不研究好与不好、应不应该的问题。实证分析具有客观性，可以检验。

规范分析（Normative analysis）则是在分析经济现象时以一定的伦理和价值判断为基础，对经济问题提出评判意见的研究方法。通常也将运用规范分析方法进行经济研究的经济学理论称为规范经济学。规范分析方法是建立在实证分析方法基础上的，在运用实证分析方法剖析了事物的本质规律之后，再回答"应该怎样"、"好不好"、"该不该"的问题。比如通货膨胀率是不是太高了？失业者应不应该给予救济？微软在 PC 机市场的垄断地位应不应该打破？规范分析本身缺乏客观性，它所得出的结论受到不同价值观的影响。不同的价值观、不同的地位，对同一事物的观点可能会截然不同。由于没有统一的标准，规范分析所得出的结论无法进行检验。

1.4.2　经济模型的建立与运用

建立经济模型是进行实证分析必需的具体方法。在进行实证分析时要提出用于解释经济现象的理论与假设，建立相应的经济模型以检验假设的准确性，并根据模型结论做出预测。经济模型建立的过程也是经济理论形成的过程。一个完整的经济模型的建立过程应包括：

（1）所研究问题与使用变量的定义。进行理论研究首先要清晰界定所要研究的问题，并对分析将使用的变量进行界定。通常将变量分成内生变量与外生变量，存量与流量。内生变量是一种理论内所要解释的变量；外生变量是一种在理论内影响其他变量而其本身则由理论外的因素来决定的变量；存量是通常在一定时点上才能有效测定的变量，如失业人数；流量是指通常在一定时期内才能有效测定的变量，如国民生产总值。

（2）提出模型建立的假设条件。任何理论模型都是建立在一定的假设条件基础上的，经济模型的建立也不例外，假设条件也是理论形成的前提条件。假设有时并不现实，但没有一定的假设条件就难以得出有效的结论。在一定的假设下得出结论是自然科学与社会科学共同的研究方法，在经济学的研究中有着更加广泛的运用。关注理论的假设条件是理解理论的关键所在。

（3）提出假说，并进行证明，形成理论。假说是在一定的假设条件下对经济模型可能会得出的结论的阐述，是模型需要证明的理论。假说的形成不是凭空产生，而是基于对变量间关系的一种有依据的判断或经验性的总结与概括。假设需要通过证明成立之后，才能形成理论。

（4）利用模型形成的理论进行预测。通常，通过推理得出结论并不是建立模型的最终目的，还需要利用所得出的结论对未来进行预测，预测是检验假说或模型结论正确与否的重要途径。如有学者提出通货膨胀率与失业率之间呈反比，如果降低通货膨胀率就可能会导致失业率提高，并给出了具体的模型参数。在利用该模型进行预测的过程中就可以将相应的数据带进去进行预测，并用未来实际的数据加以验证。

1.4.3 计量经济学研究方法

计量经济学（Econometrics）研究方法是指依据数理经济学理论，运用数理统计学工具，对实际经济数据进行分析、研究与推理预测的理论和方法。是统计学、经济理论和数学的结合，是实证研究的重要方法。计量经济学作为正式的方法引入到经济学研究中是在20世纪30年代，起源于挪威经济学家弗里希（R. Frisch）的研究。计量经济学研究问题分为四个连续的步骤：①模型设定；②参数估计；③模型检验；④模型应用。

理论模型的建立给出了变量之间的定性关系，而计量经济学研究方法则试图得出变量之间的定量关系，并可判断变量之间关系的显著程度。例如，在本书的微观部分将学到，在其他条件不变的情况下，一种商品的价格下降可增加对该商品的需求量，即经济理论假设商品价格与其需求量之间存在反比关系。但这一理论并没有对这两者间的关系提供任何数值度量，也就是说，它没有表明随着商品价格的变化，需求量将会上升或下降多少。而计量经济学研究就是要依据实际数据对两者间的定量关系进行数值估计。

1.4.4 博弈论研究方法

博弈论（game theory），又称对策论，是一门新兴的工具学科。现代博弈论研究方法起源于美籍匈牙利数学家冯·诺依曼和美籍奥地利经济学家摩根斯坦，于1944年合作发表的经典性论文《博弈论与经济行为》。博弈论研究对具有相互关系的经济主体的策略性行为进行研究，与其他经济学研究方法不同，博弈论侧重于对决策者行为的分析，或者说是侧重于对“人”的分析，而不是直接对价格、需求、供给等指标进行分析。

直到20世纪50年代后半期，对博弈论的研究几乎都是由数学家做出的，60年代之后越来越多的经济学家感兴趣于博弈论在市场结构研究中的作用，而从70年后期开始，博弈论的研究已成为经济学研究中最为活跃和最受青睐的领域之一，尤其是在微观经济学研究领域。本书在垄断竞争与寡头垄断一章将对博弈论研究方法及其运用做更详细说明。

1.5 经济学发展简史

经济学作为正式的理论产生于18世纪亚当·斯密所在的年代，亚当·斯密的著作《国民财富的性质和原因的研究》（简称《国富论》）奠定了经济学的研究基础。但经济学思想的出现要远远早于斯密的年代，可以追溯到15世纪甚至更早的时期。下面我们从15世纪的重商主义开始简要回顾经济学的发展历程。奥地利裔美国经济学家熊彼特所著的《经济分析史》为经济与经济思想发展的历史脉络进行了极为详尽的分析，是经济发展史领域的一部经典巨著。经济学的发展经历了重商主义、古典经济学、新古典经济学、当代经济学等阶段。

1.5.1 重商主义

重商主义产生于15世纪，全盛于16、17世纪，衰弱于18世纪下半叶。重商主义后期也是资产阶级古典经济学的兴起时期，这也是资本主义生产方式的形成与确立时期。在重商主义形成和发展时期，商人资本占统治地位，进入了资本的原始积累阶段，生产力和生产关系发生了较严重的冲突。15世纪前后发生的一些历史事件也促成了重商主义的形成，这些事件包括：1492年哥伦布发现新大陆；1498年达伽马发现通往印度的航线；1519～1522年麦哲伦环绕世界的航行和美洲金矿的发现。

重商主义的主要代表人物有英国经济学家约翰·海尔斯、威廉·斯塔福德、托马斯·曼；法国经济学家安·德·孟克列钦、让·巴蒂斯特、托马斯·柯尔培等人。其代表作是托马斯·曼的《英国得自对外贸易的财富》。重商主义并没有系统的理论，其基本观点是：金银形态的货币是财富的唯一形态，一国的财富来自对外贸易，增加财富的唯一方法就是扩大出口，限制进口。基于这一观点，重商学派基本的政策主张是提倡国家干预，通过动用国家的力量来增加出口限制进口。恩格斯曾形容早期重商义“就像守财奴一样，双手抱住他心爱的钱袋，用妒忌和猜疑的目光打量着自己的邻居”。

重商主义的理论观点与政策主张反映了资本主义原始积累时期经济发展的要求。马克思在《资本论》中称重商主义是对“近代生产方式的最早的理论研究”。但重商主义仅限于对流通领域的研究，其内容也只是一些政策主张，并没有形成完整的学科体系，是经济学思想形成的早期阶段，真正的经济科学只有从流通领域进入到生产领域中才会出现。

1.5.2 古典经济学

经济学中对古典经济学起始年代的划分有三种不同的观点：第一种是从17世纪中期到19世纪70年代之前的经济学思想；第二种是从17世纪中期到20世纪30年代之前的经济学，包括本书下面所说的古典经济学与新古典经济学；第三种是马克思所作的划分，从17世纪中期到19世纪初期的资产阶级经济学，具体来说，在英国是从威廉·配第到大卫·李嘉图，在法国是从布阿吉尔贝尔到西斯蒙蒂。

第一种划分方法是得到普遍认同的方法，即古典经济学是从17世纪中期开始到19世纪70年代前为止，本书也采用这种划分方法。古典经济学由重农学派初建，到亚当·斯密时代形成体系，经李嘉图深化发展，后为萨伊、约翰·密尔和屠能等所继承，并分别在法国和英国得以普及，从而确立了在经济思想领域内的正统地位。

亚当·斯密是古典经济学体系最杰出的建立者。在斯密所处的年代里，英国先后同葡萄牙、西班牙、荷兰和法国发生战争并取得胜利，夺得了大批殖民地，成为世界上头号对外贸易和殖民强国。随着经济的日益发展，英国的经济思想也有了迅速进展。斯密充分利用前人和同时代学者的学说，汲取了这些学说的真谛，将它们融为一体，构造起经济科学的大厦。《国富论》的发表被称作为经济学史上的第一次革命，即对重商主义的革命，也标志着现代经济学的诞生。以斯密为代表的古典经济学的重要贡献在于建立了以自由放任思想为中心的经济学体系。并将研究从流通领域转移到生产领域，使经济学真正成为一门有独立体系的科学。

小资料

亚当·斯密（Adam Smith，1723~1790），苏格兰经济学家、哲学家，被公认为“经济学之父”。其代表作品有：《国富论》（The Wealth of Nations），1776年出版，全名为《国民财富的性质和原因的研究》（An Inquiry Into The Nature And Causes of The Wealth of Nations）该书取代了重商主义和重农学派在经济学上的主导地位，被认为是古典自由政治经济学的第一部理论著作。《道德情操论》（Theory of Moral Sentiments），伦理学著作，1759年出版，主要阐释了道德情感的本质和道德评价的性质。

古典经济学研究的中心是国民财富如何增长，所强调的财富是物质产品，增加国民财富的途径是通过增加资本积累和分工来促进生产的发展。围绕这一点，古典学派的经济学家广泛研究了经济增长、价值、价格、收入分配等经济问题。斯密提出了以“利己”为出发点的“经济人”在追求自身利益的同时可以达到“利他”的目的。在市场机制下，由价格这只“看不见的手”来调节经济的运行可以把个人利己的行为引向增加国民财富和社会福利的行为。因此，由价格调节经济就成为一种正常的自然秩序，古典学派由此得出了自由放任的政策结论。不需要政府干预、自由放任是古典经济学的核心观点与政策主张。

1.5.3 新古典经济学

新古典经济学从19世纪70年代的“边际革命”开始，到20世纪30年代结束。这一时期经济学的中心仍然是自由放任。在这种意义上说，它仍是古典经济学的延续。但是，它又用新的方法，从新的角度来论述自由放任思想，并建立了说明价格如何调节经济的微观经济学体系。所以，在古典经济学前加一“新”字，以示其与古典经济学的不同之处。

19 世纪 70 年代奥地利经济学家 K·门格尔，英国经济学家 W. S. 杰文斯，瑞士洛桑学派的法国经济学家 L·瓦尔拉斯分别提出了边际效用价值论，引发了经济学上的“边际革命”，从而开创了经济学的一个新时期。

边际效用价值论认为商品的价值取决于人们对商品效用的主观评价。这种主观价值论引入了一种新的分析方法——边际分析法。边际分析是增量分析，即分析自变量变动所引起的因变量的变动。正是这种分析方法使经济学进入了一个新的时期。英国著名经济学家 E·罗尔评论说：“边际效用概念不仅被看作是经济‘工具箱’的一种重要补充，并且还被看作是经济科学研究方法上的一项极其重要的革新。”因此，边际效用价值论的出现被作为经济学史上继亚当·斯密经济革命之后的第二次革命——边际革命。这次革命标志着新古典经济学的开始。1890 年英国剑桥学派经济学家阿尔费雷德·马歇尔出版了《经济学原理》，这本书综合了当时的各种经济理论，被称为新古典经济学的代表作。

阿尔弗雷德·马歇尔（Alfred Marshal，1842～1924），新古典学派经济学的主要创始人。他的伟大贡献是把古典经济学放在一个十分和谐的框架内。使今天的经济学学生能够脉络清楚的认识经济学。马歇尔的经济学说集中反映在其1880年出版的专著《经济学原理》（Principles of Economics）一书中，开创了边际分析工具，提出了“边际”概念——边际成本、边际收益、边际效用——是如何适用于经济学的。这本著作曾被奉为英国经济学的圣经。

新古典经济学同样把自由放任作为最高准则，但已不像古典学派那样只重视对生产的研究，而是转向了消费和需求。他们明确地把资源配置作为经济学研究的中心，论述了价格如何使社会资源配置达到最优化，从而从理论上证明了以价格为中心的市场机制的完善性。他们把消费、需求分析与生产、供给分析结合在一起，建立了现代微观经济学体系及其基本内容。尽管 20 世纪 30 年代英国经济学家 J·罗宾逊和美国经济学家 E·张伯伦分别提出的垄断竞争理论是对这一微观经济学体系的重要发展，在 50 年代之后美国经济学家 G·贝克尔、A·莱宾斯坦、E·科斯等人也对微观经济学做出了重大发展，但作为一个理论体系，现代的微观经济学是由新古典学派所建立的。

1.5.4 当代经济学

20 世纪 30 年代凯恩斯理论的出现标志着当代经济学的诞生。这一时期，无论从研究的内容、方法，还是深度与广度方面，经济学都得到全面而深入的发展。其中最突出的进展是宏观经济学的建立和发展。当代经济学思想的发展可以分为三个阶段。

第一阶段，凯恩斯革命与宏观经济学的形成时期（20世纪30年代至50年代）。古典与新古典经济学提倡自由放任，强调市场机制的完善性，但20世纪30年代英、美等发达市场经济国家遭遇到的危机打破了这种神话。传统的经济理论与经济现实发生了尖锐的冲突，在解释与解决这些危机上表现得无能为力，经济学面临了有史以来的第一次危机。经济的发展需要有理论上的突破。英国剑桥经济学家J. M. 凯恩斯的理论无疑是雪中送炭。凯恩斯在1936年出版了《就业、利息和货币通论》（简称《通论》）一书，这本书把产量与就业水平联系起来，从总需求的角度分析国民收入的决定，并用有效需求不足来解释失业存在的原因。在政策上则提出了放弃自由放任，由国家干预经济的主张。凯恩斯的这些观点被认为是经济学史上的第三次革命——凯恩斯革命，这次革命是革了新古典经济学的命。这次革命所产生的凯恩斯主义，提出了以国民收入为理论中心，以国家干预为政策基础的现代宏观经济体系。因此，凯恩斯被称之为当之无愧的“现代宏观经济学之父”。

小资料

约翰·梅纳德·凯恩斯（John Maynard Kynes，1883~1946）英国著名经济学家，过去七八十年间，关于经济学的争议一直掌握在凯恩斯手中，一边是他的追随者和发展者，一边是想方设法挑战他们的人。2001年“9·11”事件之后，布什政府推出了减税和增加政府支出的计划，以遏止衰退。评论员说，这是因为华盛顿重新发现了凯恩斯。凯恩斯的著作很多，最重要、最有影响的著作就是《就业、利息和货币通论》(General Theory of Employment, Interest and Money)（1936）。《通论》是一部把货币理论过渡到“宏观经济学”的革命性的著作。此书的出版标志着“凯恩斯革命”的开始，在西方经济学界引起强烈震动。

第二阶段，宏观经济学的发展时期（20世纪50年代至60年代末）。第二次世界大战后西方各国纷纷加强了对经济运行的干预，凯恩斯主义得到了广泛的运用、传播与发展。美国经济学家P·萨缪尔森等人把凯恩斯主义的宏观经济学与新古典微观经济学结合起来形成了新古典综合派。新古典综合派继承并全面发展了凯恩斯主义，并把这一理论运用于实践，对各国经济理论与政策都产生了重大影响。虽然受到了新剑桥学派学者的严厉批评，直至当今，新古典综合派无论从理论上还是政策主张上仍具有重要影响。

第三阶段，自由放任思想的复兴（20世纪70年代之后）。以凯恩斯理论为基础的宏观经济理论在促进了第二次世界大战后西方各国经济发

小资料

保罗·萨谬尔森（Paul Samuelson，1915~），现代西方经济学的权威人物，当代美国著名经济学家，后凯恩斯主流学派的主要代表，1970年诺贝尔经济学奖获得者。作为新古典综合派的代表人物之一，他在1948年出版了《经济学》(Economics）的教科书，成为新古典综合派的标志。该书被认为是继穆勒的《政治经济学原理》、马歇尔的《经济学原理》之后的第三本具有里程碑意义的经济学教科书，一直盛行不衰。他25岁完成

展的同时，也面临着新出现的经济实践问题的挑战，其中最突出的是20世纪60年代末在西方国家出现的滞胀，即经济停滞与通货膨胀并存，滞胀的出现引发了凯恩斯主义的危机，凯恩斯的总需求管理思想难以使经济走出滞胀的阴影。这次危机使自由放任思想得以复兴。以美国经济学家M. 弗里德曼为首的货币主义是自由放任的拥护者，对凯恩斯理论提出了质疑。20世纪70年代之后，又出现了以美国经济学家R. 卢卡斯为首的理性预期学派。这一学派以更为彻底的态度拥护自由放任。这些主张自由放任的经济学家认为滞胀的根源是凯恩斯主义的国家干预。他们从不同的角度论述了市场机制的完善性，提出了减少国家干预，充分发挥市场机制作用的主张。从20世纪70年代末起，西方各国采用了这些主张，实行经济自由化的政策，对经济的复兴起到了一定的作用。在这一阶段，新古典综合派、货币主义和理性预期学派的争论成为经济学的主旋律。从理论上说，尽管新古典综合派的主流地位仍然没有丧失，但货币主义与理性预期学派对宏观经济学的发展有着重大的影响。他们的许多观点，例如，货币主义关于货币重要性的论述；理性预期学派的预期概念，已成为现代宏观经济学的重要组成部分。在经济政策上，尽管国家干预经济的基本格调并没有发生根本性变化，但经济政策的自由化已产生了不可低估的影响。这三个流派之间的激烈争论客观上成为经济学发展的动力。

的博士论文于1947年出版，题为《经济分析的基础》（Foundations of Economic Analysis），成为现代经济学分析的经典。1966~1986年连续出版的5卷本的《萨缪尔森科学论文集》（Collected Scientific Paper）（收入388篇论文）堪称现代经济学范式之非凡作品。

经济学理论的形成与发展来自于实践，同时服务于实践。在充满不确定性的现实社会中，新问题与新现象层出不穷，对经济学理论提出了巨大的需求，同时也成为经济理论发展的源动力，经济学发展的步伐也将永不停息。

本章小结

1. 经济学是研究社会如何有效利用稀缺的资源以生产有价值的商品，并将其有效的分配给不同的经济主体。

2. 稀缺或稀缺性是指在某一时期，相对于人类无限的欲望或需要而言，可用于满足这种欲望或需要的资源是有限的。稀缺性本身具有动态性与相对性特征。

3. 资源是指可供利用的能够满足人类需要的物品。资源按其是否具有稀缺性可以分为自由取用物品与经济物品。

4. 资源配置效率，也称帕累托效率，是指在不会使其他人的境况变坏的前提下，一种资源配置方式如果不再有可能改进任何人的境况，那么该项资源配置方式就是有效率的。

5. 至少能使一个人的境况变好而没有人的境况变坏的资源重新配置称为帕累托改进，帕累托效率也意味着不再存在帕累托改进的机会，因此也被称为帕累托最优状态。

6. 所谓机会成本是指将资源用于某一用途而放弃的其他用途中可能给决策者带来最高收益的那项用途所产生的收益。机会成本实际上是一种选择成本，它是因选择行为而产生的成本。机会成本概念对分析资源的有效配置具有重要作用。

7. 实现经济学的研究目标需要面对与解决三个基本问题：生产什么、如何生产、为谁生产。

8. 生产可能性边界，也称生产可能性曲线，描述了在社会技术水平与资源数量既定的条件下，一个经济体系利用现有资源进行生产所能得到的最大的商品产量组合。

9. 经济制度决定了社会资源的整合与配置方式，根据一个社会对上述三个问题的不同回答与解决方式，可以把经济制度分为以下三种类型：即市场经济、计划经济和混合经济。不同经济制度之间的关键区别在于：谁是决策者，谁来决定资源的配置。

10. 经济学按照研究领域的不同分为微观经济学与宏观经济学。微观经济学主要研究单个经济主体的资源配置决策，宏观经济学则主要研究经济整体的行为，既宏观层面上的资源配置问题。

11. 实证分析是指摆脱价值判断，对经济本身的内在运行规律进行研究，并根据这些规律，分析和预测经济主体经济行为后果的研究方法。规范分析则是在分析经济现象时以一定的伦理和价值判断为基础来对经济问题提出评判意见的研究方法。

12. 经济学的发展经历了重商主义、古典经济学、新古典经济学、当代经济学等阶段。作为正式的学科体系起源于英国古典学派经济学家亚当·斯密的研究，其代表作是1776年出版的《国富论》，英国经济学家梅纳德·凯恩斯于1936年出版了《就业、利息与货币通论》，标志着宏观经济学的诞生。

思　考　题

1. 选取时事新闻中的一个话题并加以评论，评论中要用到稀缺性与机会成本的概念。

2. 除了利用价格机制外，配置资源的方式还有哪些？一个企业要分配仅有的几套住房给员工，可有哪些分配方式？

3. “社会中的贫富分化正日益严重，政府应加大对富人的税收征管，以救济穷人。”分析这句话属于实证分析？规范分析？还是两者兼而有之。

4. 生产可能性边界存在的前提条件是什么？生产可能性边界如何体现了稀缺性与机会成本的概念？

5. 大多数经济都是混合经济，只是混合的程度不同而已。举例说明这一表述的含义。

第二章　需求和供给的基本原理与应用

学习目标

学习本章应重点了解需求和供给的含义，明确需求和供给的表示方法、影响因素；掌握需求定理和供给定理的内容，均衡价格和均衡产量的决定，需求价格弹性的含义与计算方法。理解价格政策的含义与类型，了解供给价格弹性、需求交叉弹性与收入弹性的含义。

关键名词

需求　需求函数　需求的变动　需求量的变动　需求的价格函数　需求定理　供给　供给函数　供给的变动　供给量的变动　供给的价格函数　供给定理　供求定理　均衡　均衡价格　均衡数量　支持价格　限制价格　弹性　需求的价格弹性　供给的价格弹性　需求的交叉弹性　需求的收入弹性　恩格尔定律

2.1　需求的基本理论

2.1.1　需求的含义与表示方法

1. 需求的含义

对一种商品的需求是指消费者在某一时期内在各种可能的价格水平上愿意而且能够购买的商品数量。需求是购买欲望和购买能力的统一，这两个条件缺一不可，因此，需求也可以理解为消费者根据其购买欲望和购买能力所确定的计划购买量。

下面的例子可以很好的阐释需求概念的两个构成条件。近年来，港、台地区的流行歌手纷纷涌向大陆举办声势浩大的演唱会，门票的价格动辄几十元、数百元，消费者们的态度是怎样的呢？对于这些演唱会，真正的铁杆消费群应该是那些少男少女，他们对于这些“商品”从心理上是趋之若鹜，可在实际上却面临着囊中羞涩的困境，最终，对于高额票价他们只能望洋兴叹，空有“需”却无法“求”；但是，还有另外一部分消费群体，主要由中老年人构成，他们有经济实力去欣赏这些演唱会，可是对于他们来说，追星的年龄已过，加之各种事务缠身，对于这些“商品”也只是可以

"求"却没有太多的"需"了。而演唱会的实际观众则是既有购买能力，又有购买愿望的群体。

2. 需求的表示方法

描述价格和需求量之间的对应关系有三种方式：需求表、需求曲线和需求函数。

(1) 需求表。商品的需求表是一个表示某种商品的各种价格水平和各种价格水平相对应的该商品的需求数量的数字序列表（如表2-1）。从表中可以清楚地看到，价格与商品需求量间的对应关系：两者反方向变化。

表2-1　　某商品需求数量表

	A	B	C	D	E
价格（元）	1	2	3	4	5
需求量（单位数）	12	8	5	3	1

(2) 需求曲线。需求曲线是一条表示某种商品的各种价格水平及其对应的该商品需求量在平面坐标系中的轨迹。可以根据表2-1做出图2-1。在图2-1中，横轴为商品数量，用Q来表示，纵轴为商品价格，用P来表示。要注意，与数学上的习惯相反，微观经济学中描述需求曲线（和供给曲线）时，通常以纵轴表示自变量P，以横轴表示因变量Q。图中已经标出了表2-1中所对应的A、B、C、D、E各点，把这五个点用平滑的曲线连接起来便构成了一条需求曲线。

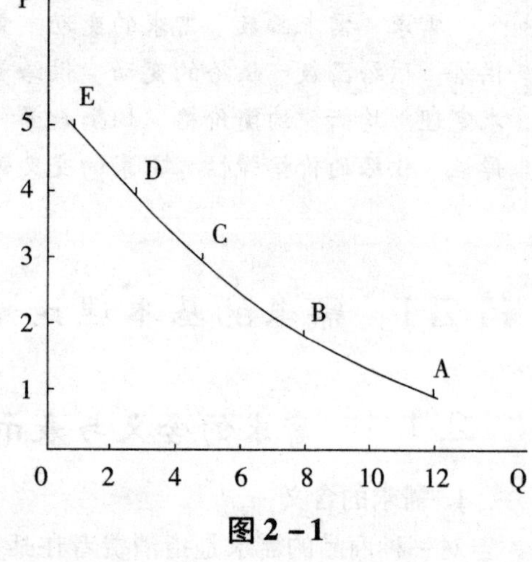

图2-1

(3) 需求函数。需求函数表示一种商品的需求量及其影响因素之间的相互关系，当假定其他影响因素不变，只考虑价格变化对需求量的影响时，需求函数的一般形式为：$Q_d=f(p)$，其中，价格p作为自变量表示的是某种商品的价格，Q_d表示单个消费者对这种商品的需求量，是价格p的函数。如果某种商品的需求量与价格之间呈线性关系，即需求曲线是一条直线，那么这种需求函数称为线性需求函数，可以表示为：$Q_d=a-bp$，其中，a和b都是大于0的常数。根据直线需求函数绘制需求曲线，可得如下信息：直线需求的斜率是$-\frac{1}{b}$，横纵轴截距分别是a和$\frac{a}{b}$。

2.1.2　需求定理

从需求表和需求曲线可知，当其他条件不变时，一种商品的需求量与其价格呈反方向变动：价格越高，需求量越小；价格越低，需求量越大。将上述现象总结为需求定理，需求定理的基本内容是：在其他条件不变的情况下，商品的需求量与价格之间通常呈反方向变动关系，即需求量随着价格的上升而减少，随着价格的下降而增加。

关于需求定理，有两点事项需要注意。一是需求定理成立的前提，保持其他条件不变是需求定理成立的前提条件，其他条件是指除商品自身价格之外所有可能对需求造成影响的因素。二是需求定理的适用对象，现实中绝大多数商品的需求量和价格之间的关系都满足需求定理，但也存在着一些例外情况，在后面章节将介绍的“吉芬商品”就是一种例外。

2.1.3　需求的影响因素

引起需求变动的因素很多，主要包括如下几方面：

（1）商品自身的价格。这一点毋庸置疑，某种商品的整体价格水平直接决定了消费者对它的接受程度。通常说来，价格高了，需求就小，价格低了，需求就大，现实生活中的很多例子都是这样的。

（2）相关商品价格。按照一种商品的价格变化是否会对另外一种商品的需求产生影响，我们将商品之间的关系分为两种类型：相关商品和无关商品。无关商品是指一种商品的价格变化与对另一种商品的需求之间并无关系。相关商品是指一种商品的价格变化会引起对另外一种商品的需求发生变化，又可进一步区分为替代品与互补品。当一种商品的价格上升引起另一种商品的需求增加时，这两种商品被称为互为替代品，例如猪肉和牛肉、橙汁和可乐；当一种商品的价格上升引起另一种商品的需求下降时，这两种商品则为互补品关系，例如CD盘片和CD机，电脑的软件和硬件。你能分别举出一些替代品和互补品的例子吗?

（3）消费者的收入水平。对于大多数商品而言，消费者收入水平越高，对其购买量就会越高。

链接

20世纪70年代，美国市场的汽油价格两次上升，第一次发生在1973年，原因是当时欧佩克切断了对美国的石油输出；第二次是在1979年，原因是伊朗国王被推翻而导致该国石油供应瘫痪。经过这两次事件，美国的汽油价格从每加仑0.27美元猛增至每加仑1.40美元。汽油价格的上升引起汽车市场的波动。油价上涨之前，每年大约出售250万辆大型汽车、280万辆中型汽车以及230万辆小型汽车；油价上涨之后，到了1985年，当年售出150万辆大型汽车、220万辆中型汽车以及370万辆小型汽车。由此可见，大型汽车的销售自70年代以来迅速下降，大型汽车的销售却持续攀升，只有重型汽车勉强算是保持了原有水平。

(4) 消费者的偏好。消费者的偏好描述了消费者对某种商品或服务的喜好程度。在影响需求的其他因素都相同的情况下，对某种商品的需求会因消费者的偏好程度较强而增加。例如，有些地区的居民对辣味食品情有独钟，在其他因素都相同的情况下，对辣味食品的需求就会增加。

(5) 消费者对价格的预期。如果消费者预测未来时期某种商品的价格会提高，他就可能在本期增加对该商品的需求；如果预测未来某种商品的价格会下降，则可能减少当期对该商品的需求。例如，当人们预期未来的家用汽车价格会因关税削减、市场竞争加剧等原因而下降时，就会持观望的态度，从而使当前的汽车需求减少；当人们预期未来的房地产价格还会上升，未来的购房成本会大幅增加时，当前对住房的需求就会增加。

从上面分析可见，影响需求的因素，除商品自身价格之外，还包括相关商品的价格、收入、消费者的偏好及对未来的价格走势预期等许多因素，这些因素共同作用决定了需求。因此，完整的需求函数可以表示为：$Q_d=f(p, a, b, c, \cdots, n)$ 其中，p 为商品自身价格，a，b，c，…，n 则分别代表影响需求的所有其他因素。

2.1.4　需求量和需求：易混淆的两个概念

为理解与分析上的简洁和清晰，通常将影响需求的因素分为两大类：商品自身价格和自身价格之外的因素，后者包括上面所列出的相关商品价格、收入等。并且做如下界定：价格影响的是商品的需求量，而价格之外的因素影响的是需求。尽管是一字之差便在分析中却表现出很大的差异。当商品自身价格发生变化时，表现为同一条需求曲线上不同点之间的变化或是点在某一条需求曲线上的移动。如图 2－2 中，当价格从 P_1 下降到 P_2 时，需求量沿着同一条需求曲线从 Q_1 上升到 Q_2。而当自身价格之外的因素发生变化时，表现为需求曲线整体的移动。如图 2－3 中，由于某种自身价

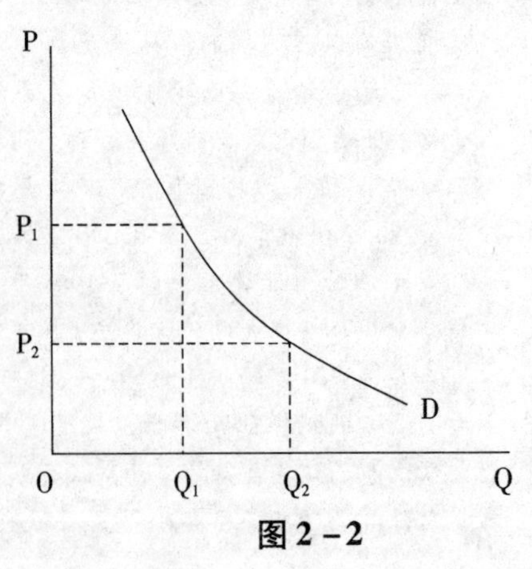

图 2－2

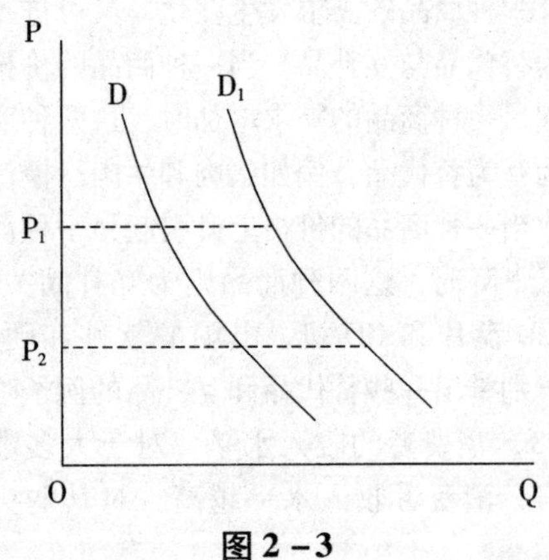

图 2－3

格之外的因素发生变化，如消费者的收入增加了，那么对应于每一价格水平，相应的需求量都有所增加，需求曲线从 D 整体向右平行移动到 D_1。

2.2　供给的基本理论

2.2.1　供给的含义与表示方法

1. 供给的含义

一种商品的供给是指生产者在某一时期内在各种可能的价格水平上愿意而且能够提供的商品数量。供给是供给愿望和供给能力的统一，这两个条件缺一不可。换言之，供给也代表着生产者根据供给能力和供给愿望所决定的计划供给量。

2. 供给的表示

供给表、供给曲线和供给函数是描述价格和供给量之间关系的三种形式。

(1) 供给表。供给表是表示某种商品的价格和供给量之间关系的数字列表（见表 2 -2）。从供给表 2 -2 可见，商品自身价格与供给量间之间呈同方向变化，即供给量随着价格的上升而增加，随着价格的下降而减少。

表 2 -2　　某商品供给数量

	A	B	C	D	E
价格（元）	1	2	3	4	5
供给量（单位数）	1	5	7	9	11

(2) 供给曲线。供给曲线是描述某种商品自身价格水平和对应的商品供给量之间关系的轨迹。我们可以根据表 2 -2 所给定的价格和供给量之间的各种组合绘出图 2 -4 所示的供给曲线。图 2 -4 中，横轴表示商品的数量，用 Q 表示，纵轴表示商品的价格，用 P 表示。图中标出的 A、B、C、D、E 各点，用平滑的曲线连接起来便构成了一条供给曲线。

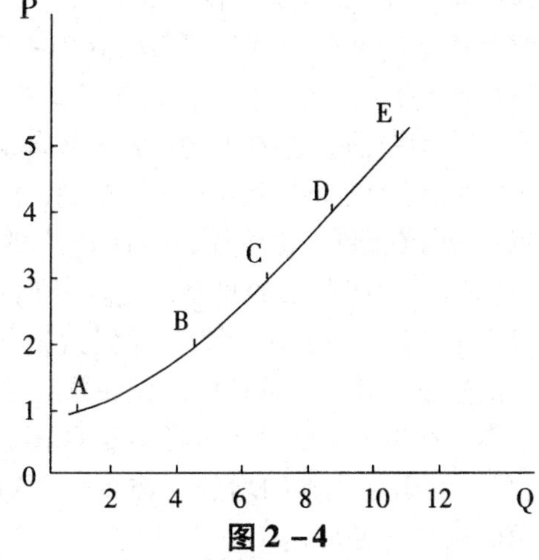

图 2 -4

(3) 供给函数。供给函数表示一种商品的供给量与其影响因素之间的相互关系。当假定其他影响因素不变，只考虑价格变化对供给量的影响时，供给函数的一般形式为：$Q_s = f(p)$，其中，价格 p 是自变量，供给量 Q_s 是价格 p 的函数。

如果某种商品的供给量与价格之间是线性关系，即供给曲线是一条直线，那么这种供给函数称为线性供给函数，可以表示为：$Q_s = c + dp$，其中，c 是任意常数，d 是大于0的常数。根据这一供给函数绘制供给曲线，则可知：供给曲线的斜率是$\frac{1}{d}$，供给曲线的横纵轴截距分别是 c 和$\frac{c}{d}$。

2.2.2　供给定理

供给定理的基本内容是：在其他条件不变的情况下，一种商品的供给量与自身价格通常呈同方向变动，即供给量随着商品自身价格的上升而增加，随着商品自身价格的下降而减少。"其他条件不变"是供给定理成立的重要前提，其他条件是指除了商品自身价格之外的因素，下面一节将会详细说明。

供给定理适用于分析绝大部分商品或服务的供给量与价格之间的关系，但也有一些例外，例如后面章节中将说明的关于劳动供给的理论，当劳动的价格，即劳动者的工资上升到一定水平后，工资再提高，劳动的供给量不会增加，反而会减少。

2.2.3　影响供给的因素

很多因素都会对供给造成影响，以下是其中的主要因素：

(1) 商品自身价格。对于大多数商品来说，价格上升，供给就会增加，相反，价格降低，供给就会减少。

(2) 相关商品价格。如果替代品的价格上升，那么这种商品的供给就会下降。如果一个厂商生产两种在资源上具有竞争性的商品，那么其中一种商品价格提高（降低）将导致另一种商品的供给减少（增加）。例如，汽车厂商往往同时生产两种品牌的汽车，当一种品牌的汽车由于需求增加而导致价格上升的话，厂商就会将更多的资源转向该品牌，这样另一品牌的汽车的供给就下降了。

(3) 生产要素的价格。生产任何一种商品都需要投入生产资料（或者称为生产要素），各种生产资料投入的数量与其各自价格的乘积加总后便构成了生产者的成本。在生产要素投入数量不变的情况下，其价格提高（低）会引起成本的增加（减少），从而导致生产者供给的减少（增加）。

链接

1988年，美国中西部出现了有史以来最严重的旱灾。当年的玉米产量比原来预计下降35%，黄豆产量下降超过20%，小麦产量下降超过10%，而大麦和燕麦的产量下降超过40%。作物的大幅减产直接影响了农产品的市场价格，当年夏末，玉米价格迅速上升80%，黄豆价格也上升了接近70%，而小麦价格则上升了50%。随之而来的连锁反应令人意想不到由于谷物是牲畜的主要食粮，随着谷物价格上升，养殖牲畜

（4）生产技术的变动。在资源条件既定的情况下，生产技术的提高会使资源得到更充分的利用，从而供给增加，反之，供给会减少。生产技术与生产要素的价格作为生产成本因素共同影响供给。

（5）政府政策。政府的某些规定会给企业的供给带来重大影响，如政府的税收政策、最低工资政策、环境保护和工人福利标准等规定都会直接影响供给。

的利润也相应下降，农民的积极性明显受挫，为了避免多养一天牲畜就得多喂一天饲料，农场里面出现了农民纷纷提前宰杀牲畜出售的现象。于是，1988年，美国中西部市场上可供选购的肉类供应量虽然涨幅不大却明显上升，从而引起了肉类价格轻微下降。

资料来源：施蒂格利茨（1998）。

（6）生产者对未来的预期。如果生产者对其产品未来的前景十分乐观（悲观），那么势必会增加（减少）其供给。例如，如果空调生产者根据天气预测信息得知今年夏天将会非常炎热，预期空调产品会很有市场，就会因而加大对空调生产的投入力度，从而增加空调的供给。

从上面分析可见，影响供给的因素，除商品自身价格之外，还包括相关商品价格、要素价格、技术水平、政府政策等许多因素，这些因素共同作用决定了供给。因此，完整的供给函数可表示为：

$$Q_s = f(p, a, b, c, \cdots, n)$$

其中，p 为商品自身价格，a，b，c，…，n 代表影响供给的所有其他因素。

2.2.4　供给量和供给

为理解与分析上的简洁和清晰，通常将影响供给的因素分为两大类：商品自身价格和自身价格之外的因素，后者包括上面所列出的相关商品价格、生产要素、技术水平、政府政策等。并且做如下界定：价格影响的是商品的供给量，而价格之外的因素影响的是供给。尽管是一字之差便在分析中却表现出很大的差异。当商品自身价格发生变化时，表现为同一条供给曲线上不同点之间的变化或是点在某一条供给曲线上的移动。如图2－5所示，当价格从 P_1 上升到 P_2 时，供给量从 Q_1 上升到 Q_2；而当自身价格之外的因素发生变化时，则表现为供给曲线整体的移动，如图2－6所示，由于某种因素的变化，如劳动力成本下降导致生产成本下降，使得在每一价格水平下相应的供给量都有所增加，供给曲线整体从 S 向右平行移动到 S_1。

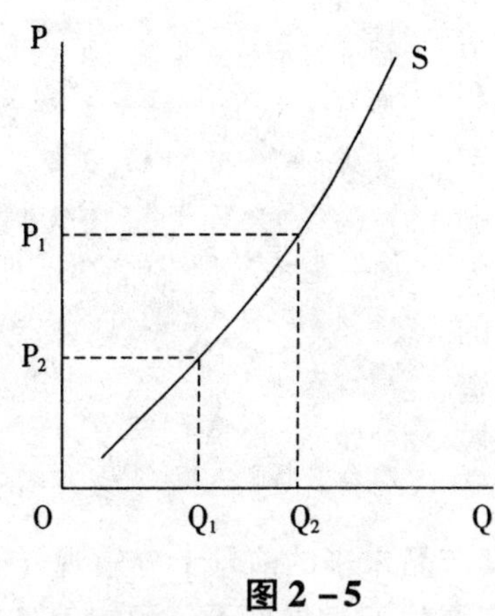

图 2 -5

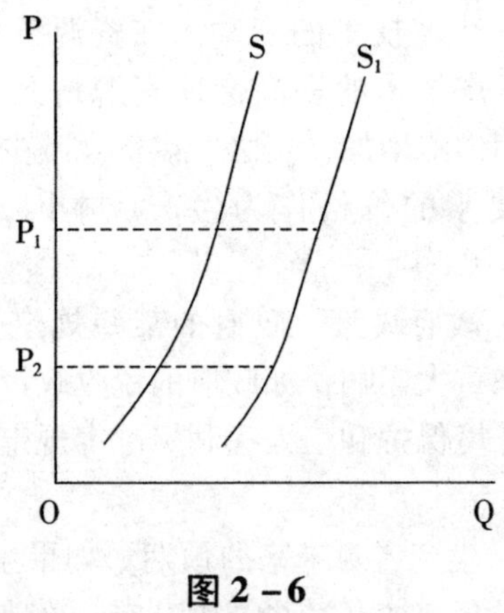

图 2 -6

2.3　均衡决定与变动

2.3.1　需求与供给决定均衡

均衡是一种状态，在这种状态下，经济中的各种因素相互作用达到相对静止稳定的状态。在没有政府干预的市场中，均衡是由供给和需求相互作用决定的，均衡价格和均衡产量是描述均衡所涉及的两个变量。

1. 需求与供给决定均衡的过程分析

如图 2 -7 所示，消费者的需求曲线用 D 表示，生产者的供给曲线用 S 表示。假设初始状态是生产者首先定出其商品的价格 P_1，在这一价格上，生产者愿意供给 Q_1^S 单位（B 点）的商品，但是消费者却只愿意购买 Q_1^d 单位（A 点）的商品，如图所示 $Q_1^S > Q_1^d$，供大于求，商品卖不出去，结果必然是降价。生产者再次定出价格后，如果仍然是供大于求的状态，那么价格只能是继续下降。经过多次反复向下调价，一直到达 P_0，这时生产者的供给量与消费者的需求量达到了相等，此时，供求双方彼此满意，价格稳定下来，调整结束。

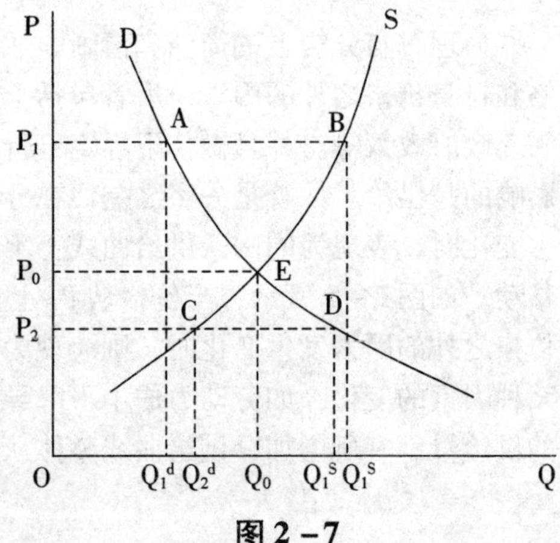

图 2 -7

假设初始状态是生产者首先定出其商品的价格 P_2，在这一价格上，消费者愿意购买 Q_2^d 单位（C 点）的商品，但是生产者却只愿意供给 Q_2^S 单位（D 点）的商品，

如图所示 $Q_2^S < Q_2^d$，求大于供，商品热卖，结果必然是提价。生产者再次定出价格后，如果仍然是求大于供的状态，那么价格还是会继续上升。经过多次反复向上定价，一直到达 P_0，这时生产者的供给量与消费者的需求量达到了相等，此时，供求双方彼此满意，价格稳定下来，调整结束。

可见，市场上供求双方的自发力量使得各种不稳定状态逐步趋向同样的稳定点，这个稳定点满足了前面提到的均衡的概念，由此一来这一自发调整过程也就是需求与供给实现均衡的过程。这个稳定点（Q_0，P_0）被称为均衡点（E 点），P_0 称为均衡价格，Q_0 称为均衡数量。在均衡点上，市场需求量和供给量相等，这种状态被称为市场出清。

通过分析需求与供给均衡的过程，可以发现，这一过程实际上就是一个价格调整过程，调整的结果是最终价格定在了 P_0 这个均衡价格上。所谓均衡价格就是一种商品需求与供给相等时的价格。这时候的需求价格和供给价格必定相等，都是均衡价格。表现在几何图形上就是需求曲线与供给曲线交叉点的纵坐标值。

2. 均衡的模型表示

如果用模型来表达供求均衡的含义，其形式与过程如下：

$$Q_d = f(P) \tag{2.1}$$

$$Q_s = f(P) \tag{2.2}$$

$$Q_d = Q_s \tag{2.3}$$

（2.1）式是需求函数，（2.2）式是供给函数，（2.3）式是供求相等，即均衡价格的决定公式。联系这三个式子就可以求出均衡价格和均衡数量。

下面以直线需求模型为例来说明求解均衡点的过程。

已知：$Q_d = a - bP(a,\ b>0)$；$Q_s = c + dP(d>0)$；$Q_d = Q_s$

根据已知条件可以求出：

$$P_0 = \frac{a-c}{b+d};\ Q_0 = \frac{ad+bc}{b+d}$$

这样，只要知道了 a、b、c、d 的值，就可以直接求出均衡价格和均衡数量了。

2.3.2　均衡变动

既然均衡是由需求和供给共同决定的，那么，一旦需求或供给发生变化，均衡势也必随之变动。

1. 需求变化的影响

如果某种因素发生变化，使得需求增加。根据本章第一节的分析，需求增加表现在图形上就是需求曲线向右平移。如图 2－8，初始需求曲线是 D，供给曲线是 S，初始均衡点是 E，初始均衡价格是 P_0，初始均衡数量是 Q_0。需求增加后，原需求曲线从D向右平移至D_1与S相交于E_1点，此时，需求变化后再次达到均衡，而E_1点就是新的均衡点，新的均衡价格是P_1，新的均衡数量是Q_1。从图2-8中可以很清楚地看到，需求增加使得均衡价格和均衡数量随之增加。

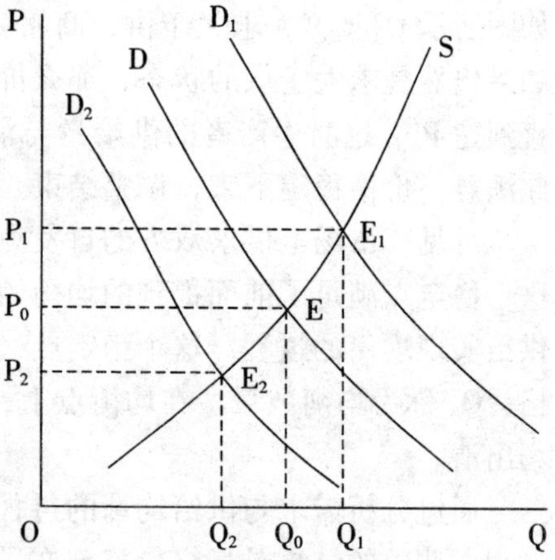

如果某种因素发生变化，使得需求减少，表现在图形上就是需求曲线向左平移。在图2-8中，需求减少后，原需求曲线从D向左平移至D_2与S相交于E_2点，此时，需求变化后再次达到均衡，而E_2点就是新的均衡点，新的均衡价格是P_2，新的均衡数量是Q_2。从图2-8中可以很清楚地看到，需求减少使得均衡价格和均衡数量随之减少。

图2-8

2. 供给变化的影响

如果某种因素发生变化，使得供给增加。供给增加表现在图形上就是供给曲线向右平移。如图2-9，需求曲线是D，初始供给曲线是S，初始均衡点是E，初始均衡价格是P_0，初始均衡数量是Q_0。供给增加后，原供给曲线从S向右平移至S_1与D相交于E_1点，此时，供给变化后再次达到均衡，而E_1点就是新的均衡点，新的均衡价格是P_1，新的均衡数量是Q_1。从图2-9中可以很清楚地看到，供给增加使得均衡数量随之增加而均衡价格随之减小。

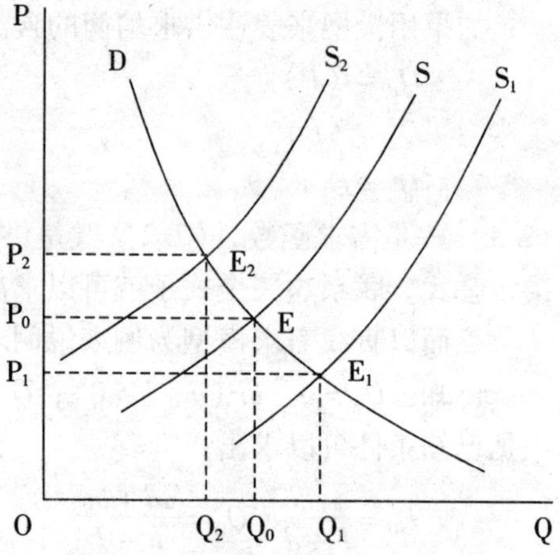

图2-9

如果某种因素发生变化，使得供给减少，表现在图形上就是供给曲线向左平移。在图2-9中，供给减少后，供给曲线从S向左平移至S_2与D相交于E_2点，此时，供给变化后再次达到均衡，而E_2点就是新的均衡点，新的均衡价格是P_2，新的均衡数量是Q_2。从图2-9中可以很清楚地看到，供给减少使得均衡数量随之减少而均衡价格随之增加。

3. 供给与需求同时变化

供给与需求同时增加。如图2-10所示，初始需求曲线是D，初始供给曲线是S，初始均衡点是E，初始均衡价格是P_0，初始均衡数量是Q_0。需求增加后，原需求曲线从D向右平移至D_1；供给增加后，原供给曲线从S向右平移至S_1；D_1和S_1相交

于 E_1 点。此时，供给与需求同时增加后再次达到均衡，而 E_1 点就是新的均衡点，新的均衡价格是 P_1，新的均衡数量是 Q_1。从图中可以很清楚地看到，供给和需求增加使得均衡数量随之增加，而均衡价格的变化却不一定，这是为什么呢？根据前面的分析可以看到，需求变化对于均衡数量的影响和供给变化对于均衡数量的影响是同样的（需求增加/减少，均衡数量随之增加/减少；供给增加/减少，均衡数量随之增加/减少）；而二者彼此对于均衡价格的影响是相反的（需求增加/减少，均衡价格随之增加/减少；供给增加/减少，均衡价格随之减少/增加）。因此，需求和供给同时增加，均衡数量必然同时增加，而均衡价格的变化则要看需求和供给哪一个变化幅度大，从而对均衡价格的变化起决定作用。

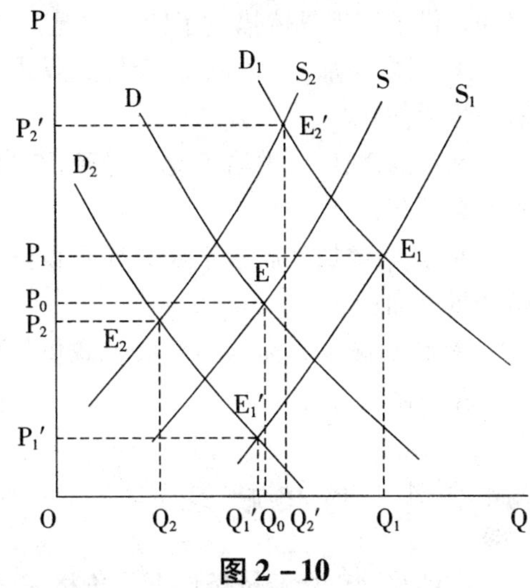

图 2 - 10

供给与需求同时减少。在图 2 - 10 中，需求减少后，原需求曲线从 D 向左平移至 D_2，供给减少后，原供给曲线从 S 向左平移至 S_2，D_2 和 S_2 相交于 E_2 点。此时，供给与需求同时减少后再次达到均衡，而 E_2 点就是新的均衡点，新的均衡价格是 P_2，新的均衡数量是 Q_2。从图中可以很清楚地看到，供给和需求同时减少使得均衡数量随之减少，而均衡价格的变化也是不一定。

当然，供给与需求也有可能同时向两个方向变化，这在图 2 - 10 中也可以描述出来。

供给增加而需求减少。那么，供给增加后，原供给曲线从 S 向右平移至 S_1，需求减少后，原需求曲线从 D 向左平移至 D_2，S_1 与 D_2 相交于 E_1'，这就是变化后的新均衡点，新的均衡价格是 P_1'，新的均衡数量是 Q_1'。变化结果是均衡价格下降，而均衡数量变化不一定（至于这一点的原因，可以参考前面的解释来理解）。

供给减少而需求增加。那么，供给减少后，原供给曲线从 S 向左平移至 S_2，需求增加后，原需求曲线从 D 向右平移至 D_1，S_2 与 D_1 相交与 E_2'，这就是变化后的新均衡点，新的均衡价格是 P_2'，新的均衡数量是 Q_2'。变化结果是均衡价格上升，而均衡数量变化不一定。

4. 供求定理

前面的分析反映出需求与供给影响均衡价格和均衡数量的过程是存在一定规律的，这就是供求定理。供求定理的内容是：其他条件不变时，需求的变动引起均衡价格和均衡数量同方向变动，供给的变动引起均衡价格反方向变动和均衡数量的同方向变动。供求定理具体描述了四种情况：

• 需求增加，供给不变会导致需求曲线向右上方移动，因此均衡价格上升，均衡产量增加；

• 需求减少，供给不变会导致需求曲线向左下方移动，因此均衡价格下降，均衡产量下降；

• 供给增加，需求不变会导致供给曲线向左下方移动，因此均衡价格下降，均衡产量增加；

• 供给减少，需求不变会导致供给曲线向左上方移动，因此均衡价格上升，均衡产量下降。

2.4　价格政策

在纯粹的市场经济条件下，价格完全由供给和需求来决定。但事实证明，市场在配置资源方面存在着失灵现象，需要政府采取一些价格干预政策来克服市场失灵带来的问题。政府的价格干预政策通常分为价格下限管制和价格上限管制两种类型，也分别称为支持价格和限制价格。

1. 支持价格

支持价格也称为最低限价。它是政府为支持某一行业的生产而规定的该行业产品的最低价格，支持价格都是高于均衡价格的。如图2－11所示，需求曲线是D，供给曲线是S，均衡点是E，均衡价格是P_0，均衡数量是Q_0。政府的支持价格定在P_1，此时，供给量是Q_1'，需求量是Q_1，显然供给量大于需求量，存在超额供给。

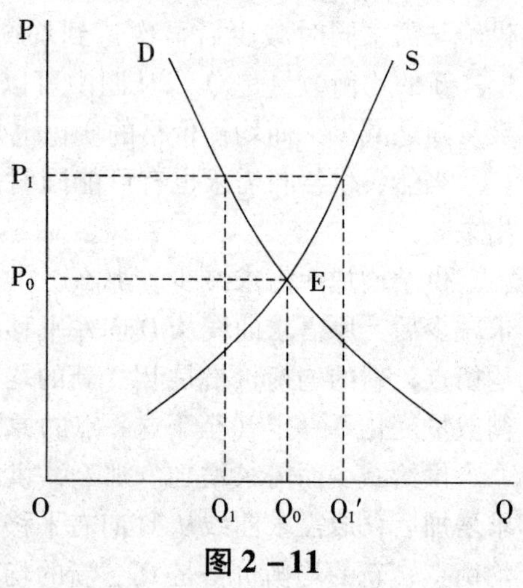

图2－11

政府实行支持价格的政策主要是为了扶植某些产业，比如说扶持农业的发展。由于实行支持价格后会出现超额供给，那么多出的这部分供给就需要由政府来购买，然后政府通过持有的这部分存货来调节市场。

政府为了保护某些低收入人群的利益，通常会制定最低工资政策，最低工资本质上也是一种支持价格，政府期望通过制定最低工资来保护部分工人的利益。你能利用支持价格理论并结合对实践的观察来说明最低工资政策的效果吗？

2. 限制价格

限制价格也称为最高限价。它是政府为限制某一行业的生产而规定的该行业产品的最低价格，限制价格都是低于均衡价格的。如图 2－12 所示，需求曲线是 D，供给曲线是 S，均衡点是 E，均衡价格是 P_0，均衡数量是 Q_0。政府的支持价格定在 P_1，此时，供给量是 Q_1，需求量是 Q_1'，显然需求量大于供给量，存在超额需求。

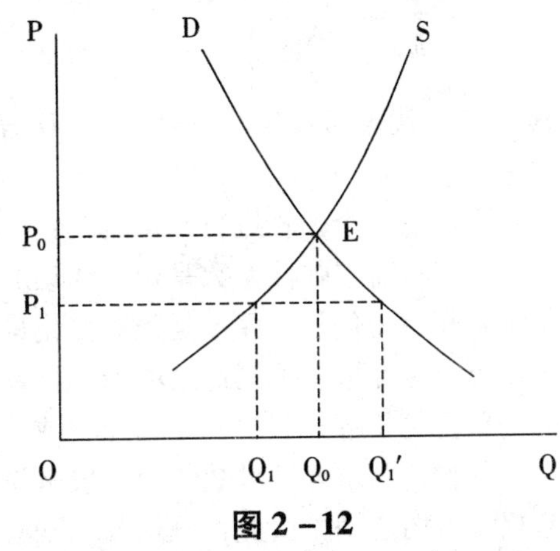

图 2－12

政府实行限制价格的政策主要是为了抑制某些产品的物价过度上涨，避免通货膨胀。对于一些垄断性的行业，政府往往也采用该政策。在战争或灾荒等特殊时期采用此政策也很必要。但是，这种政策的弊端也是显而易见的，如图 2－12 所示，需求大于供给，那就很容易出现排队抢购和黑市交易这样的现象，生产者也可能就此机会坑害消费者，粗制滥造，以次充好。

2.5　弹性理论及应用

2.5.1　需求的价格弹性

需求定理描述了价格和需求量之间的定性关系，即需求量随着价格的上升而下降或随着价格的下降而上升。但通过实践观察可知，价格变化所引起的需求量变化的幅度会因商品的不同而表现出较大的差异。如食盐的价格下降一半和时装的价格下降一半所引起的消费量变化比例显然有着明显差异。因此，除考察价格和需求量之间的定性关系外，还需要对两者之间的定量关系进行研究。需求的价格弹性概念则可用于分析此问题。需求价格弹性反映了需求量的变化对价格变化的敏感程度，即价格变化一定比例会引起需求量多大比例的变化。

1. 需求价格弹性的定义

弹性指的是一个函数的因变量对其自变量变化的反应程度。用数学方法描述就是，如果有一个函数 $y=f(x)$，x 是自变量，y 是因变量，弹性的概念及其大小可以从 $E=\dfrac{\Delta y/y}{\Delta x/x}$ 中体现出来：

需求价格弹性通常简称为需求弹性，它是指价格变动的比率所引起的需求量变动的比率，即需求量变动对价格变动反应的敏感程度。需求价格弹性大小可以用需求价格弹性系数来表示，即为需求量变动比率与价格变动比率的比值，其定义式如下：

$$E_d = -\frac{\Delta Q/Q}{\Delta P/P}$$

其中，E_d 代表需求弹性系数，$\Delta Q/Q$ 表示需求量变动的比率，$\Delta P/P$ 表示价格变动的比率。

下面对这个公式进行几点说明：

首先，需求弹性系数是价格变动的比率与需求量变动的比率的比值，即分母和分子都是相对变化量，而不是绝对变化量。采用这样的方式来描述需求量随价格变动的程度可以免除单位不同造成的干扰。具体说来，价格的单位可以是元、角、分，而商品的单位也是各式各样，如公斤、吨、克等不同的单位相比意义不大。

其次，需求弹性系数的值一般来说是正值。前面曾提到，大多数商品的需求量与价格反方向变动，由此，分母与分子必定是一负一正，需求弹性系数也就成了负数，但为了研究与运用的方便，通常对需求价格弹性取绝对值，使其转变为正值。

最后，同一需求曲线上不同的点所对应的弹性系数通常不同，下文将做进一步说明。

2. 需求弹性的计算：点弹性和弧弹性

点弹性是需求曲线上某一点的弹性。弧弹性是需求曲线上两点之间的弧的弹性。

（1）点弹性的计算。前面给出了计算弹性系数的一般公式 $E_d = -\frac{\Delta Q/Q}{\Delta P/P}$，将其变形为：

$$E_d = -\frac{\Delta Q/Q}{\Delta P/P} = -\frac{\Delta Q}{\Delta P} \times \frac{P}{Q} \tag{2.4}$$

根据点弹性的定义，求出某一点的弹性大小，必须将 ΔP 趋向于无限小（$\Delta P \to 0$），即趋向于一点，从这个意义出发，（2.4）式可写为：

$$E_d = \lim_{\Delta P \to 0} -\frac{\Delta Q/Q}{\Delta P/P} = \lim_{\Delta P \to 0} -\frac{\Delta Q}{\Delta P} \times \frac{P}{Q} = -\frac{\mathrm{d}Q}{\mathrm{d}P} \times \frac{P}{Q} \tag{2.5}$$

这就是计算点弹性系数的公式。由于需求量与价格反方向变动，所以$\frac{\mathrm{d}Q}{\mathrm{d}P}$为负数，$E_d$ 是正值。

（2）弧弹性的计算。根据弧弹性的定义，其系数的计算公式可以表示为：

$$E_d = -\frac{\Delta Q}{\Delta P} \times \frac{P}{Q} = -\frac{Q_2 - Q_1}{P_2 - P_1} \times \frac{P_1}{Q_1} \tag{2.6}$$

其中，Q_1 和 P_1 分别代表初始需求量和价格，Q_2 和 P_2 分别代表价格变动后的需求量和价格。

但（2.6）式存在一个问题，同一个弧弹性，同样的（Q_1，P_1）和（Q_2，P_2），价格从 P_1 到 P_2 与从 P_2 到 P_1 的变化所计算出的弧弹性值是不同的，因为初始点不一样。为了消除这种差别，可以采用（2.7）公式：

$$E_d = -\frac{\Delta Q}{\Delta P} \times \frac{P}{Q} = -\frac{Q_2 - Q_1}{P_2 - P_1} \times \frac{(P_1 + P_2)/2}{(Q_1 + Q_2)/2} \tag{2.7}$$

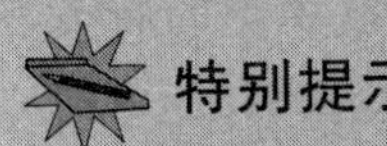

特别提示

需要特别注意的是，需求弹性系数并不等于需求曲线的斜率，从点弹性计算中可以明显看出来，$\frac{dQ}{dP}$是需求曲线的斜率，而弹性系数是斜率$\frac{dQ}{dP}$与$-\frac{P}{Q}$的乘积。

3. 需求弹性的类型

根据需求弹性系数的大小，可以把需求的价格弹性分为以下几类：

（1）需求完全无弹性，即 $E_d = 0$，表现在图形上是一条垂直于横轴的需求曲线。在这种情况下，无论价格如何变动，需求量都不会变化。比较近似的例子是药品，特别是那些针对特殊疾病的特效药，病人危在旦夕，急需药物救治，这时对于这种药品的需求就可以近似看做是需求完全无弹性的。

（2）需求完全弹性，即 $E_d \to \infty$，表现在图形上是一条水平的需求曲线。在这种情况下，当价格既定时，需求量是无限的。

（3）单位需求弹性，即 $E_d = 1$，表现在图形上是一条正的双曲线，其需求函数可以表示为：$D = K/P$（K 为大于 0 的常数）。在这种情况下，需求量变动的比率与价格变动的比率相等。

（4）需求缺乏弹性，即 $0 < E_d < 1$，表现在图形上是一条比较陡峭向右下方倾斜的需求曲线。在这种情况下，需求量变动的比率小于价格变动的比率。

（5）需求富有弹性，即 $E_d > 1$，表现在图形上是一条比较平缓向右下方倾斜的需求曲线。在这种情况下，需求量变动的比率大于价格变动的比率。

4. 一个特例：直线型需求曲线的需求弹性分析

对于特定的直线型需求函数 $Q = a - bP$（a，b 是大于 0 的常数），其需求曲线表示在图 2－13 中。这条需求曲线上每一点的点弹性可以表示为：

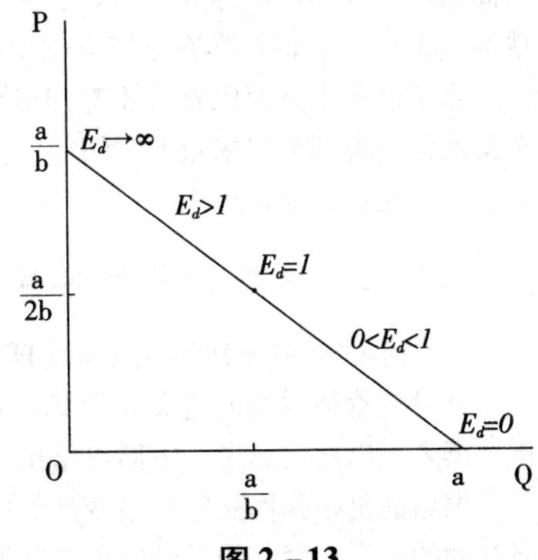

图 2－13

$$E_d = -\frac{dQ}{dP} \times \frac{P}{Q} = b \times \frac{P}{a - bP} \tag{2.8}$$

通过分析可以发现，需求曲线的中点$\left(\frac{a}{2}, \frac{a}{2b}\right)$处的点弹性是1。从中点向左上方移动，点弹性逐渐增加，即$E_d>1$，其中，纵轴上的端点弹性是∞；从中点向右下方移动，点弹性逐渐减小，即$0<E_d<1$，其中，横轴上的端点弹性是0。

5. 影响需求价格弹性的因素

（1）消费者对商品的依赖程度或是商品的必需程度，即该商品是生活必需品还是奢侈品。一般来说，由于消费者对于生活必需品颇具依赖性，所以该类商品的需求价格弹性较小，即商品需求量对价格变动反应不敏感。俗语所说的“开门七件事”——柴、米、油、盐、酱、醋、茶，这些商品都是生活必需品，所以，它们的需求弹性一般很小。而对于奢侈品，消费者对其依赖度很小，所以该类商品的需求弹性则较高。

（2）替代品的多少。如果一种商品替代品很多，也就是说和它功能相近的同类商品很多，那么，一旦其价格上升（下降），消费者对于该商品的需求量就会大幅下降（上升），因此，这类商品的需求弹性就很大。相反，如果商品的替代品较少，那么相应的其需求弹性也较小。

（3）商品用途的广泛性。如果一种商品用途广泛，那么，一旦价格猛增（猛降），消费者就会立即减少（增加）对该商品的需求，集中将该商品用于最重要的方面（广泛将该商品用于各个方面），这样表现出的需求弹性是很大的。相反，如果商品适用面很窄，那么相应的其需求弹性就会很小。

（4）商品在家庭支出中所占的比例。通常情况下，在家庭支出中所占比例越大的商品其需求弹性就越大。比如在美国，香烟占家庭支出的比例很小，其需求弹性系数为0.3~0.4，而汽车在家庭支出中占的比例很大，其需求弹性系数为1.2~1.5。

除了这几个方面以外，还有许多影响需求弹性的因素，比如商品的耐用程度，所考察的消费者调节需求量的时间等。正是这些因素的综合才使得需求弹性呈现出大小不一、变化各异的特点。

2.5.2 供给的价格弹性

1. 供给的价格弹性的定义与计算

供给的价格弹性的定义和计算可以按照前面讨论需求的价格弹性的方法进行分析，读者可以对比思考。下面仅给出一些结论：

供给的价格弹性是指价格变动的比率所引起的需求量变动的比率，即需求量对价格变动的反应程度。用供给的价格弹性系数来表示其大小。供给的价格弹性系数就是供给量变动的比率与价格变动的比率的比值。用数学公式表示为：$E_s = \dfrac{\Delta Q/Q}{\Delta P/P}$

供给的价格弹性的计算方法可分为点弹性的计算和弧弹性的计算，其中点弹性的计算公式是：

$$E_s = \lim_{\Delta P \to 0} \frac{\Delta Q/Q}{\Delta P/P} = \lim_{\Delta P \to 0} \frac{\Delta Q}{\Delta P} \times \frac{P}{Q} = \frac{\mathrm{d}Q}{\mathrm{d}P} \times \frac{P}{Q} \tag{2.9}$$

弧弹性的计算公式是：

$$E_s = \frac{\Delta Q}{\Delta P} \times \frac{P}{Q} = \frac{Q_2 - Q_1}{P_2 - P_1} \times \frac{P_1}{Q_1} \tag{2.10}$$

根据（2.10）式，进一步还可转化为：

$$E_s = \frac{\Delta Q}{\Delta P} \times \frac{P}{Q} = \frac{Q_2 - Q_1}{P_2 - P_1} \times \frac{(P_1 + P_2)/2}{(Q_1 + Q_2)/2} \tag{2.11}$$

结合上面的一些结论对供给的价格弹性做几点必要的说明：

首先，和需求弹性系数一样，供给的价格弹性系数是价格变动的比率与供给量变动的比率的比值，即分母和分子都是相对变化量，而不是绝对变化量。

其次，供给的价格弹性系数的值一般来说是正值。前面说过，大多数商品的供给量与价格反方向变动，这样一来，分母与分子的必定是正负同号的，$\dfrac{\Delta Q/Q}{\Delta P/P}$也就必定是正数。

最后，一定要注意一点，供给的价格弹性系数并不等于供给曲线的斜率，从点弹性的计算中可以很明显地看出来，$\dfrac{\mathrm{d}Q}{\mathrm{d}P}$是供给曲线的斜率，而供给的价格弹性系数是斜率$\dfrac{\mathrm{d}Q}{\mathrm{d}P}$与$\dfrac{P}{Q}$的乘积。

2. 供给价格弹性的类型

根据供给的价格弹性系数的大小，可以把供给的价格弹性分为以下几类：

（1）供给完全无弹性，即 $E_s = 0$，表现在图形上是一条垂直的供给曲线。在这种情况下，无论价格如何变动，供给量都不会变化。许多稀世的古文物就可以看做是供给完全无弹性的（近似状态）。

（2）供给完全弹性，即 $E_s \to \infty$，表现在图形上是一条水平的供给曲线。在这种情况下，当价格既定时，供给量是无限的。

（3）单位供给弹性，即 $E_s = 1$，表现在图形上是一条过原点向右上方的直线，在这种情况下，供给量变动的比率与价格变动的比率相等。

（4）供给缺乏弹性，即 $0 < E_s < 1$，表现在图形上是一条比较陡峭向右上方倾斜的供给曲线。在这种情况下，供给量变动的比率小于价格变动的比率。

(5) 供给富有弹性，即 $E_s > 1$，表现在图形上是一条比较平缓向右上方倾斜的供给曲线。在这种情况下，供给量变动的比率大于价格变动的比率。

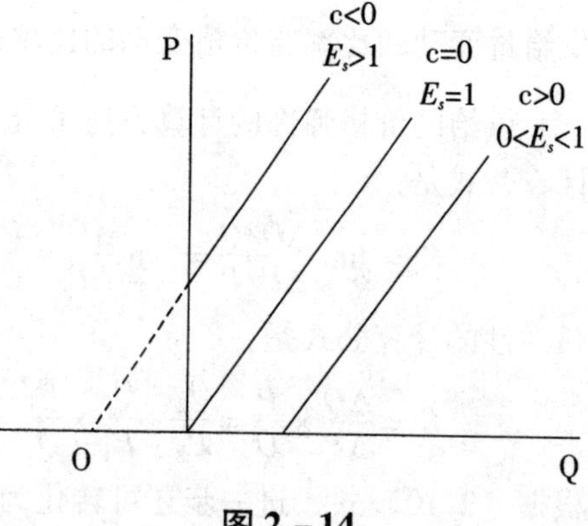

图 2－14

3. 一个特例：直线型供给曲线的供给弹性分析

对于特定的供给函数 $Q = c + dP$（c 是任意常数，d 是大于 0 的常数）。这条需求曲线上的每一点的点弹性可以表示为：

$$E_s = \frac{\mathrm{d}Q}{\mathrm{d}P} \times \frac{P}{Q} = \mathrm{d} \times \frac{P}{c + \mathrm{d}P} \tag{2.12}$$

通过分析可以发现，若 $c = 0$，则供给曲线上任意一点的点弹性都是 1；若 $c < 0$，则 $E_s > 1$；若 $c > 0$，则 $0 < E_s < 1$。如图 2－14 所示。

4. 影响供给的价格弹性的因素

影响供给价格弹性的因素要比影响需求价格弹性的因素复杂得多，下面分析几点比较主要的方面：

(1) 时期的长短。短期内，生产要素比如设备、厂房等无法大幅度的增加，从而供给量也无法大幅提高，因此供给价格弹性就比较小。在长期，生产者可以重新调整生产规模，加大投入，从而生产能力增加，供给量就可以随价格广泛波动，因此供给价格弹性就比较大。

(2) 生产要素的供给弹性。生产要素的供给弹性越大，产品的供给弹性也就越大，这一点是显而易见的。

(3) 生产技术的难易程度。技术简单的生产过程，其商品生产随时可以应对价格变化快速反应，及时调整产量，从而供给弹性就比较大，反之，就比较小。

除了上述三点，影响供给价格弹性的因素还有很多，比如生产过程是资本密集还是劳动密集，等等。正是这些多重因素的集合才使得不同商品的供给弹性千差万别。

2.5.3　其他弹性概念

需求价格弹性和供给价格弹性是微观经济学中较为重要的两个弹性概念，对于后面章节中的许多问题来说，它们是必不可少的分析工具。但在经济分析中“弹性”概念涵盖的范围绝不仅限于此。任何两个相关联的变量——一个变量发生变化可以引起另一个变量随之变化——都可以依照定义得到一个弹性系数值，而这一数值在分析两个变量的相对关系时就可以作为一个重要的参数。需求的交叉弹性与收入弹性也是两个重要的弹性概念。

1. 需求的交叉弹性

前面曾经分析过，一种商品的需求量不仅会随着自身价格的变化而变化，还会受到其他商品价格变动的影响。如果说需求的价格弹性针对的是前一种情况，那么需求的交叉弹性则是在分析后一种情况，它是要考察其他商品价格变动一定百分比后，该商品需求量会变动多少百分比。

准确定义是：需求的交叉弹性表示在一定时期内一种商品需求量的变动对于其他商品价格变动的反应程度。它是该商品的需求量的变动率和它的相关商品的价格变动率的比值。用数学方式表示就是，假定商品 X 的需求量 Q_X 是它的相关商品 Y 的价格 P_Y 的函数，即 $Q_X=f(P_Y)$，则商品 X 相对于商品 Y 的需求的交叉弹性公式为：

$$E_{XY}=\frac{\Delta Q_X/Q_X}{\Delta P_Y/P_Y}=\frac{\Delta Q_X}{\Delta P_Y}\times\frac{P_Y}{Q_X} \tag{2.13}$$

或者进一步：

$$E_{XY}=\lim_{\Delta P_Y\to 0}\frac{\Delta Q_X/Q_X}{\Delta P_Y/P_Y}=\frac{\mathrm{d}Q_X/Q_X}{\mathrm{d}P_Y/P_Y}=\frac{\mathrm{d}Q_X}{\mathrm{d}P_Y}\times\frac{P_Y}{Q_X} \tag{2.14}$$

看一下从需求的交叉弹性系数值能得出什么结论：$E_{XY}>0$，说明商品 X 与商品 Y 的价格成同方向变动；$E_{XY}<0$，说明商品 X 与商品 Y 的价格成反方向变动。结合前面提到的替代品和互补品的概念，可以得出：$E_{XY}>0$ 是替代品的特征；$E_{XY}<0$ 是互补品的特征。由此便根据交叉弹性系数值将商品之间的关系分成了两种，当然还应该提到的是，如果 $E_{XY}=0$ 则说明两种商品不相关。

2. 需求的收入弹性

消费者的收入水平和商品的需求量之间存在密切联系，根据弹性的概念，可以这样考虑：收入变化一定百分比后将会引起需求量变化多少百分比呢？这样便有了需求的收入弹性这一概念。

需求的收入弹性表示在一定时期内消费者对某种商品的需求量的变动对于消费者收入水平变动的反应程度。它是商品的需求量的变动率和消费者的收入水平的变动率的比值。用数学公式表示就是，假定商品的需求量 Q 是消费者收入水平 M 的函数，即 $Q=f(M)$，则该商品的需求的收入弹性公式为：

$$E_M=\frac{\Delta Q/Q}{\Delta M/M}=\frac{\Delta Q}{\Delta M}\times\frac{M}{Q}$$

或者进一步：

$$E_M=\lim_{\Delta M\to 0}\frac{\Delta Q}{\Delta M}\times\frac{M}{Q}=\frac{\mathrm{d}Q}{\mathrm{d}M}\times\frac{M}{Q}$$

看一下从需求的收入弹性系数值能得出什么结论：$E_M>0$ 表示需求量随着收入增加（减少）而增加（减少）；$E_M<0$ 表示需求量随着收入增加（减少）而减少（增

加）。这两个特点刚好与前面提到的两个概念相对应：正常商品（需求量与收入变化同方向）和劣等商品（需求量与收入变化反方向）。由此，所有的商品都可以根据 E_M 的值被划分为两大类：$E_M>0$ 时是正常商品；$E_M<0$ 时是劣等商品。进一步分析，在正常品中，$0<E_M<1$ 时，说明需求量虽然随着收入同方向变动，但是需求量的变动相对于收入的变动来说是缺乏弹性的，这是必需品的特征；$E_M>1$ 时，说明需求量不仅随着收入同方向变动，而且需求量的变动相对于收入的变动来说是富有弹性的，这是奢侈品的特征。

有了需求收入弹性概念，就可以根据众多统计资料计算出各种商品的需求收入弹性以指导实际工作，为政府的各项理论政策提供依据，比如说可以研究消费者用于购买食物的支出量对于消费者收入量变动的反应程度，得出食物支出的收入弹性。恩格尔定律①指出：在一个家庭或一个国家中，食物支出在收入中所占的比例随着收入的增加而减少。实际上这一定律完全可以用食物支出的收入弹性来进行解释：对于一个家庭或一个国家，富裕程度越高，食物支出的收入弹性就越小；反之，则越大。

本章小结

1. 一种商品的需求是指消费者于一定时期内在各种可能的价格水平上愿意而且能够购买的该商品的数量。

2. 需求定理的基本内容是：在其他条件不变的情况下，一种商品的需求量与价格之间成反方向变动，即需求量随着商品价格的上升（下降）而减少（增加）。影响需求变动的因素：商品自身的价格；其他相关商品的价格；消费者的收入水平；消费者的偏好；消费者对价格的预期。

3. 一种商品的供给是指生产者于一定时期内在各种可能的价格水平上愿意而且能够提供出售的该商品的数量。

4. 供给定理的基本内容是：在其他条件不变的情况下，一种商品的供给量与价格之间成同方向变动，即供给量随着商品价格的上升（下降）而增加（减少）。影响供给变动的因素：商品自身的价格；生产者的目标；其他相关商品的价格；生产技术的变动；生产要素的价格；生产者对未来的预期。

5. 供求定理的内容是：其他条件不变时，需求的变动引起均衡价格和均衡数量同方向变动，供给的变动引起均衡价格反方向变动和均衡数量的同方向变动。

6. 支持价格也称为最低限价。它是政府为支持某一行业的生产而规定的该行业

① 恩格尔定律：是德国的统计学家恩格尔（1821～1896），于1857年在一个研究报告中提出的。恩格尔以后的经济学家有时也用食物支出的收入弹性来表述该定律。

产品的最低价格，支持价格都是高于均衡价格的。限制价格也称为最高限价。它是政府为限制某一行业的生产而规定的该行业产品的最低价格，限制价格都是低于均衡价格的。

7. 需求的价格弹性又称为需求弹性，它是指价格变动的比率所引起的需求量变动的比率，即需求量对价格变动的反应程度。反映需求弹性大小的概念是需求价格弹性系数。影响需求弹性的因素：消费者对商品的依赖度；商品的可替代度；商品用途的广泛性；商品在其家庭支出中所占的比例。

8. 供给的价格弹性是指价格变动的比率所引起的需求量变动的比率，即需求量对价格变动的反应程度。用供给的价格弹性系数来表示其大小。影响供给的价格弹性的因素：生产期的长短；生产要素的供给弹性；生产技术的难易程度。

9. 需求的交叉弹性表示在一定时期内一种商品需求量的变动对于其他商品价格变动的反应程度。需求的收入弹性表示在一定时期内消费者对某种商品的需求量的变动对于消费者收入水平变动的反应程度。

思 考 题

1. 有一种需求曲线，它上面的任何一点的点弹性系数都是1，请写出这种需求曲线的需求函数。

2. 听过“谷贱伤农”的说法吗？它描述的是这么一种经济现象：在丰收的年份，农民的收入却反而减少了。实际上这种似乎难以被理解的现象可以很容易地用弹性原理加以解释。请试着分析这一问题。

3. 对于一种商品如何定价才能使收益最大呢？假设这种商品的需求函数为：$Q=f(P)$。

4. 有人曾经提出，需求定理和供给定理是不成立的，原因在于它们的前提条件“在其他条件不变的情况下，当价格变化时”存在着内在的矛盾。从某些角度讲，这种说法也有其合理性，那么你的看法呢？

第三章 消费者行为

学习目标

学习本章应掌握效用、边际效用概念、边际效用递减规律的含义，熟悉基数效用理论和序数效用理论的基本内容与分析工具；理解边际替代率概念、消费者均衡的含义与实现过程；了解收入效应与替代效应的含义，了解个人需求曲线和市场需求曲线的推导过程。

关键名词

效用 基数效用理论 总效用 边际效用 边际效用递减规律 序数效用理论 偏好 无差异曲线 边际替代率 预算线 边际替代率递减规律 消费者均衡 收入—消费线 恩格尔曲线 正常商品 劣等商品 价格—消费线 收入效应 替代效应 吉芬商品 替代品 互补品 个人需求曲线 消费者剩余 市场需求曲线

3.1 效用理论基础

3.1.1 效用的定义

效用（Utility）是指消费者从消费某种商品或劳务中所得到的满足程度。消费者所获得的满足程度越高表示其效用水平越高。从效用概念可知，效用是消费者的主观心理感受，会因消费者不同、消费所处的时间、地点不同而有所差异。对于不同消费者而言，消费同样物品所获得的效用可能是不同的；甚至同一个消费者在不同时间、不同地点消费同样的商品或劳务，其效用也是不同的。

尽管效用的获得取决于商品本身所具有的使用价值，但效用与使用价值有明显区别。使用价值是物品本身所具有的属性，它是由该物品的物理或者化学性质决定的。使用价值客观存在，不以人的感受为转移；而效用则具有较强的主观性。

3.1.2 基数效用理论

基数这个术语来自数学，它是指 1，2，3，…，这些数据可以加总求和。基数效用理论就是借助这些具体数字来衡量消费者从消费中获得的满足程度。基数效用论者认为：效用如同距离、面积等概念一样，可以具体衡量，可以多者相加；具体的效用量之间的比较是有意义的；有专门表示效用大小的效用单位：尤特尔（Utel）。例如，对某个消费者而言看一场明星演唱会和看一场精彩的足球赛的效用分别是 15 尤特尔和 5 尤特尔，则可以说这两种消费的效用之和为 20 尤特尔，且前者的效用比后者的效用大，是后者的 3 倍。

在 19 世纪末期和 20 世纪初期，西方经济学家普遍使用基数效用的概念。众多基数效用论者在“效用可以用基数衡量”的假定基础上提出了许多新的概念和假定，形成了一整套的分析方法，即边际效用分析方法，力图借助基数效用理论全面分析消费者行为。

1. 总效用与边际效用

总效用（Total Utility，TU）是指消费者在一定时间内从一定数量的商品消费中所得到的总的满足程度。边际效用（Marginal Utility，MU）是指消费者增加一单位某种商品的消费所获得的满足程度的增量。边际效用指标可从总效用指标中推导得出。

假定消费者对一种商品的消费量为 Q，则总效用是消费量的函数，可以表示为：$TU=f(Q)$ 相应的边际效用函数为：$MU=\frac{\Delta TU(Q)}{\Delta Q}$。

当商品的增加量趋于无限小，即 $\Delta Q\to 0$ 时有：

$$MU=\lim_{\Delta Q\to 0}\frac{\Delta TU(Q)}{\Delta Q}=\frac{dTU(Q)}{dQ}$$

从表 3－1 中可看出总效用与边际效用的关系：

表 3－1

商品数量	总效用	边际效用
0	0	
1	15	15
2	27	12
3	36	9
4	42	6
5	45	3
6	45	0
7	42	－3

2. 边际效用递减规律

从表 3－1 可知，边际效用随着消费量的增加而呈现出递减的趋势，这种情况普遍适用于一切商品或劳务的消费，在经济学中用边际效用递减规律来描述这一现象。

边际效用递减规律的内容是：在一定时间内，其他商品的消费数量保持不变的情况下，随着消费者对某种商品的消费量增加，他从该商品连续增加的每一单位消费中所得到的效用增量，即边际效用是递减的。

边际效用递减规律可通过日常经验性实践获得证实，例如，有人喜欢看偶像剧，在一定时间内，她可能希望电台播出的此类片子越多越好，可是仔细分析后就会发现，她看第一部片子的时候可能会感觉很温馨、很浪漫，甚至激动地痛哭流涕，可是在看第二部的时候这种兴奋程度就势必会变弱，因为她看了开头就有可能猜到结尾，心理上的新鲜感已有所降低，随着第三部、第四部等剧目接踵而至，她每多看一部片子所增添的乐趣就会渐渐减弱，甚至产生反感。又如，当你大量运动稍事休息后所喝的第一杯水给你带来了极高的满足程度，第二杯水的满足程度也很高，但却不如第一杯水那样高，第三杯水的满足程度相对于第二杯水又在降低，也就是说从水的消费中你所获得的边际效用是递减的。但这时你所获得的总的满足程度，或是总效用，却是递增的。

3.1.3　序数效用理论

序数是指第一、第二、第三、……，它只表示顺序或等级，不能加总求和。序数效用论的基本观点是：效用作为一种主观感受无法用具体的基数去计量，也不能加总求和，只能表示出满足程度的高低与顺序。按照序数效用论的观点再来看明星演唱会与足球赛的例子，的确无论从哪一项活动中观众都能获得满足，但这种满足程度或效用水平是无法用具体数字衡量的，而且，由于是两种性质不同的活动，其效用也不可以求和。但观众却可以比较从两种活动中获得的效用大小：如果一个人喜欢看球赛胜过看明星演唱会，那么他从看球赛中获得的效用就大于从看明星演唱所获得的效用，两者就可以进行排序。

20 世纪 30 年代，序数效用的概念逐渐为大多数经济学家所接受和使用，相应的也就形成了另一套研究消费者行为的理论——序数效用论。序数效用论弥补了原来基数效用论的不足之处，基数效用论可以说明解释的一些问题通过序数效用论同样可以获得答案。

3.2　无差异曲线

3.2.1　无差异曲线

无差异曲线是序数效用论中的重要分析工具。无差异曲线描述了某个消费者消费两种商品的不同数量组合，这些不同组合的共同特征是：消费者从消费各组商品所获得的总的满足程度或总效用是相同的。假如现在有 X 和 Y 两种商品，它们有 A、B、

C、D、E 五种组合方式，如表 3－2 所示。消费者从这五种组合方式中所获得的满足程度是相同的。根据表 3－2 还可以做出图 3－1。

表 3－2

组合方式	*X* 商品	*Y* 商品
A	2	12
B	4	8
C	6	5
D	8	3
E	10	1

在图 3－1 中，横轴代表 X 商品的数量，纵轴代表 Y 商品的数量，图中的曲线 I 即为无差异曲线，A，B，C，D，E 五个点分列在这条平滑的曲线上。在 I 上任何一点 X 商品与 Y 商品不同数量的组合给消费者所带来的效用都是相同的，因此无差异曲线中的“无差异”指的是效用的无差异。

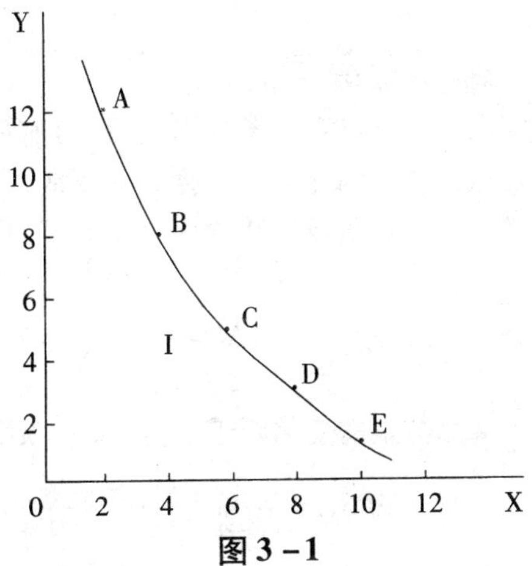

图 3－1

3.2.2　无差异曲线的特征

（1）无差异曲线是一条向右下方倾斜且凸向原点的曲线。这一特征的含义是：在消费者收入以及两种商品的价格不变的情况下，消费者为获得相同的满足程度，在增加一种商品的消费时，必须减少另一种商品的消费。并且随着某一商品消费量的增加，所愿意放弃的另外一种商品的数量是越来越少的。从数学的角度来看，无差异曲线的斜率是负的，这决定了无差异曲线向右下方倾斜的特征；同时，无差异曲线的斜率是递减的，这决定了无差异曲线凸向原点的特征。

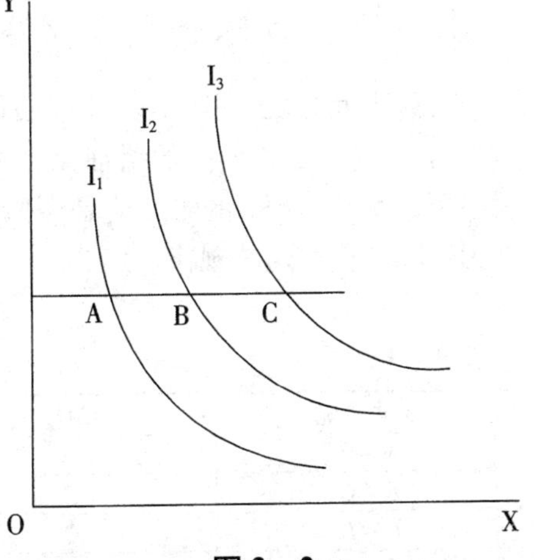

图 3－2

（2）在同一平面坐标系中可以有无数条无差异曲线。同一条无差异曲线代表相同的效用水平。通常，距离原点越远的无差异曲线，所代表的效用水平越高。图 3－2 中，I_1、I_2、I_3

三条无差异曲线代表不同的效用水平，其顺序是：$I_1 < I_2 < I_3$。

（3）任何两条无差异曲线不能相交。这一特征可以通过反证法加以证明。当两条无差异曲线相交时，在交点处就会出现矛盾：两条无差异曲线分别代表着两个不同的效用水平，这就意味着处于两条线交点的某一消费组合代表着两个不同的效用水平，这显然是有悖于常识的。

3.2.3 边际替代率

边际替代率（Marginal Rate of Substitution，MRS）是指在保持效用水平不变的情况下，消费者增加一单位某种商品的消费量时所需要放弃的另一种商品的消费量。对于两种商品 X 和 Y，商品 X 对商品 Y 的边际替代率的定义式为：

$$MRS_{XY} = \frac{\Delta Q_Y}{\Delta Q_X}$$

定义式中分母和分子分别表示 X 商品和 Y 商品的变化量。由于 ΔQ_X 是增加量，ΔQ_Y 是减少量，因此，边际替代率通常是负值。通常，为了便于理解和使用，会对边际替代率取绝对值或在其前面加上负号使其转换成正值，因此转换后的边际替代率的公式为：

$$MRS_{XY} = -\frac{\Delta Q_Y}{\Delta Q_X}$$

当商品数量的变化趋于无穷小时，则商品的边际替代率的公式为：

$$MRS_{XY} = -\lim_{\Delta Q \to 0} \frac{\Delta Q_Y}{\Delta Q_X} = -\frac{\mathrm{d}Q_Y}{\mathrm{d}Q_X}$$

显然，无差异曲线上某一点的边际替代率就是无差异曲线在该点的斜率值。

3.2.4 边际替代率递减规律

首先来计算表 3－2 中以 X 商品代替 Y 商品的边际替代率，结果见表 3－3。在表 3－3 中，ΔQ_X 是 X 商品的增加量，ΔQ_Y 是 Y 商品的减少量，MRS_{XY} 应该是负值。从表中可以看到 MRS_{XY} 的绝对值是在减少的，这种情况存在于任何两种商品的替代中，称为边际替代率递减规律。

表 3－3

变动情况	ΔQ_X	ΔQ_Y	MRS_{XY}
$A-B$	2	4	2
$B-C$	2	3	1.5
$C-D$	2	2	1
$D-E$	2	1	0.5

边际替代率递减规律是指：在保持效用水平不变的情况下，随着一种商品的消费数量的连续增加，消费者为得到每一单位的这种商品所需要放弃的另一种商品的消费数量是递减的。

从几何意义上来说，由于商品的边际替代率的绝对值就是无差异曲线斜率的绝对值，所以边际替代率递减规律决定了无差异曲线斜率的绝对值也是递减的，即无差异曲线凸向原点。

对边际替代率递减规律的解释需借助于边际效用递减规律。根据边际效用递减规律，随着 X 商品消费的增加，它的边际效用在递减；随着 Y 商品消费的减少，它的边际效用在递增。这样，在保持总效用不变的情况下，每增加一定数量的 X 商品，所能代替的 Y 商品的数量就越来越少，即 X 商品以同样数量增加时，所减少的 Y 商品越来越少；或者说，在 $MRS_{XY} = -\frac{\Delta Q_Y}{\Delta Q_X}$ 这个公式中，当分母不变时，分子在不断减小，从而分数值是越来越小的，边际替代率递减就推导出来了。由此可见，边际替代率实际上是用无差异曲线来描述边际效用递减规律。

3.2.5　无差异曲线的特例：完全替代与完全互补

生活中绝大多数商品之间是部分替代的关系，因此，可以用上面的无差异曲线来描述。但现实中也会存在一些特例，如当商品之间是完全替代或完全互补时，这时所对应的无差异曲线的形状就会出现较大的差异。下面通过两个例子加以说明。

例 1：完全替代品：果汁和可乐。面对着果汁和可乐，对于一个生活不甚挑剔的人（不会为了补充维生素而排斥可乐，也不会为了享受爆发的泡沫而拒绝果汁）来说，从两者的消费中所获得的满足程度是相同的，增加一个单位的果汁的消费只需按一定比例放弃可乐的消费。

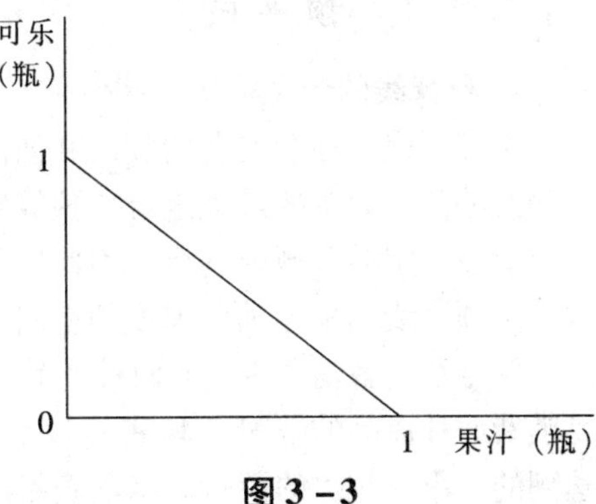

图 3-3

在该例中，对于该消费者来说，一瓶可乐和一瓶果汁之间是无差异的，并且假设两者以 1:1 的固定比例进行替换，因此两种饮料的边际替代率是一个常数，相应的无差异曲线是一条斜率不变的直线，如图 3-3 所示。具有类似特征的商品被称作完全替代品。

例 2：完全互补品：镜片与镜架。一个人去配眼镜，他需要一副镜架，两块镜片。即使镜片再贵，镜架再便宜，正常人也不会愚蠢地少买一块镜片而多买一副镜架，而只是按固定的比例来消费。

在该例中，对于消费者来说，镜架和镜片是完全不同的商品，彼此有着不同的功用，但是它们的功用又彼此紧密地联系着：没有镜架，空有两块镜片肯定不成；没有镜片，只有一副镜架也不可以。这样的两种商品被称为完全互补品，它们的无差异曲线成直角形，如图3-4所示。一副镜架只需两块镜片搭配，消费者拥有完整的眼镜之后，他不会放弃任何一副镜架去换取额外的镜片（相应的 $MRS_{XY}=0$）；然而他会放弃所有多余的镜架，只保留一副镜架与两块镜片搭配（相应的 $MRS_{XY}=\infty$）。图3-4中无差异曲线的横线部分和竖线部分分别表示出了 $MRS_{XY}=0$ 和 $MRS_{XY}=\infty$。

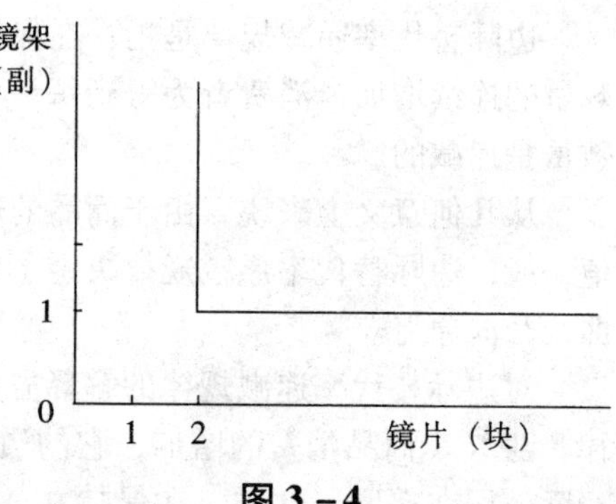

图3-4

完全互补品是指两种商品必须按固定的比例同时被使用的情况。除镜片和镜架的例子外，同样情况还很多，比如我们穿的左脚鞋和右脚鞋，你能举出具有完全互补特征的其他商品组合吗？

3.3 消费者均衡分析

3.3.1 预算线

1. 预算线的含义

预算线表示在消费者的收入和商品价格既定的条件下，消费者的全部收入所能购买的两种商品数量的最大组合。预算线是消费者消费行为的约束，使消费者的消费活动只能在一定的区域内进行，因此也可以将此线称为预算约束线、消费可能线和价格线。由预算线和坐标轴所围成的空间称为消费者的预算空间。

假定消费者消费X、Y两种商品，P_X、P_Y 分别是两种商品的价格，Q_X、Q_Y 分别是消费两种商品的数量，M 表示该消费者的收入。显然，大于收入的消费是不可能达到的，小于收入的消费表示消费者的资源没有充分利用，无法实现效用最大化，因此，消费者为实现其效用最大化而进行的消费活动就只能局限在一定的范围内，其消费的上限就是：

$$M=P_XQ_X+P_YQ_Y$$

这就是预算线的表达形式，对于这个直线方程式，其斜率为 $-\frac{P_X}{P_Y}$，由于 M、P_X、P_Y 为既定的常数，所以给出 Q_X 的值就可以求出 Q_Y，反之也可以已知 Q_Y 求 Q_X，如 Q_X

$=0$，则 $Q_Y=\frac{M}{P_Y}$；$Q_Y=0$，则 $Q_X=\frac{M}{P_X}$。

如图 3－5 中所示的直线 AB，这就是在直角坐标系中做出的预算线。其斜率、横轴和纵轴的截距分别是上面求出的：$-\frac{P_X}{P_Y}$、$\frac{M}{P_X}$和$\frac{M}{P_Y}$。在图 3－5 上可以清楚地看出消费者的购买能力——他只能在包括预算线在内的三角形部分进行消费。对于图 3－5 中标注的 C、D、E 三点，C 点刚好位于预算线上，D 点位于预算线以内，E 点位于预算线以外，其中 E 点是消费不起的商品组合，D 点表示消费以后还有剩余资金。

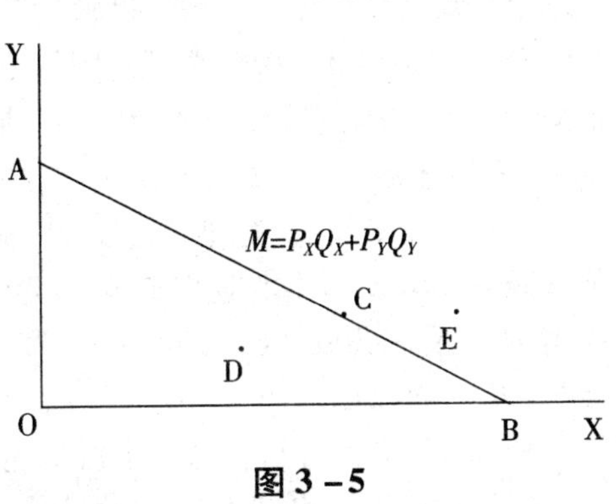

图 3－5

2. 预算线的变动

如上分析，只要给定了 M、P_X、P_Y，则相应的预算线的位置和形状也就决定了，只要这三个条件不变，那么预算线的斜率、横轴和纵轴截距也就不会变。可是如果这三个量中一个或者多个变化了，预算线又会发生怎样的变动呢？

（1）假定 P_X、P_Y 不变，只有收入 M 改变。这时，相应的预算线会平行移动。原因在于：由于 P_X、P_Y 不发生变化，所以预算线的斜率保持不变，而预算线的横、纵轴的截距大小却发生变动（收入 M 增加，两截距值变大；收入 M 减小，两截距值变小）。这样一来，如图 3－6 所示，原预算线 AB 在收入增加时会向右上方平行移动至 A_1B_1，在收入减小时会向左下方平行移动至 A_2B_2。

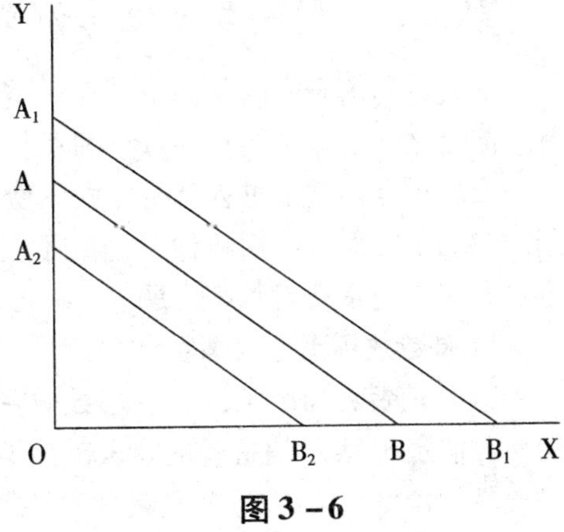

图 3－6

（2）假定 P_X、P_Y 发生同方向同比例变化，而收入 M 不变。这时，相应的预算线也会平行移动。原因在于：虽然 P_X、P_Y 改变了，但是由于是同方向同比例改变，所以预算线的斜率不变，只有预算线横、纵轴的截距发生变动。实际上这种情况和第一种情况是同样的结果：P_X、P_Y 同方向同比例减小就等同于价格不变收入增加，P_X、P_Y 同方向同比例增加就等同于价格不变收入减小，这一变化过程同样可以用图 3－6 表示。

（3）假定 P_X、P_Y 中只有一个发生变化，而收入 M 不变。这时，相应的预算线会发生转动。具体分析：令 P_X 变化，而 P_Y、M 不变，那么预算线的斜率、横轴的截距都会随着 P_X 发生变化（P_X 减小，则斜率、横轴截距变大；P_X 增加，则斜率、横轴截距变小），只有纵轴截距不变。图 3－7 描述了这一过程，可以很清楚地看到，P_X 减小，预算线 AB 以 A 为中心逆时针旋转至 AB_1；P_X 增加，预算线 AB 以 A 点为中心顺时针旋转至 AB_2。同样的，当 P_Y 变化，而 P_X、M 不变时也可以以此分析，这里不再赘述。

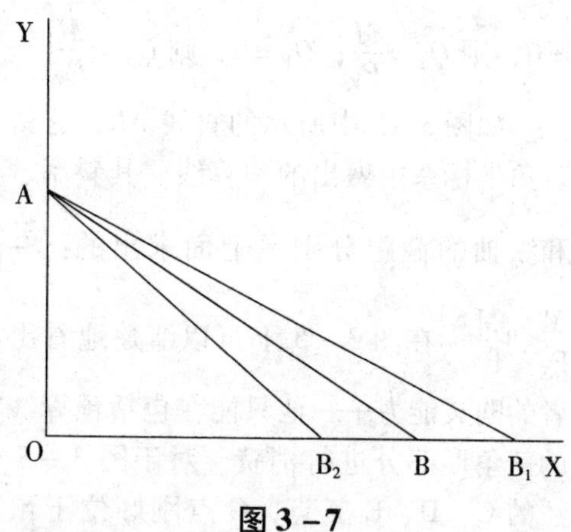

图 3－7

（4）假定 M、P_X、P_Y 三者发生同方向同比例变动。这时，相应的预算线不发生变动。原因很简单，由于 M、P_X、P_Y 同方向同比例变动，则预算线的斜率、横轴和纵轴的截距都不发生变化，因此预算线保持不变。

以上分析了四种比较具有代表性的预算线变动方式，然而在实际研究中，可能还会出现更为复杂的变化类型，但不外乎是上面几种变化形式的组合。

3.3.2 效用最大化与消费者均衡

消费者均衡研究的是消费者在既定的预算约束下如何实现其自身效用最大化的问题。简言之，消费者要在预算空间里找到一个消费组合点以获得最大效用，这个点就是一个均衡点，这个过程就是寻找消费者均衡的过程。下面从基数效用理论与序数效用理论两个方面，运用两种理论的不同方法（边际效用分析方法与无差异曲线分析方法）来探讨消费者均衡问题。

1. 基数效用理论与消费者均衡

（1）消费者均衡条件。在基数效用理论里，运用边际效用分析法来分析消费者均衡，假定 M 表示消费者的收入，该消费者消费 X、Y 两种商品，P_X、P_Y 分别是两种商品的价格，Q_X、Q_Y 分别是两种商品的消费量，MU_X、MU_Y 分别是两种商品所带来的边际效用。在 $M = P_XQ_X + P_YQ_Y$ 的预算约束条件下，消费者实现效用最大化的均衡条件是：

$$\frac{MU_X}{P_X} = \frac{MU_Y}{P_Y} \tag{3.1}$$

所购买的两种商品的边际效用与各自价格的比值相等，即最后一单位货币用于购买 X、Y 两种商品给消费者带来的满足程度是相同的。

（2）消费者均衡条件的证明。为什么说只有当消费者实现了（3.1）式的均衡条件时，才能获得最大效用呢？这一条件的经济含义又该如何理解呢？

从$\frac{MU_X}{P_X}$和$\frac{MU_Y}{P_Y}$这两者的关系来分析：

当$\frac{MU_X}{P_X}<\frac{MU_Y}{P_Y}$时，说明对于消费者来说，同样的一单位货币购买商品 X 所得到的边际效用小于购买商品 Y 所得到的边际效用。这时，消费者就会调整两种商品的购买量，减少购买商品 X，增加购买商品 Y。这一调整过程包括两方面的动态：一方面，在消费者用减少一单位货币的商品 X 的购买来相应地增加一单位货币的商品 Y 的购买时，由此带来的商品 X 的边际效用的减少量小于商品 Y 的边际效用的增加量，这样一来总效用是增加的；另一方面，根据边际效用递减规律，随着商品 X 购买量的减少，其边际效用（MU_X）会不断增大；随着商品 Y 购买量的增加，其边际效用（MU_Y）会不断减小。这样便使得$\frac{MU_X}{P_X}$不断增大，$\frac{MU_Y}{P_Y}$不断减小，当消费者一旦将其购买量组合调整到同样一单位货币购买这两种商品所得到的边际效用相等时，即实现$\frac{MU_X}{P_X}=\frac{MU_Y}{P_Y}$，便得到了这一调整过程的全部好处——效用达到最大。

同样，当$\frac{MU_X}{P_X}>\frac{MU_Y}{P_Y}$时，对于消费者来说仍然可以按照上述边际效用分析方法，通过调整其两种商品的购买量（增加购买商品 X，减少购买商品 Y），来达到$\frac{MU_X}{P_X}=\frac{MU_Y}{P_Y}$这一均衡条件，实现效用最大化。

明确了消费者均衡条件的成立原因及其内涵，不妨将上面的两种商品组合的消费者均衡条件进行扩展。假定消费者用其收入 M 购买 n 种商品，P_1、P_2、…、P_n 分别为 n 种商品的既定价格；Q_1、Q_2、…、Q_n 分别表示 n 种商品的消费数量，消费者效用最大化的均衡条件可以用公式表示为：

$$M=P_1Q_1+P_2Q_2+\cdots+P_nQ_n \tag{3.2}$$

$$\frac{MU_1}{P_1}=\frac{MU_2}{P_2}=\cdots=\frac{MU_n}{P_n}=MU_m \tag{3.3}$$

实际上还可以把（3.3）式子简写为：$\frac{MU_i}{P_i}=MU_m$　（$i=1，2，\cdots，n$）。

2. 序数效用理论与消费者均衡

（1）消费者均衡条件。在序数效用理论里，运用无差异曲线分析方法分析消费者均衡，其均衡条件可以表述为：在一定的预算约束下，消费者实现效用最大化所选择的商品组合，组合点对应的两种商品的边际替代率等于两种商品的价格之比。

假定 X、Y 两种商品的边际替代率是 MRS_{XY}，其对应价格分别是 P_X、P_Y，则均衡条件可以表述为 $MRS_{XY}=\frac{P_X}{P_Y}$。图 3－8 更为直观地将均衡条件表现出来，很显然，MRS_{XY}是无差异曲线 I_2 的斜率的绝对值，$\frac{P_X}{P_Y}$是预算线 AB 的斜率的绝对值，两者相等时，说明无差异曲线 I_2 和预算线 AB 相切于一点，这一点（E 点）正是效用最大化点。

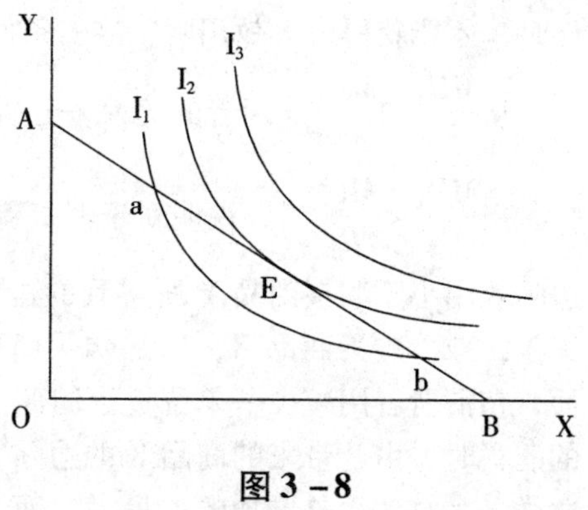

图 3－8

（2）消费者均衡条件的证明。从图 3－8 中，I_1、I_2、I_3 是具有代表性的三条无差异曲线，AB 是预算线，E 点是效用最大化点，可以看出，三条无差异曲线所代表的效用大小依次为：$I_1<I_2<I_3$。I_3 代表的效用虽高但却位于预算线以外，无法实现；I_1 虽然与预算线 AB 有两个交点 a、b，说明在此收入条件下可以购买这两个交点上的商品组合，但是这两点上的效用水平显然低于 I_2。就 a、b 两点来说，消费者完全可以改变购买组合，选择 AB 线段上 a 点右边 b 点左边的任何一点的商品组合，则都可以在不超出收入的情况下达到比 I_1 效用更大的无差异曲线。这一过程持续下去，其结果必然是达到 E，即无差异曲线 I_2 与预算线 AB 的切点。

从均衡条件式来看，$MRS_{XY}=\frac{P_X}{P_Y}$，这个式子即表达在消费者均衡点上，消费者愿意用 1 单位的 Y 商品去交换 X 商品的数量（MRS_{XY}），应该等于该消费者能够在市场上用 1 单位的 Y 商品去交换得到商品 X 的数量$\frac{P_X}{P_Y}$。为什么只有满足这个式子，消费者才能获得最大的效用呢？

当 $MRS_{XY}<\frac{P_X}{P_Y}$时，假定 $MRS_{XY}=2$，$\frac{P_X}{P_Y}=3$，那么可以得出：一方面，消费者为了得到 1 单位的商品 X 愿意放弃 2 单位的商品 Y 以保证其总效用不变；另一方面，消费者能够在市场上放弃 3 单位的商品 Y 而得到 1 单位的商品 X。这种情况下，消费者会不会为了得到 1 单位商品 X 而放弃一定数量的商品 Y 呢？显然不会，因为他如果真想得到 1 单位商品 X 就只能按照市场上必须放弃的商品 Y 的数量进行交换，然而，这种交换势必减小其自身总效用（如前假定，以 2 单位 Y 换得 1 单位 X 效用是不变的，但是在市场上却必须用 3 单位 Y 换得 1 单位 X，这种交换使总效用变小了）。理性的消费者会采取相反的措施，放弃商品 X 去换得商品 Y，结果是满意的。1 单位 X 换得 2 单位 Y 就可以保持总效用不变，现在在市场上却可以换得 3 单位，总效用变大

了。在这一交换过程中，还有一个动态的过程，那就是，随着商品 X 减少，商品 Y 增多，根据边际替代率递减规律，MRS_{XY}会逐渐增大，交换继续，就会使得 MRS_{XY}在某一点上等于$\frac{P_X}{P_Y}$，这时候，交换便会停止，因为两者相等，不存在可以使总效用增加的交换方式了，所以交换也就结束了，此时消费者总效用达到最大。

同样地，当 $MRS_{XY} > \frac{P_X}{P_Y}$时，也可以运用上述分析方法进行分析：消费者肯定会放弃商品 Y 去得到商品 X，直到 $MRS_{XY} = \frac{P_X}{P_Y}$时，交换停止，消费者效用最大。

3.4 消费者均衡的变动

3.4.1 收入变动对消费者均衡的影响

1. 收入—消费曲线

收入变化后，预算约束条件相应发生变动，如图 3－9，收入增加，预算约束线向右上方移动（从 AB 移动至 A_1B_1），收入减少，预算约束线向左下方移动（从 AB 移动至 A_2B_2）。可以看到，在最初的收入条件下，消费者均衡点位于预算线 AB 与无差异曲线 I 的切点 E 上（消费 Q 单位商品 X）；收入增加后，消费者均衡点移动至预算线 A_1B_1 与无差异曲线 I_1 的切点 E_1 上（消费 Q_1 单位商品 X）；收入减少后，消费者均衡点移动至预算线 A_2B_2 与无差异曲线 I_2 的切点 E_2 上（消费 Q_2 单位 X 商品）。其实随着收入的不断变化，均衡点也会不断的改变，消费者对于 X 商品的需求量也相应的发生变化（对于商品 Y 也一样），用平滑的曲线将众多不同的均衡点连接起来，这条曲线就叫做收入—消费线。

收入—消费线就是在消费者的偏好与商品价格不变的条件下，消费者不同收入水平所决定的不同效用最大化的均衡点的轨迹。

图 3－9（a）中，收入—消费线是向右上方倾斜的，这表示随着收入的增加，消费者对商品 X、Y 的需求量都是上升的。而图 3－9（b）中，收入—消费线是向后弯曲的，这表示随着收入的增加，消费者对商品 Y 的需求是上升的，而对商品 X 的需求开始上升到一定水平以后便开始下降了。

2. 恩格尔曲线

从收入—消费线可以得到描述收入与需求量对应关系的重要曲线——恩格尔曲线。

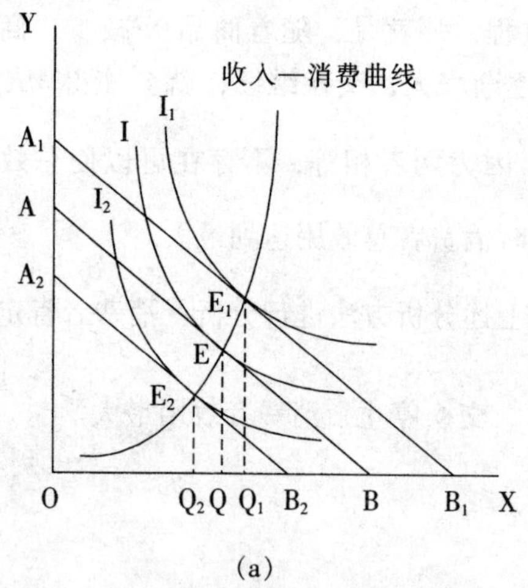

(a)

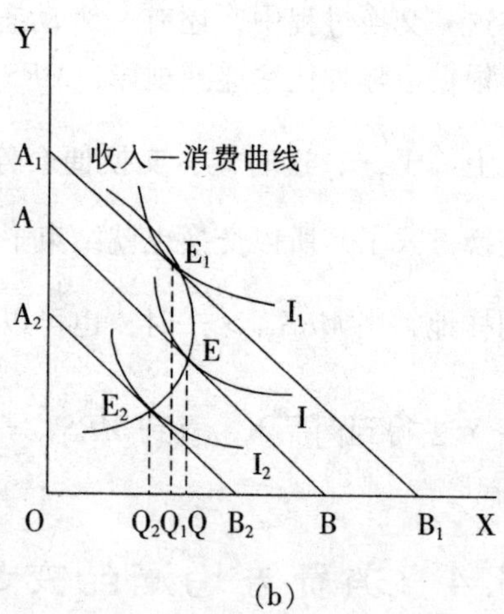

(b)

图 3-9

在直角平面坐标系中，纵轴表示收入，横轴表示 X 商品消费量，根据图 3-9 可得图 3-10。消费者的初始收入为 M（对应图 3-9 中的 AB），此时商品 X 的消费量为 Q（标注为 E）；收入增加至 M_1 时（对应图 3-9 中的 A_1B_1），商品 X 的消费量为 Q_1（标注为 E_1）；收入减少至 M_2 时（对应图 3-9 中的 A_2B_2），商品 X 的消费量为 Q_2（标注为 E_2）。平滑地将 E、E_1、E_2 这三点连接起来，我们得到了曲线 $X=f(M)$，即恩格尔曲线。

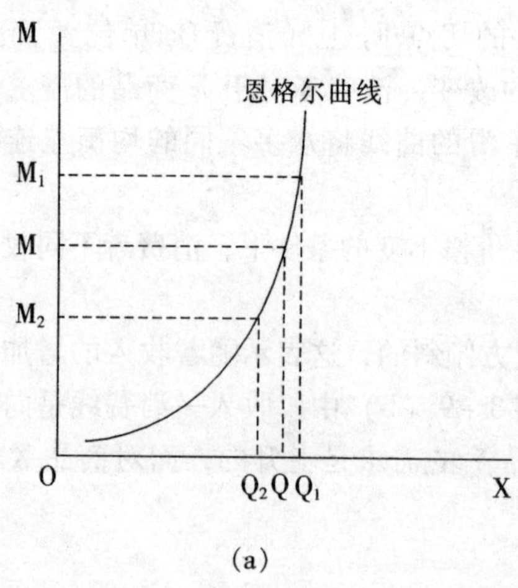

(a)

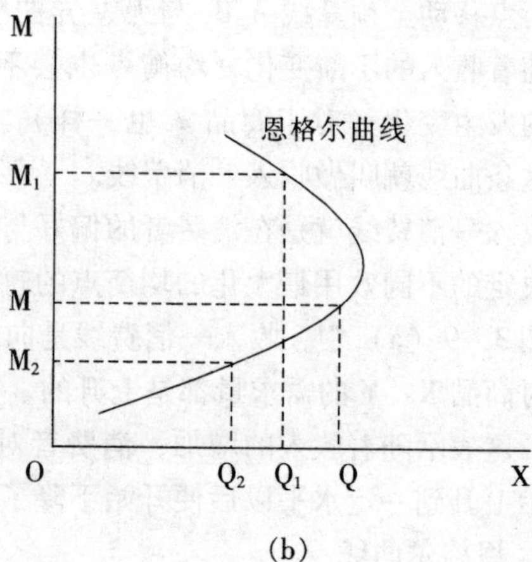

(b)

图 3-10

恩格尔曲线表示消费者在每一收入水平下对某商品的需求量。

根据图 3－9（a）做出的图 3－10（a）中的恩格尔曲线是向右上方倾斜的，说明随着收入的增加，商品 X 的需求量也不断增加；根据图 3－9（b）做出的图 3－10（b）中的恩格尔曲线是向后弯曲的，说明随着收入的增加，商品 X 的需求量是先增加后减少的。

3. 正常商品与劣等商品

正常商品是指需求量随着收入的增加而增加的商品。劣等商品是指需求量随着收入的增加而减少的商品。从图形上看，正常商品的收入—消费曲线如图 3－9（a），恩格尔曲线如图 3－10（a），都是向右上方倾斜的；而劣等商品的收入—消费曲线如图 3－10（a），恩格尔曲线如图 3－10（b），都是向后弯曲的，准确地说，只有向后弯曲的那一段曲线才真正代表着劣等商品的需求量与收入变化的关系。

3.4.2 价格变动对消费者均衡的影响

1. 价格—消费曲线

当收入与另一种商品价格不变的情况下，一种商品的价格变动会引起预算线的转动，因此，消费者均衡点也相应的发生变动。如图 3－11 所示，AB 代表初始预算线，I 代表初始无差异曲线，E 点是初始均衡点，此时对商品 X 需求量是 Q。在收入与商品 Y 的价格均保持不变的情况下，商品 X 的价格下降，则预算线 AB 以 A 点为中心逆时针旋转至 AB_1，并与无差异曲线 I_1 相切于新的均衡点 E_1，此时商品 X 的需求量为 Q_1；商品 X 的价格上升，则预算线 AB 以 A 为中心顺时针旋转至 AB_2，并与无差异曲线 I_2 相切于新的均衡点 E_2，此时商品 X 需求量为 Q_2。实际上，随着商品 X 价格的不断变化，可以在图中找出无数新的均衡点，确定出无数不同的商品 X 的需求量，用一条平滑的曲线将这些点连接起来，便得到了价格—消费曲线。

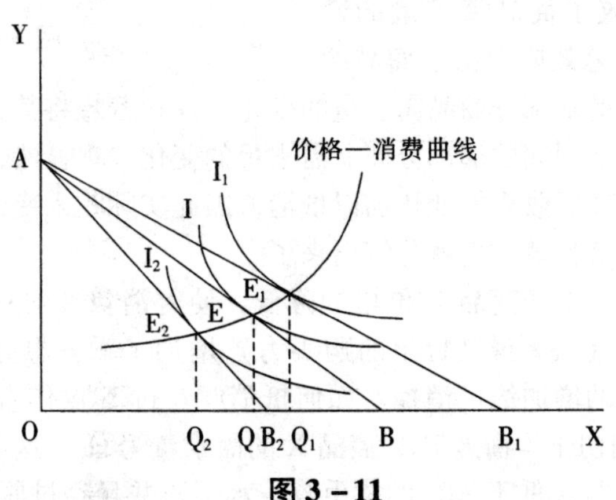

图 3－11

价格—消费曲线是当收入水平及其他商品价格不变的情况下，单个消费者在某种商品不同价格水平上实现效用最大化的均衡点的轨迹。

2. 替代效应与收入效应

当一种商品的价格发生变化时，会对消费者产生两种影响：一是使消费者的实际收入水平发生变化（商品价格的上升或下降会使消费者收入的购买力下降或上升）；二是使商品的相对价格发生变化。这两方面的影响共同导致了该商品需求量的改变。因此，基于上述两方面的因素可以将价格变化产生的总效应分解为两个变化过程：替代效应与收入效应。

替代效应是指一种商品的价格变动导致该商品与其他商品的相对价格发生改变，进而这种相对价格的变化引起该商品的需求量发生变动。收入效应是指一种商品的价格变动导致消费者的实际收入水平发生改变，进而这种实际收入的变化引起该商品的需求量发生变动。替代效应与收入效应的总和即是一种商品价格变动的总效应。

（1）替代效应。如图 3 – 12 所示，AB 是初始预算线，I 是初始无差异曲线，E 是初始均衡点，此时商品 X 需求量是 Q。现在假定 X 的价格减小，那么原预算线 AB 必然会以 A 点为中心逆时针旋转至 AB_1，并与无差异曲线 I_1 相切于新的均衡点 E_1，商品 X 需求量为 Q_1。这整个过程是价格变化的总效应（即 QQ_1）。下面我们在其中分解出替代效应。

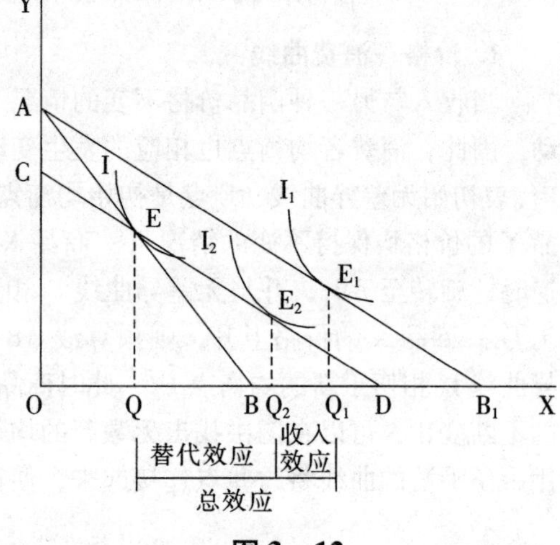

图 3 – 12

根据前面的分析，商品价格改变引起的两方面影响（实际收入变化与商品相对价格变化）共同造成了商品需求量的变化，而替代效应只是总效应中由于商品的相对价格变动而引起的那部分商品需求量的变化，现在若想将其分解出来，就必须剔除由于实际收入变动而引起的那部分商品需求量的变化。很显然，这就需要把由于商品价格变化而造成的实际收入的变化加以抵消，因此实际收入变化引起的需求量的改变就可以暂时搁置，替代效应也就分解出来了。

如图 3 – 12 所示，由于商品 X 价格的降低，使得消费者的货币收入虽然保持不变，但是其实际收入（或者说其货币的购买力）增加了，若想分解出替代效应，就必须将这种实际收入的增加给抵消掉。如何抵消呢？过 E 点作直线 CD 平行于 AB_1，并与无差异曲线 I_2 相切于均衡点 E_2，商品 X 的需求量为 Q_2。这条新加入的预算线有两个特点：与 AB_1 平行，低于 AB_1 的货币收入水平，并且经过原先的消费均衡点 E。

这说明两点：一是该预算线 CD 刚好可以保证消费者有能力消费到原先数量的商品组合；二是该预算线 CD 暗含了商品 X 价格的变化，从而暗含了商品 X 与商品 Y 的相对价格变化。总结起来说就是，加入 CD 这条预算线完成了上面分析的抵消“由于商品 X 价格降低而造成的实际收入的增加”，由此，从均衡点 E 到均衡点 E_2 这一过程就只是由商品相对价格的变化而引起的了，替代效应也就分解出来了，即 QQ_2。

根据图 3－12 上的结果，由于商品 X 价格的降低，替代效应引起商品 X 的需求量增加，是不是由于画图的随意性才这样的呢？不是的，理论上也是如此。X 价格降低，Y 价格不变，X 相对 Y 的价格是降低的，消费者势必会将原先购买 Y 商品的收入用来购买更多的 X 商品，对于所有商品来说，这一点都是成立的，由此也能够得出结论，替代效应与价格成反方向变动：商品价格增加，替代效应会使其需求量减少；商品价格减少，替代效应会使其需求量增加。

（2）收入效应。为了将替代效应总效应中分离出来，因而将由商品 X 价格降低引起的实际收入的增加量进行抵消（辅助线 CD 即是这一作用）。现在，要研究的收入效应实际上就是刚才想要抵消的那一部分实际收入的增量所引起的需求量的变化，即 Q_2Q_1。

如图 3－12 所示，前面作 CD 是为了抵消实际收入的增加量，现在要返回去，让这部分实际收入的增加量体现出来，也就是 CD 平行移动至 AB′的过程。答案是否定的。对于正常商品来说，收入的增加，其需求量会随之增加，而对于劣等商品来说，收入的增加，其需求量会随之减小。所以图 3－12 中的商品 X 必须是一种正常商品，图示才成立。总结说来就是，对于正常商品，收入效应与价格成反方向变动：商品价格增加，实际收入减少，收入效应引起需求量减少；商品价格减小，实际收入增加，收入效应引起需求量增加。对于劣等商品，收入效应与价格同方向变动：商品价格增加，实际收入减少，收入效应引起需求量增加；商品价格减小，实际收入增加，收入效应引起需求量减少。

图 3－13 描述的是 X 作为一般劣等商品价格降低引起需求量变化的过程，可以看到，与图 3－12 描述的正常商品需求量变化过程（替代效应由 Q 增加到 Q_2，收入效应由 Q_2 增加到 Q_1，总效用由 Q 增加到 Q_1）不同，虽然替代效应也是从 Q 增加到 Q_2，总效应也是从 Q 增加到 Q_1，但收入效应却是由 Q_2 减少到 Q_1。

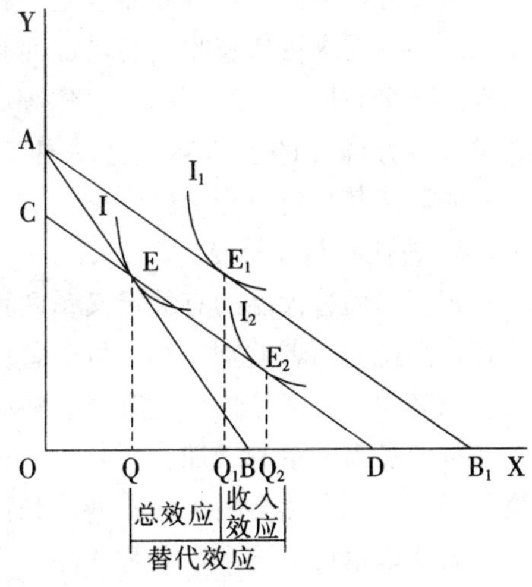

图 3－13

3. 吉芬商品

1845 年，濒临北海的爱尔兰岛国发生了灾荒，这场灾难使得当时被作为主食的土豆价格飞涨，但奇怪的是，土豆的需求量非但没有下降反而有所攀升。后来，英国学者吉芬通过大量的统计数据发现了这一问题，由此，这一现象被称作“吉芬难题”，而这类需求量与价格呈同方向变动的特殊商品后来也就被称作“吉芬商品”。

如图 3－14 所示，商品 X 是吉芬商品，AB、AB′分别是商品 X 价格降低前后的预算线，I、I_1 是两条无差异曲线，E、E_1 分别是前后两种情况下的均衡点。很明显，商品 X 价格降低前的需求量是 Q，但是商品 X 价格降低后需求量却减少到了 Q_1。作 CD 线与无差异曲线 I_2 相切于 E_2 点，此时 X 的需求量为 Q_2。可以肯定，Q_2 一定大于 Q_1，这是因为任何商品的替代效应与价格变化都是同方向的。但是，图中也直观地标出了从 Q_2 到 Q_1 这一需求量减少过程（收入效应），而且减少的幅度远远大于从 Q 到 Q_2 这一需求量增加过程（替代效应），因此，总效应与价格变化是同方向的。

小资料

罗伯特·吉芬（Roben Giffen，1837～1910）英国统计学家、经济学家。出生在拉纳克郡，大学毕业后，曾做过记者，并因作为财经记者和统计学家而闻名。曾在政府部门做过核算员。做过统计协会的领导人、皇家学会的会员。晚年继续参加与金融和征税有关的全部公开争论，他的权威和实际经验受到普遍认可。马歇尔曾在《经济学原理》一书中，以他的名字来命名吉芬产品。其代表作品（专著、论文）有：《工人阶级的发展》（The Progress of the Working Classes）（1884），《资本增长》（The Growth of Capital）（1890），《关于复本位制的案例》（The Case against Bimetallism）（1892），《经济问询和研究》（Economic Inq Jiries and Studies）（1904）

由此分析可见，吉芬商品也是一种劣等商品，因为其需求量随着收入的增加而减少，随收入的减少而增加。然而与一般劣等商品不同的是，吉芬商品的收入效应远大于其替代效应，所以使其总效应与价格变化同方向。

4. 替代品与互补品

根据前面替代品的有关定义，两种商品互为替代品说明两者差别很小，可以替代消费使用。当其中一种商品价格上升时，势必会引起另一种商品需求量的增加；当其中一种商品价格下降时，则必然会引起另一种商品需求量的减少。所以也可以这么定义替代品：一种商品的需求量与另一种商品的价格同方向变动。

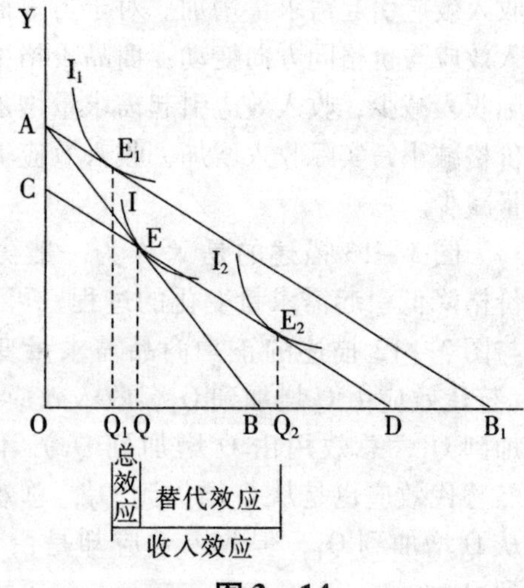

图 3－14

而对于互补品，由于两者必须搭配使用，所以当其中一种商品价格上升时，势必会引起另一种商品需求量的减少；当其中一种商品价格下降时，则必然会引起另一种商品需求量的增加。因此也可以将互补品定义为：一种商品的需求量与另一种商品的价格反方向变动。

3.5 需求曲线的推导

3.5.1 个人需求曲线的推导

个人需求曲线商品价格和单个消费者对该种商品的需求量之间的对应关系。在此部分将借助消费者行为理论说明为什么存在着价格和需求量之间的对应关系，即借助消费者行为理论推导个人需求曲线。在此，我们主要借助序数效用论下的消费者均衡来推导个人需求曲线。

以图3-11为基础，建立一个新的坐标系，如图3-15，纵轴表示价格，横轴表示商品X的需求量。假定图3-11中的三条预算线AB、AB_1、AB_2对应的商品X的价格分别是P、P_1、P_2，将这三个价格以大小顺序（$P_1<P<P_2$）标注在图3-15的纵轴上，同时将三个均衡点E、E_1、E_2所对应的商品X的需求量Q、Q_1、Q_2也按照大小顺序（$Q_2<Q<Q_1$）标注在图3-15的横轴上。然后找出每一价格对应的需求量并在图3-15中标出：价格P对应需求量Q(a点)，价格P_1对应需求量Q_1(b点)，价格P_2对应需求量Q_2(c点)。实际上，图3-11中价格—需求曲线上的任何一点都按照这种方法对应到图3-15，最后将图3-15中的这些点用平滑的曲线连接起来，就得到了需求量随价格变化而变化的关系线——需求曲线，标为D或者是$Q_X=f(P)$。

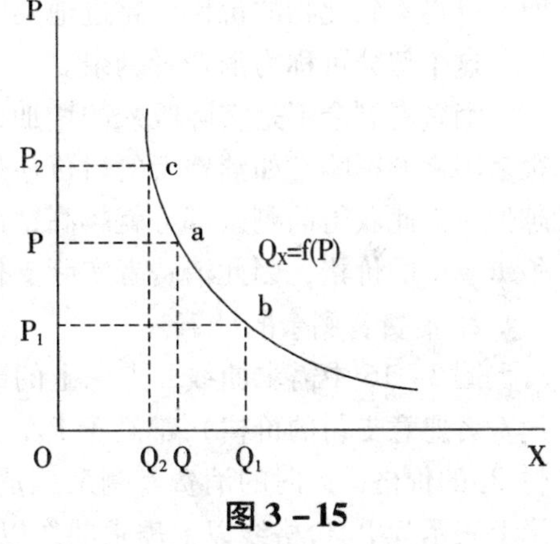

图3-15

3.5.2 消费者剩余

1. 消费者剩余的含义

需求曲线上的点表示在某一价格水平上消费者的需求量是多少，这种说法还可以换一种表达方式：需求曲线上的点也可表示消费者对每一单位商品的支付意愿。如图3-16所示，在需求曲线D上有a(Q_1，P_1)、b(Q_2，P_2)两点，可以这样说a点表示在Q_1商品需求量上，消费者愿意支付的价格是P_1；b点表示在Q_2商品需求量上，消

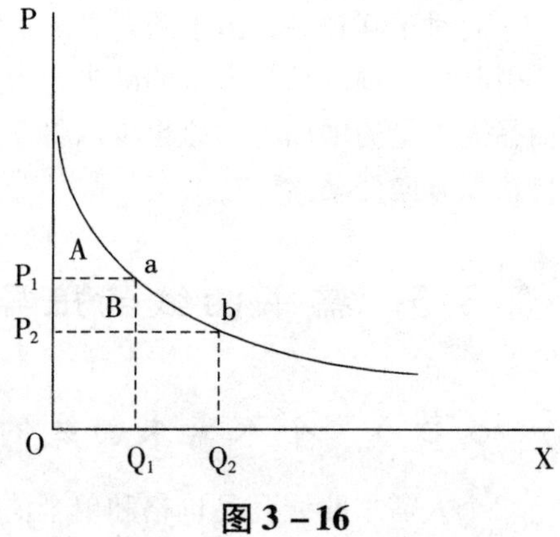

图 3－16

费者愿意支付的价格是 P_2。但是，由于 b 点的需求量大于 a 点的需求量，因此消费者在支付 P_2 购买 b 点的商品数量 Q_2 时对于 a 点的商品数量 Q_1 也同样是支付了 P_2 而并不是其愿意支付的 P_1。实际上，若购买小于 Q_2 数量的商品，消费者愿意支付的价格都要大于 P_2（如同 a 点的 $P_1 > P_2$），但是在实际购买 Q_2 数量的商品时，所有商品一律都是支付了 P_2 而并非其愿意支付的高于 P_2 的价格。这便有了消费者剩余的概念。

消费者剩余（Consumer Surplus，CS）是消费者愿意对某物品支付的价格与其实际支付的价格的差额。这一概念是 19 世纪末 20 世纪初英国经济学家 A. 马歇尔提出来的，他是如此定义这一概念的："他宁愿付出而不愿得不到此物的价格，超过他实际付出的价格的部分，使这种剩余满足的经济衡量。这个部分可称为消费者剩余。"

消费者剩余不是实际收入的增加，而是一种心理感受。消费者剩余的大小取决于很多因素的影响，如消费者的讨价还价能力，讨价还价能力越强，实际支付的价格就越低，因此获得的剩余部分就越高；市场结构因素，垄断市场中的价格往往要高于竞争市场中的价格，因此消费者实际支付的价格较高，所获得的消费者剩余就较低。

2. 消费者剩余的计算

图 3－16 中需求曲线 b 点以上的部分包括 a 点在内的所有点对应的价格（也就是消费者愿意支付的价格）都高于 P_2，但是在购买 Q_2 数量的商品时，最终却只需要支付 P_2 的价格，此时的消费者剩余就是 b 点以上任意一点的价格与 P_2 之差的加总，图形上表示为 P_2 价格线以上需求曲线以下的 A＋B 部分。给定需求曲线的具体表达式，就可运用数学方法计算这部分面积，求出消费者剩余。例如，当需求曲线是直线时，$Q = a - bP$（a、b 均为正值），可以直接求需求曲线与均衡价格线所围成的三角形面积来计算消费者剩余的大小。

3. 消费者剩余的变化

继续分析图 3－16，当消费者购买 Q_1 数量的商品时，消费者剩余是 P_1 价格线以上需求曲线以下的 A 部分，当需求量增加至 Q_2 时，消费者剩余是 P_2 价格线以上需求曲线以下的 A＋B 部分。在这一需求量变化的过程中，消费者剩余有所增加，增加的部分即图中的 B 部分。当然，这部分变化的消费者剩余也可以用积分的方式计算出来。

3.5.3　从个人需求曲线到市场需求曲线

市场需求是指在一定的时期内不同价格水平上市场中所有消费者对某种商品的需求量。市场需求依赖于两方面的因素：一是单个消费者的需求；二是市场中消费者的数量。

用数学方式表达出来就是：假定某一商品市场上有 n 个消费者，他们都有各自不同的需求函数 $Q_i^d = f_i(P)(i=1, 2, \cdots, n)$，则该市场的需求函数为 $Q^d = \sum_{i=1}^{n} f_i(P) = F(P)$。也就是说，只要有了某商品市场的每个消费者的需求曲线，就可以通过加总的方法，得到该商品的需求曲线。

图 3－17 具体描述出了个人需求曲线与市场需求曲线的关系，由图中可以看出市场需求曲线是 A、B 两个消费者的个人需求曲线的水平加总，即在每一个价格水平上，都有市场需求量 $Q^d = Q_A^d + Q_B^d$。据此，我们就可以将个人需求曲线与市场需求曲线的关系表示为：

$$D(P) = \sum_{i=1}^{n} D_i(P) \quad (i=1, 2, \cdots, n)$$

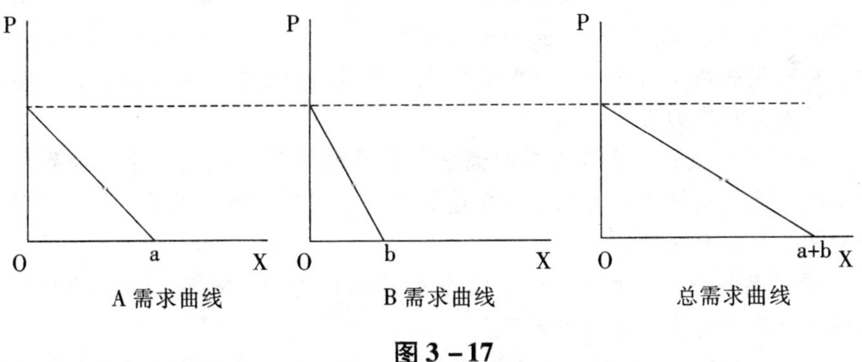

图 3－17

因为市场需求曲线是个人需求曲线在水平方向上的加总，所以，它同个人需求曲线一样通常也是向右下方倾斜。而且，还可以得出市场需求曲线上的每一个点都表示在相应的价格水平下可以给全体消费者带来最大效用的需求量。

本章小结

1. 效用是指消费者从消费某种商品或劳务中所得到的满足程度。总效用是指消费者在一定时间内从一定数量的商品消费中所得到的总的满足程度。边际效用是指消费者增加一单位某种商品的消费所获得的满足程度的增量。

2. 边际效用递减规律的内容是：在一定时间内，在其他商品的消费数量保持不变的情况下，随着消费者对某种商品的消费量增加，他从该商品连续增加的每一单位消费中所得到的效用增量即边际效用是递减的。

3. 无差异曲线是用来表示所有两种商品的不同组合给消费者带来相同效用的一条曲线。无差异曲线向右下方倾斜并凸向原点。距离原点越远的无差异曲线，所代表的效用水平越高。任何两条无差异曲线不能相交。

4. 边际替代率是指在保持效用水平不变的情况下，消费者增加一单位某种商品的消费数量时所需要放弃的另一种商品的消费数量。

5. 边际替代率递减规律是指：在保持效用水平不变的情况下，随着一种商品的消费数量的连续增加，消费者为得到每一单位的这种商品所需要放弃的另一种商品的消费数量是递减的。

6. 预算线表示在消费者的收入和商品的价格既定的条件下，消费者的全部收入所能购买的两种商品数量的最大组合。

7. 在基数效用理论下，运用边际效用分析法来分析消费者均衡时，消费者均衡的条件是：消费者用全部收入所购买的各种商品，其边际效用与其自身价格的比值相等。在序数效用理论下，运用无差异曲线分析方法分析消费者均衡，其均衡条件可以表述为：在一定的预算约束下，消费者实现最大效用所选择的商品组合，二者的边际替代率等于彼此相应的价格之比。

8. 收入—消费线就是在消费者的偏好与商品价格不变的条件下，消费者不同收入水平所决定的不同效用最大化的均衡点的轨迹。恩格尔曲线表示消费者在每一收入水平下对某商品的需求量。

9. 正常商品是指随着收入的增加而需求量不断增加的商品。劣等商品是指随着收入的增加而需求量不断减少的商品。

10. 价格—消费曲线是假定消费者的偏好、收入水平及其他商品价格不变的情况下，在某种商品不同价格水平上实现效用最大化的均衡点的轨迹。

11. 替代效应是指一种商品的价格变动导致该商品与其他商品的相对价格发生改变，进而这种相对价格的变化引起该商品的需求量发生变动。收入效应是指一种商品的价格变动导致消费者的实际收入水平发生改变，进而这种实际收入的变化引起该商品的需求量发生变动。替代效应与收入效应的总和即是一种商品价格变动的总效应。

12. 替代品：一种商品的需求量与另一种商品的价格同方向变动。互补品：一种商品的需求量与另一种商品的价格反方向变动。

13. 消费者剩余是消费者愿意对某物品支付的价格与其实际支付价格的差额。

14. 市场需求是指在一定的时期内不同价格水平上市场中所有消费者对某种商品的需求量。由此可见，市场需求依赖于两方面的因素：单个消费者的需求和消费者数量。

思 考 题

1. 对于我们的生命而言，水是不可或缺的，钻石却并非必不可少，但事实却是对我们生命如此重要的水却很便宜，而并不影响我们生存的钻石却很昂贵，经济学中将这一现象称为"价值悖论"，你能借助本章所学的效用理论来解释这一现象吗？

2. 同一坐标系里的两条无差异曲线能相交吗？为什么？

3. 如果消费者的效用函数是 $U = Q_x^a Q_y^b$，U 代表效用水平，Q_X、Q_Y 分别代表消费者消费 X、Y 商品的数量。并且 X 商品的价格是 P_X，Y 商品的价格是 P_Y，该消费者的收入水平是 M。你能运用无差异曲线分析方法，将消费者实现其效用最大化时商品 X、Y 的消费量计算出来吗（用 P_X、P_Y 和 M 表示）？

4. 有新闻报道说，我国一些农村地区的电价大幅下调之后，不但农民高兴，连电视机的生产商也跟着喜出望外。为什么会出现这样的场面？

5. 在商场里看到自己喜欢的东西，你通常都会这么说："这东西真好，要是价格低于 20 元，我一定买。当然，要是 10 元就更好了。"然后，找到价格标签一看，18 元。尽管有点遗憾——18 比 10 高出了 8，你仍然会欣然买下。你能发现这件小事所蕴含的经济学含义吗？

6. 假设图 3－16 中的需求曲线为 $Q = f(P)$，a 点的坐标是（Q_1，P_1）b 点坐标是（Q_2，P_2），那么消费者从准备购买 Q_2 单位商品转为购买 Q_1 单位商品，其消费者剩余将如何变化？请计算出消费者剩余的变化量（用符号表示）。

第四章 生产理论

学习目标

学习本章应了解企业的组织形式、企业的本质及其目标、生产函数的含义，掌握一种可变要素的生产函数，两种可变要素按不同比例变动的生产函数，两种可变要素按相同比例变动的生产函数，掌握边际收益递减规律的含义，掌握规模报酬的含义与类型，掌握企业利润最大化的条件。

关键名词

业主制企业　合伙企业　公司制企业生产函数　生产要素　柯布—道格拉斯生产函数　总产量　平均产量　边际产量　等产量曲线　边际收益递减规律　边际技术替代率　规模报酬　等成本线　生产扩展线

4.1 企业概述

4.1.1 企业的组织形式

生产行为通常是在企业组织中进行，而不是由居民在自己家中完成。这一看似浅显的问题却有着深刻的理论原因。主要包括：①企业由专业化的组织组成以管理生产过程，在企业内进行生产可以获得规模经济优势；②企业可以方便地为大规模生产筹集资金；③生产在企业中进行可以获得细致的管理与监督所带来的益处。

企业根据从组织形式角度可将企业分成三种类型：业主制企业、合伙企业和公司制企业。

（1）业主制企业指由单个经济主体所有的企业组织形式。业主制企业的所有者和管理者通常是合而为一的。业主制企业的规模较小，易于管理，对市场形势的变化可做出迅速反应，但业主制企业抵御风险的能力相对较弱。业主制企业的筹资能力较差，企业的发展与扩张速度较缓慢。企业的存续往往依赖于企业主的寿命长短，因此存续时间较短。

（2）合伙企业指由两个或两个以上的经济主体所有的企业组织形式。与业主制企业相比，合伙企业的资金较多，规模更大，分工和专业化的程度有所提高。但随着所有人和参与管理的人数增加，决策的协调性和统一性受到影响。而且企业的资金和规模有限，在一定程度上阻碍了企业的进一步发展。此外，企业的稳定还受到合伙人之间的契约关系稳定程度的制约。

(3) 公司制企业指根据公司法建立和经营的具有法人资格的企业组织形式，是一种重要的现代企业组织形式。公司由股东所有，遵循所有权与经营权相分离的原则，公司通常由处于董事会监督下的总经理经营。相对于业主制企业和合伙制企业，公司制企业融通资金的能力更强，企业主要通过在资本市场上发行债券和股票来筹集资金。公司制企业的组织形式相对稳定，并且公司的存续不受制于所有者寿命长短，有利于生产的长期发展。但某些公司制企业也会由于规模过于庞大，导致企业内部的管理链条过长，导致管理效率低下，对市场形势变化的反应速度较慢。

除组织形式标准外，还可以从规模、所有制性质等角度对企业进行分类。从规模角度，可将企业分成大型企业、中型企业与小型企业；从所有制性质角度，可将企业分成国有企业和私有企业。不同类型的企业具有不同的运行特点，对企业类型的划分也具有重要的政策含义，政府在不同时期会对不同类型的企业加以扶持或限制。你听说过比较具有中国特色的"个体工商户"吗？请从企业分类角度，谈谈你对这一类型经济单位的理解？

4.1.2 企业的本质

在古典与新古典经济学理论中，企业被简单界定为是一种生产函数：一定数量的投入在一定的技术条件下进行加工带来产出。因此，这时的企业类似于一个"黑箱(*Black box*)"，人们只观察到投入和产出两个端点的情况，而对企业内部生产的组织情况并不关心和了解。人们曾形象地对古典企业做如下比喻：将一头猪赶进古典企业这个"黑箱"中，只看到另一头出来了火腿和香肠，却不知火腿和香肠是如何生产出来的。

1937年美国经济学家科斯发表的《企业的性质》一文开启了对企业本质的探讨，从此打开了古典企业这个神秘的"黑箱"，去考察企业内部的运作方式。以科斯为代表的学者从交易成本角度考察了企业存在的原因、企业的边界大小以及企业内部的运作形式。交易成本是与企业内部的管理成本相对应的概念，是围绕市场交易过程所产生的成本，主要包括在市场交易过程中可能发生的信息搜寻成本、签约成本、谈判成本与履约成本。

小资料

罗纳德·哈里·科斯（*Ronald. H. Cosae*，1910～　）1991年诺贝尔经济学奖得主，现任芝加哥大学法学院教授，美国《法学与经济学》杂志主编。他的《企业的性质》(*The Nature of the Firm*)和《社会成本问题》(*The*

一种产品是在企业内部进行生产还是到市场上去采购，例如汽车整车生产商需要考虑是自己生产轮胎还是到市场上去采购轮胎，交易成本理论对上述问题的回答借助于对交易成本与管理成本的比较。当生产轮胎所涉及的管理成本要高于到市场上采购轮胎所发生的交易成本时，企业就会选择市场交易的方式到市场上去采购；反之，当管理成本小于交易成本时，企业就会决定自行生产轮胎。

Problem os Social Cost）两篇论文奠定了其在经济学领域的重要位置。其中《社会成本问题》成为目前引用的最多的经济学著作。而且产权理论的影响至今仍呈增长势头。芝加哥大学著名教授、诺贝尔经济学奖得主斯蒂格勒把科斯的产权思想概括为“科斯定理”。

因此，企业作为生产的一种组织形式，在一定程度上是对市场的一种替代。换言之，同一笔交易，既可以通过市场的组织形式来进行，也可以通过企业的组织形式来进行。而企业存在的原因，是因为有些交易在企业内部进行所需的成本比在市场上进行时的成本更小。在存在企业的条件下，大部分生产都在企业内部进行，企业只需要在企业外部同其他企业签订少量的协议，从而节约了大量的交易成本。而且随着企业规模的扩大，节省的交易成本也相应地增加。但是，企业规模的扩大也不是无限度的。因为在企业内部，也存在着因监督员工工作、组织内部产品供应等而产生的管理成本。随着企业规模的扩大，管理成本不断增加。如果企业规模过大，以致管理成本的增加超过了交易成本的节约时，再扩大企业规模就不经济了。因此，在企业内部组织一笔额外交易的成本等于在公开市场上完成这笔交易所需的成本时，企业的边界或规模就相对确定下来。

4.2 生产与生产函数

4.2.1 生产

生产是指对生产要素进行组合以提供产品的行为。生产要素是指生产中所使用的各种资源，包括劳动、资本和土地三种主要生产要素。其中，劳动指人类在生产过程中提供的体力和智力的总和。资本包括实物形态和货币形态。实物形态的资本又称为资本品或投资品，如厂房、机器设备、原材料等。货币形态的资本又称为货币资本。土地包括地上和地下的一切自然资源，如森林、江河湖泊、海洋和矿藏等。生产要素还可进一步划分为固定生产要素和可变生产要素两大类。

4.2.2 生产函数

生产函数是指在技术水平既定的条件下，生产要素的某种组合和它所能带来的最大产量之间的相互关系。简单而言，生产函数描述了生产过程中的投入与产出关系。

生产函数因生产过程的不同而有所差别。生产函数可以用曲线形式表现在坐标系内。当技术水平不变时，投入要素的调整，表现为产量点沿生产函数曲线移动；当技术水平发生变化时，会引起生产函数曲线的整体移动，从而形成新的生产函数。

如果用 Q 表示总产量，L、K、N 分别表示劳动、资本、土地三种生产要素，则生产函数的一般数学表达式为：

$$Q=f(L, K, N) \tag{4.1}$$

在分析生产要素与产量的关系时，通常假设土地的投入是固定的，因此可以把（4.1）式简化为：

$$Q=f(L, K) \tag{4.2}$$

（4.2）式表明在技术水平既定的条件下，生产 Q 单位产量所需的资本和劳动的数量组合。

柯布—道格拉斯（Cobb-Douglas）生产函数是一种经典的生产函数，是由美国学者柯布和道格拉斯根据对美国 20 世纪 30 年代左右的制造业数据进行经验分析的基础上得出的，对分析相似生产过程的投入与产出关系具有重要意义。柯布—道格拉斯生产函数在研究中得到了广泛的运用与引用。柯布—道格拉斯生产函数的一般表达式为：

$$Q=AL^{\alpha}K^{\beta} \tag{4.3}$$

其中，Q 为产量；L 和 K 分别为劳动和资本投入量；A 为常量；α 和 β 为参数；且 $0<\alpha, \beta<1$。

α 和 β 分别代表劳动和资本在生产过程中的相对重要性，α 为劳动所得在总产量中所占的份额；β 为资本所得在总产量中所占的份额。

4.3 一种可变要素的生产函数与边际收益递减规律

根据生产要素的调整情况，通常分两种情况研究生产函数：第一种情况，只有一种生产要素可变，而其他生产要素固定不变时的生产函数；第二种情况，两种生产要素都发生变动，又可细分为两种要素按相同比例变动和不同比例变动两种子情况。此部分将考察第一种情况下的生产函数。

4.3.1 总产量、平均产量和边际产量

总产量（Total Product）是指在给定时期内可变生产要素所带来的最大产量。平均产量（Average Product）是指单位可变生产要素所带来的产量，即总产量与可变要素投入量之比。边际产量（Marginal Product）是指在其他要素不变的条件下，增加单位可变要素的投入量所引起的总产量增量。

1. 劳动与资本要素的变动关系问题

（1）假定劳动为固定生产要素，资本为可变生产要素。则资本的总产量、平均产量和边际产量的定义公式分别为：

$$\text{总产量}\ TP_K = Q = f(\bar{L},\ K) \tag{4.4}$$

$$\text{平均产量}\ AP_K = \frac{TP_K}{K} = \frac{f(\bar{L},\ K)}{K} \tag{4.5}$$

$$\text{边际产量}\ MP_K = \frac{\mathrm{d}TP_K}{\mathrm{d}K} = \frac{\mathrm{d}f(\bar{L},\ K)}{\mathrm{d}K} \tag{4.6}$$

（2）假定资本不变、劳动可变时，也可以得到劳动的总产量、平均产量和边际产量的定义公式。

$$\text{总产量}\ TP_L = Q = f(L,\ \bar{K}) \tag{4.7}$$

$$\text{平均产量}\ AP_L = \frac{TP_L}{L} = \frac{f(L,\ \bar{K})}{L} \tag{4.8}$$

$$\text{边际产量}\ MP_L = \frac{\mathrm{d}TP_L}{\mathrm{d}L} = \frac{\mathrm{d}f(L,\ \bar{K})}{\mathrm{d}L} \tag{4.9}$$

表4－1是在假定劳动的投入量不变、资本投入可变的情况下，所计算出来的总产量、平均产量和边际产量的数据。

表4－1

资本投入量（K）	总产量（TP_K）	平均产量（AP_K）	边际产量（MP_K）
0	0	0	
1	4	4	4
2	10	5	6
3	15	5	5
4	19	19/4	4
5	22	22/4	3
6	24	4	2
7	24	24/7	0
8	21	21/8	－3

根据表4－1中的数据，可以描绘出总产量、平均产量和边际产量曲线，分别以图4－1和图4－2表示。

图4－1表示资本的总产量曲线，反映了总产量与资本要素的投入量之间的关系。横轴表示资本要素的投入量K，纵轴表示产量Q，总产量用TP_K表示。总产量曲线的

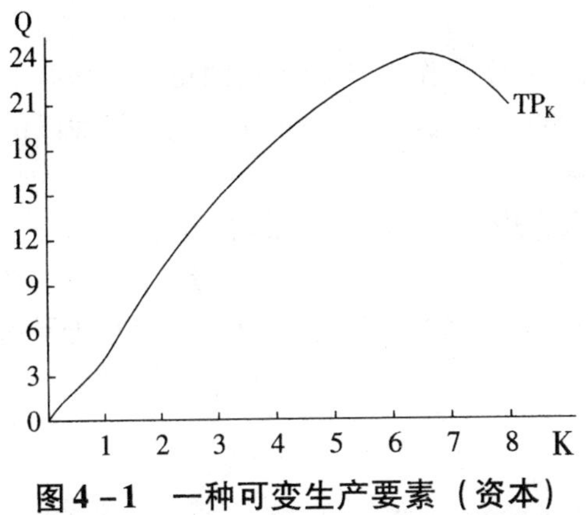

图4－1　一种可变生产要素（资本）的生产函数：总产量曲线

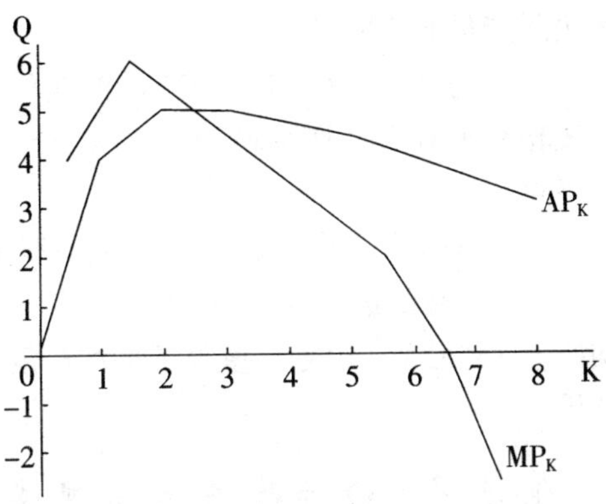

图4－2　一种可变生产要素（资本）的生产函数：平均产量和边际产量曲线

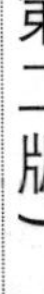

特征是：总产量曲线随着资本投入量的增加呈上升趋势，达到最高点后，趋于下降。

图4－2表示资本要素的平均产量和边际产量曲线及其相互关系。横轴表示资本的投入量K，纵轴表示产量Q，而平均产量和边际产量分别用AP_K和MP_K表示。平均产量和边际产量曲线的特征是：随着资本投入量的增加，平均产量曲线AP_K和边际产量曲线MP_K首先呈上升趋势，在分别达到最高点之后趋于下降。边际产量线穿过横轴表示边际产量可以为负值。边际产量线一定穿过平均产量线的最高点，并且在交点以左，边际产量一直高于平均产量，呈先升后降的趋势；在交点以右，边际产量和平均产量都呈下降趋势，边际产量低于平均产量。你能解释为什么边际产量线一定穿过平均产量线的最低点吗？

2. 总产量、平均产量和边际产量之间的关系

图4－3将总产量线、平均产量线和边际产量线放到一起，从该图中可以直观地观察到总产量、平均产量和边际产量三个指标之间的关系：

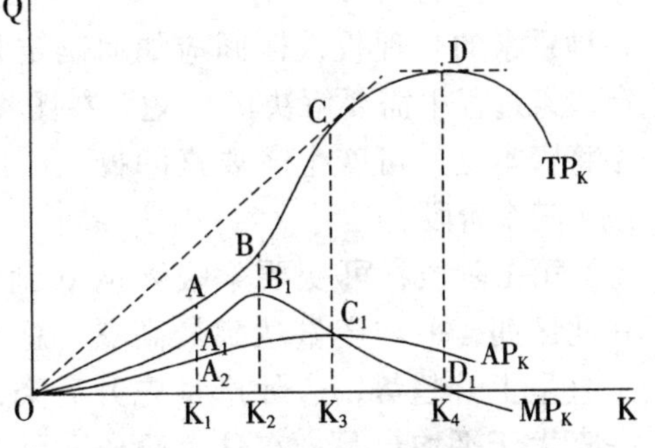

图4－3　一种可变要素的生产函数的产量曲线

（1）总产量曲线与边际产量曲线的关系。当边际产量为正时，总产量趋于上升；当边际产量为零时，总产量达到最高点；当边际产量为负时，总产量绝对减少；总产量曲线上斜率最大的点是B点。在边际产量曲线上与之相对的是B_1点，而B_1点正是边际产量曲线的最高点。

（2）总产量曲线与平均产量曲线的关系。从原点作总产量曲线的切线，切线与曲线相交于 C 点。在平均产量曲线上与之对应的是 C_1 点，C_1 点正是平均产量曲线的最高点。

（3）平均产量曲线与边际产量曲线的关系。边际产量曲线与平均产量曲线相交于平均产量曲线的最高点。相交前，平均产量递增，边际产量大于平均产量；相交时，平均产量达到最大，边际产量等于平均产量；相交后，平均产量递减，边际产量小于平均产量。

4.3.2 边际收益递减规律

边际收益递减规律的含义是：在其他生产要素投入量不变的情况下，随着某一生产要素投入量的增加，产出的增量呈现递减的趋势。或者说，在其他生产要素投入量不变时，随着某一生产要素投入量的增加，每单位新增投入所带来的边际产量呈下降趋势。边际收益递减规律是首先从农业生产中发现的，随着在一块土地上所投入的化肥数量不断增加，单位化肥所带来的边际产量呈现先递增后递减的趋势。

边际收益递减规律建立在经验总结基础之上，具有极强的现实解释能力。当办公室里原来有两台电脑，但只有 1 个员工时，有 1 台电脑通常是被闲置了，这时新增加 1 个员工，来使用那台闲置的电脑，会使办公室的工作成绩大幅度提高；如果再增加 1 个员工，3 个人穿插时间来使用 2 台电脑，工作成绩又有所提高，但提高速度不如从前；如果单位再继续增雇工人，使劳动投入达到 6 个，这时就会出现电脑使用的拥挤，导致工作效率开始下降。这就是边际收益递减规律在起作用。

4.3.3 生产的三个阶段和一种可变要素的合理投入

当生产过程中只有一种要素可变时，这种要素的合理投入区间应如何确定是生产决策过程中需要解决的问题。在图 4－4 中将资本这一可变生产要素的投入区间分成了三个阶段。

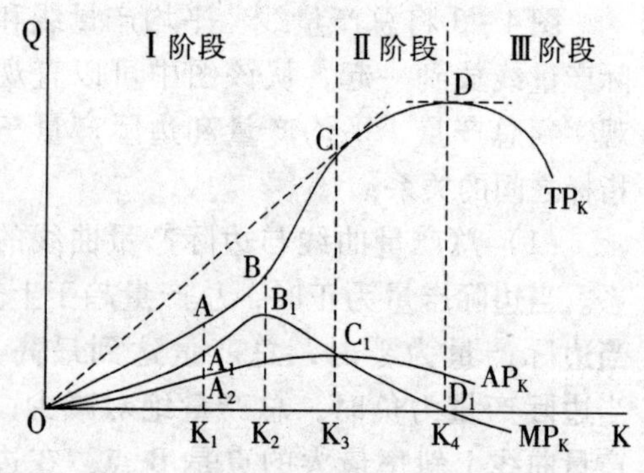

图 4－4 可变生产要素的合理投入区间

第Ⅰ阶段，可变要素投入从 0 到 K_3。在此区间，平均产量达到最高点，总产量一直呈上升趋势，边际产量先升后降，但一直大于平均产量。在这个阶段，可变要素的增加始终会引起总产量的增加，表明不变要素相对于可变要素的数量过多，增加一些可变要素都会使产量趋于增加。因此，任何生产者不会仅仅将生产停滞于此，而是选择在这一阶段的基础上继续增加投入，以获得更多的产量。

第Ⅱ阶段，可变要素投入从 K_3 到 K_4。在此区间平均产量从最高点开始下降，边际产量继续减少直至为零，总产量上升到最高点。在这个阶段，增加可变要素的投入仍然会引起总产量的增加，但产量随要素投入的增长幅度开始下降。第Ⅱ阶段是第Ⅰ阶段的延续，生产规模比第Ⅰ阶段有所扩大。事实上，这也正是可变要素的合理投入区间。

第Ⅲ阶段，可变要素投入从 K_4 开始。在此区间，总产量、平均产量和边际产量都呈下降趋势，边际产量甚至降为负值。在这个阶段，增加可变要素的投入不会带来产量的任何增加，反而导致产量的减少。因此任何理性的生产者都不会选择在此阶段进行生产。

通过对比三个生产阶段可知合理的可变要素投入区间是第Ⅱ阶段，即从平均产量与边际产量的交点处开始，到边际产量为零处结束的区间。在此区间，总产量随着投入的增加而上升，生产者可以得到由于第Ⅰ阶段增加可变要素投入所带来的全部好处，又可以避免将可变要素投入增加到第Ⅲ阶段而带来的不利影响。

4.4 两种可变要素的生产函数

在长期生产中的各种投入要素都是可变的，本节将主要考察有两种可变要素的生产函数，按照可变要素变动的比例关系，将其分成两部分，一部分是两种可变要素按不同比例变动的生产函数；另一部分是两种可变要素按相同比例变动的生产函数。

4.4.1 等产量线

等产量曲线（Isoquant）表示可以带来相同产量水平的不同生产要素的组合。图4－5描述了代表不同产量水平的三条等产量曲线。等产量曲线所对应的横、纵坐标分别表示两种可变要素的投入量。

从图4－5可见，得到 Q_1 产量可通过 A、B、C 三种不同的要素组合方式，例如 A 点由 OL_1 的劳动和 OK_1 的资本组合而成，C 点由 OL_3 的劳动和 OK_3 的资本组合而成。它们都和由 OL_2 的劳动和 OK_2 的资本组合而成的 B 点的产量相同。

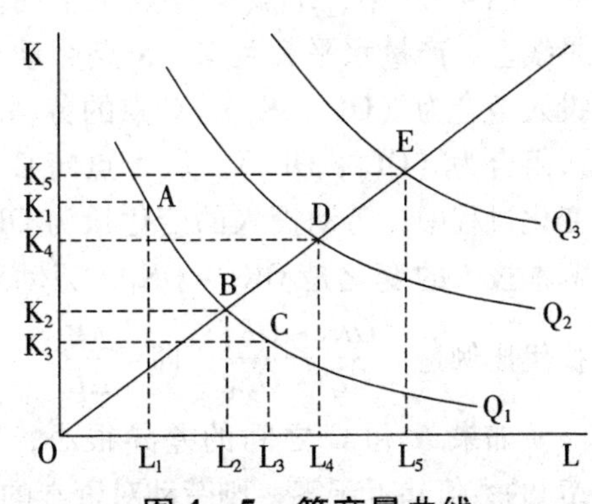

图4－5 等产量曲线

等产量曲线具有如下基本特征：①等产量

曲线向右下方倾斜，斜率为负值，表明在资源和要素价格既定的条件下，生产同样的产量时，增加一种要素则可减少另一种要素的使用量。②同一平面内有无数条等产量曲线，不同的等产量线代表不同的产量，离原点越远的等产量线代表的产量水平越高，如图4－5中，$Q_1 < Q_2 < Q_3$。③在同一平面上任意两条等产量线不能相交，如果相交则与第二个特征矛盾。④等产量曲线凸向原点。

从上述特征看，等产量曲线比较类似于在消费者行为理论中所介绍的无差异曲线。无差异曲线表明了消费者获得相同满足程度所需的两种商品的各种组合，而等产量曲线表明企业获得相同产量所需的两种要素的各种组合。二者在内容实质和特征形式上都有一定联系，在学习中可以把二者联系起来进行理解。

4.4.2　生产要素的替代

从等产量曲线的分析可知，为获得相同的产量，增加一种要素的投入则可减少另一种要素的投入量。换言之，生产要素之间存在着相互替代关系，这种替代关系可用边际技术替代率来表示。

1. 边际技术替代率

边际技术替代率（*MRTS*）是指在维持产量水平不变的条件下，增加1单位某种生产要素投入量时所需减少的另一生产要素的投入数量。根据定义，劳动对资本的边际技术替代率表示，为了维持产量水平不变，增加1单位劳动的投入量可以减少的资本的投入量。可以用公式表示为：

$$MRTS_{LK} = -\frac{\Delta K}{\Delta L} \tag{4.10}$$

式中，ΔK、ΔL 分别为资本投入量和劳动投入量的变化量。前面加上负号是为了分析方便，将边际技术替代率转换为正值。图4－6可以使对边际技术替代率的认识更为具体化。

图4－6中，A点与C点位于同一条等产量线上，产量水平都为Z。A点劳动与资本的投入组合为（OL_1，K_1），C点的劳动和资本投入组合为（OL_2，OK_2）。从A点向C点的移动变化过程中，劳动投入的变化量为 $OL_2 - OL_1$，资本投入的变化是 $OK_2 - OK_1$，劳动对资本的替代比例是 $-\frac{OK_2 - OK_1}{OL_2 - OL_1}$，即 $-\frac{\Delta K}{\Delta L}$。

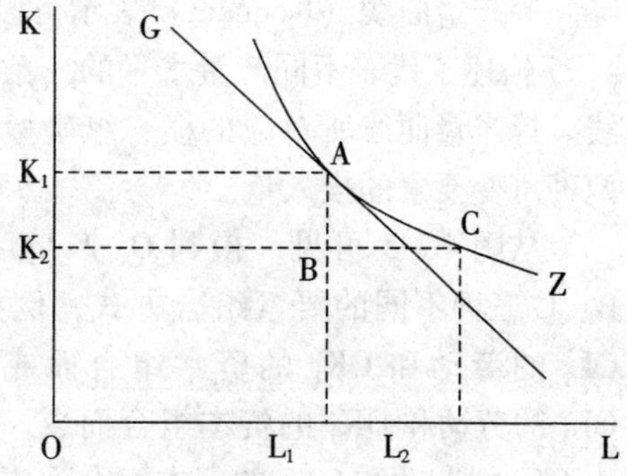

图4－6　边际技术替代率

如果A和C之间的差异很小，即ΔK和ΔL的数值趋近于零，则劳动对资本的边际技术替代率可表示为：

$$MRTS_{LK} = \lim_{\Delta L \to 0}\left(-\frac{\Delta K}{\Delta L}\right) = -\frac{\mathrm{d}K}{\mathrm{d}L} \tag{4.11}$$

从等产量曲线图 4－5 可见，$\frac{\mathrm{d}K}{\mathrm{d}L}$表示的是等产量曲线上任意一点的切线斜率。因此，等产量曲线上某点的劳动对资本的边际技术替代率就是等产量曲线上该点的切线斜率的绝对值。

2. 边际技术替代率递减规律

在既定的产量水平下，劳动对资本的边际技术替代率随着劳动投入量的增加呈下递减的趋势，这就是边际技术替代率递减规律。

等产量曲线通常是向右下方倾斜并且凸向原点的一条曲线，正如边际替代率对无差异曲线形状特征的解释，边际技术替代率指标可用于分析等产量线这两个形状特征存在的原因。由于边际替代率代表了等产量线的切线斜率，边际替代率递减说明等产量线上各点的切线斜率是随着劳动投入量的增加而减少的，这一特征决定了等产量线是凸向原点的；边际技术替代率为负值决定了等产量线是向右下方倾斜的。

4.4.3 两种可变要素按相同比例变动的生产函数

前面分析了生产要素按不同比例变动所引发的投入与产出问题。此部分将运用规模报酬概念讨论生产要素按相同比例变化所带来的投入与产出问题。

规模报酬是在其他条件不变的前提下，企业内部各种生产要素按相同比例变动所带来的投入和产出变化之间的数量关系。规模报酬分为三种情况：①规模报酬递增：产出增加的比例大于投入增加的比例；②规模报酬递减：产出增加的比例小于投入增加的比例；③规模报酬不变：产出增加的比例等于投入增加的比例。图 4－7 分别描述了规模报酬所对应的三种情况。

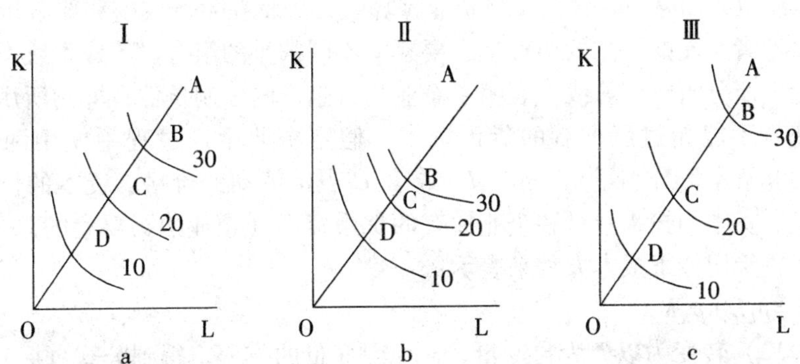

图 4－7 规模报酬不变、规模报酬递增和规模报酬递减

在图 4-7 中，等产量曲线分别代表产量是 10、20 和 30。从原点出发的射线 OA 与三条等产量曲线分别相交于 D、C 和 B 点。

（1）a 图中，OD = DC = CB。从 D 到 C 的过程，产量增加了一倍，投入量也增加了一倍；从 C 到 B 的过程，产量增加了 0.5 倍，投入量也增加了 0.5 倍。即产量增加的比例等于要素投入增加的比例，因此反映的情况是规模报酬不变。

（2）b 图中，OD > DC > CB，从 D 到 C 的过程，产量增加了一倍，但投入量的增加小于一倍；从 C 到 B 的过程，产量增加了 0.5 倍，但投入量的增加小于 0.5 倍。即产量增加的比例大于要素投入增加的比例，因此反映的情况是规模报酬递增。

（3）c 图中，OD < DC < CB，从 D 到 C 的过程，产量增加了一倍，但要素投入量的增加大于一倍；从 C 到 B 的过程，产量增加了 0.5 倍，但投入量的增加大于 0.5 倍。产量增加的比例小于要素投入增加的比例，因此反映的情况是规模报酬递减。

除了图形，也可以用数学公式来定义规模报酬。设生产函数为 $Q=f(L, K)$，当常数 $\lambda>0$ 时，表示生产要素增加的系数，则有：若 $f(\lambda L, \lambda K)>\lambda f(L, K)$，则生产函数 $Q=f(L, K)$ 体现规模报酬递增；若 $f(\lambda L, \lambda K)<\lambda f(L, K)$，则生产函数 $Q=f(L, K)$ 体现规模报酬递减；若 $f(\lambda L, \lambda K)=\lambda f(L, K)$，则生产函数 $Q=f(L, K)$ 体现规模报酬不变。

实际中，不同的生产过程可能表现出不同的规模报酬，同一生产过程的不同阶段也可能表现出不同的规模报酬。

4.5 生产要素的最优组合

4.5.1 等成本线

等成本线（Isocost curve），又称企业预算线，表示在生产成本和要素价格既定的条件下，生产者所能购买到的两种生产要素的不同数量的组合。等成本线类似于消费者行为理论中所分析的预算线，表明了企业进行生产的限制条件，即它所用于购买生产要素的花费不能超过所拥有的货币资本。假定企业生产过程中使用两种生产要素——劳动和资本。分别用 p_L、p_K、L、K 和 C 表示劳动的价格、资本的价格、劳动的投入数量、资本的投入数量和企业拥有的货币资本（企业购买要素的总成本）。则企业的购买决策用如下成本方程来表示：

$$C=p_L L+p_K K \tag{4.12}$$

把公式（4.12）转变为以 L 为自变量、K 为因变量的方程，得到公式（4.13）。公式（4.13）可以用图 4-8 表示。

$$K=-\frac{p_L}{p_K}L+\frac{C}{p_K} \tag{4.13}$$

图4-8中，直线AB表示等成本线。其中，横轴表示购买劳动的数量，纵轴表示购买资本的数量。纵轴上的A点表示企业不购买劳动，把全部货币用于购买资本，可以得到$\frac{C}{p_K}$单位的资本。横轴上的B点表示企业不购买资本，把全部资本用于购买劳动，可以得到$\frac{C}{p_L}$单位的劳动。AB之间的点表示既购买一定数量的资本，也购买一定数量的劳动的不同组合，其前提是企业的货币总量C既定，也就是企业的成本既定。比较等成本线的横轴截距$\frac{C}{p_L}$和纵轴截距$\frac{C}{p_K}$可以发现，二者存在一定的比例关系，如公式（4.14）所示。

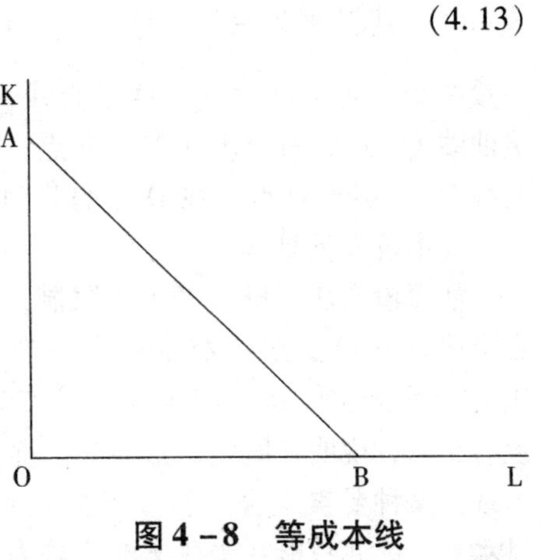

图4-8 等成本线

$$\frac{OA}{OB}=\frac{C/p_K}{C/p_L}=\frac{p_L}{p_K} \tag{4.14}$$

换言之，等成本线的斜率是$-\frac{p_L}{p_K}$，等成本线将要素投入区域分成了三部分，各部分所对应的要素投入组合具有不同的含义。等成本线以内的点表示企业现有的货币资本用来购买该点的劳动和资本的组合以后还有剩余；等成本线以外的点表明企业现有货币资本无法达到的劳动和资本的组；等成本线上的点表示用现有的全部货币资本恰好所能购买到的劳动和资本的组合。

当所拥有的货币资本数量增加或要素的价格发生变化时，企业的等成本线也会发生变化。当要素价格不变，企业拥有的货币量增加时，等成本线会向右上方平行移动；当劳动投入的价格上升，而资本价格不变时，等成本线会围绕着当前等产量线与纵轴的交点，即A点，向内旋转。

4.5.2 成本既定下的产量最大化

假定企业用于购买这两种要素的全部成本C是既定的，企业所用的技术是不变的，生产中只使用劳动和资本两种要素，并且要素价格P_L和P_K是已知的。在既定的成本约束下，企业应如何选择要素的投入组合以获得最高的产量水平呢？借助图4-9来分析这一问题。

在图4-9中，横轴表示劳动的投入量，纵轴表示资本的投入量。直线AB是等成本线，其斜率为 $-\frac{p_L}{p_K}$。Q_1、Q_2、Q_3 三条等产量曲线，而且 $Q_1 < Q_2 < Q_3$。直线 AB 与等产量曲线 Q_1 分别相交于 a 点和 b 点，与等产量曲线 Q_2 相切于 D 点，在 D 点的劳动投入量是 L_0，资本投入量是 K_0。

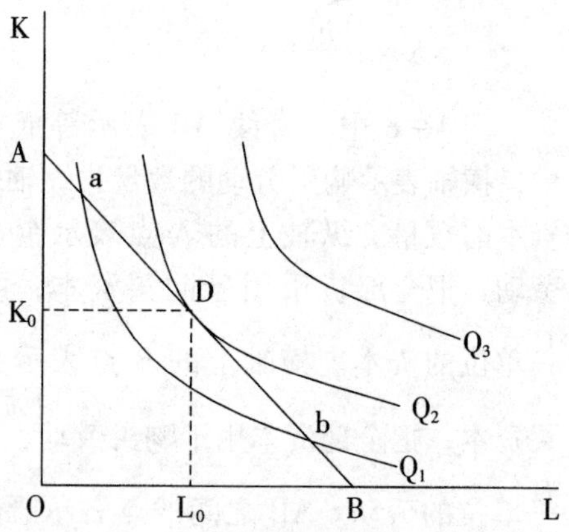

图 4-9　成本既定条件下的产量最大化决策

如果没有成本既定的条件限制，生产者一定会选择某种要素的数量组合在产量最高的 Q_3 进行生产。但是等成本线和等产量曲线 Q_3 没有交点，说明在既定的成本下，企业没有能力选择某种要素组合进行生产并达到 Q_3 的产量水平，因此只能在等成本线上或者等成本线以内的区域进行选择。在等成本线上标明了三个点 a 点、b 点和 D 点，其中 a 点和 b 点在同一条等产量曲线 Q_1 上。尽管 a 点和 b 点是在成本既定条件下可以达到的产量，但如果从 a 点和 b 点分别沿着等成本线向 D 点移动，企业得到的产量会逐渐增加，直至在 D 点达到产量的最大值。相对于 D 点，a 点和 b 点的生产是低效的。再来观察在等成本线以内区域的点，该区域的点的产量都小于等产量曲线 Q_2，也就是小于 D 点的产量。所以这些点的生产也是低效的。通过比较，可以确定 D 点是在产量既定条件下的最优要素组合，在该点的生产效率是最高的。把上述分析结合起来就能得到结论：在成本既定条件下实现产量最大化的最优的生产要素组合的点是等成本线与等产量曲线的切点。

从前面分析可知，等产量曲线任意点的切线斜率代表的是边际技术替代率，等成本线的斜率是要素价格之比的相反数，因此，可以得到公式（4.15），它表示：为了实现既定成本条件下的最大产量，企业必须选择最优的生产要素组合，使得两要素的边际技术替代率等于两要素的价格之比。

$$\frac{MP_L}{MP_K}=\frac{p_L}{p_K} \tag{4.15}$$

公式（4.15）经过转化，可以进一步得到公式（4.16），它表示：企业可以通过对两种要素投入量的不断调整，使得最后一单位的成本支出无论用来购买哪一种生产要素所获得的边际产量都相等，从而实现既定成本条件下最大产量。

$$\frac{MP_L}{p_L}=\frac{MP_K}{p_K} \tag{4.16}$$

可以将公式（4.16）所代表的两种投入要素的简化情况扩展到多种投入要素的一般情况，如公式（4.17）所示。

$$\frac{MP_a}{p_a}=\frac{MP_b}{p_b}=\cdots=\frac{MP_n}{p_n} \tag{4.17}$$

式中，MP_a，MP_b，…，MP_n 分别是要素 a，b，…，n 的边际产量，p_a，p_b…，p_n 分别是要素 a，b，…，n 的价格。公式（4.17）表示：采用多种要素进行生产的企业，为了实现既定成本的产量最大化，必须选择使每种要素的边际产量等于要素的价格的最优的生产要素组合。

利用上述分析思路，你能否借助等成本线和等产量线来分析企业产量既定条件下的生产要素最优组合问题?

4.5.3 生产扩展线

在生产要素价格保持不变的前提下，如果企业所拥有的货币资本或企业的总成本发生变化，企业的生产决策会发生什么变化呢？在技术水平不变、要素价格固定的条件下，若企业的总成本改变，等成本线就会发生平移，与新的等产量曲线相交，形成新的均衡点，代表了投入要素新的最优组合点。将这些均衡点连接起来就形成了一条新的曲线，称为企业的生产扩展线。如图 4－10 所示。

在图 4－10 中，Q_1、Q_2、Q_3 分别是三条等产量曲线，分别与三条等成本线 A_1B_1、A_2B_2、A_3B_3 相切于 E_1、E_2、E_3 点。从原点引一条曲线，分别经过 E_1、E_2、E_3 点并继续延伸，就获得了企业生产扩展线 OR。E_1 点表示在产量为 Q_1 时的成本最小点，也是在成本为 A_1B_1 时的产量最大点。在 E_1 点要素的边际产量之比等于要素价格之比，是该条件下的生产要素的最优组合。同理，E_2 和 E_3 点也都是在一定条件下的要素最优组合。因此，生产扩展线是一条要素最优组合的点的轨迹。

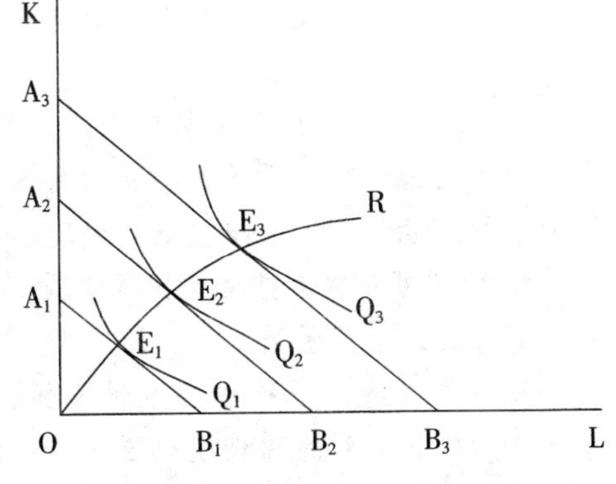

图 4－10 企业生产扩展线

本章小结

1. 企业是进行生产活动的主体。企业按组织形式可分为业主制企业、合伙企业和公司制企业三种形式。公司是现代企业的重要形式。

2. 科斯打开了掩盖企业本质的“黑箱”，揭示了企业的本质是为了节约交易成本。企业的存在是由于交易成本高于管理成本。

3. 从“经济人”的假设出发，经济学家认为企业的目标是追求利润最大化。尽管在现实经济中，一些企业经常偏离这个目标，但大多数企业仍然是利润最大化的追求者。

4. 理解生产函数概念，必须着重牢记其条件：一是在一定时期内；二是技术水平既定。而且生产函数的实质是生产要素的数量组合和最大产量之间的依存关系。柯布—道格拉斯生产函数是重要的生产函数形式。

5. 一种可变要素的生产函数中，总产量、平均产量和边际产量曲线均呈现先升后降的变化趋势，这是边际收益递减规律的作用结果。边际收益递减规律，是指在技术水平不变的情况下，当把一种可变的生产要素投入到一种或几种不变的生产要素中时，最初这种生产要素的增加会使产量增加，但当它增加超过一定限度时增加的产量将会减少，最终还是会使产量绝对地减少。根据边际收益递减规律可以把生产过程划分为三个阶段。

6. 等产量曲线描述的是产量水平一定时，投入品的各种组合，与不同产出水平相联系的等产量曲线可以反映生产函数。等产量曲线一般是向下倾斜的，这是边际技术替代率作用的结果。边际技术替代率是指：在维持产量水平不变的条件下，增加一单位某种生产要素投入量时所减少的另一种生产要素的投入数量。边际技术替代率也是递减的。

7. 在分析两种可变要素按相同比例变化的生产函数时引入了规模报酬的概念。规模报酬是指：在其他条件不变的前提下，企业内部各种生产要素按相同比例变化时所带来的产量变化。规模报酬有递增、递减和不变三种情况。

8. 两种可变要素按固定比例变化的生产函数是一种非常特殊的，而在现实经济中确实存在的生产函数。

9. 等成本线，又称作企业预算线，表示在生产成本和要素价格既定的条件下，生产者所能购买到的两种生产要素的不同数量的组合的线。表明了企业进行生产的限制条件，即它所购买的生产要素所花的钱不能大于或小于所拥有的货币资本。

10. 成本既定的产量最大目的在于找到生产要素的最优组合。

11. 企业生产扩展线描绘了企业如何随着它的规模或产量的增加而做出成本最小化的投入选择。因而，生产扩展线提供了对长期计划决策有用的工具。生产扩展线是企业在长期的扩张或收缩生产时所必须遵循的路线。

思考题

1. 企业在一定程度上是对市场的替代，那么是否意味着为了节约交易成本，企业可以无限地扩张呢？

2. 短期生产函数与长期生产函数有什么不同?

3. 边际产量曲线与平均产量曲线的交点，一定在边际产量曲线向右下方倾斜的部分吗?

4. 比较等产量曲线与无差异曲线的异同。

5. 若两种可变生产要素的价格相等，则等产量曲线的形状如何?

6. 等产量曲线的斜率与边际技术替代率有什么联系? 边际技术替代率是否可能为正值?

7. 你能否画出具有（1）完全互补和（2）完全替代特点的生产要素投入所对应的等产量线?

8. 为什么等成本线是直线?

9. 假定某椅子制造商发现其生产过程中资本对劳动的边际替代率实际上大于机器租金与工人工资率的比率。他会如何改变资本和劳动的使用来使成本最小化?

10. 一种投入要素价格的变化是如何引起企业长期生产扩展线的变化呢?

第五章　成本理论

学习目标

学习本章应了解各种成本概念的基本含义；明确短期与长期的含义，掌握各种长、短期成本指标及成本曲线间的关系；掌握机会成本与会计成本的差异，了解收益与利润含义及相互关系，掌握实现利润最大化的条件。

关键名词

会计成本　机会成本　外显成本　隐含成本　社会成本　私人成本　固定总成本　可变总成本　短期总成本　平均固定成本　平均可变成本　短期平均成本　短期边际成本　长期总成本　长期平均成本　长期边际成本　包络线　规模经济　规模不经济　总收益　边际收益　利润

5.1　短期成本

5.1.1　短期与长期

短期和长期是经济学中极其重要的两个基本概念。短期和长期不是用某一准确的时间概念来划分的，而是依据生产要素的调整情况来划分的。一般而言，在短期内企业只能变动部分要素投入；而在长期内企业的所有生产要素都是可变的。因此，为方便分析，通常把短期界定为企业不能够改变厂房和机器设备等固定投入要素的时期，把长期界定为所有生产要素都可调整，不存在固定生产要素的时期。在长期内，包括前面提到的厂房和机器设备甚至技术水平都是可以调整的。

5.1.2　短期成本指标

短期成本指标可以分成三大类：总量成本指标、平均成本指与边际成本

(1) 总量成本指标：是由固定总成本（*FC*）、可变总成本（*VC*）与总成本（*TC*）构成。

固定总成本是指企业在短期内必须支付的不能调整的生产要素的费用，固定总成

本不随产量的变动而变动，包括厂房、设备、折旧及管理人员的工资等。可变总成本是指在短期内必须支付的可以调整的生产要素的费用，随产量的变动而变动，主要包括原材料、燃料支出及生产工人的工资。固定总成本和可变总成本构成了短期总成本，就是短期内生产一定产量所需要的成本总和。用数学公式表示为：

$$TC = FC + VC \tag{5.1}$$

（2）平均成本指标：是由平均固定成本（AFC）、平均可变成本（AVC）与平均成本（AC）构成。

平均固定成本是指平均每单位产品所消耗的固定成本。用数学公式表示为：

$$AFC = \frac{FC}{Q} \tag{5.2}$$

平均可变成本是指平均每单位产品所消耗的可变成本。用数学公式表示为：

$$AVC = \frac{VC}{Q} \tag{5.3}$$

平均固定成本与平均可变成本之和是平均成本，即短期内生产每一单位产品所需要的成本。用数学公式表示为：

$$AC = \frac{TC}{Q} \tag{5.4}$$

（3）边际成本（MC）：边际成本是指企业每增加一单位产量所增加的总成本的增量。用数学公式表示为：

$$MC = \frac{\mathrm{d}TC}{\mathrm{d}Q} \tag{5.5}$$

5.1.3 短期成本曲线

某企业的短期成本数据表（见表5－1），表5－1中数据反映了各短期成本指标之间的关系。根据固定成本（FC）和可变成本（VC），可以推算出总成本（TC）、平均固定成本（AFC）、平均可变成本（AVC）、平均成本（AC）和边际成本（MC）。见表5－1所示。

表5－1　某企业的短期成本表

产量（Q）	总成本			平均成本			边际成本（MC）
	固定成本（FC）	可变成本（VC）	总成本（TC）	平均固定成本（AFC）	平均可变成本（AVC）	平均总成本（AC）	
0	1000	0	1000				
1	1000	500	1500	1000	500	1500	500
2	1000	700	1700	500	350	850	200
3	1000	800	1800	333	267	600	100

续表

产量（Q）	总成本			平均成本			边际成本（MC）
	固定成本（FC）	可变成本（VC）	总成本（TC）	平均固定成本（AFC）	平均可变成本（AVC）	平均总成本（AC）	
4	1000	950	1950	250	238	488	150
5	1000	1300	2300	200	260	460	350
6	1000	2000	3000	167	333	500	700

把表5-1中的成本数据绘制在一张图中，可以得到短期成本曲线，如图5-1所示。

从图中，可以发现关于短期的各种成本之间的一些关系。

(1) 固定成本曲线、可变成本曲线和总成本曲线之间的关系。固定成本在短期内不变，因此随着产量的增加，成本线保持不变。在图5-1中表现为一条水平直线。总成本是固定成本与可变成本之和，而固定成本保持不变，所以总成本曲线是可变成本曲线向上平移的结果，平移的距离由固定成本的大小决定。换言之，在总成本曲线和可变成本曲线上，产量相同的点之间的垂直距离保持恒定。

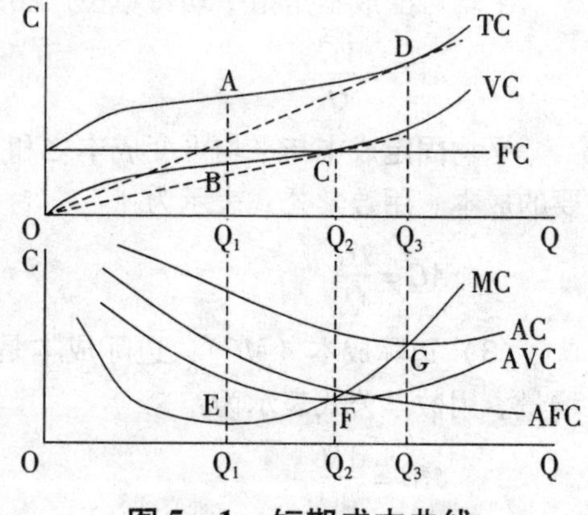

图5-1 短期成本曲线

(2) 固定成本曲线和平均固定成本曲线之间的关系。平均固定成本是固定成本与产量之比。在固定成本不变的条件下，随着产量的增加，平均固定成本呈逐渐减少的趋势。因此平均固定成本曲线是一条向右下方倾斜的曲线。

(3) 可变成本曲线和平均可变成本曲线之间的关系。平均可变成本是可变成本与产量之比，用数学方法分析，平均可变成本曲线上的点表示对应的可变成本曲线上的点的斜率。该斜率指连接原点与可变成本曲线上的点的直线的斜率。在图5-1中，可变成本上的点的斜率先减小后增加，其中，产量为 Q_2 的C点的斜率最小。与之相对应的平均可变成本曲线表现为先下降后上升，在产量为 Q_2 的F点达到最低点。

(4) 总成本曲线和平均成本曲线的关系。平均成本是总成本与产量之比，用数学方法分析，平均成本曲线上的点表示对应的总成本曲线上的点的斜率。该斜率指连接原点与总成本曲线上的点的直线的斜率。从图5-1可见，总成本曲线上各点的斜率先减小后增加，其中，产量为 Q_3 的D点的斜率最小。与之相对应的平均成本曲线表现为先下降后上升，在产量为 Q_3 的G点达到最低点。

（5）边际成本曲线与总成本曲线的关系。边际成本是总成本对产量的一阶导数。用数学方法分析，边际成本上的点表示对应的总成本曲线上的点的切线斜率。在总成本曲线上，产量为 Q_1 的 A 点是总成本曲线的拐点，也就是在 A 点的切线斜率是零。因此边际成本曲线呈现先降后升的趋势，并且在产量为 Q_1 的 E 点取得最小值。

（6）边际成本曲线、平均可变成本曲线和平均成本曲线的关系。边际成本曲线和平均可变成本曲线相交于产量为 Q_2 的 F 点，与平均成本相交于产量为 Q_3 的 G 点。而 F 点和 G 点分别是平均可变成本与平均成本的最小点。

通过边际收益递减规律说明了企业边际产量递减的原因，而边际成本与边际产量是一对对偶的指标，因此与边际产量递减相对应，边际成本存在着递增的趋势。从图形比较看：在短期中，边际产量的递增阶段对应的是边际成本的递减阶段，边际产量的递减阶段对应的是边际成本的递增阶段，与边际产量对应的最大值相对应的是边际成本的最小值。

边际成本与边际产量的关系可通过如下数学方法予以证明。假定资本是固定要素，而劳动是唯一的可变要素，而且劳动的价格 P_L 已知，则生产函数可表示为：

$$Q=f(L,\ \overline{K}) \tag{5.6}$$

则短期的总成本函数为（5.1）式，可变成本函数可用公式表示为：

$$VC=p_L L \tag{5.7}$$

边际成本函数是总成本函数对产量 Q 求一阶导数的结果，由（5.5）式可得：

$$MC=\frac{\mathrm{d}TC}{\mathrm{d}Q}=\frac{\mathrm{d}VC}{\mathrm{d}Q}+\frac{\mathrm{d}FC}{\mathrm{d}Q}=p_L\frac{\mathrm{d}L}{\mathrm{d}Q}+0=p_L\frac{\mathrm{d}L}{\mathrm{d}Q} \tag{5.8}$$

根据边际产量的定义式：

$$MP_L=\frac{\mathrm{d}Q}{\mathrm{d}L} \tag{5.9}$$

将（5.9）式代入（5.8）式，可以得出边际成本与边际产量之间的反比关系，即：

$$MC=\frac{p_L}{MP_L}$$

5.2 长期成本

5.2.1 长期成本指标

在长期内所有生产要素的投入量都是可变的，企业为获得预期的产量水平可相应地调整全部生产要素的投入量，或者说长期之内没有固定要素。例如，当中国一家民航企业在当年的旅游"黄金周"来临时，可通过短期之内增加航班，增雇空乘人员或现有空乘人员加班加点等方式来扩大服务规模，但如果该企业预测到中国的民航服务会很有前景时，就会扩大固定要素投入，例如增加飞机的数量，这就是一个长期的决策。

由于长期中企业所有的成本都是可变的，不存在固定成本（*FC*），因此，企业的长期成本只包括长期总成本（*LTC*）、长期平均成本（*LAC*）和长期边际成本（*LMC*）三个指标。为了区分短期成本（Short run cost）和长期成本（Long run cost），在短期总成本、短期平均成本和短期边际成本的缩写符号之前都冠以"S"，分别表示为*STC*、*SAC*和*SMC*。

长期总成本（*LTC*）表示企业在每一产量水平上通过改变生产规模所能达到的最低总成本。长期总成本函数可以表示为：

$$LTC=f(Q) \tag{5.10}$$

长期平均成本（*LAC*）表示企业在长期内按产量平均计算的最低总成本，长期平均成本函数可以表示为：

$$LAC=\frac{LTC}{Q} \tag{5.11}$$

长期边际成本（*LMC*）表示企业在长期内增加一单位产量所引起的最低总成本的增量。所以长期边际成本函数可以表示为：

$$LMC=\frac{\delta LTC}{\delta Q} \quad 或\ LMC=\lim_{\delta Q\to 0}\frac{\delta LTC}{\delta Q}=\frac{\mathrm{d}LTC}{\mathrm{d}Q} \tag{5.12}$$

5.2.2 长期成本曲线

为说明短期与长期的关系，此部分将根据短期成本曲线推导长期成本曲线。

1. 长期总成本曲线

企业在长期对生产要素的投入量的调整也是对企业生产规模的调整。即根据产量既定条件下的成本最小原则，企业总是可以在每一产量水平上选择成本最低的方式进行生产。因此，可以根据短期总成本曲线（*STC*）推导出长期总成本曲线（*LTC*），如图 5－2 所示。

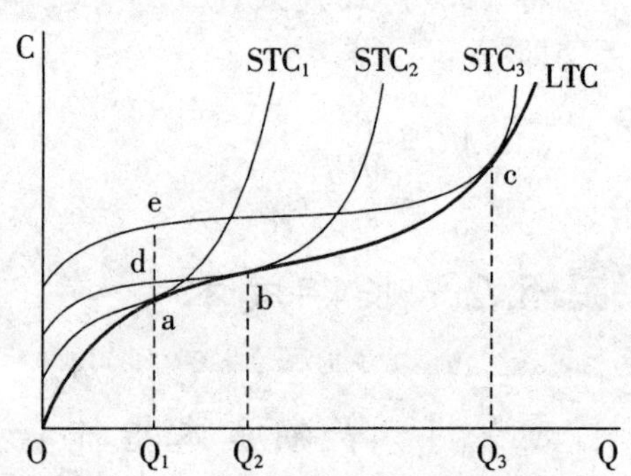

图 5－2 最优生产规模的选择与长期总成本曲线

在图 5－2 中，STC_1、STC_2 和 STC_3 分别是三条短期总成本曲线。短期总成本曲线在纵轴上的截距表示固定总成本的大小，即企业的厂房、机器设备等资产的多少。因此三条短期总成本曲线分别代表三种不同的生产规模，而且三条曲线所代表的生产规模依次递减。

假定企业生产的产量是 Q_1，在短期内，企业可能面临的生产规模是 STC_2，于是企业只能在 STC_2 曲线上的 d 点进行生产；如果企业面临的生产规模是 STC_3，则企业只能在 STC_3 上的 e 点进行生产。但是在长期内，企业必然要依据产量既定条件下的成本最小化原则，选择 STC_1 曲线上的 a 点进行生产。也就意味着企业在长期内可以变动全部的要素投入量，选择最优的生产规模。同理，当企业生产的产量是 Q_2 时，在长期内，企业必然选择 STC_2 曲线代表上的 b 点进行生产。而当企业生产的产量是 Q_3 时，在长期内，企业必然选择 STC_3 曲线代表的生产规模上的 c 点进行生产。从而使企业在每一个既定的产量水平上实现了最低的总成本。

按类似的分析思路可知，企业可以在每一个产量水平上，都能找到相应的一个最优生产规模，把总成本降到最低水平。即无数个类似于 a、b 和 c 的点的轨迹构成了图 5－2 中以粗线条表示的长期总成本曲线（LTC）。显然，长期总成本曲线是无数条短期总成本曲线的包络线（Enveloping curve）。在连续变化的每一个产量水平上，都存在着与长期总成本曲线相切的一条短期总成本曲线。

长期总成本曲线也可以由第四章中推出的企业生产扩展线得出，如图 5－3 所示，图中的 OR 是一条企业生产扩展线，扩展线上的 E_1、E_2 和 E_3 点分别是三个长期生产的均衡点。每一个均衡点都表示企业通过选择最优的生产要素组合所实现的生产每一个既定产量时的最小总成本。例如，在 E_1 点上，生产 Q_1 产量的最小总成本 C_1 由等成本线 A_1B_1 代表，此时总成本是 $p_K \cdot OA_1 = p_L \cdot OB_1$，对应于长期总成本曲线上的 a 点。同理，在 E_2 点上，生产 Q_2 产量的最小总成本 C_2 由等成本线 A_2B_2 代表，此时总成本是

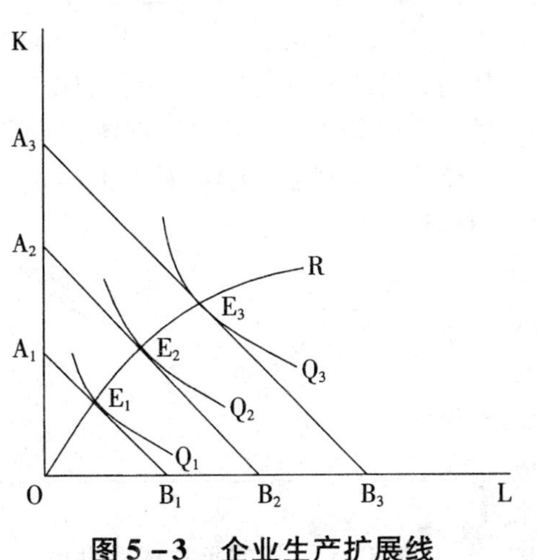

图 5－3 企业生产扩展线

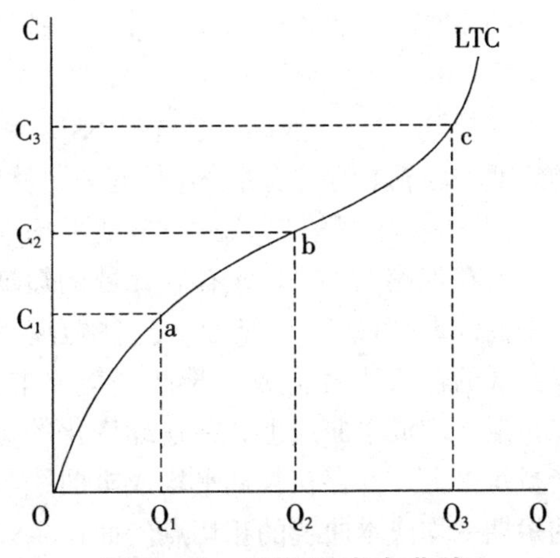

图 5－4 长期总成本曲线

$p_K \cdot OA_2 = p_L \cdot OB_2$，对应于长期总成本曲线上的 b 点。而在 E_3 点上，生产 Q_3 产量的最小总成本 C_3 由等成本线 A_3B_3 代表，此时总成本是 $p_K \cdot OA_3 = p_L \cdot OB_3$，对应于长期总成本曲线上的 c 点。假定存在无数个类似于 a 点、b 点和 c 点的点，将 a 点、b 点、c 点和这些点顺次连接起来，就得到了如图 5－4 所示的长期总成本曲线。

2. 长期平均成本曲线

同推导长期总成本曲线的方法类似，可以通过短期平均成本曲线，推导出相应的长期平均曲线。如图 5－5 所示。

图 5－5 中的三条短期平均成本曲线 SAC_1、SAC_2 和 SAC_3 分别代表三种不同的生产规模。在短期内，企业难以在每一产量水平上找到最优的生产规模进行生产。例如，假定企业现有的生产规模为 SAC_1，同时企业的预期产量是 Q_2。此时企业只能根据短期平均成本曲线 SAC_1 代表的生产规模上的 C_1 的平均成本进行生产，而不能选择短期平均成本曲线 SAC_2 代表的生产规模上的 C_2 的平均成本进行生产。

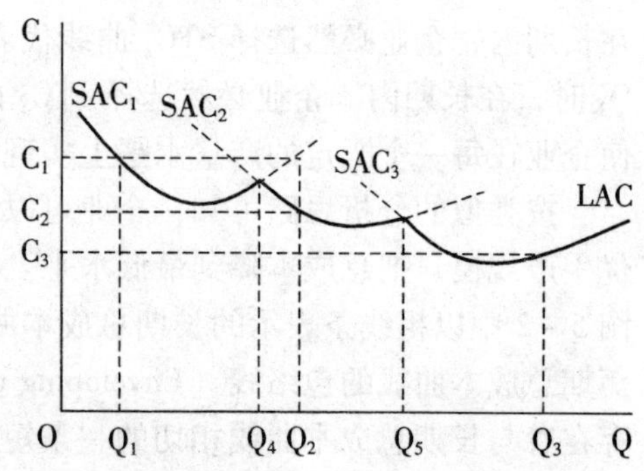

图 5－5　企业最优生产规模的选择

在长期，企业则可根据产量要求选择最优的生产规模进行生产。假定企业的预期产量仍然是 Q_2，则企业一定会选择 SAC_2 曲线上的 C_2 点进行生产，而不会选择成本相对较高的 SAC_1 曲线上的 C_1 点或 SAC_3 曲线上的 C_3 点进行生产。同理，当企业的预期产量水平是 Q_1 时，会选择 SAC_1 代表的生产规模上的 C_1 的平均成本进行生产；当企业的预期产量水平是 Q_3 时，会选择 SAC_3 代表的生产规模上的 C_3 的平均成本进行生产。当企业的预期产量水平是 Q_4 时，企业会选择 SAC_1 和 SAC_2 的交点进行生产，此时这两条短期平均成本曲线所代表的生产规模在该点拥有相同的最低平均成本。当企业的预期产量水平是 Q_5 时，企业同样会选择 SAC_2 和 SAC_3 的交点进行生产。因此，把图 5－4 中的短期平均成本的实线部分连接起来，就形成了长期平均成本曲线 LAC（见图 5－6）。

图 5－2 中只绘出了三条短期平均成本曲线。但在理论上可以假定存在无数的短期平均成本曲线，如图 5－6 所示，这些短期平均成本曲线的包络线就构成了长期平均成本曲线。在长期平均成本曲线上，在连续变化的每一个产量水平上，都存在长期平均成本曲线与相应的短期平均成本曲线的相切点。而这条短期平均成本曲线所代表的生产规模就是生产该产量

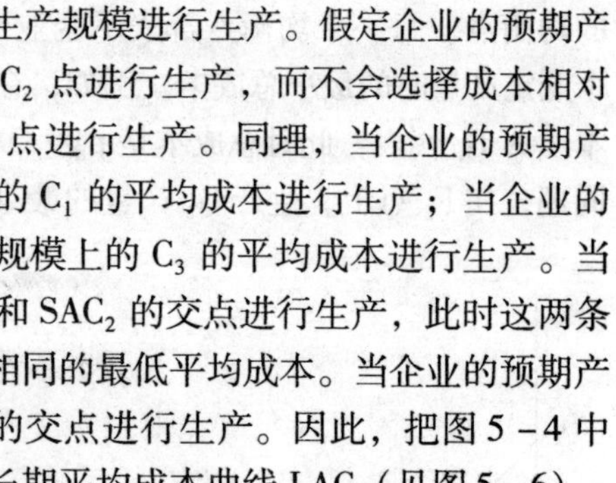

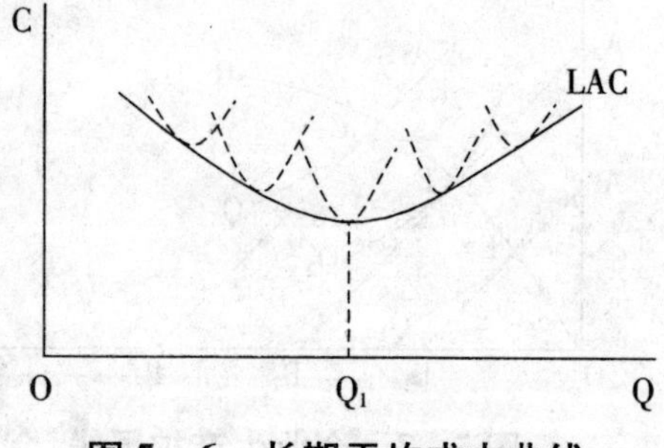

图 5－6　长期平均成本曲线

的最优生产规模，该切点所对应的平均成本就是相应的最低平均成本。因此，长期平均成本曲线表示企业在长期内在每一产量水平上可以实现的最小的平均成本。

图 5－6 说明长期平均成本曲线是一条先上升后下降的“U”形线。在长期平均成本曲线最低点的左边，与短期平均成本曲线的最低点的左边相切；在长期平均成本曲线最低点的右边，与短期平均成本曲线的最低点的右边相切；在最低点，则与一条短期平均成本曲线的最低点相切，此时长期平均成本、长期边际成本、短期平均成本与短期边际成本都相等，用数学公式可以表示为：

$$LAC = LMC = SAC = SMC \tag{5.13}$$

长期平均成本曲线的“U”形特征是由长期生产中的规模经济和规模不经济所决定的。规模经济指在企业生产扩张的开始阶段，企业因扩大生产规模而使长期平均成本不断降低的情况；规模不经济指当企业的扩张达到一定的规模之后，企业继续扩大生产规模时，长期平均成本就会逐渐上升的情况。一般而言，企业的生产规模在由小到大的扩张过程中，会依次表现出规模经济与规模不经济。企业作为理性的经济主体会选择表现出规模经济特征的生产规模上进行生产。

3. 长期边际成本曲线

根据推导长期总成本曲线时的结论，长期总成本曲线是短期总成本曲线的包络线，即在长期的每一个产量水平上，长期总成本曲线都与一条代表最优生产规模的短期总成本曲线相切，换言之，两条曲线的斜率相等。由于 $LMC = \frac{dLTC}{dQ}$，即长期总成本曲线的斜率就是长期边际成本，而 $SMC = \frac{dSTC}{dQ}$，即短期总成本曲线的斜率就是短期边际成本，因此也就意味着，在长期内的每一个产量水平上，长期边际成本都与代表最优生产规模的短期边际成本相等。根据这个推论，可以求得长期边际成本曲线，如图 5－7 所示。

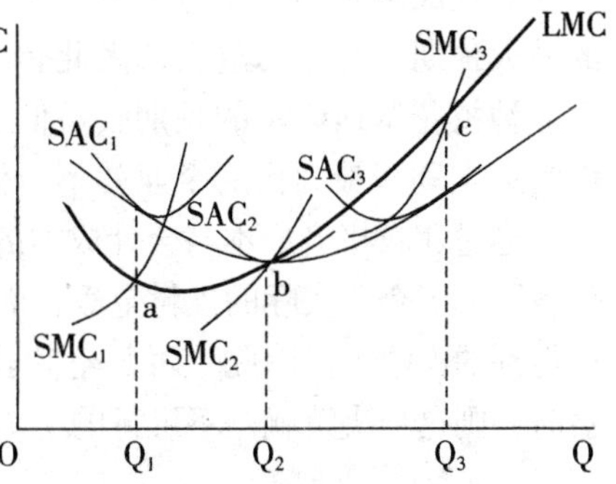

图 5－7　长期边际成本曲线

图 5－7 中的三条短期平均成本曲线 SAC_1、SAC_2 和 SAC_3 分别代表三种不同的生产规模。SMC_1、SMC_2 和 SMC_3 分别是与 SAC_1、SAC_2 和 SAC_3 相对应的三条短期边际成本曲线。假定长期内，企业在 Q_1 的产量上进行生产，此时的最优生产规模是 SAC_1，短期边际成本曲线 SMC_1 与经过 Q_1 的垂直直线相交于 a 点。在 a 点，长期边际成本与短期边际成本相等，都等于 aQ_1。同理，当企业在 Q_2 的产量上进行生产时，长期边际成本是 bQ_2；当企业在 Q_3 的产量上进行生产时，长期边际成本是 cQ_3。把无数个

类似于 a 点、b 点和 c 点的点连接起来就构成了长期边际成本曲线，如图 5-7 中的粗线 LMC 所示。

从图 5-7 中可以观察到，当长期平均成本下降时，长期边际成本低于长期平均成本（LMC < LAC）；当长期平均成本上升时，长期边际成本高于长期平均成本（LMC > LAC）；在长期平均成本曲线的最低点，长期平均成本等于长期边际成本（LMC = LAC）。

5.3 机会成本

5.3.1 会计成本与机会成本

会计成本也称历史成本，是企业为购买生产要素实际支付的成本，直接反映在账目中。例如企业若购买了价值 100 万元的原料，则这批原料的会计成本就是 100 万元。会计成本反映了企业使用资源的实际货币支出，但从经济学角度看并没有反映出企业为使用这些资源而付出的全部代价，因此不能作为决策的主要依据，而机会成本则可反映一项经济决策的全部成本，是决策的主要依据。

正如本书导言部分所介绍的，机会成本是经济主体选择了资源的某种用途而必须放弃的将该种资源用于可带来最高收益用途中能导致的成本。一个企业如果在其拥有的部分土地上种植花草树木，尽管美化了工厂的环境，净化了空气，但企业就无法获得将这块土地用于其他用途所获得的收益。其他用途可能包括建造厂房、出租房屋等，假设建造厂房会给企业带来每年 60 万元的收益。如果种植花草树木的年均成本是 50 万元，那么企业的这项决策的会计成本与机会成本分别是多少呢？从会计角度看，50 万元是实实在在发生的账面成本，因此会计成本就是 50 万元。但经济学家在考虑企业成本时却会想得更多，不仅包括 50 万元的会计成本，还会将放弃的 60 万元的最大预期收益考虑进去，因此企业的绿化决策的总成本就是 110 万元。因此，如果企业种植花草地树木的预期收益低于 110 万时，这项决策就会给企业带来经济损失，作为追求利润最大化的企业就不会做出这一选择。

通过比较机会成本与会计成本的概念，可以明显地发现二者之间的区别。会计成本仅表示为了企业实际的支付金额，而机会成本则表示放弃的一种资源的次好用途本来可以得到的净收入。因此，西方经济学认为机会成本才是决策的依据。当机会成本大于收益时，则这项决策就是不可行的，当机会成本小于收益时，这项决策才是可行的。

5.3.2 外显成本与隐含成本

外显成本（Explicit cost）与隐含成本（Implicit cost）从另外一个角度说明了经

济意义上的成本与会计意义上的成本之间的差异之处。外显成本指企业会计账目上作为成本记入的各种支出费用，包括工资、原材料、燃料、动力、运输和资本利息等，可见，外显成本是会计成本的另一种表达方式。隐含成本指自有要素的成本，即企业对自己提供的资源所应该支付的正常费用，包括所有者自有厂房、设备的折旧费、自有劳动的报酬、自有资金的利息等。通常，隐含成本并没有表现为实际的支出，因此也就无法反映在会计账目上。因此，隐含成本是造成会计成本与机会成本之间出现差异的根源。在经济学意义上隐含成本被视为自有要素必须要获得的回报，是必须获得的正常利润，因此是被列入经济成本或机会成本的。如果自有要素不能获得正常的回报，企业主就会将自有要素投入到其他用途中。

假设 TOM 是名牌大学的毕业生，如果他到大公司中打工可以获得 20 万元的年薪；如果 TOM 毕业选择了自己创业，几年下来平均年利润只有 10 万元，单纯从经济收益角度看，TOM 就应该关闭自己的公司去公司中打工。

经济学意义与会计学意义上的成本与利润概念见图 5－8 所示。

图 5－8（a）代表了经济学意义上的成本与利润，图 5－8（b）代表了会计意义上的成本与利润。隐含成本是造成差别的主要原因，在经济学意义上，是作为正常利润计入成本之中，而在会计意义上则是作为利润的一部分。

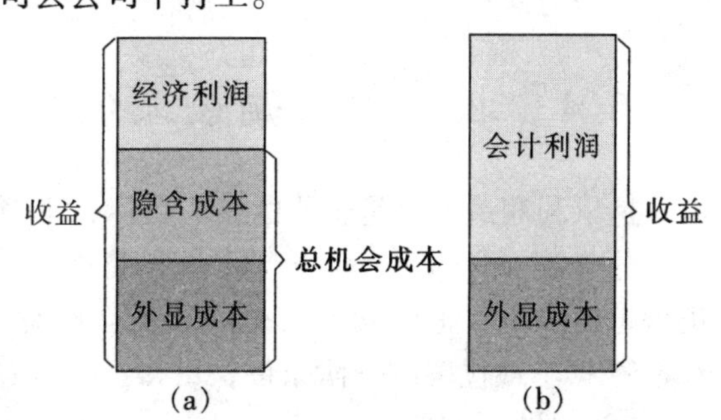

图 5－8 经济学与会计学意义上的成本与利润

5.3.3 社会成本与私人成本

前述成本是指生产过程中直接发生在生产者身上的成本，或是企业的私人成本。然而某些生产经营活动不仅会产生私人成本，也会给企业之外的其他经济主体带来成本。经济学中用社会成本来衡量一项生产行为所引发的全部成本。例如造纸厂的生产会产生污染，每生产一吨纸都有一定量的废水排放到附近的河流中。在这个例子中，企业为了进行生产所花费的各种代价之和是该企业的私人成本。社会成本则包括造纸厂的私人成本加上受到污染影响的河流周围居民为减轻污染影响所发生的全部成本。

社会成本和私人成本往往是不一致的。这是因为私人成本通常是按照企业所使用的资源的市场价格来计算的，而资源的市场价格却并不是总能准确地反映所用的资源体现出来的社会价值，一些与空气的性质相类似的资源甚至没有市场价格。因此一般而言，社会成本是大于私人成本的。图 5－9 描述了在私人成本和社会成本分别起作用对均衡价格和均衡产量的影响。

在图5-9中，横轴表示产量；纵轴表示价格；d代表需求；S_0表示在私人成本作用时的供给；而S_1代表在社会成本作用时的供给。在不考虑造纸厂对环境的污染的情况下，市场均衡在d和S_0的交点A处实现，均衡价格是P_0，均衡产量是Q_0。但造纸厂对河流的废水污染是不能忽略的。此时供给线向左上方平移到S_1，与需求线d相交于B点，此时的均衡价格是P_1，均衡产量是Q_1。此时的均衡对于整个社会来说是最优的。尽管造纸厂更愿意在A点进行生产，但是出于环境保护的目的，政府会采取各种措施迫使企业在B点进行生产。

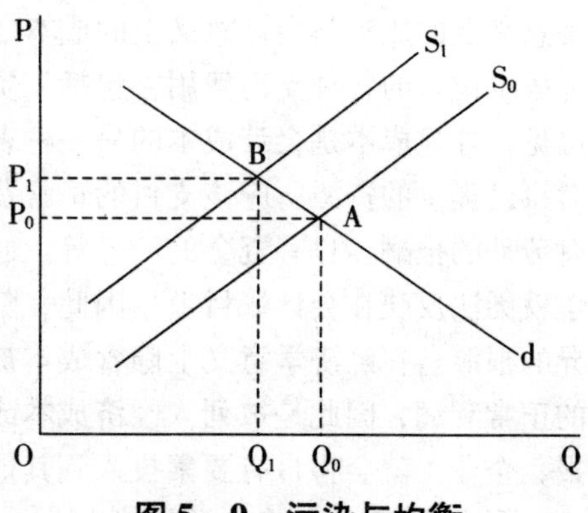

图5-9 污染与均衡

5.4 收益与利润最大化

追求利润最大化是企业的核心目标，本节将探讨企业实现利润最大化的条件。

总收益（Total Revenue，TR）是指企业出售产品所得到的全部收益，是价格和销售量的乘积。企业利润（π）等于总收益与总成本之差，可以表示为：$\pi = TR - TC$。根据求最优解的一阶条件，可得：

$$\frac{dTR}{dQ}-\frac{dTC}{dQ}=0 \tag{5.14}$$

进一步可得到企业实现利润最大化的条件：

$$MR = MC \tag{5.15}$$

该式表明，当增加一单位产量所带来的边际收益和边际成本相等时，企业实现了利润的最大化。边际收益指企业多生产一个单位产品所带来的收益；边际成本是指企业多生产一个单位产品所引致的成本。当边际收益大于边际成本时，表明企业每多生产一个单位产品所增加的收益大于生产这一产品所增加的成本。这时对企业来说，还有潜在的利润没有得到，因此继续扩大生产是有利的；当边际收益小于边际成本时，则表明企业每多生产一个单位产品所增加的收益小于生产这一产品所增加的成本，产生亏损，企业因此必然减少生产；当边际收益等于边际成本时，则说明企业生产的最后一单位产品的收支恰好相抵，企业生产处于相对稳定状态，实现了利润最大化。

本章小结

1. 固定总成本是指企业在短期内必须支付的不能调整的生产要素的费用，固定总成本不随产量的变动而变动。可变总成本是指在短期内必须支付的可以调整的生产要素的费用，随产量的变动而变动。固定总成本和可变总成本构成了短期总成本。

2. 平均固定成本是指平均每单位产品所消耗的固定成本。平均可变成本是指平均每单位产品所消耗的可变成本。平均固定成本和平均可变成本之和是平均成本，即短期内生产每一单位产品所需要的成本。边际成本是指企业每增加一单位产量所增加的总成本的增量。

3. 会计成本也称历史成本，是企业为购买生产要素实际支付的成本。机会成本是经济主体选择了资源的某种用途而必须放弃的将该种资源用于可带来最高收益用途中能导致的成本。

4. 外显成本是企业会计账目上作为成本记入的各种支出费用，包括工资、原材料、燃料、动力、运输和资本利息等。隐含成本是自有要素的成本，即企业对自己提供的资源所应该支付的正常费用，包括所有者自有厂房、设备的折旧费、自有劳动的报酬、自有资金的利息等。

5. 生产过程中直接发生在生产者身上的成本称为私人成本。某些生产经营活动不仅会产生私人成本，也会给企业之外的其他经济主体带来成本，经济学中用社会成本来衡量一项生产行为所引发的全部成本。

6. 通常把短期界定为企业不能够改变厂房和机器设备等固定投入要素的时期，把长期界定为所有生产要素都可调整，不存在固定生产要素的时期。

7. 企业利润是总收益与总成本之差。利润最大化的实现条件是边际收益等于边际产量。

思 考 题

1. 某小零售店店主自己作账，应该如何计算他工作的机会成本？

2. 某公司支付给会计人员10000美元的年薪，这笔费用是外显成本还是隐含成本？

3. 若产品的短期边际成本大于平均可变成本，这是否意味着平均可变成本递增或递减？为什么？

4. 若企业的短期平均成本曲线为U形，为什么平均可变成本曲线比短期平均成本曲线在更低的产出水平上达到其最低点？

5. 如何利用短期成本曲线推导长期成本曲线？

6. 举例说明社会成本与私人成本之间的差异。

第六章 完全竞争与完全垄断

学习目标

学习本章应明确完全竞争市场、完全垄断、垄断竞争市场的特征，掌握各种市场结构下企业需求曲线、收益曲线的推导，理解各种市场结构下企业的短期、长期均衡的过程与理论模型。

关键名词

完全竞争 平均收益 停业点 企业的供给曲线 消费者剩余 生产者剩余 完全垄断 自然垄断 价格歧视 二级价格歧视 三级价格歧视 社会净福利损失

6.1 市场结构理论

前面讨论过消费者行为和生产者行为，即分析了消费者如何花费既定的收入来购买各种消费品以实现效用的最大化和生产者如何根据既定的成本生产最大的产量，或在产量一定时所用成本最小。但是成本函数只是表明了企业为可能生产的各种产量所支付的最低成本，并没有说明企业将如何确定产品价格和产量来实现利润最大化。

企业的利润最大化决策不仅取决于成本条件，而且还取决于企业所面临的市场结构。在不同的市场结构下，企业面对的需求曲线、收益曲线以及供给曲线是迥然不同的，因而实现市场均衡的条件不同。市场结构主要有以下四种基本类型：完全竞争、完全垄断、垄断竞争和寡头垄断。其中后三种类型的市场结构又可统称为不完全竞争市场，因此，上述四种基本类型的市场结构又可进一步分成两大类：完全竞争市场与不完全竞争市场。

下面我们将具体分析每个市场结构，并且阐述企业不同市场条件如何决定产品价格和产量水平。值得注意的是，市场结构理论在西方主流经济学中通常也称为产业结构理论。其中，产业（Industry），也可称为行业，通常是指制造或提供相同或类似产品或劳务的企业的集合，如冰箱产业，也称冰箱行业或冰箱市场，是指制造各式冰箱的所有企业的集合。

表6－1　　四种市场的基本特征比较

市场结构类型	企业数目	产品差异程度	企业对价格的控制能力	行业进退障碍	接近的行业
完全竞争	很多	无差异	没有（价格接受者）	无	农业
垄断竞争	很多	有些差异	有一些（价格寻求者）	较高	家电业零售业
寡头垄断	几个	有或没有差异	较大（价格影响者）	高	汽车制造业
垄断	一个	——	很大（价格制定者）	最高	煤气、电力、自来水等公用事业

6.2　完全竞争市场

6.2.1　完全竞争市场的特征

完全竞争市场（Perfect competitive market）是指不存在任何垄断因素的市场。它的基本特征有以下四个方面：

第一，市场上有大量的买方和卖方，而且价格对于他们是既定的。由于市场上存在大量的相互独立的买者和卖者，他们购买和销售的产量只占市场总额中极小的一部分，因而任何企业或家庭只能按照既定的市场均衡价格出售或购买他们愿意买卖的任何数量而对价格不产生明显影响。市场价格是由买方的总需求和卖方的总供给共同决定，每一个买方或卖方只是市场价格的接受者。

第二，市场上的产品是同质的，或称为无差异产品。产品的无差异不仅表现为商品本身的物理性能、化学性能相同，而且商品的销售条件、销售区域、售后服务等因素也都相同。即同是海尔冰箱，在不同的场所销售，对消费者来说就构成了差异产品，因为消费者可能离某一销售场所较近，就离另一场所较远。

第三，企业可以自由进入或退出市场。完全竞争市场中企业进入或退出市场时没有任何障碍。当企业意识到市场中存在超额利润时，它会迅速进入市场，分享“蛋糕”；当市场中的超额利润消失后，企业会停止进入，从而市场中企业数目相对稳定下来。可以说，完全竞争市场中的短期“套利”行为是有可能存在的。从长期分析，完全竞争市场中企业数目相对稳定，企业的超额利润趋近于零。

第四，信息充分。所有买卖者都具有充分的知识，完全掌握现在和将来的价格信息，因而不会有任何人以高于市场的价格进行购买，以低于市场价格进行销售。

显然，完全竞争市场描述的是一种非常理想化的情况，更多的是一种理论上的假设，现实生活中几乎不存在完全相符的情况。但实践中存在一些相对比较近似的市场。例如，农产品市场。农产品市场中买、卖双方的数量都很多。买卖双方都很容易知道各种农产品的价格信息，农产品的质量差别非常微小，几乎无差异。单个农民难以影响市场价格，只能作为市场既定价格的接受者。

在完全竞争市场、垄断竞争与寡头垄断市场中，单个企业的行为与市场总体的行为之间有所区别，表现在需求曲线的差异、均衡决定的方式不同等方面。我们将分别介绍企业的行为特征与行业的行为特征。

6.2.2 企业的需求曲线和收益曲线

1. 企业的需求曲线

企业的需求曲线是指单个企业的消费者对其产品的需求曲线，描述了价格与需求量之间的组合关系。在完全竞争市场中，企业是市场价格的接受者，没有能力给产品定价，因此，企业所面对的需求曲线就是在既定市场价格上的一条水平线。这一既定价格是由完全竞争市场中的市场需求与供给所决定的。

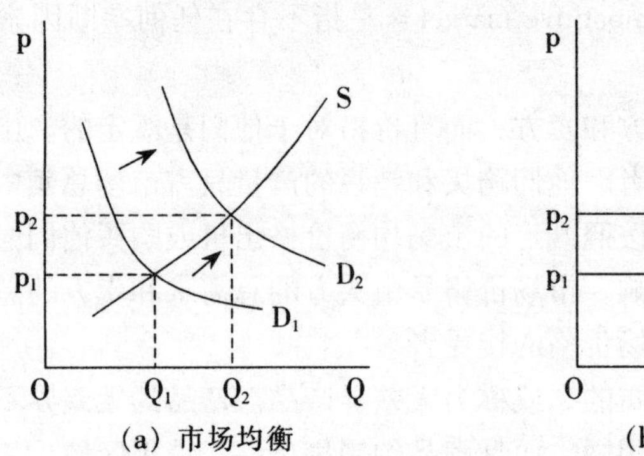

(a) 市场均衡

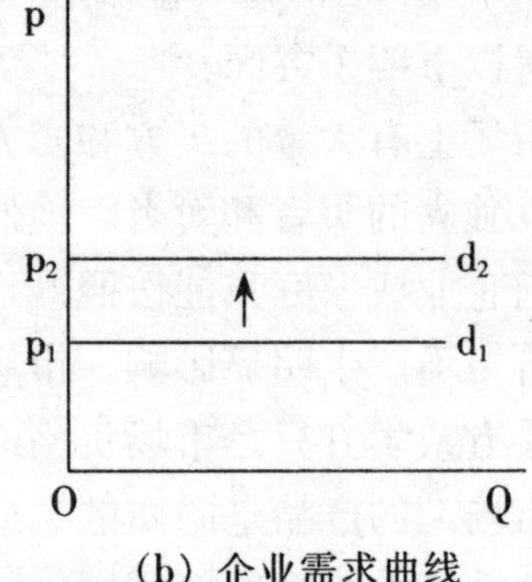

(b) 企业需求曲线

图6-1 完全竞争市场均衡和企业的需求曲线

图6-1（a）说明了整个行业的供求如何决定价格。市场需求曲线 D_1 和市场供线给线 S 均衡于点（p_1，Q_1），此时的市场价格水平为 p_1。图6-1（b）为个别企业需求曲线的情况。市场均衡时企业面对既定价格 p_1，在这个价格下，市场对个别企业的需求是无限的，因此，个别企业的需求曲线是在既定价格 p_1 下的一条水平线 D_1。

虽然企业在完全竞争市场下是市场价格的接受者，它没有能力去影响市场价格的变化，但是，这不表明市场价格是不变的。市场价格是由市场需求和市场供给共同决定的。当市场需求或供给任何一方发生改变时，市场价格将发生变化，个别企业的需求曲线也就相应发生变化。如图6-1（a），假定市场供给不变，市场需求曲线从 D_1

移动到 D_2 时，那么市场价格就会从 p_1 提升到 p_2，单个企业的需求曲线将随之改变，由 d_1 移动到 d_2。

2. 企业的收益曲线

企业收益是指企业销售其产品的货币收入。有三个基本的收益概念需加以区分。

总收益（Total Revenue，用 TR 表示），指企业出售一定数量产品后所得到的全部收入。它等于产品价格（p）乘以产品销售数量（q），公式表示为：

$$TR = TR = pq$$

平均收益（Average Revenue，用 AR 表示），指企业销售每单位产品获得的平均收入。它等于总收入（TR）除以总产量（q），公式表示为：

$$AR = \frac{TR}{q} = \frac{pq}{q} = p$$

可见，在任何市场结构下，$AR = p$ 恒成立。

边际收益（Marginal Revenue，用 MR 表示），指企业增加或减少一单位产品销售所引起的企业总收益的变化量，公式表示为：

$$MR = \frac{\Delta TR}{\Delta q} = \frac{\mathrm{d}TR}{\mathrm{d}q} = \frac{\mathrm{d}(pq)}{\mathrm{d}q}$$

假定企业的总收益函数为：$TR = f(q) = 7q + 8q^2 - q^3$，当 $q = 8$ 时，计算 TR、AR 和 MR 的数值的方法如下：

$$TR = f(q) = 7q + 8q^2 - q^3 = 7 \times 8 + 8 \times 8^2 - 8^3 = 56$$

$$AR = TR/q = 7 + 8 \times 8 - 8^2 = 7$$（平均收益函数）

$$MR = 7 + 16q - 3q^2 = 7 + 16 \times 8 - 3 \times 8^2 = -57$$（边际收益函数）

在完全竞争市场中，企业是市场价格的接受者是其特征之一。对于企业来说市场价格是既定的，是一个常数即 $p = c$（c 为常数）。因此，企业的总收益、平均收益和边际收益有以下关系：

$$TR = pq$$

$$AR = \frac{TR}{q} = \frac{pq}{q} = p = c$$

$$MR = \frac{\Delta TR}{\Delta q} = \frac{\mathrm{d}TR}{\mathrm{d}q} = \frac{\mathrm{d}(pq)}{\mathrm{d}q} = \frac{c \cdot \mathrm{d}q}{\mathrm{d}q} = c$$

从上面的公式推导过程中，可以得到 $MR = p = AR$ 即在完全竞争市场条件下，市场价格、边际收益和平均收益相等的关系。

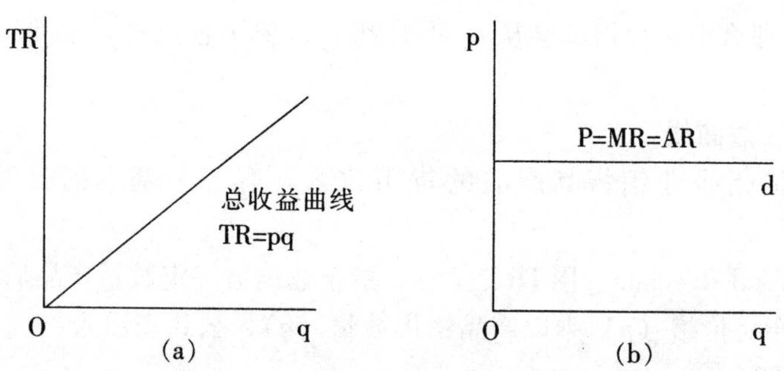

图 6－2　完全竞争企业 TR、MR 和 AR 的图形表示

图 6－2（a）表示的是完全竞争市场中企业的总收益曲线，它是一条从原点出发向右上方倾斜的直线。其中，总收益曲线的斜率是市场价格 p。如图 6－2（b）表示的是企业的平均收益曲线和边际收益曲线。在完全竞争市场中，MR、AR 和企业需求曲线 d 是重合的。

6.2.3　企业短期均衡

在短期内，企业只能调整部分成本，并且行业内企业数量与生产规模都保持不变。所谓均衡是指企业实现利润最大化或亏损最小化的状态。均衡的决定是要寻求达到上述目标所需的产量与价格。根据企业利润最大化的一般原则：$MR = MC$，可以找到相应的均衡价格与均衡产量。

企业利润求解过程如下：

企业的利润：$\pi = TR - TC = ARgq - ACgq = q(AR - AC) = q(p - AC)$。其中，$q$ 表示企业的均衡产量，p 表示市场价格，AC 表示企业的平均成本。

则：当 $p > AC$ 时，$\pi > 0$；$p = AC$ 时，$\pi = 0$；$p < AC$ 时，$\pi < 0$。

可见，在达到短期均衡时，企业的获利情况有三种可能：利润为正、利润为零或利润为负。此处的利润指的是经济利润而不是会计利润。下面分别分析三种获利情况下的短期均衡。

1. 具有正利润时的企业短期均衡

如图 6－3 当 p > AC 时，按照企业利润最大化原则 MR = MC，企业的产品价格 p_1 其均衡产量为 q_1。图中 A 点是企业的短期均衡点即需求曲线 d 与短期边际成本曲线相交点。其中，矩形 p_1ABp_2 就是企业的超额利润。

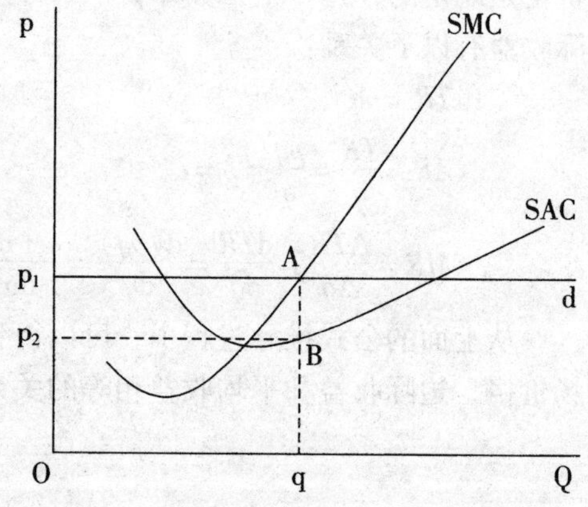

图 6－3　正利润时的企业短期均衡

2. 具有零利润时的短期均衡

完全竞争市场下，企业也可以出现盈亏相抵的短期均衡。如图 6－4 所示，企业的需求曲线 d 和短期平均成本曲线 SAC 相切于 C 点，即 $MR = SMC = SAC = P_1$。企业处于这种短期均衡时，尽管企业没有任何超额利润，但是，它可以得到正常利润，因此，企业会继续生产。

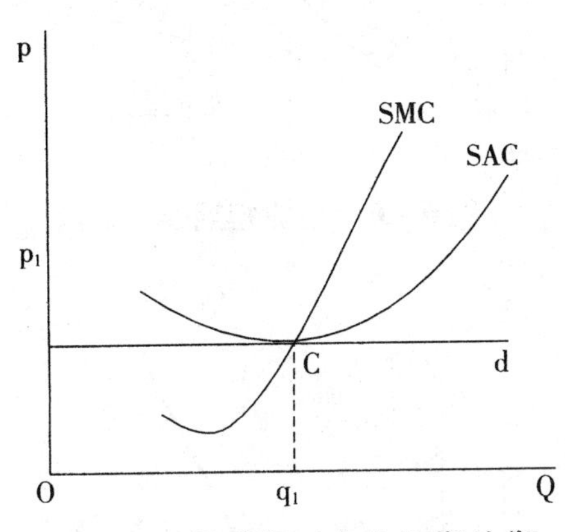

图 6－4　零利润时企业短期均衡

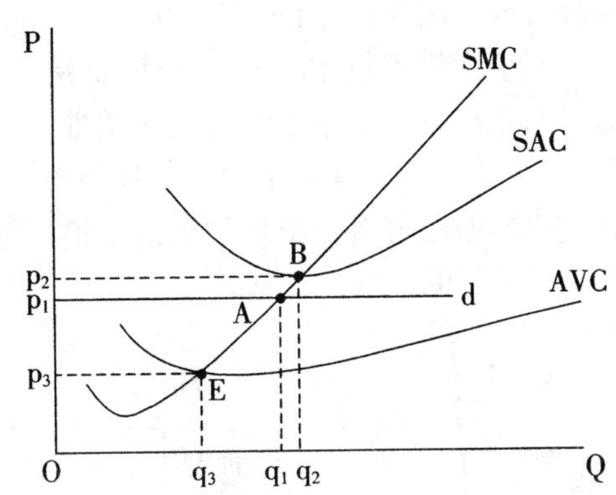

图 6－5　负利润时的企业短期均衡

3. 具有负利润时的短期均衡与停业点

在企业成本不变的情况下，如果市场价格由于供需关系变动而下降，降低到平均成本最低点以下，如图 6－5 中价格 p_1，这时企业就会发生亏损，出现负的利润。但只要市场价格还高于平均可变成本的最低点，这时企业即使亏损还会继续经营，这是因为企业继续经营不仅可以弥补全部可变成本，还可以弥补部分固定成本。在短期内，固定成本是一种沉没成本，即无法回收的成本，不会影响企业的经营决策，因此，企业在弥补成本时总是先弥补可变成本，其次才是固定成本。

如果市场价格进一步下降到与平均可变成本的最低点相切，那么企业就处于继续经营或是停产的临界点，该点称为企业的短期停业点。这时，企业的经营收益只能弥补可变成本，而完全无法弥补固定成本。如果价格继续降低到临界点之下，企业的经营收益对可变成本也弥补不了，更谈不上固定成本了，因此企业就会关门停业。

6.2.4　企业与行业的短期供给曲线

企业的供给曲线描述了价格与供给量之间的关系，它表示的是短期内企业实现利润最大化所对应的各种产量和价格的组合。随着市场价格的变动，完全竞争市场中的企业为实现利润最大化必须遵循 MR = MC 的决策原则，又由于在完全竞争市场中，企业面临的价格与其边际收益是相等的，因此企业会将产量确定于边际成本与市场价格相等时所对应的产量水平。因此，可知企业的均衡产量点总在边际成本曲线上变动。因此，完全竞争市场的短期供给曲线即为该企业边际成本曲线停业点以上（p > AVC）的那部分。如下图 6 - 6 所示。

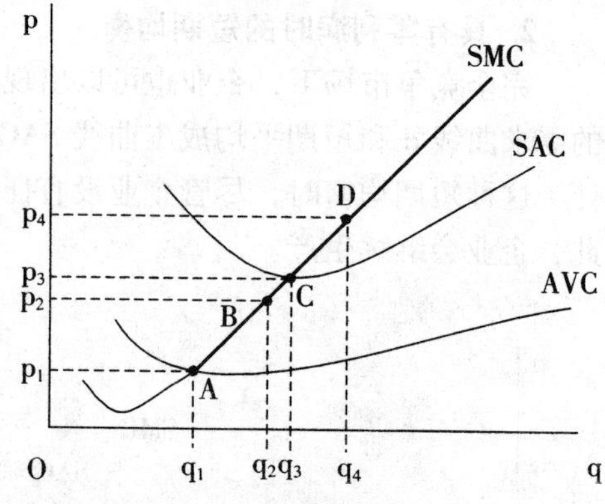

图 6 - 6　企业短期供给曲线

完全竞争市场中行业的短期供给曲线可通过水平加总单个企业的短期供给曲线得到。如图 6 - 7 所示，通过加总 A、B 两个企业的短期供给曲线可得到市场的短期供给曲线。

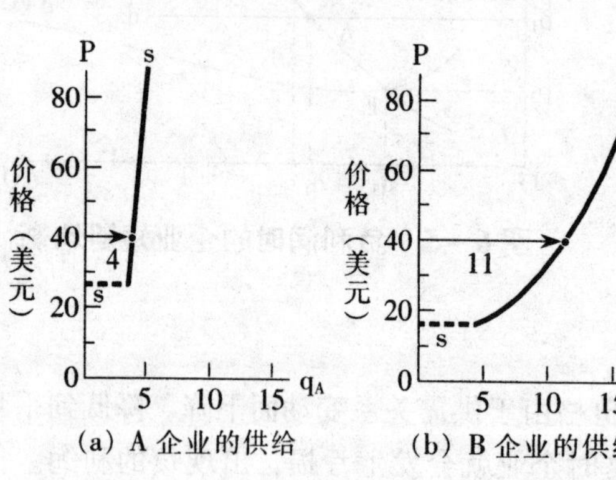

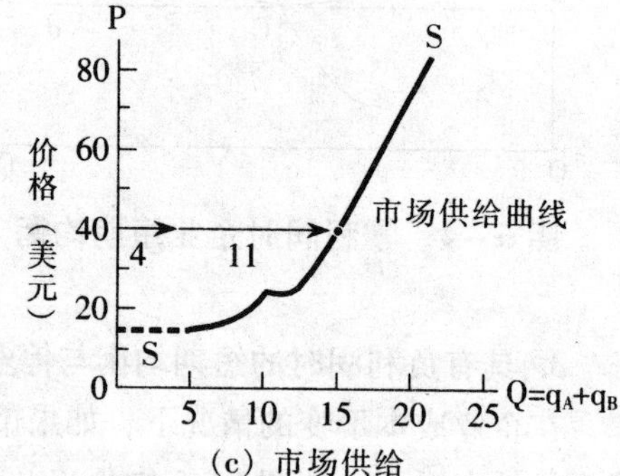

图 6 - 7　企业供给曲线与市场供给曲线

6.2.5　企业长期均衡与长期供给曲线

长期是指企业可以根据市场需求的变化情况调整一切生产要素，包括原材料、工人、设备、厂房等，从而可调整生产规模并且可以自由进出市场的时期。在长期内，企业所有的生产要素均为可变要素，而且不存在固定要素。

企业长期均衡的决定是依据 $P = LMC$ 的原则。从利润角度看，企业的长期均衡是一种零利润均衡，企业获得正的利润或出现亏损都不是一种稳定的状态。当企业获得正利润时，由于完全竞争市场中的市场进入是无障碍的，因此就会吸引市场外的企业进入该市场参与竞争，使得市场的供给增加，从而使市场的均衡价格下降；而当市场均衡价格下降到低于企业的长期平均成本时，行业内的企业就会面临亏损，在长期企业不会在亏损时仍继续经营，且由于市场的退出是无障碍的，因此，行业内的企业就会选择退出市场，这种退出行为使市场的供给减少，促进市场价格上升。上述不断调整的过程在企业的利润为零时稳定下来。

从上述零利润均衡条件可知，在长期之内，市场的均衡价格必须大于或等于企业平均成本曲线的最低点，企业才会继续经营，因此，企业的长期供给曲线是在平均成本曲线最低点之上的那部分边际成本线。相应的，行业的长期供给曲线可通过加总单个企业的长期供给曲线得到。

6.2.6 消费者剩余与生产者剩余

消费者剩余和生产者剩余是反映社会福利的重要指标。消费者剩余指消费者愿意对某物品支付的价格与其实际支付的价格的差额。完全竞争市场里，产品价格由市场供需决定，并且消费者按照市场的均衡价格购买产品，消费者的支付意愿通过市场需求曲线反映出来。

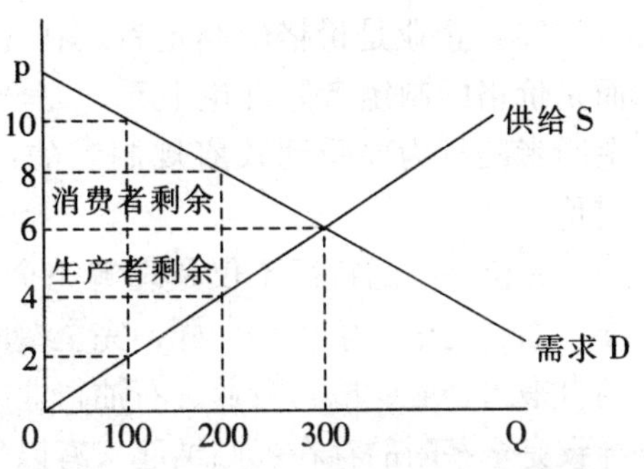

图 6－8 消费者剩余和生产者剩余

如图 6－8 所示，消费者愿意付 10 美元的价格来购买 100 个单位的产品；支付 8 美元的价格来购买 100～200 个单位之间的产品；支付 6 美元的价格来购买 200～300 个单位之间的产品。但消费者实际是按照市场均衡价格 6 美元购得全部 300 单位产品的。购买 100 个单位产品时，消费者愿意支付的价格与实际支付价格之差为 4 美元，因此所获得的消费者剩余为 400 美元；购买 100～200 个单位之间的产品时，消费者愿意支付的价格和实际支付的价格之差为 2 美元，因此所获得的消费者剩余为 200 美元；当购买 200～300 个单位之间的产品时，消费者愿意支付的价格和实际支付的价格恰好相等，所获得的消费者剩余为零。如果逐个单位计算消费者购买每一单位产品所获得的消费者剩余，那么全部的消费者剩余就是需求曲线 D 和均衡价格线所围成的三角形的面积。

消费者剩余并不代表消费者实实在在地得到了这部分货币，而是一个主观概念，描述了消费者在消费过程中的心理感受。消费者剩余会随着市场均衡价格和消费者的支付意愿而发生变化，前者受市场结构的垄断与竞争程度等因素影响，通常竞争性更强的市场中均衡价格要相对低，消费者支付意愿的变化反映在需求曲线的变化上。

生产者剩余是生产者在销售过程中，实际获得的销售收益与支付的实际成本之间的差额。在图 6－8 中表现为市场均衡价格线和供给曲线所围成的三角形的面积。

6.3 完全垄断市场

6.3.1 市场特征与垄断的成因

完全垄断是指整个市场处于一家企业控制之下的市场类型。完全垄断市场有以下主要特征:

(1) 市场中只有单个企业,它提供整个行业的供给量,因此,行业由单个企业构成。

(2) 产品缺乏替代品。完全垄断企业提供的产品没有替代品,企业是该产品的唯一提供商。因此,通常来说,企业不受竞争威胁。

(3) 企业是价格的制定者。在完全垄断市场条件下,企业不是价格的接受者,而是价格的制定者。理论上看,完全垄断企业可以有完全的定价能力,但通常完全垄断者的行为要受到政府规制者的约束,因此,现实中完全垄断企业并不能随意定价。

完全垄断的特征不仅是理解完全垄断市场的关键,也是识别完全垄断市场的标准。如同完全竞争市场一样,完全垄断市场在现实生活中也是存在的。例如一个地区的自来水企业、电力行业、石油行业等,他们都近似于完全垄断行业。那么什么因素导致完全垄断的存在?归纳起来有以下几点:

(1) 自然垄断。当一个企业能以低于两个或更多企业的成本为整个市场提供一种商品和劳务时,这个行业就是自然垄断(Natural monopoly)。由于存在规模经济,具体地说,由于企业存在规模报酬递增,一个企业的平均成本会大大降低,因而,企业有能力通过增加产量和降低价格的优势来击败企业的竞争对手,最终实现对行业的完全垄断。自然垄断一般存在于公共事业部门,如煤气、供电、供水等行业。

(2) 原料控制。企业对某些生产要素的控制,这将使它成为某一行业的完全垄断者。例如,一个钢铁企业完全控制了该地区的铁矿石资源,那么该企业将成为该地区钢铁行业的完全垄断者。

(3) 专利。国家以法律形式授予发明者在一定时期内拥有所创造的新产品或技术的各项相关权利。在此类法律保障下,企业可以获得专利期内的垄断地位。

(4) 行政垄断。为便于管理和控制,维护公共利益等目的,政府通常会授予某个或某些企业对某个行业的独家经营权,通常是与公共福利、财政收入密切相关的产业,如烟、酒、军工等产业或者铁路、邮政、供电、供水等公用事业部门。

6.3.2 完全垄断企业的需求曲线、平均收益曲线和边际收益曲线

1. 企业的需求曲线

由于完全垄断市场里只有一家企业，因而企业和行业所面临的需求曲线是相同的。在垄断的市场中，单个企业具有制定价格的能力，但当垄断企业把市场价格抬高时，就会对产品的需求量产生影响；或者是当垄断企业提高产量时，市场的价格就会由于供给的增加而减少。这与完全竞争市场的情形有显著区别，完全竞争市场中单个企业没有定价能力，并且单个企业的产量增加也不会对市场需求价格产生影响。因此，在完全垄断市场中，垄断企业面临的是一条向右下方倾斜的需求曲线，价格和需求量之间成反比关系。

关于需求曲线形状的一般规律是，除完全竞争市场外，不完全竞争市场中，包括完全垄断市场、寡头垄断市场、垄断竞争市场中企业所面临的需求曲线都是向右下方倾斜的，反映出这些市场结构中的企业具有不同程度的价格制定能力。

2. 平均收益曲线和边际收益曲线

在任何市场条件下，平均收益就是单个产品的价格即 $AR=P$，因此，平均收益曲线和企业的需求曲线是重合的。

完全垄断市场中，边际收益曲线是需求曲线以下一条向右下方倾斜的曲线，且随着产量的增加，价格要大于边际收益。因为，当价格下降后，不仅新增产品要按照下降后的价格出售，原有的产品也要按照下降后的价格出售，因此，从新增一单位产量按照新价格出售得到收入（AR）中，减去原来产量按新价格出售而减少的收入，才是新增一单位产量而增加的总收入（MR）。所以 $MR<AR$。公式证明如下：

设需求曲线为 $Q=f(p)$ 或 $p=f^{-1}(Q)$；

当需求曲线向右下方倾斜，那么其斜率为负值：$f'(Q)=\dfrac{\mathrm{d}P}{\mathrm{d}Q}<0$；

总收益为：$TR=p\cdot Q=f(Q)\cdot Q$；

边际收益为：$MR=\dfrac{\mathrm{d}(TR)}{\mathrm{d}Q}=\dfrac{\mathrm{d}(pQ)}{\mathrm{d}Q}=f(Q)+Q\cdot f'(Q)=p+Q\cdot f'(Q)$

其中，$f'(Q)<0$ 且 P 和 Q 均为正数。所以，有 $MR<p$ 且随着产量 Q 的增加，MR 和 p 之间的差距越来越大。

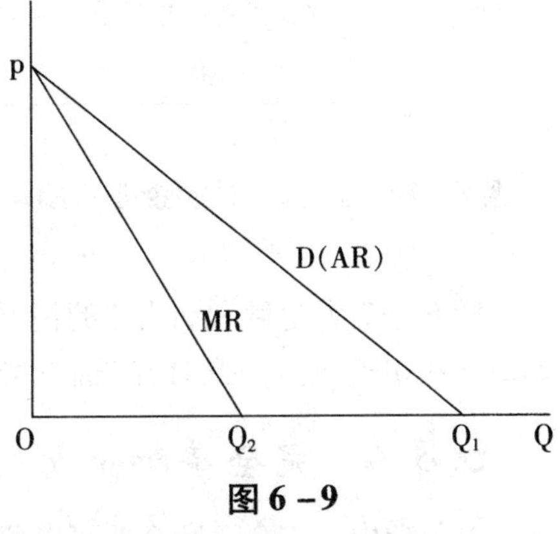

图 6-9

如图 6-9 表示完全垄断企业需求曲线、平均收益曲线和边际收益曲线的关系。

在不完全竞争市场中，边际收益曲线的斜率总是需求曲线斜率的一倍，因此，边际收益曲线的横轴截距 OQ_2 必然等于需求曲线横轴截距 OQ_1 的一半。

6.3.3 完全垄断企业的短期均衡

在短期内，完全垄断企业无法改变固定要素投入量，完全垄断企业是在既定的生产规模下通过对产量和价格的同时调整，来实现 $MR = SMC$ 的利润最大化或亏损最小化的原则，也可以说 $MR = SMC$ 是完全垄断企业短期均衡的条件。

完全垄断企业短期内，首先根据 $MR = SMC$ 来确定企业的产量，然后，按照此产量根据需求曲线来确定产品的价格。这个价格可以高于、低于或等于平均成本，因此，企业可能出现盈利、亏损或盈亏相抵的情况。图形分析如下：

其中图 6-10 为企业盈利的情况，$MR = SMC$ 确定了企业的产量为 Q_1，又根据产量 Q_1 和需求曲线 D 确定了产品价格 p_1，且 $p_1 > AC$。所以图中矩形 p_1ABG 表示企业获得超额利润。

图 6-11 为企业亏损的情况。当企业在短期内无法调整生产规模的前提下，市场需求发生下降时，企业会出现亏损情况。产品价格 p_1 < 平均成本 AC，图中矩形 $GABP_1$ 表示企业的亏损额。

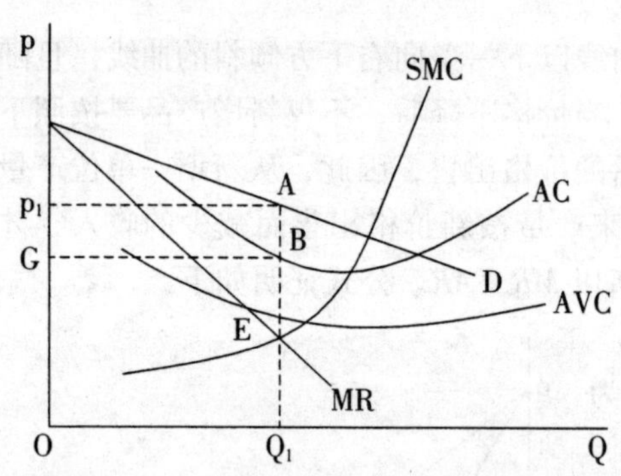

图 6-10 正利润时的企业短期均衡

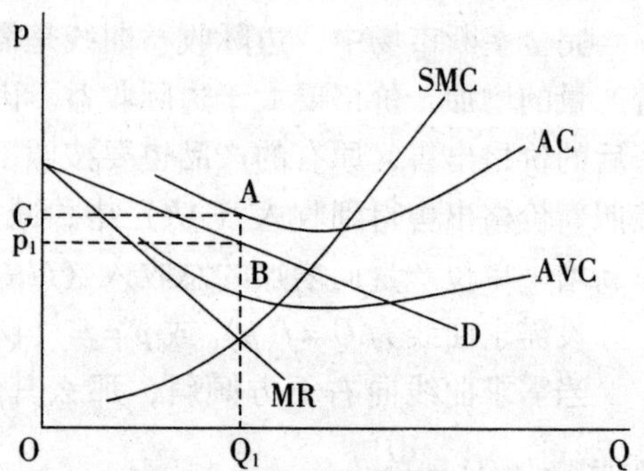

图 6-11 负利润时企业短期均衡

图 6-12 为超额利润为零的情况。当企业产量 Q_1 确定后，恰好需求曲线 D 与平均成本相切于 A 点，此时有产品价格 p_1 = AC，企业超额利润为 0。

6.3.4 完全垄断企业的长期均衡

在长期内，完全垄断企业可以调整一切生产要素的投入量即生产规模，从而实现利润的最大化或亏损的最小化。完全垄断行业排除了其他企业的进入，因此，如果完全垄断行业存在超额利润，那么超额利润将长期保持下去。

完全垄断市场的长期均衡条件是边际收益等于短期边际成本等于长期边际成本，即 MR = SMC = LMC。如图 6 – 13 分析如下：

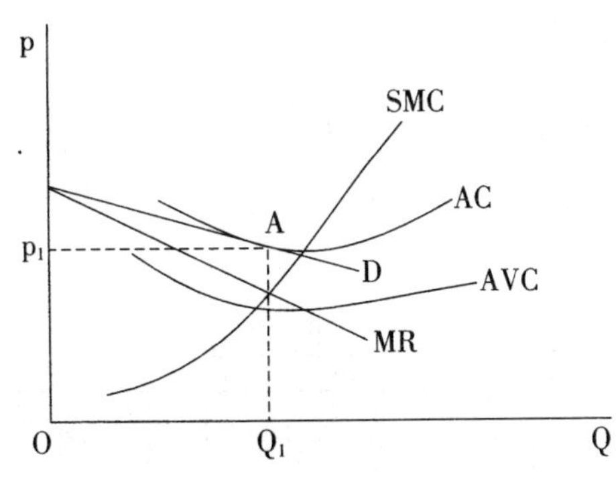

图 6 – 12　零利润时企业短期均衡

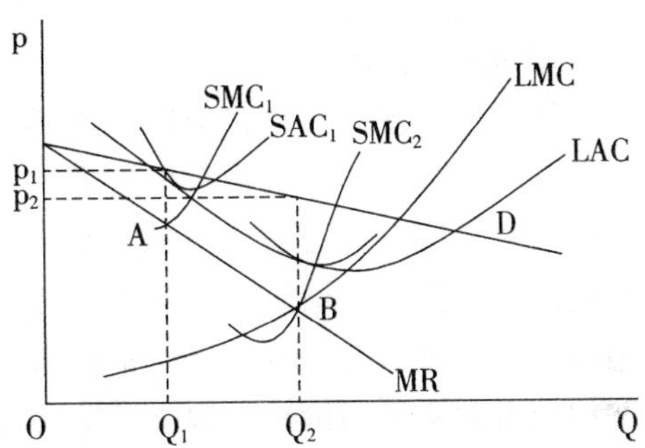

图 6 – 13　完全垄断企业长期均期

在短期平均成本曲线 SAC_1 时，产量为 SMC_1 与 MR 相交所决定的 Q_1，价格为 p_1。此时，MR = SMC 只是短期均衡。在长期内，企业通过调整生产规模，短期平均成本为 SMC_2，并且与长期边际成本 LMC 和边际成本 MR 相交于 B 点，实现了长期均衡，即 MR = SMC = LMC。当长期均衡实现，企业可能获得超额利润或仅仅获得正常利润，而且利润可以长期保持下去。

6.3.5　价格歧视

前面分析中假定垄断企业对所有购买者制定了单一价格，但在现实的生活中，完全垄断者为了获得更大的利润，它可以针对不同的销售量和不同的消费者实行差异价格，经济学中用价格歧视（Price Discrimination）理论来解释垄断者的这一行为。

1. 价格歧视的含义

价格歧视是指完全垄断企业在同一时间内对相同的产品向不同的购买者收取不同的价格。垄断企业需要具备一定的条件，才可能有效实施价格歧视。

第一，各个市场对同种产品的需求弹性不同。需求弹性的不同可以是由于获得替代品的难易程度不同，购买者的收入水平不同，或者是对产品的偏好不同等因素导致。在需求弹性小的市场，完全垄断者可以确定高价格，以获得垄断利润。例如，供电企业把用电单位分为企业用电和居民用电，通常居民对电的依赖性不如企业强，因此居民的电力消费的需求价格弹性要低于企业，因此，企业用电的价格通常要高于居民用电。

第二，不存在转售（Resale）的可能性。如果人们能从价格低的市场购买商品，然后在价格高的市场出售商品，这种转售行为的发生将使垄断企业的价格歧视策略失效。如超市采取会员卡制度。消费者如果拥有会员卡将享受优惠价格，如果没有会员卡将按照正常价格付费。假如消费者之间可以无成本的借用会员卡，都来享受优惠价格，那么超市采取的价格歧视策略就没有太大价值了。

2. 价格歧视的种类

一级价格歧视，又称完全价格歧视。它指完全垄断者根据每一个消费者每买进一单位的产品愿意并能够支付的最高价格即保留价格来逐个确定每单位产品销售价格的定价方法。简单地讲，完全价格歧视就是垄断企业通过向不同的消费者索要不同价格，最终得到全部消费者剩余的定价方式。如图6－14，消费者在购买一个单位商品的商品价格为11美元，第二个单位的价格为10美元，价格随着购买量的增加而递减。当企业对产品单位无限细分后，最终，垄断企业几乎获得了全部的消费者剩余，即需求曲线D与边际成本MC之间的那部分。显而易见，垄断企业按照完全价格歧视方法定价所获得的利润远大于按照MR＝MC原则定价所产生的利润。完全价格歧视的典型事例为：有能力控制一个地区市场的律师和医生，他们可以根据人们不同的富裕程度对相同服务收取不同的费用。

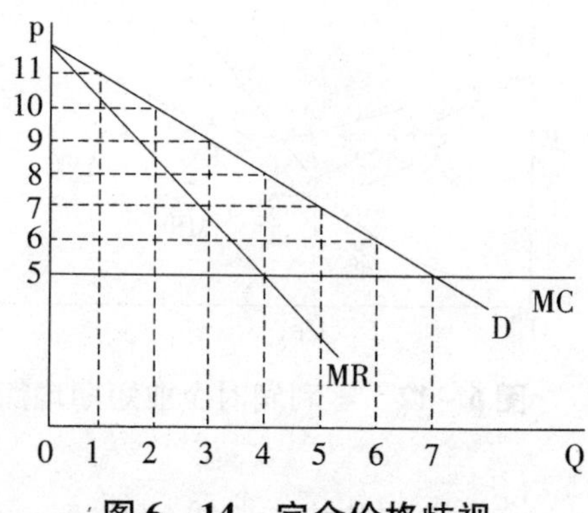

图6－14　完全价格歧视

二级价格歧视，是指完全垄断者根据消费者购买商品数量的不同制定不同的价格，以此获得垄断利润的方式。例如消费者在购买水果时，购买1单位苹果的价格为2美元，当购买5单位苹果时，消费者只需要支付8美元。如图6－15，垄断企业根据消费者的购买量来确定价格，当消费者购买Q_1数量时，商品价格为p_1；当购买Q_2数量时，商品价格为p_2。这种定价行为，垄断企业只能获得部分的消费者剩余，图中的阴影部分表示垄断企业未得到的消费者剩余。

三级价格歧视，是指完全垄断者把不同类型的购买者分割开来，形成子市场，然后把总销量分配到各个子市场出售，根据各个子市场的需求价格弹性分别制定不同的销售价格。如图6－16，垄断企业根据不同的消费群体，把市场有效的划分为市场A和市场B。垄断企业根据MR＝MC原则分别在两个市场确定价格和产量。因为A市场需求弹性大于B市场，所以产品价格p_1小于产品价格p_2，需求量Q_1大于Q_2。企业的这种定价行为，可以从不同的消费群里获得最大的利润，从而实现企业利润的最大化。例如航空公司对公务乘客的票价高，对休假的乘客票价低，因为公务乘客的价格弹性小，而休假的乘客的价格弹性大，实行这样的价格可以获得较大垄断利润。

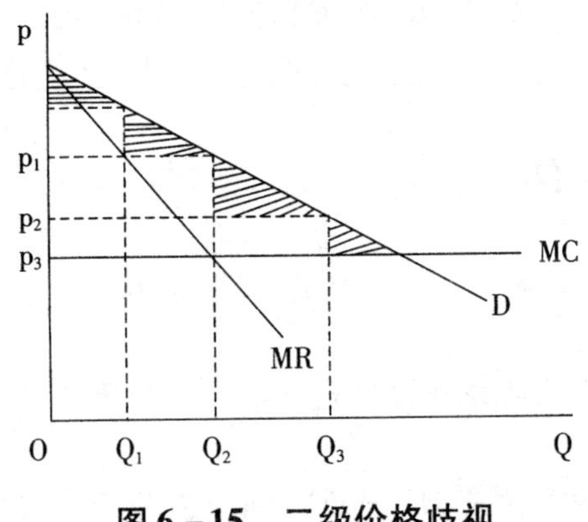

图 6-15　二级价格歧视

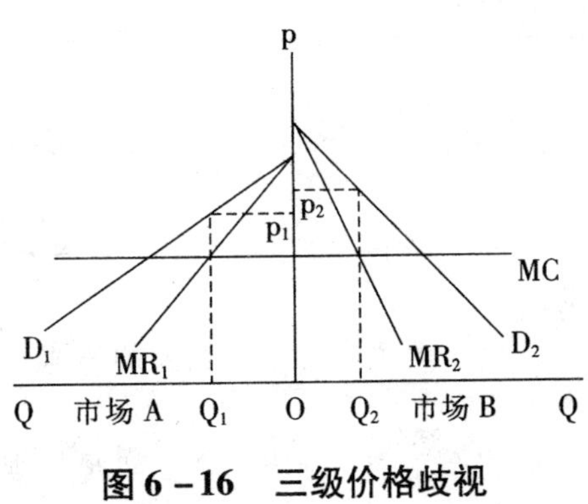

图 6-16　三级价格歧视

6.4　完全垄断市场与完全竞争市场的比较

根据边际成本制定产品价格是符合资源配置的帕累托最优的，或者是具有帕累托效率的定价方式。根据这一标准，完全竞争市场中的产品价格就等于边际成本，因此，完全竞争市场是资源配置效率最优的一种市场结构。而完全垄断市场中的价格要高于边际成本，因此，没有实现帕累托最优，或者说还可通过采取一些措施进行帕累托改进，以使垄断市场中的资源配置接近帕累托最优。

在完全垄断市场中，垄断企业通过提高价格和限制产量来实现利润最大化，这种行为对于企业本身有一定的好处，但是从社会角度看，这种行为将会导致社会净福利损失发生。如图 6-17，价格被提高到 p_1，产量降低到 Q_1，社会净福利损失为图中的阴影部分，即三角形 ABC 的面积。表 6-2 从价格、产量、消费者剩余、生产者剩余及社会福利等角度展示了完全垄断与完全竞争市场比较的结果。

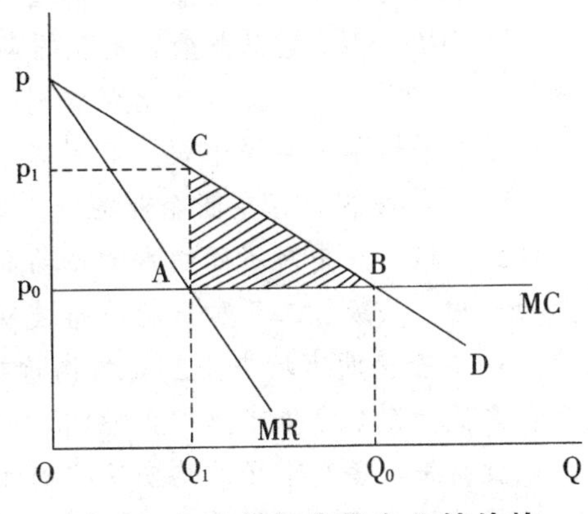

图 6-17　完全垄断企业的价格和产量确定

表 6-2 完全竞争市场和完全垄断市场的比较

	价格	产量	消费者剩余（1）	生产者剩余（2）	社会福利
完全竞争市场	P_0	Q_0	$\triangle PP_0B$ 的面积	不存在	(1)+(2)
完全垄断市场	p_1	Q_1	$\triangle PP_1C$ 的面积	四边形 P_0P_1CB 的面积	(1)+(2)
社会福利变化					$\triangle ABC$ 的面积

本章小结

1. 市场结构分为以下四种基本类型：完全竞争、完全垄断、垄断竞争和寡头垄断。

2. 完全竞争市场下，企业的需求曲线、平均收益曲线和边际收益曲线重合且为一条水平线。

3. 完全竞争市场下，企业实现短期均衡的条件是 $MR=MC$，当企业处于短期均衡时，企业可能盈利、可能利润为零、也可能亏损。企业的长期均衡条件是 $LMC=MR=SMC$ 且 $SAC=LAC$。

4. 完全竞争市场中，企业的价格等于边际成本，实现了资源的帕累托最优配置。

5. 完全垄断市场是指整个行业处于一家企业的控制之下。在完全垄断市场中，企业行为等同于行业行为。自然垄断、专利和原料控制、行政垄断等因素是企业维持完全垄断地位的保证，也是新企业进入面临的主要障碍。

6. 完全垄断企业的需求曲线是一条需求量与价格反方向变动关系的向右下方倾斜的曲线。而且平均收益曲线和需求曲线重合。边际收益曲线是需求曲线以下一条向右下方倾斜的曲线，且随着产量的增加，产品价格 p 大于边际收益 MR。

7. $MR=SMC$ 是完全垄断企业短期均衡的条件。均衡价格可以高于、低于或等于平均成本，因此，企业可能出现盈利、亏损或盈亏相抵的情况。完全垄断市场的长期均衡条件是边际收益等于短期边际成本等于长期边际成本，即 $MR=SMC=LMC$。

8. 价格歧视是指垄断企业在同一时间内对成本相同的产品向不同的购买者收取不同的价格，或是对不同成本的产品向不同的购买者收取相同的价格。价格歧视可以分为三种：一级、二级和三级价格歧视。

9. 完全垄断市场中企业的均衡价格高于完全竞争市场中企业的均衡价格，均衡产量要低于完全竞争市场中企业的均衡产量。根据边际成本定价可获得最有效率的资源配置结果。垄断市场的均衡价格高于边际成本，没有实现资源的最优配置。垄断市场会导致社会净福利损失。

思考题

1. 辨析企业、行业、产业和市场概念。

2. 完全竞争市场下，企业是市场价格的接受者，这是否意味着市场价格是恒定不变的？为什么？

3. 完全竞争市场条件下，平均成本、边际成本和市场价格有什么关系，为什么？

4. 短期和长期的主要区别是什么？

5. 假设一个完全垄断者在边际成本大于边际收益处生产，它将如何调整产量水平来增加其利润？

6. 现实生活中，哪些行业类似完全垄断市场？这样的市场给社会带来的利与弊各有哪些？政府应该如何制定相关政策应对？

7. 思考一级、二级和三级价格歧视之间的关系，指出三者的异同。

8. 完全竞争市场与完全垄断市场中的企业在均衡产量、均衡价格和社会福利方面有何差异？

第七章　垄断竞争与寡头垄断

学习目标

学习本章应重点掌握垄断竞争市场和寡头垄断市场的基本特征；掌握垄断竞争市场中的短期均衡决定模型；掌握库诺模型的均衡形成过程与结论、卡特尔的含义与模型，了解斯威齐模型的基本含义。理解博弈论的基本术语，掌握占优策略、占优均衡、纳什均衡的含义。

关键名词

垄断竞争　产品差异　寡头垄断　价格刚性　卡特尔　博弈论　占优策略　纳什均衡　囚徒困境　占优策略　极大化极小策略

7.1　垄断竞争市场

7.1.1　垄断竞争市场的基本特征

垄断竞争市场是介于完全竞争与完全垄断市场之间的一种竞争与垄断兼而有之的市场结构。垄断竞争市场具有以下基本特征：

（1）存在产品差异。产品差异是指基本功能相同的产品之间存在的差异。产品差异形成的原因主要有以下几点：①同类产品之间内在品质的不同，即由于技术或原料等方面的不同所产生的物理或化学特性能上的差异。②同类产品外观形象的不同。主要表现在包装、商标等方面的差异。③同类产品的销售方法的差异。如销售区域不同、广告不同、售后服务不同以及服务态度等多方面的不同导致的差异。④消费者主观上的差异。每个人对同一产品的主观评价是不相同的，他会选择自己偏好的产品，这也就形成产品差异的因素之一。

（2）企业数目较多。垄断竞争市场中存在大量的企业，这意味着单个企业不能决定其他企业对自己行为的反应，企业之间相互勾结的成本较高。

（3）企业是价格的影响者。由于企业数目很多，且产品之间具有较强的替代性，因此单个企业不能决定产品的价格。但又由于产品之间具有差异性，企业可以根据这种差异来使产品的定价与其他企业的产品价格略有不同。因此，垄断竞争企业能够依据其略微的垄断地位拥有一定的定价自主权，但是市场里的竞争因素使得企业的定价能力十分有限。

7.1.2　垄断竞争企业的需求曲线

与完全竞争和完全垄断企业需求曲线不同，垄断竞争企业的曲线有两条：一条是主观需求曲线；另一条是实际需求曲线，如图 7－1 所示。

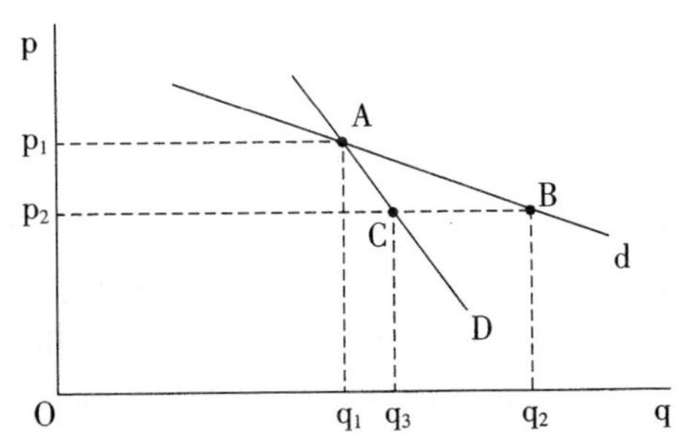

图 7－1　垄断竞争企业的主观和客观需求曲线

图 7－1 中企业的主观需求曲线为 d，实际需求曲线为 D。假定企业变动价格前的均衡点为 A，此时的产量是 q_1，产品价格为 p_1。当市场价格发生变化的到 p_2 时，企业假设其他企业保持价格不变，产量按照其主观需求曲线 d 移动到 q_2。但是，实际上，其他企业不会保持价格不变，而是纷纷降价以争夺市场份额，企业的需求量实际应该为 q_3，而不是 q_2。也就是说价格变动引起的实际销售量的变化小于企业的主观销售量变化。

7.1.3　垄断竞争市场的均衡决定——考虑策略性行为

1. 企业的短期均衡

在图 7－2 中，其他企业价格不变时，单个企业的主观需求曲线 d_1，D 是其他企业价格变动时，单个企业的实际需求曲线。每个企业都认为，由于市场中企业的数目众多，所以，如果它通过降低价格来增加销售量，其他企业并不会对此做出反映。这样企业将把需求曲线 d_1 作为自己面对的需求曲线。但是实际情况并不是这样，每个企业的面对的实际需求曲线为 D，并且在短期中，企业所面临的实际需求曲线 D 是不变的。企业为了获得更多利润，将按照主观需求曲线 d_1 降低价格并且扩大产量，企业之间的竞争将使得主观需求曲线 d_1 移动到 d_2，价格 p 下降，当均衡到 B 点时，即边际成本等于边际收益，同时实际需求曲线 D 和企业的主观需求曲线 d_2 也相交，此时，企业的短期均衡就实现，均衡产量为 q_1，价格为 p_1。

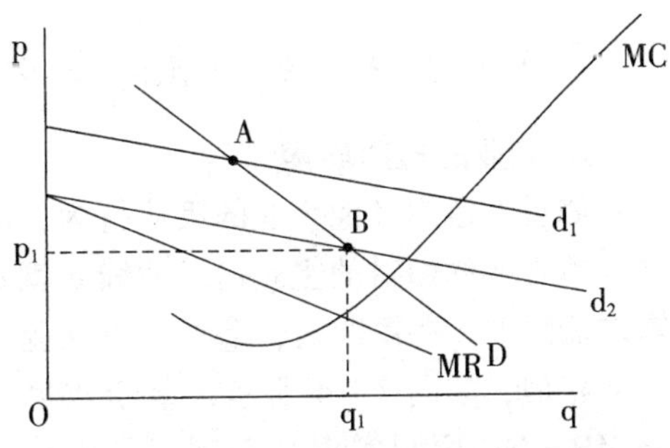

图 7－2　垄断竞争企业短期均衡

所以，短期内垄断竞争市场的均衡条件是边际收益曲线和边际成本曲线的交点与企业主观需求曲线和实际需求曲线的交点位于坐标横轴的同一条垂线上。

在短期均衡中，垄断竞争企业可能获得超额利润、收支相抵或亏损的情况，这取决于均衡价格大于、等于或小于平均成本最低点。

2. 企业长期均衡

在长期中，垄断竞争市场内的企业数目和企业生产规模都可以发生变化，因此，无论是主观需求曲线还是实际需求曲线都是可以发生变动的，企业在不断的调整中将实现长期的均衡，如图 7－3 所示。

假设垄断竞争企业主观需求曲线为 d_1，实际需求曲线为 D_1，此时企业按照短期利润最大化原则（MR = MC）均衡在 B 点，产量为 q_1，产品价格为 p_1 且 $p_1 > LAC$，可以说企业处于垄断地位，并且获得了垄断利润。但是，在长期的情况下，企业的垄断地位只是暂时的，其他企业将会纷纷进入市场，来获取超额利润。这种竞争的结果是：企业的主观需求曲线和实际需求曲线都将向下移动到 d_2 和 D_2。激烈的竞争使得行业的超额利润为零，因此企业长期均衡在 A 点，此时主观需求曲线 d_2 相切于长期平均成本 LAC，即 AR = LAC；主观需求曲线 d_1 和实际需求曲线 D_1 相交。

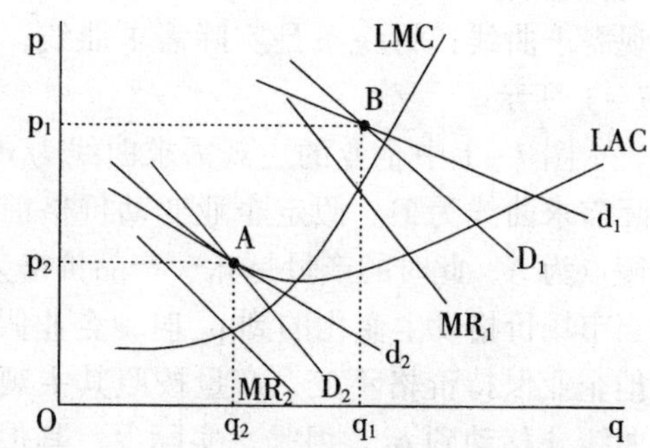

图 7－3 垄断竞争企业长期均衡

垄断竞争企业长期均衡的条件：MR = MC 且 AR = LAC。

7.1.4 简化的企业均衡分析——不考虑策略性行为

1. 企业的短期均衡

如果不考虑其他企业的策略行为，那么垄断竞争企业的面对的主观需求曲线 d 就是实际需求曲线 D。在短期内，垄断竞争企业和垄断企业相似，如图 7－4 所示，垄断竞争企业按照 MR = MC 原则实现自身利润最大化。企业的利润情况由产品价格 p 和平均成本 AC 的大小关系决定，若 p > AC，企业获得超额利润；若 p < AC，企业出现亏损；若 p = AC，企业超额利润为零。

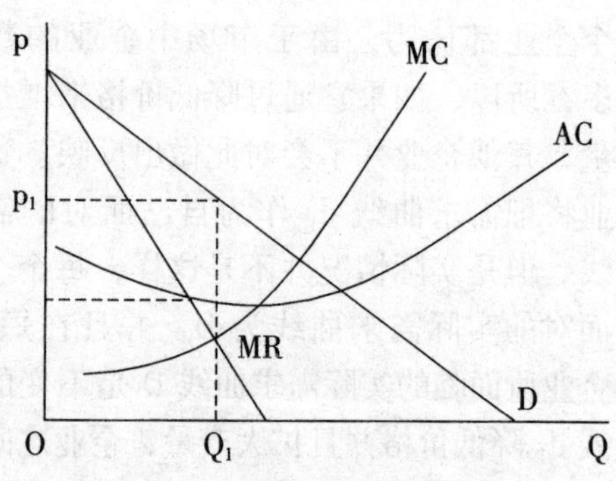

图 7－4 垄断竞争企业短期均衡

2. 企业的长期均衡

在长期中，如果垄断竞争企业能获得超额利润，那么新企业将会纷纷进入，分享利润。竞争的结果是企业损失市场份额和销售量，它的需求曲线向下移动，如图 7－5 所示。长期中，平均成本和边际成本可能也会移动，为了简化分析，假定企业的成本不变。并假设企业 A 最初的需求曲线是 D_0，此时，企业能够获得超额利润，因此新企业将进入该行业。当企业 A 的需求曲线将下降到 D_1，恰好与平均成本 AC 相切时，产品价格 p 与平均成本 AC 相等，企业 A 的利润为零，新企业停止进入，垄断竞争企业实现长期均衡。由此可见，尽管垄断竞争企业具有垄断势力，但是，在长期中企业只能获得零利润。

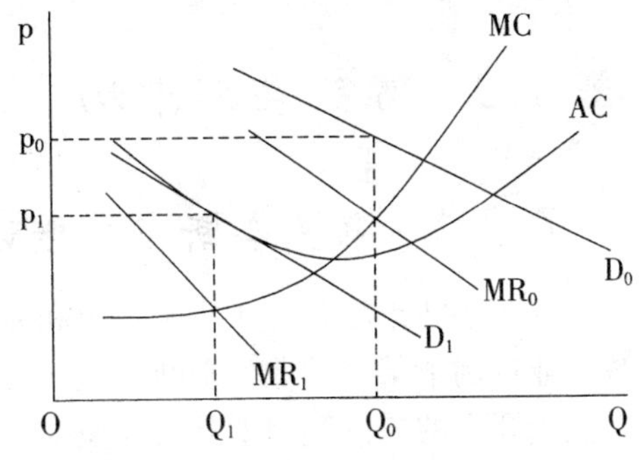

图 7－5　垄断竞争企业长期均衡

7.1.5　垄断竞争市场的效率和福利

如图 7－6 所示，垄断竞争企业的价格 p_1 要高于完全竞争市场价格 p_0，而产量 q_1 要低于完全竞争市场中的产量 q_0；并且，垄断竞争中企业的定价要高于其边际成本 MC，因此，从资源配置效率看，垄断竞争市场的资源配置效率要低于完全竞争市场。从社会福利角度看，一方面，垄断竞争市场同完全垄断市场一样都产生了社会净福利损失和资源的无效闲置；另一方面，垄断竞争市场上存在着丰富多彩的差异化产品，可以满足消费者多样化的需求，这也是垄断竞争市场的优势所在。

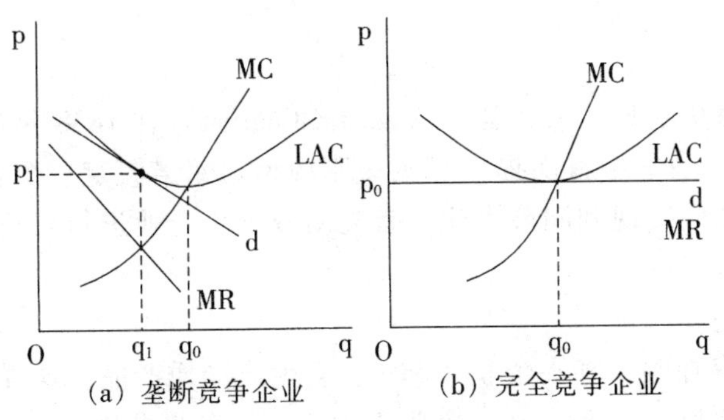

图 7－6　垄断竞争和完全竞争

小资料

爱德华·张伯伦（Edward Chamberlin，1899~1967）当代美国著名经济学家，现代西方垄断经济学的代表人物之一。他和英国经济学家琼·罗宾逊在 20 世纪 30 年代同时独立地创立了垄断竞争理论。该理论被认为是对现代西方经济学的重大贡献，使现代西方经济学大大前进了一步。他的《垄断竞争理论》和罗宾逊夫人的《不完全竞争经济学》正式宣告了"斯密传统"的彻底结束。

琼·罗宾逊（Robinson Joan，1903~1983）英国经济学家，有史以来唯一的一位在经济学理论方面不断取得杰出成就的女性，也是试图整合凯恩斯经济学和马克思经济学的第一人。人们今天仍为她没有获得诺贝尔经济学奖而惋惜。在经济学家的心目中，她也许是最接近诺贝尔奖的女经济学家。

7.2 寡头垄断市场

7.2.1 寡头垄断市场概述

寡头垄断市场是介于完全竞争和完全垄断之间的另一种市场结构类型。它是指少数企业控制了某一行业，垄断了这一行业的全部供给。规模经济，进退障碍或是对某些生产要素的控制等因素都会促使寡头垄断市场的形成。

寡头垄断市场的基本特征是：

(1) 企业数目较少。行业中只有几家企业，并且他们的产量占整个行业供给量的很大部分。其他企业由于在规模、资金、原料等方面的限制很难进入该市场。

(2) 企业之间的决策相互依存。寡头垄断企业之间存在着可以觉察的相互依赖关系，以致每个企业在做出决定时必须注意这一决策对其对手的影响。由于寡头垄断企业决策时必须把其他企业的反应考虑在内，因而企业是价格的“寻求者”。

(3) 产品差异可有可无。寡头垄断市场中，各个企业生产的产品可能有差异，如汽车行业；也可能基本无差异，如钢铁、石油行业。

(4) 进退障碍较高。规模经济、专利或特殊技术及企业的策略性行为都可以成为进退障碍。而且，较高的进退障碍有效地维护了寡头企业的垄断地位。

基于寡头垄断市场的基本特征及企业的决策模式，寡头垄断市场可分为合作寡头垄断与非合作寡头垄断两种类型，其中合作也可理解为企业之间相互勾结或相互串谋，即企业之间在进行决策时以某种方式互通信息。由于寡头垄断市场中企业之间决策的相互依存性及市场运行中不确定性因素的存在导致寡头垄断市场均衡价格与均衡产量的决定相对复杂，依赖于对企业行为的不同假设存在着若干种均衡决定模型。

7.2.2 寡头垄断模型

1. 库诺模型

库诺模型是法国数理经济学家奥古斯丁·库诺（Augustin Cournot）在 1838 年出版的《财富理论的数学原理研究》一书中首次提出寡头垄断模型。库诺假定一个企业独立行动，并且试图选择产量从而实现利润最大化。首先对双寡头企业进行分析，然后再考虑企业数目增加的情况。

库诺双寡头模型的假设条件是：

(1) 双寡头垄断市场，即只存在两个寡头企业 A 和 B，且生产同质产品。这样，行业的总产量等于两个企业产量之和：$Q=q_1+q_2$，企业 A 生产 q_1，企业 B 生产 q_2。

(2) 每个企业都有相同且不变的边际成本 MC，没有固定成本 FC，因此，平均成本等于边际成本。

(3) $p=(a+nm)/(n+1)$ 市场需求函数是价格的线性函数，$Q(p)=a-bp$，即需求曲线是一条向右下方倾斜的直线。

(4) 各方都根据对方的行动做出反应。如果企业 A 认为企业 B 将生产 q_2 的产量，那么它将能满足除 q_2 外的所有市场需求，即它面临的剩余曲线是：$q_1(p)=Q(p)-q_2$。

(5) 每个企业都通过调整产量来实现利润最大化。

如图 7－7 所示，市场需求函数为 $Q(p)=1000-1000p$，逆需求函数为 $p=1-0.001Q$，企业边际成本 $MC=0.28$，企业 A 认为企业 B 的产量 q_2 为 240，那么剩余需求曲线为 $p=0.76-0.001q_1$，剩余边际收益 $MR=0.76-0.002q_1$，企业 A 根据边际成本等于剩余边际收益原则确定利润最大化的产量 q_1 为 240。

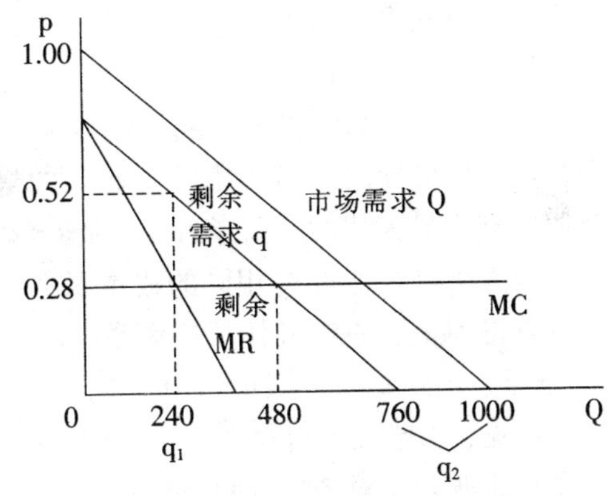

图 7－7　双寡头模型

根据图 7－7 的假设条件，企业 A 对企业 B 产量 q_2 的不同假设，直接影响着企业 A 的利润最大化产量 q_1，两者关系如表 7－1 所示。

表 7－1　　企业 A 对企业 B 的产量估计与企业 A 的利润关系

企业 A 估计企业 B 的产量 q_2	0	100	200	240	300	360	400	720
企业 A 利润最大化的产量 q_1	360	310	260	240	210	180	160	0

根据以上数据可以总结出企业 A 的产量 q_1 和企业 B 产量 q_2 之间的函数关系：$q_1=R_1(q_2)$，称为最佳反应函数（或反应函数），它反映了当对手行动的信息给定时的企业的最佳行为。企业 A 的剩余需求曲线是线性的，这样它的边际收益曲线也是线性的且斜率两倍于剩余需求曲线：边际收益曲线和产量轴的交点产量为剩余需求曲线的交点产量的一半。在图 7－8 中，q_2 等于 240 时，剩余需求曲线交水平的 MC 曲线于 q_1 等于 480。一般而言，剩余需求曲线交边际

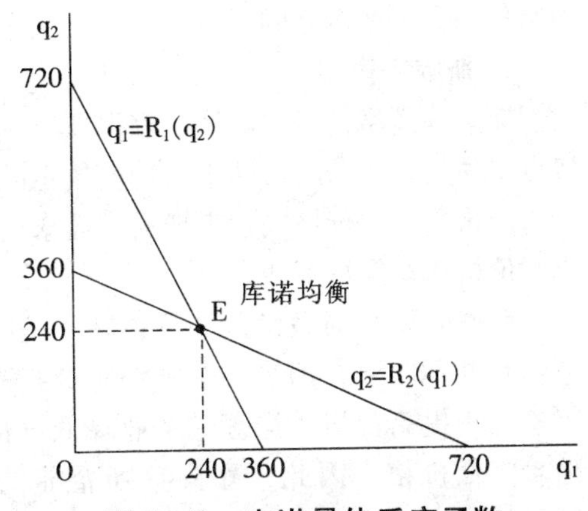

图 7－8　库诺最佳反应函数

成本曲线于 $720-q_2$，对应于剩余曲线的边际收益曲线交边际成本曲线于对应数值的一半。这样，企业 A 的最佳反应函数为：$q_1=R_1(q_2)=360-q_2/2$。同理，企业 B 的最佳反应函数以同样方法导出。企业 B 的最优产量是基于对企业 A 产量的估计：$q_2=R_2(q_1)=360-q_1/2$。

图 7-8 表示两个企业的最佳反应函数在 E 点相交，$q_1=q_2=240$，E 点称为库诺均衡。在库诺均衡中，每一个企业在对另一个企业产量选择的假定给定的条件下，销售可以使自己利润最大化的产量，即对另一个企业的产出水平的最佳反应。任何一个企业不愿意偏离在均衡点以外生产，否则它将不能实现利润最大化。从博弈的角度讲，库诺均衡是纳什均衡在企业设定产量策略情况下的一种特例。

从双寡头模型可以推广到一般情况：如果市场中存在 $n(n\geqslant 2)$ 个完全相同的库诺企业，也可导出库诺均衡。企业 1 的最佳反应函数是：$q_1=R_1(q_2, q_3, \cdots, q_n)$，企业 A 利润最大化的一阶条件是：$MR=a-b(2q_1+q_2+\cdots+q_n)=m=MC$。

因为所有企业都有相同的成本函数，所以 $q_1=q_2=q_3=\cdots=q_n=q$，根据上面方程可以得到企业 A 的最佳反应函数：$q_1=R_1(q_2,q_3,\cdots,q_n)=(a-m)/2b-(n-1)q/2$，从而：$q=(a-m)/(n+1)b$，把 q 代入到需求函数中可得：$p=(a+nm)/(n+1)$。

可见，n 越大，则每个企业的产出越小，行业的产出越大，价格也就越低。增加的竞争企业开始对产出和价格的影响很大，但随着企业数目的增多而逐渐减弱，当企业数目非常多时，每个企业的产出，市场产量和市场价格都将接近于社会最优水平，消费者状况变好（较低的价格，较高的消费者剩余），而生产者状况恶化，反之则相反。从上述模型可以推知，完全竞争和完全垄断是库诺模型的两个特例。

比较各种市场结构下的均衡产量可知，完全竞争市场的均衡产量最高，完全垄断市场的均衡产量最低，寡头垄断市场的均衡产量介于两者之间；在均衡价格方面，完全垄断市场中的企业定价最高，完全竞争市场中的企业定价最低，寡头垄断市场中的均衡价格介于两者之间。

2. 斯威齐模型

斯威齐模型是美国经济学家保罗·斯威齐于 1939 年提出的，通过论述价格刚性特点来说明寡头垄断市场中的均衡决定问题。产品价格在较长时期内难以调整的特性称为价格刚性。价格刚性表现为当需求或成本发生适度变动时，或两者都发生适度变化时价格基本保持不变。

斯威齐模型的假设条件是：寡头垄断企业推测其他企业对自身价格调整的态度是：跟跌不跟涨，即当一个寡头企业提高价格时，他的竞争对手为了增加自己的销售量并不提高价格；当寡头企业降低价格时，他的竞争对手为了维持销售量，就跟随着降低价格。因此，寡头垄断企业的需求曲线是折弯的需求曲线。如图 7-9 所示：

需求曲线 D_1 表示寡头垄断企业价格上涨，其他企业不予理睬时所面对需求曲线。曲线 D_2 表示企业在降价，其他企业跟随所面对的需求曲线。其中，D_1 的价格弹性大于 D_2 的价格弹性。那么两条曲线相交在 E 点，形成了折弯的需求曲线。需求曲线的折弯导致边际收益曲线出现间隙，即 F 点和 G 点之间的空缺。在这个区域中可以有无数条边际成本曲线存在，因此就会出现企业成本发生变化，而价格不变现象。

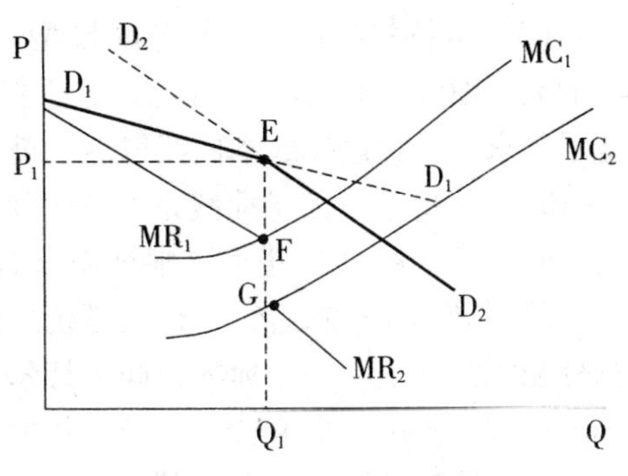

图 7－9　斯威齐模型

3. 卡特尔模型

（1）卡特尔（Cartel）。卡特尔是指某一行业内独立企业之间通过就有关价格、产量和市场划分等事项达成明确的协议而建立的垄断组织，是寡头垄断企业以公开或正式的方式进行勾结的一种形式。卡特尔的主要任务有两项：一是为各成员企业的产品规定统一的价格；二是在各个企业之间分配产量。

促使卡特尔形成并在一定时期内存在的原因主要有以下三个方面：

第一，卡特尔提高市场价格的能力。只有预计卡特尔能成功的提高并且维持高水平价格的情况下，企业才会加入到卡特尔。加入卡特尔的企业数目越多，卡特尔对市场价格的控制能力也就越强。也可以说，企业预计卡特尔维持高价格水平的时间越久，建立卡特尔的现期价值就越大。

第二，对卡特尔的立法与执法严格程度。目前，卡特尔在绝大多数国家里是违法的，一旦某个卡特尔组织被发现，可能受到严厉的惩罚，如巨额罚款和赔偿、企业法人被判刑入狱等处罚措施。因此，如果一国对卡特尔组织立法与执法方面的约束较弱，就会在客观上助长卡特尔组织的建立与维持。

第三，卡特尔的组织成本。如果组织卡特尔的成本过高，卡特尔就不容易建立。影响卡特尔组织成本大小的因素有：卡特尔内的企业数目、市场集中度、产品是否同质和商业协会是否存在。如果企业数目过多，那么企业之间协调就比较困难，卡特尔组织费用将上升。成功的卡特尔组织还应该具有较高的市场集中度，这样它才能控制价格，降低组织成本。产品同质也是必要的，如果各个企业生产的产品不同，那么它们之间很难就价格达成协议，使得卡特尔的组织成本上升。商业协会的存在也将促进卡特尔的形成，它能够协调和监督企业之间的行为，大大降低组织成本。

第四，违约惩罚的严厉程度。卡特尔组织对内部成员违反串谋协议的行为通常会采取惩罚措施，如减少在下一轮产量分配中所占的比例等。惩罚的严厉程度直接影响企业违背协议的动机，惩罚越严格，企业违背协议的可能性就越小。

（2）卡特尔产量制定与分配模型。卡特尔一旦形成，它的需求曲线就是整个行业的需求曲线，而它的边际成本则是卡特尔成员的边际成本曲线水平之和。在这样确定了需求曲线和边际成本曲线以后，就很容易确定卡特尔组织的价格和产量了，如图7－10（c）所示。需求曲线是D，边际成本曲线是MC_{a+b}，它与边际收益曲线MR相交，确定了产量Q_0，进而又根据需求曲线确定价格P_0。

很明显，卡特尔组织实行的是统一价格P_0，那么总产量Q_0是如何在成员内部进行分配呢？这里有一个标准，即卡特尔在各企业分配销售量时，必须遵循边际成本相等的原则。假设一个卡特尔有A、B两家企业，它们的边际成本曲线分别是MC_a和MC_b，如图7－10（a）和（b）所示。从图中可以看出，如果单纯的平分产量，那么B企业则会由于自身边际成本曲线较为陡峭而面临更高的边际成本。为了获得最大利润，根据边际成本相等的原则，A企业的产量要确定在Q_a，B企业的产量要确定在Q_b，如图7－10所示，各企业的产量分配与总产量，乃至价格的关系一目了然。

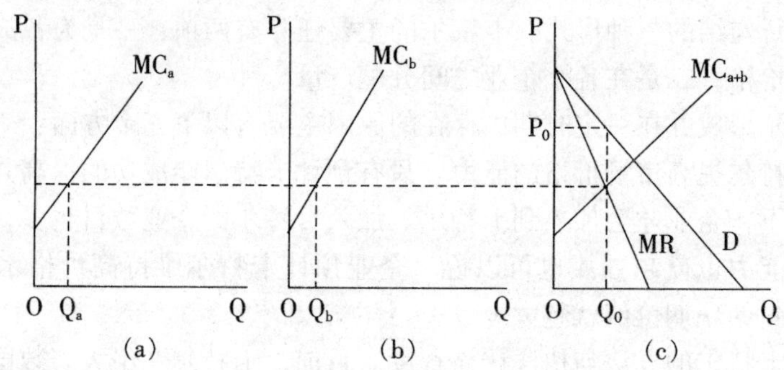

图7－10　卡特尔价格和产量确定

（3）卡特尔的稳定性。石油输出国组织（OPEC）是一个比较成功的卡特尔组织之一。在1960年最初成立到现在有11个成员国，控制了世界石油储备的$\frac{3}{4}$。1973～1985年之间OPEC成功的维持合作和高价格。原油价格从1972年的每桶2.64美元上升到1974年的每桶11.17美元，然后在1981年上升到35.10美元。各成员国为了自身利益扩大生产，OPEC之间合作出现了无效率。到了1986年，原油价格每桶回落到12.52美元。

OPEC（Organization of Petroleum Exporting Countries）

歇佩克是1960年9月14日在伊拉克首都巴格达成立的，创始成员国有5个，它们是：伊朗、伊拉克、科威特、沙特阿拉伯和委内瑞拉。1962年11月6日，欧佩克在联合国秘书处备案，成为正式的国际组织。

无独有偶，铜业卡特尔组织（CIPEC）由智利、赞比亚、扎伊尔和秘鲁于1967年建立，如今它仍然存在。但是它从未能够在世界市场上显示出任何垄断力量。1974年，铜价开始下跌，从4月份到12月底，铜价下跌了55%。卡特尔无力使铜价回升，为什么？这是因为绝大多数发展中国家不愿意或者不能够限制它们的铜产量。在国际铜市场里，没有一个国家愿意将其生产削减50%，以便该卡特尔中的其他成员国可以享有更高的价格。

目前，欧佩克共有11个成员国（括号内为加入OPEC的时间）它们是：阿尔及利亚（1969年）、印度尼西亚（1962年）、伊朗（1960年）、伊拉克（1960年）、科威特（1960年）、利比亚（1962年）、尼日利亚（1971年）、卡塔尔（1961年）、沙特阿拉伯（1960年）、阿拉伯联合酋长国（1967年）和委内瑞拉（1960年）。

欧佩克组织条例要求该组织致力于石油市场的稳定与繁荣，因此，为使石油生产者与消费者的利益都得到保证，欧佩克实行石油生产配额制。如果石油需求上升，或者某些产油国减少了石油产量，欧佩克将增加其石油产量，以阻止石油价格的飙升。为阻止石油价格下滑，欧佩克也有可能依据市场形势减少石油的产量。

从上述事例中不难看出，卡特尔本身是不稳定的。首先，当价格维持在高水平时，各个企业将不在遵守承诺，而是扩大生产，追求利润最大化，从而导致总供给量增加，企业之间的合作被破坏。其次，卡特尔之间协调和监督的交易成本过大，有时会大大超出其获得的超额利润。最后，世界各国反垄断法的制定，也极大地限制了卡特尔的形成。

卡特尔组织为保持自身的稳定，采取了以下几种措施来防止成员企业的欺骗行为：①分割市场。卡特尔通过分配给每个企业一定的购买者或市场区域，这样可以更容易的监督企业的行为，防止单个企业私自增加的欺骗行为。②同等待遇承诺。卡特尔组织在长期合同或者广告中向消费者保证，如果有单个企业提供较低价格，那么销售商也将同幅度降价，或允许解除合同。这样的条款使成员企业难以欺骗，因为，消费者会将较低的价格信息传达给卡特尔组织，而后卡特尔组织将会对违反协议的企业进行严厉惩罚。可见，这个条款有效地保持了卡特尔的稳定。③实施触发价格。卡特尔成员对产品价格达成协议，如果市场价格降到一定水平（触发价格）以下，每个企业可以将产出恢复到建立卡特尔之前的水平。因此卡特尔成员企业不会为了获得短期利益而采取欺骗行为，它们知道这样做将会导致长期收益的损失。

7.3 博弈论基础

7.3.1 博弈论的含义

博弈论（Game Theory），又称对策论，是分析研究两个或两个以上的参与者选择能够共同影响每一参与者行动或策略方式的理论。博弈论关注对人的行为动机与行为方式的分析，认为任何决策的有效制定依赖于决策双方要能够准确的揣度对方心理。

博弈论在对现实问题的分析中起着非常重要的作用，是一种非常具有解释力的分析工具。博弈论最初是由匈牙利裔的美国数学家和经济学家约翰·冯·诺曼（John Von Neumann，1903～1957）开创并发展起来的。博弈论的分析方法与分析框架已广泛用于政治、经济、军事和日常生活等领域问题的分析。比如当你与别人玩扑克游戏时不仅要与“同家”默契配合赢得游戏，而且要防止赢得太多，使对手没有了士气而退出游戏。

博弈论在经济学的运用是非常成功的。1994 年的诺贝尔经济学奖授予了三位在博弈论与经济学相结合领域做出杰出贡献的学者：约翰·纳什（Nash）、泽尔腾（Selten）和海萨尼（Harsanyi）。经济学从传统的注重对稀缺资源配置问题的分析逐渐转向了对经济决策主体行为的分析，博弈论为这种转变提供了切实有效的分析方法与工具。市场结构理论，尤其是其中的寡头垄断市场是博弈论在经济学领域中取得丰硕成果的领域。博弈论是一门博大精深的学问，我们在此有限的篇幅中只能结合经济学问题对其做以初步的介绍。

7.3.2　博弈的基本术语

正如任何学科都有其自身的语言一样，博弈论也不例外。博弈论的基本术语包括：参与人（Player）、行动（Action）、战略（Strategy）、支付（Payoff）、均衡（Equilibrium）、支付矩阵（Payoff matrix）、支付树（Payoff tree）等。下面以智猪博弈（boxed pigs）为例来说明各个术语。

猪圈里有两头猪，一头大猪和一头小猪。猪圈的一端有一个猪食槽，另一端安装一个按钮，控制着猪食的供应。按一下按钮会有 10 个单位的猪食进入槽中，但谁去按按钮就需要支付 2 个单位的成本。若小猪去按，大猪等待，大猪吃到 9 个单位，小猪被扣除 2 个单位的成本，只能吃到 -1 个单位；若大猪去按，小猪等待，大猪被扣除成本后吃 4 个单位，小猪吃 4 个单位；若它们同时去按，大猪吃到 5 个单位，小猪吃到 1 个单位；若它们都不去，大猪和小猪都什么也吃不到。按照以上分析，不论大猪选择“按”或者“等待”，小猪的最优选择均是“等待”；给定小猪选择“等待”，大猪的最优选择只能是“按”。所以，智猪博弈的最优结果就是：大猪按，小猪等待，各得 4 单位。智猪博弈可用图 7-11 的支付矩阵进行表示。支付矩阵中每个方框内前面数字表示左侧的大猪的数据，后面的数字表示

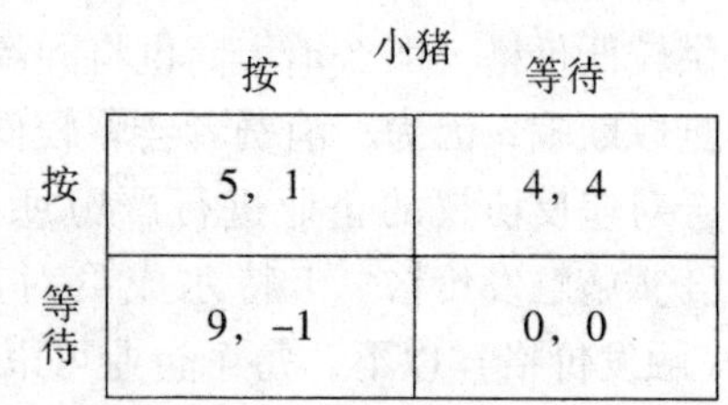

大猪 \ 小猪	按	等待
按	5，1	4，4
等待	9，-1	0，0

图 7-11　智猪博弈

的是上面的小猪所对应的数据。

参与人（Players）是指一个博弈中的决策主体，他的目的是通过选择行动（或战略）来最大化自己的支付水平。在智猪博弈中，大猪和小猪就是参与人。

行动（Actions）是参与人在博弈的某个时点的决策变量。在智猪博弈中，大猪和小猪的行动就是“按”或者“等待”。

战略（Strategies）是参与人在给定信息集的情况下的行动规则，它规定了参与人在什么时候选择什么行动。应该注意的是，战略和行动是两个不同的概念，战略是行动的规则而不是行动本身。“按”和“等待”是参与人的行动，而什么时候采取行动就是战略。在智猪博弈中，行动和战略是相同的，因为，大猪和小猪是同时行动的，没有任何一方能获得他人行动的信息。

支付（Payoff）是指在特定的战略组合下，参与人能获得的效用水平或者是期望效用水平。支付是博弈参与人真正关心的东西。对于大猪和小猪来说，猪食量就是它们的支付。

均衡（Equilibrium）是指所有参与人的最优战略的组合。在智猪博弈中，均衡就是所有行动组合里的最优的行动，即大猪“按”，小猪“等待”。

对博弈的描述方式有支付矩阵和支付树两种。支付矩阵主要用来表示静态的博弈案例。图 7－12 就是这个博弈的支付矩阵。当分析动态博弈案例时，支付树（Payoff tree）是一种更加形象化表述。例如，分析市场进入阻挠案例。一个垄断市场内，在位的垄断企业将会阻挠新企业进入。在这个博弈中，进入者有两种战略可以选择：进入还是不进入；垄断者也有两个选择：默许或是斗争。各种战略组合下的支付矩阵如图 7－12（a），市场进入阻挠案例用支付树表示如图 7－12（b），显而易见，用支付树表示动态博弈案例更能清楚的反映出参与人行动的先后次序。

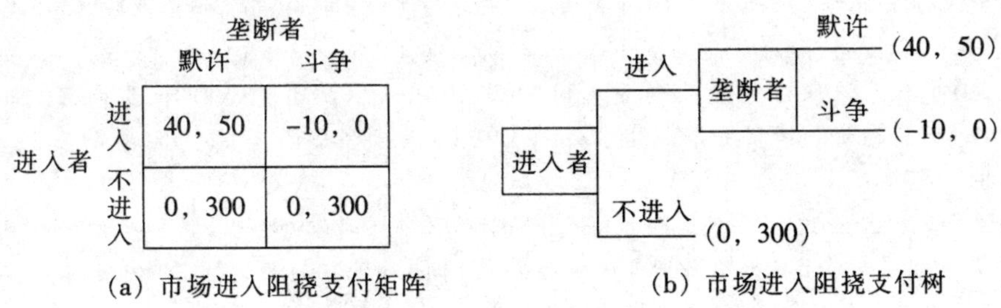

(a) 市场进入阻挠支付矩阵　　(b) 市场进入阻挠支付树

图 7－12

7.3.3 博弈的类型

博弈论可以分为合作博弈和非合作博弈，两者的主要区别是，在于人们的行为相互作用时，当事人能否达成一个具有约束的协议。如果能达这种协议，那就是合作博弈，反之，就是非合作博弈。非合作博弈又可以从两个角度进行划分：

第一个角度是按照参与人行动的先后顺序，分为静态博弈（Static game）和动态博弈（Dynamic game）。静态博弈指的是博弈中，参与人同时选择行动或者不同时选择并且后行动者不知道前行动者采取了什么具体行动。动态博弈指的是参与人的行动有先后顺序，且后行动者能够观察到先行动者所选择的行动。

第二个角度是参与人对有关其他竞争对手的特征、战略空间等信息的掌握程度。从这个角度，博弈可以划分为完全信息博弈和不完全信息博弈。完全信息指的是每一个参与人对所有竞争对手的特征、战略空间等信息有准确的掌握。否则，就是不完全信息博弈。

将以上两个角度的划分结合起来，就得到四种不同类型的博弈，如表 7 - 2 所示。

表 7 - 2　　博弈类型的基本情况

博弈类型	均衡概念、代表人物及发表时间
完全信息静态博弈	纳什均衡——纳什 1950 ~ 1951 年
完全信息动态博弈	子博弈精练纳什均衡——泽尔腾 1965 年
不完全信息静态博弈	贝叶斯纳什均衡——海萨尼 1967 ~ 1968 年
不完全信息动态博弈	精炼贝叶斯纳什均衡——泽尔腾 1975 年

小资料

博弈论的发展历史回顾

一般认为，博弈理论开始于 1944 年由冯 . 诺依曼（Von Neumann）和摩根斯坦恩（Morgenstern）合作的《博弈论和经济行为》（Theory of Game and Economic Behaviour）一书的出版。到 20 世纪 50 年代，合作博弈发展到鼎盛时期，包括纳什（Nash，1950）和夏普里（Shapley，1953）的“讨价还价”模型，Gillies 和 Shapley（1953）关于合作博弈中的“核”的概念，以及其他一些人的贡献。

合作博弈在 20 世纪 50 年代达到了顶峰，同时非合作博弈理论也开始创立。纳什在 1950 年和 1951 年发表了两篇关于非合作博弈的重要文章，Tucker 于 1950 年定义了“囚徒困甍”。他们两个人的著作基本上奠定了现代非合作博弈论的基石

到了 20 世纪 60 年代后出现了一些重要的人物。泽尔腾（1965）将纳什均衡的概念引入了动态分析，提出了“精炼纳什均衡”概念；海萨尼（1967~1968）则把不完全信息引入了博弈论的研究。然后到 80 年代出现了几个比较有影响力的人物，包括克瑞普斯（Kreps）和威尔逊（Wilson），他们在 1982 年合作发表了关于动态不完全信息博弈的文章。 由于在非合作博弈方面

的卓越贡献，19947 年纳什（Nash）、泽尔腾（Selten）和海萨尼（Haranyi）三位博弈论专家被授予了诺贝尔经济学奖。

尽管博弈论是在西方得到了蓬勃发展，但如果要追溯博弈思想的起源，翻开中国五千多年的文明发展史，不难发现博弈的思想早已在无数的成语典故和历史故事中得以淋漓尽致的体现。《史记》中的一“田忌赛马”可谓是代表之作。

战国时期，齐王要田忌和他赛马，规定每个人从自己的上、中、下三等马中各选一匹来赛；并规定，每有一匹马来比赛；并约定，每有一匹马取胜可获千两黄金，每有一匹马落后要付千两黄金。

当时，齐王的每一等次的马比田忌同样等次的马都要强，因而，如果田忌用自己的上等马与齐王的上等马比，用自己的中等马与齐王的中等马比，用自己的下等马与齐王的下等马比，则田忌要输三次，因而要输黄金三千两。但是结果，田忌没有输，反而赢了一千两黄金。这是怎么回事呢？

原来，在赛马之前，田忌的谋士孙膑给他出了一个主意，让田忌用自己的下等马去与齐王的上等马比，用自己的上等马与齐王的中等马比，用自己的中等马与齐王的下等马比，田忌的下等马当然会输，但是上等马和中等马都赢了。因而田忌不仅没有输掉黄金三千两，还赢了黄金一千两。

田忌赛马这个故事闪烁着博弈思想的光芒，可以说是博弈思想在中国可谓源远流长。

7.3.4 纳什均衡与占优策略、占优均衡

1. 纳什均衡

纳什均衡是博弈论中最为重要的概念之一，这一概念是由美国数学家约翰·纳什所提出并论证的。纳什均衡是指在给定其他竞争者的行为以后，每个企业将采取他能采取的最好的行为，所有企业从而达到的均衡状态。这种均衡对于每个企业可能是最优的，也可能是次优的，但一定是稳定的结果。也可以说纳什均衡就是一个“僵局”，在给定别人不动的情况下，没有人愿意去动。我们通过博弈论中的经典例子“囚徒困境（prisoners' dilemma）”来说明纳什均衡的含义。

囚徒困境讲述了两个人在涉嫌犯罪而被捕后，进行单独审讯过程中的双方互相揣摩同伙心理而做出决策的“博弈”过程。当囚徒 A 和囚徒 B 被捕后，他们被关到两个屋子里隔离审讯，并被告知：如果两个人都坦白，将各判 5 年徒刑；如果两个人都不坦白，将各判 2 年徒刑；如果一个人坦白，另一个人不坦白，那么坦白的人无罪释放，不坦白的人判 10 年徒刑。

囚徒 A 和囚徒 B 根据以上的信息，分别推断对方的决定，最终他们在利己的动机下，都会选择坦白，因为坦白是他们最好的选择。囚徒 A 和囚徒 B 都坦白就是一个纳什均衡的结果，即图 7－13 中（5，5）的结果，即在给定另一个囚徒的策略选择的情况下该囚徒所能做出的最好选择。

尽管（不坦白，不坦白）对两个囚徒来说是一个集体理性的结果，双方获刑的总年数只有4年，但在经济主体都追求自身利益最大化的动机下，这种集体理性的结果是无法实现的。（坦白，坦白）是一个个人理性的结果，尽管总的获刑年数为10年，远远高于上述集体理性的结果，但却是一个稳定的结果。

		B	
		坦白	不坦白
A	坦白	5，5	0，10
	不坦白	10，0	2，2

左边表示A囚徒；右边表示B囚徒

图7－13　囚徒困境

现实生活中许多情况类似于“囚徒困境”，如企业要不要做广告的问题，现实中，企业之间的广告竞争也是一个博弈过程。如图7－14所示，企业A和企业B都对是否做广告进行选择。当两者都选择做广告时，双方企业获得相同利润；当两者都不做广告时，两个企业会因为节省广告费用获得更大的利润；当一方做广告，而另一方不做广告时，前者将获得大于后者的利润。尽管两家企业都不做广告会实现更好的均衡，但是在利己的动机下，两者都选择了做广告。

		企业B	
		做广告	不做广告
企业A	做广告	30　30	50　20
	不做广告	20　50	40　40

图7－14　做广告

2. 占优策略、占优均衡与极大化极小策略

（1）占优策略与占优均衡。占优策略，也称上策（Dominant strategy），是纳什均衡的一个特例。占优策略是指不管对手做什么，对博弈方都是最优的策略。囚徒困境、军备竞赛和做广告博弈都是属于占优策略这种决策类型。

如图7－15所示，企业A不管企业B如何决定，企业A的最好选择就上做广告；同样，企业B的最好选择也是做广告。如果两个企业都是理性的，那么博弈的结果只有两个企业都做广告。不过不是每个博弈的各方都有一个占优策略。为了解释这一点，把广告的例子稍微改动。

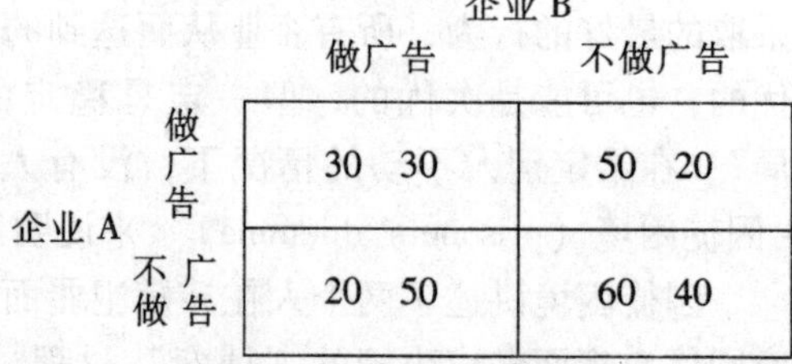

		企业B	
		做广告	不做广告
企业A	做广告	30　30	50　20
	不做广告	20　50	60　40

图7－15　占优策略

如图7－15所示，现在企业A没有占优策略，它的最优策略取决于B企业的选择。如果B企业做广告，则A企业最好也做广告；但如果B企业不做广告，A企业不做广告是最好的选择。现在假设两个企业必须单独且同时做出决定。A企业如何决策？为了回答这个问题，A企业必须将自己放在B企业的位置。从B企业的观点看哪种决策是最好的。企业B只有一个占优策略就是不管A企业如何做都选择做广告。因此，企业A可以知道B企业一定会做广告，这也意味着A企业自己也应该做广告。

两个企业博弈将均衡在双方都做广告。因为给定B企业的决策，A企业所做的是他能做的最好的；而给定A企业的决策，B企业所做的也是他能做的最好的，因此这是该博弈的合乎逻辑的结果。

如果博弈的双方都具有占优策略，那么将由占优策略构成的均衡称为占优均衡（Dominant equilibrium）。如囚徒困境博弈中的（坦白，坦白）便是一个占优均衡。

（2）极大化极小策略。纳什均衡的概念极其依赖个人理性。各博弈方的策略选择不仅取决于他自己的理性，而且也取决于它对手的理性。正如图7－16所示，这可能会成为一种限制。

在这个博弈中，采用“右”对博弈方B是一个占优策略。因为采用这个策略时，不管博弈方A怎么选，博弈方B的结果都是最好的。因而博弈方A应该期望博弈方B采用“右”策略，在这种情况下，博弈方A采用“下”比采用“上”要好。很明显结果（下，右）是这个博弈的一个纳什均衡，且可以证明是唯一的纳什均衡。但要注意博弈方A最好能肯定博弈方B是理解这个博弈并且是理性的，因为万一博弈方B碰巧错误的采取了“左”，那么对博弈方A来说代价可太大了。

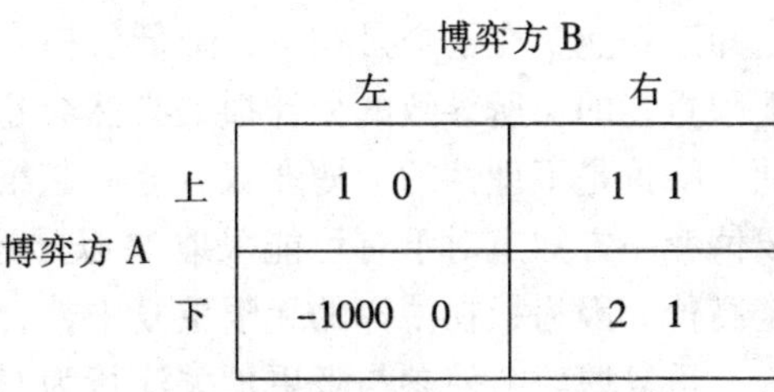

		博弈方B	
		左	右
博弈方A	上	1　0	1　1
	下	−1000　0	2　1

图7－16　极大化极小策略

如果你是博弈方A，你会怎么做？如果你是比较谨慎的，并且考虑到博弈方B可能不完全清楚该博弈或不一定理性，你可能会选择采用“上”，这样你将保证能赚到1并且不会有损失1000的可能性。因为这种策略是最大化可能得到的最小得益，因此被称为极大化极小策略（Maxmin strategy）。如果博弈双方都采用极大化极小策略，结果就是（上，右）。极大化极小策略是保守的，而不是利润最大化的。

7.3.5　重复博弈与信誉问题

“囚徒困境”博弈描述的是完全信息静态的情况，而且博弈是一次性的。但在现实中，大多数企业的定产和定价是不断重复的过程，或称为是重复博弈（Repeated game）。

重复是怎样改变博弈的可能结果？如图7－17中的，如果企业1和企业2都定一个高价，他们会赚到比他们都定低价时更高的利润。可是，每个企业却不敢定高价，因为如果对手定低价，他就会亏损，另一方会获得利润。但假设这个博弈一次次的重

		企业2	
		低价	高价
企业1	低价	10　10	100　50
	高价	−50　100	50　50

图7－17　重复博弈

复进行，例如，两个企业在每个月的头一天同时宣布他们的价格，此时他们应该以不同的方式进行这个博弈，或者根据对手的行为不断改变自己的价格。

企业目标是找到最强的策略，即平均来说对所有或几乎所有其他策略的结果都是最好的策略。最好的策略特别简单——“以牙还牙（tit for tat）”策略：一方从一个高价开始，只要另一方继续“合作”，也定高价，双方就会一直保持下去；一旦一方降低价格，另一方马上也会降低价格；如果一方以后决定合作并再提高价格，另一方马上也会提高价格。为什么“以牙还牙”策略是最好的，并且能促使博弈双方“合作”即双方都定高价？因为博弈是无限重复的。假设企业1在月初定了低价，他一定知道企业2在下个月初也会降低价格，而且这个低价将一直持续下去。由于博弈是无限重复的，所导致的累计损失必然会超过降价的第一个月得到的任何短期利润。因此，降价是不理性的，博弈双方会一起维持高价。事实上，对一个无限博弈来说，只要博弈一方知道对手有可能采取“以牙还牙”的策略，那么他一定会在开始时就制定高价。因为，在博弈的无限重复中，合作的期望支付会超过削价竞争。

重复博弈会使参与者更加关注行为对自身信誉的影响。很多人都有过在旅游区购物被“宰”的情形，如何来解释呢？通常人一生光顾某个景点的机会只有一次，在景区购物也因此成为游客与景区销售者之间的一次性博弈，销售者知道你下次光临的概率不大，因此，他一般不会太在意自己的信誉，于是出现了要高价或虚假承诺等问题。而在你的住宅区之内的食杂店店主通常是比较讲信誉的，因为这时的买卖双方之间的博弈是多次的，建立一个好的名声对实现店主的利润最大化就是至关重要的。

本章小结

1. 垄断竞争市场是一个竞争与垄断兼而有之的市场结构，其中企业数目较多、产品有差异，因此，竞争因素多于垄断因素，且企业对价格只有影响作用。

2. 产品差异是功能基本相同的产品之间的差异，包括产品自身物理或化学性能的差异，也包括销售条件、售后服务等方面的差异。

3. 垄断竞争市场中的企业面对着两条需求曲线：主观需求曲线和客观需求曲线。主观需求曲线的弹性大于客观需求曲线。

4. 依赖于企业之间是否具有策略性行为，垄断竞争市场中企业的均衡条件有所差异。

5. 在长期中，垄断竞争企业的生产规模可以调整，企业的主观需求曲线和客观需求曲线都可以变动。企业之间的竞争导致超额利润为零。企业长期均衡条件是 $MR=MC$ 并且 $AR=LAC$。

6. 寡头垄断就是指少数企业垄断了某一行业的市场，控制了这一行业的供给。寡头垄断市场中，企业数目较少且彼此相互依赖。

7. 根据寡头垄断市场中企业之间的决策是否相互依赖，可将寡头之间的关系分为合作寡头与非合作寡头，或称为串谋寡头与非串谋寡头。

8. 非合作寡头模型主要包括：(1) 库诺模型。从双寡头的库诺模型所推导出的一般结论是：当有 n 个寡头企业时，总供给量为$\frac{n}{n+1}$，每个企业的供给量为$\frac{1}{n+1}$。(2) 斯威齐模型。斯威齐模型的假设条件是："跟跌不跟涨"，在这种假设下，企业就面对折弯的需求曲线。拐折的需求曲线很好地解释了价格的刚性。

9. 卡特尔模型是合作寡头垄断模型之一。卡特尔是寡头垄断企业用公开或正式的方式进行勾结的一种形式。它的主要任务：一为各个成员企业的同质产品规定统一的价格；二是在各个企业之间分配总产量。

10. 博弈论（Game Theory），又称对策论，是分析研究两个或两个以上的参与者选择能够共同影响每一参与者行动或策略方式的理论。博弈论关注对人的行为动机与行为方式的分析，认为任何决策的有效制定依赖于决策双方要能够准确的揣度对方心理。

11. 纳什均衡是指在给定其他竞争者的行为以后，每个企业采取他能采取的最好的行为，所有企业从而达到的均衡状态。

12. 重复博弈会使参与者更关注信誉问题。

思　考　题

1. 垄断竞争市场的特征有哪些？在这样一个市场中，如果一个企业推出一种新型的产品，对均衡价格和产量会有什么影响？

2. 为什么在垄断竞争市场中，企业的需求曲线比总的市场需求曲线要平坦？假设一个垄断竞争企业短期中能获得利润，长期中它的需求曲线会发生什么改变？

3. 假设在一个垄断竞争行业中的所有企业都被并入一个大企业，这个新企业会仍然生产那么多的品牌吗？或者它会只生产一种单一品牌？请解释。

4. 在斯威齐模型中，需求曲线为什么是折弯的，折弯的需求曲线为什么导致价格刚性？

5. 折弯的需求曲线的寡头垄断模型是否意味着没有一个企业在行业中占支配地位？

6. 广告的作用是什么？广告对你的购买决策有何影响？

7. 你能用博弈论来描述企业之间的"价格战"行为吗？

8. 什么是"以牙还牙"策略？它是怎样影响重复博弈的结果？

第八章　生产要素理论

学习目标

学习本章应理解生产要素需求的特性，边际生产率理论，以及买方垄断的要素市场的决策与成因。掌握劳动供给的一般决定因素，劳动供给曲线的由来和特征，以及影响劳动价格——工资率的其他因素。明确地租理论、资本收益以及耗竭性资源的稀缺成本等问题。

关键名词

引致需求　联合需求　边际生产率　边际收益产品　边际价值产品　替代效应　产量效应　买方垄断　闲暇　收入效应　补偿性工资差别　工会　集体谈判　人力资本　土地　地租　经济租金　准租金　资本　资本存量　资本服务流量　资本收益率　贴现值　内部收益率　耗竭性资源　稀缺成本

前面章节中所分析的是产品或服务的均衡产量和价格的决定，但众所周知，任何产品或服务的提供都依赖于一定的生产要素的投入：我们所用的电脑是由生产线上的工人通过操作各种设备在厂房里生产出来的，我们所享受的美食最初是由农民驾着现代化的农用机具在广袤的大地中或绿色蔬菜大棚中所生产出来的……。生产要素作为一类特殊的商品，有其自身的特殊性，这是我们在本章将关注的问题，但生产要素作为一种商品同样符合前面我们分析的供给与需求规律。但需要我们转换头脑注意的问题是要素市场的供给者、是要素的所有者，如劳动者、资本家或是土地所有者；而要素市场的需求者是我们前面所探讨的产品生产者，或是企业。本章我们将探讨劳动、土地与资本三种基本生产要素的供给与需求问题及三种生产要素的价格决定问题。

8.1　生产要素的需求

8.1.1　需求特性

1. 引致需求

在产品市场上，需求来自消费者，消费者购买商品是为了满足自身的各种需要，因此是一种直接的需求。在生产要素市场上，需求来自于企业，企业雇佣劳动力、购买资本和土地不是为了满足自己的直接需要，而是为了生产并最终出售产品以获得利润。因此，与产品市场不同，生产要素市场上的需求是一种间接的需求。例如，消费者购买面包是为了直接食用，是一种直接的需求；而一家食品企业根据市场上对面包的需求情况生产面包以获得收益，因此在生产要素市场对面粉和劳动等要素产生需求，这种需求是由消费者的需求而引起的间接需求。西方经济学上把这种间接的需求称为引致的需求（Derived Demand）或派生的需求，即由于对产品的需求而引起的对生产要素的需求。

尽管对要素的需求是一种引致需求，但生产要素的价格同样是由供给和需求共同决定的。因此，生产要素的价格决定与产品市场上的产品价格决定是类似的，如图8-1所示。

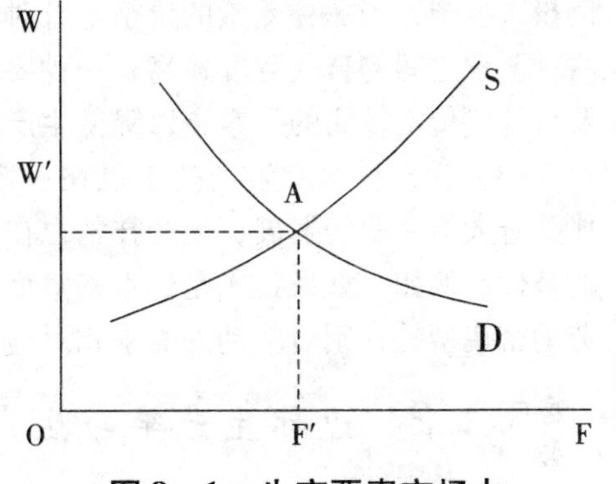

图8-1　生产要素市场中的供给与需求

图8-1中横轴表示要素供给者在要素市场上提供的可供使用的要素数量（F），纵轴表示要素价格（W）。随着要素价格的增加，要素所有者愿意提供更多的生产要素，反映在图中的结果是要素供给曲线S向右上方倾斜。需求者由企业构成，当要素价格很高时，企业选择少量购买，随着要素价格的下降，企业相应地增加要素购买量。反映在图中的结果是要素需求曲线D向右下方倾斜。要素供给曲线S和要素需求曲线D相交于A点，A点的要素价格是W′，市场上提供的要素数量是F′，此时生产要素市场上，要素的需求与供给相等，达到均衡状态。

2. 联合需求

联合需求指生产要素之间所具有的相互依赖关系或共同性。由于技术原因的限制，任何生产行为所需要的都不是一种生产要素，而是多种生产要素，各种要素的共同作用决定了产品的生产，即在生产过程中，生产要素具有相互依存的关系。例如在分析生产函数时，经常假定因变量（产量）决定于自变量（资本和劳动），两种要素必须同时使用，仅仅拥有一种要素是不可能获得产量的。但是在一定范围内，生产要素之间也存在着可以相互替代的情况，因此，生产要素之间的关系是紧密联系的。这就导致了对某种生产要素的需求不能单独考虑，必须同时考虑对其他生产要素的需求情况，从联合的角度分析对生产要素的需求。

3. 决定要素需求变化的因素

一般而言，决定要素需求变化的因素有三方面：对产品的需求、生产要素的价格和生产技术。

（1）对产品的需求。由于要素需求是引致的需求，因此在产品市场上对某种产品的需求变化一定会导致对生产这种产品的生产要素的需求产生影响。通常情况下，企业是利润最大化的忠实追求者。如果市场对某种产品的需求增大，意味着生产该产品有利可图，那么企业就会相应地增加对生产该产品所需的生产要素的需求，反之，则适当减少要素需求。例如，对玉米地的需求增加是人们对甜玉米的需求增加；对家政工的需求增加是因为人们对家政服务需求的增加。

（2）生产要素的价格。对生产要素需求的重要影响因素就是该要素自身的价格，若该生产要素的价格过高，企业会适当地减少对该要素的需求，反之则减少需求。此外，由于要素需求具有相互依赖性，因此影响要素需求的价格因素还包括生产该产品过程中所需要的其他生产要素的价格，例如，如果生产所需的两种生产要素按固定比例投入生产，当一种要素的价格上升时，必然会引起对另一种要素需求的减少；如果两种要素之间的替代程度较高，一种要素的价格上升时，企业就会用价格较低的生产要素替代价格较高的要素，以降低生产成本。

（3）生产技术。生产技术也在一定程度上决定了对某种生产要素需求的大小。伴随着人类文明的发展，生产技术也在不断地取得进步，典型的例子就是资本对劳动的替代。例如，如果技术是资本密集型的，意味着对资本的需求较大；若技术水平是劳动密集型的，则对劳动的需求相对地就会偏大。

8.1.2　边际生产率与生产要素需求量的决定

1. 边际生产率

所谓边际生产率（Marginal Productivity），就是在其他条件不变时，每增加一个单位的要素投入所带来的生产率的提高。从实物形态上看，就是在其他条件不变时每增加一个单位的要素投入所增加的实物产量，或称为边际产量。美国著名经济学家克拉克以农业生产中劳动的价格即工资的决定为例，率先说明了如何用边际生产率理论来分析要素价格决定的问题。

根据边际收益递减规律，当可变要素刚投入生产时，必然会得到最充分而有效的利用，使边际产量不断增加。随着可变要素的投入增加，可变要素与固定要素之间的数量比例逐渐达到二者的最佳组合比例，使固定要素的利用效率也不断提高。当可变要素的数量增加到超过最佳组合比例要求的数量时，固定要素的利用效率开始下降，从而导致可变要素的边际产量开始递减。

2. 生产要素需求量的决定

借助生产要素的边际生产率理论可以确定企业生产要素的最优投入量。企业实现利润最大化的一般条件是边际收益与边际成本相等，即最后一单位要素投入所产生的收益恰好等于使用该要素所付出的成本，用公式可表示为：$MR=MC$。

具体分析，用 MR_K 和 MC_K 分别代表资本的边际收益和边际成本，用 MR_L 和 MC_L 分别代表劳动的边际收益和边际成本，则有：

$$MR_K=MC_K；MR_L=MC_L \tag{8.1}$$

这是追求利润最大化的企业决定购买要素的数量的根据。在此基础上，企业做出要素投入决策，在生产要素价格恰好等于边际收益和边际成本时，购买相应数量的要素。如果用 v 和 w 分别表示资本和劳动的价格，则（8.1）式表述可以用公式表示为：

$$v=MR_K=MC_K；w=MR_L=MC_L \tag{8.2}$$

（8.2）式成立的前提是市场是完全竞争的，由于存在着无数的买者与卖者，企业在资本市场和劳动力市场上都只能是一个价格的接受者。而这种假设正是在分析生产要素的需求时通常所采用的。

3. 边际收益产品

可以通过两种方式来衡量增加单位生产要素投入所产生的效果：一是通过实物量描述，即所带来的实物产量的增加；一是通过价值量描述，即所带来的收益的增加。前者由投入要素的边际生产率所决定，用边际产量来描述，而后者就是产品的边际收入。为了说明二者的关系，在此引入边际收益产品的概念。

边际收益产品（Marginal Revenue Product）指多投入的生产要素的边际产量与所增加的产品的边际收入的乘积。换言之，边际收益产品表明多增加一个单位的要素投入所带来的额外收入，即边际收益产品表示在其他生产要素的投入量不变和价格不变的条件下，当可变要素增加时，企业总收入的增量。

如果用 MP_L 表示劳动的边际生产率，用 MR 表示出售增加的单位产品的边际收入，劳动投入的利润最大化条件可以表示为：

$$w=MC_L=MR_L=MP_L\cdot MR \tag{8.3}$$

同理，也可以得到资本的利润最大化条件：

$$v=MC_K=MR_K=MP_K\cdot MR \tag{8.4}$$

其中，$MP_L\cdot MR$ 和 $MP_K\cdot MR$ 分别是劳动和资本的边际收益产品。这个概念是研究生产要素需求变化所必需的，它表明了如果工资或租金率变化，劳动或资本的需求可能作出的变化。

4. 边际价值产品

在完全竞争的情况下，企业在产品市场中是价格的接受者，因此，它从多销售一个单位的产品中所获得的边际收入就是市场价格，即 $MR=p$。此时的利润最大化条件可表示为：

$$v=MP_K\cdot p；w=MP_L\cdot p \tag{8.5}$$

其中，$v = MP_K \cdot p$ 和 $w = MP_L \cdot p$ 分别是资本和劳动的边际价值产品（Marginal Value Product，MVP），由此可见，边际价值产品是边际产量与产品的市场价格的乘积。边际价值产品是边际收益产品的一种特殊情况，此时，市场是完全竞争的，而企业是产品市场的价格接受者。在这种情况下，利润最大化的条件可以简化为：

$$v = MVP_K;\ w = MVP_L \tag{8.6}$$

图 8-2 说明了利润最大化的资本投入决策。在图中，横轴表示资本的投入量，纵轴表示单位资本的 MVP 值。MVP 曲线可以根据边际产量曲线（MP）推导出来。MVP 曲线向下倾斜，表明了边际产量是递减的，投入的资本越多，资本的边际产量越低，其边际价值产品也越低。

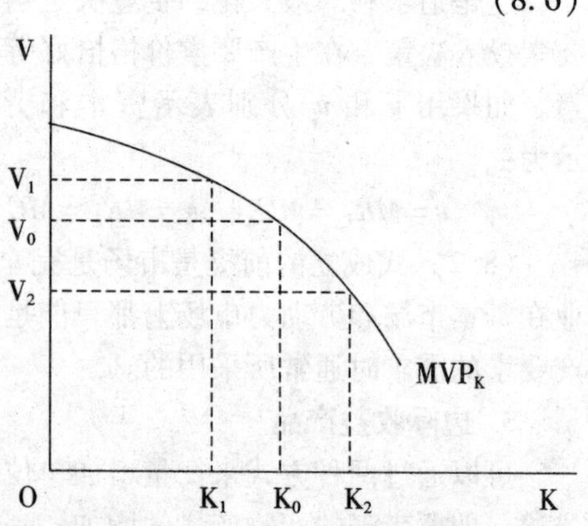

图 8-2　利润最大化的投入决策

在图 8-2 中，当资本的价格是 V_0 时，利润最大化要求资本的投入量是 K_0。如果资本投入量低于 K_0，例如是 K_1，资本 MVP 是 V_1，就将超过 V_0，则增加资本的投入量是有利可图的。若资本的投入量多于 K_0，例如是 K_2，此时资本的 MVP 是 V_2，就会低于 V_0，则减少资本的投入量将会增加利润。因此，只有在资本投入量达到 K_0 时，企业才能实现利润最大化。图 8-2 只分析了资本投入的情况，但是对劳动需求的分析也可以用完全相同的方法进行。

8.1.3　价格变化对生产要素需求的影响

1. 一种要素的情况

如果某种生产要素的价格下降，企业会相应地增加对这种生产要素的需求，下面将通过图 8-3 来具体说明这种变化。

在图 8-3 中，假定只有一种生产要素——资本，企业只利用资本来生产它的产品。MVP_K 是该企业的边际生产率曲线。当资本的价格是 V_1 时，在利润最大化的条件下，该企业的资本投入是 MVP_K 曲线上的 A 点，此时的资本投入量是 K_1。在其他条件不发生变化的前提下，为了实现利润最大化，该企业必定将坚持投入 K_1 单位的资本。如果资本

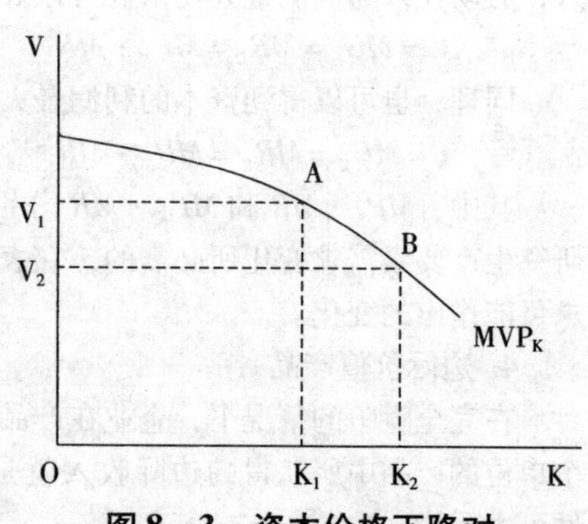

图 8-3　资本价格下降对资本需求的影响

的价格下降到 V_2，从图中可以直接观察到，企业将追加资本的投入到 B 点，此时的资本投入量是 K_2。这种变化的根本原因是企业是利润最大化的追求者。当某种生产要素的价格下降时，如果企业继续坚持此前较低的要素投入量，会出现要素价格低于边际生产率的情况。此时增加要素的投入量会带来更多的收益，对企业来说是有利可图的。因此，以利润最大化为目标的企业必然要增加对这种要素的需求。换言之，在只有一种生产要素的情况下，由于要素的边际生产率是递减的，某种要素的价格的下降将引起更多的该种生产要素被需求。

2. 两种要素的情况

现实中单独一种生产要素是无法生产出产品的，生产通常要求至少两种生产要素的投入，此处我们考察生产要素的需求量如何受其他要素价格变化的影响。对其他生产要素需求变化也是比较复杂的。例如当劳动的价格降低时，为了选择新的最低成本的投入组合，劳动和资本的投入量都将发生变化。因此在一种生产要素价格下降的情况下，必须对两种效应进行研究，即替代效应和产量效应。如图 8－4 所示。

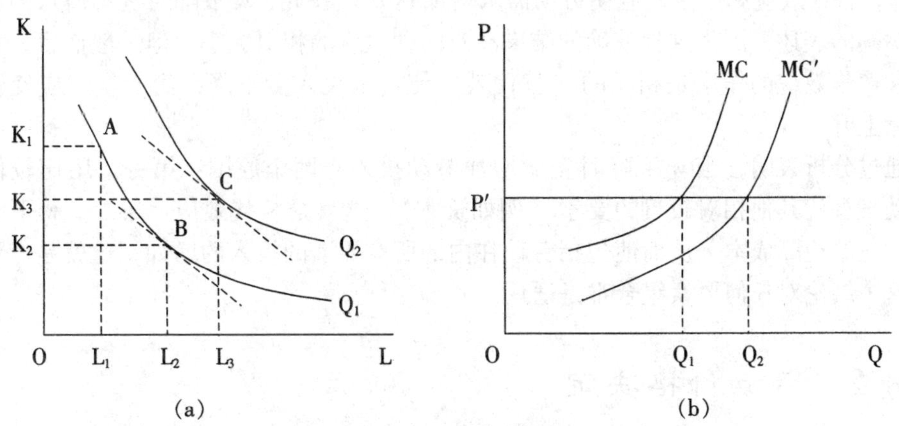

图 8－4　劳动力价格下降的替代效应和产量效应

（1）替代效应。替代效应（Substitution Effect）是指当生产要素价格变动时，一种要素替代另一种要素而产量保持不变的情况。替代效应可以用图 8－4（a）中的说明。

如果假定在生产过程中，产量固定在 Q_1 保持不变，则劳动将沿着等产量曲线趋于替代资本。同时考虑到产量一定下的成本最小化的条件是边际技术替代率等于劳动与资本的价格比，即 MRTS = w/v，因此当 w 趋于下降时，劳动与资本的投入组合必然沿着等产量曲线向右下方移动，反映在图中就是要素投入组合从 A 点移动到 B 点。又因为等产量曲线表明了边际技术替代率是递减的，所以从图中可以清晰地看到，由于 w 的下降，这种替代效应一定导致劳动投入的增加，即劳动投入量从 L_1 增加到 L_2。

（2）产量效应。然而产量不变的假定并不符合现实情况。当某种生产要素的价格发生变化时，必然会影响到本企业的成本，因此产量水平将发生变化，而产量水平的变化会进一步地影响到企业的投入决策，也就是所谓的产量效应。产量效应（Output Effect）是指由于产量水平的变化而引起的企业对某种生产要素投入的数量变化。

图 8-4（b）说明了产量效应通常的情况。由于企业产量决策的基础是利润最大化，因此 w 的变化会改变要素的相对成本，进而移动企业的扩张途径，除了 Q_1 而外的其他产量水平也有可能被选择。在这种新扩张途径中，因为 w 下降，企业的边际成本曲线被向下移动到 MC′，利润最大化的产量水平从 Q_1 提高到 Q_2。此时的利润最大化条件（p = MC）在较高的产量水平上得到满足。

再来看图 8-4（a），产量的这种增加将引起更多的劳动需求。替代效应和产量效应的共同作用会使投入决策移动到企业的等产量曲线 Q_2 上的 C 点。换言之，由于 w 下降，替代效应和产量效应使劳动需求增加到 L_3。在此，w 下降对资本需求的影响没有明确的表述，因为这种准确的结果涉及两种效应的相对大小，但一般而言，替代效应和产量效应的作用是相反的（替代效应使资本投入量下降，而产量效应使资本投入量上升）。

通过分析表明，当 w 下降时企业增加劳动投入有两个原因：第一，用比较便宜的劳动来替代其他相对较贵的要素（例如资本），这就是替代效应。第二，w 下降将降低企业的边际成本，从而使包括劳动在内的所有要素的投入的增加，这就是产量效应。这个结论对任何要素组合都是适用的。

8.2　劳动价格决定

8.2.1　时间分配

对劳动者而言，劳动的供给决定实质上是个时间分配问题，而时间分配在形式上又完全是个“消费”决策问题。理智的劳动供给者需要把既定的时间合理地分配到各项必要的用途上。通过研究人们的时间分配比例，可以发现其选择工作的行为规律，了解劳动供给的决定因素。

1. 劳动和闲暇

劳动者可以支配的时间是既定的。每个劳动者每天拥有 24 小时，这是不会发生任何变化的。而且在这 24 小时内，有一部分是必须用于睡眠而不能挪为他用的。为了简化分析，在此假定每个劳动者的睡眠时间相同，而且不发生任何变化。因此每个劳动者可自由支配的时间也是相同而且固定的。

因此在假定的基础上进一步假设可以自由支配的时间只由两部分构成：工作和闲暇。这里的工作是有报酬的，即劳动者通过提供劳动获得相应的工资收入。劳动者可以用获得的收入购买商品消费来增加自己的效用。其中，工资的多少取决于实际工资率 w 的大小。而这里的闲暇时间包括除必需的睡眠时间和劳动供给之外的全部活动时间，而并不是狭义上的无事可做。闲暇直接为劳动者提供了另一种效用。这两种用途的时间分配实质上可以看作是在两种“消费品”之间进行选择，即在工资收入可以购买的商品消费和享受闲暇之间进行选择，寻求二者之间的合理组合，追求效用最大化。由于工作和闲暇都可以增加劳动力的效用，二者之间存在一定程度上的替代性，因此享受闲暇是有代价的，换言之，闲暇也有机会成本，即因享受闲暇不能工作而放弃的工资收入。闲暇的机会成本可以用小时实际工资率来量度。

2. 时间最优分配

劳动供给实际上是个时间分配问题，就实质而言，劳动者并非是在闲暇和劳动二者之间进行选择，而是在闲暇和劳动收入之间进行选择。因此时间分配问题又可以转化为在一定预算约束条件下选择两种“消费品”的最优组合，即选择闲暇享受和其他商品消费之间的最优组合，从而实现效用最大化。如图 8 – 5 所示。

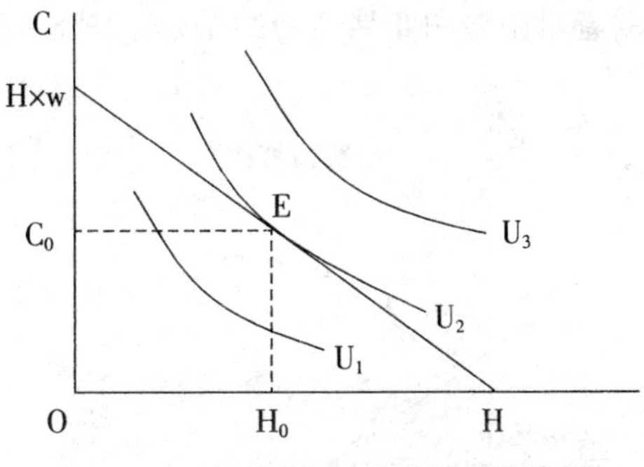

图 8 – 5　闲暇与工作的最优选择

在图 8 – 5 中，横轴表示劳动者每天的闲暇时间，预算线在横轴的截距是 H，此时的闲暇时间是 24 小时减去一定的睡眠时间得到的可自由支配的时间。纵轴表示劳动者工作可以得到收入后购买的消费品，预算线在纵轴的截距是 H × w，表示如果劳动者把全部可自由支配时间用于工作可以得到的最大消费品的价值。预算线的斜率是 w，即实际小时工资率的相反数，表明单位闲暇时间的机会成本。换言之，多享受一小时的闲暇时间，则必须放弃价值为 w 的商品消费。

为了实现时间的最优分配，从而达到效用最大化，劳动者必须选择预算线的斜率与无差异曲线斜率相等的点，即图中恰为预算线与无差异曲线 U_2 切点的 E 点。在 E 点，该劳动者以闲暇替代其他商品消费的边际替代率等于他所能挣得的工资率。此时劳动者既享受 H_0 小时的闲暇，同时又获得了商品消费 C_0。C_0 是劳动者用按照工资率 w 工作 H—H_0 小时可以得到的收入购买的商品价值。H_0 和 C_0 的组合实现了在给定条件下的最大效用。因此这种时间分配方案是最合理的。

8.2.2 劳动的供给曲线

1. 替代效应与收入效应

劳动力价格的变化是工资率发生变化的结果，随着工资率 w 的变化，劳动者也要重新对劳动与闲暇的时间进行分配，实现在新条件下的效用最大化。当工资率 w 上升时，闲暇的机会成本相应地增加，即闲暇比劳动更“昂贵”了。于是劳动者减少对闲暇的“消费”，转而增加对替代“商品”——劳动的“购买”，这就是替代效应，即由相对价格变动引起的需求变动。然而由于工资率的上升，劳动者可以增加其工资收入，使劳动者的收入增加，拥有了更强的购买力，从而有可能“消费”更多的闲暇。这就是收入效应，即由购买力变动而引起的需求变动。替代效应和收入效应的作用方向相反，究竟在工资率上升时闲暇的时间是增加还是减少，则主要取决于劳动者对闲暇和商品消费的偏好。图 8－6 说明了替代效应和收入效应。

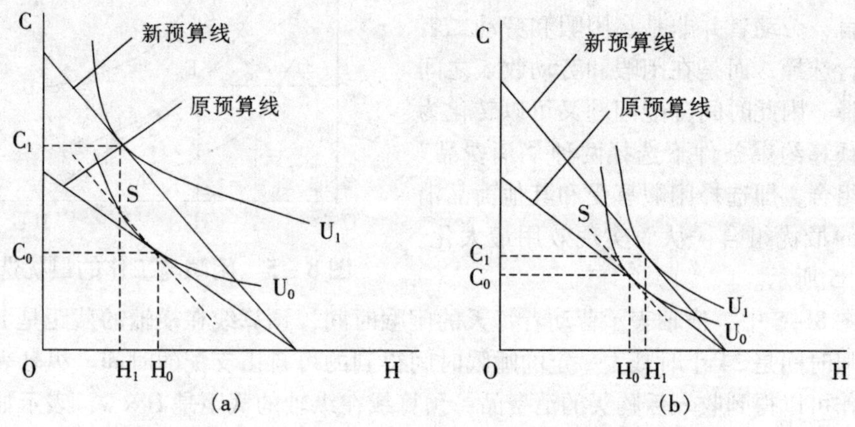

图 8－6 工资率变动的收入效应与替代效应

在图 8－6（a）和（b）中，初始工资率都是 w_0，因此商品消费与闲暇的最优组合都是 C_0 和 H_0。当工资率上升到 w_1 时，商品消费与闲暇的最优组合则是 C_1 和 H_1。两幅图的虚线都是与新预算线相平行的，表明在工资率上升后闲暇与商品消费的相对价格比例。替代效应使组合点（C_0H_0）沿着同一条无差异曲线 U_0 移动到 S 点，表明在收入水平不变的条件下，工资率的上升使商品消费趋于替代闲暇，即闲暇时间减少而商品消费增加。收入效应使商品消费组合点从 S 移动到新预算线 U_1 上的（C_1H_1）点，表明在商品消费与闲暇的相对价格相对稳定时，收入的增加对二者最优组合的影响。但两幅图中替代效应与收入效应的综合作用效果是不同的。在（a）中，闲暇的时间减少了，劳动者选择了更多的商品消费，而（b）中则完全相反。这是因为替代效应和收入效应的作用方向相反，当替代效应大于收入效应时，二者的综合作用结果是使对闲暇的需求减少，如（a）所示；当替代效应小于收入效应时，二者综合作用的结果是使对闲暇的需求增加，如（b）所示。

2. 劳动供给曲线

在分析了工资变动的替代效应和收入效应的基础之上，就可以分析劳动的供给曲线了。首先来分析劳动的个人供给曲线。

（1）劳动的个人供给曲线。劳动的个人供给曲线如图 8－7 所示。横轴表示劳动者愿意工作的时间，纵轴表示实际工资率，曲线 S 就是劳动的个人供给曲线。曲线 S 的形状比较奇特。当工资率开始增加时，劳动者愿意工作的时间呈现上升趋势，即随着工资率的上升，劳动者更偏好工作以增加商品消费而减少对闲暇的需求。但当工资率继续增加时，劳动者愿意工作的时间开始减少，即此时的劳动者更偏好闲暇而减少劳动时间。因此整条曲线呈向后弯的形状。

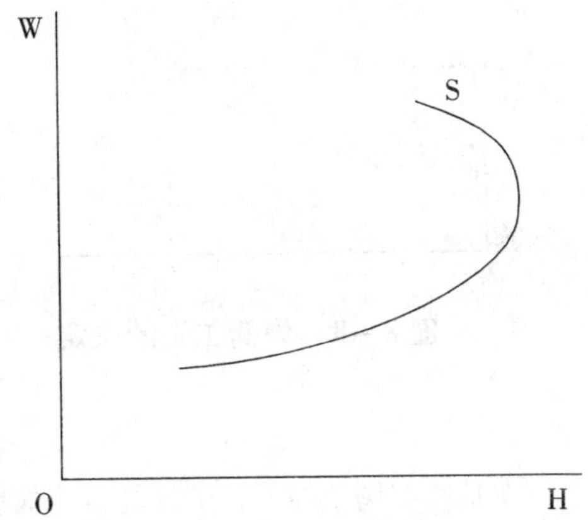

图 8－7　劳动的个人供给曲线

在现实经济中可以找到劳动的个人供给曲线向后弯曲的原因。在短期，当工资率开始上升时，劳动者一般希望得到获得更多的收入，对商品消费更具有偏好。此时替代效应大于收入效应。劳动者因此会减少对闲暇的需求，增加工作时间。但在长期，工资的提高已经使劳动者富足到一定程度，收入增加对劳动者已经没有显著的吸引力了，劳动者更加珍视闲暇，即更加偏好闲暇带来的体魄或精神上的放松和愉悦，此时替代效应小于收入效应。因此劳动者通常会增加对闲暇的需求，减少工作时间。

（2）劳动的市场供给曲线和均衡工资的决定。劳动的市场供给曲线是由所有单个劳动者的个人供给曲线加总而得到的。尽管许多单个劳动者的个人供给曲线是向后弯曲的，但劳动的市场供给曲线却不一定是这样的。因为决定每个劳动者开始减少劳动时间的工资率是不可能完全相同的，换言之，在较高的工资水平上，现有的工人也许或许提供较少的劳动，但其他的劳动者却可能在该工资率的吸引下愿意增加劳动时间，即高工资也会吸引新的工人进来，从而总的市场劳动供给一般还是随着工资的上升而增加的，市场劳动供给曲线仍然是向右上方倾斜的。如图 8－8 中的曲线 S 所示。在图 8－8 中，劳动的市场需求曲线是向右下方倾斜的，这是因为要素的边际生产率和产品的边际收益都是递减的。将向右下方倾斜的劳动的市场需求曲线与向右上方倾斜的劳动的市场供给曲线综合起来，即可决定均衡工资水平。在图中，供给曲线 S 与需求曲线 D 的交点就是劳动市场的均衡点。此时的均衡工资是 W_0，均衡劳动数量是 L_0。

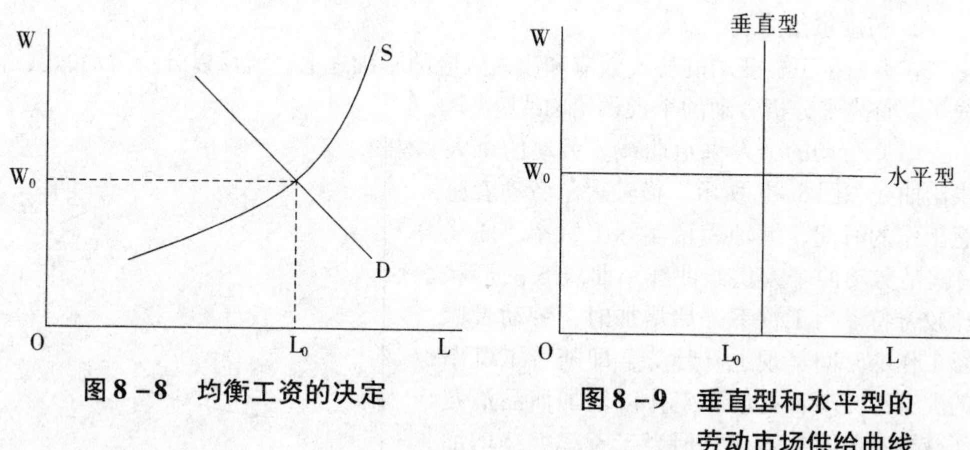

图 8－8　均衡工资的决定

图 8－9　垂直型和水平型的劳动市场供给曲线

在某些市场条件下，劳动的供给曲线也会呈现出其他比较特殊的形状。例如，当企业不需要劳动者经过多少培训就能工作时，劳动者之间几乎是无差异的，而且劳动力的供给可以认为是趋于无限的，此时的企业只要按一般的工资率就能雇佣到足够的劳动者，因此劳动的市场供给的弹性接近无穷大，供给曲线的形状是接近水平形状的。反之，如果人们偏爱在某些特殊的行业就业，该行业的劳动供给曲线就会比较陡峭，甚至是垂直型的。换言之，此时的劳动供给弹性较小，甚至接近于零。企业为了雇佣更多的工人，就必须提供更大的工资率。这两种情况可以用图 8－9 来说明。

8.2.3　工资决定的其他因素

1. 补偿性工资差别

当一个工人决定是否接受某个工作时，工资仅仅是这个工人考虑的许多工作特性之一。出于简化的目的，在前面的分析中总是假定工作岗位具有相同的吸引力，然而在现实经济中，这种假定是非常片面的。事实上，某些工作轻松、有趣而且安全，另一些工作艰苦、枯燥甚至危险。按这些非货币特性来判断，工作越好，在任何一种既定工资下愿意从事这种工作的人就越多。即在其他因素不变时，那些轻松、有趣而安全的“舒适”的工作岗位或职业比那些艰苦、枯燥甚至危险的“非舒适”的工作岗位或职业更具有吸引力。如果舒适工作与非舒适工作之间没有工资差别，多数人都会自动选择舒适的工作，导致舒适工作的劳动力供大于求，许多劳动者失业，而非舒适工作就业不足。

劳动市场的竞争会自动通过形成工资差别来配置劳动就业机会以避免上述情况的出现。结果导致，从事舒适工作者只能获得相对较低的工资，而从事非舒适工作者可获得相对较高的工资。这种纯粹因工作舒适或不舒适形成的工资差别称为补偿性工资差别，即为抵消不同工作的非货币特性而产生的工资差别。例如，煤矿工人得到的工资高于其他有相似教育水平的工人的工资。他们的工资用来补偿采煤的枯燥和危险性，以及煤矿工人所具有的长期健康问题。再如，工厂中夜班工人的工资也高于同类白班工人的工资。高工资补偿他们不得不适应夜里工作而白天睡觉这种大多数人都不喜欢的生活方式。

图 8－10 说明了补偿性工资差别。图中横轴表示劳动时间，纵轴表示实际工资率。假定各个企业对从事舒适与非舒适工作的劳动需求是相同的，因此可以用同一条劳动需求曲线 D 来表示。为了简便，假定工人之间不存在导致不同的边际价值产品的劳动技能上的差别。但在供给上，由于工作舒适与非舒适的区别，存在两条劳动供给曲线，即舒适工作的劳动供给曲线 S_1，和非舒适工作的劳动供给曲线 S_2。则舒适工作的均衡工资点是 A 点，非舒适工作的均衡工资点是 B 点。

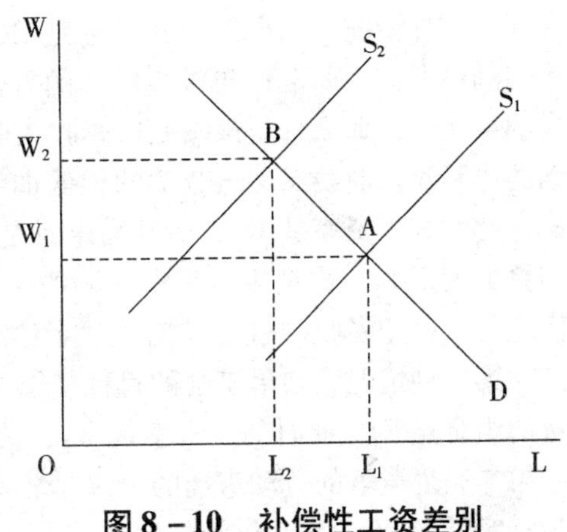

图 8－10 补偿性工资差别

二者之间的工资率差额是 W_2-W_1，代表了补偿非舒适工作的工资差别。如果没有这种差别，当工资率都是 W_1 时，舒适行业的劳动将出现供大于求。这与前面的结论相一致。

2. 工会的作用

工会是在市场经济中普遍存在的一个就工资和工作条件等问题与雇主进行谈判的工人组织。例如，20 世纪 40 年代和 50 年代，美国的工会处于其全盛时期，大约有 1/3 的工人加入了工会。实质上，工会就是一种卡特尔，像任何一个卡特尔一样，工会是一个卖者共同行动以发挥其共同市场势力的一个集团。工会的工人作为一个集团与企业就就业条件达成一致的过程被称为集体谈判。当一个工会在与企业进行集体谈判时，它提出的工资、津贴和工作条件会比没有工会时企业提出的条件高。经济学家发现，工会工人赚的收入比不属于工会的类似工人高出 10%～20%。

工会力量越强大，它对工资率的影响也越大。工会组织的存在对工资率的影响与工会追求的目标紧密相关。从经济利益上看，工会的主要目标有三个：追求工资总额的最大化；追求经济利润总额最大化；追求就业人数最大化。图 8－11 说明了这三种情况。

第一种情况，如果工会的目标是追求工资总额最大化，即 W×L 最大化，那么它应该选择劳动的边际收入 MR 等于零处的劳动供给量，即工资率与数量的组合点 E_1，此时的工资率是 W_1，劳动需求量是 L_1。但是劳动的供给量却大于 L_1，出现供过于求的情况，因此工会必须设法在组织内部分配工作量。

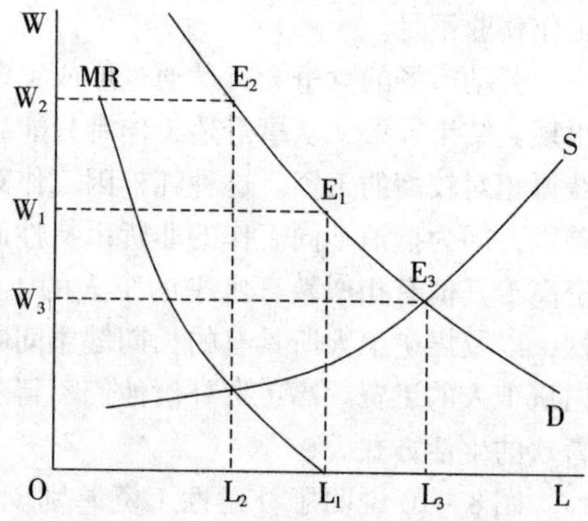

图 8－11　工会的目标与作用

第二种情况，如果工会的目标是追求经济利润最大化，即工资与机会成本的差额总量的最大化，那么它应该按照边际收入等于边际成本的利润最大化决策原则，选择劳动的边际收入曲线 MR 与劳动的供给曲线 S 相交之处确定的工资率与数量的组合点 E_2，此时的工资率是 W_2，劳动需求量是 L_2。但是相对于第一种情况，劳动的供给量却更加大于 L_2，出现供过于求加剧的情况，因此工会必须采取某种"转移收入"的措施，对就业者收"税"并对失业者给予补贴。

第三种情况，如果工会的目标是追求就业量最大化，那么它应该选择工资率与数量的组合点 E_3，此时的工资率是 W_3，劳动需求量是 L_3，劳动的供给量也是 L_3。这种结果与完全竞争的劳动市场的结果是相同的。在这里 L_3 是劳动的最大供给量，假如工资率低于 W_3，劳动供给量将会减少。

除了三个主要目标，工会还可能追求其他目标。例如为了保障工人的退休金、假期、保险和工作条件等工作以外的附加福利而相应降低工资率等。然而关于工会对整个经济是好事还是坏事的看法并不一致。工会的批评者认为工会作为一个卡特尔，其引起的劳动配置既是无效率的，又是不公平的。之所以是无效率的，是因为工会的高工资使没有工会的企业的就业降低到有效率的竞争水平之下。之所以是不公平的，是因为一些工人的获益是以另一些工人的损失为代价的。而工会的支持者认为，工会是与雇佣工人的企业市场势力相抗衡所必需的，工会的存在有助于打破因地理位置等因素而形成的买方垄断。此外，工会的支持者还声称，工会对帮助企业有效地对工人的关心做出反应也是重要的。

3. 最低工资法

最低工资法是由国家通过立法所规定的雇主必须支付的最低劳动力价格。美国国会 1938 年第一次以公平劳动标准法案制定了最低工资，以保证工人最低的适当生活水平。随着时间的推移，最低工资不断上升。1938 年的最低工资为每小时 0.25 美元，1984 年的最低工资上升到 3.35 美元，而到了1996 年，则达到每小时 4.75 美元。

有些州甚至规定了更高的最低工资。目前在美国，最低工资法大约涉及 85% 的私营企业和 25% 的政府雇员。

图 8－12 说明了最低工资法的影响。图中，横轴表示劳动数量，纵轴表示实际工资率。如果没有最低工资法的限制，劳动的供给曲线 S 与劳动的需求曲线 D 的交点就是劳动的均衡点，此时的劳动数量是 L_0，工资率是 W_0。然而最低工资法规定，企业支付给工人的最低工资率是 W_{min}，由此引起劳动的供给和需求的变化。在最低工资率 W_{min} 的水平下，劳动的供给量是 L_s，劳动的需求量是 L_d，二者之差 $L_s - L_d$ 就是失业量。可见，最低工资法提高了工人的实际工资，但减少了企业对工人的需求量。换言之，在最低工资法的影响下，有工作的工人的收入增加是以减少失去工作的那些工人的收入为代价的。

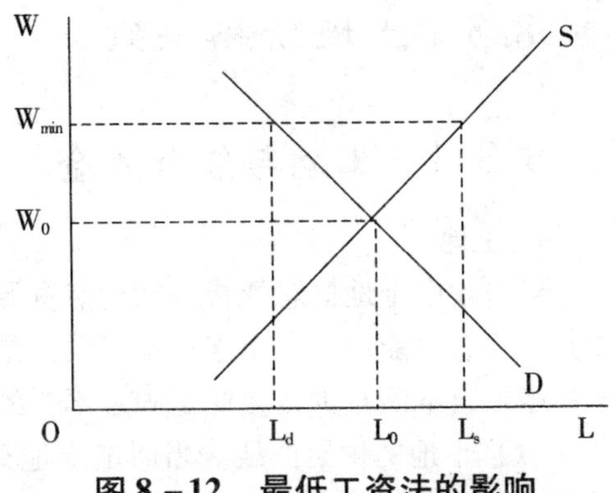

图 8－12　最低工资法的影响

进一步分析，最低工资法的影响还取决于工人的技能和经验。经济不是只有一个劳动市场，而是包括许多不同类型工人的劳动市场。技术水平高而且经验丰富的工人的工资相对于年纪较小而且缺乏技术的工人是很高的，他们工资之高超过了最低工资法所规定的最低工资，因此，他们并不受到最低工资法的影响。而年轻而又缺乏技术的工人的工资低于最低工资法规定的最低工资，因此，他们受该法案的影响最大。最低工资法一方面使他们中能够就业的人得到的工资收入高于他们的边际价值产品，另一方面又使他们中的一些人失业。许多经济学家比较了多年来最低工资变动与青少年就业的变动。其中有代表性的研究发现，最低工资上升 10%，会使青少年就业减少 1% ~3%。

最低工资法同样也是存在争议的问题。最低工资法的支持者认为这项政策是增加贫穷工人收入的一种方法。他们指出，那些赚取最低工资的工人只能勉强度日。在 1994 年的美国，当最低工资是每小时 4.25 美元时，一年中每周工作 40 小时的两个领取最低工资的成年人每年的总收入只有 17680 美元，这低于中产家庭收入的一半。许多最低工资的支持者承认最低工资法造成了失业，但他们认为，这些影响并不大，而且，考虑到所有情况之后，较高的最低工资可以使穷人状况更好。

最低工资法的反对者则认为，这并不是解决贫穷问题的最好方法。他们指出，高的最低工资引起失业，鼓励青少年退学，并使一些不熟练的工人无法得到他们所需要的在职培训。此外，最低工资法是一种目标欠妥的政策。并不是所有的最低工资领取者都是竭力帮助自己家庭脱贫的家长。许多最低工资领取者是中产阶级家庭的青少年，他们是为了赚点零花钱而从事业余工作的。

8.3　土地价格决定

8.3.1　土地与经济租金

1. 土地

经济学中土地概念泛指一切自然资源，其特点被描述为原始的和不可毁灭的。原始是因为它不能被生产出来；不可毁灭是因为它在数量上是不会减少的。土地数量既不能增加也不能减少，因此是固定不变的。换言之，土地的自然供给是固定不变的。

（1）土地的供给曲线。当假定土地只有一种用途，即生产性用途，而没有自用用途时，则土地对该用途的供给当然是固定不变的。当土地的市场供给是固定不变时，土地的供给曲线是垂直的。事实上，这个结论也适用于任何其他要素。任意一种资源，如果只能用于某种用途而无其他用途，则它对该用途的供给曲线就一定是垂直的。如果用机会成本的概念则可以表述为：任意一种资源，如果它在某种用途上的机会成本等于零，则它对该种用途的供给曲线就是垂直的。即使该资源价格下降，它也不会转移到其他方面，即它的供给量不会减少。

土地的供给曲线如图 8－13 所示。图中的横轴表示土地的数量 Q，纵轴表示土地的价格，即地租 R。土地的供给曲线 S 是垂直型的，表明不论地租发生怎样的变化，土地供给的数量都是 Q_0。

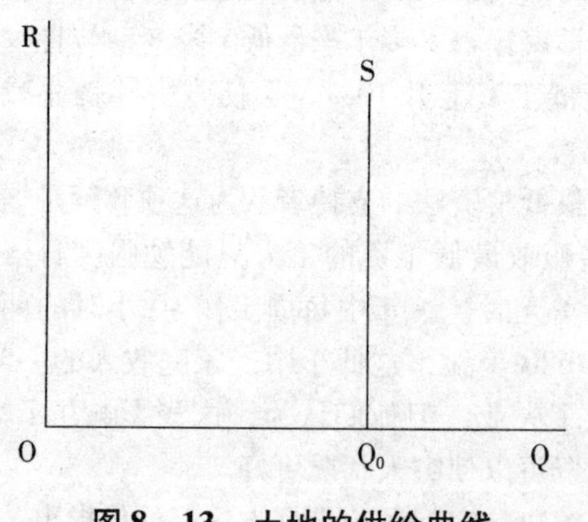

图 8－13　土地的供给曲线

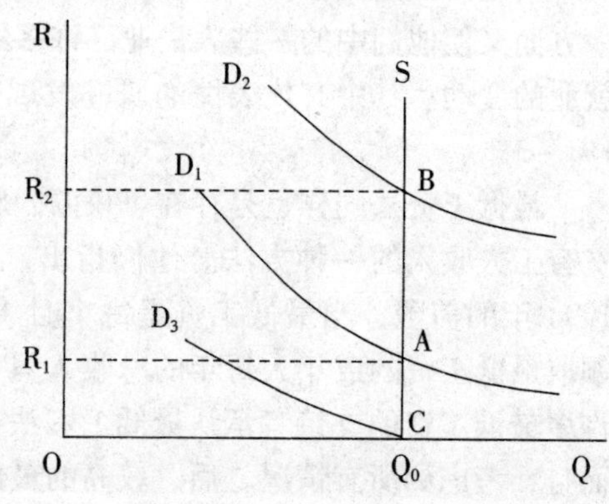

图 8－14　地租的决定

（2）地租的决定。把向右下方倾斜的土地的市场需求曲线与垂直的土地供给曲线综合起来，就可以得到土地的均衡价格，即地租。由于土地的需求取决于土地的边际生产率，而土地的边际生产率是递减的，因此土地的需求曲线是一条向右下方倾斜的曲线。如图 8－14 所示。当需求曲线是 D_1 时，土地的需求曲线与供给曲线相交于 A 点，此时的地租是 R_1；当需求曲线是 D_2 时，土地的需求曲线与供给曲线相交于 B 点，此时的地租是 R_2；当需求曲线是 D_3 时，土地的需求曲线与供给曲线相交于 C 点，此时的地租是零。尽管地租发生了变化，但土地的供给量始终是 Q_0，没有发生任何变化。显然，地租完全由土地的需求曲线决定，而与土地的供给曲线无关。地租随需求曲线的上升而上升，随需求曲线的下降而下降。

根据上述分析，可以说明地租产生的原因。假定初始阶段，对土地的需求曲线是 D_3，从而地租为零；由于技术进步使土地的边际生产率提高，或者由于人口增加使对粮食的需求增加，进而导致粮食价格上涨，对土地的需求曲线便开始向右边移动，从而地租开始出现。因此，地租产生的根本原因在于土地的稀少，供给不能增加；如果给定了不变的土地供给，则地租产生的直接原因就是土地需求曲线的右移。土地需求曲线右移是因为土地的边际生产率提高或土地产品的需求增加从而使其价格提高。若假定技术不变，则地租就由土地产品价格的上升而产生，且随着产品价格的上涨而不断上涨。

2. 经济租金与准租金

根据地租的概念，经济学家又进一步提出了经济租金和准租金的概念，为今后的深入分析提供了有力的工具。

（1）经济租金。经济租金（Economic Rent）是指对某一生产要素的支付额超过了该生产要素维持目前用途需支付的最低报酬。其几何解释类似于所谓的生产者剩余。如图 8－15 所示，横轴表示要素数量，纵轴表示要素价格。供给曲线 S 记录的是生产要素在每一种价格下可能被供给的数量，因此，雇佣 Q_0 数量的生产要素所必需的货币额等于 AOQ_0E 的面积。然而在竞争市场中，某种要素无论被雇佣多少，都是以相同的价格支付的，而且这个价格 p_0 是由企业雇佣的最后一个单位要素所必须支付的价格决定的。由于所有其他单位都获得报酬 p_0，因此这些边际内的要素供给者获得一种经济租金。在竞争情况下的要素报酬总额是 p_0OQ_0E，而经济租金总额就是阴影部分 p_0AE 的面积。

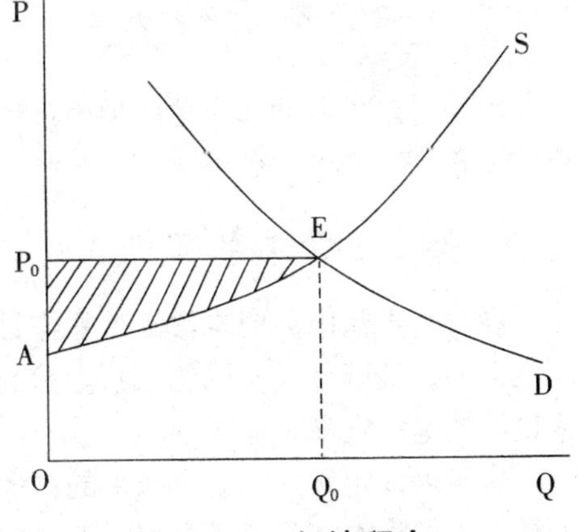

图 8－15　经济租金

上述分析说明，经济租金的多少与供给曲线的弹性高度相关。当供给曲线趋于无限弹性时，即供给曲线几乎呈水平形状，那么经济租金相应很小，甚至接近于零。当供给曲线趋于弹性无穷大时，即供给曲线几乎呈垂直状态，那么经济租金就会很大，甚至全部的要素报酬都是经济租金。此时的生产要素报酬仅由需求所决定。

（2）准租金。准租金（Quasirent）是指在短期内固定供给的生产要素的收益。准租金的概念是由英国经济学家马歇尔提出的。他认为，从短期看，除土地以外的其他生产要素特别是资本的供给是固定的，固定资本在短期内的收益也是经济租金的一种形式，由于这些租金是暂时的，马歇尔把它称为准租金。

图 8－16 说明了准租金的实质，横轴表示产量，纵轴表示单位产量价值。MC、AC 和 AVC 分别表示企业的边际成本、平均成本和平均可变成本。由于准租金讨论的是短期的问题，因此图中的成本曲线都是短期成本曲线。假定在价格为 p_0 的情况下，企业将生产 Q_0 单位的产品，此时的总可变成本是 $OGBQ_0$，表示企业为获得并保持产量 Q_0 所需要的变动要素数量而必须支付的金额。企业的总成本是 Op_0CQ_0，因此企业的固定成本是 Gp_0CB，这就是准租金。

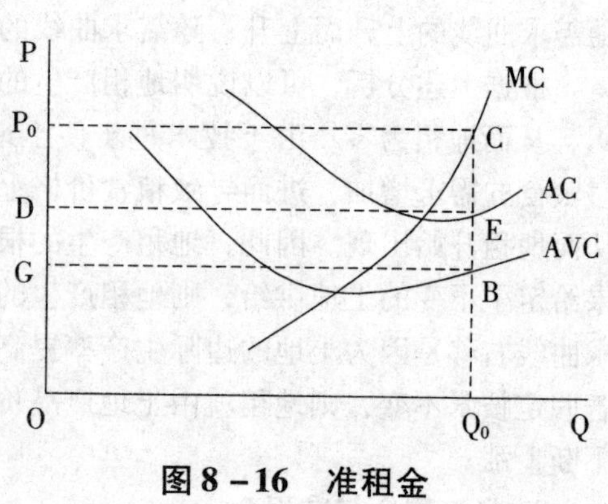

图 8－16　准租金

8.4　资本价格决定

前面讨论了劳动和土地两种生产要素的价格决定问题，我们将分析另一种十分重要的要素——资本的价格决定。

8.4.1　资本的定义

在日常生活中，资本常常被看作是一个包罗万象的东西，在不同的场合，因为不同的需要，被解释成不同的东西。然而这种表述过于宽泛而欠明确，因此，有必要先来说明资本的定义。

资本可以定义为：为了未来的更大收益而在目前进行的投资或暂时放弃的消费。例如，人们将本来可以用于现时消费的收入投资于劳动力的教育或在职培训，从而构成所谓的人力资本投资。再如，尽管煤炭、石油和其他矿藏没有经过人类劳动，但是人们为了在将来可以继续使用这些资源，会减少目前对这些资源的开采使用，因而其在一定程度上也具有资本的性质。后面将具体讨论这些耗竭性资源的价格决定问题。

根据这一概念的表述，可以发现资本具有以下特点：第一，资本的数量是可以改变的，人们为了满足消费需求，可以通过各种经济活动把资本生产出来；第二，资本被生产出来的目的，是为了凭借这些资本而获得更多的商品和劳务以满足消费需求；第三，资本通常被看作一种投入要素，即通过用于生产过程来得到更多的商品和劳务。

在了解了资本的定义的基础上，还要明确与之高度相关的两个概念：资本存量和资本服务流量。这两个概念是研究资本的供给和需求的必要指标。资本存量是指某一时点上整个国民经济或企业的所有的资本总量。资本服务流量是指一定时期内，整个国民经济或企业所使用的资本服务量。一般情况下，资本存量与资本服务流量之间存在一定的较为固定的比例，因此这两个概念往往可以交替使用。与资本存量和资本服务流量的划分相对应，资本的价格可以有两种表现形式：一是资本本身的出售或购买价格；二是资本服务的价格。与其紧密联系的有资本收益率、资本租金率和银行利息率等指标。

8.4.2 资本收益率的决定

资本收益率 r 是衡量用于投资的资本能带来的收益与所投资本的比率，是资本持有者决定投资方向与投资金额最重要的依据。下面将从四个方面予以分析。

1. 资本收益的两种特例

首先来看两种特殊的投资方向和收益形式。在两种情况中都假定社会的消费水平一直是 C_0，而且社会决定从消费额中节约 s 的数量作为投资以便提高未来的消费水平。

第一种情况，社会把第一年节约的消费用于投资，希望在第二年获得一次性的收益 x。而在第二年后，社会又恢复到原先的消费水平。这种一次性收益情况下的收益率可以表示为：

$$r_1 = \frac{x}{s} - 1$$

显然，这种收益率的大小由 x 和 s 相对大小决定。如果 x 大于 s，则 r_1 是大于零的，说明这种投资是有利可图的；反之，r_1 是小于零的，表明这种投资并没有给社会带来预期的更多的消费。而且，x 相对 s 越大，社会投资获益越多。例如，假定 s 是 100，x 是 120，则此时的资本收益率就是 20%。

第二种情况，假定社会投资是为了在第二年起获得永久性的收益。如果把永久性消费水平表示为 $C_0 + y$，则此时的收益率可表示为：

$$r_2 = \frac{y}{s}$$

可见，如果资本积累使消费水平永久地有所增加，则资本收益率将为正数。例如，社会第一年节约 100 单位的消费用于资本积累，而从第二年起社会每年可使消费水平比原先提高 10 个单位，则这种永久性资本收益率为 10%。

当然，一次性和永久性资本收益只是资本收益的两种特例。现实经济中的资本收益一般会介于两者之间。

2. 均衡收益率

均衡收益率就是在理想的没有风险并且是完全竞争的条件下由资本的供给与需求共同作用而形成的资本收益率。为了简化分析，假定所有资本物品都是一样的，而且能用于生产不同的物品。如图 8－17 所示。

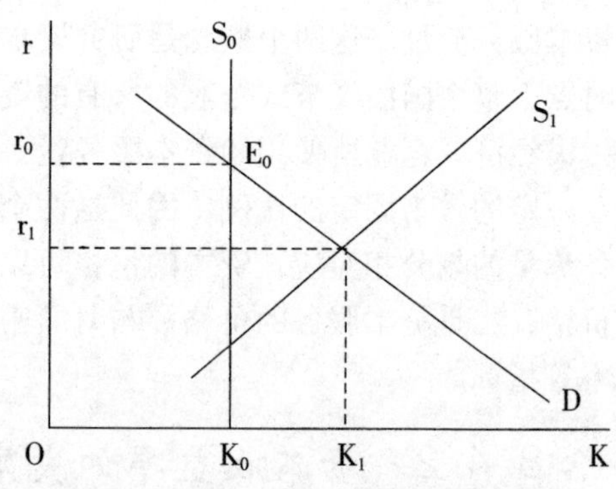

图 8－17　均衡收益率的决定

图 8－17 中的横轴表示资本存量 K，纵轴表示收益率 r。D 是资本存量的需求曲线，反映了资本收益率与资本需求量之间的关系。企业为了生产获利不仅需要投入劳动要素，还需要投入机器、设备等生产要素，从而就形成了对资本的需求。资本需求同劳动需求一样，也是引致需求，是由资本的边际价值产品所决定的。当资本比较稀缺时，其边际价值产品就高，因为这时存在着收益率较高的投资机会。但随着资本存量的增大，其他条件不变时，资本的边际价值产品就会减少，即资本的边际收益率是递减的。所以资本的需求曲线是向右下方倾斜的。

图 8－17 中 S_0 和 S_1 分别是资本存量的短期和长期的供给曲线。资本的供给来源于居民愿意暂时放弃的部分消费，他们把这部分消费进行储蓄，从而提供了生产企业可用于投资的资本。一般而言，储蓄的收益率越高，人们愿意储蓄的数量也就越多。但是在投资转化为资本和净投资形成资本的增量的过程都需要一定的时间，因此在短期内，资本存量保持不变，如 S_0 所示呈垂直型。而在长期内，较高的资本收益率会吸引更多的净投资，从而增大资本供给曲线。如 S_1 所示的向右上方倾斜。

相应的，短期的均衡资本收益率是 r_0，对应资本存量是 K_0。而在长期中，均衡资本收益率是 r_1，对应资本存量是 K_1。但是在现实经济中，如果考虑到人口增长和技术进步的影响，长期均衡资本收益率并不一定必然低于短期均衡资本收益率。

3. 收益率与利率的关系

追求利润最大化的企业在进行投资决策时，必然要将筹集资金的成本——利率与资本收益率进行比较。企业的自有资金是有限的，因此企业进行投资的来源是银行贷款。贷款到期后，企业需要按照贷款利率向银行偿还本金与利息。如果银行利率是低于资本收益率的，即意味着企业从投资中获得的收益额大于需要向银行偿还的利息额，此时企业就会按照利率从银行贷出资金用于投资，反之，则不会投资。而且当资本收益率比银行利息越高，企业对投资越有兴趣。

此外还要注意，由于存在自然、政治和心理等各方面因素的影响，投资往往是有风险的。因此对于存在风险的投资项目，必须有更高的收益率，才能吸引企业投资，即在其他条件一定时，投资的收益率与利率的差别的大小取决于风险程度。

4. 收益率与租金率的关系

如果某企业需要租用某种机器进行生产，必然要面对收益率与机器的租金率的关系问题。在此问题中，供给方是出租这种机器的企业。该企业面临两种成本。一是机器的折旧费用，二是把资金滞留在机器上而无法进行其他用途的机会成本。假定该机器的市场价格是 p，每年的折旧费用占机器价格的比例固定为 d，机会成本也就是在其他投资方向的市场收益率是 r，则一台机器的年总成本是：$dp+rp=p(d+r)$

机器的需求方为了实现利润最大化，必须调整机器租用的数量，直到租用机器的边际价值产品等于机器的市场租金率为止。因此，在充分竞争的机器租用市场中，最终的年租金率 v 将正好等于机器供给方的成本，即：

$$v=p(d+r) \tag{8.6}$$

年租金率总额等于出租机器的企业的折旧费用与机会成本之和。考虑一种特殊的情况，当机器折旧可忽略不计时，即 $d=0$ 时，式（8.6）可简化为：$\frac{v}{p}=r$。

当一台不考虑折旧而可以无限使用的机器相当于市场利率为 r 的永久债券。如果 $\frac{v}{p}>r$，人们就会投资购买机器，因为租金率超过了市场利率。反之，就会无人从事机器出租业务，因为租金率过低，不如把钱存入银行。

8.4.3　投资理论

企业自己购买机器、厂房、设备等资本品的行为统称为投资。在宏观经济中，投资需求是总需求的重要组成部分。下面将分析影响投资决策的主要因素。

1. 税收对投资的影响

对企业征税既是政府收入的主要来源，也是国家干预和影响投资水平的主要政策工具。而对企业而言，税收直接影响到了企业的投资决策。因为税收的存在，租金率公式（8.6）变为：

$$v=p(d+r)+T \tag{8.7}$$

可见，当其他因素固定不变时，企业的租金成本与税收同方向变化，即 T 越高，租金成本越高，反之，则越低。图 8－18 说明了减税对企业资本投入水平的影响。

在图 8－18（a）中，横轴表示劳动投入数量，纵轴表示资本投入数量，Q_1 和 Q_2 分别表示减税前后的产量。图 8－18（b）中，横轴表示产量，纵轴表示产品价格，MC_1 和 MC_2 分别是产品的边际成本。在初始阶段，资本租金率是 v_1，最优组合点是

A 点，此时的劳动投入量是 L_1，资本投入量是 K_1。减税意味着租金率的降低。由于替代效应的作用，在产量不变的情况下，最优组合点从 A 移动到 B，此时的租金率是 v_2。又由于产量效应的影响，边际产量从 MC_1 移动到 MC_2。在租金率不变的条件下，产量从 Q_1 移动到 Q_2，最优组合点从 B 点移动到 C 点。此时的劳动投入量是 L_2，资本投入量是 K_2。这意味着，减税使企业的产量增加，对资本设备的需求扩大，如果企业没有足够的资本设备，就必然会产生投资需求。

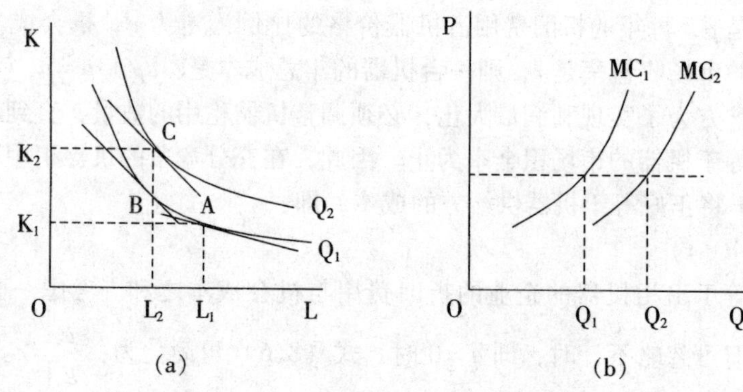

图 8－18　减税对资本需求的影响

2. 贴现值与投资

企业投资或资本需求理论有两种表现形式：一是以上所介绍的租金率理论；另一种是下面将要介绍的贴现值理论。

（1）贴现值的计算。同样数量的货币在不同时期的价值是不同的。因为如果把今天得到的 1 美元用于投资，在将来不仅可以收回 1 美元，还可能得到一定的利息。反过来，未来的 1 美元在今天则不值 1 美元。如果再把价格水平变动因素考虑进去，则今天的美元与未来的美元的差别就会更大。贴现值的计算就是把未来的货币价值折合成今天的货币价值的过程。假定利率固定为 r，则今年的 1 美元在明年将增值为 $1+r$ 美元，而明年的 1 美元的贴现值就是 $1/(1+r)$ 美元。继续推算下去，两年后 1 美元将增值为 $1\times(1+r)\times(1+r)=1\times(1+r)^2$ 美元，而两年后的 1 美元的贴现值是 $1/(1+r)^2$ 美元。以此类推，今年的 1 美元在 n 年后将增值为 $1\times(1+r)^n$ 美元，而 n 年后的 1 美元的贴现值是 $1/(1+r)^n$ 美元。根据分析可以明确两点：一是未来的货币的贴现值与利率变动呈反方向变化，即随着利率的增大，贴现值减小；二是如果利率固定不变，同样数量的货币在较远的将来的贴现值小于近期的贴现值。

（2）投资决策的贴现值规则。明确了贴现值的计算方法，为制定正确的投资决策提供了有力的工具。假定一家企业的投资决策只需要考虑是否购买某种机器。这种

机器可以使用 n 年，而且每年可以向企业提供一笔货币收入，即边际价值产品，用 R_i 表示。现行市场利率是 r，并预计在以后的 n 年中保持不变。因此，这种机器对投资的贴现值就是：

$$PDV = \frac{R_1}{1+r} + \frac{R_2}{(1+r)^2} + \cdots + \frac{R_n}{(1+r)^n}$$

它表示机器在各年中提供的货币流的贴现值。如果这个贴现值大于机器的购买价格，即企业的投资数额，企业就应选择购买这种机器。反之，如果机器购买价格大于该贴现值，企业则应将这笔资金用于别处以便获得为 r 的正常收益率。把这个结论推广一下，就可以得到更为一般的结论，即在利率保持固定不变的条件下，只有当贴现值大于不经过贴现计算的未来货币价值，投资才是有利可图的，否则，不应该投资该项目，而是应该选择将资金用于别处，至少可以保证正常收益率的获得。

本章小结

1. 引致的需求指由于对产品的需求而引起的对生产要素的需求。联合的需求指生产要素之间所具有的相互依赖关系或共同性。二者构成了要素需求的特性。

2. 一般而言，决定要素需求变化的因素有三方面：产品的需求变化、生产要素价格和生产技术。

3. 边际生产率是在其他条件不变时，每增加一个单位的要素投入所增加的生产力。边际产量是衡量边际生产率的实物指标。

4. 在只有一种生产要素的情况下，由于要素的边际生产率是递减的，某种要素的价格的下降将引起更多的该种生产要素被需求。在两种生产要素的情况下，替代效应和产量效应共同作用，决定了要素价格变化对要素需求的影响。

5. 劳动的供给决定实质上是个时间分配问题，理智的劳动供给者需要把既定的时间合理地分配到各项必要的用途上。即在劳动和闲暇之间进行选择，实质上是在闲暇和劳动收入之间进行选择。

6. 劳动之类要素的供给曲线并不一定是向上倾斜的。如果与较高工资相关的收入效应大于替代效应，向后弯曲的劳动供给曲线就会出现。在不同的要素市场条件下，劳动的供给曲线还会出现水平型和垂直型的情况。

7. 李嘉图地租理论的结论是：地租仅仅由农产品的市场需求和有土地可以利用来决定。

8. 经济租金是指对某一生产要素的支付额超过了该生产要素维持目前用途需支付的最低报酬。准租金是指在短期内固定供给的生产要素的收益。这两个概念的提出为经济学的深入研究提供了有力的分析工具。

9. 资本是为了未来的更大收益而在目前进行的投资或暂时放弃的消费。

10. 企业与消费者都面临投资决策，在做出是否进行某种消费时，企业或消费者必须考虑将来运转成本的现值。此时，资本收益率自然成为考虑的重点。投资行为受到税收政策和贴现值的影响。

思 考 题

1. 产品的需求变化、生产要素的价格和生产技术是如何决定要素需求变化的？产品的需求弹性、要素在产品中所占的比例和生产要素之间的替代程度又是如何决定生产要素的需求弹性的？

2. 在一些大学里，经济学教授的薪水高于一些其他学科的教授。在另一些大学里，对所有学科教授支付相同的工资，但在这些大学里，经济学教授的教学负担比一些其他学科的教授轻。为什么这两种情况都是真实存在的？

3. 最低工资法扭曲了低工资劳动市场。为了减少这种扭曲，一些经济学家提倡一种双重最低工资制度，对成年工人实行正常的最低工资，对青少年工人实行“次最低工资”。举出两种原因说明为什么单一最低工资对青少年工人劳动市场的扭曲大于成年工人劳动市场。

4. 为什么李嘉图认为地租仅仅由农产品的市场需求和有土地可以利用来决定的？

5. 企业打算投资扩大生产，其可选择的筹资方法有两种，一是利用利率为10%的银行贷款，二是用企业利润。该企业的经理认为应该选择后者，理由是不用付利息因而比较便宜，你认为他的话有道理吗？

6. 你面临两种支付流量的选择：(1) 一年后支付100元以及二年后支付100元；(2) 一年后支付80元以及二年后支付130元。如果利息率是5%，你会选择哪一种支付流量？如果是15%呢？

第九章　一般均衡、市场失灵与政府微观经济职能

学习目标

通过本章的学习了解并掌握局部均衡分析、一般均衡分析的基本含义，资源配置效率的含义与判断标准；市场失灵的含义与基本类型；旨在解决市场失灵的政府微观经济职能。

关键名词

局部均衡　一般均衡　艾奇沃斯交换盒形图　艾奇沃斯生产盒形图　资源配置最优条件　市场失灵　不完全竞争　外部性　共用品　不对称信息　逆向选择　道德风险　洛伦兹曲线　基尼系数　产权　科斯定理

9.1　一般均衡与资源配置效率

9.1.1　局部均衡与一般均衡

经济学家对经济系统的分析方法通常有两种：局部均衡分析与一般均衡分析。局部均衡分析方法是与英国剑桥经济学家马歇尔的名字联系在一起的。局部均衡分析是假定经济体系中其他市场情况不变的条件下，单独分析某一市场的均衡决定的研究方法。局部均衡分析只考虑经济系统中某一部分的情况，如单个市场的均衡决定与变化。局部均衡分析的前提条件是经济中不同部门间的相互关联较小，忽略这种相互作用并不会影响决策结果的有效性。如果这种假设可以成立的话，局部均衡分析会使问题大大简化。但经济系统中的各部分常常是密切相连的，这时就需要采用一般均衡分析方法。

一般均衡分析方法将经济系统看做一个整体，研究系统中所有商品与劳务是如何同时决定的。法国经济学家瓦尔拉斯开创性的建立了一般均衡分析模型，其模型的基本特征仍然体现在当今的一般均衡研究中。艾奇沃斯、帕累托在瓦尔拉斯的一般均衡分析基础上发展了福利的概念，共同构成了早期一般均衡的研究框架。沃德、阿罗、

德布鲁等学者利用高深的数学方法证明了完全竞争条件下一般均衡解的存在。

小资料

莱昂·瓦尔拉斯（Leon Walras，1834～1910）法国经济学家，其代表作品是《纯粹政治经济学要义》（Elernents of Pure Economics），该书于1874年出版，以后经过多次再版。这是一部讨论边际效用价值理论和一般均衡分析的杰出著作，也是西方经济学的经典力作。熊彼特认为："经济均衡理论是瓦尔拉斯的不朽贡献。这个伟大的理论以水晶般明澈的思路和一种基本原理的光明照耀着纯粹经济学关系的结构。"

一般均衡分析的研究涵盖了局部均衡分析所要研究的问题，概括起来主要包括四方面内容：①消费者的消费决策与生产要素供给决策及消费者间的决策协调与相互作用；②企业的产出决策与对生产要素的需求决策及企业间的决策协调与相互作用；③产品市场中消费者与企业的决策如何与要素市场的决策相关联；④最后也是最为关键的，一般均衡分析要同时考虑上述问题。

为更好地理解经济体系中不同市场间的相互作用，我们首先考察如下简化的经济体系。该经济中包括四个市场：两个要素市场（水稻与小麦），两个产品市场（面粉与大米）。水稻与小麦互为替代关系，面粉与大米也互为替代关系。假定在开始时，这四个市场均处于均衡状态，参见图9－1（a）、（b）、（c）、（d）分别代表小麦市场、水稻市场、面粉市场和大米市场。每一个市场的初始均衡点为各自的需求曲线D与供给曲线S的交点E。初始的均衡价格和均衡产量分别用P_0和Q_0表示。

如果某一年年景较好，导致小麦丰收，使小麦供给增加，在（a）中表现为供给曲线由原来的S向右移动到S′，在需求不变的情况下，这一变化将使小麦价格下降到P_1，均衡产量增至Q_1。局部均衡分析至此结束，但在一般均衡分析中这一过程并未结束。由于水稻是小麦的替代品，所以小麦价格的下降将会导致水稻需求的减少，在（b）中表现为水稻需求曲线从D向左移动到D′，从而均衡价格下降到P_1，均衡产量减少到Q_1。

再进一步分析产品市场，首先分析面粉市场。由于小麦是面粉的投入要素。投入要素价格下降使面粉的生产成本下降，在其他条件不变的情况下导致面粉的供给增加，在（c）中表现为面粉的供给曲线向右移动，从原来的S移动到S′，在对面粉的需求不变的情况下，形成新的均衡价格为P_1和均衡产量Q_1。再来看大米市场。由于大米和面粉互为替代品。当面粉的价格下降后，对大米的需求将会减少，在（d）中表现为，大米的需求曲线向左下方移动。结果，大米的均衡价格下降到P_1，均衡产量下降到Q_1。

从上述分析可见，小麦市场供给的最初变化导致了小麦价格的下降并在其他相关商品市场形成了连锁反应，其他市场价格的变化将会反馈回来再对小麦市场造成影响。这些市场相互作用的结果，导致各市场会形成新的均衡点，为各图中的E′点，最终形成了各个市场新的均衡状态。

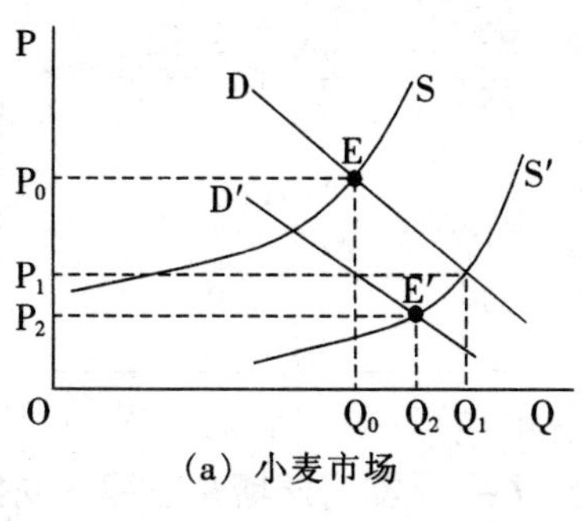

(a) 小麦市场

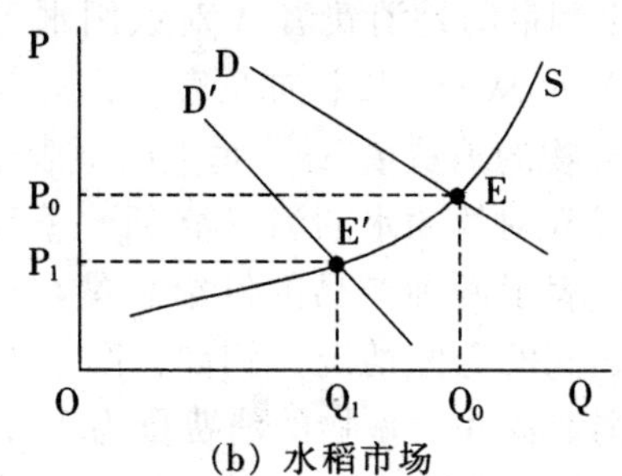

(b) 水稻市场

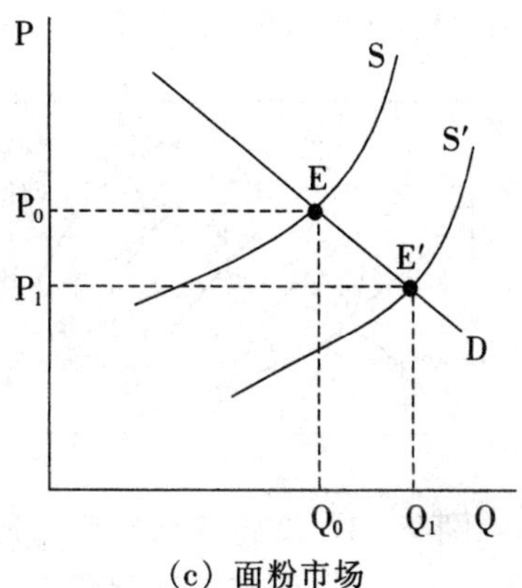

(c) 面粉市场

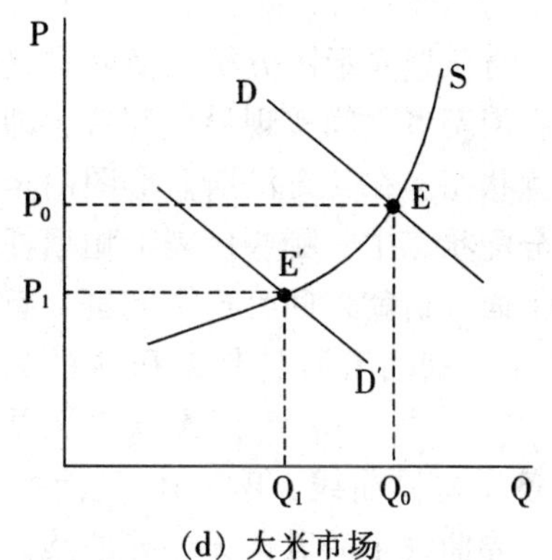

(d) 大米市场

图 9－1　市场间的关联图示

9.1.2　艾奇沃斯盒形图与资源配置

经济学家艾奇沃斯用形象的盒形图来说明一般均衡思想与资源配置问题，通常称为艾奇沃斯盒形图。艾奇沃斯盒形图包括交换的盒形图、生产的盒形图，分别用来分析既定数量的产品与生产要素如何在不同的消费者或生产者之间进行分配。艾奇沃斯盒形图对应着如下简化的经济模型，简称 2×2×2 模型，即假定社会上只有两个消费者、两个生产者，两种产品与两种生产要素；两个消费者只消费两种产品，两个生产者各生产一种商品，每种产品分别只使用两种生产要素；产品与生产要素的数量都是既定的。

1. 艾奇沃斯交换盒形图与资源配置

假定在 2×2×2 模型中，两种产品分别为食物和饮用水，分别用 X 和 Y 表示。有两个消费者：消费者 A 和消费者 B。如图 9－2 所示。两个人所拥有的食物总量为 OM，用横轴表示；饮用水总量为 ON，用纵轴表示。O_A 为消费者 A 的坐标原点，O_B 为消费者 B 的坐标原点。从 O_A 点水平向右表示的是消费者 A 对食物 X 的消费量 X_A，

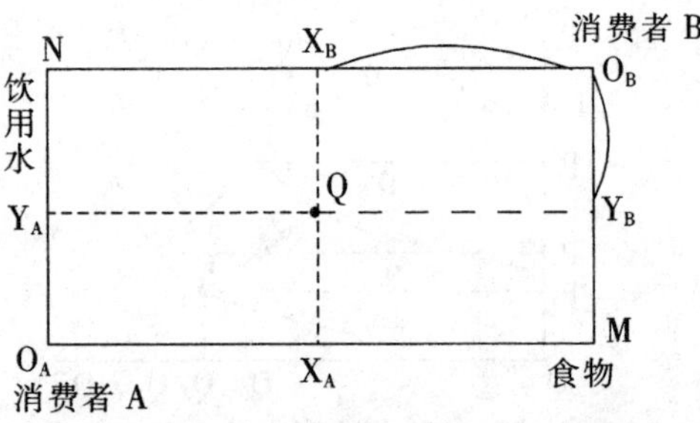

图 9－2　艾奇沃斯盒形图—交换

垂直向上测量的是消费者 A 对饮用水 Y 的消费量 Y_A。从 O_B 水平向左表示的是消费者 B 对食物的消费量 X_B，垂直向下表示的是消费者 B 对饮用水的消费量 Y_B。盒中每一点都代表了两种产品的供给总量在两个消费者之间的分配情况。例如，图中 Q 点表示，消费者 A 对食物的消费量为 X_A，对饮用水的消费量为 Y_A。而消费者 B 对食物的消费量为 $OM - X_A$，即 X_B。对饮用水的消费量为 $ON - Y_A$，即 Y_B。

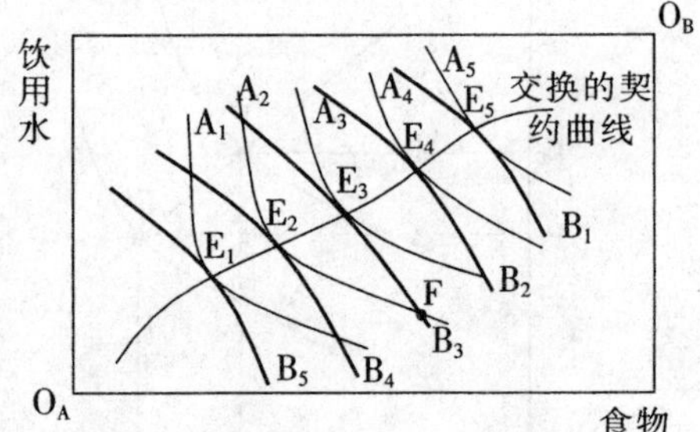

图 9－3　艾奇沃斯交换盒形图与资源配置

用艾奇沃斯盒形图分析交换问题是研究产品如何在消费者之间实现最优配置，即达到帕累托最优状态。在艾奇沃斯盒形图内全部可能的产品分配状态中，哪些代表了帕累托最优状态呢？下面分析就来回答这个问题。首先，在图 9－3 中分别画出消费者 A 和 B 的无差异曲线，其中 $A_1 \sim A_5$ 是消费者 A 众多无差异曲线中的五条无差异曲线，$B_1 \sim B_5$ 是消费者 B 众多的无差异曲线中的五条无差异曲线。越远离坐标原点，无差异曲线所代表的效用水平越高，因此在图 9－3 中 A_5 和 B_5 分别代表了消费者 A 和 B 最高的效用水平。

艾奇沃斯交换盒形图中的点可以分成两类，一类是两个消费者的无差异曲线的交点，如 F 点；一类是两个消费者的无差异曲线的切点，如 $E_1 \sim E_5$ 各点。这两种类型的点中哪一种代表了帕累托最优点呢？先看 F 点，这一点所对应的产品分配是否实现了帕累托最优呢？假设这时消费者 A 沿着无差异曲线 A_2 减少食物的消费，增加饮用水的消费，直到 E_2 点，这时消费者 A 的效用水平没有变化，因为同一条无差异曲线代表了相同的效用水平，但消费者 B 的效用水平却提高了，因为 F 点和 E_2 点分别位于消费者 B 的无差异曲线 B_3 和 B_4，并且 E_2 点所处的无差异曲线 B_4 代表的效用水平更高。产品分配从 F 点到 E_2 点是一个帕累托改进的过程，在没有恶化消费者 A 的境况的条件下却改善了消费者 B 的境况。如果消费者 A 的讨价还价能力更强，产品分配也可能从 F 点移动到 E_3 点，这时在消费者 B 的境况没有改变的情况下，消费者 A 的境况得以改善。因此，从 F 点到 E_3 点也是帕累托改进的过程。这意味着 F 点不是资源配置的最优点，同时也意味着与 F 点类似的其他的无差异曲线的交点也不是资源配置的最优点。

与无差异曲线的交点相对，消费者 A 和 B 的无差异曲线的切点则代表了资源配置的最优点，或者说实现了帕累托最优。当资源配置处于切点时，不恶化某一消费者的境况就不能改进其他消费者的境况。由于无差异曲线相切，因此，在切点上两条无差异曲线的切线斜率相等，也意味着两个消费者消费两种产品的边际替代率是相等的。把所有的无差异曲线的切点连成一条线，这条曲线称为交换的契约曲线（Contract curve）。交换的契约曲线也可以描述为两个消费者的无差异曲线斜率相等的点所连成的线。交换的契约曲线上的每一点代表了资源配置的最优点。当产品在消费者间的分配没有落在契约曲线上时，消费者总有动力调整其消费组合，实现帕累托改进。

2. 艾奇沃斯生产盒形图与资源配置

艾奇沃斯盒形图用于分析生产问题的思路与分析消费问题大体相同。参见图9-4，假定有两个生产部门A和B，生产两种产品X和Y；两种生产要素：劳动和资本。并假定可用于上述两个生产部门的劳动总量为OL，用纵轴表示；资本总量为OK，用横轴表示。盒形图中任何一点都代表两种生产要素的总供给量在两个生产部门之间的分配情况，即生产部门A和B各自资本和劳动占有量的组合。O_A为生产部门A的坐标原点，O_B为生产部门B的坐标原点。从O_A水平向右测量A部门对资本要素的占有量K_A，垂直向上测量的是A部门对劳动要素的需求量L_A。从OB水平向左测量B部门对资本要素的占有量K_B，垂直向下测量的是B部门对劳动要素的占有量L_B。如图中P点表示，A部门对资本的占有量为K_A，对劳动的占有量为L_A；而B部门对资本的占有量为$OK-K_A$，即K_B；对劳动的占有量为$OL-L_A$，即L_B。

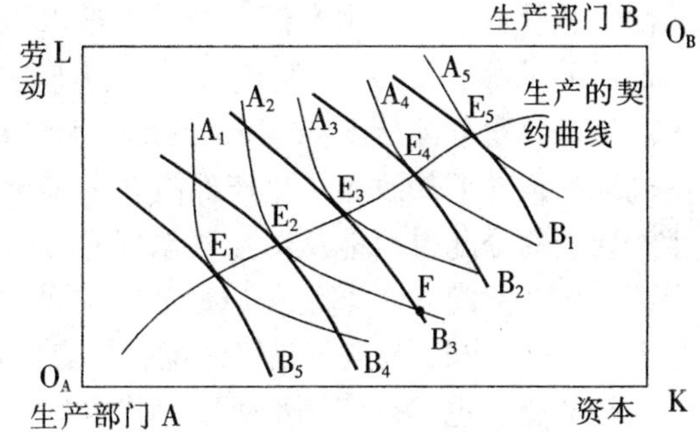

图9-4　艾奇沃斯生产盒形图

用艾奇沃斯盒形图分析生产问题是研究生产要素如何在不同的生产部门之间实现最优配置，即达到帕累托最优状态。在艾奇沃斯盒形图内全部可能的生产要素分配组合中，哪些代表了帕累托最优状态呢？首先，在图9-5中分别画出生产部门A和B的等产量曲线，其中$A_1\sim A_5$是生产部门A众多等产量线中的五条等产量线；$B_1\sim B_5$是生产部门B众多等产量线中的五条等产量线。如前面章节所述，越远离坐标原

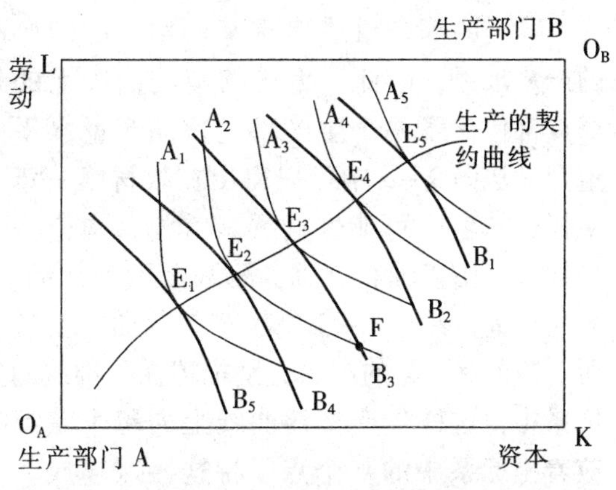

图9-5　艾奇沃斯生产盒形图与资源配置

点，等产量线所代表的产量水平越高，因此在图 9－5 中 A_5 和 B_5 分别代表了生产部门 A 和 B 最高的产量水平。

艾奇沃斯生产盒形图中的点可以分成两类，一类是两个生产部门等产量线的交点，如 F 点；一类是两个生产部门等产量线的切点，如 E_1～E_5 各点。这两种类型的点中哪一种是帕累托最优点呢？先看 F 点，这一点所对应的生产要素分配是否实现了帕累托最优呢？假设这时生产部门 A 沿着等产量线 A_2 减少资本投入，增加劳动投入，直到 E_2 点，这时生产部门 A 的产量水平没有变化，因为同一条等产量线代表了相同的产量水平，但生产部门 B 的产量水平却提高了，因为 F 点和 E_2 点分别位于生产部门 B 的等产量线 B_3 和 B_4 上，并且 E_2 点所处的等产量线 B_4 代表着更高的产量水平。生产要素分配从 F 点到 E_2 点是一个帕累托改进的过程，在没有恶化生产部门 A 的境况的条件下却改善了生产部门 B 的境况。如果生产部门 A 的讨价还价能力更强，生产要素的分配也可能从 F 点移动到 E_3 点，这时在生产部门 B 的境况没有改变的情况下，生产部门 A 的境况得以改善。因此，从 F 点到 E_3 点也是帕累托改进的过程。从上面分析可知，F 点不是资源配置的最优点，同时也意味着与 F 点类似的其他的等产量线的交点也不是资源配置的最优点。

与等产量线的交点相对，生产部门 A 和 B 的等产量线的切点则代表了资源配置的最优点，或者说实现了帕累托最优。当资源配置处于两个生产部门等产量线的切点时，不恶化某一生产者的境况就不能改进其他生产者的境况。由于等产量线相切，因此，在切点上两条等产量线的切线斜率相等，也意味着两个生产部门使用两种要素的边际技术替代率是相等的。把所有的等产量线的切点连成一条线，这条曲线称为生产的契约曲线（Contract curve）。生产契约曲线也可以描述为两个生产部门的等产量线斜率相等的点所连成的线。生产契约曲线上的每一点代表了资源配置的最优点。当生产要素在生产部门间的分配没有落在契约曲线上时，各生产部门总有动力调整其生产要素的使用，实现帕累托改进。

既定的等产量线表示某一生产部门产品的产量水平，因此，生产的契约曲线上的每个点都代表了两个生产部门产品产量水平的组合。从图 9－5 中可以得出在教材第一章中所描述的生产可能性边界。首先，构造一个坐标系，用横轴和纵轴分别表示两种产品 X、Y 的产量，并将 9－5 中生产契约曲线上各点所对应的 X、Y 的产量分别描述在所构造的坐标系中，这样生产契约曲线上的每个点都对应着坐标系中的某个点，将这些点连成一条线便可得到生产可能性边界，见图 9－6。由

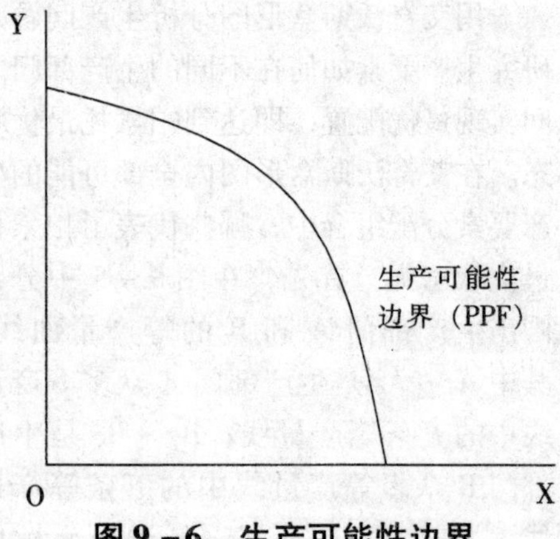

图 9－6　生产可能性边界

于生产可能性边界上的点对应着生产契约曲线上的点，而生产契约曲线上的每一点都代表了生产要素配置的最优点，所以，生产可能性边界上的点代表了生产要素配置最优条件下的现有要素所能提供的最大的产品产量组合。生产可能性曲线的斜率为负数，表明社会为增加一个单位某种产品的产量必须要放弃一定数量另一种产品的生产，其定量关系可以用产品的边际转换率（MRT）来表示。

3. 生产与交换

我们将生产问题和交换问题结合起来，考虑既包括生产又包括交换的经济。这种分析仍然建立在前面所描述的2×2×2模型中。如图9－7所示，根据生产契约曲线，我们可以得到图中的饮用水与食品间的生产可能性边界。假定在生产可能性边界的各点中，当前所生产的产品组合点在O_B，所对应的食品与饮用水的产量分别为O_AM和O_AN。这时，需要考虑这些数量的两种商品如何在两个消费者之间进行分配呢？这时，按照前面所述的艾奇沃斯交换盒形图的构造方式分别以O_A和O_B为坐标原点构造一个盒形图，然后分别绘出消费者A和B的无差异曲线，并绘出交换的契约曲线。在交换的契约曲线上有很多消费组合点，其中哪一点才是在同时考虑生产与交换条件下的最优资源配置点呢？

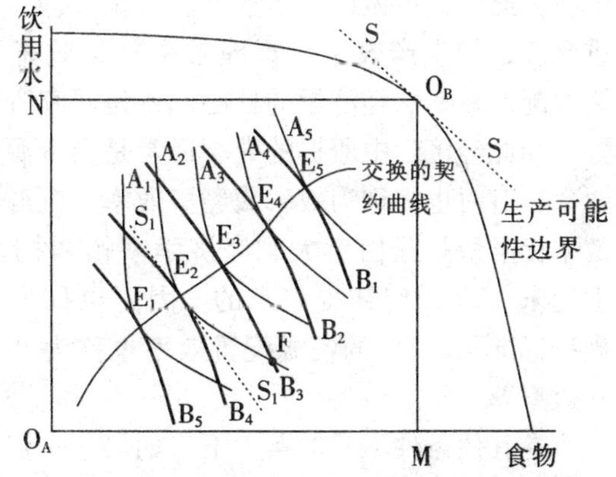

图9－7　生产与交换的资源最优配置

图9－7中生产可能性边界上O_B点所对应的切线SS的斜率绝对值表示：饮用水转换为食物的边际转换率。图中S_1S_1表示两个消费者相切的无差异曲线共同的切线，其斜率表示消费者在E_2点上消费两种产品的边际替代率。S_1S_1与SS线平行时所对应的产品组合点E_2表示现有的资源配置达到了生产和交换的帕累托最优状态。可以证明当S_1S_1与SS曲线斜率不相等时就没有达到生产和交换的帕累托最优状态。

假定产品边际转换率为2而边际替代率为1，即边际转换率大于边际替代率或者说生产可能性曲线在O_B点的切线斜率要高于两条无差异曲线切点的切线斜率。结合图9－7可知，边际转换率为2意味着生产者通过减少1单位食物的生产可以增加2个单位的饮用水的生产。边际替代率为1意味着消费者，假设为消费者A，减少1单位食物的消费需相应增加1单位饮用水的消费才能保持满足程度不变。在这种情况下，如果生产者少生产1单位食物，尽管导致少给消费者提供1单位食物，但却能够生产出2单位的饮用水。从多增加的2单位饮用水中拿出1单位给消费者A用来维持其满足程度不变，还可以拿出多余的1单位饮用水给其他消费者，这样在保证一个消费者境况不变的情况下，还可以增加另外一个消费者的满足程度，从而提高社会的总体效用水平。这意味着在边际转换率高于边际替代率的情况下存在着帕累托改进的余地。同样也可以证明当产品的边际转换率小于边际替代率时也同样存在帕累托改进的余地。因此，得出的结论是：只有消费者的消费的边际替代率等于生产者生产的边际转换率时，才能够保证社会整体实现资源配置的帕累托最优状态。

当确定了既定的产品组合如何在消费间进行配置之后，还需要考虑经济中所拥有的全部生产要素如何在两种产品之间进行分配的问题。分析思路如下：当确定要生产图9－7中O_B点所对应的产品组合后，再到图9－5中寻找相应的等产量线的切点，切点所对应的生产要素的组合便对应着两种要素在两种产品之间进行配置的方式。

借助艾奇沃斯盒形图我们分析了在极为简化的经济模型中如何配置生产要素与产品资源才能保证生产有效率，同时消费者的满足程度最大化。

9.1.3　资源配置效率

在第一章已对资源配置效率的含义做了简要说明，此处，再做进一步解释。效率一词具有多重含义，如生产效率、管理效率（X效率）或资源配置效率。经济学的核心问题是研究资源配置，因此经济学中所提的效率通常是指资源配置效率，有时也简称为效率或经济效率。资源配置效率标准最初是由意大利经济学家帕累托在19世纪末、20世纪初提出来的，因而也称为“帕累托标准”，相应的资源配置效率也称为“帕累托效率”。

小资料

维尔弗雷多·帕累托（Vilfredo Palreto，1848~1923）。意大利经济学家，洛桑学派创建人之一。其代表作品有《政治经济学讲义》（1896~1897），《社会主义体系》（1902），《政治经济学教程》（1906）。帕累托建立了以序数效用论和无差异曲线为基础的一般均衡论，对现代西方经济学的理论有重要影响，特别是对“新福利经济学”、“最适度”资源等问题的探讨，影响更为明显。他是数理学派的重要代表人物。

在其他条件不变的条件下，如果某一资源配置的改变在改善了一些人的境况的同时又不使另一些人蒙受损失，这种资源配置的变动就增进了社会的福利，称为帕累托改进。在其他条件不变的条件下，如果不恶化一些人的境况就不能改善另一些人的境况，就意味着原来的资源配置是有效率的，或者说是实现了帕累托最优。可以说，帕累托最优状态是不存在帕累托改进的资源配置状态。

一般而言，一个经济若要达到资源配置的帕累托最优状态必须满足以下三个必要条件：

(1) 商品在消费者之间的最优配置。我们知道任意一个消费者，如消费者A，实现效用最大化的前提条件是任意两种商品的边际替代率等于这两种商品的价格比率，即为：

$$MRS_{XY}^{A}=\frac{P_X}{P_Y}$$

其中，MRS_{XY}^{A}表示消费者 A 消费两 X、Y 两种商品的边际替代率；P_X 表示商品 X 的价格；P_Y 表示商品 Y 的价格。

同样地，其他消费者例如消费者 B 实现效用最大化的前提条件也是两种产品的边际替代率等于这两种产品的价格比率，即为：

$$MRS_{XY}^{B}=\frac{P_X}{P_Y}$$

其中，MRS_{XY}^{B}表示消费者 B 消费 X、Y 两种商品的边际替代率。

因此，在 n 个消费者的情况下，要实现商品在消费者之间的最优配置，就是要求所有消费者消费的任何两种商品的边际替代率相等。即：

$$MRS_{XY}^{A}=MRS_{XY}^{B}=\cdots=MRS_{XY}^{n}=\frac{P_X}{P_Y}$$

如前所述，交换的契约曲线是由消费者的边际替代率相等的点所形成的轨迹，因此，无论是两个还是更多的消费者，上述条件意味着商品在消费者之间的配置组合应该处于交换契约曲线上。

（2）生产要素在生产者之间的最优配置。同样，任意一个生产者例如生产者 C 要想达到利润最大化，就应该保证任意两种生产要素的边际技术替代率等于这两种要素价格的比率，即为：

$$MRTS_{LK}^{C}=\frac{P_L}{P_K}$$

其中，$MRTS_{Lk}^{C}$表示生产者 C 使用资本与劳动两种生产要素的边际技术替代率；P_L 表示生产要素 L 的价格；P_K 表示生产要素 K 的价格。

同样地，其他生产者，例如生产者 D 的利润最大化条件也因该保证任意两种生产要素的边际技术替代率等于这两种要素价格的比率，即为：

$$MRTS_{LK}^{D}=\frac{P_L}{P_K}$$

其中，$MRTS_{LK}^{D}$表示生产者 D 使用资本与劳动两种生产要素的边际技术替代率。

因此，在 n 个生产者的情况下，要实现生产要素在生产者之间的最优配置，就是要求所有生产者使用的任何两种生产要素的边际技术替代率相等。即：

$$MRTS_{LK}^{C}=MRTS_{LK}^{D}=\cdots=MRTS_{LK}^{n}=\frac{P_L}{P_K}$$

如前所述，生产的契约曲线是由生产者边际技术替代率相等的点所形成的轨迹，因此，无论存在两个还是更多的生产者，上述的条件意味着生产要素在生产者之间的最优配置应该处于生产的契约曲线上。

（3）商品在消费者之间与生产要素在生产者之间同时实现最优配置。这要求任何生产者的任何两种商品间的边际转换率等于这两种商品之间的边际替代率。在这一条件下达到资源最优配置的结果是因为利润最大化的生产者会把产出提高到边际成本与价格相等的那一点，即当 $P_X = MC_X \cdot P_Y = MC_Y$
其结果是：

$$MRT_{XY} = \frac{P_X}{P_Y} = \frac{MC_X}{MC_Y}$$

但是，对任何消费者而言，要使他们在竞争性市场中实现效用最大化，必须有：

$$\frac{P_X}{P_Y} = MRS_{XY}$$

因此，有最优资源配置条件得以满足，即：

$$MRS_{XY} = \frac{P_X}{P_Y} = MRT_{XY}$$

当一个经济社会能够满足上述的三个条件，该经济社会的资源配置状态就达到帕累托最优状态。然而，资源最优配置状态并不是唯一的。在以前学习的生产可能性边界曲线上，只要是能在曲线上进行生产，都能达到帕累托最优。因此在一系列能够满足这三个条件的资源配置状态中，究竟哪一个是最理想的，取决于人们认为什么是最优收入分配。帕累托最优状态不是唯一的，在前面的分析中，我们是选定图 9－7 生产可能性边界上的 O_B 点，我们还可以选定其他点，相应的可以构造其他的交换盒形图，就可以得到产品在消费者之间的不同配置方式。

9.2　市场失灵

9.2.1　市场失灵概述

市场失灵（Market failure），也称市场失败，是指市场经济中资源配置达不到帕累托最优的各种情况，也是市场机制的某种障碍的存在造成资源配置失误或生产要素浪费性使用的情况。古典经济学认为，自由竞争的市场经济非常完美，价格机制可以有效地调节产品与生产要素的供给与需求，并决定要素的收入分配。但市场机制并不是万能的，价格机制不可能调节人们经济生活的所有领域，市场失灵也因此而形成。从 20 世纪 30 年代起，经济学就开始分析市场机制存在的缺陷。导致市场失灵的原因主要有以下几点：①外部性的存在；②共用品供给不足；③信息不对称与不完全；

④不完全竞争性市场的存在；⑤收入分配不平等。这些问题的存在使资源配置无法满足资源最优配置的三个必要条件，导致资源配置偏离最优状态。

9.2.2 外部性

外部性（Externalities）是指一个经济主体的行为对其他经济主体施加的未在市场交易中反映出来的影响，也称外部效应或溢出效应。当存在外部性时，市场中经济活动主体间的相互影响没有通过价格体系反映出来。外部性包括正外部性与负外部性，当对其他经济主体所产生的影响为正时则称为正外部性；当对其他经济主体所产生的影响为负时则称为负外部性。正的外部性的一个例子是公共健康计划，如天花、流感疫苗的接种，接种疫苗不仅仅保护了接种疫苗的人，而且也保护了所有其他可能被传染的人。负的外部性的例子是发电厂可能向空气中排放含硫废气，对附近的房屋和居民健康造成损害。

外部性可能发生于任何经济活动主体之间，其主要包括：

（1）不同企业之间。水泥厂生产产生的粉尘对坐落于周围的精密仪表厂生产产生的影响，粉尘的形成会给精密仪表厂增加额外的成本，如要加强防尘措施，而水泥厂并没有给精密仪表厂以补偿。果园农庄与养蜂厂之间则会产生相互的正的外部性。

（2）企业与个人之间。飞机场飞机起降轰鸣的声音影响了周围居民的生活，就是企业对个人的负的外部影响。如企业在其周围植树种草、美化环境的行为对周围居民所产生的影响即为正的外部性的例子。你能举出个人行为对企业的外部性影响的例子吗？

（3）个人与个人之间。日夜啼哭的婴儿给周围邻居休息带来的影响是个人之间负的外部性影响表现；邻家孩子美妙的钢琴曲给邻居所带来的听觉上的享受是个人之间正的外部性影响表现。

各种类型的外部性影响无处不在、无时不在。外部性的存在使私人成本与社会成本、私人收益与社会收益的不一致，导致实际价格偏离帕累托最优状态下的最优价格，社会资源配置的扭曲。社会成本是指某一经济主体进行某种经济活动所付出的私人成本和由这种活动所引起的外部成本之和；社会收益是指某一经济主体进行某种经济活动所得到的私人收益和由这种活动所引起的外部收益之和。如污染排放企业通过排放污染将污染治理的成本转嫁给社会，从而降低了自身的生产成本，并进而扩大生产谋取更高的利润收益。这种情况下，尽管企业生产成本没有提高并且获得了更大的收益，但社会则需为企业的污染排放行为付出更高的代价，如政府需投入大量资金进行污染治理。因此，当存在上述负的外部性时，企业生产的私人成本要低于社会成本，这时企业就有动力提高产量，将更多资源用于扩大生产。导致私人企业生产的产量要大于按照社会收益与成本决定的最优产量。

而当存在正的外部性时，由于社会收益要高于私人经济主体的收益，因此私人经济主体就没有动力去进一步实施其具有正外部性的行为。如一个企业长期在其周围植树种草美化环境却得不到任何形式的肯定与报酬，那么企业就可能没有动力去继续从事这一对社会有利的行为。导致私人经济主体决策的产量就要低于按照社会收益与成本决定的最优产量。

9.2.3　共用品

1. 共用品的含义与特征

共用品（Public goods）是正外部性的一个极端情况的例证。所谓共用品是指具有非竞争性与非排他性的物品。非竞争性是指某物品消费者数量的增加并不会带来成本的额外增加。如国防，增加或减少一个居民并不会影响国防的成本；海上的灯塔，多增加一艘船通过并不会增加灯塔的成本。而私用品指具有竞争性，如饭店，多增加一个顾客，成本也会额外增加。非排他性是指从消费角度看，某物品满足了某个人的需要，却无法排除其他人对该物品的享用，或是可以排除但要付出高昂的代价。公共物品具有非排他性特征，如国防、治安、环境保护等。如国防，无法或很难以低成本排除某个居民享受国防服务。而私人物品则具有排他性，一个人穿了这件衣服，其他人就无法同时穿这件衣服。非排他性会使搭便车（Free-riding）行为成为可能，既某些人没有付费就可以享受这种物品却难以被发现。

共用品是指同时具有非竞争性与非排他性的物品，也称为纯共用品。只具有非排他性或非竞争性的物品称为半共用品或准共用品。既不具有非排他性也不具有非竞争性的物品称为私用品，换句话说，私用品具有排他性与竞争性特征。

共用品与私用品的划分不是绝对的、一成不变的。随着技术进步与制度变迁，某些共用品可能具有排他性和竞争性而演变成私用品，或是具有排他性或竞争性而演变成半共用品，如传统意义上典型的共用品灯塔，当技术进步到一定程度，可以在付费的船只上安装某种信号发射设备，并在灯塔上安装信号接收设备。当付费船只通过时，灯塔就提供服务，否则关闭。这种情况下灯塔的消费就具有排他性，从而演变成半共用品。

2. 共用品引致的市场失灵

我们知道，在完全竞争市场中，如果是私人物品，则市场均衡时的资源配置是最优的。生产者之间的竞争将保证消费者面对的是等于商品的边际成本的价格，消费者则在既定的商品产出量上展开竞争。某个消费者消费一单位商品的机会成本就是相同价格上买给其他消费者的同样一单位商品。故没有那个消费者会得到低于市场价格而买到商品的好处。但是，如果商品是共用品的话，任何一个消费者消费一单位商品的机会成本总为零。这就意味着，没有任何消费者要为他所消费的共用品与其他人去竞争，因此，市场不再是竞争的了。如果消费者认识到他们自己消费的机会成本为零，他就会尽量少支付给生产者以换取消费共用品的权利，如果消费者都是这样行事，则消费者支付的数量就将不足以弥补共用品的生产成本，结果便是共用品的生产数量低于最优数量的产出。

私人市场能提供有效率的结果吗？也许不能。设想小镇的一个企业家决定举行一场焰火表演，在卖门票时一定会遇到麻烦，因为潜在顾客很快会想到，他们即使不买门票也能看焰火。焰火没有排他性，因此，人们有一种搭便车的激励。搭便车者是得到一种物品的收益但避开为此支付的人。在这里我们给出免费搭便车的定义：指某些个人虽然参与了共用品的消费，却不愿意支付共用品的生产成本，完全依赖他人的支付。这种市场失灵的产生是由于外部性，焰火表演给那些不交钱看表演的人提供了一种外部收益。尽管从社会来看焰火表演是合意的，但从私人来看无利可图。结果个人通常不会举行焰火表演。

由此，我们可以得出：由于共用品没有排他性，搭便车问题的存在排除了私人市场提供共用品的可能性。非排他性与非竞争性的存在使私人不愿提供共用品，导致如果完全依赖市场机制，这类物品的供给就会严重不足，无法满足社会的需要。这就会使得共用品的产量低于在资源最优配置状态下的产量水平，即共用品能够导致市场失灵，因此需要政府来提供共用品。

9.2.4　信息不对称

1. 信息不对称的含义

传统经济学通常假设信息是完善的、畅通的。但现实中存在着大量的信息市场失灵的表现，存在着大量信息不对称的情况。所谓的信息不对称（Asymmetric information）是指市场上买卖双方所掌握的信息是不等同的，一方掌握的信息多些，另一方掌握的信息少些。另外，由于市场上充满不确定性与不可预期性，因此，信息不仅是不对称的还可能是不完全的。由于人们的认识能力有限及高昂的信息搜寻成本导致信息不对称现象普遍存在于社会各个领域。有些情况下，卖方掌握的信息要多于买方，如卖者对商品性能更为了解，这种情况通常称为信息偏于卖方，俗话说的“买的不如卖的精”很大程度上是指卖方掌握更多的商品信息，因此在交易中占有更大的主动权；有些情况下，买方所掌握的信息要多于卖方，这种情况通常称为信息偏于买方，如在人寿保险市场上，投保人对自身的健康状况及家族病史等信息更为了解，因此在与保险公司的谈判中具有一定的优势。

你能利用信息不对称来说明为什么汽车公司要为新车的零部件和服务提供保证？为什么厂商与雇员签订包括惩罚与激励条款在内的合同？为什么公司的股东需要监督经理？

2. 逆向选择与道德风险

信息不对称的存在会导致逆向选择与道德风险问题。当存在逆向选择与道德风险时，会导致市场的失灵，市场会发出错误的信号，甚至有时会不存在市场。

逆向选择（Adverse selection）是指由于交易双方对产品的类型和质量拥有不对称信息而导致次货驱赶良货的一种现象。在保险市场上，逆向选择表现为那些具有最高风险的人最有可能购买保险。如果存在失业保险的话，保险公司会希望具有较低失业倾向的人投保，这样可降低赔偿的数量，但由于存在信息不对称，导致保险公司对投保人的情况并不了解，因此无从全面了解哪些人的失业倾向更高。最终会导致投保的人往往是失业倾向最高的人，而不易失业的人通常不会来投失业保险。这种逆向选择的根源在于保险公司所掌握的信息是不完全的。即无法分清楚哪些顾客是高风险顾客，哪些顾客是低风险顾客。如果保险公司能够分的清楚不同类型的顾客群体并且收取不同的保险费就不会出现保险市场上的逆向选择问题。

道德风险（Moral hazard）是指拥有信息多的一方以自己的信息优势来侵犯拥有信息少的一方的利益，增加自身利益的可能性。由于针对某种投保风险的保险机制的存在，使得风险事故发生的可能性增加。或者说，保险的存在降低了个人躲避和防止风险的动力，从而扭曲了损失的概率时，便发生了道德风险问题。在很多情况下，道德风险并不成为问题，如人们不会因为投了人寿保险而不珍惜自己的生命。但在一些情况下，道德风险就是很严重的问题，例如，投保了汽车财产险的保户可能会在汽车即将报废时人为的将汽车损坏来换取保险公司的赔偿。又如，一个没有对其住房购买保险的人来说，可能会购买一系列的设备来预防房屋受到损失，并且会特别小心谨慎以减少风险的发生。但如果他购买了保险，他可能就不这样小心了。

信息不对称会导致私人保险公司不愿提供某些险种，如失业保险、养老保险、基本医疗保险等，而这些险种无论从经济还是社会意义上看都是必要的保险产品，因此完全依赖市场机制就会导致资源不会向这些产品流动，导致这类需求无法得到满足，形成了市场失灵的另一种表现形式。

9.2.5　不完全竞争

在完全竞争市场的资源配置效率是最高时，现实世界几乎不存在完全竞争市场，几乎所有的市场都属于不完全竞争市场，垄断力量或多或少的存在着。因此，从资源配置的角度看，现实市场中的资源配置都不是最优的。

从垄断与完全竞争市场的比较结果可知，当企业在某个市场中具有一定的市场力量（Market power）时，该企业就有能力将其产品价格定在高于边际成本的水平上，这时消费者对这种产品的购买就会少于完全竞争时的购买量，企业的产量也会下降。同时，垄断的存在也会导致消费者的福利降低，并会导致社会净福利的损失。

9.2.6 收入分配

市场失灵现象与市场机制在资源配置方面的低效率相关，但即使是一个有效率的完全竞争市场能否实现收入的合理分配呢？市场机制中是否有一只"看不见的手"在引导资源的配置，保证所有人都能够得到其应当得到的东西？答案是否定的。竞争性市场并不能保证收入和消费一定由那些最需要或应当得到的人享有，市场经济的收入分配和消费所反映的是所继承的才智和财富等初始禀赋，同时还包括一系列其他因素，如种族、性别、工作性质和运气等。因此，完全竞争会带来普遍的不平等：那些营养不良的儿童长大之后可能生养更多营养不良的儿童，收入和财富的不平等会一代代地延续下去。如何来衡量一个社会的收入分配是否合理呢？通常采用洛伦兹曲线与吉尼数两个工具来衡量。

1. 洛伦兹曲线

洛伦兹曲线是以美国学者洛伦兹的名字命名的，他在1905年率先提出了这一分析工具与方法。洛伦兹曲线如图9－8所示。洛伦兹按照收入从低到高将人口与收入平均分成五等份，分别用横、纵轴来表示。图中对角线是表示收入分配绝对平等的洛伦兹曲线，20%的人口恰好获得总收入的20%，80%的人口恰好获得总收入的80%。而OG和FG则共同表示收入分配绝对不平等时的洛伦兹曲线，即一个人占有了社会全部的收入。

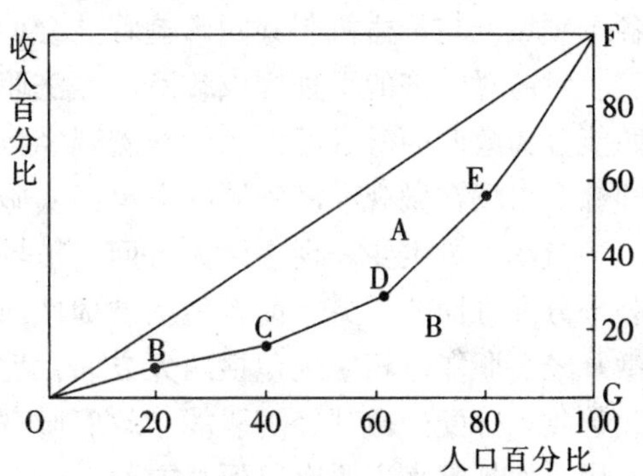

图9－8 洛伦兹曲线

实际的洛伦兹曲线是介于绝对平均与绝对不平均两条线之间的，如图中对角线下方的曲线。线上每一点反映了人口所占百分比与收入所占百分比之间的关系。洛伦兹曲线越接近对角线说明收入分配越平等，越接近于坐标轴说明收入分配越不平等。实际洛伦兹曲线与对角线之间的图形面积表示实际收入分配与绝对平等分配之间的偏离，面积越大表示偏离的程度越高。

2. 基尼系数

衡量收入分配不平等的方法是基尼系数，是以意大利学者吉尼的名字来命名的。基尼系数是在洛伦兹曲线的基础上进一步用量化的方法来衡量收入分配不平等程度。其计算方法是图9－8中的洛伦兹曲线和对角线围成的区域的面积A与对角线、横轴及右侧纵轴所围成的区域的面积B之比，即图9－8中OBCDEF和三角形OGF面积之比。用公式来表示为：

$$基尼系数=\frac{A}{A+B}$$

基尼系数介于0和1之间，当收入分配完全均等，即 $A=0$ 时，基尼系数为零，而当收入分配极端不平等，即 $B=0$ 时，基尼系数为1。基尼系数越小，收入分配越均等；基尼系数越大，收入分配越不均等。

9.3　政府的微观经济职能

现代社会中调节资源配置的手段并不多，要么利用市场这只“看不见的手”，要么利用政府这只“看得见的手”或者是两只“手”同时使用。当市场机制配置资源出现失灵的时候，就需要转而求助于政府这只“看得见的手”。在现代经济中，即使是在市场机制非常发达的经济体系中，政府的作用已经以各种方式体现在经济运行的各个领域，与价格机制共同影响着社会稀缺资源的配置。

政府对经济的干预构成政府的经济职能，根据干预领域的不同，可将政府的经济职能分为政府的微观经济职能与宏观经济职能。这里主要讲解政府的微观经济职能，即针对市场在微观经济领域的失灵而实施的干预措施。

市场失灵主要表现在两大方面：市场在解决资源配置效率方面的失灵与解决收入公平分配方面的失灵，前者包括外部性问题、共用品问题与不完全竞争问题。政府的微观经济职能也相应地包括两大方面：旨在提高资源配置效率的微观经济职能与旨在改善收入分配的微观经济职能。政府微观经济职能的行使具体表现为各种政策工具的运用，概括起来主要有以下几方面。

9.3.1　税收政策

通过对商品或服务及经济主体的收入征税，可以起到以下几方面作用：

（1）抑制负外部性，促进外部性内部化。通过有效的税种与税率的设计可以抑制那些具有较高负外部性商品的生产或经济行为的发生。如通过征收排污税或其他环境税可以提高企业的污染排放成本，使其于排污行为所造成的社会成本相接近，有助于减少排污者的污染排放量，从而使其污染排放的负外部性内部化。在解决负外部性问题时，理想的征税量应等于负外部性带来的扣除私人成本的社会成本，这时可实现外部性的完全内部化，企业承担其具有负外部性行为产生的全部成本，使企业的产量与按照资源最优配置原则下的产量相同。通过征税解决负外部性的理论是由英国经济学家庇古最先提出来的，因此也把这种税收称为“庇古税”。

（2）为提供共用品筹措资金。征税有助于为政府提供共用品筹集资金，比如增加用于国防建设、基础教育科研与社会基本医疗等方面的开支。

(3) 调节收入分配。征税可以减少私人主体的可支配收入，从而减少了其支出。在累进所得税政策下，收入越高则所进入的税率等级越高，这时征税可以使富人的可支配收入更大幅度地减少，而收入较低的穷人则不需纳税或缴很少的税，这可以起到调节收入分配的作用。

9.3.2　政府购买、转移支付与社会保障

政府购买与转移支付是与政府税收相对的政策工具，后者是经济主体交钱给政府，而前两者则是政府花钱用于补贴救济低收入人群或购买提供共用品。

政府购买与转移支付同样可以起到调节收入分配、解决外部性及提供共用品的作用，一定程度上解决市场失灵带来的问题。政府购买是提供共用品的直接方式，比如政府购买军用设施加强国防建设，政府进行基础设施建设等。转移支付是政府将通过税收或其他途径筹集到的资金以建立社会保障等方式无偿补贴给个人的政府行为。转移支付同样可以起到调节收入分配的作用，如通过提供失业救济、基本医疗保险等社会保障制度保障低收入人群的利益；同时，通过提供补贴的方式还可以鼓励微观经济主体继续从事具有正外部性的行为，其补贴额应等于扣除掉私人收益的社会收益额，从而使该经济主体的收益与社会收益相等。

社会保障就是国家和社会通过立法，采取强制手段对国民收入进行再分配，形成社会消费基金，对由于年老、疾病、伤残、死亡、失业及其他灾难发生而使生存出现困难的社会成员，给予物质上的帮助，以保证其基本生活需要的一系列有组织的措施、制度和事业的总称。社会保障作为一个体系包括，社会保险、社会福利、社会救助、医疗卫生事业、优抚安置工作等具体项目。社会保障是收入再分配的一种形式，旨在对由于收入分配不平等所造成的市场失灵起到调节作用。

9.3.3　解决信息不对称问题

信息不对称是形成市场失灵的重要原因之一，由于信息不对称的存在导致资源配置出现扭曲，偏离社会最优状态。政府可以凭借其强制力，通过立法等形式加强信息的披露缓解信息不对称带来的问题，如强制排污企业披露其污染排放信息，使社会对其污染情况有更详细的了解，从而可以加强对其排污行为的监督；政府还可以通过强制企业披露其产品质量信息，避免企业利用消费者对产品质量信息的不知情而出售假冒伪劣产品，从而减少劣质产品对资源的占用，也减少对消费者身体与精神上的损害。

由于信息不对称会导致某些市场不存在，如由私人运行的养老保险、失业保险、基本医疗保险是不存在的，对于这种情况，政府可以通过建立社会保险的方式来提供这类产品，保证这类市场的建立，以满足客观存在的巨大的市场需求。

9.3.4 规制与反垄断政策

规制（Regulation）政策与反垄断（Antitrust）政策是一国经济政策的核心内容，旨在解决不完全竞争所带来的效率低下与社会福利损失问题。

规制政策，也称管制政策，按其规制对象不同可以分为社会性规制与经济性规制。社会性规制主要是指对环境污染、产品质量、工作场所安全等问题所采取的政府管理措施。如通过发放排污许可证、制定污染排放标准等方式控制企业的污染排放，解决污染排放的负外部性问题。经济性规制是指通过对企业产品价格、市场进入、投资等行为的直接干预，限制企业的不正当竞争与垄断地位滥用的行为，经济性规制主要针对自然垄断行业，包括煤气、水、电力等公用事业（Public utility）部门。对自然垄断行业的经济性规制不同于反垄断政策，是允许或承认这些行业的垄断地位后，对这些行业可能滥用垄断地位进行的干预，允许自然垄断行业的垄断如在前面章节中所述主要是为了发挥规模经济的优势，而反垄断政策的出发点则是不允许垄断行为的存在。

反垄断政策，通常也称为反托拉斯政策，是针对企业的垄断或不正当竞争行为所采取的政策措施。反垄断政策是政府干预经济的最古老和最重要的形式。世界上最早的明确的以立法形式来限制垄断行为的实践发生在美国。1890 年美国制定了世界上第一部反垄断法《谢尔曼法》，除此之外，在 1890～1950 年期间，美国国会还通过了一系列反垄断法案，包括《克莱顿法》（1914）、《联邦贸易委员会法》（1914）、《罗宾逊—帕特曼法》（1936）、《惠特—李法》（1918）和《塞勒—凯弗维尔法》（1950）等，这些法律构成了美国迄今为止反垄断法的核心内容。

反垄断法从两个不同的渠道来限制垄断势力的滥用：一是禁止工商企业的某些不正当竞争行为，如固定价格、捆绑销售、限制竞争等；二是限制某些可能导致限制竞争行为的市场结构，如垄断或接近垄断的市场。这两个渠道也可以理解为反垄断的行为标准与结构标准，前者是根据企业是否存在垄断行为而决定是否对其实施反垄断措施，而后者则是根据企业的市场份额是否达到了一定标准而决定是否对其实施反垄断措施。这两种标准各有利弊，现实中往往是结合运用的。

经济性规制政策与反垄断政策之间在某些领域内存在着一定程度的替代关系。近三十年来，世界各国对自然垄断行业普遍采取了放松规制（Deregulation）的措施，并以反垄断法替代规制政策来限制放松规制后的自然垄断行业的行为。未来，可能由于经济的发展，对自然垄断领域又会重新进行规制（Reregulation），规制政策又会替代反垄断政策成为限制自然垄断行业行为的主要措施。

9.4　产权理论与科斯定理

9.4.1　政府失灵

政府干预微观经济运行以纠正市场失灵的前提条件是政府的干预是有效的。但从政府干预的实际效果看，由于政府与微观经济主体间存在着信息不对称、政府决策者决策失误、体制不健全、官员腐败及寻租集团的影响会导致政府干预是不完善的，甚至会造成更严重的资源配置扭曲。政府在纠正市场失灵中存在的缺陷或不完善之处称为政府失灵。以诺贝尔经济学奖获得者、美国学者詹姆斯·布坎南等人为代表的公共选择学派率先对政府失灵问题进行了研究。将政府官员视为与企业、消费者等一般市场经济主体一样，是以自身利益最大化为目标的“经济人”，而不是以追求公共利益最大化为目标的“社会人”。

政府失灵问题的存在导致人们重新思考如何更有效的解决市场失灵问题，实现资源的最优配置。由于可用于调节资源配置的制度是有限的，或者依赖于政府，或者依赖于市场，或者是两者的结合，因此当政府无法有效解决市场失灵问题时社会又重新求助于市场机制，试图寻求通过完善市场机制、进行制度改进与创新来解决市场失灵问题。

9.4.2　产权理论与科斯定理

产权（Property rights）理论正是在上述背景之下提出的，试图通过建立完善的产权制度来解决市场在资源配置方面存在的低效率。

一般意义上看，产权是一种通过社会强制性规范的约束得以实现的对某种经济物品的多种用途进行选择的权利。产权分为私有产权与公共产权，属于个人的产权即为私有产权，私有产权可以通过转让换取对其他物品同样的权利。公共产权是对共用品所拥有的产权。产权本身是一个历史的概念，不同时期的学者对其有不同的界定，包括从哲学、伦理等方面的界定。现代产权理论着重于从经济学角度分析产权的含义，即把产权视为一切有助于确定每个人的占有、使用、收益和转让财产的权利的法律、规章、惯例和条例。美籍英国经济学家罗纳德·科斯通常被认为是现代产权理论的主要奠基者，产权理论的主要代表人物还有威廉姆森、斯蒂格勒、布坎南、舒尔茨等学者。

现代产权理论是在“交易成本”与“科斯定理”基础上发展起来的。交易成本是指为获取准确的市场信息所需的费用和为克服市场交易摩擦及冲突而支付的费用。包括信息搜寻成本、谈判成本、拟定和实施契约的成本、界定和控制产权的成本、监督管理的成本和制度结构变化的成本等。科斯定理的内容是：不论产权的初始分配合理与否，只要产权界定是清晰的，并且交易成本为零，通过市场机制就能够使资源得到最有效的配置。科斯定理并不是科斯本人明确阐明的，而是后来的学者根据科斯的研究表述归纳总结出来的。科斯定理强调了在交易成本为零情况下市场机制在资源配置中的作用，认为外部性等问题不需要政府的直接干预，依靠市场机制是有可能解决的。

按照科斯定理的思路，环境污染导致的负外部性问题不需要政府的干预，只需明确界定资源、环境的产权，负外部性问题就可以通过私人间的谈判来解决。比如，可以明确界定居民拥有排污企业周围的河流的产权，这时企业如果向河流中排放污染就意味着侵犯了居民的产权，居民就有权力要求企业对因污染而给其造成的损失进行赔偿。从这一意义上看，产权理论及科斯定理为解决外部性这一市场失灵问题提供了新的基于市场机制而不是政府干预的新思想。科斯定理在经济实践中有了较为广泛的尝试与应用，通过可交易排污权制度解决环境污染问题便是一种已在某些领域取得成功实践的制度，如美国在二氧化硫排放、水污染物排放、英国在二氧化碳排放问题上所实施的有效制度。

科斯定理尽管具有较强的创新性与政府含义，但其交易成本为零的假设则过于严格，现实中几乎不存在交易成本为零的情况，并且在很多情况下交易成本非常高，以至于使私人间的谈判无法进行。例如，即使居民拥有对河流的产权，但沿岸居民规模庞大，如何才能保证其坐在一起，并就向企业要求的赔偿额达成一致呢？如何防止某些居民的搭便车行为？如何才能确切知道企业到底向河流中排放了多少污染物呢？找到这些问题的答案是居民与企业进行有效谈判的前提，无需质疑，找到答案的成本是极高的，以至于这种交易成本会高得使居民没有动力去进行谈判。当然，交易成本并非是一成不变的，可以通过一些合理的制度安排降低交易成本，从而使科斯定理能更有效的应用于对现实中市场失灵问题的解决，学者们已在这一领域的研究中取得了丰硕的成果，部分成果已付诸实践。

本章小结

1. 对经济系统的分析方法通常有两种：局部均衡分析与一般均衡分析。局部均衡分析是假定经济体系中其他市场情况不变的条件下，单独分析某一市场的均衡决定的研究方法。一般均衡分析方法将经济系统看作一个整体，研究系统中所有商品与劳务是如何同时决定的。法国经济学家瓦尔拉斯开创性的建立了一般均衡分析模型。

2. 经济学家艾奇沃斯用形象的盒形图来说明一般均衡思想与资源配置问题，通常称为艾奇沃斯盒形图。艾奇沃斯盒形图包括交换的盒形图、生产的盒形图，分别用来分析既定数量的产品与生产要素如何在不同的消费者或生产者之间进行分配。

3. 一个经济若要达到资源配置的帕累托最优状态必须满足以下三个必要条件：第一、商品在消费者之间的最优配置；第二，生产要素在生产者之间的最优配置；第三，商品在消费者之间与生产要素在生产者之间同时实现最优配置。

4. 市场失灵，也称市场失败，是指市场经济中资源配置达不到帕累托最优的各种情况，也是市场机制的某种障碍的存在造成资源配置失误或生产要素浪费性使用的情况。

5. 外部性、共用品、信息不对称、不完全竞争的存在造成市场对资源配置没有达到帕累托最优，上述情况与收入分配不平等的存在是导致市场失灵的重要原因。

6. 外部性是指一个经济主体的行为对其他经济主体施加的未在市场交易中反映出来的影响，也称外部效应或溢出效应。外部性包括正外部性与负外部性，当对其他经济主体所产生的影响为正时则称为正外部性；当对其他经济主体所产生的影响为负时则称为负外部性。

7. 共用品是正外部性的一种极端情况。所谓共用品是指具有非竞争性与非排他性的物品。非竞争性是指某物品消费者数量的增加并不会带来成本的额外增加。非排他性是指从消费角度看，某物品满足了某个人的需要，却无法排除其他人对该物品的享用，或是可以排除但要付出高昂的代价。

8. 信息不对称是指市场上买卖双方所掌握的信息是不等同的，一方掌握的信息多些，一方掌握的信息少些。信息不对称的存在会导致逆向选择与道德风险问题。逆向选择是指由于交易双方对产品的类型和质量拥有不对称信息而导致次货驱赶良货的一种现象。道德风险（Moral hazard）是指拥有信息多的一方以自己的信息优势来侵犯拥有信息少的一方的利益，增加自身利益的可能性。

9. 效率与平等之间存在替代关系，政府必须在这两者之间进行权衡。

10. 不完全竞争的存在不仅在生产上造成了低效率，还常常伴有寻租活动，造成一种资源的浪费。政府采取管制、促进竞争和反托拉斯法等手段减小垄断所造成的市场失灵。

11. 共用品是正外部效应的一个特例。具有外部效应的物品在私人部门生产都会造成其产量与社会最优产量不相等。从而造成市场失灵。政府采取税收等强制性措施减少负外部效应；通过津贴等方法增加正外部效应和共用品的产量。从而纠正由外部效应引起市场失灵。

12. 不对称信息是指在交易过程中，一方对交易对象的质量、性能等内在属性比另一方更为了解。而由于不对称信息能够引发逆向选择和道德风险问题。

13. 洛伦兹曲线与基尼系数是用于衡量社会收入分配不平等程度的两个重要的工具。

14. 政府通过税收、政府购买、转移支付、信息披露及创建市场、规制与反垄断措施的实施可以在一定程度上纠正市场失灵。

15. 政府失灵的存在导致社会必须重新寻求解决市场失灵途径，现代产权理论为重新发现市场，利用制度创新解决市场失灵提供了新思路。交易成本与科斯定理是现代产权理论的理论起点。

思 考 题

1. 一个经济达到了一般均衡状况，即便它是有效率的，但是为什么这个社会可能并不能令人满意呢？

2. 帕累托效率的含义是什么？要达到帕累托最优需要什么条件？如果基本竞争模式的条件得到满足，经济是帕累托有效的吗？

3. 为什么完全竞争可以实现帕累托最优状态所需具备的三个条件？

4. 如何使用艾奇沃斯模型推导生产和交换的一般均衡？

5. 为了达到帕累托最优状态，是否必须使任何使用某两投入要素的厂商保持两种要素间的边际技术替代率相等？

6. 利用道德风险理论，思考保险公司会设置学生成绩保险吗，即当投保学生学习成绩下降时给学生一定的补偿？

7. 目前在很多地区，办假文凭证书的不法行为泛滥；在资金信贷市场上，一些企业从银行贷了款之后就逃之夭夭；一些获得了国家助学贷款的大学生毕业之后违背承诺不还贷款；对这些不胜枚举的现象，你能说明政府可以如何通过加强信息披露的方式限制这些行为吗？

8. 如何理解政府官员也是“经济人”的提法？请结合实际加以说明。

第十章　国民收入核算理论

学习目标

学习本章要理解国民收入核算体系各项指标的概念；明确真实国民产出与潜在国民产出的关系；辨析通货膨胀缺口和通货紧缩缺口的含义；掌握国民收入核算的三种方法以及国民收入基本公式的推导过程。

关键名词

国内生产总值　名义国内生产总值　国民生产总值　GDP 折算指数　流量　存量　实际国内生产总值　真实国民产出　潜在国民产出　通货膨胀缺口　通货紧缩缺口　国内生产净值　国民收入　个人收入　个人可支配收入　支出法　增加值法　收入法　转移支付　企业间接税　中间产品最终产品　两部门经济　三部门经济　四部门经济

10.1　国内生产总值

国民收入核算是国民经济核算的重要组成部分，是定义和计量一国总产出或总收入的一套体系和方法，为宏观经济学理论分析提供实证基础。从核算体系上看，国际上曾经同时存在两大国民经济核算体系，一个是产生于前苏联、东欧高度集中的计划经济国家的物质产品平衡表体系（MPS）。该体系以马克思主义再生产理论为依据，将社会总产值和国民收入作为反映国民经济活动总成果的基本指标。其中，社会总产值是指各物质生产部门的劳动者在一定时期内所生产的生产资料和消费资料的价值总和。MPS 包括社会产品生产、积累和消费平衡表，社会产品和国民收入生产、分配、再分配平衡表，劳动力资源和分配平衡表等一系列重要表式。另一个是产生于西方发达市场经济国家的国民收入核算体系（SNA），该体系以西方经济理论为依据，认为创造物质产品和提供服务的劳务活动都是创造价值的生产活动，将国内生产总值（GDP）作为核算国民经济活动的核心指标。SNA 包括投入产出核算、资金流量核算、国际收支核算、资产负债核算和国民经济账户等内容。

MPS 和 SNA 的主要区别在于对提供服务的劳动活动是否创造价值的看法不同。MPS 衡量社会总产值和国民收入，否认提供服务的劳动活动创造价值。SNA 则把劳动活动的价值计入 GDP。因为在市场经济高度发展的信息化社会，物质生产在整个经济生活中地位已经相对下降，而由信息、知识、劳务等部门所构成的第三产业在现代经济生活中地位日益重要。所以，在国民收入中把非物质生产劳务计算在内，把一切有偿劳务的市场价值计入 GDP 是必要的。当前，绝大多数市场经济国家都采用了 SNA 核算体系。

小资料

SNA 初步形成于 1953 年。1968 年联合国第一次对SNA标准进行修订。1993 年，联合国、欧洲共同体委员会、国际货币基金组织、经济合作与发展组织和世界银行等五个国际组织联合又主持制定了新的国民账户体系（被 称 为“1993 年 SNA”），此后许多国家开始实施这一新的国际标准。

中国的国民经济核算体系的发展迄今为止经历了三个阶段：第一阶段为 1952~1984 年，采用的是 MPS 体系，这是当时高度集中的计划经济管理体制下的历史产物。第二阶段为 1985~1992 年，是 MPS 和 SNA 两种核算体系共存阶段。这是因为当时既要考虑有计划指令，又要兼顾有市场调节为辅所需要的数据资料。第三阶段为 1993 年至今，取消 MPS，建立与联合国新 SNA 接轨的中国国民经济核算体系新版本。

10.1.1 国内生产总值的含义与核算原则

国内生产总值 GDP 是 SNA 的核心指标，指一定时期内（通常为一年），在本国领土上所生产的最终产品的市场价值总和。

国内生产总值的核算需遵循如下原则：

（1）最终产品原则。GDP 测度的是最终产品的价值，为了避免重复计算，中间产品价值是不计入 GDP 的。所谓最终产品是指在一定时期内生产的并由其最后使用者购买的产品和劳务。中间产品指用于再出售而供生产别种产品用的产品。最终产品包括有形产品和无形产品，并且应把旅游、服务、卫生、教育等劳务按其报酬计入 GDP。

（2）市场价值原则。GDP 是一个市场价值的概念。各种最终产品的单位价格用货币加以衡量。产品市场价值就是这些最终产品的单位价格乘以产量获得的。而且 GDP 一般仅指市场活动导致的价值。家务劳动、自给自足生产等非市场活动也计入 GDP。

（3）本期原则。GDP 是一定时期内所生产而不是所售卖掉的最终产品价值。若某企业年生产 500 万元产品，只卖掉 300 万元的产品，所剩的 200 万元产品可以被看作是企业自己买下来的存货投资，同样应该计入 GDP。相反，如果企业生产了 500 万元的产品，但却卖掉了 700 万元的产品，则计入 GDP 的仍是 500 万元，只是库存减少了 200 万元而已。

（4）流量原则。GDP 是计算期内生产的最终产品价值，因而是流量而不是存量。流量是指一定时期内发生的变量；存量是指一定时点上存在的变量。若某企业花 30 万元购置了一套旧的生产设备，则这 30 万元不能计入 GDP，因为这套设备在它的生产年份已经计算过了。但买卖这套设备的经纪人费用可以计入 GDP，因为这项费用是经纪人在买卖设备过程中提供的劳务报酬。

现以生产面包为例说明最终产品在生产过程中的价值增加值，以及产出、收入和支出的关系。假定一个面包从生产到消费者最终食用要经过 4 个阶段：种植小麦、磨粉、制成面包、销售。假定小麦价值为 20 元，并假定都是当年新生产的价值。再假定面粉的价值 30 元，于是面粉厂生产的价值是 10 元，即增加值是 10 元。30 元的面粉制成面包价值是 50 元，于是面包厂生产的价值是 20 元，即增加值是 20 元。50 元的面包卖给消费者为 65 元，于是销售商在售卖中增加值是 15 元。可见，这个面包在 4 个阶段中的价值创造即增加值共计：20 + 10 + 20 + 15 = 65 元，正好等于这个面包的最后售价。至此，这个面包不再出售，由其最终使用者即消费者食用了。

这个例子说明，一件最终产品在整个生产过程中的价值增加值，就等于该最终产品的价值。一个国家在一定时期内生产的数以万计的最终产品的价值总和就等于生产这些最终产品的各个行业新创造的价值总和。它被认为是该国在一定时期内真正生产出来的价值，也就是前面所说的国内生产总值。这个例子还说明产出总是等于收入。20 元小麦的价值是农民为了生产小麦而投入的生产要素（劳动、资本、土地）共同创造的新价值。因为企业使用生产要素必须付出代价，对劳动者要支付工资，对资本要支付利息，对使用的土地要支付租金，这些要素报酬就等于这些要素在生产过程中做出的贡献。同样道理，在小麦制成面粉的过程中增加值是 10 元，这 10 元是面粉厂把小麦制成面粉的过程中投入的劳动、资本和土地等生产要素共同创造的。面包厂和销售商的情况也是这样。他们生产的价值，都要转化为生产要素报酬和企业利润，即转化为要素提供者和企业经营者的收入。由于把利润看作是产品卖价扣除工资、利息和地租等成本支出后的余额，因此，产出总等于收入。

这个例子还说明产出总等于支出。这是因为，最终产品的销售收入，就是最终产品购买者的支出。例如，生产一个面包卖 65 元，就是购买面包的消费者支出了 65 元，这 65 元就是生产和经营面包的 4 个阶段的厂商（粮农、面粉厂、面包厂和销售商）创造的价值，也就是产出。其他的最终产品生产也都是如此。因此，从全社会的角度看，总产出就等于购买最终产品的总支出。

10.1.2　国内生产总值核算存在的缺陷

SNA 是以 GDP 为主要指标来衡量国民经济总产出水平的，有学者指出 GDP 统计指标是有缺陷的。一方面，GDP 统计计入了从社会整体福利角度来说值得商榷的项目，例如GDP统计忽略了经济活动导致的环境污染所带来的成本损失。另一方面，GDP统计未能将一些非市场化交易和地下经济计入进来。

1. 环境污染与绿色GDP

GDP产生于第二次世界大战之后，逐渐被世界各国所采用。在1992年之后，GDP成为中国国民经济核算的核心指标。但是，GDP只是对最终产品和劳务的计量，没有把资源成本和环境成本计算在内，它本身只能反映一个地区、一个国家经济增长与否，而不能说明一个地区或国家资源消耗的状况和环境质量的变化。那些正处于工业化阶段的国家，尚未摆脱高消耗、低效率、高排放的粗放型增长模式，生产工艺总体上还相对落后，资源的利用率比较低，污染物的排放率比较高。在获得GDP高速增长的同时，往往伴随着资源的惊人消耗和数量巨大的污染物排放。

以中国为例，对于GDP增长的过度追求，已经使中国的资源、环境形势非常严峻。世界银行的统计认为，中国1995年因资源消耗和环境污染造成的损失在540亿美元左右，约占当年GDP的5%～7%。与此同时，中国单位产出的自然资源损耗也远高于发达国家。以水为例，1999年，中国每万元工业增加值取水量是日本的18倍、美国的22倍。长期将这种代价排除在国民收入账户之外，势必扭曲社会经济发展的真实成本与收益关系，难以遏制滥用资源和破坏环境的趋势。现实与理论研究都发出了严峻的警示。片面追求经济增长所得到的GDP，相当一部分是靠牺牲后代的发展机会获得的，它实际上不是业绩，而是生态赤字。

世界各国已经意识到，人类经济的发展、社会的进步，不仅依赖GDP的增长，还依赖自然资源环境和谐统一度的提高。为了解决环境保护与经济发展的协调关系问题，人们提出了可持续发展的概念。可持续发展亦称持续发展，1987年，在挪威首相布伦特兰夫人任主席的联合国世界环境与发展委员会的报告《我们共同的未来》中，把可持续发展定义为既满足当代人的需要，又不对后代人满足其需要的能力构成危害的发展。这一定义得到广泛的认同，并在1992年联合国环境与发展大会上取得共识，可持续发展问题成为世界各国普遍关注的问题。为了量化可持续发展的经济指标，1993年联合国有关统计机构正式出版的《综合环境与经济核算手册》SEEA中，提出了生态国内产出EDP的概念，即从现行GDP中扣除环境资源成本和对环境资源的保护服务费用。这里的EDP也就是通常所说的绿色GDP。绿色GDP指用以衡量各国扣除自然资产损失后新创造的真实国民财富的总量核算指标。简单地讲，就是从现行统计的GDP中，扣除由于环境污染、自然资源退化、教育低下、人口数量失控、管理不善等因素引起的经济损失成本，从而得出真实的国民财富总量。

人类的经济活动包括两方面的活动。一方面在为社会创造着财富，即所谓“正面效应”，但另一方面又在以种种形式和手段对社会生产力的发展起着阻碍作用，即所谓“负面效应”。这种负面效应集中表现在两个方面，其一是无休止地向生态环境索取资源，使生态资源从绝对量上逐年减少；其二是人类通过各种生产活动向生态环境排泄废弃物或砍伐资源使生态环境从质量上日益恶化。GDP 只反映了经济活动的正面效应，没有把环境的投入（包括自然资源的投入、生态系统的投入和环境容量的投入）计算在内，只限于对经济中那些货币化了的部门进行评价，而忽视了资源损耗与环境退化等难以计量的社会经济发展成本，没有反映负面效应的影响，不能全面反映一国当前和将来的净福利变化，因此是不完整的、是有局限性的、是不符合可持续发展战略的。

2. 非市场化交易与地下经济

西方国民收入核算体系把所有合法的市场交易活动都反映到了 GDP 之中，但这并不能体现社会经济整体的发展水平，因为这种核算方法忽略了非市场化交易和地下经济。

非市场化交易是指那些发生在市场之外的交易行为。典型的非市场化交易是发生在居民家庭中的家庭服务。假定居民户可以选择两种生活方式：一种是到餐馆吃饭，雇佣保姆照看婴儿，把衣服送到洗衣店清洗；另一种是在家里吃饭，自己照看婴儿，在家里洗衣服。第一种生活方式中，所有的活动都是在市场条件下进行的，因此传统的 GDP 把这些市场化交易都计入其中。而在第二种生活方式中，所有的活动都是在家庭内部完成的，都是非市场化交易，是不计入传统的 GDP 核算的交易活动。这个例子明确地表明，非市场化交易在一定程度上是对市场化交易的替代，是应该计入 GDP 核算的。有数据表明，没有报酬的家务工作的价值约占市场性交易总额的 50%。可见，传统的 GDP 核算遗漏了相当巨大的一部分。

地下经济又称“黑市经济”、“平行经济”或“非正式经济”，是指由于未申报和（或）少申报而没有被官方统计计入的国内生产总值。

有两种原因可以解释这种现象。第一，想逃避纳税的经济行为会少申报（或者干脆不申报）他们的收入，或者避开交易中诸如销售税这样的间接税的交纳。第二，政府对某些活动的禁止很少能使它们完全绝迹；相反，往往倒是把它们推入了地下的、或者说是非正式的经济。这样的例子很多，如贩卖毒品、非法聚赌、色情服务、非法移民和走私等。大多数地下经济的“交易者”为了掩盖支票和其他金融票据可能留下累及赃物的痕迹，大量、甚至完全用现钞作为支付工具。

衡量地下经济是非常困难的。一方面，普遍的社会舆论认为，地下经济是肮脏的，是不利于社会的“坏东西”，有意地将地下经济排斥在 GDP 核算之外。另一方面，由于地下经济的隐蔽性，很难精确衡量地下经济的规模。但是，研究者们并没有屈服于这种困难，他们利用若干不同的方法进行估计。最流行的方法之一，是利用货币数据本身，根据大面额现钞的利用与非法活动密切相关这样一个假定，来进行估计。遗憾的是，对地下经济规模的估计数字跨度很大，一般来说，对任何一个国家来说，可接受的数字都不止一个，就美国而言，估计跨度约在国内生产总值的5%～25%之间。而在某些发展中国家，地下经济已经达到了惊人的规模。秘鲁就是一例，据估计，秘鲁地下经济的规模大约相当于有度量的国内生产总值的40%，大约有48%经济中活跃的人口参与其中。

综合以上分析说明，传统的GDP核算包含了环境污染成本，没有包括非市场化交易与地下经济，因此有的学者提出了扩展的国民账户。即在原有的国民账户的基础上，减去环境污染成本，再加上地下经济等非市场化交易。如图10－1所示。

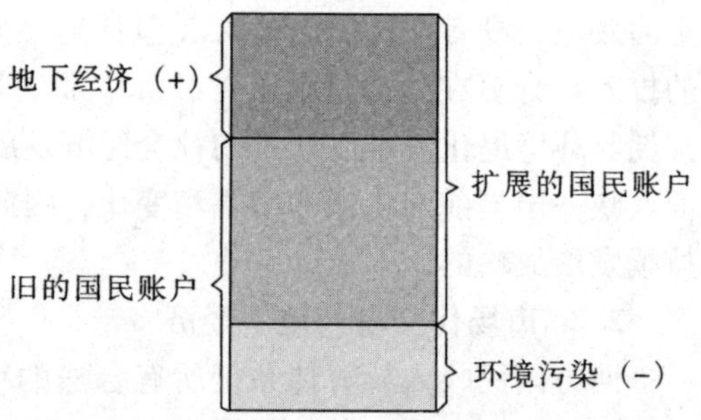

图10－1　扩展的国民账户示意

10.1.3　名义国内生产总值和实际国内生产总值

国内生产总值是以货币作为衡量尺度，对一定时期被生产的各种最终产品进行计量，得到的是国内产出的价值总和。一国的国内生产总值的变动由两个因素造成：一是所生产的物品和劳务的数量的变动；一是物品和劳务的价格的变动。然而，以货币作为衡量尺度的主要问题是，随着市场价格的变化，这种货币尺度如一支橡皮尺，时长时短。当产品价格普遍上涨时，尺子缩短了，1元货币能够购买的产品较之以前少了；当产品价格普遍下降时，尺子又伸长了，1元货币能够购买的产品较之以前多了。因此，用现行价格计算的国内生产总值反映不出各个时期生产水平的实际变化，即当一国国内生产总值变动时，无法确定是由所生产的物品和劳务的数量的变动引起的，还是由物品和劳务的价格变动引起的。为弄清国内生产总值变动究竟是由产量还是由价格变动引起的，需要区分名义国内生产总值和实际国内生产总值。

名义国内生产总值（Nominal GDP）是指用生产物品和劳务的当年价格衡量的全部最终产品的市场价值。实际国内生产总值（Actual GDP）是指用某一年作为基期的价格计算出来的全部最终产品的市场价格。名义国内生产总值衡量的是全部最终产品的现行货币价值，它既反映了生产的变动又反映了价格的变动。然而，对经济增长、失业、通货膨胀和经济的周期波动等许多宏观经济问题的研究，需要分别考察生产变动和价格变动产生的影响。因此，现代宏观经济学的分析更多以实际国内生产总值为基础。

相对于名义国内生产总值，采用实际国内生产总值指标有两个优点：

其一，实际国内生产总值衡量的是全部最终产品的实物总量，它排除了价格变动的干扰，只反映生产水平的变动。由于实际国内生产总值是按照基期的价格计算的，因此，价格可以被视为固定不变。显然，此时实际国内生产总值只反映了一定时期一国范围内生产的全部最终产品的数量变化。

其二，实际国内生产总值的变动是衡量经济周期波动的标准。经济的周期波动，实质上是生产活动的周期波动。经济衰退时，生产下降，失业增加，实际国内生产总值减少；经济复苏时，生产上升，失业减少，实际国内生产总值增加。

进一步分析名义国内生产总值和实际国内生产总值的关系，还要引入国内生产总值折算指数（又称国内生产总值紧缩指数）。国内生产总值折算指数等于名义国内生产总值与实际国内生产总值之比，即：国内生产总值折算指数 = 名义国内生产总值/实际国内生产总值。

用公式可以表示为：

$$\text{GDP 折算指数} = \frac{\sum p_t q_t}{\sum p_0 q_t} \times 100\% \tag{10.1}$$

其中，p_t 是当年价格，p_0 是基期的不变价格，q_t 是当年产量。$\sum p_t q_t$ 为当年名义国内生产总值，$\sum p_0 q_t$ 为当年实际国内生产总值。从（10.1）式可以发现，国内生产总值折算指数实际上反映了最终产品的价格变化，即国内生产总值折算指数实质上是一种能够反映通货膨胀程度的物价指数。

如果某国的国内生产总值折算指数已知，就可以将名义国内生产总值和实际国内生产总值互相换算出来，从而比较不同年份的国内生产总值，分析其变化的原因。然而，在某些情况下，用国内生产总值折算指数并不能完全解决国内生产总值的可比性问题。其原因主要包括：

产品质量的提高。技术进步可以使同一种产品在不同时期质量得到提高，物品的使用价值有所增加，可以在更大程度上满足消费者的需要。但是，国内生产总值折算指数隐含着质量保持不变的假定。所以，在这种情况下，就会高估价格水平的上涨，从而低估实际国内生产总值的增长。

产品结构的变化。人们消费结构的变化和新产品的发明，使得产品结构不断发生变化，旧的产品被淘汰，新的产品取而代之。不同时期的国内生产总值折算指数在其计算中包含的产品是不完全一样的。因此，用国内生产总值折算指数换算的不同时期的国内生产总值不是完全可比的，时期越长，产品结构变化越大，这种可比性越差。

居民消费方式的变化。市场经济的发展使得人们的消费越来越商品化。在一些经济发达的国家中，以前许多家务如烤面包、缝衣服和洗衣服等都由消费者自己干，所以不计入国内生产总值。然而现在这些活动分别由面包厂、服装店和洗衣店完成，有市场交易发生，因此都要计入国内生产总值。这种变化增加了实际国内生产总值。这也是用国内生产总值折算指数不能完全解决的问题。

10.1.4 国内生产总值的核算

1. 支出法

支出法是根据购买最终产品的支出来计算国内生产总值的方法，即通过核算在一定时期内整个社会购买最终产品的总支出来计量国内生产总值。而最终产品的购买者就是最终产品的最终使用者。在现实经济中，最终产品的最终使用，包括居民消费、企业投资、政府购买及净出口。因此，用支出法核算国内生产总值，也就是从消费支出、投资支出、政府的购买支出和净出口四个方面衡量支出的总和。

(1) 消费支出 (C)。指一定时期内居民购买的用于消费的产品的支出。它包括购买耐用消费品的支出，如洗衣机、电冰箱、空调、汽车等；购买非耐用消费品的支出，如食品、服装、药品、汽油等；购买劳务的支出，如医疗、理发、法律咨询、旅游等。但是，居民购买住宅的支出不包括在消费支出内，它是投资支出的一部分。

(2) 投资支出 (I)。指一定时期内在购买不用于本期消费的最终产品即投资品上的支出。按照投资期限的长短，可以把投资划分为固定投资和存货投资两类。固定投资指可以在长期使用的资本品上的投资，存货投资则是一种暂时性的投资。固定投资分为固定资本投资和住宅投资。固定资本投资指在生产用的建筑物和机器设备上的投资。住宅投资是用于购买新的居民住宅的投资。住宅是一种十分耐用的产品，它的效用在其很长的寿命期间缓慢地发挥出来，在长期使用中慢慢被消耗掉。因此，住宅投资被计入投资支出，而不计入消费支出。存货投资是经济中存货的变动。具体而言，就是企业掌握的存货价值的增加（或减少），用公式可以表示为：本期存货投资 = 本期末存货 - 上期末存货。

为了保证生产的正常进行，所有企业都需要拥有一定存货，包括原材料和制成品。原材料的存货能够防止供货的波动。产品的存货则使企业能够适应市场需求的变化。因此，存货是生产过程中的一个重要部分，需要企业的投资。由于存货投资的大小取决于本期末与上期末存货的差额，因此可以是正值，也可以是负值。如果在用支出法核算国内生产总值时忽略存货投资，那么，当存货投资为正值时，就会低估当年的生产水平；同样道理，当存货投资为负值时，就会高估当年的生产水平。

按照投资的性质，可以把投资划分为重置投资和净投资两类。重置投资是用于重置资本设备、补偿旧资本消耗的，因此也称为资本折旧。折旧指资本物品由于损耗造成的价值减少，包括物质磨损和精神磨损。物质磨损指资本物品本身的损耗，而精神磨损则是资本物品因过时而造成的价值贬值。总投资减去重置投资就得到了净投资。根本而言，投资是一定时期内增加到资本存量中的资本流量，而资本存量则是经济社会在某一时点上的资本总量。具体而言，重置投资使原有资本存量保持不变，而净投资则增加了资本存量。

(3) 政府的购买支出 (G)。指各级政府购买物品和劳务的支出，例如政府利用购买的物品和劳务为社会提供公共教育、卫生事业、社会治安、道路建设、环境保护和国防等各种公共产品。

理解政府的购买支出，应该注意三点：

其一，不能从最终产品的角度判断政府的某些购买支出是否应该计入国内生产总值。因为政府提供的某些服务起着生产过程中中间产品的作用，如警察维持社会治安，环保人员防治环境污染等。但如果把这些劳务看成是独立的劳务形式，它们又有最终产品的性质。为了避免混淆，统计人员把政府支付给其雇员的一切薪金开支和向私有企业购买物品的支出都计入政府购买支出。

其二，政府的购买支出是根据成本计算的，因为政府提供的许多公共物品是不能用市场价值来估计的，所以只能按政府提供的劳务的成本计算。

其三，计入国内生产总值的政府购买支出只是政府支出的一部分，政府支出中的政府转移支付并不计入国内生产总值。这是因为，政府购买物品和劳务的支出，一手付出钱，一手收回物品和劳务，而转移支付（如失业保险金、退休金、抚恤金等福利性支出）只是简单地把收入从一些人或一些组织转移到另一些人或另一些组织，没有相应的物品和劳务的交换发生，因此不计入国内生产总值。

(4) 净出口 ($X-M$)。指进出口的差额。在现实经济中，经济发达国家中，对外贸易在经济中占有很大比重。因此，在对总支出和国内生产总值的核算中，必须考虑到本国生产的但卖给外国的物品的价值，以及本国的居民、企业和政府购买的由外国生产的物品的价值。

在一定时期内，本国生产并卖给外国的物品的价值，加上本国向外国提供的劳务的收入，再加上本国在国外投资和贷款获得的股息和利息等收入，得到是出口总额 (X)。在同一时期内，本国购买的外国生产的物品的价值，加上本国支付给外国提供的劳务报酬和外国在本国投资的股息和利息等支出，得到的是进口总额 (M)。进口应从本国总购买中减去，因为进口表示收入流到国外，同时，也不是用于购买本国产品的支出；出口则应加进本国总购买量之中，因为出口表示收入从国外流入，是用于购买本国产品和劳务的支出；因此，净出口应计入总支出，它可能是正值，也可能是负值。

把上述四个项目加总，用支出法计算的国内生产总值的公式可以表示为 (10.2) 式；其列表所示见表 10-1。

$$\mathrm{GDP}=C+I+G+(X-M) \tag{10.2}$$

表 10-1　　支出法计算的国内生产总值

国内生产总值
消费支出
耐用消费品
非耐用消费品
劳务
投资支出
固定资本投资
居民住宅投资
企业存货投资
政府购买支出
中央政府
地方政府
净出口
出口
进口（减）

2. 加值法

增加值（Value added）法是根据生产过程各个阶段上产品的增加值计算国内生产总值的方法。增加值法是从最终产品的价值形成过程的角度核算国内生产总值，侧重于经济中的各个部门对最终产品的价值贡献。

如果经济中的每一个企业都只生产最终产品，用增加值法计算的国内生产总值等于所有企业产品价值的总和。但是，实际上企业生产并售出的产品并不都是最终产品，其中一部分产品被别的企业卖给另一个企业并作为投入要素的产品叫做中间产品。例如，生产汽车需要的钢材、加工面包需要的面粉、制作家具需要的木材等，都属于中间产品。

在计算国内生产总值的过程中，不同生产阶段上企业之间中间产品的销售，往往会产生重复计算的问题，即把所有企业的产品的市场价值加总起来，得到的数字要远远大于国内生产总值。为了避免重复计算，经济学家提出了增加值的概念。一个企业的增加值是这个企业的产品销售收入与购买其他企业的中间产品价值之间的差额。增加值是在企业的产品生产过程中新增的价值。

因此，国内生产总值就是所有企业在一定时期内增加值的总和。在实际计算中，通常把经济中的企业按几个大部门分类，加总各个部门的增加值，得到国内生产总值。在理论上，用增加值法计算的国内生产总值应该等于用支出法计算的国内生产总值。但是，在实际核算过程中，由于数据来源不同以及计算误差，计算的结果可能不完全一致，所以还需要加上一个统计误差项。如表 10-2 所示。

表 10－2　　　　增加值法计算的国内生产总值

国内生产总值
农业的增加值
采掘业的增加值
建筑业的增加值
制造业的增加值
运输和公共事业的增加值
批发和零售贸易的增加值
金融、保险和不动产业的增加值
服务业的增加值
政府部门的增加值
统计误差

3. 收入法

收入法就是从生产过程中产生的收入流量的角度计算国内生产总值的方法，即用要素收入核算国内生产总值。最终产品市场价值除了生产要素收入构成的成本，还有间接税、资本折旧和公司未分配利润等内容。因此用收入法计算的国内生产总值应包括以下各项指标：

（1）工资。指工资收入者的劳动报酬，包括所有对工作的酬金、津贴和福利费，也包括工资收入者必须缴纳的已经被扣除的各种税款，如个人所得税和社会保险税等。

（2）净利息。指人们给企业所提供的货币资金所得的利息收入，如银行存款利息、企业债券利息等。但政府公债利息及消费信贷利息不包括在内。因为这部分利息是作为转移支付处理的，所以不计入政府支出和国内生产总值。

（3）租金。包括出租人因出租土地、房屋等而得到的租赁收入以及专利、版权等收入。如果某企业使用自己的土地和房屋，则被认为要把租金付给自己。

（4）企业转移支付及企业间接税。这些虽然不是生产要素创造的收入，但要通过产品价格转嫁给购买者，故也应该视为成本。企业转移支付包括对非营利组织的社会慈善捐款和消费者呆账。企业间接税包括货物税、销售税、周转税。与个人所得税和直接税不同，这些税没有包括在工资、利息、租金和利润之内。因此，用收入法计算国内生产总值，除了工资、利息、租金和利润之外，还应该加上间接税。

（5）资本折旧。与其他费用一样，资本折旧虽然不是要素收入，但它是总利润的一部分，必须出现在国内生产总值之中。

（6）利润。利润是其他项目扣去之后的余额。利润有两种，一种是公司税前利润，包括公司所得税、社会保险税、股东红利及公司未分配利润等。另一种是非公司企业利润，通常被列为“非公司企业收入”项目，如医生、律师、农民和小店铺主的收入。他们使用自己的资金，自我雇佣，其工资、利息、利润、租金常混在一起作为非公司企业收入。

根据上述分析，按收入法计算的国民总收入 = 工资 + 净利息 + 租金 + 企业转移支付及企业间接税 + 资本折旧 + 公司税前利润 + 非公司企业收入。如表 10 – 3 所示。

表 10 – 3　　收入法计算的国内生产总值

国内生产总值
工资
净利息
租金
企业转移支付及企业间接税
资本折旧
公司税前利润
非公司企业收入

10.2 国民收入核算中的其他总量指标

10.2.1 国民收入核算中的五个基本总量指标

在国民收入核算体系中，除了国内生产总值，还有国民生产总值、国内生产净值、国民收入、个人收入和个人可支配收入等指标。

国民生产总值（GNP）计量的是一定时期内一个国家的所有的生产活动。国民生产总值等于国内生产总值加上本国生产要素在外国获得的收入，再减去外国生产要素在本国范围内获得的收入，即国民生产总值等于国内生产总值加上来自国外的生产要素净支付。

国内生产净值（NDP）是国内生产总值与资本折旧之差。因为任何产品价值中除了包含原材料、燃料等价值的消耗，还包括使用的资本设备的折旧。国内生产总值衡量的是全部最终产品的市场价值，其中并未扣除资本设备消耗的价值，因而不能显示净增的价值。而国内生产净值由于扣除了资本折旧，就得到了一定时期一国范围内净增的资本价值。

国民收入（NI）是指从国内生产净值中扣除间接税和企业转移支付再加上政府补助金后，得到的一国生产要素在一定时期内提供的生产性服务所得报酬，其中包括工资、利息、租金和利润的总和。间接税和企业转移支付虽然构成价格，但不构成要素收入。而政府给企业的补助金虽然不列入产品价格，但成为要素收入。所以前者应被扣除，而后者应该加上。

个人收入（PI）指所有家庭从各方面得到的收入总额，包括工资和薪金收入、租金收入、股息和利息收入、来自政府和企业的转移支付等。个人收入与生产要素报酬意义上的国民收入并不相等。例如，公司利润中只有一部分会以红利和股息形式分给个人，其他部分需向政府缴纳所得税，并且留下一部分利润不分配给个人。职工也要把部分收入以社会保险费的形式上缴有关机构。人们也会以各种形式从政府那里得到转移支付，如退伍军人津贴、工人失业救济金、职工养老金、职工困难补助等。因此，个人收入等于国民收入减去公司未分配利润、公司所得税及社会保险税（费），加上政府给个人的转移支付。

个人可支配收入（DPI）等于个人收入减去个人所得税，税后的个人收入就是个人可支配收入，即个人可用来消费和储蓄的收入。上述国内生产总值、国民生产总值、国内生产净值、国民收入、个人收入和个人可支配收入之间的关系如表 10－4 所示。

表 10－4　　国民收入核算指标的关系

国内生产总值
加：来自国外的要素净支付
国民生产总值
减：资本消耗扣除
国民生产净值
减：间接税
企业转移支付
加：政府补助金
国民收入
减：公司未分配利润
公司所得税
社会保险税（费）
加：政府对个人转移支付
个人收入
减：个人所得税
个人可支配收入

10.2.2　国内生产总值与国民生产总值

国民生产总值是一个与国内生产总值非常类似的概念。国民生产总值（GNP）

指一国国民在一定时期内所生产的最终产品的市场价值总和。对国民生产总值的理解也应该遵循最终产品原则、市场价值原则、本期原则和流量原则。

国内生产总值和国民生产总值的区别在于，前者是指一定时期内在本国领土范围内所生产的最终产品的市场价值总和。它以国境面积为统计标准，包括本国居民与外国居民在本国所生产的最终产品的价值总和，因此是一个地域概念。而后者是指一定时期内本国常住居民所生产的最终产品的市场价值总和。它是以人口为统计标准。因此，一个在英国工作的德国公民的收入应该计入德国的国民生产总值，同时也应该计入英国的国内生产总值，但不应该计入英国的国民生产总值。

国内生产总值与国内生产总值的关系可以用公式予以简明的说明。国民生产总值=国内生产总值+本国公民在国外生产的最终产品的价值总和-外国公民在本国生产的最终产品的价值总和。因此，一国的国民生产总值和国内生产总值的大小关系直接反映了本国公民在国外生产的最终产品的价值总和与外国公民在本国生产的最终产品的价值总和的大小关系。例如，当某国的国民生产总值超过国内生产总值，说明，该国公民从国外获得的收入超过了外国公民从该国获得的收入；若国内生产总值超过了国民生产总值，则情况恰好相反。

在1991年以前，美国用国民生产总值作为对经济总产出的基本测量指标，后来改用了国内生产总值。因为大多数国家都用国内生产总值，为了方便与其他国家进行比较，所以改用国内生产总值。而且，由于国外净收入数据不足，相对于国民生产总值，国内生产总值比较容易衡量。此外，国内生产总值也比国民生产总值能更好地衡量国内就业潜力。

10.2.3 真实国民产出与潜在国民产出

与GDP密切相关的两个概念分别是真实国民产出（Real GDP）与潜在国民产出（Potential GDP）。真实国民产出指在一定时期内，在保持价格相对稳定的情况下，一国经济生产出来的真实产量。真实国民产出取决于两方面因素。一方面是由可以获得的投入（资本、劳动和土地等生产要素）和一国经济的技术效率决定的该国经济的生产能力。另一方面是一定时期内一国经济可能遭遇的偶然变化。因为，生产要素的投入和利用各生产要素的技术效率为一国获得一定的生产能力提供了物质基础的保障，使该国经济有可能获得理论上根据生产函数计算出来的最大产量。然而在现实经济中，一国经济又可能遇到许多的偶然因素。例如，当消费模式短期内发生急剧变化时，真实国民产出会随之出现大的变动；短期内的财政政策和货币政策等经济政策的变化，也会迅速地影响真实国民产出。因此，真实国民产出是这两方面因素共同作用的结果。

潜在国民产出是指在保持价格相对稳定的情况下，一国经济所能生产的最大产量。根据定义，潜在国民产出只是理论上预测的可能获得的最大产量，因此，潜在国民产出只取决于一国经济的生产能力的大小。偶发因素不会在短期内对潜在国民产出产生影响，只能在长期内缓慢地显现对国民产出产生的一定作用。在各种生产要素中，劳动是最常见的没有达到充分利用的要素，因为世界各国都普遍存在着一定的失业现象。于是，潜在国民产出常常被用于衡量充分就业时可能达到的国民产出，相应地，潜在国民产出也就被近似地称为充分就业时的产出。

根据上述分析，真实国民产出与潜在国民产出往往会出现分离，由此又引出了两个概念：通货膨胀缺口和通货紧缩缺口。二者都是指真实国民产出与潜在国民产出的差额，但前者是当真实国民产出大于潜在国民产出时二者的差额，而后者是当真实国民产出小于潜在国民产出时的差额。通货膨胀缺口通常只有在经济繁荣和战争时期生产能力被开发到极限时才会出现，此时实际产出水平有可能在短时期内高于潜在的产出水平，但这样高的设备利用率会带来通货膨胀的压力，因此通常情况下，政府必须利用货币政策或财政政策来制止通货膨胀的上升，遏制通货膨胀缺口的继续扩大。

通货紧缩缺口是多数情况下各国经济中普遍存在的现象，因为多数国家都面临失业问题，因此真实国民产出水平很难达到潜在国民产出水平。但通货紧缩缺口普遍存在的现象并不能成为其存在的合理性原因。事实上，真实国民产出与潜在国民产出的差额意味着部分生产要素没有得到充分的利用，通常情况下，失业就意味着大量的劳动力资源被浪费。因此，各国政府都需要采取一系列宏观经济政策，尽量充分利用生产要素资源，从而使真实国民产出接近潜在国民产出水平。

10.3 国民收入核算恒等式

在前面分析的基础上，可以得到国民收入构成的基本公式，即国民经济中产品流量与收入流量之间的恒等关系，因为国内生产总值既可以从产品流量角度进行核算，也可以从收入流量角度进行核算，而两方面的核算结果必然相等。本节将从最简单的两部门国民收入的构成分析开始，逐渐加入变量，最终推导出国民收入核算的恒等式。

10.3.1 两部门国民收入核算的恒等式

假定一国经济是封闭型经济，与其他国家没有任何经济关系，同时避开政府的经济活动不谈，经济主要由企业和家庭两大部门，即两部门经济。因此，在这种经济模型中，不存在企业间接税等各种税收，也没有政府购买支出和进出口贸易。此时，国内生产总值等于国内生产净值和国民收入，用 Y 表示。一方面，从产品流量的角度看，一定时期内生产的全部最终产品，除了用于消费之外，剩余的都用于投资，因此国内生产总值就是消费与投资之和，即：

$$Y = C + I \tag{10.3}$$

另一方面，从收入流量的角度看，国内生产总值等于总收入，总收入的一部分用作消费，其余部分则当作储蓄，即：

$$Y = C + S \tag{10.4}$$

把（10.3）和（10.4）式结合起来，得到：

$$C + I = Y = C + S \tag{10.5}$$

等式的左边表示产品流量，即国民生产总值在最终产品上的分配；等式右边表示收入流量，即收入总额用于哪些方面。等式（10.5）经过化简后，得到：

$$I = S \tag{10.6}$$

这就是两部门经济中的投资与储蓄的恒等式。这种恒等关系实际上是两部门经济中的总供给（$C+S$）和总需求（$C+I$）的恒等关系。这种恒等关系在两部门经济中一定成立，而不管经济是否处于充分就业、是否处于通货膨胀、是否处于均衡状态。

对于这个恒等式的理解还要注意两点：

其一，这里所讲储蓄等于投资，是对整个经济而言，至于某个人、某个企业或某个部门，则完全可以通过借贷活动，使投资小于或大于储蓄。

其二，这里所讲储蓄等于投资，是从国民收入会计角度看，事后的储蓄和投资总是相等的，并不意味着人们意愿的或者说事前计划的储蓄总会等于企业想要有的或者说事前计划的投资。因为在现实经济中，储蓄主要由居民进行，投资主要由企业进行，个人储蓄动机和企业投资动机是不同的。这就会形成计划储蓄和计划投资的不一致，形成总需求和总供给的不均衡，引起经济的收缩和扩张。

10.3.2 三部门国民收入核算的恒等式

在两部门经济模型的基础上引入政府部门，就得到了三部门经济模型。三部门经济就是由企业、居民户和政府三种经济单位构成的经济。政府的经济活动由两种方式实现：一方面，政府通过向企业和居民征税（T）获得收入；另一方面，政府通过对商品和劳务的购买，以及向居民的转移支付实现支出（G）。

从产品流量角度看，国内生产总值是消费、投资和政府支出的总和。其中，由于政府给居民的转移支付无非仍然用于消费和投资，因此，政府给居民的转移支付同样形成对产品的需求，从而也应该列入公式：

$$Y = C + I + G \tag{10.7}$$

从收入流量角度看，国内生产总值是所有生产要素获得的收入总和与政府的税收收入，即国内生产总值是消费、投资和税收的总和，用公式表示为：

$$Y = C + S + T \tag{10.8}$$

将公式（10.7）和（10.8）组合起来，得到：

$$C+I+G=Y=C+S+T \tag{10.9}$$

公式两边消去 C，得到：

$$I+G=S+T \tag{10.10}$$

（10.10）式就是三部门经济中的国民收入恒等式。如果把 G 移到等式右边，就可以得到：

$$I=S+(T-G) \tag{10.11}$$

其中：S 是私人储蓄；（$T-G$）是政府收入与政府支出的差额，可以理解为政府储蓄。因此，等式右边可以看作是国民经济中的储蓄总额。在三部门经济中，投资总额依然与储蓄总额相等，即投资与储蓄的恒等式在三部门经济中也成立。

10.3.3 四部门国民收入核算的恒等式

在三部门经济的基础上，再加入一个国外部门，就得到了四部门经济模型。四部门经济是指由企业、居民户、政府和对外贸易四个部门组成的经济。

从产品流量角度看，总支出由消费、投资、政府购买和净出口（$X-M$）四个部分构成，用公式可以表示为：

$$Y=C+I+G+(X-M) \tag{10.12}$$

从收入流量角度看，国民收入仍然由消费、储蓄和税收构成，用公式可以表示为：

$$Y=C+S+T \tag{10.13}$$

把公式（10.12）和（10.13）结合起来，得到：

$$C+I+G+(X-M)=Y=C+S+T \tag{10.14}$$

等式两边消去 C，得到：

$$I+G+(X-M)=S+T \tag{10.15}$$

如果把 G 移到等式的右边，得到：

$$I+(X-M)=S+(T-G) \tag{10.16}$$

等式（10.16）右边是储蓄总额；等式左边的（$X-M$）为净出口。当（$X-M$）为正值时，表明对外投资，因此净出口也就是“净国外投资”。因此，等式左边也就是投资总额。可见，在四部门经济中，投资与储蓄的恒等式也是成立的。

本章小结

1. 国民收入核算是以研究整个社会的经济活动为目的宏观经济学的基础，其核心指标是国内生产总值。理解国内生产总值核算的四个基本原则。

2. 在以前的宏观经济学中，国民收入核算的核心指标是国民生产总值，但由于国内生产总值较之国民生产总值更有现实意义，因此，目前更多地采用国内生产总值。

3. 国际上曾经同时存在两大国民收入核算体系，现在更多的国家采用SNA核算国民收入。SNA的包括很多指标，这些指标之间不是孤立的，而是有密切联系的。

4. 真实国民产出与潜在国民产出分别是从实际和理论上对国民产出的计量，二者的差额分别是通货膨胀缺口和通货紧缩缺口。

5. 支出法、增加值法和收入法分别从三个不同角度核算国民收入，尽管方法不同，但结果是一致的。

6. 两部门、三部门和四部门都是对现实经济的一种抽象假定，目的是为了方便分析问题。随着新的变量的加入，对经济的描述逐渐趋近于现实。

7. 投资与储蓄的恒等式是国民收入核算的重要内容。三部门和四部门的决定公式经过转化，都可以成为一定意义上的投资与储蓄的恒等式。

思　考　题

1. 国内生产总值的含义是什么？它与国民生产总值有何异同？

2. 国内生产总值折算指数如何计算？其用途是什么？本质又是什么？

3. 说明通货紧缩缺口与国民产出的关系。

4. 说明国内生产总值、国民生产总值、国民生产净值、国民收入、个人收入和个人可支配收入等一系列国民收入核算体系的指标之间的关系如何。比较它们的异同。

5. 简述支出法、增加值法和收入法是如何核算国民收入的。比较它们的异同。

6. 分别推导两部门、三部门和四部门经济中的储蓄—投资恒等式。

第十一章　国民收入决定理论

学习目标

学习本章，应该掌握总需求与总供给的含义及其曲线的形状；明确消费、储蓄等相关概念及其影响因素；理解两部门与多部门条件下均衡国民收入的决定原理以及各种乘数的含义；掌握总需求—总供给模型。

关键名词

总需求　消费函数　自发消费　引致消费　平均消费倾向　边际消费倾向　储蓄函数　平均储蓄倾向　边际储蓄倾向　乘数　投资乘数　粘性　政府支出乘数　税收乘数　政府转移政府乘数　平衡预算乘数　短期总供给曲线　长期总供给曲线　总需求—总供给模型　粘性工资理论　粘性价格理论　错觉理论

11.1　总需求

11.1.1　总需求的含义与构成

总需求（Aggregate Demand，AD）是指在一定时期内，在给定的价格水平和收入水平情况下，对商品和劳务的需求总量。主要由消费需求（C），投资需求（I），政府的购买需求（G）和净出口（$X-M$）四个部门组成。

总需求是一个经济对商品和劳务需求的总和，即用于购买商品和劳务的支出总量。一般将它分为四大部分：消费需求是居民的日常消费；投资需求是企业在投资和再投资过程中形成的对商品和劳务需求；政府的购买支出是政府部门对商品和劳务的购买；净出口则代表了国外对本国商品和劳务的需求。总需求是宏观经济学中的核心概念之一，是研究国民收入决定的重要因素。宏观经济学的奠基人英国经济学家凯恩斯就是在深入分析各种需求的特点后提出了以“需求管理”为核心的宏观经济学体系。

11.1.2　总需求曲线

总需求曲线描述了需求总量与一定价格水平之间的对应关系，如图 11－1 所示。

在图 11－1 中，总需求曲线是一条斜率为负值，向右下方倾斜的曲线。总需求曲线的这种形状说明，在其他因素不变的条件下，价格水平越高，总需求就越小；反之，价格水平越低，总需求就越大。对于这种情况，可以从三个角度予以解释。

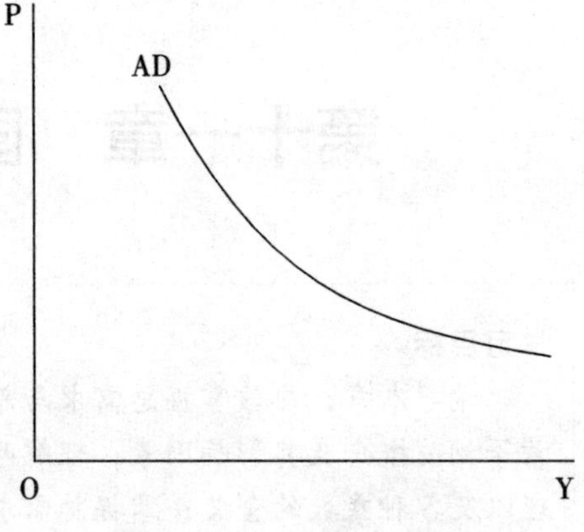

图 11－1　总需求曲线

1. 对支出的财产效应

当价格水平上升时，以货币表示面值的金融资产就会贬值，例如银行存款、债券和股票等。人们由于财产贬值，为了获得一定的补偿，就会相应地增加储蓄。因此必然减少在消费方面的支出，从而使总需求下降。

2. 外国产品的替代

假定其他情况不变，一国的价格水平提高，导致本国货币变得相对昂贵，外国货币变得相对便宜。于是，外国对本国出口产品和劳务的需求量趋于减少，而本国对外国进口产品和劳务的需求量则会增加。从而使对本国产品和劳务的总需求下降。

3. 对支出的利率效应

价格水平的上升，增加了居民户和企业对货币的需求，结果导致货币供给的短缺，这必然引起利率水平的提高。在相对较高的利率水平上，投资支出必然趋于减少，从而导致总需求下降。

需要注意的是，宏观经济学中的总需求曲线与微观经济学中的市场需求曲线尽管十分相似，但二者所描述的却是完全不同的经济关系。市场需求曲线描述的是单个产品的市场价格与市场需求量之间的关系，它是用于说明在其他所有产品的价格保持不变的情况下，一种产品的价格变化对其市场需求量的影响。而总需求曲线描述的是所有产品价格的平均水平与总需求量之间的关系，它并不是单个市场需求曲线的简单加总。因此，上述引起总需求曲线变化的因素不同于引起单个市场需求曲线变化的因素。

总需求曲线说明了总需求与价格水平反向变动的关系，而且不止一条。当其他因素发生变化时，总需求曲线也要发生相应的移动。如图 11－2 所示。

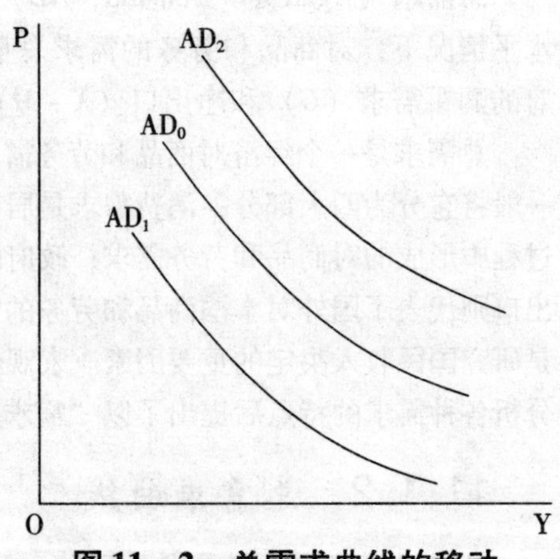

图 11－2　总需求曲线的移动

可以引起总需求曲线移动的因素包括投资支出和政府支出的变化，出口的变化等。这些因素可以使总需求曲线向右上方或左下方移动。因此，政府可以运用宏观经济政策通过改变支出水平促使总需求曲线移动，从而达到提高或降低实际产出水平、就业水平和价格水平的目的。

11.1.3 消费与储蓄

作为总需求的一个重要组成部分，消费这一概念与其对应的储蓄这一概念有很多值得探讨之处。

1. 消费函数与消费曲线

消费函数指消费与收入之间的依存关系。为了简化分析，假定没有税收，因而此处的收入即指可支配收入。如果用 C 表示消费，Y 表示收入，则消费函数可以表示为：$C=f(Y)$

表 11－1 列出了在不同收入水平上的家庭的消费数据。根据这组数据可以得到消费曲线，即表示消费与收入之间关系的曲线，如图 11－3 所示。

表 11－1　　家庭的收入与消费（元）

收　入	消　费
0	300
200	420
400	540
600	660
800	780
1000	900
1200	1020

从图 11－3 中可以清晰地看到，随着收入的增加，消费相应地增加。因为当消费者拥有更多的货币收入时，就有能力为了满足自身需求而扩大消费规模。所以，尽管消费曲线也可以是一条曲线而不是如图所示的直线，但消费曲线一定是一条向右上方倾斜的曲线的结论在任何情况下都是成立的。此外，图中还划出了一条 45°线。在这条线上，消费等于收入。当消费曲线处于 45°线之上时，说明消费大于收入，两条线之间的垂直距离表示超支的数额，居民户需要依靠借债来弥补这

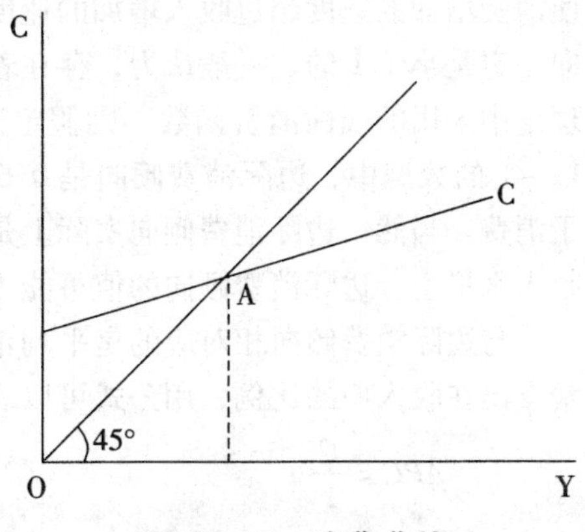

图 11－3　消费曲线

部分超支；当消费曲线与45°线相交与A点时，说明居民户处于收支相抵状况，既没有超支也没有储蓄；当消费曲线处于45°线之下时，说明居民户的收入大于消费，剩余的部分就是储蓄，这时两条线之间的垂直距离表示储蓄额。

图11－3所示的消费曲线表示的是以凯恩斯的绝对收入理论为基础假设的消费函数中最简单的一种消费函数。虽然消费函数的具体形式取决于各种不同的消费函数理论，但是现代西方宏观经济学的国民产出决定理论主要分析短期内国民产出的波动，因此采用的消费函数多数是这种消费函数。这种函数的基本表达式为：

$$C=\alpha+\beta Y \quad \alpha>0,\ 0<\beta<1 \tag{11.1}$$

（11.1）式中，α和β是常数。用表11－1中的数据计算出的消费函数是：

$$C=300+0.6Y$$

在这种线性消费函数中，常数α表示不随收入变化的消费部分，叫做自发消费，是指人的基本需要，当没有收入时，也有消费，因此是一个大于0的固定量。常数β与收入Y的乘积表示收入的变化引起的消费量的变化，这部分消费叫做引致消费。任意的线性消费函数都是由这两部分构成的。

在（11.1）式中，常数β表示在收入的增量中消费增量所占的比例，叫做边际消费倾向（MPC），即增加的1单位收入中用于增加的消费部分的比例。用公式可以表示为：

$$MPC=\beta=\frac{\Delta C}{\Delta Y} \tag{11.2}$$

当收入增量和消费增量都极小时，（11.2）式可表示为：

$$MPC=\frac{\mathrm{d}C}{\mathrm{d}Y} \tag{11.3}$$

显然，边际消费倾向是消费曲线的斜率。而且根据经济人的假定，消费者都不会使消费增加的速度超过收入增加的速度，从而不断增加负债压力，因此，边际消费倾向一定是小于1的。一般认为，存在着一个比较稳定的边际消费倾向。国民产出决定理论中采用的线性消费函数，则假定边际消费倾向是一个固定的常数。例如，在表11－1的数据中，边际消费倾向是0.6，它表明在每增加的1元收入中，有0.6元用于消费。当然，边际消费倾向实际上是不会固定不变的，在不同的时期中或在不同的收入水平上，边际消费倾向的值可能不同，其取值区间是从0～1。

与边际消费倾向相对应的是平均消费倾向（APC），即在任意一个收入水平上消费支出在收入中的比例，用公式可以表示为：

$$APC=\frac{C}{Y} \tag{11.4}$$

将式（11.1）和（11.4）结合起来，可以得到：

$$APC=\frac{C}{Y}=\frac{\alpha}{Y}+\beta \tag{11.5}$$

因为α和β是常数，所以平均消费倾向随收入的变化而变化：当收入水平提高时，平均消费倾向趋于下降；当收入水平降低时，平均消费倾向趋于上升。此外，平均消费倾向一定大于0。当消费大于收入时，平均消费倾向大于1；在收支相抵点上，平均消费倾向等于1；当消费小于收入时，平均消费倾向小于1。

根据上述分析，可以得到平均消费倾向与边际消费倾向的关系。由于平均消费倾向等于自发消费与收入之比再加上边际消费倾向，因此在短期内，平均消费倾向大于边际消费倾向；但在长期内，平均消费倾向与边际消费倾向趋于相等。

2. 储蓄函数与储蓄曲线

储蓄是收入中未被消费的部分。储蓄函数就是表示储蓄与收入之间的依存关系的函数。若用S表示储蓄，Y表示收入，则储蓄函数可以用公式表示为：$S=f(Y)$

根据表11－1可以进一步得到反映收入、消费与储蓄之间的关系的表11－2。并根据表11－2数据，可以得到储蓄曲线，如图11－4所示。

表11－2　　家庭的收入、消费与储蓄（元）

收入	消费	储蓄
0	300	－300
200	420	－220
400	540	－140
600	660	－60
800	780	20
1000	900	100
1200	1020	180

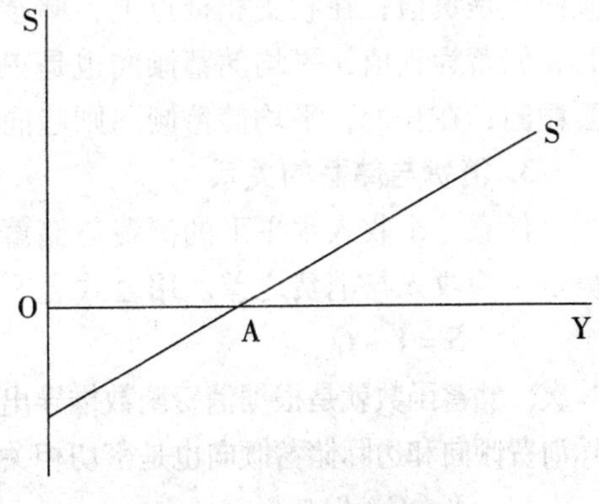

图11－4　储蓄曲线

图11－4中，横轴仍然表示收入，A点是储蓄曲线与收入的交点。在A点左侧，储蓄曲线位于表示收入的横轴之下，此时消费大于收入，储蓄为负值，换言之，居民户面临超支的局面；在A点，消费等于收入，储蓄为0，其交点叫做收支相抵点；在A点右侧，储蓄曲线位于表示收入的横轴之上，此时消费小于收入，储蓄为正值。而且，随着储蓄曲线向右延伸，它和横轴的距离越来越大，表示储蓄随着收入的增加而增加。图11－4描

述的是最简单的储蓄函数，即线性储蓄函数。由于储蓄是收入与消费之差，因此可以推导出这种储蓄函数的表达式：

$$S=Y-C=-\alpha+(1-\beta)Y \quad \alpha>0,0<\beta<1 \tag{11.6}$$

例如，利用表11－2的数据计算出的储蓄函数是：

$$S=-300+0.4Y$$

与分析消费和收入的关系相似，储蓄和收入之间也存在着两种倾向：边际储蓄倾向（*MPS*）和平均储蓄倾向（*APS*）。边际储蓄倾向表示增加的储蓄在增加的收入中的比例。用公式可以表示为：

$$MPS=\frac{\Delta S}{\Delta Y} \tag{11.7}$$

如果收入和储蓄的增量都很小，上述公式可以表示为：

$$MPS=\frac{\mathrm{d}S}{\mathrm{d}Y}=1-\beta \tag{11.8}$$

例如，利用表11－2中的数据计算出的边际储蓄倾向是0.4，表明在每增加的1元收入中，有0.4元用于储蓄。这个结果说明，边际储蓄倾向是储蓄曲线的斜率。由于β在区间0~1之间，因此边际储蓄倾向也一定是正值。这也是储蓄曲线一定是向右上方倾斜的原因。

平均储蓄倾向是指任意一个收入水平上储蓄在收入中所占的比例，用公式可以表示为：

$$APS=\frac{S}{Y}=-\frac{\alpha}{Y}+(1-\beta) \tag{11.9}$$

平均储蓄倾向随收入的变化而变化：当收入水平提高时，平均储蓄倾向趋于上升；当收入水平降低时，平均储蓄倾向趋于下降。然而，与平均消费倾向不同，平均储蓄倾向既可以是正值，也可以是负值。当消费大于收入时，储蓄为负值，平均储蓄倾向也是负值；在收支相抵点上，储蓄为0，平均储蓄倾向也是0；当消费小于收入时，储蓄为正值，平均储蓄倾向也是正值。而且在短期内，平均储蓄倾向小于边际储蓄倾向；在长期，平均储蓄倾向则趋向等于边际储蓄倾向。

3. 消费与储蓄的关系

任意一个收入水平下的消费与储蓄是紧密联系的。首先，从概念的角度看，储蓄被定义为收入与消费之差。用公式表示为：

$$S=Y-C \tag{11.10}$$

其次，储蓄函数就是根据消费函数推导出来的，因此，平均消费倾向和平均储蓄倾向、边际消费倾向和边际储蓄倾向也是密切相关的。把（11.10）式经过转化，可以得到：

$$Y=C+S \tag{11.11}$$

等式左右两边同时除以收入 Y，得到：

$$\frac{Y}{Y}=\frac{C}{Y}+\frac{S}{Y}=1 \tag{11.12}$$

即：

$$APC+APS=1 \tag{11.13}$$

可见平均消费倾向和平均储蓄倾向之和必然等于1，因此平均消费倾向与平均储蓄倾向之间呈反方向变化。当收入水平提高时，平均消费倾向随之减小，而平均储蓄倾向随之增大；当收入水平降低时，平均消费倾向随之增大，而平均储蓄倾向随之减小。

再看边际消费倾向和边际储蓄倾向的情况。由于：

$$\Delta Y=\Delta C+\Delta S \tag{11.14}$$

等式两边同时除以收入的变化量 ΔY，得到：

$$\frac{\Delta Y}{\Delta Y}=\frac{\Delta C}{\Delta Y}+\frac{\Delta S}{\Delta Y}=1 \tag{11.15}$$

即：$MPC+MPS=1$ (11.16)

可见边际消费倾向和边际储蓄倾向之和也必然等于1，因此，边际消费倾向与边际储蓄倾向之间也呈反方向变化。

根据上述分析，可以得到结论，消费函数和储蓄函数中只要有一个确立，另一个随之确立，即当消费函数已知时，就可以求得储蓄函数；当储蓄函数已知时，就可以求得消费函数。

消费与储蓄的关系还可以用消费曲线和储蓄曲线的关系来说明，如图11－5所示。

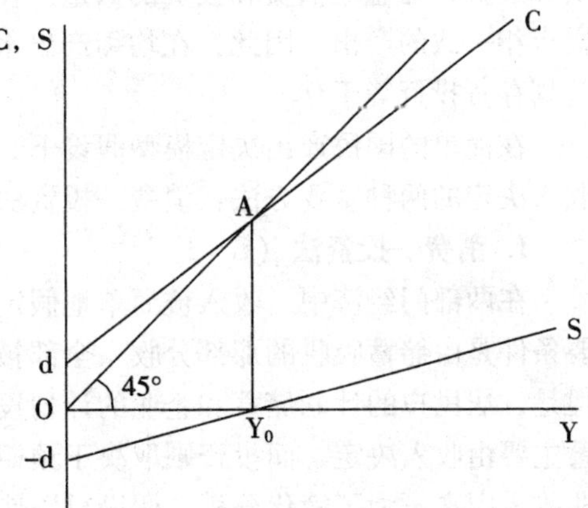

图11－5　消费函数与储蓄函数的关系

在图11－5中，初始收入为0，此时自发消费量是od，相应的，储蓄额是－od，二者大小相等，但前者是正值，后者是负值。A点是消费曲线与45°线的交点，就是收支相抵点，即收入 Y_0 全部用于消费，因此储蓄为0。在A点左侧，消费曲线位于45°线之上，表明消费大于收入，因此储蓄额是负值，储蓄曲线位于横轴下方。在A点的右侧，消费曲线位于45°线之下，表明消费小于收入，因此储蓄额是正值，储蓄曲线位于横轴上方。

11.2　均衡国民收入的决定与乘数理论

11.2.1　两部门均衡国民收入的决定

凯恩斯的国民收入决定理论认为，在存在价格粘性的情况下，总需求是均衡国民产出决定的主要影响因素。下面将从简化的两部门经济入手讨论均衡国民收入的决定，也称为简单的国民产出决定模型。简单的国民产出决定模型具有的关键假设：①两部门经济，不存在政府，也不存在对外贸易，只有居民户部门和企业部门；②消费和储蓄行为发生在居民户部门，生产和投资行为发生在企业部门；③投资是外生变量，不随利率和国民收入的变动而变动；④价格水平是既定的，不论需求量为多少，社会都能以不变的价格提供相应供给量。

均衡国民收入是指与总需求相等的产出，也称为稳定的国民收入，因为均衡国民收入一旦决定后就没有变动的趋势。具体而言，只有当产出水平等于总需求水平时，企业生产才稳定下来；否则当供给超过需求时，企业的存货趋于增加，企业趋向减少生产；当供给低于需求时，企业的存货趋于减少，企业趋向增加生产。

由于两部门经济中不存在政府，也不存在对外贸易，总需求只有居民消费和企业投资构成。这里所说的居民消费和企业投资分别代表的是居民和企业实际想要有的消费和投资，即意愿消费和投资的数量。在国民收入决定理论中，均衡产出就是和计划需求相一致的产出。因此，在均衡产出水平上，计划支出和计划产出正好相等，而非计划存货投资等于0。

在简单的国民产出决定模型假设下，将分别阐述两部门经济条件下分析均衡国民收入决定的两种主要方法：消费—投资法与储蓄—投资法。

1. 消费—投资法（C－I）

在两部门经济中，收入被简单地假定分为消费和储蓄两部分。经济达到均衡的必要条件是由储蓄吸收的那部分收入全部被转化为投资，使经济的总需求等于总产出。但是，居民户的计划储蓄和企业的计划投资基本上取决于不同的因素。具体而言，储蓄主要由收入决定，而投资则取决于预期的未来产出、利率、税收政策和企业信心等非收入因素。为了简化分析，假设投资使一个外生变量，即在短期内投资可以看成是不依赖于国民收入水平的一个经济变量。这样，总支出曲线 C + I 总是平行于消费曲线 C，两条曲线总是保持 I 的垂直距离，如图 11－6 所示。

消费和投资对国民收入的决定可以通过图 11－6 予以说明。为了确定国民收入的均衡水平，在图 11－6 中做出了 45°线，线上任何一点与横轴的垂直距离等于它与纵轴的垂直距离，因此在这条线上的任何一点，纵轴表示的总支出水平恰好等于横轴表示的总产出水平或总收入水平。

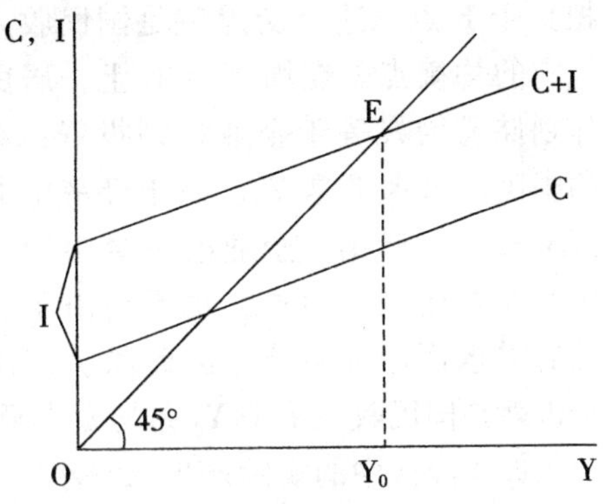

图 11－6　消费和投资如何决定国民收入

如图 11－6 所示，总支出曲线 C＋I 与 45°线相交于 E 点，E 点就是国民收入均衡点。在这一点上，居民户计划消费加上企业计划投资恰好等于国民收入，即总需求等于总产出。均衡状态的收入水平是 Y_0，在这个收入水平上，企业生产的产品既不会出现积压也不会出现不足的情况。

如果国民产出小于 Y_0，即收入水平在均衡点 E 的左侧，此时总支出曲线 C＋I 位于 45°线之上，计划的总支出大于计划的总产出，企业存货下降，产品就会供不应求，必然导致企业扩大生产，从而推动产出水平上升，直到等于均衡产出水平 Y_0。如果国民产出大于 Y_0，即收入水平在均衡点 E 的右侧，此时总支出曲线 C＋I 位于 45°线之下，计划的总支出小于计划的总产出，企业存货上升，产品就会供过于求，必然导致企业缩小生产，从而导致产出水平下降，直到等于均衡产出水平 Y_0。

上述结论也可以通过公式推导出来。由于均衡收入指与计划总支出相等的收入，而计划支出由消费和投资构成，因此可以得到：

$$Y = C + I \tag{11.17}$$

在 11.1.3 已经说明消费是收入的函数，即：

$$C = \alpha + \beta Y \tag{11.18}$$

将（11.17）和（11.18）两式结合起来求解 Y，可以得到：

$$Y = \frac{\alpha + I}{1 - \beta} \tag{11.19}$$

显然，当消费函数和投资量一定时，收入是随之确定的。此时的收入就是均衡国民收入。

2. 储蓄—投资法（S－I）

在分析储蓄和投资是如何决定国民收入时，同样出于简化分析的目的，仍然假定投资量 I 是一个外生变量。此时的投资曲线 I 是一条平行于横轴的直线，其到横轴的距离就是投资量 I，如图 11－7 所示。

储蓄和投资在国民收入决定中的作用可以用图 11－7 来说明。曲线 S 是储蓄曲线，表示居民户想要进行的储蓄或称计划储蓄。根据 11.1.3 的介绍，这条曲线与横轴的交点 B 表示收支相抵点，在 B 点左侧储蓄为负值，在 B 点右侧储蓄为正值。曲线 I 是投资曲线，表示企业想要进行的投资或称计划投资。储蓄曲线 S 与投资曲线 I

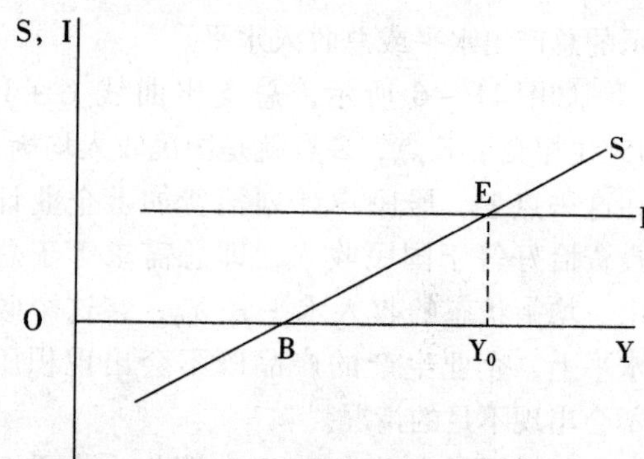

图 11－7　储蓄和投资如何决定国民收入

相交于 E 点，这个交点就是国民收入所趋向的均衡点。在均衡点 E 上，居民户计划储蓄恰好等于企业计划投资，对应的国民产出水平是 Y_0。由于经济中的总需求等于总产出，企业既不会由于有积压的存货而减少生产，也不会由于有过旺的需求而增加生产。因此国民产出水平也就是国民收入水平 Y_0 是均衡水平。

如果经济中的实际产出水平小于 Y_0，表明企业计划投资大于居民户计划储蓄。此时，总需求大于总产出，企业生产的产品供不应求，因此将扩大生产，推动国民产出水平趋于上升。如果经济中的实际产出水平大于 Y_0，表明企业计划投资小于居民户计划储蓄。此时，总需求小于总产出，企业生产的产品供过于求，因此将缩小生产，导致国民产出水平趋于下降。

可见，只有 E 点上的国民产出 Y_0 是均衡状态的产出水平，也就是均衡的国民收入水平。当收入水平偏离 Y_0 时，储蓄和投资的差额将使企业改变它们的生产水平，从而使国民收入水平回到均衡状态。这个结论同样可以通过公式的推导得出。根据投资与储蓄恒等式：$I=S$，以及储蓄函数：$S=Y-C=-\alpha+(1-\beta)Y$，将两式结合起来求解收入 Y，得到：

$$Y=\frac{\alpha+I}{1-\beta}$$

这个结论与在消费和投资对国民产出的决定过程中得到的结论是完全相同的。以上两种方法，其实是从同一关系中引申出来的，因为储蓄函数本来就是从消费函数中派生出来的。因此，无论使用消费函数，还是使用储蓄函数，求得的均衡收入都是一样的。

国民收入的均衡水平表示的是一种相对的稳定状态，当某些因素发生变化时，国民收入的均衡水平也将随之发生变动。根据消费和投资对国民收入决定过程的分析可知，国民收入的均衡水平主要与总支出曲线 $C+I$ 有关，即当总支出曲线发生移动时，国民收入的均衡水平也一定会发生移动。因此，为了分析国民收入的变动，必须明确总支出曲线 $C+I$ 移动的原因。

总支出变动主要分为两种：一种是由于收入的变动而引起的变动，例如因收入增加而引起的消费的增加，支出的这种变动称为诱发的变动；另一种是由于收入以外的其他因素的变动而引起的变动，例如由消费倾向的变动和私人投资的变动而形成的总支出的变动，这种变动与收入的变动无关，所以称为自发的变动。消费和投资的自发的变动是总支出曲线移动的原因。总支出曲线的移动一般表现为两种形式：一是总支出曲线向上或向下平行移动；二是总支出曲线的斜率发生变化。

1. 总支出曲线的平行移动

因为总支出曲线 C + I 是由消费曲线 C 和投资曲线 I 垂直相加而得到的曲线，所以，消费曲线和投资曲线的变动都会引起总支出曲线同方向的变动，即消费曲线和投资曲线向上或向下平行移动会引起总支出曲线向上或向下的平行移动。其中，消费曲线的平行移动是由于居民的平均消费倾向的变动，而投资曲线的平行移动是因为私人投资的增加或减少。为了简化分析，在此假定消费曲线保持不变，而投资曲线向上平行移动 ΔI 的距离。此时得到均衡国民收入水平的变动结果，如图 11 - 8 所示。

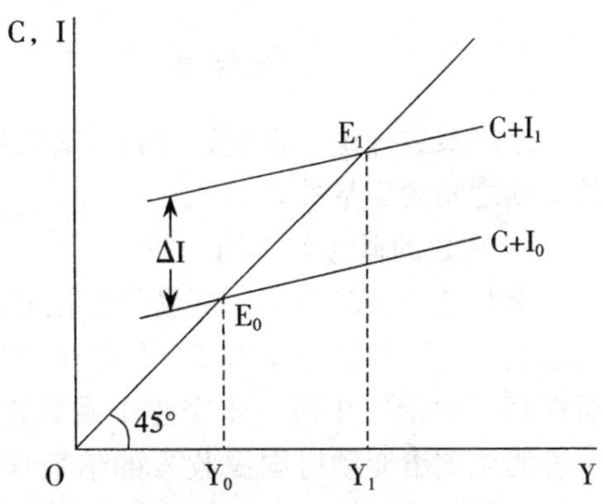

图 11 - 8　总支出曲线向上平行移动

在图 11 - 8 中，初始的均衡收入是 45°线和总支出曲线 $C + I_0$ 的交点 E_0 所对应的 Y_0 点。之后，投资从 I_0 自发地增加到 I_1，其中 ΔI 是投资的增加量，也就是 I_1 与 I_0 的差额。于是总支出曲线向上平行移动到 $C + I_1$。此时的国民收入均衡水平是 45°线和总支出曲线 $C + I_1$ 的交点 E_1 所对应的 Y_1 点。可见，投资的增加引起总支出曲线向上平行移动，从而使国民收入的均衡水平上升。可以预见，投资的减少会引起总支出曲线向下平行移动，从而使国民收入的均衡水平下降。

2. 总支出曲线的斜率变化

总支出曲线的斜率表示边际消费倾向，因此总支出曲线的斜率变化实质上是边际消费倾向的变化。如图 11 - 9 所示。

在图 11 - 9 中，初始国民收入的均衡水平是 45°线和总支出曲线 $C_0 + I$ 的交点 E_0 所对应的 Y_0 点。之后，边际消费倾向增加，表现为总支出曲线逆时针向上旋转，得到总支出曲线 $C_1 + I$。此时，国民收入的均衡水平是 45°线和总支出曲线 $C_1 + I$ 的交点 E_1 所对应的 Y_1 点。可见，边际消费倾向的增大使总支出曲线逆时针向上转动，从而使国民收入的均衡水平趋于上升。同样也可以证明，边际消费倾向的减小会使总支出曲线顺

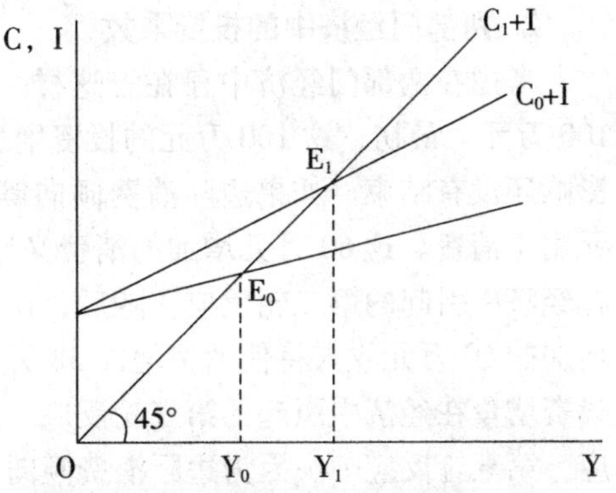

图 11 - 9　总支出曲线的斜率增大

时针向下转动，从而导致国民收入的均衡水平趋于下降。

通过分析表明，在短期内，在价格水平不变的情况下，国民收入的变动，归根到底，是由于投资的变动或消费倾向的变化所引起的总支出和总需求曲线的转移。

11.2.2 乘数理论

运用乘数理论，定量地分析二者之间的关系问题，说明总支出的变动与国民收入的变动之间的定量关系。

1. 乘数的概念与作用

乘数是指经济中某一变量的变化通过一系列连锁反应所引起的另一相关变量的变化倍数。英国经济学家 R. F. 卡恩在 1931 年首次明确提出了“乘数”的概念，凯恩斯在其《通论》中进一步完善了乘数理论，并把乘数同边际消费倾向联系起来，用于说明总支出变动对国民收入的倍数作用。乘数在凯恩斯宏观经济学中占据重要地位，也是现代经济研究中的重要分析工具。

乘数的作用主要表现在解释国民收入的波动和用于制定宏观经济政策方面。由于乘数的作用，支出的自发波动会引起国民收入更大幅度的波动，所以国民收入发生波动的一个重要原因是支出的自发变动。另一方面，当国民收入的均衡水平（也就是国民产出的均衡水平）偏离充分就业水平时，经济会出现失业或通货膨胀现象，政府往往希望通过对经济的干预使国民产出达到充分就业水平。例如，在萧条时期，政府可能采取扩张性宏观经济政策，从而达到刺激总需求，提高国民产出水平，减少失业的目的。然而在具体实施过程中，究竟应该增加多少支出才是合适的，必须要对支出变化和由它引起的国民产出变化之间的乘数关系做出准确地估计。

根据所对应的变量不同，乘数可分为投资乘数、政府购买支出乘数、税收乘数和平衡预算乘数等。其中投资乘数与政府购买乘数可以合称为支出乘数，分别反映了消费支出与政府购买支出变化与所引起的国民收入变化之间的定量关系。

2. 两部门经济中的投资乘数

考虑在两部门经济中存在着这样一种情况。假定由于利率的降低使投资增加了 100 万元，最初，这 100 万元的投资增加量直接引起国民收入增加 100 万元。然而其影响还没有结束。如果边际消费倾向等于 0.6，则增加的 100 万元投资中将有 60 万元用于消费。这 60 万元增加的消费又导致国民收入增加 60 万元。这已经是投资增量在经济中引起的第二轮反应。随后，由于不变的边际消费倾向仍然发挥作用，第二轮增加的 60 万元收入将使消费增加 36 万元，从而使国民收入再增加 36 万元。这就是投资增量在经济中引起的第三轮反应。这个过程将继续下去，在经济中产生第四轮反应，第五轮反应……因为边际消费倾向是小于 1 的，随着这种连锁反应过程的继续，国民收入的增量和消费的增量一轮比一轮小，最终趋向于 0，所以国民收入的增量的总和收敛于一个常数。

这个例子说明的就是投资乘数。投资乘数是指作为外生变量的投资的增量与所引起的国民收入变化量的比值，用 k_I 来表示。如果用 ΔI 表示最初增加的投资量，由于第一轮增加的国民收入是最初的投资增加量与边际消费倾向 β 的乘积，即 $\beta \cdot \Delta I$；$\beta \cdot \Delta I$是第二轮初始的投资增加量，因此第二轮增加的国民收入应该是$\beta^2 \cdot \Delta I$……如此递推下去，投资增加引起的国民收入的增加量的总和可以表示为：

$$\begin{aligned}&\Delta I+\beta \cdot \Delta I+\beta^2 \cdot \Delta I+\beta^3 \cdot \Delta I+\cdots+\beta^{n-1} \cdot \Delta I+\beta^n \cdot \Delta I\\&=\Delta I\ (1+\beta+\beta^2+\beta^3+\cdots)\\&=\Delta I\frac{1}{1-\beta}\end{aligned} \tag{11.20}$$

根据投资乘数的定义，乘数是（11.20）总和与投资增量 ΔI 之比，因此，投资乘数可以表示为：

$$k_I=\frac{1}{1-\beta}=\frac{1}{1-MPC} \tag{11.21}$$

这就是投资乘数的表达式。可见，投资乘数的大小决定于边际消费倾向的大小。边际消费倾向越大，在每一轮增加的收入中，用于消费的比例就越大，投资乘数的值就越大。投资乘数与边际消费倾向之间存在同方向变化的关系。对于乘数的理解也可以通过图式法予以说明。如图 11－10 所示。

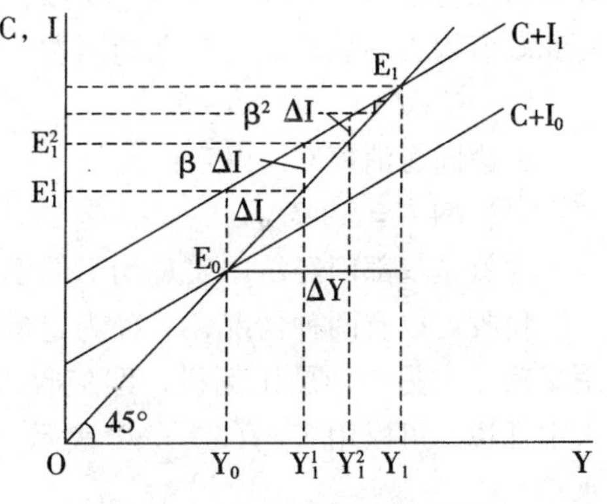

图 11－10　投资乘数图示

最初的均衡国民收入由总产出曲线 $C+I_0$ 与45°线的交点 E_0 决定。当投资增加 ΔI 后，国民收入增加到 E_1^1，进而使国民产出增加到 Y_1^1。投资增量 ΔI 中有 $\beta \cdot \Delta I$ 被用作消费，从而使总支出增加了 $\beta \cdot \Delta I$。此时国民收入增加到 E_1^2。进而使产出增加到 Y_1^2。投资增量增加了 $\beta^2 \cdot \Delta I$ 的消费，推动国民产出继续增加。如此持续下去，直到国民收入上升到总产出曲线 $C+I_1$ 与45°线的交点 E_1。此时的总产出与总支出都是 Y_1，经济达到了新的均衡。

在图 11－10 中，当均衡点从 E_0 移动到 E_1 之后，国民产出的均衡水平从 Y_0 增加到 Y_1，总支出增量和总收入增量是 Y_1 与 Y_0 的差额。它是由两部分组成的：一部分是自发的投资增量 ΔI，另一部分是诱发的消费增量$\frac{\beta}{1-\beta} \cdot \Delta I$（因为 $\beta^2 \cdot \Delta I$ 太小，可以忽略）。因此，总支出增加的总量 ΔY 就可以表示为：

$$\Delta Y = \Delta I + \frac{\beta}{1-\beta}\Delta I = \frac{1}{1-\beta}\Delta I \tag{11.22}$$

因此可以得出结论，支出的变化对国民产出之所以会产生乘数作用，是因为在一定条件下国民产出的变化会诱发消费的变化，因为支出的变化而引起的国民产出的变化，一定等于自发支出变化和诱发支出变化之和。而这个结果与（11.21）式的结果必然是完全一致的。

11.2.3　多部门均衡国民收入决定

在分析了两部门国民收入的决定的基础上，下面将讨论多部门国民收入的决定及其相应乘数，首先从三部门经济开始。

1. 三部门均衡国民收入决定

在三部门经济中，政府开始发挥作用。国民收入从总支出角度看，包括消费、投资和政府购买；从总收入角度看，则包括消费、储蓄和税收。其中的税收是指减去政府转移支付后所得的净纳税额。所以，加入政府部门后的均衡应该是计划的消费、投资和政府购买的总和，同计划的消费、储蓄和净税收的总和相等的收入，即：

$$C + I + G = C + S + T \tag{11.23}$$

两边同时消掉 C，得到：

$$I + G = S + T \tag{11.24}$$

这就是三部门经济中宏观均衡的条件。

税收可以有两种情况，一种为定量税，即税收不随收入的变化而变动，可以直接用 T 表示；另一种是比例税，即随收入增加而增加的税收量。如果按一定税率从收入中征税，可以用 $T = f(Y) = \gamma Y$ 表示，由此可以得到两种不同的国民收入均衡收入水平。

当收入是按定量税计算时，消费函数是：

$$C = \alpha + \beta Y_d \tag{11.25}$$

此处的 Y_d 表示为可支配收入，即：

$$Y_d = Y - T \tag{11.26}$$

则储蓄函数表示为：

$$S = Y_d - C = Y_d - (\alpha + \beta Y_d) = -\alpha + (1-\beta) Y_d \tag{11.27}$$

由（11.24）、（11.26）和（11.27）式联合起来求解方程组，得到国民收入的均衡水平为：

$$Y = \frac{I + G + \alpha - \beta T}{1-\beta} \tag{11.28}$$

在定量税条件下，三部门经济中的国民收入的决定可以用图形予以说明，如图

11－11 所示。

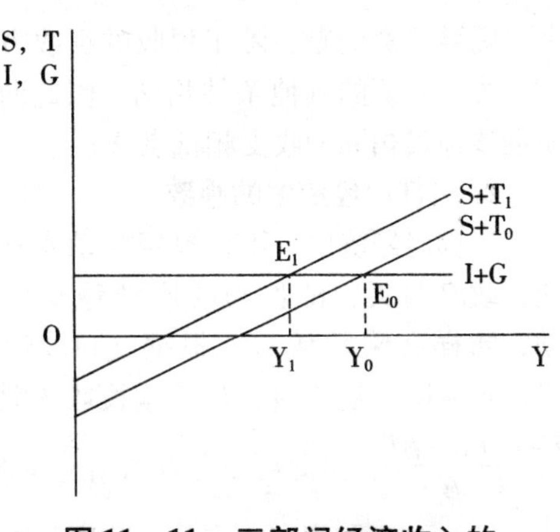

图 11－11　三部门经济收入的决定（定量税）

图 11－11 中，I＋G 表示投资加政府采购所形成的总支出线，$S+T_0$ 表示最初储蓄与定量税之和。最初的均衡点 E_0 由两条线相交得到，此时的均衡国民收入是 Y_0。当其他条件不变而税收增加时，$S+T_0$ 向上平行移动到 $S+T_1$，与总支出线相交于 E_1 点，此时的均衡国民收入时 Y_1。可见，定量税的增加，会引起均衡国民收入的降低。

如果采用的税收是比例税，则情况有所不同。根据 $T=f(Y)=\gamma Y$，首先，可支配收入的表达式改变为：

$$Y_d=Y-f(Y)=Y-\gamma Y=(1-\gamma)Y \tag{11.29}$$

其次，均衡条件也要改变为：

$$I+G=S+\gamma Y \tag{11.30}$$

再把（11.27）、（11.29）和（11.30）式联合起来求解方程组，得到：

$$Y=\frac{I+G+\alpha}{1-\beta+\gamma\beta} \tag{11.31}$$

这就是采用比例税得到的国民收入的均衡水平的表达式，同样，也可以采用图式法予以说明，如图11－12 所示。

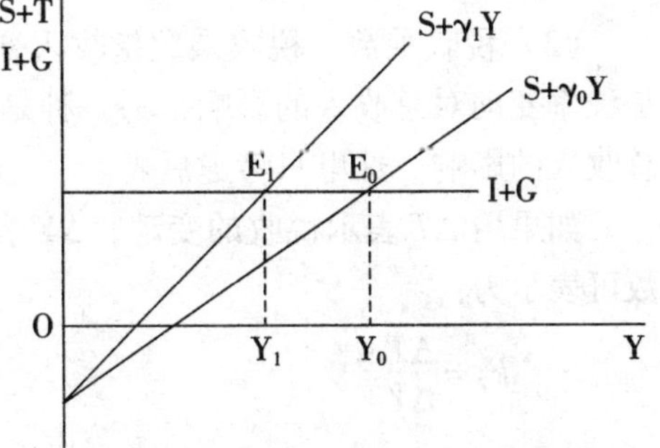

图 11－12　三部门经济收入的决定（比例税）

图 11－12 中，I＋G 仍然表示投资加政府采购所形成的总支出线，$S+\gamma_0 Y$ 表示最初储蓄与比例所得税之和。最初的均衡点 E_0 由两条线相交得到，此时的均衡国民收入是 Y_0。当其他条件不变而税收比例增加时，$S+T_0$ 向上逆时针转动到 $S+\gamma_1 Y$，与总支出线相交于 E_1 点，此时的均衡国民收入是 Y_1。可见，当比例税的收入比例增加时，也会引起均衡国民收入的降低。

当然也可以在一幅图中画出定量税和比例所得税条件下的三部门经济中国民收入的均衡水平，如图 11－13 所示。

图 11－13 中，当采用定量税时，国民收入的均衡点是 E_1；当采用比例税时，国民收入的均衡点是 E_2，对应的均衡国民收入分别是 Y_1 和 Y_2，而且前者比后者大一

些。需要注意的是，除了税收的征收方法不同之外，经济的其他条件相同，因此两条投资曲线经过相同的收支相抵点 A。

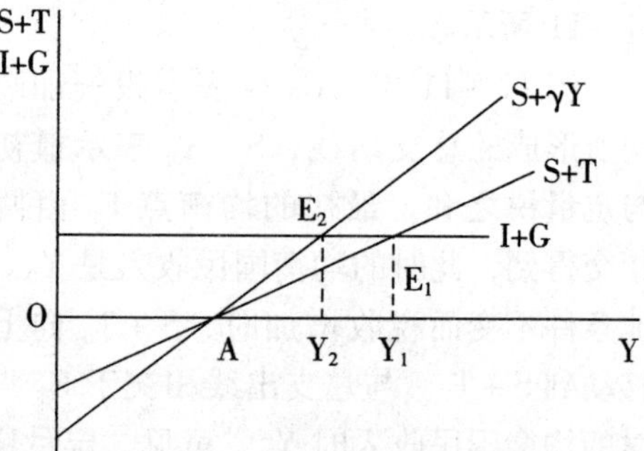

图 11－13　三部门经济中国民收入的决定

2. 三部门经济中的乘数

三部门经济中，不仅投资变动有乘数效应，政府购买、税收和政府转移支付的变动，同样有乘数效应。根据（11.28）式，当税收采用定量税时，均衡国民收入是 $Y=\dfrac{I+G+\alpha-\beta T}{1-\beta}$，由此可以分别求出上述乘数。

（1）政府购买支出乘数。政府购买支出乘数是指收入变动对引起这种变动的政府购买支出变动的比例。如果用 ΔG 表示政府支出变动，ΔY 表示收入变动，k_G 表示政府购买支出乘数，则：

$$k_G=\frac{\Delta Y}{\Delta G} \tag{11.32}$$

在其他条件不变的情况下，根据（11.28）式，$\Delta Y=\dfrac{\Delta G}{1-\beta}$，因此得到政府购买支出乘数：

$$k_G=\frac{\Delta Y}{\Delta G}=\frac{1}{1-\beta} \tag{11.33}$$

（2）税收乘数。税收乘数指收入变动对税收变动比例。税收变动有两种：一种是税率变动对总收入的影响，另一种是税收绝对量变动对总收入的影响，即定量税对总收入的影响。这里只考虑后者。

如果用 ΔT 表示税收的变动，ΔY 表示收入的变动，k_T 表示税收乘数，则税收乘数可表示为：

$$k_T=\frac{\Delta T}{\Delta Y} \tag{11.34}$$

在其他条件不变的情况下，根据（11.28）式，$\Delta Y=-\dfrac{\beta\Delta T}{1-\beta}$，因此，税收乘数可表示为：

$$k_T=\frac{\Delta T}{\Delta Y}=-\frac{\beta}{1-\beta} \tag{11.35}$$

税收乘数为负值，表示收入随税收增加而减少，因为当税收增加时，人们可支配的收入减少，从而消费相应减少。

（3）政府转移支付乘数。政府转移支付乘数指收入变动对政府转移支付变动的比例。政府转移支付增加，增加了人们可支配收入，因而消费会增加，总支出和国民收入增加。

如果用 T_r 表示政府转移支付，则可支配收入转变为：

$$Y_d = Y - T + T_r \tag{11.36}$$

把（11.36）式与（11.24）、（11.25）和（11.26）联合求解，得到国民收入均衡水平的表达式为：

$$Y = \frac{\alpha + I + G + \beta T_r - \beta T}{1 - \beta} \tag{11.37}$$

如果用 k_{T_r} 表示政府转移支付乘数，ΔT_r 表示政府转移支付变动，ΔY 表示收入变动，则政府转移支付乘数可表示为：

$$k_{T_r} = \frac{\Delta T_r}{\Delta Y} \tag{11.38}$$

在其他条件不变的前提下，根据（11.37）式，可以得到政府转移支付乘数的表达式为：

$$k_{T_r} = \frac{\beta}{1 - \beta} \tag{11.39}$$

（4）平衡预算乘数。平衡预算乘数指政府收入和支出同时以相等数量增加或减少时，国民收入变动对政府收入变动的比例。

如果用 ΔY 代表政府支出和税收各增加同一数量时国民收入的变动量，则：

$$\Delta Y = k_G \Delta G + k_T \Delta T = \frac{1}{1 - \beta}\Delta G + \frac{-\beta}{1 - \beta}\Delta T \tag{11.40}$$

由于假定 $\Delta G = \Delta T$，因此：

$$\frac{\Delta Y}{\Delta G} = \frac{\Delta Y}{\Delta T} = 1 = k_b \tag{11.41}$$

式中，k_b 是平衡预算乘数，其值为 1。

3. 四部门均衡国民收入决定

在三部门经济的基础上，再加上一个国外部门就构成了四部门经济模型。在这种开放经济中，一国均衡收入不仅取决于国内消费、投资和政府支出，还取决于净出口，即：

$$Y = C + I + G + (X - M) \tag{11.42}$$

出口是由外国的购买力和购买要求决定的，本国难以左右，因而一般假定是一个外生变量。进口会随本国收入提高而增加，因为本国收入提高后，人们对进口消费品和投资品的需求会增加。因此可以把进口写成收入的一个函数：

$$M = M_0 + \lambda Y \tag{11.43}$$

式中，M_0 为自发性进口，即和收入没有关系或者说不取决于收入的进口部分；λ 表示边际进口倾向，即收入增加 1 单位时进口会增加多少。

在这里把税收表示为：

$$T = T_0 + \gamma Y \tag{11.44}$$

式中，T_0 表示定量税，而 γY 表示比例所得税。将税收（11.44）式、消费函数（11.25）式和可支配收入（11.36）式联合求解，就得到了四部门经济中国民收入均衡水平的表达式：

$$Y=\frac{1}{1-\beta(1-\gamma)+\lambda}(\alpha+I+G-\beta T_0+\beta T_r+X-M_0) \tag{11.45}$$

由四部门经济中均衡收入决定的公式（11.45）可以得到对外贸易乘数的表达式：

$$\frac{dY}{dX}=\frac{1}{1-\beta(1-\gamma)+\lambda} \tag{11.46}$$

它表示出口增加一个单位引起的国民收入变动多少。

11.3 总供给

11.3.1 总供给的含义

总供给是整个社会在每一价格水平下提供的产品和劳务的总量。总供给取决于该经济中可供利用的资源状况、技术水平和价格水平等因素。由于总供给等于各种生产要素供给的总和或各种生产要素得到的收入的总和，因此，可以利用各种生产要素收入（工资、地租、利息和利润）的最终去向来衡量总供给的数量，即总供给包括：消费、储蓄和政府税收三个主要项目。

11.3.2 短期总供给曲线

1. 短期总供给曲线的含义

总供给曲线是描述了商品和劳务的供给总量与价格水平之间关系，即全社会愿意并能够生产的商品数量同价格之间的关系曲线。短期总供给曲线是反映短期内产出水平与价格水平之间关系的曲线。

基于对劳动力市场工资变动情况的假定不同，古典学派与凯恩斯学派对短期总供给曲线形状的判断有所差异。

2. 古典短期总供给曲线

古典宏观经济理论强调市场机制的作用，认为市场上的信息是充分的，信息的传递是迅速而及时的，各种资源的流动也不会花费时间和成本。当经济中出现失衡时，经市场机制的调整会迅速恢复均衡。在劳动力市场上，劳动需求和劳动供给都是有实际工资水平决定的，决定实际工资的货币工资和价格水平都是非常灵活，因此，劳动力市场的非均衡状态在市场机制的调节下会迅速得到调整，从而使得劳动力市场总是处在充分就业的状态。

按照古典经济理论，工资和价格都是完全灵活变动。由于所有的价格和成本都可以在瞬间发生调整，价格的变化将保证总供给等于总需求，价格水平的变化不会影响企业愿意提供的产出水平。因此，即使在短期内总供给曲线也是垂直的，如下图11－14所示。

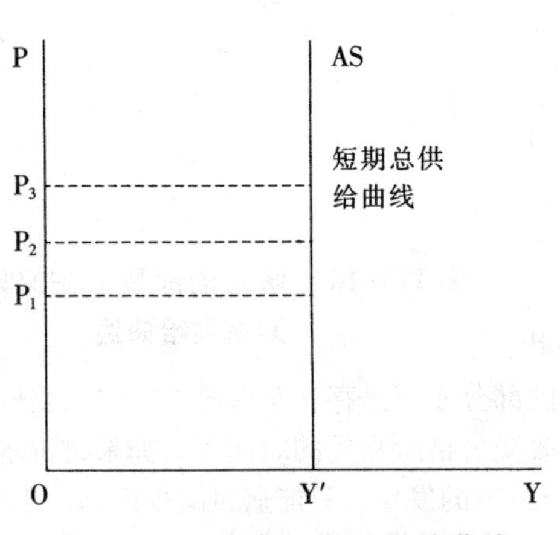

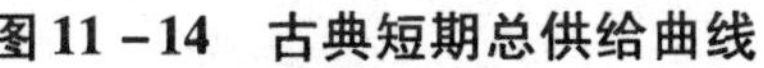
图11－14　古典短期总供给曲线

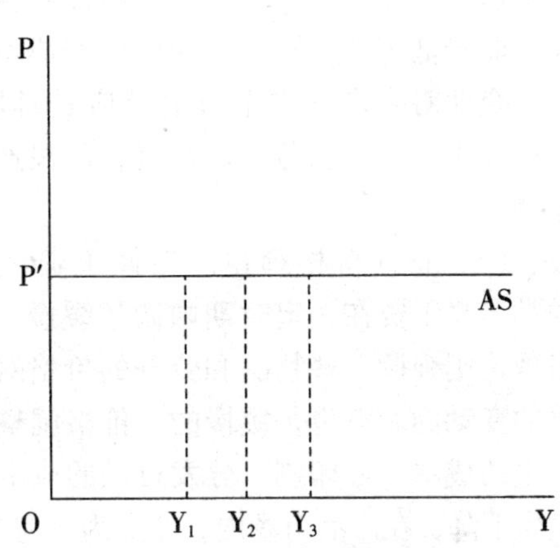

图11－15　凯恩斯短期总供给曲线

3. 凯恩斯主义的短期总供给曲线

凯恩斯学派认为，由于劳动力市场上工会等因素的作用，使得货币工资只能上升，而不能下降，从而呈现出一种向下刚性的现象，凯恩斯主义认为因此，劳动力市场并不总是处在充分就业的状态。在短期内，当产出发生变化时，价格不变，企业只能调整产量。按照这个假设，在经济未达到充分就业之前，企业在既定的价格水平上可以生产任何社会所需的产出水平。因此，在达到充分就业之前，短期总供给曲线是水平的，这也被称为极端凯恩斯主义短期供给曲线。如图11－15所示。

在劳动力市场中，工资刚性产生的原因主要有以下几方面：工会组织的干预、工作合同、劳动力市场的信息不充分和各个市场之间调整时差问题。

4. 修正的凯恩斯主义短期总供给曲线

新凯恩斯主义学者经过长期的理论和实证研究，修正了凯恩斯学派对短期总供给曲线的观点，使得理论更加接近并反映现实。他们认为，工资存在着粘性，而不是完全的刚性，在短期内，总供给曲线既不是垂直的，也不是水平的。短期总供给曲线应该是向上倾斜的，而且，曲线的斜率是随着产出水平的增加而逐渐增大的，即随着产出水平的提高，曲线将变得越来越陡峭。如图11－16所示。

大多数经济学家认为，合理解释短期总供给曲线向右上方倾斜主要有以下三种理论：

（1）粘性工资理论。粘性工资理论指出短期总供给曲线向右上方倾斜是因为名义工资调整缓，或者说在短期中是“粘性的”。在某种程度上，名义工资调整缓慢的是由于工人和企业之间存在固定名义工资的长期合约。如图 11 - 16 所示，当某一时期，物价水平从 P_2 下降到 P_1，由于长期合约存在，企业不能降低工人工资，企业的生产成本因而上升。企业对生产成本上升的反应是解雇工人，生产较少的物品和劳务。最终，国民产出也从 Y_2 减少到 Y_1。

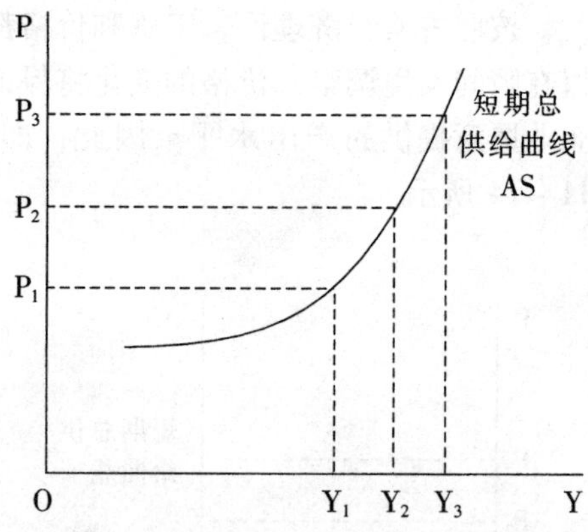

图 11 - 16 修正的凯恩斯主义短期总供给曲线

（2）粘性价格理论。粘性工资理论强调的是名义工资在一定时期内调整缓慢；粘性价格理论则强调一些物品和劳务的价格对经济状况的变动的调整也是缓慢的。价格调整缓慢的部分原因是存在菜单成本，即调整价格产生的成本，如印刷，分发目录的成本以及改变价格所需要的时间等。如果物价水平发生下降，在产品市场内，企业为了避免菜单成本的发生，只能通过减少产品产出量，而不是降低产品价格。

（3）错觉理论。错觉理论认为物价总水平的变化会暂时误导供给者对市场发生的变动的看法。假设物价总水平降低到预期水平之下。当供给者看到他们的产品的价格下降时，他们可能会错误地认为，他们的相对价格下降了，随后企业将减少产量。同样，工人也会注意到他们的名义工资暂时下降了，并且减少对劳动的供给。在这两种情况下，低物价水平对应着低的国民产出。

从上述分析可知，在不同的理论框架中，短期总供给曲线的形状是有差异的。但是无论哪种形状的短期总供给曲线，在生产成本、生产率发生变化的情况下都会发生移动。当生产成本上升时，生产率下降时，就会引起短期总供给的减少，使短期总供给曲线向左上方移动；反之则会引起总供给曲线向右下方移动。

11.3.3 长期总供给曲线

与短期总供给曲线相比，经济学家们对长期总供给曲线的形状没有太多争议。长期总供给曲线是一条位于潜在产出水平的垂直线，即价格水平的变动，对产出水平没有任何影响，如图 11 - 17 所示，在短期内，价格的变动可以提高产出水平；可是，从长期看，价格水平上升对产出的作用最终将被生产成本的提高所抵消，价格水平下降对产出水平的作用将被生产成本的下降所抵消，因此，无论价格如何提高，实际产出水平只能保持在实现了充分就业的潜在产出水平 Y′上。

当然，长期总供给曲线不是一成不变的，它会随着经济发展，科学技术变迁，新

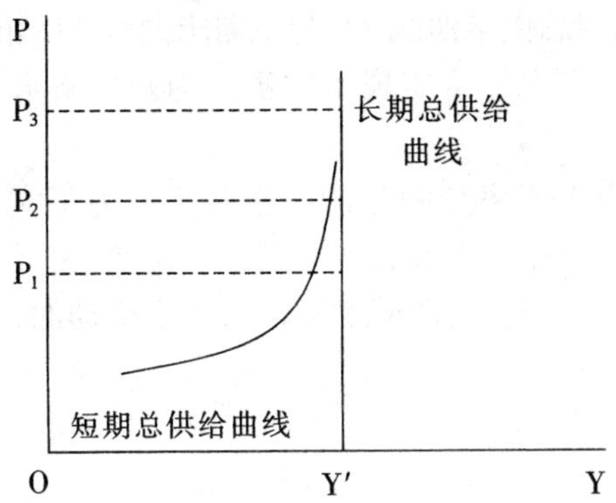

图 11－17　短期和长期总供给曲线

资源的出现而增加，相应的长期总供给曲线也会发生变动。例如，劳动生产率提高、技术进步与创新、新资源的开发都会使长期总供给曲线向右移动。

11.4　总需求—总供给模型

前面已经介绍了总需求曲线 *AD* 和总供给曲线 *AS*，总需求曲线 *AD* 表示产品市场和货币市场同时达到均衡时国民收入与价格水平之间的关系。总供给曲线 *AS* 表示的是劳动力市场达到均衡时国民收入和价格水平之间的关系。那么宏观经济是如何实现均衡状态？为什么又会出现经济波动现象？

AD－AS 模型的建立为我们寻找答案提供了一座“桥梁”。经济学家把 *AD* 和 *AS* 放到同一个坐标下，以便确定均衡的价格水平和国民产出量，观察经济波动出现的具体原因。当总需求曲线和总供给曲线相交时，交点反映的国民收入和价格水平就是使产品市场、货币市场和劳动力市场同时达到均衡时的国民收入和价格水平。当总需求曲线和总供给曲线由于某些因素（战争、自然灾害、恐怖威胁、新技术的发明和应用、新资源的出现等等）的影响发生变动时，宏观经济就会出现波动的情况，如滞涨、经济衰退、经济过热和经济增长等现象。

11.4.1　宏观经济均衡

AD－AS 模型的目的之一是解释宏观经济中均衡国民收入和均衡价格水平的变动情况。由于总供给曲线在短期和长期的框架中存在着差异，因而，宏观经济中均衡国民收入的决定情况分为：短期均衡和长期均衡。

1. 短期宏观经济均衡

按照新凯恩斯学派理论，在短期内，总供给曲线 AS 是一条向右上方倾斜的曲

线。如图 11 - 18 表示短期总供给曲线 AS 与总需求曲线 AD 相交于 E 点，此时实际的供给量等于实际需求量，宏观经济实现了均衡，均衡价格水平为 P_1，均衡国民收入为 Y_1。

在短期均衡时，货币工资率是固定的。它并不能为了实现充分就业而调整。因此，短期内均衡的产出量可能大于或者小于潜在产出水平。但在长期中，货币工资率是可以调整的，而且均衡产出量是向着潜在产出水平变动的。

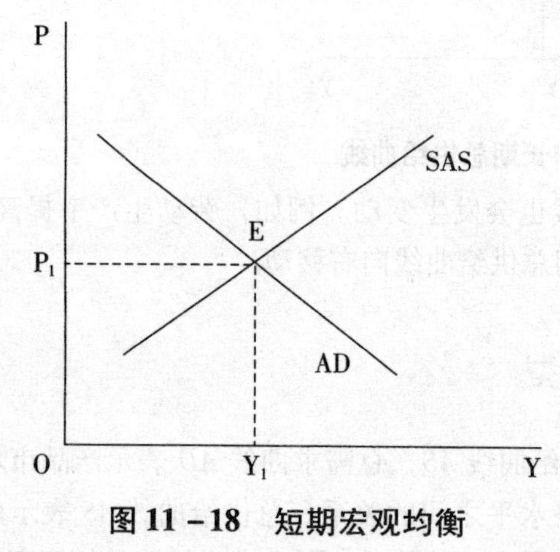

图 11 - 18　短期宏观均衡

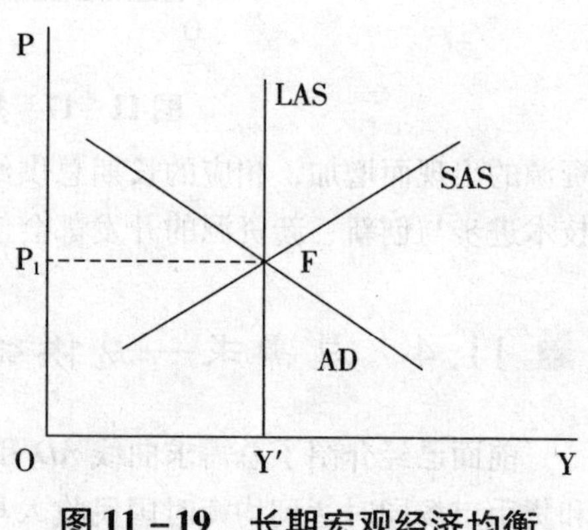

图 11 - 19　长期宏观经济均衡

2. 长期宏观经济均衡

在长期中，长期供给曲线是一条垂直于潜在产出量的曲线。如图 11 - 19 所示，长期供给曲线 LAS 与总需求期限 AD 相交于 F 点，此时经济处于长期总供给曲线上，长期宏观经济实现均衡。可见，总需求决定着物价水平，而对实际产出量没有影响。在长期中，货币工资率是可以调整的，因此短期总供给曲线 SAS 与长期总供给曲线 LAS 在长期均衡价格水平处相交。

11.4.2　宏观经济均衡的变动

AD - AS 模型的另一个应用就是分析宏观经济波动，下面从短期和长期两个时间框架中，研究总需求曲线和总供给曲线发生移动对宏观经济均衡的影响。

1. 短期宏观经济均衡的变动

经济学家经常把长期总供给曲线，短期总供给曲线以及总需求曲线结合起来，放在同一个坐标系中，从而考察在短期内由于总需求曲线和短期总供给曲线的移动而引起的价格水平，国民收入的决定和变动的情况，由此分析国民经济波动的原因。

短期内总需求的移动将会影响宏观经济的均衡产出量和价格水平。如图 11 －20 所示，假设开始时经济处于长期均衡，总需求 AD_0 和短期总供给曲线和长期总供给曲线相交于一点。在长期总供给和短期总供给曲线不移动的条件下，由于人们对未来经济乐观的预期等积极因素影响，使得总需求曲线发生变动，AD_0 向右移动到 AD_2，因此，在短期内，总需求的变动导致经济出现过热的现象，物价水平上升到 P_1，实际产出水平 Y_2 超出潜在产出量 Y′。

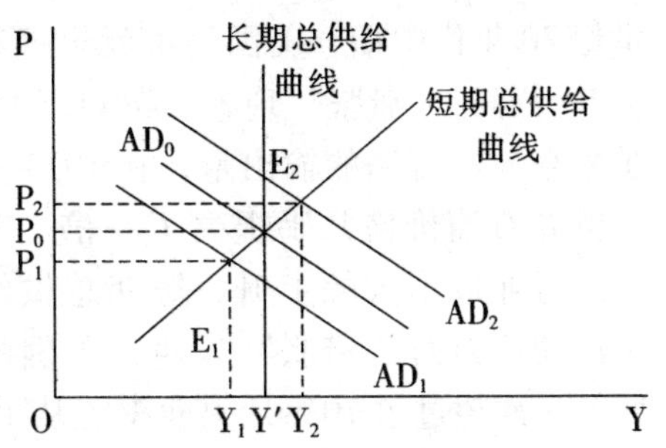

图 11 －20　总需求曲线发生变动

假如战争、恐怖威胁等因素致使人们悲观情绪产生，则总需求曲线将会向左下方移动到 AD_1，宏观经济均衡被破坏，在短期内，经济出现衰退现象，价格水平下降到均衡水平 P_0 之下，实际产出量小于潜在水平。由此可知，短期内总需求的变动可能给宏观经济带来过热和衰退两种情况。面对过热现象，决策者应该采取抑制需求的政策，从而降低价格水平和实际产出量，避免社会资源的过度消耗；面对衰退，决策者应积极采取刺激需求的政策，确保社会经济的健康稳定。

链接

美国在经历了持续10年的经济高速增长后，在2001年出现了衰退。失业率从2000年10月的3.9%上升到2001年8月的4.9%，以后又上升到2002年4月的6.0%。这次衰退可以归因于对总需求的三次冲击：第一个冲击是股票市场上网络“泡沫”的破裂；第二个冲击是2001年9月11日的恐怖主义者袭击纽约和华盛顿；第三个冲击是2001年和2002年之间，安然和世通几个大公司的财务丑闻被曝光。以上三个冲击使得总需求大幅度下降，致使美国经济出现衰退现象。美国政府面对衰退立即采取了减税，扩大政府支出和扩张性的货币政策等有效措施，到2002年初，美国的经济衰退已经过去，失业略有下降，物品和劳务生产又开始增长。

短期总供给曲线的移动也是经济出现波动的原因之一。假设经济最初处于长期均衡状态，一些企业的生产成本突然增加。例如，罕见的恶劣气候摧毁了大面积的农作物，食品工业的成本会上升。或者，中东地区发生战争，原油的供应被中断，生产石油产品的行业成本上升。如图 11 －21 表示，在长期总供给曲线和总需求曲线不动的前提下，短期总供给曲线由于农业歉收，石油价格上升等因素影响，发生移动从 SAS_0 移动到 SAS_2，价格水平从 P_0 上升到 P_2，而实际产出水平下降到 Y_2，并且实际产出小于潜在产出 Y′，这种通货膨胀和产出下降共存的现象称为“滞胀”。例如，20

世纪70年代中期，美国经济就出现石油价格上升引起的“滞胀”现象。OPEC的成立限制了中东地区石油的输出量，在1973～1975年间世界石油价格几乎提高了一倍。美国石油生产行业成本大幅上升，短期总供给曲线向左移动，因而“滞胀”发生，美国的通货膨胀第一次超过了10%，失业率也从1973年的4.9%上升到1975年的8.5%。

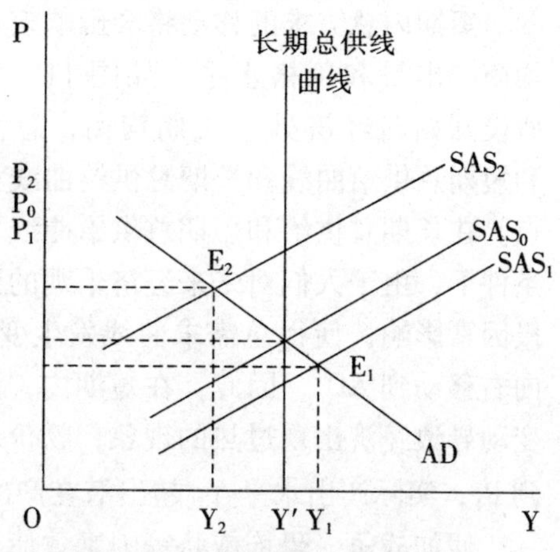

图11－21　短期总供给曲线发生变动

通过分析不难看出，尽管经济可以在长期趋近于充分就业水平，可是在短期内仍然存在经济衰退、经济过热和滞胀等情况。这就要求政府在制定宏观政策时不仅要考虑长期效果，还要注意到短期内带来的影响。

2. 长期宏观经济均衡的变动

长期内由于价格和工资是灵活变动的，经济能够自动恢复到充分就业的均衡状态。因此，我们讨论过的经济衰退、过热、滞胀状态都是短期内存在的。下面对经济从过热状态恢复到均衡状态的情况进行详细分析。

如图11－22（A），IS_0和LM_0相交于充分就业的利息率r_0和国民收入Y_0；相应的在图11－22（B）中LAS与AD_0相交于P_0和Y_0，经济处于充分就业的均衡状态。假设政府采用扩张性的财政政策，在（A）图中，IS曲线由IS_0向右移动到IS_1，并且与原来的LM_0相交于r_1和Y_1；在（B）图中，AD_0向右移动到AD_1，AD_1与P_0水平线相交与P_0和Y_1。此时，社会经济出现过热现象。

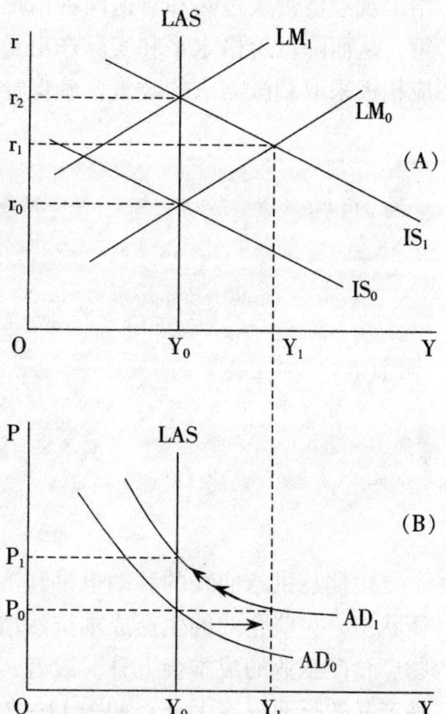

图11－22　总需求变动对长期宏观经济均衡的影响

在（A）图中，由于IS曲线右移，总需求扩大而LAS保持不变，从而价格会相应上升，在货币数量不变的条件下，价格水平的上升会使实际货币余额减少，从而引起LM_0的移动，直到与IS_1相交于r_2和Y_0；在（B）图中，价格的上升使均衡点沿着 AD_1 曲线移动，产出逐渐减少到潜在产出 Y_0，价格上升到 P_1，经济恢复到充分就业状态。

从分析中可知，在长期内，经济一直会处在充分就业水平上。总需求的移动只能引起价格水平的变动，而国民收入、产出水平则不会受到影响，始终保持在潜在产出水平上。

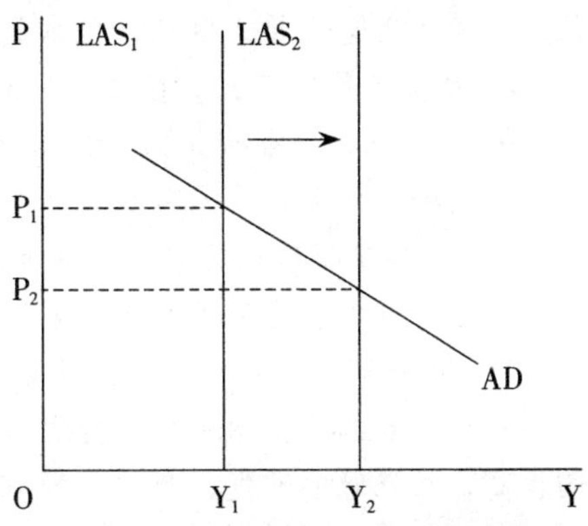

图 11－23　长期总供给曲线变动对宏观经济均衡的影响

随着经济发展，科学技术变迁，新资源的出现而增加，相应的长期总供给曲线也会发生变动。例如，劳动生产率提高、技术进步与创新、新资源的开发都会使长期总供给曲线向右移动。如图 11－23 所示，在总需求曲线不变前提下，如果长期总供给曲线 LAS_1 移动到 LAS_2，那么潜在国民产出将增加到 Y_2，且物价水平也将降低到 P_2。这意味着低通货膨胀水平下，经济蓬勃发展，而这种高经济增长，低通货恰恰是政府制定宏观经济政策的最终目标。由此可知，长期总供给曲线移动可以推动一国的经济朝着健康的方向发展。

本章小结

1. 总需求反映的是经济中不同经济实体的总支出。影响总需求的因素包括许多政策变量。在本章，价格水平对总需求的影响是分析的重点。

2. 需求曲线是表示各种产品的需求总量和对应的价格水平之间的关系的曲线，是一条斜率为负值，向右下方倾斜的曲线。说明了总需求与价格水平反向变动的关系。

3. 线性消费曲线表示的是以凯恩斯的绝对收入理论为基础假设的消费函数中最简单的一种消费函数。其包括自发消费和引致消费两部分。决定消费函数的重要因素是平均消费倾向和边际消费倾向。

4. 储蓄函数与根据消费函数推导出来的，二者之间联系密切。与消费函数相类似，储蓄函数也涉及到平均储蓄倾向和边际储蓄倾向的概念。储蓄倾向和消费倾向之间也存在着一定的数量关系。

5. 总支出曲线的移动有两种情况：向上或向下的平行移动和曲线斜率的变化，而消费和投资的自发变动是总支出曲线移动的根本原因。

6. 在社会化大生产中，投资、政府支出和消费等变量之间会发生一系列连锁反应，从而引出乘数概念。乘数从根本上说就是一种比例关系。而不同的变量对应的是不同的乘数。

7. 三部门和四部门的国民收入决定是在两部门的基础上，不断加入变量而得到的。尽管其表达式趋于复杂，但本质含义上没有变化。

8. 总供给是经济社会在每一个价格水平上提供的商品和劳务的总量。

9. 短期总供给曲线是向上倾斜的，而且，曲线的斜率是随着产出水平的提供而逐渐增大的，即随产出水平的提高，曲线将变得越来越陡峭。

10. 粘性工资理论、粘性价格理论和错觉理论是短期总供给曲线向上倾斜的主要原因。生产成本、生产率和生产要素的供给的变化将引起短期总供给曲线发生移动。

11. 在长期内，价格水平的变动，对产出水平没有任何影响，总供给曲线是一条位于充分就业的产出水平的垂直线。长期总供给曲线不是固定不变的，如劳动生产率的提高，新资源的开发，新技术的应用都将推动长期总供给曲线向右移动。

12. AD－AS 模型解释了为什么经济会出现波动，如繁荣、萧条、滞胀等经济现象，同时也为政府制定宏观经济政策提供了理论依据。

思考题

1. 宏观经济学中的总需求曲线与微观经济学中的市场需求曲线十分相似，那么二者所描述的经济关系又如何？是否也很相似呢？

2. 怎样理解总需求曲线是一条斜率为负值，向右下方倾斜的曲线？

3. 尝试说明平均消费倾向和边际消费倾向的取值范围，并分析原因。

4. 尝试说明平均储蓄倾向和边际储蓄倾向的取值范围，并分析原因。

5. 分析消费倾向和储蓄倾向之间的关系，进而说明消费与储蓄之间的关系。

6. 消费和投资是如何决定国民收入的？储蓄和投资呢？两个决定过程有什么联系？

7. 国民收入变动的原因是什么？

8. 推导各种乘数的数学表达式，并尝试说明多部门的国民收入决定。

9. 为什么短期总供给曲线是向右上方倾斜，并且斜率逐渐增大？

10. 你认为世界石油价格的波动，将影响我国哪些行业？对短期和长期总供给曲线有哪些影响？

11. 运用 AS－AD 模型，谈谈 2008 年奥运会对我国经济有什么影响？

第十二章　银行体系与货币创造

学习目标

学习本章应了解中央银行和商业银行的产生和职能，理解货币创造机制与货币乘数，掌握货币供给与货币需求的含义及其影响因素，理解货币供求如何决定利率。

关键名词

商业银行　中央银行　部分准备金制度　法定准备金　法定准备金率　超额准备金　超额准备金率　货币创造　货币乘数　货币供给　狭义的货币供给　广义的货币供给　货币需求　交易动机　预防动机　投机动机　货币需求函数

12.1　商业银行

现代银行体系主要由中央银行和商业银行构成。中央银行是一国的核心金融管理机构，它统筹管理全国金融活动，实施货币政策进而影响经济。商业银行是私人所有为公众服务的金融中介，之所以称其为金融中介是因为它介于储蓄者和投资者之间，即从前者那里取得存款并以贷款的形式提供给后者。

12.1.1　商业银行的形成

从历史上看，银行起源于意大利。早在1272年，意大利的佛罗伦萨就已出现了一个名叫巴尔迪的银行，1310年又有佩鲁奇银行设立。后来因为债务问题，这两家银行均于1348年倒闭。到1397年，意大利又设立了麦迪西银行，10年后又成立了热那亚圣乔治银行。但是，本质上来说，这些银行都仅仅是一些富有家庭为经商方便而设立的“私人企业”，用“银行”二字作为其称谓稍显勉强。比较具有现代意义的银行是1587年建立的威尼斯银行。作为当时的世界贸易中心，16世纪的威尼斯吸引了全球各地的商人，为了在此地顺利进行商品交换，各地商人必然需要将其携带的大量货币换成威尼斯地方币种，于是专门从事货币兑换业务的货币兑换商出现了。随着经济进一步发展，货币兑换商几经演变最终成为了集存、贷款和汇兑支付、结算业务于一身的早期银行。进入 17 世纪，银行这一新型的金融机构逐渐由意大利传播到其他国家。

与此同时，在英国则出现了由金匠业等演变为银行业的过程。17 世纪中叶英国建立了资本主义制度，工业和商业都出现了迅猛的发展势头。工商业的发展迫切需要有可以提供大量资金融通的专门机构与之相适应。金匠业在原来为统治者提供融资服务、经营债券等业务的基础上，又以自己的信誉作担保，开出代替金属条块的信用票据。这种票据具有流通价值，得到了人们迅速和广泛的接受。至此，现代意义上的银行也就应运而生。1694 年，英国政府为了同高利贷作斗争，维护新生资产阶级的利益，决定成立一家股份制银行——英格兰银行。这样，历史上第一家股份制银行诞生了，它也标志着现代银行业的产生。

从银行的产生过程可以看出，商业银行是商品经济发展到一定阶段的必然产物，并且随着商品经济的发展不断完善。很明显，商业银行主要有两种产生途径：一是由早期高利贷性质的银行演变而来。正如前述的威尼斯银行，当时资本主义生产关系尚未确立，贷款主要是高利贷。后来随着资本主义的产生，高利贷成了经济发展的障碍，因而这种从事高利贷业务的银行要么倒闭，要么顺应资本主义经济的发展：降低贷款利率，为工商企业提供贷款，转变为商业银行。大部分高利贷银行选择了后面一条路。二是根据资本主义经济的要求以股份制的形式组织而成。大多数商业银行是按照这一方式建立的，比如英格兰银行。随着世界上第一家股份制银行的出现，这一组织模式逐渐推广到欧洲乃至全球各地。有意思的是，世界各国对商业银行的称谓是千差万别：英国称之为“存款银行”、“清算银行”；美国称之为“国民银行”、“州银行”；日本称之为“城市银行”、“地方银行”等。

商业银行不断发展，形成了不同类型的银行体制，比如在英国和加拿大，银行数量少但规模大，分支机构众多，而在美国则是另一种形式：独立性的银行。总之，不管是如何产生的，也不管名称和组织形式如何，所有的商业银行都有着共同的特性，那就是：以追求最大利润为目标，以多种金融负债方式筹集资金，以多种金融资产为其经营对象，利用负债进行信用创造。

12.1.2　商业银行的职能

商业银行在现代经济活动中发挥的职能主要有以下五项：信用中介、支付中介、金融服务、调节经济和信用创造。

信用中介就是指商业银行通过负债业务，把社会上的各种闲散货币资金集中到银行，通过资产业务，把它投向需要资金的各部门，充当资金闲置者和资金短缺者之间的中介人，实现资金的融通。支付中介是指商业银行利用活期存款账户，为客户办理各种货币结算、货币收付、货币兑换和转移存款等业务活动。金融服务是指商业银行利用其在国民经济活动中的特殊地位，及其在提供信用中介和支付中介业务过程中所获得的大量信息，凭借这些优势，运用电子计算机等先进手段和工具，为客户提供的其他服务。调节经济是指商业银行通过其信用中介活动，调剂社会各部门的资金余缺，同时在中央银行货币政策指引下，在国家其他宏观经济政策的影响下，实现调节经济结构，调节投资与消费比例关系，引导资金流向，实现产业结构调整，发挥消费对生产的引导作用。信用创造是商业银行的特殊功能，它是指商业银行利用其可以吸收活期存款的有利条件，通过发放贷款，从事投资业务，而衍生出更多存款，从而扩大社会货币供给量。当然这种货币不是现金货币，而是存款货币，它只是一种账面上的流通工具和支付手段。商业银行之所以具有这种功能主要依赖于它的一系列制度，其中最重要的是准备金制度。

12.1.3　商业银行的准备金制度

最初，金匠铺（商业银行的前身）的老板们并没有想到去利用客户的金银赚取钱财，他们只是规规矩矩地代客户保管以收取一定的费用。但是后来他们其中的精明者发现了这样一个问题：所有客户同时前来取款的可能性很小，在一段时期内，总是有人提款也有人存款，两者几乎可以抵消，那么为什么要保留100%的准备金呢？以此为开端，金融发展史上乃至经济发展史上的一次革命性举动开始了：一些金匠铺老板们只将一部分金银存在铺子里作为准备金，而将其余部分拿出来从事营利活动，比如贷放给他人或者购买有利可图的财产。这种做法进一步发展便形成了今天商业银行的部分准备金制度：即银行只保留每笔存款的一部分作为准备金，以应对客户随时的取款保证自己的正常运营。

但是，应该看到，部分准备金制度也给银行带来了一定的风险。由于商业银行为了追求利润总是希望保持最少的准备金，结果就可能导致很多问题，比如一旦一家银行由于经营不善影响了储户对它的信心，造成挤兑存款，而此时准备金数量不足，并且它又不能马上收回贷出的款项，那么这家银行就可能会在一段时间内关门大吉。

不过随着现代银行体系的逐步完善，这种困难可以由中央银行的干预来解决。中央银行以法律的形式规定商业银行或其他金融机构以存款的一定比率保留准备金并存入中央银行，这部分准备金被称为法定准备金，法定准备金占存款的比率被称为法定准备率。有了法律规定的约束，商业银行就不得不保留一定数额的准备金，这样一来即使出现了诸如挤兑存款的问题，中央银行也可以向商业银行借出所需的准备金应对危机。实际上在现代银行体系中，出于多方面的考虑，许多商业银行或金融机构还会在法定准备金以外保留一部分准备金，这部分准备金被称为超额准备金，超额准备金占存款的比率被称为超额准备率。

需要指出的是，法定准备金的最大作用并不是保证商业银行具有充分的偿付能力，而是使央行能够控制货币的扩张，更准确地说是控制银行存款的创造。超额准备金也有类似作用，它也是银行货币扩张的基础，只不过在作用大小上与法定准备金有着明显的区别而已。

12.1.4 商业银行的资产负债表

作为营利性的机构，商业银行具有企业的性质，因此不管职能何等特殊，也不管制度如何复杂，它最终都与一般企业有着极大的相似点，那就是它的资产和负债是反映其经营活动和经营状况的重要工具。银行的每一笔业务都会体现在资产或负债的变化上，从而时刻标示着这个特殊企业的运营情况，决定着其能否继续承担各项职能。

银行的资产就是银行拥有的价值总额，既可以表现为实物形式，也可以表现为金融资产形式。一般说来，商业银行的资产主要包括各种贷出款项、政府债券、其他证券、准备金总额以及其他资产等。这其中，贷出款项是最主要的资产项目，它的数额通常会远远高出其他各项资产，之所以这样是因为银行期望能在如期收回贷款的同时得到高额利息，进而在弥补与此项业务有关的各种成本的基础上获得利润。从这个角度来看，银行的各项资产都是银行牟利行为的体现，在这些牟利行为中，银行以债权人的姿态出现，它在获得资产的同时使得其他部门相应地产生了负债。

银行的负债包括各类银行存款、借款、其他负债以及银行的资本金等。而在各类负债中，占据份额最大的则是各类银行存款，这一点显而易见，因为各商业银行正是依靠吸收存款来筹集资金用以贷出或投资，进而获取利润的。借款也是商业银行负债中值得注意的一个部分。前面分析商业银行部分准备金制度时曾提到这一制度的风险所在，一旦出现了准备金不足的紧急情况，商业银行就不得不求助于“最后贷款者”——中央银行或通过中央银行向其他商业银行借款，以应对一时之需，由此，这一“借款”行为也就增加了商业银行的负债。应该指出，虽然借款只是商业银行负债中的次要部分，但却不容忽视。

表 12－1 是一个简化了的商业银行负债表，从中可以很容易的看出一家商业银行的资产负债情况。需要说明的是，由于设立的账户中把资产和负债的差额定义为净资产，即资产＝负债＋净资产，因此表的左右两边总是平衡的，进而该表也被称为综合平衡表。

表 12-1　　单位：10 亿元

资产		负债	
库存现金	20	交易存款	500
存入中央银行的准备金	20	储蓄和定期存款	2000
贷出款项	2000	借款	300
政府债券	500	其他负债	180
其他证券	200	净资产	160
其他资产	400		
总计	3140	总计	3140

12.2　中央银行

12.2.1　中央银行的形成

从世界范围看，中央银行的产生和中央银行制度的形成与发展迄今已经经历了300多年的历史。这其中，从17世纪中后期中央银行萌芽，到20世纪初第一次世界大战结束后国际社会联合呼吁重建国际货币体系和金融秩序止的250多年间，中央银行和中央银行制度基本上是处于初步形成和发展时期。

总的说来，中央银行的产生基本上有两条途径：一是由信誉好、实力强的商业银行逐步发展演变而成，政府根据客观需要，不断赋予这家银行某些特权，从而使这家银行逐步具有了中央银行的某些性质并最终发展成为中央银行；二是由政府出面直接组建中央银行。

在谈到中央银行时，有两家中央银行必须介绍：瑞典银行和英格兰银行。成立于1656年的瑞典银行最初是一般的私营银行，不过该行在其业务活动上从一开始就比当时已经存在的银行前进了一大步，它也是最早发行银行券和办理证券抵押业务的几个银行之一。瑞典银行成立12年后的1668年，政府出面将其改组为国家银行。更引人注目的是，该行300年大庆时建立了经济学诺贝尔奖基金。成立于1694年的英格兰银行最初也只是一家股份制银行，它改组为国家银行的时间比瑞典银行晚26年，但按照中央银行的基本性质与特征及其在世界中央银行制度形成过程中的作用来看，英格兰银行才是最早全面发挥中央银行功能的银行。

当今世界除了少数地区和国家，几乎所有已经独立的国家和地区都设立了中央银行。它在美国是联邦储备局；在英国是英格兰银行；在法国是法兰西银行；在德国是联邦银行；在日本是日本银行。名称的差别只是表面，实质上所有的中央银行都具备基本相同的性质和职能。

12.2.2　中央银行的职能

中央银行的职能是中央银行性质的具体体现或细化。尽管随着中央银行制度的发展，现代中央银行的职能已经有了十分丰富的内容，但是其最核心的职能还是没有改变，概括成一句话就是：中央银行是发行的银行、银行的银行和国家的银行。

中央银行是发行的银行，是指国家赋予中央银行集中与垄断货币发行的特权，是国家唯一的货币发行机构。这是中央银行最基本、最重要的标志，也是中央银行发挥其全部职能的基础。有了这一职能的保证，才能实现货币发行的统一和货币币值的稳定。

中央银行是银行的银行，是指中央银行的业务对象不是一般企业和个人，而是商业银行和其他金融机构及特定的政府部门；中央银行与其业务对象之间的业务往来仍具有银行固有的办理“存、贷、汇”业务的特征；更重要的，中央银行不仅要为商业银行和其他金融机构提供支持、服务，也要对它们加以管理。

中央银行是国家的银行，是指中央银行代理国库，一方面根据国库委托代收各种税款和公债价款等收入；另一方面代理国库拨付各项经费，代办各种付款与转账；中央银行还要负责提供政府所需的各种长短期资金，代表政府与外国发生金融业务关系，执行货币政策，监督管理全国金融市场活动。

12.2.3　中央银行的资产负债表

中央银行的每一项职能都会造成其自身资产或负债发生变化，具体分析有以下几点：

从资产角度讲：首先，由于中央银行代理国库，因此国库委托代收的各种收入最终会转化成中央银行的资产，表现为黄金券和其他现金；其次，中央银行为进行宏观经济管理，掌握一定数量的政府债券是必要的前提条件，进而政府债券也成了央行资产的一部分，而且一般说来还是占据份额最大的一部分；最后，正如前面分析商业银行资产负债表时所提到的，商业银行一旦面临危机，就要向中央银行求助，这样一来，对商业银行的贷款也成了央行的资产。

从负债角度讲：首先，由于中央银行是发行的银行，它垄断了一国货币的发行权，因此发行的货币就成了央行负债中最主要的一项；其次，作为银行的银行，中央银行通过规定法定准备率对各商业银行进行控制，从而各商业银行的准备金也成了央行负债的一部分；最后，政府存款也在央行负债中占据一席之地，政府存款又被称为财政存款，它在一定程度上表明了一国的支出能力。

表 12－2 是一个简化了的中央银行资产负债表，从中可以发现中央银行的主要业务活动及其资产负债情况。

表 12－2　　单位：10 亿元

资产		负债	
黄金券和其他现金	10	发行货币	200
政府债券	200	商业银行准备金存款	25
对商业隐含贷款	2	政府存款	17
其他资产	40	其他负债	10
总计	252	总计	252

12.3 货币创造与货币供给

12.3.1 货币创造

对于一般意义上的货币概念我们并不陌生，但是在经济学中提到的货币的含义还稍有不同。准确地说，在经济学中的货币是在商品和劳务的交换及债务清偿中作为交换媒介或者支付工具而被法定为普遍接受的物品，最符合这个定义的是硬币、纸币和活期存款。硬币和纸币被称为通货，而活期存款是指不用事先通知就可以随时提取的银行存款，由于它和通货一样随时可以用来支付债务，因而也可以看成是严格意义上的货币。

前面提到，只有中央银行才具有发行货币的权利，那么整个货币市场中的货币全部是来自于中央银行的直接发行吗？答案是否定的。尽管商业银行和各种金融机构不能印制各自的银行券（发行货币），但是银行体系却可以依赖自身的机制通过活期存款创造货币，正如前面所述，商业银行利用其可以吸收活期存款的有利条件，通过发放贷款，从事投资业务，而衍生出更多存款，从而扩大社会货币供给量，当然这种货币不是现金货币，而是存款货币，它只是一种账面上的流通工具和支付手段。具体分析这种货币创造（或者说是存款创造）过程如下：

1. 货币创造机制

假定中央银行规定的法定准备率是 10%①。在此条件下，商业银行 A 吸收活期存款 100 万元，它必然将其中的 10 万元作为法定准备金存入中央银行，然后将剩余的 90 万元全部贷给公司 1。公司 1 用这笔钱向公司 2 购买原材料，并以支票形式支付。后者会将这笔从银行 A 开出的 90 万元的支票存入银行 B，银行 B 也同样会将其中的 10%，即 9 万元存入中央银行作为准备金，然后再将剩余 81 万元贷给公司 3。公司 3 也以支票形式支付 81 万元给公司 4 偿还债务。公司 4 再将银行 B 开出的 81 万元的支票存入银行 C。银行 C 留下准备金后再将剩余的 72.1 万元贷出。这种银

① 根据法定准备率的定义，也就是说商业银行每吸收一笔存款必须将其中的 10% 留作准备金存在中央银行的账户上。

行与公司之间的信用活动继续下去会出现什么样的结果呢？计算一下各银行活期存款的总和：

$$100+90+81+72.1+\cdots$$
$$=100\ (1+0.9+0.9^2+0.9^3+\cdots+0.9^{n-1})$$
$$=100/\ (1-0.9)$$
$$=1000\ (万元)$$

再看贷款总和：

$$90+81+72.1+\cdots$$
$$=100\ (0.9+0.9^2+0.9^3+\cdots+0.9^n)$$
$$=900\ (万元)$$

奇妙的事情出现了，最初银行体系吸收了100万元的活期存款，可是在经过一番存入、贷出之后，存款总额竟然成为了1000万元，存款增加了。

这个例子只是一个假定状态，主要的假设条件有：银行仅能投资于一种资产——贷款，也只存在一种存款——活期存款；法定准备率固定不变，这样可以对全部银行的活动进行整体分析；不存在超额准备金，留在商业银行自己手中的任何准备金都不会创造货币；不存在银行体系内的现金漏损。诚然，现实生活中的存款创造过程要复杂得多，但是其实质和例子中的存款创造过程是一样的。

小资料

今天，我们一直看到大部分货币是在银行系统内创造的，但过去并不是这样。当货币主要是由金银构成的时候，货币供应取决于命运的偶然事件，即取决于这些金属的新资源的发现。比如说，新大陆及其金银矿藏的发现，极大的增加了16、17世纪欧洲的货币供应。

伴随着法币时代的到来，货币供应的增加已经成为政府的决定：印钞机该转多快。当政府收不抵支时，它若无法借到钱或觉得借钱太贵了，它就用增印的货币偿付支出。从《独立宣言》完稿到美国宪法订立的1776~1789年间，第二次大陆会议就是这样支付它的部分费用的。许多人看轻这些印刷的纸张，并不情愿用他们进行交易。事实上，战争结束时这种大陆币已经毫无价值了。

2. 货币乘数

根据前面的例子可以得出，如果原始存款是R，法定准备率是r_d，那么最终的存款总和D就将是：$D=\frac{R}{r_d}$，也就是说存款总和是原始存款的$\frac{1}{r_d}$倍。经济学中将$\frac{1}{r_d}$称为简单货币乘数，比如，前面的例子中货币乘数就是10。

既然例子是一个假设状态，那么从中得出的$\frac{1}{r_d}$只能算是一个最简单的货币乘数。实际中的货币乘数要复杂得多，因为有许多情况需要考虑进去。现在将刚才例子中的部分假设条件舍去，来推导较为完整的货币乘数：

第一，商业银行除法定准备金以外自身还留有超额准备金，超额准备率为r_e，这样一来货币乘数就应该由$\frac{1}{r_d}$变成$\frac{1}{r_d+r_e}$。仍用前面的例子解释，如果每个银行除了留有 10% 的法定准备以外，自己再留下 10% 的超额准备金，那么存款总额就将是：

$100+80+64+51.2+\cdots$①

$=100(1+0.8+0.8^2+0.8^3+\cdots+0.8^{n-1})$

$=100/(1-0.8)$

$=500$（万元）

很明显，商业银行留有超额准备金以后，最终存款总和与没有超额准备金时相比下降了。这一点很好理解，试想，商业银行多留下一部分货币，就会使得银行体系中参与货币创造的货币存款减少，最终当然会降低货币创造的总和。

第二，例子中银行以支票贷款给客户，客户再将支票存入另一家银行，这一过程没有任何的现金流出，但是，在实际中现金流出是可能的甚至是必然的，由此，货币乘数又要改变了。

假设银行在留下法定准备金和超额准备金以后将剩余货币贷给客户，客户只将部分货币以支票形式存入另一家银行，而将另一部分以现金形式取出留在手中，其比率为 r_c——表示现金占全部存款的比率，那么此时货币乘数就将变成$\frac{1}{r_c+r_d+r_e}$。仍用前面的例子来解释，假设客户留取 20% 的现金在手中，那么最终存款总和将会是：

$100+60+36+21.6+\cdots$②

$=100(1+0.6+0.6^2+0.6^3+\cdots+0.6^{n-1})$

$=100(1-0.6)$

$=250$（万元）

可以看出，有了现金流出，货币创造的总额又少了，因为现金和准备金一样不能派生存款。

第三，例子中还有一点值得注意："商业银行 *A* 吸收活期存款 100 万元"，显然，正是有了这部分存款作基础，银行体系的货币创造才得以进行。因此，在货币乘数中，还应该将这一点体现出来。那么具体如何将其体现出来呢？

不妨从一个新的角度思考，最初，整个货币市场上的货币是这样的：商业银行持有准备金——法定准备金（存入中央银行）和超额准备金；非银行部门（个人或企业）持有通货——硬币、纸币等现金。非银行部门将其持有的通货以活期存款形式存入银行，这部分存款和银行准备金便构成了货币创造的基础，即银行体系的货币创造是依靠它们才发挥出来的，因此，这部分货币被称为基础货币或货币基础。进一

① 读者如果一下子看不出这些数字是如何得来的，可以重新改写前面的例子，将银行每次的准备金由原来的 10% 增加到 20%，那样就可以得到相应的 80、64、51.2 等数字了。

② 读者如果一下子看不出这些数字是如何得来的，可以从新改写前面的例子，把客户留取的 20% 的现金扣除出来，那样就可以得到相应的 60、36、21.6 等数字了。

步，由于基础货币具有派生货币的功能，所以又将其称为高能货币或强力货币。如果用 C_u 表示非银行部门持有的通货，R_d 表示商业银行的法定准备金，R_e 表示商业银行的超额准备金，H 表示高能货币，那么就有 $H = C_u + R_d + R_e$。银行体系进行货币创造后，最终的货币有两个走向：通货（现金）——又被非银行部门持有，活期存款——存在商业银行。很明显，最终的货币量要比基础货币多得多。如果用 M 表示最终的货币量，D 表示活期存款，那么就有 $M = C_u + D$。货币乘数的真正含义由此也可以得出来了：最终的货币是基础货币的多少倍，用公式表示为：

$$\frac{M}{H} = \frac{C_u + D}{C_u + R_d + R_e}$$

将其处理一下可以得到：

$$\frac{M}{H} = \frac{\frac{C_u}{D} + 1}{\frac{C_u}{D} + \frac{R_d}{D} + \frac{R_e}{D}}$$

根据前面提到的一系列定义：$\frac{C_u}{D}$表示现金—存款比率 r_c；$\frac{R_d}{D}$表示法定准备率 r_d；$\frac{R_e}{D}$表示超额准备率 r_e。于是有：

$$\frac{M}{H} = \frac{r_c + 1}{r_c + r_d + r_e}$$

这才是货币乘数的完整公式，从中可以看到，影响货币乘数的因素有三个：现金—存款比率、法定准备率和超额准备率。

12.3.2　货币供给

货币供给是一个存量概念，它是一个国家在某一时点上所保持的不属于政府和银行的所有硬币、纸币和银行存款的总和。货币供给有狭义的货币供给和广义的货币供给之分。狭义的货币供给就是硬币、纸币和银行活期存款的总和，一般用 M 或 M_1 表示。广义的货币供给就是在狭义货币供给的基础上加上定期存款，一般用 M_2 表示。如果在广义货币的基础上再加上个人和企业所持有的"货币近似物"（如政府债券），那就构成了更广义的货币供给，用 M_3 表示。从货币创造过程中得到的最终货币量就是狭义的货币供给量。

经济学中认为，货币供给量是由国家用货币政策来调节的，也就是说货币供给是一个外生变量，其大小和利率无关。那么在一个横轴表示货币供给量，纵轴表示利率的坐标系中，货币供给曲线就是一条直线。还需要说明的是，前面分析的货币供给量只是名义供给量——不计货币购买力如何而仅计算其票面值的货币供给量，真正体现货币供给大小的是实际货币供给量——用价格指数将名义货币供给量调整成为具有不变购买力的供给量，其二者的关系是这样的：

$$实际货币供给量\ (m) = \frac{名义货币供给量\ (M)}{价格\ (P)}$$

可以在图形上将实际货币供给表示出来，如图 12－1，横轴 m 表示实际货币供给量，纵轴 r 表示利率，直线 m 就是实际货币供给曲线。显然，实际货币供给的增加与减少表现在图形上就是直线 m 向右或向左平行移动。

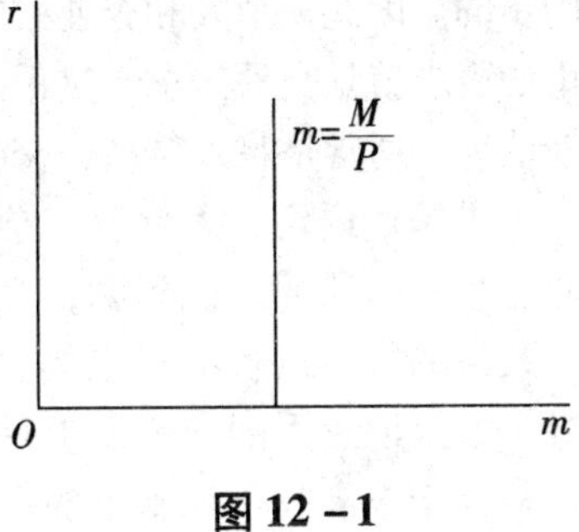

图 12－1

12.4　货币需求与货币供求均衡

12.4.1　货币需求

所谓货币需求就是人们出于某种需要愿意以货币形式保留在手中的财富数量。人们在一定时期所拥有的财富数量总是有限的，他们必须决定自己以何种形式拥有这些财富。如果人们觉着以各种资产形式，比如证券、实物等，持有财富会给他们带来较高的收益，他们就会减少对货币的需求；相反如果人们感觉将货币握在手中比较保险或者说有安全感，那么他们就会增加对货币的需求，减少其他资产的持有。

货币需求又被称为“流动偏好”，之所以有这个名称，原因很简单，个人财富的形式多种多样，可以是债券、股票等金融资产，也可以是不动产，当然更可以是货币，而在这些财富形式中，只有货币的流动性最大。特别是在将利率和货币需求联系起来，即把货币需求作为利率的函数时，“流动偏好”这个称谓就更加直观。在财富总量既定的情况下，增加货币持有量就会失去利息，利息便是持有货币的机会成本，但是因为金融资产和不动产的流动性较差，人们宁愿损失利息而保留现金为的就是现金具有良好的流动性。由此问题出现了，人们为什么偏好货币的流动性呢？货币需求是由哪些因素决定的呢？

1. 决定货币需求的因素

凯恩斯及凯恩斯主义者将货币需求的决定因素总结为三种动机：交易动机、预防动机和投机动机，相应的也就有了货币的交易需求、预防需求和投机需求。

个人和企业需要货币进行交易活动，这就是交易动机。交易是人们生活和生产中的一部分，也是市场经济中最基本的现象。个人要购买消费品，企业要向生产要素的所有者购买生产要素，进行这些交易都需要货币。但是这里存在一个问题：个人购买日常用品，可能每天都要有一笔支出，然而他们却不可能在每天都能有相应的收入；企业为保证生产的连续进行，可能时刻都需要购进原材料、定期支付工人的工资，可他们却无法做到在支出发生的时刻就能卖出产品得到相应的收入。总之，支出和收入在时间上不是同步的。因此，个人和企业必须留有足够的货币资金来支付日常需要的开支，这种对货币的需求就是交易需求。货币的交易需求数量主要取决于个人或企业的收入水平，凯恩斯认为，通常是收入越高，交易数量就越大，从而对货币的交易需求量也就越大。

中国俗语说，人食五谷杂粮不可能百病不侵，同样的，商场风云变幻企业也不可能总是一帆风顺。说到底，个人为了应付疾病、企业为了应付事故都必须事先持有一定数量的货币以备不时之需，这种为预防意外支出而持有货币的动机就是预防性动机。如果说货币的交易需求是由于支出和收入之间缺乏同步性，那么货币的预防需求则来自于未来收入和支出的不确定性。按照西方经济学家的观点，这类货币需求也取决于收入水平，并且与收入呈同方向变化。

大多数人都不会将自己的收入一次性用尽，通常情况下，他们会将一部分钱留做消费之用，剩余的存入银行，这也不失为一种保持财产的好方法。不过，由于持有财产的方式多种多样，于是便有许多人选择了以持有金融资产，比如购买债券的方式来保持财产。但是金融市场上的变数是十分大的，以有价证券为例，持有它可以取得较高的利息，但是由于有价证券的利息经常发生变动，证券的市场价格也会随之升降，持有证券必然承担一定的风险。因此，对于那些持有金融资产的人来说，他们必然会在手中留有一部分货币，一方面是为了规避金融市场风险；另一方面则是随时准备在适当的时机继续购买各种有价证券，进行投机，这便是货币的投机需求。但是将一定数量的货币留在手中必然要付出成本，这部分成本就是等量货币购买债券所能取得的利息，利率越高，成本越大；利率越低，成本越小。因此当利率上升时，人们倾向于少持有货币，多持有债券；当利率下降时，则多持有货币少持有债券。由此可见货币的投机需求与利率呈反方向变动。

小资料

经济学家凯斯·M·斯普瑞克尔曾指出包括美国在内的发达国家的人均现金持有量也相当惊人。例如，按美元计算，1992年美国人均现金持有量为1096美元；日本为2228美元；瑞士为3116美元。奥地利、比利时、德国、西班牙以及瑞典的数目越明显地高于美国，但是英国的数目则不足美国的一半。

斯普瑞克尔认为由于一些发展中国家的货币不能执行良好的价值贮藏功能，因此那些人均持有现金量较高国家的现金实际上有许多在国外。正如斯普瑞克尔所指出的“阿根廷的出租车司机或者阿尔及利亚的侍者都比较喜欢美国的游客和商人，因为他们可以支付美元。而如果来了日本人和意大利人，那么他们也乐意接受日元和里拉。”发达国家的货币看起来似乎比许多发展中国家的货币更能执行良好的价值贮藏功能。①

① 摘自《宏观经济学》，[美] 阿瑟·奥沙利文、史蒂芬·M·谢菲林著，梁小民译，2001年4月。

2. 货币需求函数与货币需求曲线

从货币需求的决定因素中可以看到：货币的交易需求和预防需求都取决于国民收入的大小，并与国民收入呈同方向变化，如果用 L_1 表示这两部分货币需求之和，Y 表示国民收入，那么就有 $L_1 = L_1(Y)$。而货币的投机需求取决于利率的大小，并与利率呈反方向变化，如果用 L_2 表示这部分货币需求，r 表示利率，那么就有 $L_2 = L_2(r)$。由于人们对货币的总需求是对货币的交易需求、预防需求和投机需求的总和，因此，就得到货币的需求函数，如果用 L 表示货币的总需求，那么就有：

$$L = L_1 + L_2 = L_1(Y) + L_2(r)$$

需要强调的是，这里的 L、L_1 和 L_2 都是代表对货币的实际需求，即有不变购买力的实际货币需求量。

如何将货币需求函数用图形表示出来呢？见图 12－2，横轴 L 表示实际货币需求量，纵轴 r 表示利率。坐标系中只有利率和货币需求量这两个参数，所以，投机需求 $L_2 = L_2(r)$ 可以很容易的在图中画出。如图 12－2（a）所示，L_2 曲线是向右下方倾斜的，表明 L_2 与 r 呈反方向变化。由于货币的交易需求和预防需求都与利率无关，因而在图中 L_1 就应该是一条垂直于横轴的直线，其截距就是交易需求和预防需求之和，如图 12－2（a）所示 L_1。现在将这两条货币需求曲线融合在一起就可以得到总的货币需求曲线了，如图 12－2（b）中的 L。

根据图 12－2 可知，货币需求与收入的同方向变动关系是收入增加（减少），货币需求曲线向右上（左下）方移动；货币需求与利率的反方向变动关系是利率升高（下降），货币需求量沿着货币需求曲线向左上（右下）方移动。

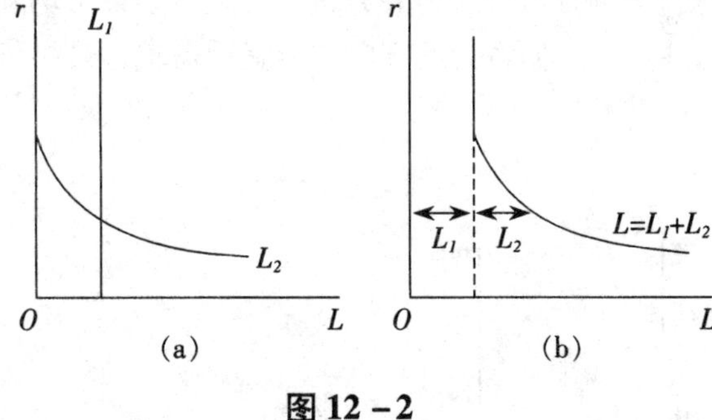

图 12－2

通常情况下可以用公式表示货币需求函数：$L = L_1(Y) + L_2(r) = kY - hr$，其中 k、r 是正数。k 表示货币的交易需求和预防需求对收入变化的反应程度；r 表示货币的投机需求对利率变化的反应程度，r 前面的负号表示两者的反方向变动关系。

3. 流动偏好陷阱

图 12－2 中的货币需求曲线有一个特点：随着利率的逐渐下降，货币需求量增加的幅度越来越大，货币需求曲线呈水平状向右延伸。这是什么原因呢？根据前面所述，持有货币的成本是等量货币购买有价证券所能取得的利息，随着利率的下降，这

部分成本会随之减小。更重要的是，在这些购买有价证券的人们看来，利率持续下降至较低的位置后，继续下降的空间很小，此时有价证券市场价格不可能再上升只会跌落，所以他们会将持有的有价证券全部换成货币，以免证券价格下跌遭受损失。这里涉及到一个概念：流动偏好陷阱（或者称为凯恩斯陷阱），即人们不管有多少货币都愿意留在手中。表现在图形上就是货币需求曲线成了水平线。具体解释起来就是，当利率下降至较低水平时，利率每继续下降很小的单位，货币需求量就会上升很大的幅度，也就是说，此时货币需求函数中 h 的值较大。

12.4.2　货币供求均衡与利率决定

货币供求是如何实现均衡并决定利率水平的。用图形分析较为直观。如图 12－3 所示，横轴代表实际货币量（需求量 L 和供给量 m），纵轴代表利率 r，L 代表货币需求曲线，m 代表货币供给曲线，两者相交于 E 点，此时达到均衡，均衡货币量为 K_0（即是均衡需求量又是均衡供给量），均衡利率为 r_0。

具体解释是这样的：只有货币供给等于货币需求，才能使货币市场达到均衡，均衡时的货币量和利率就分别是均衡需求量（均衡供给量）和均衡利率。如果市场利率高于均衡利率，如图 12－3 中的 $r_1 > r_0$，则说明货币供给超过需求，此时人们会发现手中持有的货币过多，那么他们就会买进有价证券，以减少货币持有量；随着有价证券的买进（相当于需求增加），其价格会相应升高，从而利率会下降。这一过程一直持续到货币供求相等为止。反之，如果市场利率低于均衡利率，则说明货币需求超过供给，人们就会反方向调节货币需求，最终仍要实现货币供求均衡。

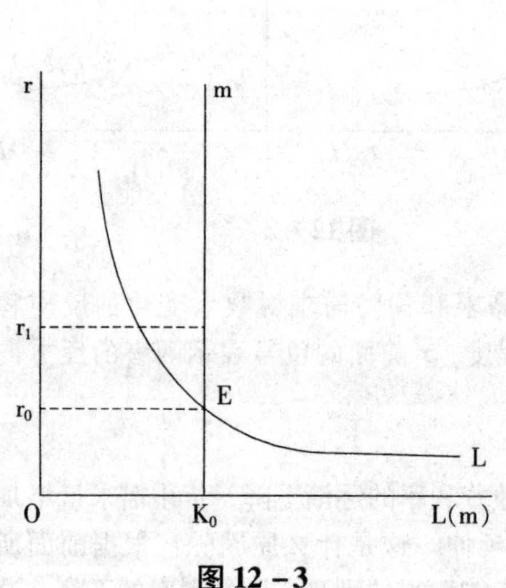

图 12－3

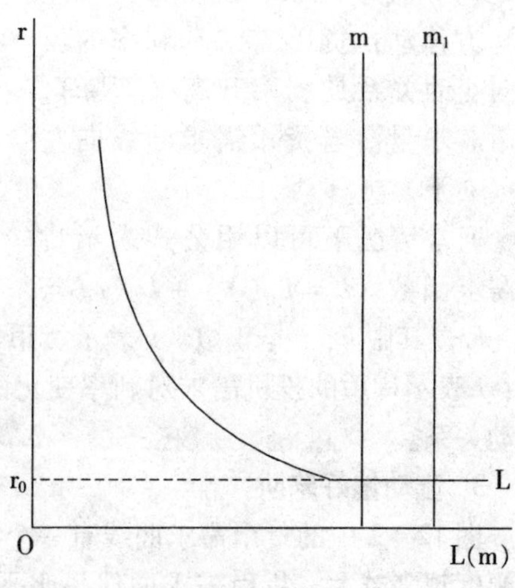

图 12－4

显然，货币需求和货币供给的变动都会影响均衡利率的大小，因此凡是影响货币需求和货币供给的因素也就必然会影响到均衡利率。这些影响反映到图形中就是货币需求或货币供给曲线的左右移动从而引起均衡利率的下降或上升，具体情况读者可以自行分析。不过有一点值得注意，当出现了流动偏好陷阱时，货币供给的变化就对利率不起作用了。如图 12－4，货币供给量增加使得原货币供给曲线 m 向右移动到 m_1，可是由于此时货币需求曲线是水平的，即处于流动偏好陷阱，利率并未发生变化，只是增加了货币量而已。

至此，本章内容告一段落，有关货币市场的一般理论也基本介绍完毕。接下来的一章将以本章和前面的内容为基础对产品市场和货币市场进行综合分析。

本章小结

1. 银行体系主要包括两类组织结构：中央银行和商业银行。中央银行是一国最高金融当局，它统筹管理全国金融活动，实施货币政策进而影响经济。商业银行是私人所有为公众服务的金融中介。

2. 商业银行主要有两种产生途径：一是由早期高利贷性质的银行演变而来。二是根据资本主义经济的要求以股份制的形式组织而成。大多数商业银行是按照这一方式建立的。

3. 商业银行在现代经济活动中发挥的职能主要有以下五项：信用中介、支付中介、金融服务、调节经济和信用创造。

4. 商业银行的部分准备金制度：即银行只保留每笔存款的一部分作为准备金，以应对客户随时的取款保证自己的正常运营。

5. 中央银行以法律的形式规定商业银行或其他金融机构以存款的一定比率保留准备金并存入中央银行，这部分准备金被称为法定准备金，法定准备金占存款的比率被称为法定准备率。

6. 许多商业银行或金融机构还会在法定准备金以外保留一部分准备金，这部分准备金被称为超额准备金，超额准备金占存款的比率被称为超额准备率。

7. 中央银行的产生基本上有两条途径：一是由信誉好、实力强的商业银行逐步发展演变而成，政府根据客观需要，不断赋予这家银行某些特权，从而使这家银行逐步具有了中央银行的某些性质并最终发展成为中央银行；二是由政府出面直接组建中央银行。

8. 中央银行是发行的银行、银行的银行和国家的银行。

9. 商业银行利用其可以吸收活期存款的有利条件，通过发放贷款，从事投资业务，而衍生出更多存款，从而扩大社会货币供给量，这一过程就是货币创造过程。当然这种货币不是现金货币，而是存款货币，它只是一种账面上的流通工具和支付手段。

10. 货币乘数是：$\frac{M}{H}=\frac{r_c+1}{r_c+r_d+r_e}$。

11. 货币供给是一个存量概念，它是一个国家在某一时点上所保持的不属于政府和银行的所有硬币、纸币和银行存款的总和。

12. 狭义的货币供给就是硬币、纸币和银行活期存款的总和，一般用 M 或 M_1 表示。广义的货币供给就是在狭义货币供给的基础上加上定期存款，一般用 M_2 表示。如果在广义货币的基础上再加上个人和企业所持有的"货币近似物"（如政府债券），那就构成了更广义的货币供给，用 M_3 表示。

13. 所谓货币需求就是人们出于某种需要愿意以货币形式保留在手中的财富数量。

14. 凯恩斯及凯恩斯主义者将货币需求的决定因素总结为三种动机：交易动机、预防动机和投机动机，相应的也就有了货币的交易需求、预防需求和投机需求。

15. 个人和企业需要货币进行交易活动，这就是交易动机。个人为了应付疾病、企业为了应付事故都必须事先持有一定数量的货币以备不时之需，这种为预防意外支出而持有货币的动机就是预防性动机。对于那些持有金融资产的人来说，他们必然会在手中留有一部分货币，一方面是为了规避金融市场风险；另一方面则是随时准备在适当的时机继续购买各种有价证券，进行投机，这便是货币的投机需求。

16. 货币需求函数是：$L=L_1+L_2=L_1(Y)+L_2(r)$。

17. 流动偏好陷阱（或者称为凯恩斯陷阱），即人们不管有多少货币都愿意留在手中。

18. 只有货币供给等于货币需求，才能使货币市场达到均衡，均衡时的货币量和利率就分别是均衡需求量（均衡供给量）和均衡利率。

思考题

1. 为什么商业银行愿意放贷而不愿意保留准备金？
2. 商业银行持有超额准备金的机会成本是什么？
3. 中央银行在货币创造的过程中起到了什么样的作用？
4. 用货币供给与需求的图解是货币需求曲线的斜率是影响银行均衡利率的？
5. 用货币供给与需求的图解释价格变化是如何影响均衡利率的？

第十三章　通货膨胀与失业

学习目标

学习本章应了解通货膨胀与失业的含义及其分类；掌握通货膨胀与失业的成因，理解它们各自的形成机理；领会反通货膨胀政策与反失业政策的实施依据；通过理解菲利普斯曲线的含义，把握通货膨胀与失业的关联。

关键名词

通货膨胀　物价指数　通货膨胀率　货币现象的通货膨胀　需求拉上通货膨胀　成本推动通货膨胀　结构性通货膨胀　预期的与惯性的通货膨胀　紧缩需求的政策　紧缩性财政政策　紧缩性货币政策　收入政策　人力政策　失业　失业率　结构性失业　摩擦性失业　周期性失业　自然失业率　短期菲利普斯曲线　长期菲利普斯曲线　预期通货膨胀率

13.1　通货膨胀

13.1.1　通货膨胀的定义与度量

1. 通货膨胀的定义

对通货膨胀至今还没有一个被完全认同的定义，众多学者从不同角度对通货膨胀进行了描述。托宾认为：通货膨胀是指物品与劳务货币价格的普遍上升。弗里德曼则指出：所有价格普遍向上攀升就是经济学家所说的通货膨胀。莱德勒和帕金却强调：通货膨胀是一个价格持续上升的过程，或者说是一个货币价值持续贬值的过程。

尽管存在着上述不同看法，但有一点是明确的，那就是通货膨胀同物价上升和货币贬值有着密切的联系。一个得到较为广泛认可的定义是：通货膨胀是指价格水平持续地、大规模上升的现象。

对于这个定义，有三点需要强调：首先，仅有一种或几种商品的价格上升，不是通货膨胀；通货膨胀是物价总水平的上升，是商品和劳务的价格都在上涨。其次，短时间的物价水平的上升不是通货膨胀；通货膨胀要持续一定时期。最后，物价上涨幅度很小不是通货膨胀；通货膨胀下的物价上涨必须要有相当的幅度，只有这样才能判定发生通货膨胀。

2. 通货膨胀的度量

通货膨胀幅度的高低可以用通货膨胀率来表示。通货膨胀率的定义式是：

$$\pi_t = \frac{P_t - P_{t-1}}{P_{t-1}}$$

其中，π_t 为 t 时期的通货膨胀率，P_t 和 P_{t-1} 分别表示 t 时期（或称报告期）和 $t-1$ 时期（或称基期）的物价水平。用文字表述上述公式为：通货膨胀率等于报告期的物价水平减去基期的物价水平，再比上基期的物价水平。也可以这么说，通货膨胀率就是一个时期（基期）到另一个时期（报告期）物价水平变动的百分比。公式中的物价水平可以用物价指数来表示，物价指数通常采用若干种选定商品的价格的加权平均数。选定商品涵盖范围不同，物价指数的种类也就相应有别，比较常用的物价指数有三种：

第一种，消费者物价指数（Consumer price index，CPI），也可以称为零售物价指数或生活费用指数，是衡量各个时期居民个人消费的商品和劳务零售价格变化的指标。

第二种，生产者物价指数（Producer price index，PPI），也可以称为批发物价指数，是衡量各个时期生产资料与消费资料批发价格变化的指标。

第三种，国民生产总值折算数（GDP deflator），是衡量各个时期一切商品与劳务价格变化的指标。

其实三种物价指数都能反映出基本相同的通货膨胀率变动趋势，不过由于它们各自包括的范围不同，因而数值并不相等。其中，由于消费者物价指数与人民生活水平关系最为密切，因而，一般都用它来衡量通货膨胀。

链接

第一次世界大战以后，胜利的同盟国要求德国偿还巨额的“赔款”。但赔款额之巨大，使得赔款的偿还差不多是毫无可能的，更何况战争期间德国工业已经遭到严重的破坏。约翰·梅纳德·凯恩斯，当时英国政府的经济顾问，也是那些警告过赔款数额过大的人之一。为了完成这项不可能的任务，德国政府开始简单地印制钞票以筹集资金。正是这种愚蠢的行为使得从1992年1月到1923年11月间德国的平均价格水平以近200亿为因子增长，货币的价值狂跌不已，人们一拿到货币，能多快就有多快地拼命花掉。凯恩斯常说一个故事，德国人会一下子买两瓶啤酒，尽管其中一瓶会慢慢变温，因为他们担心若不这样，当他们要第二瓶时，价钱已经又升高许多了。

资料来源：施蒂格利茨（1998）

13.1.2　通货膨胀的分类

依据不同的分析角度，西方学者对于通货膨胀作了不同的分类：

1. 按照价格上升的幅度和速度分类

这种分类方法可以说是上面提到的通货膨胀率概念的应用。许多西方学者认为通货膨胀律的高低直接反映了通货膨胀的剧烈程度及破坏性大小，由此可将通货膨胀分为三类：第一，爬行的通货膨胀，或者称为温和的通货膨胀，其特点是通货膨胀率低而且比较稳定，一般在10%以内。目前世界各国大都存在着这种通货膨胀，许多经济学家对此并无过多的担忧，甚至有些学者认为这种稳定而缓慢的价格上升会刺激经济发展。第二，加速的通货膨胀，或者称为奔腾的通货膨胀，其特点是通货膨胀率较高而且还在加剧，一般在两位数以上（10%～100%）。在这种通货膨胀下，货币流通速度的提高和货币购买力的下降都十分迅猛。由于价格上涨率较高致使人心惶惶，而公众的恐惧心理和自卫行为又会使通货膨胀进一步加剧，进而经济急速衰退。第三，超级通货膨胀，或者称为恶性的通货膨胀，其特点是通货膨胀率非常高而且失去了控制，一般在三位数以上。一旦这种通货膨胀发生，在“加速的通货膨胀”时出现的种种混乱现象将恶化到极点，公众会纷纷“视货币如粪土”，人们都尽快地使货币脱手，从而货币流通速度如江河入海。金融体系将完全崩溃瓦解，甚至会导致国家动荡，政权更迭。

2. 按照对价格影响的差别分类

通货膨胀是指物价水平的普遍上升，但是不同商品的价格上升幅度并不一定相同。按照对不同商品的价格影响的差别，存在着两种通货膨胀类型：第一，平衡的通货膨胀，即每种商品的价格都按相同的比例上升。当然这里的商品既包括各种消费品也包括劳务以及各种生产要素。第二，非平衡的通货膨胀，即各种商品价格上升的比例并不完全相同。

3. 按照人们的预料程度分类

按照这种区分方法，可以将通货膨胀分为两类：一类是未预期到的通货膨胀，即价格上升的幅度和速度出乎人们的意料，或者人们根本都没想过价格上升的问题。另一类是预期到的通货膨胀，这种通货膨胀有着十分可怕的特点——自我维持。举例来说，如果某一地区通货膨胀率连续一段时期都是 π，那么公众心中就会形成一种定势，即下期仍会有 π 的通货膨胀率，由此该地区居民在日常生活中进行下期的经济核算时就会把这个 π 考虑进去，从而下一期的通货膨胀率就必然有了 π 这个基础。以此继续下去，每一期的价格都会被人为地加上一个 π，后果可想而知。这有点像物理中惯性的概念，急行的汽车突然刹车是不会立刻停止的，它必然会继续前行一段路程然后才停下来；这种“自我维持”的惯性也是如此，即使没有了其他导致通货膨胀的因素，物价也会由于公众的预期继续上涨。只不过，惯性虽然会使汽车继续前行，但其影响毕竟会越来越小，车子终究要停下；而“自我维持”的影响却会越来越大，甚至弄得一发而不可收，导致通货膨胀恶化。正是因为有了这一特点，预期到的通货膨胀也被称为惯性的通货膨胀。

13.1.3　通货膨胀的原因

1. 作为货币现象的通货膨胀

通货膨胀是价格的普遍上涨，找到了价格上涨的原因也就查清了通货膨胀的来由。从这个角度出发，货币数量论是这么解释通货膨胀的：每一次通货膨胀的背后都有货币供给的迅速增长。

货币数量论中有一个著名的交换方程：$MV=PY$。其中，M 为货币供给量；V 为货币流通速度，它被定义为名义收入与货币量之比，即一定时期内平均每一货币单位用于购买最终产品与劳务的次数；P 为价格水平；Y 为实际收入水平。以此交换方程为基础，货币数量论的观点是：影响价格的因素无非是 M、V、Y。也就是说，通货膨胀的来源有三个，货币流通速度的变化、货币供给的变化和实际收入的变化。而如果货币流通速度不变并且收入处于潜在的水平上，那么造成通货膨胀的罪魁祸首就只剩下了货币供给量的增长，即 V、Y 不发生变化，M 迅速增加，P 必然也随之同倍上涨，于是通货膨胀产生了。

2. 需求拉上型通货膨胀

纯粹地将通货膨胀解释为货币供给量的增加，将其分析为仅仅是一种货币现象，显然有些片面，因为，如果真是那样的活，通货膨胀的危害性就微乎其微了。

在 20 世纪 50 年代以前西方国家流行着另外一种通货膨胀理论，这种理论从总需求的角度解释通货膨胀的原因，认为“通货”之所以会“膨胀”主要是由于总需求过度增长，总供给不足，通俗点的说法是“太多的货币追逐较少的货物”，即“因为物品与劳务的需求超过按现行价格可得到的供给，所以一般物价水平便上涨。”① 这种理论是由凯恩斯提出的。凯恩斯认为，总需求的增加能否引起通货膨胀还要视供给方面的情况而定。具体说来有以下几点：

第一，如果总供给弹性很大，社会上还存在大量未被利用的供给能力，即资源尚且丰富，那么总需求的增加只会引起产量的增长，而不会引起价格的增加。如图 13－1 所示，横轴 Y 表示产量（国民收入），纵轴 P 表示一般价格水平，AD 为总需求曲线，AS 为总供给曲线。总需求曲线 AD_1 向右移动到 AD_2 意味着总需求的增加，在这一过程中，总供给曲线呈水平状，供给弹性为无穷大，资源的充裕使得供给量可

---

① 爱德华·夏皮罗：《宏观经济分析》，1979 年英文版。

以及时提高到需求增加的水平。因而，需求增加的结果只是产量从 Y_1 增加到 Y_2，价格并未发生变化，即未发生通货膨胀。

第二，当经济进一步扩展时，社会资源会变得逐渐稀少，未被利用的供给能力也日渐消失，此时总需求的增加将会引起产量和物价的共同增加，但是这时候物价上涨幅度和速度都不会很大。图 13－1 中总需求曲线从 AD_2 移动到 AD_3 意味着总需求继续增加，在此过程中，总供给曲线向右上方倾斜，这表示由于劳动、原料、生产设备等资源的不足致使成本提高，从而同一产量的产品价格要比以前上升。因此，需求增加不仅使得总产量从 Y_2 提高到 Y_f，也造成了价格由 P_1 增加到 P_2，“温和的通货膨胀”开始出现了。这一过程有个很形象的说法，即生产进入了“瓶颈阶段”：供给量的增加幅度由于资源减少而不能与需求增加的幅度相适应，好像被“瓶颈”卡住了，这种情况下发生的通货膨胀也被称为“瓶颈式的通货膨胀”。

第三，当经济扩展到一定程度时，社会上将不存在任何剩余供给能力，资源都已经得到了充分的利用，总供给也就没有了弹性，此时总需求的增加只能引起价格的上涨，真正的、剧烈的通货膨胀就会出现；图中总需求曲线从 AD_3 移动到 AD_4 表示需求进一步增大，此时的供给曲线处于垂直状态，表示供给能力已经达到潜在的最大值，Y_f 即潜在的产量（国民收入）。结果总需求的增加只是导致了价格的大幅度提高，从 P_2 增加到 P_3，强有力的通货膨胀开始了。

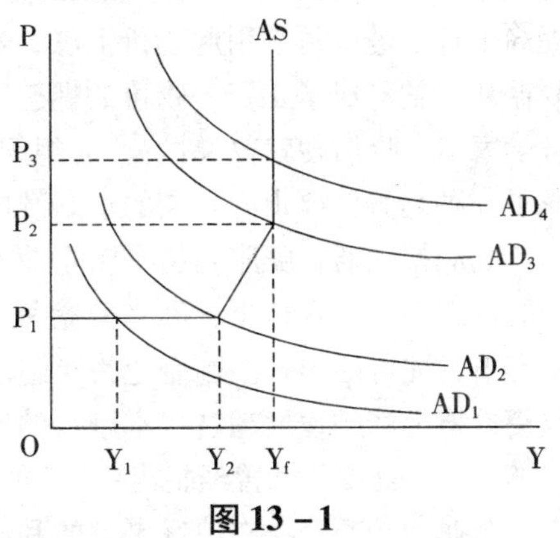

图 13－1

从上面的三点分析可以很清楚地看到需求增加是如何一步步引起价格上涨的，进而造成了从 P_2 到 P_3 阶段的真正的通货膨胀。因此，这种通货膨胀被称为需求拉上通货膨胀。准确给出其定义就是：需求拉上通货膨胀是指总需求超过总供给所引起的一般价格水平的持续显著的上涨。

实际上造成总需求过度增加的原因是很多的，既可能是消费需求的增加，也可能是投资需求的增加，当然还有政府需求、国外需求的增加，总之，它们在增幅过大的情况下都可能导致需求拉上通货膨胀。

3. 成本推动通货膨胀

既然可以从总需求方面考虑通货膨胀的成因，那么从总供给的角度对通货膨胀进行分析是否也具备其合理性呢？答案是肯定的。20 世纪 50 年代后期，一种新的通货膨胀理论出现了，它从总供给的角度来解释通货膨胀的原因，认为即使没有出现对物品和劳务的需求过渡的情况，但由于生产成本的增加，物价也会被推动上涨。这就是成本推动通货膨胀理论。

生产者进行生产的主要成本包括两部分：支付给劳动提供方的工资和支付给资本提供方的利润。工资或利润的提高都会引起成本的增加。与之相对应，成本推动通货膨胀理论便有了两个分支：工资推动通货膨胀理论和利润推动通货膨胀理论。

工资推动通货膨胀是指不完全竞争市场上造成的过高工资所导致的一般物价水平的持续上涨。在完全竞争的劳动市场上，工资率完全决定于劳动的供求，工资的提高不会导致通货膨胀。然而完全竞争市场并不存在，实际的劳动市场均是不完全竞争状态，在这种情况下，相当多的工人会组成工会与劳动需求方（生产者）进行对抗。此时的工资率不可能按照劳动的供求来确定，在工会的强大压力下，工人工资的提高幅度就有可能超过其劳动生产率的增长，工资提高了，而与之相对比产量却是下降的①，从而成本增加，导致物价上涨。这还没有结束，物价上涨之后，工人又会要求提高工资，进而再度引起物价上涨，然后工人再要求提高工资……如此继续下去，往复循环，就形成了工资—物价的螺旋上升，从而导致了工资推动的通货膨胀。美国经济学家 G·哈伯勒就曾说过："有组织的劳工要求提高工资……的经常威胁，这就助成了一种趋势，要走向长期的、断续的或不断的、迂回的或急促的通货膨胀。"②

利润推动通货膨胀是指垄断企业利用市场势力谋求过高利润所导致的一般价格水平的持续上涨。在这里，不完全竞争市场仍然是一个必要的前提。只有在不完全竞争状态下，才可能出现垄断企业为了追求更大利润，通过操纵价格，把产品价格提高，致使价格上涨的速度超过成本增长的速度，进而利润推动通货膨胀就出现了。美国经济学家 E·夏皮罗就曾经指出："正如工会可以行使其市场权力来迫使工资增长一样，寡头企业和垄断企业在追逐更大的利润时，也可能提高价格，……在一个大量存在所谓'操纵价格'的经济中，至少有可能可以操纵这些价格以大于成本增长的速度上涨，以便赚取较多的利润。如果这一过程得以推广，于是就会产生里利润推动通货膨胀。"③

在总需求曲线不变的情况下，成本推动通货膨胀的形成过程可以如图 13－2 所示，横轴 Y 表示产量（国民收入）；纵轴 P 表示一般价格水平；AD 为总需求曲线；AS_1 为初始总供给曲线。成本增加后，总供给曲线由 AS_1 移动到 AS_2，导致了产量由 Y_1 减少到 Y_2，价格由 P_1 上升到 P_2；成本进一步增加，总供给曲线由 AS_2 移动到 AS_3，导致了产量由 Y_2 减少到 Y_3，价格由 P_2 上升到 P_3。成本推动通货膨胀就是这样

① 工资提高的幅度大于劳动生产率的提高幅度，因此，虽然工资提高的同时产量也是提高的，但产量提高的幅度小于工资提高的幅度，相比之下，产量就是下降的了。

② G·哈伯勒：《繁荣与萧条》，商务印书馆 1980 年版，第 502 页。

③ E·夏皮罗：《宏观经济分析》，中国社会科学出版社 1985 年版，第 655～656 页。

产生的，准确给出定义就是：成本推动通货膨胀是指在没有超额需求的情况下由于供给方面成本的提高所引起的一般价格水平持续和显著的上涨。

实际上，许多西方学者认为，成本推动也好，需求拉上也罢，单一的一种理论都不足以全面解释通货膨胀的成因，价格是由供需双方共同决定的，所以考虑通货膨胀时也应该将两者结合起来。于是有人提出了从需求和供给两个方面共同影响来解释通货膨胀的理论，即混合通货膨胀理论，简单说就是将前面“需求拉上通货膨胀理论”和“成本推动通货膨胀理论”结合起来。读者可以自己尝试用图形描述这一理论的作用机理。

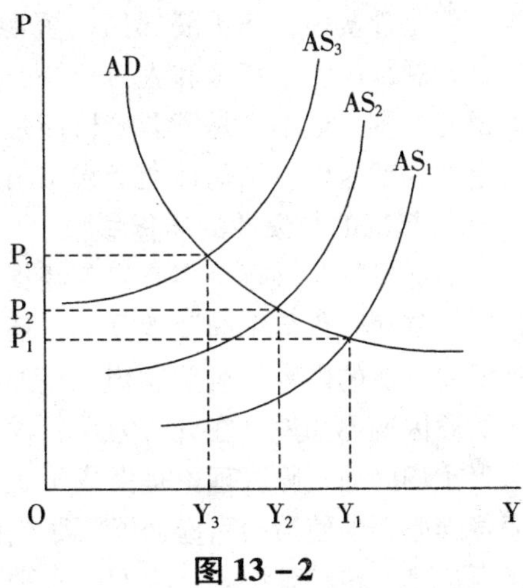

图 13－2

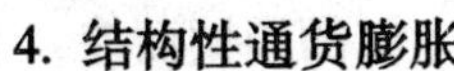

4. 结构性通货膨胀

在没有需求拉上和成本推动的情况下，只是由于经济结构因素的变动，也会出现一般价格水平的持续上涨。这就是结构性通货膨胀理论，该理论将通货膨胀的原因归结为经济结构的特点，认为即使总需求和总供给处于均衡状态时，由于经济结构发生变动，也会导致价格上升，即发生结构性通货膨胀。

社会经济结构是社会经济运行的整体框架，不同的部门由于各自不同的职能、不同的性质分别处在这个大框架的不同位置。从不同角度来看，社会经济结构呈现出不同的特点：以生产率提高的速度为标准，一些部门生产率提高得快；另一些部门生产率提高得慢。以发展的过程为标准，一些部门正蒸蒸日上；另一些部门正日渐衰落。以同世界市场的关系为标准，一些部门是开放性的，与世界市场关系密切；另一些部门是非开放性的，与世界市场鲜有往来。类似这样的标准还有很多，这里不再一一列举。同一部门以不同的标准可能处在不同的位置，不同部门也可能会以某一标准归为同一行列。虽然不同部门依据其自身性质的不同被划分了三六九等，但是，生产率提高慢的部门、正日渐衰落的部门以及非开放性部门在工资和价格问题上却都要求“一视同仁”，要求向生产率提高快的部门、正蒸蒸日上的部门以及开放性部门“看齐”，结果导致一般价格水平的上涨，从而结构性通货膨胀发生了。

以工业部门和服务部门为例。工业部门劳动生产率相对较高，服务部门劳动生产率相对较低，从而工业部门的工资理应高于服务部门的工资。但是，由于攀比行为的存在，服务部门的工资当然会以工业部门的工资为标杆一路攀升，而反过来，工业部门可能又会提高其工资以示区别，这样一来，两部门的工资水平都势必向高工资水平看齐，进而使得整个社会的工资增长率超过劳动生产率而引起通货膨胀。

扩展部门正在扩大，需要更多的资源和工人，而非扩展部门正在收缩，资源和工人过剩。如果资源与工人能迅速由非扩展部门流动到扩展部门，则通货膨胀就不会发生。但是现实中，非扩展部门的资源与工人不可能实现向扩展部门的自由转移。这样，扩展部门由于资源和人力短缺，资源价格上升，工资上升。而非扩展部门虽然两者都有过剩，但不论是资源价格还是工资都不会下降，相反，它们会向扩展部门攀比而上升。就这样，结构性通货膨胀出现了。

5. 预期的与惯性的通货膨胀

对通货膨胀进行分类时，曾经提出了"预期到的通货膨胀"这一概念，并且对这种通货膨胀进行了简要地分析，还突出强调了它的主要特点——"自我维持"。此处所要分析的内容是对前述知识点的发展。当然，与其说这部分内容是在分析通货膨胀的原因倒不如说是在分析为什么通货膨胀一旦发生便会继续持续下去。

预期的通货膨胀理论是由货币主义者提出的，该理论认为无论是什么原因引起了通货膨胀，即使最初引起通货膨胀的因素消除了，它也会由于人们的预期而持续下去甚至加剧。这种理论是从人们的心理预期角度来解释通货膨胀持续的原因的，它主要强调了现在对未来的影响，即现在的通货膨胀对未来预期以及经济行为的影响。至于预期是如何使通货膨胀持续下去的，前面已举过例子，此处不再赘述。

惯性的通货膨胀理论是由凯恩斯主义者提出的，该理论认为无论是什么原因引起了通货膨胀，即使最初引起通货膨胀的因素消除了，通货膨胀也会由于其本身的惯性而持续下去甚至加剧。这种理论是从通货膨胀本身惯性的角度来解释通货膨胀持续的原因的，它主要强调了过去对现在的影响，即过去的通货膨胀作为一种惯性，对现在经济行为的影响。比如说，由于发生了通货膨胀，一些企业的产品价格和工人的工资都比过去提高了 π，现在即使引起通货膨胀的因素消失了，通货膨胀也不会立即停止，原因在于，企业和工人在决定自己的价格和工资水平时，总要参照其他人的价格和工资水平。由此，那些价格和工资水平没有提高或者提高的幅度小于 π 的企业和工人就会以提高 π 作为其决定价格的基础。进一步地，社会上所有企业和工人的价格与工资水平都会相互参照，其结果必然是通货膨胀由于自身的惯性持续下去。

预期的与惯性的通货膨胀两者结合在一起就可以更全面地解释通货膨胀一旦发生就会持续不停的原因。

以上介绍了五种不同的通货膨胀理论，它们分别从不同的角度解释了通货膨胀的原因。然而，虽然每一种理论都具备其合理性，但是任何一种理论都不可能十分完美地解释现实生活中发生的通货膨胀。换句话说，通货膨胀发生的原因是十分复杂的，通常是多种因素共同作用的结果，因此需要结合多种理论才能将其成因分析明白。从这种意义上说，上述的各种理论并不是相互排斥而是相互补充的，这一点值得注意。当然，还应该看到，这些解释通货膨胀的理论大都描述现象多，追根究底少，或者说对于通货膨胀原因的分析还只是浮于表面。正因为此，许多人对于以上的各种解释并不满意，众多经济学家正在进行更加深入地探索。

13.1.4 通货膨胀的影响

通货膨胀的威力能否展现在世人面前取决于一个因素，即通货膨胀率是否稳定，人们能否完全预期到它。如果人们非常理性，并且对于较稳定的通货膨胀率预期得十分准确，那么，这种情况下的通货膨胀就不会对经济有什么大的影响。在这种可预期的通货膨胀下，一切价格、工资的上涨都成了纯粹的货币现象，实际价格和实际工资并不会发生变动，此时唯一的变化可能就是人们将减少自己持有的现金量。但是，完全的理性预期是不现实的，从而人们也就不可能根据通货膨胀率快速调整各种名义变量以及相应的经济行为，这样一来，通货膨胀的影响就要表现出来了。

第一，通货膨胀可以影响收入和财富的再分配。首先，通货膨胀不利于靠固定收入维持生活的人，原因在于他们的收入是固定数额，所以会落后于上升的物价水平；但是那些靠变动收入为生的人却能从通货膨胀中获利，因为这些人的货币收入会走在价格水平上升之前。其次，通货膨胀会牺牲债权人的利益使得债务人获利。债务契约是根据签约时的通货膨胀率来确定名义利率的，一旦发生了未预期到的通货膨胀，实际利息率下降，但是契约却无法更改，从而债务人赚足了便宜债权人吃了大亏。再次，通货膨胀不利于公众却有利于政府。在不可预期的通货膨胀下，名义工资总会有所增加，随着名义工资的提高，达到纳税起征点的人增加了，还有许多人进入了更高的税率等级，这样，政府的税收增加，而公众的实际收入却减少了。最后，通货膨胀对储蓄者不利，这是因为价格上涨致使存款的实际价值和购买力相应降低。

第二，通货膨胀可以影响产出和就业。首先，需求拉上的通货膨胀会导致产出增加。需求拉上的通货膨胀下，产品的价格会高于工资和其他资源的价格，由此扩大了企业的利润；利润的增加会刺激企业扩大生产，从而达到了增加国民产出的效果。其次，成本推动的通货膨胀会引起失业。成本推动的通货膨胀下，原来总需求所能购买的实际产品的数量将会减少，既当成本推动的压力抬高物价水平时，既定的总需求只能在市场上支持一个很小的实际产出，从而实际产出会下降，失业上升。最后，恶性通货膨胀会导致经济崩溃。在恶性通货膨胀下，人们完全丧失了对货币的信心，从而货币就不再能执行其作为交换手段和储藏手段的职能，人们不再致力于正常的生产和经营，而将全部精力花在如何能使钱尽快脱手，从而各种正常的经济活动都将停止，大规模的经济混乱也就随之产生。

第三，通货膨胀可以影响经济增长。对于这一点，西方经济学家看法不一。一种观点认为，通货膨胀可以增加国民收入中利润的份额，减少工资的份额，加剧收入分配的不平等，而富人的储蓄倾向又大于穷人，从而提高了社会平均储蓄倾向，增加了投资比例，有利于经济增长。另一种观点则指出，通货膨胀使人们不愿意储蓄和购买债券，即不愿意持有金额固定的资产，而更愿意买房买地，甚至储存黄金，也就说人们愿意持有价格可变的资产，这样一来，储蓄减少了，投资必将受到抑制，当然不利于经济增长。

13.1.5　反通货膨胀政策

1. 紧缩需求

对于需求拉上通货膨胀，紧锁需求可谓是杀手锏。换言之，既然是因为总需求曲线向右移动导致了价格的上涨，那么就应该采取措施紧缩需求使总需求曲线相反方向移动将其消除。紧缩需求的政策主要包括两种：紧缩性财政政策和紧缩性货币政策。

紧缩性财政政策的主要内容是：在财政收入方面增加税收，在财政支出方面削减政府开支和转移支付。为什么说这些政策能紧缩需求呢？具体说来，提高个人所得税率可以减少消费需求，提高企业所得税率可以减少投资需求；减少政府开支，可以减少政府需求；减少转移支付，也可以缩减居民的消费需求。总之，采取了紧缩性财政政策，相应减少的有消费需求、投资需求和政府需求，这样总需求也就减少了。这也是凯恩斯主义者比较支持的紧缩需求的政策。

紧缩性货币政策的主要内容是：中央银行公开市场业务出售政府债券，提高央行的贴现率，提高商业银行的法定准备率。这些政策的核心是管住货币，为货币主义者所推崇。在他们看来，通货膨胀是纯粹的货币现象，只要控制住货币供给量，通货膨胀也就相应解决了。因而他们比较反对凯恩斯主义者利用紧缩性财政政策干预经济，并且提出了“简单规则”的货币政策，即认为控制通货膨胀的唯一有效措施是控制货币供应量的增长率，使之与经济增长率大致相适应。

不管是哪一种紧缩性政策，实质的效果都是紧缩需求，表现在图形上都是使总需求曲线向左移动。但是针对于政策采取的力度和需求被紧缩的程度，产生了两种不同的观点：渐进主义的和激进主义的。渐进主义的基本特征是以较小的失业和较长的时间来降低通货膨胀，具体说就是每次采取的紧缩需求的政策力度不是很大，循序渐进，多次作用，使通货膨胀慢慢地降下来；这样可以使经济在平稳中逐渐恢复正常。激进主义的基本特征是以较高的失业率和较短的时间来降低通货膨胀，具体说就是下政策“猛药”，一针见血，一次性或短时间内采取强力的紧缩需求的政策将通货膨胀拉下来；这样的做法往往会使经济出现很大波动，原本通货膨胀造成的高涨形势瞬间衰落下来，失业率将会很大。

2. 收入政策

成本推动通货膨胀问题出在成本的提高上，前面曾提到，成本主要包括工资和利润两部分，实际上也就是工人和投资者各自的收入，这样一来，只要管住工人和投资者各自的收入（工资和利润）的提高，问题便可得到解决。这就需要采取收入政策。

收入政策是指限制各种生产要素的收入（工资收入、利润、利息以及租金收入）的增长率，从而限制物价上涨的政策，又称为工资和物价管理政策。这可以说是从总供给方面抑制通货膨胀的主要手段。在具体实施中，收入政策有多种形式。比如，政府可以根据长期劳动生产率来确定工资和物价的增长标准，规定合适的工资和物价的增长率，将工资和物价的增长率控制在劳动生产率平均增长的幅度内。再比如，政府可以通过各种法令对工资和物价实施强行管制，必要时可以将它们冻结，禁止工资物价上涨。当然，政府也可以采取以税收为基础的奖惩制度，对超过规定的工资和价格增长率的企业实行高税率，反之实行低税率。

以上举出的几种收入政策都是比较正式的，政府也可以采取非正式的措施控制工资和物价。比如，政府可以采取道德劝说的方式，劝说企业和工人不要提高价格或工资。这种措施实际上是给企业和工人施加压力。政府编制了物价和工资指导线，希望企业和工人遵守，政府会告诫企业，一旦某些企业违反，政府就会不再购买该企业的产品。政府就是这样威胁企业以达到政策效果的。

3. 人力政策

前面分析结构性通货膨胀时举了两个比较典型的例子，从例子中可以看出，导致结构性通货膨胀的关键是资源缺乏流动。由于资源流动的困难，从而造成了某些部门的高工资被其他部门相互攀比仿效，结果产生了通货膨胀。如果能够增强资源在经济结构中不同部门间的流动性，这种通货膨胀就可以得到解决。

既然资源在市场中的流动出现了困难，即难以依靠市场力量来解决资源流动问题，那么就要转而依靠人力政策。人力政策是指政府为解决失业与职位空缺并存的问题而采取的措施。比如，劳动力的再培训，通过再培训提高劳动的技术水平和各方面的适应能力，解决不同工种相互替代的问题。再比如，劳动力的地区转移，在地区间进行劳动力的余缺调剂。还有就是给劳动者和企业提供充分的信息，使劳动的供需双方对彼此都有所了解，达到信息的对称与完备。

至此，本节介绍了有关通货膨胀的基本内容。通货膨胀的发生通常不是孤立的，伴随而来的往往是失业率的攀升，接下来的一节就将对失业这个困扰经济的另一大难题进行探究。

13.2　失　业

13.2.1　失业的含义与度量

失业（Unemployment）是指有劳动能力的人没有找到工作，但正在积极寻找工作或等待重新被召回原有工作岗位的现象。计量失业有两个指标：失业人数和失业率。失业率是失业者在劳动力中的比重。其中劳动力人数是就业人数和失业人数的总和。即有：

$$失业率 = \frac{失业人数}{劳动力} \times 100\%$$

在对失业进行计量时，并不是把每一个没有工作的人都看作是失业者。只有年龄在规定的范围之内（如美国规定年满16周岁以上），有工作能力，而且愿意工作并积极寻找工作，却没有得到工作的人才算为失业者。年龄不在规定范围内，已退休，丧失工作能力者，在学校学习者，由于某种原因不愿工作或不积极寻找工作的自愿失业者都不计入失业人数，也不计入劳动力人数。应当指出，统计所得的失业人数和失业率由于某些原因，并不能完全反映实际的失业水平。

2004年4月26日国务院新闻办公室发表了《中国的就业状况和政策》白皮书，这是中国首次发表关于就业状况和政策的白皮书，书中对中国2003年就业情况做出了了总结：

“2003年，中国城乡从业人员达到74432万人，其中城镇25639万人，占34.4%；乡村48793万人，占65.6%。1990~2003年，共增加从业人员9683万人，平均每年新增745万人。……”

“近年来，在就业压力持续加大的情况下，中国政府采取多种措施控制城镇失业率的急剧上升。2003年底，城镇登记失业率为4.3%，城镇登记失业人数为800万人。”

“2004年，中国政府确定就业再就业工作目标为新增就业900万人，下岗失业人员再就业500万人，其中困难人员再就业100万人，城镇登记失业率控制在4.7%左右。……”

13.2.2　失业的类型与成因

在现代经济学中，按不同的标准，失业可以分为不同的情况：摩擦性失业、结构性失业和周期性失业。

1. 摩擦性失业

摩擦性失业（Frictional unemployment）是经济中劳动力正常流动所产生的失业。这种失业即使在充分就业的情况下也是存在的。

动态经济环境里劳动力的流动是一种正常现象，但是在大多数情况下，劳动力的流动与劳动力需求并不相对应。不同企业之间劳动力需求出现了变化，比如说当消费者增加A商品的消费，减少B商品的消费时，那么生产A商品的厂商就会扩大生产，增加劳动力的使用量，而生产B商品的厂商就会缩减产量，解雇一些劳动力。但是与此同时，劳动力的流动未必能符合这种变化，摩擦性失业也就相应产生。准确地说，劳动力流动包括老年人退休、年轻人进入以及转移到新的地区，寻找新工作等过程。这些过程需要花费一定的时间，因此摩擦性失业也就必不可免。

摩擦性失业的大小取决于劳动力流动性的大小和寻找工作所需要的时间。劳动力流动量越大、越频繁，寻找工作所需要的时间越长，则摩擦性失业量就越大。其中，劳动力流动性很大程度上取决于制度因素、社会文化因素和劳动力构成，寻找工作所需要的时间则主要取决于获取有关工作机会的信息的难易程度和速度，以及失业的代价和失业者承受这种代价的能力。

2. 结构性失业

结构性失业（Structural unemployment）是指由于经济结构的变化，劳动力的供给和需求在职业、技能、产业、地区分布等方面的不协调所引起的失业。

结构性失业和摩擦性失业是有区别的，但两者之间不存在明确的界限。它们的一个共同点是每有一个失业者，就有一个职位空缺。不同的是，在摩擦性失业的情况下，劳动力供给的结构和对劳动力的需求结构是相吻合的，每一个失业者都有一个适合他的职位空缺，只是他尚未寻找到这个空缺。结构性失业的情况下，劳动力的供给结构和对劳动力的需求结构是不相符合的，寻求工作者找不到与自己的技能、专长相符合的工作。此外，摩擦性失业者失业时间一般较短，结构性失业者失业时间较长。

经济发展、技术进步、人口规模和构成的变化、消费者偏好的变化等都会引起经济结构的变动，进而引起对劳动力的需求结构发生变化。而劳动力供给结构的调整常常滞后于劳动力需求结构的变化，从而结构性失业也就随即产生。

不适当的政府政策也常常引起或加剧结构性失业。有些抑制经济结构调整、抑制以机械代替劳动力的政策可能在短期内有助于减少失业。但从长期看，这种政策会降低受保护行业的竞争能力，加重结构性失业。一个世纪前，美国就业最多的四个行业是棉纺织品、毛制品、男性服装以及木材。而现在，四个就业最多的行业是汽车、飞机、通信和电子元件。随着这种转移的发生，一些企业创造了新的工作岗位，而另一些企业中的工作岗位则消失了。这一过程的最终结果导致更高的生产率和生活水平，但是也造成了失业现象。

3. 周期性失业

周期性失业（Cyclical unemployment）是指劳动力总需求不足引起的失业，因而常常又被称为“需求不足型失业”。个别产业或地区劳动力需求不足属于结构性失业，不属于周期性失业。

劳动力需求是一种“引致需求”。在经济周期波动的过程中，当国民经济总需求下降时，对物品和劳务的需求会相应减少，进而会引起劳动力这种中间需求的下降。最终，由于工资刚性的存在，周期性或需求不足型失业随即出现。而工资刚性可以说是需求不足型失业产生的“罪魁祸首”。

古典经济学家认为工资是灵活的，即工资可以对劳动力供求的变化做出快速反应，因而不存在周期性失业。但在现实经济中，当市场上出现劳动力需求小于供给的情况时，工人们不是立即接受较低的工资，而是努力寻找工资较高的工作机会。这种工资刚性的存在致使劳动力供需调整过程极为缓慢，进而促使非自愿失业出现。那么工资刚性又是如何产生的呢？

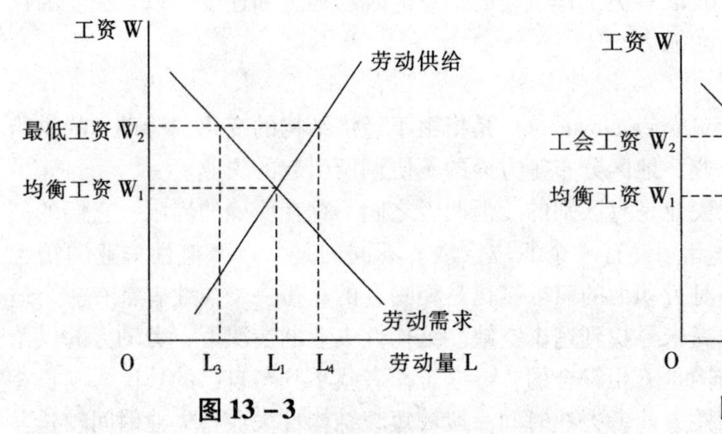

图 13－3

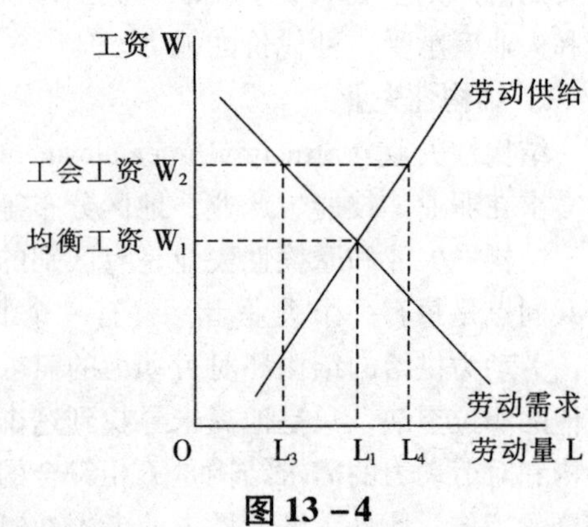

图 13－4

首先，最低工资法是工资刚性的一个原因。确定最低工资是为了保护劳动力中最不熟练和工作经验最少的群体的利益。但是如果最低工资高于了均衡工资，那么必然会使工资出现刚性，无法通过调整工资来实现劳动力市场的再次均衡，因此，劳动力过剩的现象会持续存在，周期性失业也就难以避免。如图 13－3 所示，当最低工资 W_2 高于均衡工资 W_1 时，劳动需求为 L_3，劳动供给为 L_4，失业数量为（L_4-L_3）。

其次，工会也是造成工资刚性的因素之一。工会是一个就工资与工作条件同雇主进行谈判的工人协会，可以说工会是一种卡特尔，它是员工共同行动以希望发挥垄断势力的一个集团。工会帮助员工去和企业就工资和工作条件等方面进行磋商，并且运用其对劳动力的垄断力量，迫使企业达成协议。如果无法达成协议，工会将组织罢工。工会的确是给员工带来了一些益处，如工资的上涨，工作环境的提高。但是，当工会把工资提高到均衡水平之上时，它就增加了劳动供给量，减少了劳动需求，此时工会又不允许工资立刻发生变动来调整劳动力供大于求的情况，这样必然导致一定时期内的失业。如图 13－4 所示，当工会要求的工资高于均衡工资时，也会发生失业现象。

从分析中可以看出，周期性失业与摩擦性失业和结构性失业有着本质的区别，后两者即使在劳动力市场处于均衡状态时也存在，而周期性失业则是劳动力需求不足引起的失业。存在周期性失业时的劳动力市场必然处于非均衡状态，一些人愿意工作却无业可就。

13.2.3　失业的影响

失业问题之所以重要，主要是由于失业会对经济、社会造成重大的影响，给人们生活带来极大的干扰。

从经济方面看，失业会直接造成资源的浪费，带来经济上的损失。劳动力是重要的生产要素，失业或劳动力的闲置本身就是资源的浪费，而且劳动力这种经济资源具有自身特点：本期可利用的劳动力不能移至下期使用，本期可利用劳动力的闲置就是这部分资源永久性的浪费。在劳动者失业的同时，生产设备以及其他生产要素也常常会大量“赋闲”，这直接减少了社会产品，降低了国民产出水平。美国经济学家 A. 奥肯在 20 世纪 60 年代曾提出了一个定律，借以揭示了失业与产出之间的关系，其内容是：如果年国民生产总值增长率为 3%，失业率就可以保持不变。年增长率每增加 2%，失业率便下降 1%；年增长率在 3% 以下，每下降 2%，失业率便上升 1%。这便是著名的奥肯定律（Okun's law），它说明了失业的增加将会导致产出水平的下降，其比例为 1:2。

失业率的上升使经济付出的代价是惨重的，而且这些代价是无法弥补的。有关失业的经济影响，萨缪尔森的话值得深思：“在高失业间的损失是现代经济中有文献记载的最大浪费。它们比垄断或关税以及限额导致的浪费所造成的缺乏效率据估计要大许多倍。”

从社会方面看，失业的影响虽然无法用货币单位表示，但这种影响却可能是非常巨大的。失业不但会使失业者及其家庭的收入和消费水平下降，而且还会给人们的心理造成巨大创伤，带来一系列社会问题。失业者长期找不到工作就会悲观失望，甚至失去对生活的信心。高失业时期，往往伴随着高犯罪率、高离婚率和其他社会问题。

由于失业对社会经济具有重大的影响，因而失业率便成了政治家们极为关注的一个指标。当失业率较低时，政府会得到人们的信任，执政者会得到更多人的支持；当失业率较高时，政府会受到人们的谴责。因此任何政府都必须关注失业问题，政府在制定任何一项宏观经济政策时，都必须考虑其对失业的影响。

13.2.4　自然失业率

1. 自然失业率的含义

充分就业是各国宏观经济政策的重要目标之一，但充分就业并不是要做到丝毫不存在失业，或失业率降至为零。因为摩擦性失业和结构性失业对任何经济来说都是不能避免的。因此充分就业时的失业率就是摩擦性失业率和结构性失业率二者之和。或者说，周期性失业率为零时的失业率就是充分就业时的失业率。从根本上说，充分就业情况下的实际国民产出等于潜在国民产出。

充分就业情况下的失业率的另一个名称是自然失业率。两者的含义完全相同，但经济学家更多的使用自然失业率的概念。值得说明的是，经济并不总在自然失业率基础上运行，当然也并不总能实现潜在国民产出。一般说，实际失业率往往大于自然失业率，但也有实际失业率低于自然失业率的情况发生。自然失业率是劳动力市场和商品市场处于均衡状态下的失业率，也是能够长期持续存在的最低失业率。当实际失业率等于自然失业率时，价格和工资的增长是稳定的，通货膨胀率既不加速也不减速。自然失业率总是大于零。在现实经济中，劳动者的爱好和技能存在差别，社会对物品和劳务的供给和需求会不断变化，这些都能引起劳动力资源的不断转移，因此摩擦性失业和结构性失业总是存在，自然失业率也就总是大于零。

自然失业率和通货膨胀有着密切联系。可能有人认为失业率越低越好，但非常低的失业率往往伴随着很高的通货膨胀率。自然失业率是不会导致很高通货膨胀率的最低失业率。因此，政府应当保证实际失业率不低于自然失业率，否则将使引发高通货膨胀。

2. 自然失业的上升趋势及其原因

虽然众多经济学家都认为，自然失业率的概念十分重要，但对于自然失业率的具体数值到底是多少，以及如何对自然失业率进行测算，还存在较大分歧。

有些经济学家主张根据通货膨胀率等于预期通货膨胀率时的失业率来测量自然失业率。用这种方法估计的结果是否准确，主要取决于对预期通货膨胀率的估计是否准确。另一些经济学家认为由于长期中平均失业率应等于自然失业率，因此可用足够长的时期中的平均失业率估计自然失业率。根据许多经济学家的估算，在20世纪50年代美国的自然失业率为4%左右，70年代为5%左右，80年代为6%左右，90年代保持在6%左右。可见，美国的自然失业率有上升趋势。而来自劳动和社会保障部的统计资料显示，我国的城镇失业率也有同样的变化走向。如表13－1所示。

表13－1　　我国的城镇失业率

年　份	1990	1996	1998	2001	2002	2003
失业率	2.5%	3.0%	3.1%	3.6%	4.0%	4.3%

自然失业率呈上升趋势的原因主要以下三方面：

第一，劳动者结构的变化。随着时代的发展和进步，劳动者结构必然要发生变化，如年轻人、妇女在劳动力中比重上升。这种劳动力供给的增加，在一定程度上也就提高了失业率。

第二，政府政策的影响。一些经济学家认为，政府政策的实施，尤其是失业保险政策，也是自然失业率上升的一个因素。不可否认，失业保障体系保护了一部分失业群体的利益，为他们提供了生活的基本保证，但是失业保障制度的副作用是鼓励了一部分失业者延长其寻找工作的时间，甚至不再寻找工作，靠失业津贴生活，如德国、法国等高福利国家都存在着这种失业问题。

第三，结构性失业的影响。面对全球经济一体化浪潮的冲击，可以说每个国家的各个行业都在发生巨大变化，新兴行业蓬勃发展，传统行业或是艰难维持，或是悄然消失，因此必然有大量劳动者失去工作，从而引起结构性失业，最终导致自然失业率上升。例如，我国改革开放的二十多年里，金融、信息、电信等行业高速发展成长，而钢铁、汽车、家电行业受到了国外企业的猛烈冲击，造成了行业规模缩减，下岗职工人数增加。

总而言之，自然失业率并不是一成不变的，它不仅受到客观经济条件的影响，而且也受到许多制度因素和政策因素的影响。因此政府可以通过某些政策使自然失业率本身发生变化。

13.2.5　反失业政策

失业对社会经济产生了不良影响，政府应采取措施努力增加就业、降低失业水平。经济学家提出了许多种反失业政策，这些政策各自具有不同的特点，适用于不同种类、由不同原因引起的失业。同时，任何一种政策都有某种副作用，要降低失业水平就必须付出某种代价。而且，在任何时候，都不可能使失业率降低到零。政策制定者只能根据具体情况，权衡得失，选择适当的政策。下面简要介绍几种反失业政策。

1. 调节总需求

对物品和劳务的需求增大，则会增加对劳动力的需求，从而增加就业，减少失业。当社会总需求不足时，政府可以通过财政政策和货币政策刺激总需求，至于财政、货币政策的具体措施，详细分析见后面章节中的分析。

增加总需求的政策对需求不足失业是有效的，但不适用于对付其他类型的失业。例如，当经济中存在严重的真实工资失业时，利用增加总需求的政策来降低失业水平，会受到资本可利用量的限制；如果继续增加总需求，就会加剧通货膨胀而无助于降低失业。同样，单纯靠增加总需求来消除摩擦性失业和结构性失业效果也不会很大，而且可能造成严重的通货膨胀——需求拉上通货膨胀。

即使在采用增加总需求的政策降低需求不足失业时，也应注意政策的适度。总需求的增加必然对价格总水平产生一定影响。采用增加总需求的政策降低失业率总是以通货膨胀率上升为代价的。不过当存在需求不足失业时，总需求的增加主要作用于国民产出水平和就业水平，对价格水平的影响较小，此时采取增加总需求的政策来降低失业水平是可取的。但在需求不足失业已经消除时，靠继续增加总需求来进一步降低失业必然加剧通货膨胀，将是得不偿失的。

2. 调控工资水平

政府可以利用各种形式的收入政策直接或间接的调控工资水平。这种政策有助于消除由真实工资水平过高引起的失业。但是在真实水平长期偏高，资本密集型技术已经被普遍采用的情况下，即使降低了真实工资水平，也仍需经过一个缓慢的过程，才能真正消除真实工资失业。

由于工资是个人可支配收入的重要组成部分，而个人可支配收入的多少决定着消费需求，降低工资水平会使总需求降低，从而降低国民产出水平和就业水平。因此，在降低工资水平的同时，需要运用财政、货币政策增加需求，促进就业水平的提高。采用收入政策调控工资水平也会带来一定的副作用，如扰乱劳动力市场，可能降低劳动力资源配置的效率；需要增加行政管理费用，扩大行政机构；并且由于降低真实工资水平会引起工人们的不满，往往会在政治上受到阻碍。

3. 完善劳动力市场，提高劳动者素质

首先，政府要确立劳动者自主就业，市场调节就业和政府促进就业的就业方针，完善劳动力市场，积极为劳动者提供有关劳动力市场的信息，或鼓励、支持私人机构提供这种信息服务，使劳动者更容易、更迅速地获取有关工作机会的信息，缩短他们寻找工作所需要的时间，降低摩擦性失业。2003 年底，我国共有各类职业介绍机构 2.6 万个，其中各级劳动和社会保障部门举办的公共职业介绍机构 1.8 万个。公共职业介绍机构每年为近 2000 万人次提供就业服务，成功介绍 1000 万人次实现就业。

其次，政府应同时积极开展就业前培训和再就业培训，为那些不适应顾主要求的工人和失业者提供重新受训练的机会，或帮助工人和失业者从劳动力过剩的地区往劳动力不足的地区，使他们找到合适的工作。这种人力投资有助于解决失业与职业空缺并存的问题，有助于减少结构性失业。例如，截止到 2003 年底，全国共有技工学校 3167 所（其中包括高级技工学校 274 所），在校学生 191 万人，面向社会开展各类培训 220 万人次；就业训练中心 3465 所，社会培训机构 17350 所，全年开展培训 1071 万人次。而且，1998 年以来，在全国 30 个城市开展创业培训工作。通过组织开展培训指导、政策咨询和跟踪服务，切实提高下岗失业人员从事个体、私营经济或创办小企业的能力。全国各级工会开办的职业培训机构，累计培训了下岗失业人员 360 万人次。2003 年，全国共有近 28 万人参加了创业培训，其中有近 14 万人成功创业或自谋职业。

13.3 菲利普斯曲线

前面分析了通货膨胀和失业，从中可以看出这两大困扰经济的顽疾在大多数情况下是交织在一起的。那么这两者是否有一定的联系呢？下面就将引入一个新的概念——菲利普斯曲线，从而深入剖析通货膨胀与失业之间的关联。

13.3.1　短期菲利普斯曲线

菲利普斯曲线是表示货币工资变动率（通货膨胀率）与失业率之间的关系的曲线。它最初是由经济学家菲利普斯提出的。

1958年，英国伦敦经济学院教授菲利普斯（A. W. Phillips）在英国《经济学杂志》上发表了一篇使他成名的文章《1861～1957年英国失业和货币工资变动率之间的关系》。在文中他指出失业率和工资变动率之间有反方向变动关系，并据此以横轴表示失业率U，以左面纵轴表示通货膨胀率$\frac{\Delta P}{P}$，右面纵轴表示货币工资增长率$\frac{\Delta W}{W}$，画出了一条向下倾斜的曲线。如图13－5所示，菲利普斯曲线表示在短期内失业率和货币工资增长率之间存在负相关的关系：失业率越低，工资增长率越高；失业率越高，工资增长率越低。失业率之所以与工资增长率呈反方向变化，是因为货币工资上涨表明劳动力市场上的需求大于供给，失业率因此下降。反之，工资水平下降表明供给大于需求，失业率上升。

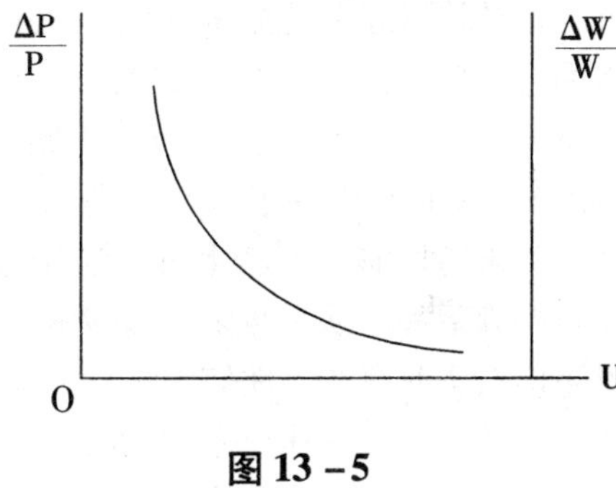

图13－5

菲利普斯曲线原本只是描述工资增长率和失业率之间的变动关系。但经济学家认为，工资是产品成本的主要构成部分，从而也是产品价格的主要构成。因此可以把菲利普斯曲线用来表示通货膨胀率和失业率之间的关系。失业率越高，通货膨胀率越低；反之相反。其中，通货膨胀率和工资增长率并不是同一的，通货膨胀率等于工资增长率减去劳动生产率的增长。如果货币工资上涨率超过劳动生产率增长时，物价就会随工资的上升而上涨。

13.3.2　长期菲利普斯曲线

长期中失业和通货膨胀之间的关系被称为长期菲利普斯曲线。长期菲利普斯曲线是一条自然失业率水平下垂直于横轴的垂线，即在其他条件不变时，通货膨胀率的变动对失业率没有任何影响。如图13－6所示，F为长期菲利普斯曲线，U′为自然失业率。

长期菲利普斯曲线如何形成的呢？长期菲利普斯曲线是连接每条短期菲利普斯曲线上实际通货膨胀和预期通货膨胀相等的点形成的。如图13－6，假设最初情况为A

点，失业率等于自然失业率 U′，通货膨胀率为 2%。当通货膨胀率上升到 5% 时，那么在短期内，企业会扩大生产，失业率下降，经济状态从 A 点移动 B 点，但是经济只能暂时的停留在 B 点，由于人们有对通货膨胀的预期，那么他们将要求提高工资，这样就引起企业解雇员工，失业率又将回升到自然失业率 U′，最后，经济状态将从 B 点移动到 C 点，即通货膨胀率上升到 5%，失业率仍等于自然失业率 U′。同理，如果通货膨胀不断上升，这个过程也就将持续下去。从长期看，通货膨胀的上升不能对失业率产生任何影响，失业率总是等于自然失业率。把每条短期菲利普斯曲线上同 A、C、E 一样的点连接起来，就构成了长期菲利普斯曲线。

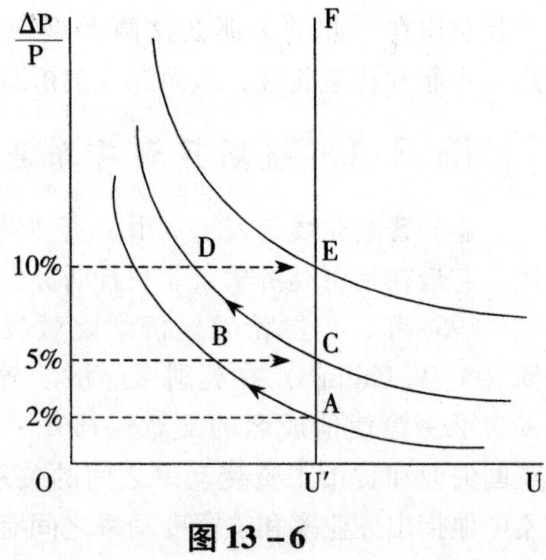

图 13 - 6

总之，菲利普斯曲线把失业和通货膨胀这两个重要的宏观经济指标联系到一起，并反映了两者之间的内在联系。在短期内，失业率和通货膨胀率是反方向变化的；而在长期中，通货膨胀的上升对失业率毫无影响。可以说，菲利普斯曲线为政府制定宏观经济政策提供了理论依据。

13.3.3 菲利普斯曲线的政策含义

菲利普斯曲线提出以后，它成为了政府制定经济政策的工具。政府运用菲利普斯曲线制定政策时，首先要确定社会可接受或可容忍的最大失业率和通货膨胀率，将其作为临界点。如果失业率和通货膨胀率都小于临界点，那么政府不必采取措施进行干预；如果超过了临界点，那么政府应该采取措施加以控制。

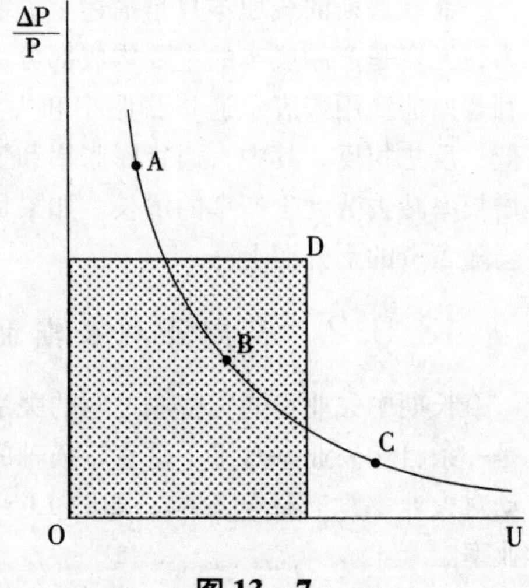

图 13 - 7

如图 13 - 7 所示，D 为临界点，阴影部分为社会所能接受的失业率和通货膨胀率的区域。B 点处于阴影区域内，通货膨胀率和失业率都在可被接受的范围；在 A 点处，通货膨胀率超过了合理范围；在 C 点处，失业率超过了合理范围。因此，当经济处于 A 点或 C 点时，政府应该采取干预措施，如以增加失业率为代价来降低通货膨胀率，以提高通货膨胀率为代价来降低失业率。

菲利普斯曲线与传统的凯恩斯主义理论是不同的。传统的凯恩斯主义理论认为，失业和通货膨胀是不会同时存在的。在未达到充分就业时，政府消除失业不需要以通货膨胀为代价，抑制通货膨胀也不需要以提高失业率为代价。菲利普斯曲线则表明失业和通货膨胀是同时并存的，且两者在短期内呈反方向变化，此消彼长。菲利浦斯曲线的倾斜程度反映了短期内失业和通货膨胀两者之间的替代程度。若菲利普斯曲线平坦，通货膨胀较小的下降将以较大的失业增加为代价；若菲利普斯曲线陡峭，降低通货膨胀只需以较小的失业为代价。

早期的菲利普斯曲线的确为政府政策的制定提供了必要的依据。但是进入 20 世纪 70 年代以后，菲利普斯曲线所描述的失业率和通货膨胀率的反方向变化关系有了新的改变。菲利普斯曲线本身发生了向上的移动，即需要以比原来更大的通货膨胀率为代价，才能降低一定的失业率。移动后的菲利普斯曲线可能已经在临界区域外，因此政府不得不把临界点提高，人们将忍受更高的失业率和通货膨胀率。如图 13－8 所示，菲利普斯曲线 F_1 移动到 F_2，因此失业率 10% 所对应的通货膨胀率也就从 2% 上升到 10% 的水平。

为了更好地解释为什么菲利普斯曲线发生移动，预期通货膨胀率这一概念需要再次被提及。预期通货膨胀率被用来衡量人们预期物价总水平的变动幅度。在任何一个失业水平上，工资上升的比率取决于通货膨胀率的预期。如果工人预期通货膨胀率要上升，他们就会要求提高工资来避免生活水平的受到侵蚀。因此，通货膨胀预期的存在使得菲利普斯曲线发生移动。当预期通货膨胀率大于实际通货膨胀率时，菲利普斯曲线将向下移动；当预期通货膨胀率小于实际通货膨胀率时，菲利普斯曲线将向上移动；当预期通货膨胀率等于实际通货膨胀率时，菲利普斯曲线就会稳定下来，失业率也就处于自然失业水平上。

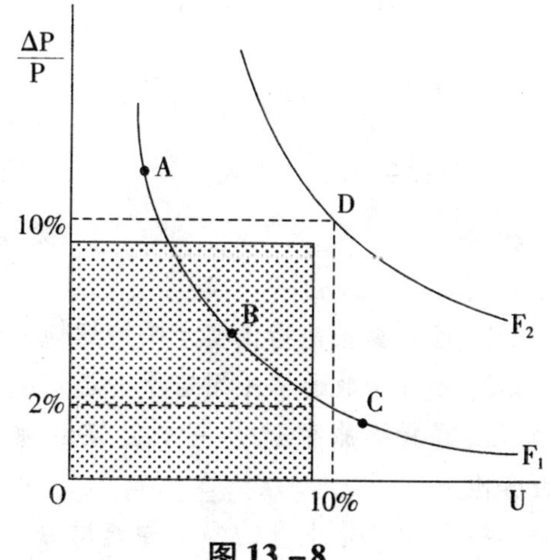

图 13－8

影响菲利普斯曲线发生移动的另一个因素是：供给的冲击作用。例如世界石油价格波动就是供给冲击的一个例子。当供给发生变动，企业的生产成本就会改变，从而产品价格变化，最终导致总供给曲线的移动。如果人们认为供给冲击只是暂时的提高了物价水平，预期通货膨胀不会变化，那么菲利普斯曲线将很快恢复到原来的位置，但是，人们预计供给的冲击将导致预期通货膨胀率变化，那么菲利普斯曲线将发生移动。

如图13－9（a）所示，假设世界石油价格发生上涨，那么总供给曲线将移动到AS_2，物价水平从P_1上升到P_2，产量水平从Y_1下降到Y_2。（b）图表示通货膨胀率和失业率的短期关系，总供给AS的向左移动导致了菲利普斯曲线向右发生移动，即经济从低通货和低失业状态移动到高通货和高失业的状态。

至此，本章内容告一段落，有关通货膨胀和失业的问题也基本介绍完毕，接下来的一章将集中分析宏观经济政策。

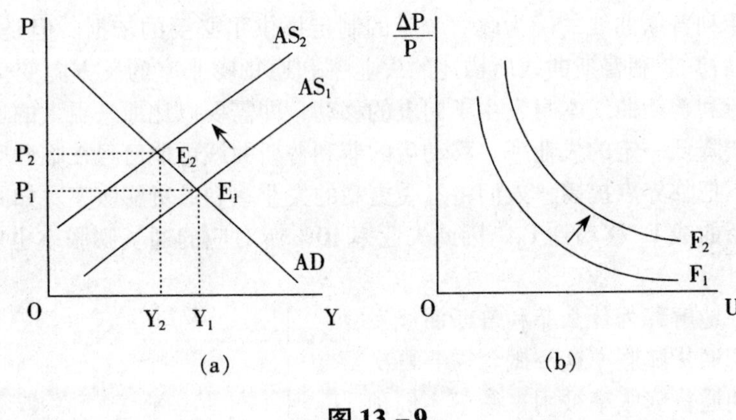

图13－9

本章小结

1. 通货膨胀是指价格水平持续地、大规模上升的现象。

2. 物价指数通常采用若干种选定商品的价格的加权平均数。

3. 通货膨胀率就是一个时期（基期）到另一个时期（报告期）价格变动的百分比。

4. 按照价格上升的幅度和速度分类：爬行的通货膨胀、加速的通货膨胀、超级通货膨胀；按照对价格影响的差别分类：平衡的通货膨胀、非平衡的通货膨胀；按照人们的预料程度分类：未预期到的通货膨胀、预期到的通货膨胀。

5. 货币数量论是这么解释通货膨胀的：每一次通货膨胀的背后都有货币供给的迅速增长。

6. 需求拉上通货膨胀是指总需求超过总供给所引起的一般价格水平的持续显著的上涨。

7. 成本推动通货膨胀是指在没有超额需求的情况下由于供给方面成本的提高所

引起的一般价格水平持续和显著的上涨。

8. 即使总需求和总供给处于均衡状态时，由于经济结构发生变动，也会导致价格上升，即发生结构性通货膨胀。

9. 通货膨胀可以影响收入和财富的分配、产出和就业以及经济增长。

10. 紧缩需求的政策主要包括两种：紧缩性财政政策和紧缩性货币政策。紧缩性财政政策的主要内容是：在财政收入方面增加税收，在财政支出方面削减政府开支和转移支付。紧缩性货币政策的主要内容是：中央银行公开市场业务出售政府债券，提高央行的贴现率，提高商业银行的法定准备率。

11. 收入政策是指限制各种生产要素的收入（工资收入、利润、利息以及租金收入）的增长率，从而限制物价上涨的政策，又称为工资和物价管理政策。

12. 人力政策是指政府为解决失业与职位空缺并存的问题而采取的措施。

13. 失业是指有劳动能力的人没有找到工作，但正在积极寻找工作或等待重新被召回原有工作岗位的现象。失业率是失业者在劳动力中的比重。

14. 失业的类型分为：摩擦性失业、结构性失业和周期性失业。

15. 不同企业之间劳动需求变动，劳动力的需求结构的变化以及工资刚性都是产生失业的因素。

16. 充分就业和自然失业率表示的是潜在国民产出下的失业率，也是周期失业为零情况下的失业率。并且很多数据表明自然失业率有上升的趋势。

17. 鉴于失业对社会产生许多不良影响，政府制定了一些反失业政策加以抑制，如调控总需求、调控工资水平和改善劳动力市场等政策。

18. 菲利普斯曲线是一条向右下方倾斜的曲线，它说明失业率和通货膨胀率两者有反方向变动关系，在短期内，提高通货膨胀率可以降低失业率，提高失业率可以降低通货膨胀水平。

19. 在长期中，菲利普斯曲线是一条垂线，因为有预期通货膨胀的存在，实际通货膨胀率的变动不会影响失业率，失业率将总保持在自然失业水平。

思　考　题

1. 有一种观点认为“通货膨胀就是拒偿债务”。你如何理解这种观点？

2. 如果一个经济中所有工资都由为期 3 年的合约决定，而此时央行宣布马上要开始反通货膨胀的货币政策，假设经济中的每一个人都相信央行的声明，这种反通货膨胀的政策是否会造成一些负面的影响呢？

3. 本章正文中没有针对货币现象的通货膨胀提出相应的策略，你觉着应该采取什么措施呢？

4. 请用图形分析混合型通货膨胀的产生机理，并提出相应的反通货膨胀政策。

5. 失业在正常情况下是短期的还是长期的？说明理由？

6. 为什么摩擦性失业是不可避免的？政府如何降低摩擦性失业？

7. 谈谈你对工会影响失业率的看法？在我国工会发挥什么作用？

8. 阐述菲利普斯曲线在短期和长期内的不同之处？

9. 如果OPEC宣布解散，从而预期石油价格会急剧下降，这对菲利普斯曲线有什么影响？

第十四章　宏观经济政策

学习目标

学习本章需要了解两种需求管理政策——财政政策和货币政策的含义及目标，重点是掌握这两种政策的作用机理及实施效果，对各种政策工具要在初步认识的基础上理解其运用的范围和依据。

关键名词

经济政策　财政政策　货币政策　宏观经济政策的目标　财政　扩张性财政政策　紧缩性财政政策　挤出效应　扩张性货币政策　紧缩性货币政策　公开市场业务　贴现率　法定准备率

现实中的宏观经济充满了变数，波动是它的一个重要特征，繁荣和萧条的此消彼长往往使经济陷入混乱的困境，而市场本身的力量并不能完全使之达到人们期望的目标。在这种情况下，政府对经济的干预就显得尤为必要。

14.1　宏观经济政策的含义

概括而言，政府的经济管理职能分为微观经济管理职能与宏观经济管理职能，我们在微观部分介绍了政府的微观经济管理职能，现在介绍政府的宏观经济管理职能。宏观经济管理职能是指政府通过运用宏观经济政策进行宏观调控以保证经济的平稳运行，实现预期的宏观经济目标。按照宏观经济政策是率先针对总需求还是总供给来实施的，可将宏观经济政策分为总需求管理政策与总供给管理政策。此外，宏观经济政策还可分为短期经济政策与长期经济政策，前者主要目标在于保证短期内经济的平稳运行，使经济波动的幅度变小，后者主要目标在于保证长期内实现经济的持续稳定增长。本章将主要介绍政府的短期总需求管理政策，这也是传统宏观经济政策的核心内容。

宏观经济政策的实施依赖于可以影响宏观经济活动的政策工具的存在，其中财政政策与货币政策是两大主要的政策工具。美国经济学家、诺贝尔经济学奖获得者 J·

托宾就曾指出："宏观经济学的重要任务之一就是要表明如何能够运用中央政府的财政工具和货币工具来稳定经济。"财政政策是指政府变动税收和支出从而影响总需求以平抑经济波动的干预措施。其中，变动税收是指改变税率或税率结构，变动政府支出是指改变政府对商品与劳务的购买支出以及转移支付。如果政府的财政政策是为了刺激需求，提高国民收入，则称之为扩张性的财政政策，反之，称之为紧缩性财政政策。货币政策是政府货币当局通过银行体系变动货币供给量来调节总需求的政策。如果货币当局的货币政策是为了增加货币供给，刺激需求，则称之为扩张性的货币政策，反之，称之为紧缩性的货币政策。

14.2　宏观经济政策目标

政府对经济进行干预（或者说是调控）是为了达到一定的经济目的，政府采取各种经济政策都是有意识的、有计划的，政府经济政策的制定都是根据一定的经济目标而进行的。在西方经济学中，宏观经济政策的目标主要有四种，即充分就业、价格稳定、经济持续均衡增长和国际收支平衡。

充分就业是宏观经济政策的第一目标，从广义上讲，它是指一切生产要素（包括劳动）都有机会以自己愿意的报酬参加生产的状态。西方经济学家通常以失业率的高低来衡量充分就业与否。所谓失业率就是指失业者人数对劳动力人数的比率。这里面需要注意劳动力的概念，劳动力是指一定年龄范围内有劳动能力愿意工作的人，而像老幼病残以及由于种种原因放弃了工作念头的这一类人，都要排除在劳动力之外，也就是说劳动力首先要有劳动能力其次要有劳动意愿，而失业者就是劳动力中那些想工作但尚未找到工作的人。将两者相比，就能从中看出失业问题是否严重。特别需要强调的是，充分就业并不是说人人都有了工作，而是维持一定的失业率，这个失业率要在社会允许的范围之内，能为社会所接受。

价格稳定是宏观经济政策的第二个目标。如何理解价格稳定的含义呢？市场上商品的种类不胜其数，商品的价格也千差万别，很难想像能将这些价格一一统计以判断其稳定与否。因而，这里的所说的价格稳定是指价格总水平的稳定。在西方经济学中通常用物价指数来表达一般价格水平的变化，它反映了某些商品的价格从一个时期到下一个时期变动的程度。可以想像如果一段时期内价格跌涨幅度过大，经济必然会受到不良影响。值得注意的是，价格稳定不是指每种商品的价格都固定不变，而是指物价指数的相对稳定。在物价指数相对稳定的前提下，各种商品的价格发生小幅度的变化对经济的影响是很小的。

经济持续均衡增长是宏观经济政策的第三个目标。经济增长包括两方面的含义：一是国内生产总值的实际增加，二是一定时期内一国能够生产商品和劳务的潜在能力的提高。通常用一定时期内实际国内生产总值年均增长率来衡量经济增长。战后许多西方国家的经济经历了一个从高速增长到低速增长的过程，引起了人们的普遍担忧，因而经济能否持续均衡增长应作为宏观经济发展的目标已经得到了广泛的认同，并且越来越受到各国重视。

国际收支平衡是宏观经济政策的第四个目标。它是指既无国际收支赤字又无国际收支盈余。随着国际间经济交往的日益密切，国际收支对于一个开放型的国家来说也愈加重要。一国的国际收支状况不仅反映了国家的对外经济交往情况，更重要的是它反映了该国经济的稳定程度。一旦一国国际收支失衡，就必然会对国内经济形成冲击，从而影响该国国内就业水平、价格水平及经济增长。

综合考察这四种目标，将会发现它们之间是存在矛盾的。比如说，要实现充分就业就必须运用扩张性财政政策和货币政策，而这些政策必然会引起财政赤字和货币供给量的增加以致造成通货膨胀，价格稳定的目标也就无从谈起。再比如说，经济增长的确会提供更多的就业机会，有利于充分就业，但是另一方面，经济增长中的技术进步又会引起资本替代劳动，相对减少了对劳动的需求，这会造成大批技术水平低的工人失业。更明显的是，充分就业的实现必然引起国民收入的增加，而此时如果边际进口倾向不变，那么伴随而来的必将是进口的增加，从而国际收支状况恶化。另外，经济迅猛增长时，通货膨胀也就在所难免，价格稳定便无法实现。

可见，宏观经济政策的四种目标之间即便称不上是“水火不容”，但也绝不容易做到“和平共处”。这就需要政府根据本国国情仔细衡量各个目标对自身的重要程度，然后按照各个目标的轻重缓急采取相应的措施，这也就是哲学中所说的“抓住事物的主要矛盾”。当然，政府在制定政策时，不仅要关注以上四种目标，还有许多因素需要考虑，比如说，国内外的政治环境，政策公布实施后公众的接受程度等。但是，有一点不容置疑，那就是每项经济政策都有着其根本的作用机理，了解了它，便能抓住该项政策的实质。

14.3　财政政策

14.3.1　财政政策工具

作为一种资源配置系统，市场在大多数情况下表现为一种有效率的运行机制。但是，市场的资源配置功能并不是万能的，垄断、信息不充分以及外部效应的存在往往导致市场失灵；市场机制也具有本身固有的缺陷，它无法解决公共物品的提供和公共需要的满足问题。当市场表现出无能为力时，政府的介入和干预就显得尤为必要和合理。众所周知，政府广泛地执行着社会、政治职能，而当它参与到经济系统中时，它的另一个职能——经济职能也就表现出来了。对于经济中出现的不协调，政府可以采取行政法律手段解决，也可以组织公共生产，但这些似乎都使政府游离于经济系统之外。实际上，政府更经常的行为是直接参与经济活动，这便产生了财政的概念，财政就是以国家或政府为主体的经济行为或经济现象。

财政这种经济行为十分独特，它既不直接生产公共物品，也不直接提供公共物品，而是以税收、收费、国债等形式筹集收入，又通过投资、公共支出、补贴等形式形成支出，从而以这种方式调节经济运行。很明显，政府财政就像是一个资源调度管道：一方面资源流入，另一方面资源流出。与此相对应，财政的构成也就一目了然，它包括政府收入和政府支出两部分，其中政府收入包括税收和公债，政府支出包括政府购买和转移支付，这些也就可以被称为财政政策的工具。

14.3.2 财政政策的自动稳定器作用

政府的财政收支及其变动会直接、间接地影响宏观经济的运行。更值得注意的是，当政府的财政措施形成一整套制度得以持续实施时，它就有着自动平抑经济波动的功能。财政政策的这一特殊功能被形象地称为自动稳定器。自动稳定器的作用不可小觑，战后，西方国家经济虽然仍有周期性波动，但同20世纪30年代大危机相比，波动幅度大为减小，衰退持续时间也大为缩减，原因固然是多方面的，但是西方财政政策的自动稳定功能必定起到了相当大的作用。那么财政的这种自动稳定作用是如何发挥的呢？

1. 政府税收的自动变化

随经济状况变动而自动变动的税收主要是直接税，其中最重要的是个人所得税和公司利润税，而一般来说这两种税都具有累进的性质。当经济衰退时，国民产出水平下降，纳税人的收入自动进入较低纳税档次，政府税收下降的幅度会超过收入下降的幅度，从而可起到抑制衰退的作用。反之，当经济繁荣时，失业率下降，人们收入增加，累进税使得纳税人的收入自动进入较高的档次，政府税收上升的幅度会超过收入上升的幅度，从而起到抑制通货膨胀的作用。

其实即使不是累进税，随经济涨落税额也会发生较大变化。以公司利润税为例，公司利润和经济状况密切相关，税收又对公司利润十分敏感。当经济衰退时，公司利润会大幅下降，甚至下降幅度会超出工资、收入和消费的下降，结果即使税率不变，税收也会迅速减小，从而降低财政盈余，有助于在衰退时阻止经济进一步下滑。

由此，西方学者认为，税收的这种因经济变动而自动变动的内在机动性和伸缩性是一种有助于减轻经济波动的自动稳定因素。

2. 政府支出的自动变化

这里主要是指政府的转移支付自动变化。政府的转移支付主要包括政府发放的失业救济金和其他各种福利支出。当经济处于衰退时，失业人数会不同程度的增大，这时有资格领取失业救济金的人随之上升，政府的转移支付增加，从而给总需求注入了新的力量。反之，当经济繁荣时，就业机会增多，失业率下降，领取失业救济金的人相应减少，政府的转移支付随之削减，从而对经济的扩张起到了一定的限制作用。

3. 农产品价格维持制度

经济萧条时，国民收入下降，和大多数产品价格走势一样，农产品价格也呈下降趋势。但是按照农产品的价格维持制度，政府要按支持价格收购农产品，这样一来既使得农产品价格维持在一定高度，又能增加农民收入，提高农民消费水平。反之，当经济转为兴旺时，农产品价格会随之上升，此时政府就会减少对农产品的收购并抛售其所持有的农产品，这样一来便限制了农产品的价格上升，进而也就抑制了农民收入的增长，减少了总需求的增加量。

“自动稳定器”是经济波动的第一道防线，它可以算得上是整个经济防护体系中的重要组成部分。但是，分析“自动稳定器”的实质可以发现，税收和转移支付自动稳定经济完全是依靠了税收乘数和转移支付乘数的作用，显然，这些自动调节作用的效果是很小的，因此即使各种“自动稳定器”综合起来作用，也仅仅是能够应对一些轻微的经济失调。一旦发生了剧烈的经济波动，政府就不能听之任之，寄希望于自动调节了。西方经济学家认为，为确保经济稳定，政府务必要审时度势，主动出击，采取一系列财政措施，即主动地变化支出水平和税收水平以调节总需求，从而最终实现既定的经济目标。这也就回到了第一节中的财政政策的定义：财政政策是指政府变动税收和支出从而影响总需求以平抑经济波动的干预措施。

14.3.3 财政政策的效果分析

从财政政策的定义可以看出，政府实施财政政策的具体方式无非就是变化税收和支出。而一旦采取了这些措施，就必然会对国民收入等变量产生影响，即实现财政政策的效果。那么税收和支出变化后，相应的经济变量会发生怎样的变动呢？

经济萧条时，一方面，政府可以采用减税措施，给个人和企业留下更多的可支配收入，以刺激消费需求从而增加生产和就业。尽管这又会增加对货币的需求，使利率上升、私人投资受到影响、削弱一些减税对增加总需求的作用，但总体来说国民收入还是增加了。另一方面，政府还可以采取扩大政府购买的措施，增加对商品和劳务的购买，多搞

小资料

在经济大萧条时期，约翰·梅纳德·凯恩斯为了渲染自己有争议的理论观点，曾声称结束在世界范围内经济萧条的关键在于政府应该花更多的钱。他声称古埃及经济成功的秘诀在于用大量的金钱来建造金字塔。在凯恩斯看来，一个社会永远不会对拥有更多的金字塔而感到厌烦。

凯恩斯的理论后来被越来越多的人所接受，比较具有代表性的就

公共建设，从而就可以扩大私人企业产品的销路，还可以增加消费，刺激总需求。尽管这样做也会增加对货币的需求，从而使利率上升，影响一些私人投资，但总体来说，生产和就业还是会增加。当然，政府也可以采取增加转移支付的措施，多渠道地给私人投资以津贴，直接刺激私人投资，增加生产和就业。

是活跃于美国白宫的凯恩斯主义者。1961年当一个记者问约翰·F·肯尼迪总统为什么主张减税时，肯尼迪回答："为了刺激经济，难道你不记得你上的101号经济学[①]了吗？"在选择这种政策时，肯尼迪依靠了他的经济顾问小组，这个小组包括极为著名的詹姆斯·托宾和罗伯特·索洛，他们都深入地研究过当时刚出版几年的凯恩斯的《通论》。[②]

以上是政府在经济萧条情况下通常采用的各种财政措施，从根本上看，这些措施都是为了刺激需求，增加生产和就业，因此这种财政政策被称为扩张性财政政策。现将扩张性财政政策的效果总结如下：减少税收，利率上升，消费增加，投资减少，国民收入增加；增加政府购买和转移支付，利率上升，消费增加，投资减少，国民收入增加；增加投资津贴，利率上升，消费增加，投资增加，国民收入增加。

反之，在经济过热、通货膨胀可能发生的情况下，政府就要采取相反的措施，提高利率，抑制投资和消费，促使生产和就业降低，相应的，这种财政政策就被称为紧缩性财政政策。至于紧缩性财政政策效果的理论分析，读者可以参照上文中扩张性财政政策的分析过程自行总结。

值得注意的是，财政政策在实施过程中有一个自我削弱的特点。举例而言，经济萧条（过热）时，采取扩张性（紧缩性）财政政策必然会增加（减少）对货币的需求，导致利率上升（下降），进而使一部分私人投资减少（增加），这也就降低了国民收入和就业提高（减少）的幅度。经济学中将增加政府支出的财政政策所产生的自我削弱称为挤出效应，准确给出定义就是：挤出效应是指政府支出增加引起利率上升，从而导致私人投资和消费减少，政府开支代替了（或者说是挤出了）私人开支。

14.4　货币政策

货币政策是政府货币当局即中央银行通过银行体系变动货币供给量来调节总需求的政策。从这个定义中可以看出，货币政策的核心是变动货币供给量以调节总需求，货币政策实施的关键是中央银行采取一定的措施引起银行体系内各种变量发生变化，

① 一般美国大学大一年级的经济学基础称为101号经济学。

② 部分内容摘自《经济学》阿瑟·奥沙利文、史蒂芬·M·谢菲林著，杜焱等译，2001年4月第1版；以及《经济学原理》曼昆著，梁小民译，2001年12月第2版。

从而达到控制货币供给的效果。

小资料

对于谁应该控制货币政策这一问题，可能有多种回答。一个极端是给予货币当局一个目标，比如控制通货膨胀，授权它完成这个目标，尽量避免政治干预；另一个极端是货币当局可能受到相当程度的政治控制，因此受到压力必须刺激经济，即使这种做法可能引起更大的通胀压力。

德国和瑞士拥有极其独立的中央银行，因此不难想像着两个国家的通货膨胀率都较低。在英国和意大利，货币当局脱离政治控制的独立性相对较小，因而银行经常面临增加货币供给、刺激经济的压力，由此在控制通货膨胀方面就被分散了精力。美国和日本的体系介于以上两者之间，其中央银行具有相当大的独立性，但是仍然难免遭受一些政治压力。

资料来源：斯蒂格利茨（1998）

14.4.1 货币政策目标与工具

1. 货币政策目标

（1）货币政策的最终目标。前面曾经提到宏观经济政策的目标是充分就业、价格稳定、经济持续均衡增长和国际收支平衡，货币政策作为宏观经济政策的重要组成部分，其必然也要以这四点作为根本原则和依据。因此，这四个方面就可以说是货币政策的最终目标。但是，由于各项政策目标不可能同时达到，因此，国与国之间在同一时期内的政策目标未必相同，同一国家在不同时期内的政策目标也未必一样，选择哪一项作为最终目标与一国的具体情况有关。

通常情况下，人们较为关注是国民收入水平（国民收入水平的高低和就业水平是一致的）和价格水平的高低，从而一般意义上货币政策的最终目标就是这两个变量。中央银行在采取政策时需要做一定的权衡，因为采取某种货币政策刺激需求时，必然会使总需求曲线向右移动，从而使得价格和国民收入同时增加，也就是说，短期内要想独立达到价格下降和国民收入增加这两个目标是不可能的。那么央行就不得不考虑将最终目标到底是确定在价格水平上还是在国民收入水平上。

（2）货币政策的中间目标。在确定了最终目标后，中央银行便会制定相应的措施并付诸实践，但是，这里存在一个问题，从政策制定到政策发挥效用影响最终目标需要一段时间，这段时间被称为“时滞”，它可长可短，长则一年以上，短则持续数月。更为复杂的是，在这段“时滞”内，经济形势可能会发生变化，原先确定的最终目标或许已经不适用了，从而正在实施的各项政策就变得没有意义甚至会不利于当前的局势。要想使货币政策发挥应有的效力，实现最终目标，央行必须找到一些在最终目标实现之前可以观察和控制的变量，这些变量在短期内能够显现出来并与货币政策的最终目标高度相关，这些变量就是中间目标。

选择一定变量作为中间目标要本着以下两点：首先，变量的有关信息要灵活、及时，并且可控性良好。其次，变量变动必须与最终目标高度相关，通过变量变化可以预期最终目标的实现情况。最符合这两项条件并且被普遍采用的中间目标是货币供给量和利率。但是，由于这两个变量并不是相互独立的，央行在选定一个作为中间目标时就必须考虑到不能使之与另一个发生冲突，这也就给货币政策的顺利执行添置了障碍。而且，选择利率和选择货币量作为中间目标所相应采取的货币政策也并不相同，因此，到底是使用利率还是货币供给量作为常用的中间目标多年来在学术界一直存在着很大的争议。还需要说明的是，在实施货币政策的过程中所依赖的中间目标并不是单一的，不同时期，央行选定的中间目标会不断发生变化，甚至会有多个中间目标。比如20世纪70年代以前，美联储使用的中间目标主要是利率，70年代以后货币供给量又开始发挥重要作用了。

2. 货币政策工具

为了实现最终目标，中央银行必须依靠各种货币政策工具，经常使用的有三种：公开市场业务、贴现率和法定准备率。

（1）公开市场业务。中央银行在公开市场上买卖政府债券的活动称为公开市场业务，它是中央银行控制货币供给的最重要的工具。

买进政府债券实际上就是发行货币，增加货币供给量。具体说来，中央银行买入政府债券时，以支票支付给卖主：如果卖主是居民户或企业，则它可以将支票存入其开户的商业银行，商业银行再将这些支票呈示中央银行，表明其在中央银行的存款增加；如果卖主是商业银行，则它直接将支票存入中央银行，这也使得商业银行在中央银行的存款增加。扣除了法定准备金以后，这些在央行的存款便形成了商业银行的超额储备金——实质上也就是新增的基础货币。以此为基础，通过货币乘数的作用，商业银行的信用活动将会使货币供给量大幅增加。另外，伴随着商业银行比较旺盛的信用活动，利率也会随之下调，这和货币供给的扩大共同作用，加强了货币政策的效果。反之，卖出政府债券就是回笼货币，减少货币供给量，这其中的作用机理，读者可以循着上面的思路自行分析。

公开市场业务之所以能成为中央银行控制货币供给最重要的工具，是因为它有很多的优点。在公开市场业务中，央行可以及时地按照一定的规模买卖政府债券，从而比较易于准确地控制银行体系的准备金。而且由于公开市场操作的灵活性，因而便于央行及时改变买卖政府债券的数量和方向从而控制货币供给的数量和方向。央行还可以连续地进行公开市场操作，自由决定政府债券的数量、时间，并且可以随时纠正某些政策错误。更为突出的优点是，公开市场业务对货币供给量的影响可以比较准确地预测出来，比如说，如果要买进一定数量的政府债券，提前就可以按货币乘数估计出货币供给量可以增加多少。

(2) 贴现率。贴现率是指商业银行为补充准备金，从中央银行取得贷款的利率。中央银行规定的贴现率是市场短期利率的导向。央行可以通过变动贴现率调节商业银行的信用活动，从而达到控制货币供给的目的。这里的贴现率也被称为再贴现率。具体说来，当商业银行资金不足时，它可以用持有的商业票据到央行要求贴现，而这些商业票据实际上来又自于客户向商业银行的贴现（贷款），因此商业银行凭商业票据以贴现方式向央行融资的过程也被称为“再贴现”。

央行一旦提高了贴现率，商业银行的融资成本也必然提高，从而商业银行就会减少向中央银行借款，并且还会提高向居民户和企业的贷款利率，最终起到了收缩信用的作用。反之，贴现率降低，商业银行的融资成本减小，结果就会完全相反。更特别的，央行改变贴现率还可以起到告示作用，给大家一种信息，引导人们的预期，当人们以预期改变自己的行为时，就会对政府实施的各种政策起到加强作用，从而达到紧缩或扩张信用的目的。但是，与公开市场业务相比，变动贴现率只是央行控制货币供给量的一个次要手段。由于中央银行不鼓励商业银行从它那里长期借款，因此所谓的贴现只是商业银行或者其他金融机构在短期出现现金压力时而暂时采取的应对措施。这也说明了为什么贴现率只是市场短期利率的导向。更重要的，变动贴现率的政策手段还存在着很多缺点，例如，央行只能等待商业银行向它贷款，而不能要求其这么做，如果商业银行不采取贴现方式融资，那么这一政策工具就毫无用处了。

(3) 法定准备率。准备率是商业银行吸收的存款中用做准备金的比率，商业银行和其他存款机构的法定准备率是由中央银行决定的，从而央行变动法定准备率就可以通过对准备金的影响来调节货币供给。

假定商业银行的准备金刚好达到法定要求，此时央行降低准备率就会使商业银行产生超额准备金，这也就相当于新增了基础货币，进而以此为基础，银行体系创造货币的机制就会使货币供给量增加。反之，提高准备率就会减少货币供给。

从理论上看，变动法定准备率是央行调整货币供给最简单的方法，但实际上它也是央行最不轻易使用的方法。主要原因在于变动法定准备率的作用过于猛烈，一旦实施，整个银行体系的信用都会发生很大变动，如果频繁使用这一政策工具，将会导致商业银行和金融机构无所适从，从而金融系统就会不稳定。

除了这三种常用的政策工具以外，货币政策还有其他几项更为次要的工具，比如说道义劝告，即中央银行对商业银行的贷款、投资业务进行指导，要求商业银行采取与其一致的做法；再比如说垫头规定，即规定购买有价证券必须付出的现金比例。当然类似的工具还有很多，中央银行在具体操作过程中，总是将三种主要的政策工具配合起来使用，然后辅之以次要的工具，从而实现既定的经济目标。

14.4.2　货币政策的效果分析

从理论上看，货币政策的效果是这样实现的：经济萧条时，央行采取措施增加货币供给，降低利息率，刺激私人投资，进而刺激消费，使生产和就业增加，这也被称为扩张性货币政策。经济过热时，央行可以采取相反的措施缩减货币供给，提高利息率，抑制投资和消费，使生产和就业减少或增长减慢，这也被称为紧缩性货币政策。很明显，和财政政策发挥作用的机理一样，货币政策也是通过影响利率、消费、投资进而影响总需求，使就业和国民收入得到调节的。总结起来，货币政策的效果可以这么表述：扩大货币供给，利率下降，消费增加，投资增加，国民收入增加；减少货币供给，利率上升，消费减少，投资减少，国民收入减少。

14.5　财政政策和货币政策的配合

前面分别对财政政策和货币政策的效果进行了分析，从中可以看出政府的各项政策是如何调节经济并达到一定效果的。但是也应该看到，经济萧条也好，经济过热也罢，一旦发生了波动，并不是采取一项政策就可以立竿见影马上恢复正常的。政府要做的是审时度势，双管齐下甚至是多管齐下，才可能在较短时间内确保经济实现稳定。

扩张性财政政策和扩张性货币政策配合使用。从理论上分析，扩张性财政政策可以提高国民收入，提高利率；扩张性货币政策可以提高国民收入，降低利率。综合使用国民收入必然提高，但是利率的变化则难以确定：如果财政政策的效果大于货币政策的效果，则利率上升，反之利率降低；如果二者效果相同，则利率不变。

紧缩性财政政策和紧缩性货币政策配合使用。从理论上分析，紧缩性财政政策可以降低国民收入，降低利率；紧缩性货币政策可以降低国民收入，提高利率。综合使用国民收入必然降低，但是利率的变化就不一定了：如果财政政策的效果大于货币政策的效果，则利率降低，反之利率上升；如果二者效果相同，则利率不变。

扩张性财政政策和紧缩性货币政策配合使用。从理论上分析，扩张性财政政策可以提高国民收入，提高利率；紧缩性货币政策可以降低国民收入，提高利率。综合使用，利率必然提高，但是国民收入的变化就不一定了：如果财政政策的效果大于货币政策的效果，则国民收入提高，反之国民收入降低；如果二者效果相同，则国民收入不变。

紧缩性财政政策和扩张性货币政策配合使用。从理论上分析，紧缩性财政政策可以降低国民收入，降低利率；扩张性货币政策可以提高国民收入，降低利率。综合使用利率必然降低，但是国民收入的变化就不一定了：如果财政政策的效果大于货币政策策的效果，则国民收入降低，反之国民收入提高；如果二者效果相同，则国民收入不变。

总之，政府和央行应该根据具体情况的不同和不同的目标，选择不同的政策组合，表 14－1 中所列出的情况仅供参考。

表 14－1

	扩张性财政政策	紧缩性财政政策
扩张性货币政策	经济严重萧条	经济中出现通货膨胀但不太严重
紧缩性货币政策	经济萧条但不太严重	经济发生严重通货膨胀

本章小结

1. 经济政策就是国家或政府为了增进社会经济福利而制定的解决经济问题的指导原则和措施。财政政策是指政府变动税收和支出从而影响总需求以平抑经济波动的干预措施。货币政策是政府货币当局通过银行体系变动货币供给量来调节总需求的政策。

2. 宏观经济政策的目标主要有四种，即充分就业、价格稳定、经济持续均衡增长和国际收支平衡。

3. 财政就是以国家或政府为主体的经济行为或经济现象。

4. 当政府的财政措施形成一整套制度得以持续实施时，它就有着自动平抑经济波动的功能。财政政策的这一特殊功能被形象地称为自动稳定器。自动稳定器发挥作用是依靠：政府税收的自动变化，政府支出的自动变化和农产品价格维持制度。

5. 扩张性财政政策的效果总结如下：减少税收，利率上升，消费增加，投资减少，国民收入增加；增加政府购买和转移支付，利率上升，消费增加，投资减少，国民收入增加；增加投资津贴，利率上升，消费增加，投资增加，国民收入增加。紧缩性财政政策的效果相反。

6. 挤出效应是指政府支出增加引起利率上升，从而导致私人投资和消费减少，政府开支代替了（或者说是挤出了）私人开支。

7. 货币政策的效果可以这么表述：扩大货币供给，利率下降，消费增加，投资增加，国民收入增加；减少货币供给，利率上升，消费减少，投资减少，国民收入减少。

8. 货币政策工具主要有三种：公开市场业务、贴现率和法定准备金率。

9. 综合使用财政政策和货币政策效果如下表：

	国民收入	利率
扩张性财政政策和扩张性货币政策	提高	不确定
紧缩性财政政策和紧缩性货币政策	降低	不确定
扩张性财政政策和紧缩性货币政策	不确定	上升
紧缩性财政政策和扩张性货币政策	不确定	下降

思 考 题

1. 运用自动稳定器原理，解释为什么失业保险计划比较慷慨的地区比失业保险计划吝啬的地区经济波动的幅度小？

2. 解释为什么凯恩斯认为建造金字塔有利于古埃及经济的发展，你能举出一个当代社会中与金字塔作用相当的物品吗？

3. 假设政府支出增加，这种支出对总需求的影响是央行不采取行动时大，还是央行承诺保持固定利率时大？

4. 20 世纪 90 年代初，日本遭受了经济衰退的沉重打击，一些经济学家提出使用扩张性财政政策。大藏省同意削减所得税，但前提是营业税几年后要提高，利用财政政策的相关知识予以解释。

第十五章 经济周期

学习目标

通过本章学习重点掌握经济周期的基本含义、阶段、类型，掌握各种经济周期理论的基本观点，理解经济活动中周期性波动的发生作用的机制，了解创新周期、外生经济周期、内生经济周期、纯货币周期、乘数－加速原理的含义。

关键名词

经济周期　经济周期的阶段　内因论　外因论　中周期　短周期　长周期　熊彼特周期　加速原理、加速数、投资乘数

15.1 经济周期的含义

经济周期也称经济循环和商业周期，它是指经济处于生产和再生产过程中周期性出现的经济扩张与经济紧缩交替更迭、循环往复的一种现象。美国著名经济学家萨缪尔森曾作出过这样的描述："在繁荣之后，可以有恐慌与暴跌。经济扩张让位于衰退。国民收入、就业和生产下降。价格与利润跌落，工人失业。当最终到达最低点以后，复苏开始出现。复苏可以是缓慢的，也可以是快速的。新的高涨可以表现为长期持续的旺盛的需求、充足的就业机会以及增长的生活标准。它也可以表现为短暂的价格膨胀和投机活动，紧接而至的是又一次灾难性的萧条。简单来说，这就是所谓的经济周期"。

从描述中可以看出，经济周期就是国民收入及经济活动的周期性波动，并且这种波动是不可避免的。经济周期的中心是国民收入的波动，由于这种波动而引起了失业率、物价水平、利率、对外贸易等活动的波动。虽然每次经济周期并不完全相同，但它们却有共同之处，即每个周期都是繁荣与衰退的交替。

15.2 经济周期的阶段

经济周期在经济的运行中，是周而复始反复出现的。尽管每一个经济周期持续的时间、波动的幅度等不尽相同，但它们都具有共同的规律。要经历相似的发展阶段。

经济周期可以分为两个大的阶段：扩张阶段与收缩阶段。收缩阶段常常短于扩张阶段，其振幅可能是收敛性的、发散性的或稳定性的。经济周期具体可划分为四个阶段：繁荣（Boom）、衰退（Recession）、萧条（Depression）、复苏（Recovery）。其中繁荣与萧条是两个主要阶段，衰退与复苏是两个过渡性阶段。

可以用图 15－1 来说明这四个阶段的特点。图中纵轴 Y 代表国民不得收入，横轴 T 代表时间（年份），向右上方倾斜的直线 MN 代表经济活动的长期趋势。A 为顶峰；A－B 为衰退；B－C 为萧条；C 为谷底，C－D 为复苏；D－E 为繁荣；E 为顶峰。从 A－E 即为一个周期。A－C，即衰退与萧条，就是收缩阶段，C－E，即复苏与繁荣，就是扩张阶段。收缩阶段总的经济趋势是下降，扩张阶段总的经济趋势是上升。

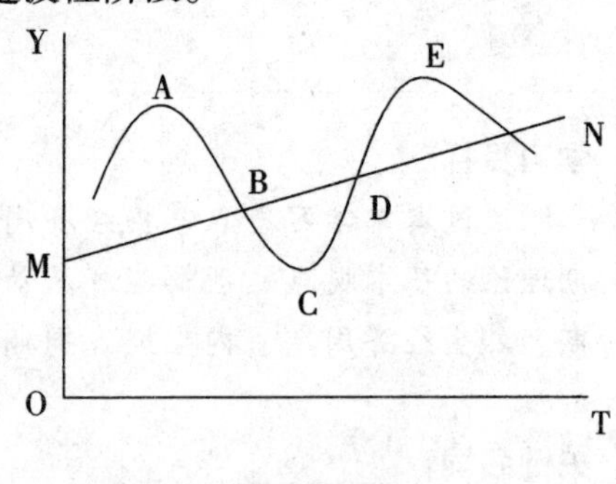

图 15－1

经济周期的四个阶段各有特点：

（1）繁荣。国民收入与经济活动高于正常水平的一个阶段。其特征为生产迅速增加，投资增加，信用扩张，价格水平上升，就业增加，公众对未来乐观。此时，经济活动十分活跃，当它们达到繁荣的最高点称为顶峰，这时就业与产量水平达到最高，但股票与商品的价格开始下跌。这是繁荣的极盛时期，也是由繁荣转向衰退的开始。顶峰一般为 1 ~2 个月。

（2）萧条。即经济处于剧烈收缩时期，国民收入与经济活动低于正常水平的一个阶段。其特征为生产急剧减少，投资减少，信用紧缩，价格水平下跌，失业严重。萧条的最低点称为谷底，这时就业与产量跌至最低，但股票与商品的价格开始回升。这是萧条的最严重时期，也是由萧条转向复苏的开始。谷底一般为 1 ~2 个月。

（3）衰退。即从繁荣到萧条的过渡，是经济处于较温和的收缩时期，这时经济开始从顶峰下降，经济活动水平下降，但仍未低于正常水平。

（4）复苏。是从萧条到繁荣的过渡时期，这时经济开始从谷底回升，经济活动日趋活跃，国民收入开始回升，但仍未达到正常水平。

在第二次世界大战之前，发达国家的经济波动中四个阶段的区分较为明显，经济的衰退或萧条表明整个经济活动中存在着绝对的下降，这种经济周期，我们称之为古典经济周期。但第二次世界大战后，由于科学技术的进步，生产能力的扩大和政府对经济调控能力的增强，使得宏观经济的波动出现了一些新的特点，主要表现为经济周期中的阶段性不明显，原来意义上的萧条阶段似乎已经消失。这时，宏观经济的波动主要表现为增长率的变化，而不是增长方向上的倒转。也就是说，在经济活动的扩张中仅仅是增长率的减缓，而不是经济的衰退。

美国经济每次衰退、扩张和转折点都由国民经济研究局（NBER）来确定日期。NBER 确认了自从 1920 年以来的 15 次衰退和扩张。平均衰退持续时间仅为一年，实际 GDP 从顶点到谷底减少 6% 以上。扩张平均持续将近 4 年，实际 GDP 从谷底到顶点增加平均为 22%。但在不同的周期这些平均数差别较大。大萧条比它以后的任何一次衰退都要严重得多。在 43 个月中，实际 GDP 减少了 33%。第一次最严重的衰退也发生在 30 年代。另一次较为严重的衰退发生在 1945 年二战结束时。接近于这些衰退的唯一的一次衰退是 1974 ~ 1975 年的欧佩克衰退。石油价格上升 4 倍持续 16 个月，实际 GDP 减少了 5%。自从 1950 年以来的其他衰退，包括近 1990 ~ 1991 年的衰退在内，比 30 年衰退要温和得多。最大的扩张发生在二战期间。但另两次大的扩张是在 20 世纪 60 年代和 80 年代。扩张的长度与前一次衰退的长度之间没有相关性。在经历有如此大的差别的情况下，对经济周期就没有一种唯一的解释。此外，没有预测下一次转折点什么时候到来的方法。但有一些经济周期理论有助于我们了解经济周期的原因。

15.3 经济周期的分类

根据不同的标准，经济周期可以有多种分类。根据一个经济周期时间的长短，经济周期可以分为五种类型。

15.3.1 朱格拉周期：中周期

世界上第一次生产过剩性危机于 1825 年发生于英国，以后经济学家就注意并研究了这一问题。但是，他们大多把危机作为一种独立的事件来研究。1860 年法国经济学家 C·朱格拉在他的《论法国、英国和美国的商业危机及其发生周期》一书中提出，经济周期由繁荣、危机和清偿三个阶段组成，危机或恐慌并不是一种独立的现象，而是经济中周期性波动的三个连续阶段中的一个。这三个阶段反复出现形成周期现象。他对较长时期的工业经济周期进行了研究，并根据生产、就业人数、物价等指标，确定了经济中平均每一个周期为 9 ~ 10 年。这就是中周期，又称为朱格拉周期（Juglar cycle）。美国经济学家 A·汉森把这种周期称为“主要经济周期”，并根据统计资料计算出美国 1795 ~ 1937 年间共有 17 个这样的周期，其平均长度为 8.35 年。

15.3.2 基钦周期：短周期

1923 年，美国经济学家 J·基钦在《经济因素中的周期与趋势》中研究了解 1890 ~ 1922 年间英国与美国的物价、银行结算、利率等指标，认为经济周期实际上有大周期与小周期两种。一个大周期通常由两三个小周期构成。小周期为 3 ~ 4 年一次的短周期，又称基钦周期（Kitchin cycle）。平均长度约为40个月。A·汉森根据统计资料计算出美国1807~1937年间共有37个这样的周期，其平均长度为3.51年。

15.3.3 康德拉季耶夫周期：长周期

1925年，俄国经济学家N·康德拉季耶夫在《经济生活中的长期波动》中研究了美国、英国、法国和其他一些国家长期的时间序列资料，认为经济中存在一种为期50~60年，平均长度为54年左右的长期波动。这就是长周期，又称康德拉季耶夫周期（Kondratieff cycle）。

15.3.4 库兹涅茨周期：另一种长周期

1930年，美国经济学家S. 库兹涅茨在《生产和价格的长期运动》中提出了存在一种与房屋建筑业相关的经济周期，这种周期长度在15~25年之间，平均长度为20年左右。这也是一种长周期，被称为库兹涅茨周期（Kuznets cycle）或建筑业周期。

15.3.5 熊彼特周期：一种综合周期

奥地利经济学家J. 熊彼特在1939年出版的两大卷《经济周期》第一卷中，对朱格拉周期、基钦周期和康德拉季耶夫周期进行了综合分析。熊彼特周期（J. A. Schumpeter cycle）理论认为，每一个长周期包括6个中周期，每一个中周期包括三个短周期。短周期约为40个月，中周期约为9~10年，长周期为48~60年。他以重大的创新为标志。划分了三个长周期。第一个长周期从18世纪80年代到1842年，是“产业革命时期”；第二个长周期从1842~1897年，是“蒸汽和钢铁时期”；第三个长周期从1897年以后，是“电气、化学和汽车时期”。在每个长周期中仍有中等创新所引起的波动，这就形成若干个中周期，在每个中周期中还有小创新所引起的波动，这就形成若干个短周期。

15.4 经济周期的成因

经济学家并不满足于对经济周期现象的描述和对经济统计资料的整理。他们力图寻找引起经济周期的原因，建立起一套经济周期理论。在凯恩斯主义出现之前的经济周期理论中，既有外生经济周期理论，也有内生经济周期理论。外生经济周期理论认为，经济周期的根源在于经济之外的某些因素的变动。这种理论并不否认经济中内在因素的重要性，但它们强调引起这些因素变化的根本原因在经济体系之外，而且，这些外生因素本身并不受经济因素的影响。内生经济周期理论在经济体系之内寻找经济周期自发地运动的因素。这种理论并不否认外生对经济的冲击作用，但它强调经济中这种周期性的波动是经济体系内的因素引起的。因此，每一次繁荣都有为下一次萧条创造了条件。这些经济体系内的因素自发地运动就引起了周期性波动。

15.4.1 纯货币周期理论

一种用货币因素来解释经济周期的理论。这种理论由英国经济学家R·霍特里提出，属于内生经济周期理论。这种理论认为，经济周期是一种纯货币现象经济中周期性的波动完全是由于银行体系交替地扩大和紧缩信用所造成的。在发达的资本主义社会，流通工具主要是银行信用。商人运用的资本主要来自银行信用。当银行体系降低利率，扩大信用时，商人就会向银行增加借款，从而增加向生产者的订货。这样就引起生产的扩张和收入的增加，而收入的增加又引起对商品需求的增加和物价上升，经济活动继续扩大，经济进入繁荣阶段。

但是，银行扩大信用的能力并不是无限的。当银行体系被迫停止信用扩张，转而紧缩信用时，商人得不到贷款，就减少订货，由此出现生产过剩的危机，经济进入萧条阶段。在萧条时期，资金逐渐回到银行，银行可以通过某些途径来扩大信用，促进经济复苏。根据这一理论，其他非货币因素也会引起局部的萧条，但只有货币因素才能引起普遍的萧条。许多经济学家认为，货币在现代经济部是非常重要的，货币量的变动对经济周期也有相当大的影响，但把引起经济周期的唯一原因归结为货币并不符合实际情况。

15.4.2 投资过度周期理论

一种用生产资料的投资过多来解释经济周期的理论。这种理论认为，无论是什么原因引起了投资的增加，这种增加都会引起经济繁荣。这种繁荣首先表现在对投资品（即生产资料）需求的增加以及投资品价格的上升上。这就更加刺激了对资本品的投资。资本品的生产过度发展引起了消费品生产的减少，从而形成经济结构的失衡。而资本品生产过多必将引起资本品过剩，于是出现生产过剩危机，经济进入萧条。

属于这种观点的经济学家对最初引起投资增加的原因有不同的解释。奥地利经济学家F·哈耶克和L·密塞斯等人认为是货币量的增加引起投资增加。他们用货币因素来说明经济结构的失调，以及由此所引起的经济波动，被称为货币投资过度理论。这种理论属于内生经济周期理论。瑞典经济学家G·卡塞尔、威克塞尔，和德国经济学家A·斯皮托夫等人认为是新发明、新发现、新市场开辟等因素引起了投资增加。他们用非经济因素（技术、领土、人口等）来说明经济结构的失调，以及由此所引起的经济波动，被称为非货币投资过程地过度理论。这种理论属于外生经济周期理论。

15.4.3 创新周期理论

一种用技术创新来解释经济周期的理论。由美籍奥地利经济学家熊彼特提出，属于外生经济周期理论。

创新是指对生产要素的重新组合，例如，采用新生产技术、新的企业组织形成，开辟新产品、新市场等。首先用创新来解释繁荣和衰退。这就是，创新提高了生产效率，为创新者带来了盈利，引起其他企业仿效，并形成创新浪潮。创新浪潮使银行信用扩大、对资本品的需求增加，引起经济繁荣。随着创新的普及，盈利机会的消失，银行信用紧缩，对资本品的需求减少，这就引来经济衰退。直至另一次创新出现，经济再次繁荣。

但经济周期实际上包括繁荣、衰退、萧条、复苏四个阶段。这种理论用创新引起的“第二次浪潮”来解释这一点。这就是说，在第一次浪潮中，创新引起了对资本品需求的扩大和银行信用的扩张。这就促进了生产资本品的部门扩张，进而又促进了生产消费品的部门扩张。这种扩张引起物价普遍上升，投资机会增加，也出现了投机活动。这就是第二次浪潮。它是第一次浪潮的反应。然而，这两次浪潮有重大的区别，即第二次浪潮中许多投资机会与本部门的创新无关。这样，在第二次浪潮中包含了失误和过度投资行为。这就在衰退之后出现了另一个失衡的阶段——萧条。萧条发生后，第二次浪潮的反应逐渐消除，经济转向复苏。要使经济从复苏进入繁荣还有待于创新的出现。

熊彼特根据这种理论解释了长周期、中周期与短周期。他认为，重大的技术创新（例如，蒸汽机、炼钢、汽车制造等）对经济有长期的影响，这些创新所引起的繁荣时间长，繁荣之后的衰退也长，从而所引起的经济周期就长，形成了长周期。中等创新所引起的经济繁荣及随之而来的衰退则形成中周期。那些属于不很重要的小创新则只能引起短周期。

15.4.4 消费不足周期理论

这是一种历史悠久的理论，主要用于解释经济周期中危机阶段的出现以及生产过剩的原因，并没有形成为解释经济周期整个过程的理论。这种理论的早期代表人物是英国经济学家马尔萨斯和法国经济学家西斯蒙第，近期代表人物是英国经济学家J·霍布森。

这种理论认为，经济中出现萧条与危机是因为社会对消费品的需求赶不上消费品的增长，而消费品需求不足又引起对资本品需求不足，进而使整个经济出现生产过剩性危机。消费不足的根源则主要是由于国民收入分配不平等所造成的穷人收入太低和富人储蓄过度。因此，解决的办法就是实行收入分配均等化政策。

在现代经济学中，属于左翼的激进政治经济学派和新马克思主义者中仍有人运用并发展了这种理论。

15.4.5　心理因素周期理论

这种理论强调心理预期对经济周期各个阶段形成的决定作用，主要代表有物是英国经济学家庇古和凯恩斯。他们强调投资者的心理预期是造成经济波动的主要原因。当任何一种原因刺激了投资活动，引起经济高涨时，投资者对未来的乐观预期一般总是超过经济中的实际情况，这就导致了过多的投资，经济持续扩张，而一旦这种盲目乐观所带来的投资又受到资源、技术等条件的制约而下降时，投资者对经济的预期变得过度悲观，于是大幅度减少投资，引起经济的衰退。正是由于这种心理上的波动导致投资行为的波动，从而引起了经济活动的波动。预期在经济中的确是十分重要的，现代的理性预期学派也从预期的角度来解释经济周期。但这两者所使用的预期概念并不一样。凯恩斯所强调的是预期的无理性，而理性预期学派强调了预期的合理性。所以，这两种经济周期理论并不一样。

15.4.6　乘数—加速原理

凯恩斯主义形成之后比较有影响力的经济周期理论之一是乘数—加速原理。美国经济学家P·萨缪尔森的乘数—加速原理相互作用理论分析了投资与产量之间的相互关系如何引起周期性波。以前介绍了乘数理论，因此在这里就仅介绍加速原理。

加速原理（acceleration principle）是说明国民收入或消费量变动与投资变动之间关系的理论。加速原理的基本观点是：①投资不是产量或收入量绝对量的函数，而是产量或收入量变动率的函数；②“加速”的含义是双向的，即产量或收入量较小幅度的增加或减少，都会引起总投资较大幅度的增加或减少；③要想使投资增长率不至于下降，产量或收入量就必须保持一定比率的增长，如果产量或收入量的增长率降低，即使产量或收入量的绝对量并未下降，投资的增加也会停止或绝对减少，从而导致经济衰退，因此，加速过程本身就是导致经济不稳定的重要因素。从经济发展的现实看，投资变动和国民收入变动之间的影响是相互的，乘数理论反映了投资变动对国民收入变动的影响，而加速原理则说明国民收入变动是如何影响投资变动的，这两个理论共同说明了投资变动与国民收入变动之间的关系。

乘数—加速原理在经济发展过程中表现为当经济进入复苏阶段后，投资需求增加，产生乘数作用，使国民收入成倍增长，而增加了的国民收入又通过加速数引起投资的加速增加，乘数与加速数的相互作用使一国经济迅速膨胀；但是如果想让投资不断增加，就必须保持国民收入持续高速增长，可是由于乘数作用条件的限制，这种高速增长不可能永远保持下去，这样，放慢了的经济增长速度导致加速数的反向作用表现出来而使投资急剧减少，经济由繁荣转向衰退。当经济开始衰退之后，由于总投资的下降总有一个限度，而且随着经济的衰退和萧条，经济中的闲置资源开始出现，加速数的作用受到制约，投资乘数的作用却越来越大，重置投资的乘数作用使收入逐渐回升，经济由萧条开始进入复苏阶段。

本章小结

1. 经济周期：也称经济循环和商业周期，它是指经济处于生产和再生产过程中周期性出现的经济扩张与经济紧缩交替更迭、循环往复的一种现象。

2. 经济周期可以分为四个阶段：繁荣、衰退、萧条、复苏。其中繁荣与萧条是两个主要阶段，衰退与复苏是两个过渡性阶段。

3. 根据不同的标准，经济周期可以有多种分类。根据一个经济周期时间的长短，经济周期可以分为五种类型：朱格拉周期（中周期）、基钦周期（短周期）、康德拉季耶夫周期（长周期）、库兹涅茨周期（另一种长周期）、熊彼特周期（一种综合）。

4. 经济周期的影响因素可以分为外生因素和内生因素。相应的对经济周期根源的认识可以分为外因论与内因论。

5. 外因论下的经济周期理论包括太阳黑子理论、创新理论（真实经济周期理论）、政治性周期理论；内因论下的经济周期理论包括纯货币理论、投资过度理论、消费不足理论、心理理论、乘数—加速原理。

思考题

1. 经济学家在给经济周期下定义时强调了什么？
2. 描述经济周期的不同阶段，说明中国当前处于经济周期的哪个阶段？
3. 乘数原理和加速原理有什么区别和联系？

第十六章 经济增长

学习目标

通过本章的学习重点掌握经济增长的含义、基本特征、经济增长的源泉，了解哈罗德—多马模型、新古典增长模型、新剑桥经济增长模型的基本含义、分析过程与结论；掌握经济增长因素分析的相关理论。

关键名词

经济增长 经济增长的特征 经济增长的源泉 哈罗德—多马模型 新古典增长模型 索洛经济增长模型 新剑桥经济增长模型 新经济增长模型 资本产出比率 全要素生产率 自然增长率 实际增长率 合意增长率

16.1 经济增长的含义与特征

16.1.1 经济增长的含义

经济增长描述的是长期经济问题，是指经济生产能力和实际国民收入的增加。一般用国内（或国民）生产总值的增长率或人均国内（或国民）生产总值的增长率来衡量经济增长，也可以用潜在产出的增长来衡量经济增长。美国经济学家S·库兹涅茨曾给经济增长下了这样一个定义："一个国家的经济增长，可以定义为给居民提供种类日益繁多的经济产品的能力长期上升，这种不断增长的能力是建立在先进技术以及所需要的制度和思想意识之相应的调整的基础上的"。

经济增长定义包含了三层含义：

第一，经济增长集中表现在经济实力的增长上，而这种经济实力的增长就是商品和劳务总量的增加，即国民生产总值的增加。如果考虑到人口的增加和价格的变动，也可以说是人均实际国民生产总值的增加。所以，经济增长最简单的定义就是国民生产总值的增加。这里要注意的是，经济增长仅仅是国民生产总值的增加，而不是其他。例如，经济增长并不等于社会福利的增进或个人幸福的增加，因为国民收入增加当然是社会福利或个人幸福增进的基础，但在某些情况下，经济增长并不一定能增加社会福利或个人幸福。把经济增长严格限于国民收入增加，才有可能从不同的角度加以研究。

第二，技术进步是实现经济增长的必要条件。这也就是说，只有依靠技术进步，经济增长才是可能的。在影响经济增长的各种因素中，技术进步是第一位的。一部经济增长的历史就是一部技术进步的历史。

第三，经济增长的充分条件是制度与意识相应调整。这也就是说，只有社会制度与意识形态适合于经济增长的需要，技术进步才能发挥作用，经济增长才是可能的。社会制度与意识形态的某种变革是经济增长的前提。例如，在历史上私有产权的确立实际上是经济增长的起点。只有在这种前提下，技术、资本等具体因素才能发挥作用。制度因素往往被人们所忽视，所以，提出这个充分条件是非常必要的。

应该说，这个定义是对各国经济增长历史经验的高度概括，体现了经济增长的实质。因此，这一定义已被经济学家广泛接受，并作为研究经济增长问题的出发点。

16.1.2 经济增长的基本特征

从经济增长定义出发，库兹涅茨总结出了经济增长的六个基本特征：

第一，人均产量和人口的高增长率。这一个特征在经济增长过程中是十分明显的，可以用统计资料得到证明。

第二，生产率增长迅速。这包括所有投入生产要素的产出率是高的，例如，劳动生产率和其他要素生产率的迅速提高。这反映了由于技术进步所引起的生产效率的提高。这也是产量高增长率，以及在人口增长迅速的情况下，人均产量高增长率的原因。

第三，经济结构高速变革。这包括从农业转移到非农业上，以及从工业转移到服务业；生产单位生产规模的变化；劳动力职业状况变化；消费结构变化；等等。

第四，社会结构与意识形态的迅速改变。例如，城市化以及教育与宗教的分离就是整个社会现代化的一个组成部分，也是经济增长的必然结果。

第五，经济增长在世界范围内迅速扩大。发达国家凭借其技术力量，尤其是运输和通讯，通过和平或战争的形式向世界其他地方伸展，使发达国家的经济增长迅速影响到其他国家。同时，部分发展中国家的快速经济增长也通过日前增加的国际贸易使全世界从中受益。

第六，世界范围内经济增长的不平衡。有关统计数据表明，占世界人口四分之三的国家是落后的，有些国家的经济成就远远低于现代技术的潜力可能达到的最低水平。在国际范围内，贫富的差距在拉大。

16.1.3 经济增长理论的发展与现状

在近代经济学史上，最早系统研究经济增长问题的是英国古典经济学家亚当·斯密。斯密在1776年出版的《国富论》中论述了分工引起的劳动生产率的提高，以及资本积累使劳动者人数的增加，是使一国真实财富与收入增加的途径。另一个英国古典经济学家大卫·李嘉图也强调了资本积累在经济增长中的重要性。资本来自储蓄，储蓄者主要是资本家。以后的新古典学派研究的重点从经济增长转向资源配置。这一时期熊彼特关于创新与企业家重要性的论述，在经济增长理论发展过程中是十分重要的。

但经济增长理论的真正发展是在第二次世界大战以后，现代经济增长理论的中心是生产能力的长期增长，现代经济增长理论的内容十分广泛，可以大致分为三个时期：

第一个时期（20世纪50~60年代）：经济学家们普遍接受高速增长的模式，因为高速增长不仅是一国实现充分就业的保证，也是保持其国际地位的先决条件。建立在凯恩斯主义经济理论基础上的增长理论把研究的中心放在生产能力的长期增长上，着重研究影响经济增长的各因素之间的相互关系及它们在经济增长中的作用，探寻经济长期稳定增长的途径和相应的政策。这一时期也是经济增长理论发展最迅速的年代。这一时期，经济学家建立了许多增长模型。这些模型广泛探讨了经济增长中的各种问题。有些经济学家，例如，由于建立了新古典增长模型而在1987年获诺贝尔经济学奖的美国经济学家R·索洛，断言经济理论已经相当完善，以后不会有什么突破了。从60年代之后20年间的情况看，确如索洛所言，经济增长理论实际上进入停滞时期。这一时期经济增长理论的代表人物有哈罗德、多马、索洛、罗宾逊（J. Robinson）、卡多尔（N. Kaldor）肯德力克（J. W. Kendrick）、丹尼森等人，他们或是从理论模型上，或是从经验分析上，对经济增长的源泉做了实证分析，为制定经济增长的各项政策提供依据。

第二个时期（20世纪60~70年代）：针对经济快速增长所带来的一系列问题，一些经济学家，社会学家和科学家提出了增长的极限问题，他们认为由于人口膨胀、资源耗竭、粮食短缺、生态失衡等原因，长期的经济增长必定带来世界经济的崩溃，因而提出了“零经济增长”的观点。这一论点引发了经过这场旷日持久的大辩论，大多数经济学家统一认识：经济增长中的问题只能用经济增长加以解决，因此，否定经济增长是不可取的，但对经济增长所出现的问题，应该给予足够的重视。由此，经济学家们的分析重心仍然放在增长原因和对策的研究上。

第三个时期（20世纪80年代后期）：到20世纪80年代之后，经济增长理论有了新的突破。这种突破主要在这样两点上：第一，增长理论与发展理论是有区别的。

前者以发达国家为对象，以国民生产总值的增加为中心，称为增长经济学。后者以发展中国家为对象，以从不发达状态过渡到发达状态为中心，称为发展经济学。这种区别的产生是基于发达国家与发展中国家国情的不同，同时强调政府对经济的干预，体现了凯恩斯主义的思想。但在现实中，发展经济学并没有指导发展中国家经济成功，无论在发达国家与发展中国家，国家干预经济的改革都引起了不同程度的问题，这使发展经济学陷入了困境，再次与增长问题融合起来。同时，国家干预所引起的问题，使人们重新认识到市场机制的重要性，使新古典学派的传统在增长问题研究中成为主流。第二，经济增长模型中技术因素的内在化。在原来经济增长模型中，技术被作为一种外在因素或自变量，它对经济增长的影响被作为一种剩余，即在经济增长中扣除劳动与资本所做出的贡献之后剩余的部分就是技术进步的贡献。尽管所有经济学家都十分重视技术进步对经济增长的首要作用，但并没有把技术进步作为经济模型的一个内生变量。20 世纪 80 年代之后，一批青年经济学家，例如，美国的罗默（Romor）等人，建立了把技术作为经济增长模型内生变量的新经济增长模型，说明了技术因素与资本和劳动的关系，以及在经济增长中的作用，被认为是经济增长理论的一次重大突破。

16.2 经济增长的源泉

经济增长是指长期中一国产出的增长，通常指潜在产出的增长，因此可以根据总生产函数来研究增长的源泉。总生产函数是总产量与生产中使用的全部生产要素投入量之间的函数关系。一个常用的总生产函数的公式是：

$$Y=A\cdot F(K, L)$$

其中，Y 代表产量；K 代表资本；L 代表劳动；A 代表技术，总生产函数中假定技术是不变的，所以 A 在这里是一个常数，F 表示产量与生产要素投入量之间的函数关系。从这一生产函数可见，经济增长的源泉是资本、劳动与技术进步。

16.2.1 资本

资本的概念分为物质资本与人力资本。物质资本又称有形资本，是指设备、厂房、存货等存量。人力资本又称无形资本，是指体现在劳动者身上的投资，如劳动者的文化技术水平、健康状况等。经济增长中必然有资本的增加，英国古典经济学家亚当·斯密就曾把资本的增加作为国民财富增加的源泉。现代经济学家认为，在经济增长中，一般的规律是资本的增加要大于人口的增加，即人均资本量是增加的，从而每个劳动力所拥有的资本量（资本—劳动比率）是增加的。但战后西方各国经济增长的事实，仍然说明了储蓄多，从而资本增加大的国家，经济增长率仍然是比较高的，见图 16 -1：

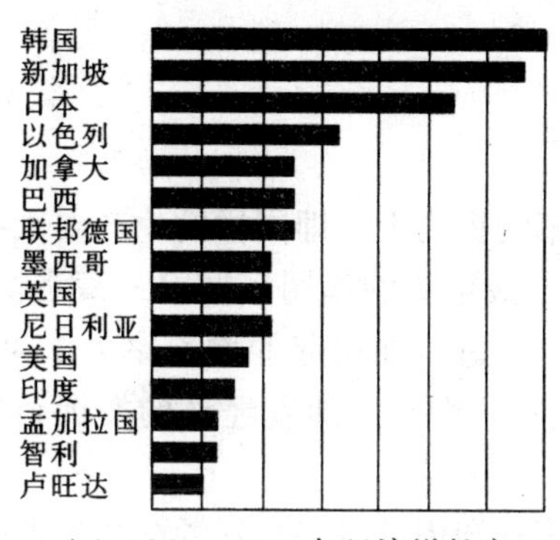

(a) 1960—1991年经济增长率（%）

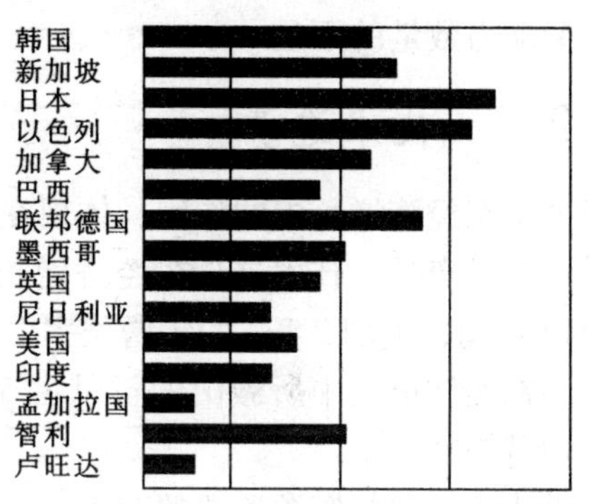

(b) 1990—1991年投资占GDP的百分比

图16－1 投资与经济增长的关系：国际比较

资料来源：Robert Summers和Alan Heston. The Penn World Tables. and author's calculation.

图16－1显示了15个国家的数据，其中（a）图表示在31年中每个国家的增长率，各国按其增长率从最快到最慢排序；（b）图表示每个国家用于投资的量占GDP的百分比，增长和投资是相关的，尽管这种相关性不完全，但也是密切的。把相当大一部分GDP用于投资的国家其增长率往往也高，例如，新加坡和日本。把GDP中一小部分用于投资的国家其增长率往往也低，例如，卢旺达和孟加拉国。更全面地考察所列出的国家的研究证明了投资和增长率之间的这种密切的关系。但是，在解释这些数据时存在一个问题，两个变量之间的相关性没有确定哪一个变量是原因，哪一个变量是结果，可能是高投资引起高增长，但也可能是高增长引起高投资。（或者，也许是分析中遗漏的第三个变量引起了高增长与高投资）。数据本身并没有告诉我们因果关系的方向。但是，由于投资对生产率的影响如此明显而直接，所以许多经济学家认为，这些数据表明高投资引起了更快的经济增长。

16.2.2 劳动

劳动指劳动力的增加。劳动力的增加又可以分为劳动力数量的增加与劳动力质量的提高。这两个方面对经济增长都是重要的。

劳动力数量的增加可以有三个来源，一是人口的增加；二是人口中就业率的提高；三是劳动时间的增加。据索洛估算，在1909～1940年间，美国2.9%的年增长率中，由劳动引起的增长率为1.09%，即劳动在经济增长中做出的贡献占38%左右。这与战后劳动力数量增长较高的西欧的各国劳动对经济增长做出的贡献比例相当。应该指出的是，在经济增长的开始阶段，劳动的增加主要依靠劳动力数量的增加。而经济长到了一定阶段，人口增长率下降，劳动工时缩短，这时就要通过提高劳动力的质量来弥补劳动力数量的不足。

16.2.3 技术进步

技术进步在经济增长中的作用，体现在生产率的提高上，即同样的生产要素投入量能提供更多的产品。技术进步在经济增长中起了最重要的作用。据R·索洛估算，1909~1940年间，美国2.9%的年增长率中由于技术进步而引起的增长率为1.49%，即技术进步在经济增长中所做出的贡献占51%左右。而且，随着经济的发展，技术进步的作用越来越重要。

技术进步主要包括资源配置的改善，规模经济和知识的进展。资源配置的改善主要指人力资源配置的改善，即劳动力从低生产率部门转移到高生产率部门中，包括农业劳动力转移到工业中，以及独立经营者与小企业中的劳动力转移到大企业中去。劳动力的这种转移，提高了生产率。规模经济是指由于企业规模扩大而引起的成本下降与收益增加。企业规模的扩大，由于能采用新技术与最先进的设备，能采用新的生产方法而提高了生产率。尤其在一些工业部门，这种规模经济的效果特别明显。知识的进展是技术进步中最重要的内容。据美国经济学家E·丹尼森估算，技术进步引起的生产率提高中有60%左右要归功于知识进展。知识进展包括科学技术的发展及其在生产中的运用，新工艺的发明与采用，等等。特别应该强调的是，知识进展不仅应包括自然科学与技术科学的进展，而且也包括管理科学的进展。管理科学的发展，新的管理方法的应用，在经济增长中起了重要的作用。

经济增长理论的内容实际上是围绕对以上三种决定经济增长的因素的分析展开的。经济增长模型是这三种因素之间量的关系的分析，经济增长因素分析是运用定量方法分析这些因素在增长中的具体作用。

16.3 哈罗德—多马模型

16.3.1 模型的基本假设

哈罗德—多马模型（Harrod-Domar Growth Model）是在20世纪40年代分别由英国经济学家R·哈罗德和美国经济学家E·多马提出来的。他们所提出的模型基本相似，故称哈罗德—多马模型。下面以哈罗德模型为例介绍这一模型。

哈罗德模型是以一些严格的假设条件为前提的，这些假设主要是：

第一，社会只生产一种产品，这种产品既可以作为消费品，也可以作为资本品。

第二，生产中只使用两种生产要素：劳动与资本，这两种生产要素为固定技术系数，即它们在生产中的比率是固定的，不能互相替代。

第三，规模收益不变，即生产规模扩大时不存在收益递增或递减。

第四，不考虑技术进步，即生产技术水平是既定的。

16.3.2　哈罗德—多马模型的基本公式

为理解哈罗德模型，需要明确以下三个概念：

（1）储蓄率或储蓄倾向 s，它是储蓄额 S 与产出量或国民收入总量 Y 之比，哈罗德假定它是一个不变的量。即

$$s=\frac{S}{Y} \tag{16.1}$$

（2）资本产出比率（capital-output ratio），一般用 J 表示，是资本存量 K 与产量或国民收入总量 Y 之比，可用下式表示：

$$J=\frac{K}{Y} \tag{16.2}$$

（3）经济增长率 G，可以用下式表示：

$$G=\frac{\Delta Y}{Y}$$

根据上述概念，哈罗德推出了其基本公式：

首先，在资本产出比率 J 为一定的条件下，要使本年的国民收入有所增加，就必须有新的投资 I，即资本存量须增加 ΔK。因为技术不变，所以：

$$J=\frac{K}{Y}=\frac{\Delta K}{\Delta Y};\ \frac{\Delta K}{K}=\frac{\Delta Y}{Y} \tag{16.3}$$

该式表明资本存量的增长率等于国民收入的增长率。

其次，要使储蓄转化为投资，以使国民收入达到均衡，便可得到：

$$I=S;\ \frac{I}{Y}=\frac{S}{Y}=s \tag{16.4}$$

将（16.4）式代入（16.3）式可得：

$$\frac{\Delta Y}{Y}=\frac{\Delta K}{K}=\frac{I}{K}=\frac{I}{Y}\cdot\frac{Y}{K}=S\cdot\frac{Y}{K} \tag{16.5}$$

将（16.3）式代入（16.5）式，可得

$$\frac{\Delta Y}{Y}=s\cdot\frac{I}{J}$$

由此，得到哈罗德模型的基本公式：

$$G=\frac{s}{J} \tag{16.6}$$

由此基本公式的推导过程可知，哈罗德模型是以 $I=s$ 作为其基本前提的，这表

明它是以凯恩斯主义经济理论为基础的。哈罗德模型的基本公式表明，经济增长率必须等于储蓄倾向与资本产出比例之比，则经济就可以按这一增长率持续增长。简单地说，经济增长率和储蓄率成同方向变化，和资本产出比率成反方向变化。

16.3.3 经济稳定增长的条件

哈罗德从其基本公式出发，提出了实际增长率、合意增长率与自然增长率这三种不同的增长率来说明经济稳定增长的条件。

（1）实际增长率 G_t，是实际发生的增长率，其表述方式为：

$$G_t = \frac{S_t}{J_t} \quad 或\ J_t \cdot G_t = G_t \tag{16.7}$$

式中，S_t 为实际储蓄率，J_t 实际资本产出比率，是资本存量的实际增加量 K 或 I 和产量的实际增加量 ΔY 之比。（16.7）式说明实际增长率是实际储蓄率与实际资本产出比率之商。如一定时期某国的储蓄率 $S_t = 10\%$，实际的资本产出比率 $J_t = 2$ 那么经济的实际增长率就为 5%。

（2）合意增长率 G_w，亦称为有保证的增长率（Warranted rate of growth），是指能产生使企业家感到满意的经济活动结果的经济增长率，其表述方式为：

$$G_\omega = \frac{S_e}{J_r} \quad 或\ J_r \cdot G_\omega = S_e \tag{16.8}$$

式中，S_e 是企业家预期的储蓄率，J_r 是合意的资本产出比率，G_ω 为合意增长率。在现实经济中，合意增长率 G_w 和实际增长率 G_t 不一定相等，因为储蓄不一定全转化为投资，或总需求和总供给不一定相等。如果 $G_t > G_w$ 即 $S_t > S_w S_t > S_w$，社会总需求大于社会总供给，为解决总供给不足，下一年必须增加投资，使 $I > S$，不利于经济稳定增长。如果 $G_t < G_{w\omega}$ 即 $S_t < S_{w\omega}$，社会总需求小于社会总供给，扩大的生产能力不能充分利用，也不利于经济稳定增长。

由此可知，一国要实现稳定的增长，那么增长率必须能够使预期的投资等于预期的储蓄，只有这样，产量的增长才能引致足够的投资以吸收本期的储蓄，或者说，只有在这种增长率下，企业家预期在下一期增加的资本，恰好等于他们现在手中增加的设备与存货，这样就在长期内实现了投资与储蓄的相等，从而使经济得以稳定增长。所以，合意增长率的概念代表了哈罗德增长模型的基本含义。

（3）自然增长率（Natural rate of growth），是指现有人口、资源和技术水平条件下所允许达到的最大增长率，通常用 G_n 表示。它受到人口增长率，即劳动增长率和技术进步率的制约。根据哈罗德模型分析的假设条件可知，生产中投入的要素资本 K 和劳动力 L 的比例和资本产出比率保持不变。若以 l 代表劳动生产率，即 $l = Y/L$，那么，可有下列推导过程：

$$Y=\frac{Y}{L}\cdot L=l\cdot L$$

$$\Delta Y=\Delta l\cdot L+\Delta L\cdot l+\Delta L\cdot \Delta l$$

$$\frac{\Delta Y}{Y}=\frac{\Delta l}{l}+\frac{\Delta L}{L}+\frac{\Delta L}{L}\cdot\frac{\Delta l}{l}$$

$$G_n\approx\frac{\Delta l}{l}+\frac{\Delta L}{L} \tag{16.9}$$

由（16.9）式可知，自然增长率大约等于劳动生产率的增长率$\frac{\Delta L}{L}$和劳动力增长率即人口增长率$\frac{\Delta L}{L}$的和，劳动力增长率与劳动生产率增长率之乘积因为数值很小，往往略去不计。自然增长率和合意增长率之间可能有三种情况：$G_w>G_n$ 这时由于劳动力不足，可能使经济长期停滞；$G_w<G_n$，这时由于劳动力过多而使工资低廉，可能使经济过热，这两种情况不可能实现既没有通胀，又没有失业；$G_w=G_n$，这是理想的长期增长状态。

根据对三种增长率的分析，可进一步分析稳定增长的条件。首先，必须保证实际增长率等于合意增长率，即 $G_t=G_w$，这样实际发生的经济增长率才能充分利用生产能力，经济中的投资和储蓄也才能保持动态均衡；其次，还必须保证实际增长率等于自然增长率，$G_t=G_n$，如此经济才能实现长期充分就业。因此要长期保持充分就业状态的稳定增长，须满足以下条件：

$$G_t=G_w=G_n \tag{16.10}$$

这是一种理想的状态，在这样的条件下，既能保证企业的生产能力得到充分利用，又能保证全部劳动能力的劳动力都能就业，以获取最大利益。

16.4 米德的新古典增长模型

16.4.1 模型的背景

依据凯恩斯经济理论建立起来的哈罗德—多马模型，虽然对经济长期稳定增长的条件做了开拓性的分析，但他们所得到的结论不符合第二次世界大战后西方国家的实际情况。为解决哈罗德—多马模型中经济增长的不稳定性，索洛（R. Solow）、托宾（J. Tobin）、米德（J. E. Mead）提出运用新古典学派的边际生产力、生产函数等基本概念提出了一系列类似的经济增长模型，统称为新古典增长模型。

上述学者认为，哈罗德—多马模型在宏观上扩展了凯恩斯主义理论的分析，但这种增长模型缺乏一定的微观基础，缺乏对生产要素的分析。在现实中，由于各种因素的影响，实际增长率、有保证的增长率和自然增长率很难达到一致。他们把哈罗德—多马模型所指出的经济增长途径称为“刃锋”。美国经济学家J·米德（J. E. Mead）提出了其新古典经济增长模型，通过改变资本——产量比率来解决这一“刃锋”问题，并且考虑到了技术进步对经济增长的作用。

16.4.2　基本假定

新古典增长模型在分析中首先提出了与哈罗德—多马模型差别很大的假设：

（1）生产中只使用资本和劳动两种生产要素，这两种要素在生产中的投入比例是可变的，即两种生产要素可以替换。

（2）生产技术水平可变，资本产出比率也是一个变化的量。

（3）一切经济行动都在完全竞争条件下进行，要素总能得到充分利用，不存在资源闲置问题，所以储蓄总能转化为投资。

由这些假设可以发现，对于哈罗德—多马模型来说，意义重大的实际增长率、自然增长率与合意增长与合意增长率背离的情形就不存在了。对于新古典模型而言，由于资本和劳动的相互替代可以随时调节资本产出比率，所以经济增长率总是等于合意增长率，经济就可以实现稳定增长。

16.4.3　技术水平不变条件下的公式

新古典模型认为经济中存在一个反映投入产出技术关系的生产函数，他们选取了符合边际生产力递减和规模报酬不变假设的柯布—道格拉斯生产函数作为分析的起点，其公式：

$$Y = A \cdot K^{a} \cdot L^{1-a} \tag{16.11}$$

（16.11）式表明，国民收入 Y 是资本投入量 K 和劳动投入量 L 的函数，在不考虑技术进步作用的情况下，产量的增加取决于资本投入量和劳动投入量的增加。设 MPP_K 和 MPP_L 分别表示资本 K 和劳动 L 的边际生产力，则产量的增量可由下式表示：

$$\Delta Y = MPP_K \cdot \Delta K + MPP_L \cdot \Delta L \tag{16.12}$$

将上式两边同时除以 Y，等式右边两项分别乘以 $\frac{K}{K}$ 和 $\frac{L}{L}$ 可得下式：

$$\frac{\Delta Y}{Y} = \frac{MPP_K K}{Y} \cdot \frac{\Delta K}{K} + \frac{MPP_L L}{Y} \cdot \frac{\Delta L}{L} \tag{16.13}$$

由基本假定可知，要素的报酬取决于其边际生产力，所以投入量 K 的资本所得的要素收入为 $MPP_K \cdot K$，投入量为 L 的劳动所得的要素收入为 $MPP_L \cdot L$，它们的收入之和即为总收入 Y：

$$MPP_K \cdot K + MPP_L \cdot L = Y \tag{16.14}$$

所以有：

$$\frac{MPP_K K}{Y}+\frac{MPP_L L}{Y}=1 \tag{16.15}$$

（16.15）式中，$MPP_K K/Y$ 就是资本对总收入的贡献，称为资本的产量份额，相当于柯布—道格拉斯生产函数的 a；$\frac{MPP_L L}{Y}$ 就是劳动对总收入的贡献，称为劳动的产量份额，相当于柯布—道格拉斯生产函数中的（$1-a$）。若（16.15）式中左边的第一项和第二项分别用 a 和（$1-a$）来表示，并将其代入（16.13）式，便可得到：

$$\frac{\Delta Y}{Y}=a\frac{\Delta K}{K}+(1-a)\frac{\Delta L}{L} \tag{16.16}$$

（16.16）式即为技术水平不变条件下的新古典增长模型的基本公式。这一公式表明，国民收入的增长率即经济增长率是资本存量增长率和劳动力增长率的加权平均数。权数即为资本和劳动对国民收入的贡献，即资本和劳动所创造的收入在总收入中的比例。

如前所述，考虑到人口增加的影响，研究经济增长时还要考虑人均增长率，如果假定劳动力增长率 $\frac{\Delta L}{L}$ 与人口增长率相同，那么人均经济增长率大致等于 $\frac{\Delta Y}{Y}-\frac{\Delta L}{L}$ 由（16.16）式可得：

$$\frac{\Delta Y}{Y}-\frac{\Delta L}{L}=a\frac{\Delta K}{K}+(1-a)\ \frac{\Delta L}{L}-\frac{\Delta L}{L};\ \frac{\Delta Y}{Y}-\frac{\Delta L}{L}=a\left(\frac{\Delta K}{K}-\frac{\Delta L}{L}\right) \tag{16.17}$$

（16.17）式表明，在技术不变的条件下，人均经济增长率取决于资本、劳动力投入量的增长速度之差，即人均使用资本增长率和资本对产量的贡献。若 $\frac{\Delta Y}{Y}>\frac{\Delta L}{L}$，即资本增长快于劳动力增长，人均经济增长率为正；若 $\frac{\Delta Y}{Y}<\frac{\Delta L}{L}$ 即资本增长慢于劳动力增长，人均经济增长率为负；若 $\frac{\Delta Y}{Y}=\frac{\Delta L}{L}$，即资本增长等于劳动力增长，人均经济增长率为零。可见，要想使人均收入有所增加，必须保证资本的增长速度比人口的增长速度更快，即人均资本拥有量必须增加。

16.4.4 存在技术进步条件下的公式

技术进步往往体现在资本和劳动之中，但是为了简化起见，可以把技术进步看成是独立于劳动和资本的一个因素。若用 $\Delta A/A$ 表示技术进步率，即技术进步所带来的经济增长率，则（16.16）式可写成

$$\frac{\Delta Y}{Y}=a\frac{\Delta K}{K}+(1-a)\frac{\Delta L}{L}+\frac{\Delta A}{A} \tag{16.18}$$

表示人均经济增长率的（16.17）式可写成：

$$\frac{\Delta Y}{Y}-\frac{\Delta L}{L}=a\left(\frac{\Delta K}{K}-\frac{\Delta L}{L}\right)+\frac{\Delta A}{A} \tag{16.19}$$

（16.18）式、（16.19）式即为技术进步条件下新古典模型的基本公式。该式表明国民收入增长不仅取决于资本增长率、劳动力增长率、资本和劳动对国民收入增长的贡献，而且还取决于技术进步。技术进步可以体现于物质资本上，也可体现在劳动的技术水平提高上。

16.5 索洛的新古典经济增长模型

以上新古典模型的基本公式是由美国经济学家 J. 米德（J. E. Mead）提出的，它说明了人口增长、资本积累和技术进步对经济增长的作用。美国经济学家 R·索洛则提出了另外一种形式的新古典模型来分析经济稳定增长的条件。

索洛经济增长模型的基本公式：

$$\dot{k}=sf(k)-nk \tag{16.20}$$

这个模型表示的基本含义是人均资本拥有量的变化率决定于人均储蓄量 sf(k) 和按既定的资本劳动比配备每一新增长人口所需资本量 nk 之间的差额，通过公式可以看出要使人均资本拥有量有所增长，就必须使人均储蓄量大于每一新增长人口所需资本量，即资本存量的增加必须快于劳动力的增加。索洛经济增长模型可用 16－2 图表示。图 16－2 中的横坐标 k 代表人均资本拥有量，纵坐标 f(k) 代表人均收入；集约生产函数曲线 f(k) 表明随着人均资本拥有量的增加，人均收入 f(k) 也提高；人均储蓄小于人均收入，人均储蓄曲线 sf(k) 则位于人均收入曲线 f(k) 的下方。由于人口增长率 n 是外生变量，所以每一新增人口所需资本量 nk 是一条从原点出发的射线。这个模型可用来分析经济稳定增长的条件。

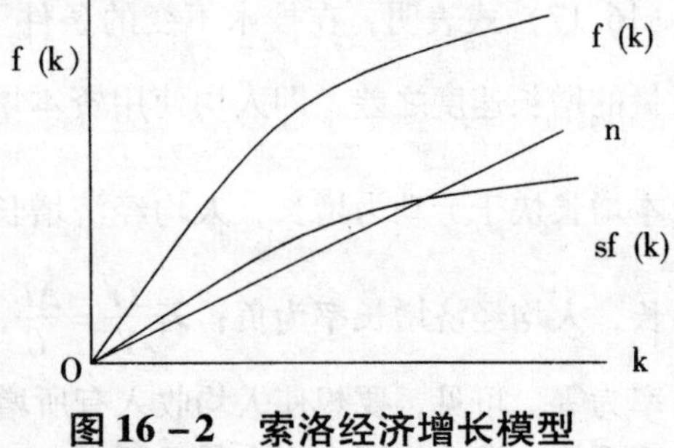

图 16－2 索洛经济增长模型

小资料

罗伯特·索洛（Robert Solow，1924～ ）主要以 20 世纪 50 年代和 60 年代对资本理论和增长理论的开拓性研究而著称。生于美国纽约城，就读于哈佛大学，并在那里获得了学士、硕士、博士学位。曾在牛津大学、麻省理工学院任教，1964 年任经济计量学会会长，1979 年任美国经济学会会长。其代表作品（专著、论文）是《对增长理论的贡献》（A Contribution to the Theory of Economic Growth）（1956）与《技术变化和总生产函数》（Technical Change and the Aggregate Production Function）（1957）已经成为经济理论方面的经典之作。早年他与多夫曼和萨缪尔森合作编写的《线性规划和经济分析》（Linear。Programming and Economic Analysis）(1958）对50年代后期年轻经济学家们所理解的增长理论在战后的新发展做出了极大的贡献。建立了索洛模型，认为资本和劳动是可以相互替代的，这样经济增长的路径就是充分就业的路径。索洛的另一部杰作是《资本理论与收益率》（Capital Theory and the Rate of Return）(1963)。在这部理论中资本理论的许多古老问题被强调是主次颠倒的例证：即资本理论的重要问题并不像人们通常所认为的那样是资本的测度而是怎样确定资本收益率这一问题。

16.6 新剑桥经济增长模型

这一模型简称新剑桥模型，是由英国经济学家J·罗宾逊，N·卡尔多等人提出来的。这一模型着重分析收入分配的变动如何影响决定经济增长率的储蓄率，以及收入分配与经济增长之间的关系。

16.6.1 新剑桥模型的基本假设

这一模型以研究收入分配与经济增长的关系为重点，它的基本假设是：

第一，社会成员分为利润收入者与工资收入者两个阶级。

第二，利润收入者与工资收入者的储蓄倾向是不变的。

第三，利润收入者的储蓄倾向大于工资收入者的储蓄倾向。

16.6.2 新剑桥模型的基本公式

新剑桥模型的公式为：

$$G=\frac{S}{C}=\frac{\frac{P}{Y}\cdot S_p+\frac{W}{Y}\cdot S_w}{C} \tag{16.21}$$

在上式中，C 仍然是资本—产量比率；$\frac{P}{Y}$是利润在国民收入中所占的比例；$\frac{W}{Y}$是工资在国民收入中所占的比例，国民收入分为利润与工资两部分，所以$\frac{P}{Y}+\frac{W}{Y}=1$。$S_p$ 是利润收入者的储蓄倾向（即储蓄在利润中所占的比例）。根据假设，利润收入者的储蓄倾向大于工资收入者的储蓄倾向，即 $S_p>S_wS_P>S_W$ 而且 S_p 与 S_w 都是既定的。从（16.21）式中可以看出，在 S_p 与 S_w 既定时，储蓄率的大小取决于国民收入分配的状况，即利润与工资在国民收入中所占的比例。在 $S_P>S_W$ 的假定条件之下，利润在国民收入中所占的比例越大，则储蓄率越高；相反，工资在国民收入中所占的比例越大，则储蓄率越低。在资本—产量比率不变的情况下，增长率取决于储蓄率，储蓄率越高则增长率越高，而要提高储蓄率，就要改变国民收入的分配，使利润在国民收入中占更大的比例。因此，经济增长是以加剧国民收入分配的不平等为前提的。经济增长的结果，也必然加剧收入分配的不平等。这是新剑桥模型的重要结论。

16.6.3 经济长期稳定增长的条件

在新剑桥模型中，从社会储蓄率的角度探讨了经济长期稳定增长的条件。

要使经济按一定的增长率增长下去就必须保持一个一定的储蓄率，社会储蓄率取决于利润收入者与工资收入者的储蓄倾向，以及他们的收入在国民收入中所占的比率。前者是不变的，因此要保持一定的储蓄率就必须使国民收入中工资与利润保持一定水平。这个过程也是通过价格调解来实现的。如果利润在国民收入中的比率加大，则储蓄率提高，投资增加，结果最终工资增加，储蓄率下降，这是增长过快的结果。反之，如果利润在国民收入中的比率减少，则储蓄率下降，投资减少，结果最终工资下降，储蓄率上升。这是增长过慢的结果。经济要稳定增长，利润和工资在国民收入中要保持一定比率，但这一比率并不是不变的，而是随着经济增长，在国民收入分配中，利润的比率在提高，工资的比率在下降。

新古典模型和新剑桥模型实际上都是从 $G=S/C$ 这个公式来分析经济长期增长的条件的。新古典模型分析 C 的变动，新剑桥模型分析 S 的变动。

16.7 新经济增长模型

16.7.1 新古典增长理论的局限

新古典增长理论，在20世纪60年代到80年代中期一直在经济增长理论中占据主导地位，对各国政府制定经济增长政策提供理论根据。但随着时间的推移，新古典增长理论也表现出一些局限性，比较重要的有两点：

（1）在新古典理论分析中，假定规模报酬不变。这个假定是不准确和不符合实际的。因为，不一定投入增加一倍，产出也增加一倍，对于一些技术水平先进的国家，可能投入增加一倍，产出增加一倍多，即规模报酬递增；对于一些技术水平不高的国家，可能投入增加一倍，产出增加不了一倍，即规模报酬递减。这个假定的实质是技术水平不变，这是不可能的。

（2）在新古典理论分析中，假定技术进步为外生变量。把技术进步作为经济增长的外生变量，必然得出一些错误的结论：技术进步必然带来很大偶然性，技术的使用不需要付出成本，并且直接和技术进步作为经济增长主要动力的观点相悖。

这种局限性使得新古典增长理论已经不适合技术进步快速发展的现代经济，于是产生了把技术进步作为内生变量的新经济增长理论。

16.7.2 罗默的新经济增长理论的基本内容

罗默 1986 年提出的新经济增长理论实际上是技术内生化经济增长理论，即把技术进步作为内生变量的经济增长理论。

罗默的经济增长模型中提出经济增长包括四个要素：资本、劳动、人力资本和技术水平。模型中的资本指原有技术水平的设备和原材料等投资，劳动是非熟练劳动。人力资本是指熟练劳动，是通过对人力的投资形成的，其主要途径有三：教育、卫生保健和移民入境。教育对人力资本形成的作用，体现在提高劳动者素质，形成高素质的人才；卫生保健对人力资本的作用，体现在提高劳动者身体素质。这两项人力资本形成的途径需要大量投资，而作为人力资本形成途径的移民入境，不需要较多的投资，因为移民入境国在人力投资的净受益恰好是移民出境国的净损失。模型中的技术水平是指采用新设备、新原料和实行新设计、新工艺等所带来的创新成果，这也需要大量投资。

上述分析表明，新经济增长理论中强调的作为内生变量的技术进步要表现在两个方面：一是表现在劳动者的熟练程度上，可用人力资本来表示；另一是体现在新设备、新原料、新设计、新工艺上等物质产品的技术先进性上，可用技术水平来表示。

16.7.3 新增长理论和传统增长理论的区别

罗默对技术因素的考虑，使得他的新增长理论与传统理论有所不同：

(1) 罗默将技术看作是经济体制的核心部分，它是一个内生而非外生的因素，技术整体的增长与投入的资源成正比。

(2) 技术能够提高而不是减少投资的收益，这正是发达国家经济保持强劲增长势头的原因。

(3) 技术和投资存在一种相互刺激的关系，投资使技术更有价值，技术反过来又使投资收益更高，这种良性循环能够长期提高经济增长率，而传统增长理论认为这种可能性是不存在的。

(4) 罗默认为垄断能够刺激和引导各公司去进行技术研究，因而对经济增长是有利的，而传统增长理论则认为“完美的竞争”是规范准则，垄断是离经叛道。

16.7.4 新经济增长理论的政策含义

(1) 重视人力资本和技术水平。劳动者的熟练程度是积累性的，人力资本存量是长期重视教育培养人才的结果。技术水平的提高也是积累性的，新的设备和新的原材料是靠增加科研经费和固定资产投资实现的。一个国家或地区若想加快经济增长，必须在增加人力资本存量和提高技术水平上增加投入和采取重大措施。

（2）加强对知识产权和专利的保护。人力资本存量的增加和加速技术进步，要靠激励机制，其中最重要的是知识产权和专利的保护。只有知识产权和专利得到保护，才能从制度上保证专利不断增加、技术创新成果不断增加，并推动科技人员和劳动者积极参加学习和技术创新，以不断提高科技水平。

（3）为加速经济增长，政府应该制定相应的加速技术进步和扩大人力资本存量的科技政策、税收政策、外贸政策和关税政策等，以确保技术进步作为内生变量对经济增长的有力支持。

本章小结

1. 经济增长描述的是长期经济问题，是指经济生产能力和实际国民收入的增加。一般用国内（或国民）生产总值的增长率或人均国内（或国民）生产总值的增长率来衡量经济增长，也可以用潜在产出的增长来衡量经济增长。

2. 美国经济学库兹涅茨对经济增长所做的界定是："一个国家的经济增长，可以定义为给居民提供种类日益繁多的经济产品的能力长期上升，这种不断增长的能力是建立在先进技术以及所需要的制度和思想意识之相应的调整的基础上的。"

3. 经济增长具有六个基本特征：人均产量和人口的高增长率；生产率的迅速增长；经济结构的高速变革；社会结构与意识形态的迅速改变；经济增长在世界范围内迅速扩大；世界范围内的经济增长的不平衡。

4. 最早系统研究经济增长问题的是英国古典经济学家亚当·斯密，大卫·李嘉图、熊彼特等学者的研究在经济增长理论发展过程中也起了重要作用。但经济增长理论的真正发展是在第二次世界大战以后，现代经济增长理论的中心是生产能力的长期增长。

5. 资本、劳动与技术是经济增长的主要源泉。

6. 主要的经济增长模型包括：哈罗德—多马模型；新古典增长模型；索洛经济增长模型；新剑桥增长模型。

思 考 题

1. 从理论分析的角度看，增长理论应属于长期分析还是短期分析？为什么？

2. 哈罗德—多马模型强调资本积累（储蓄率）和劳动力增长必须同步才能实现

均衡经济增长，许多发展中国家都不同程度地以国际投资来实现经济起飞，这二者有什么联系？

3. 新古典增长理论认为劳动力和资本在一定程度上可以相互替代，这一假设与现实相符吗？

4. 许多实行计划经济的国家都用限制本国人民消费的办法来增加资本积累。这种办法对经济稳定增长有效吗？一个国家可以用这种办法实现经济发展吗？

5. 一国 GDP 水平衡量是什么？GDP 的增长率衡量是什么？你愿意生活在一个高 GDP 水平而低增长率的国家，还是生活在一个低水平 GDP 而高增长率的国家？

6. 高储蓄率引起了暂时的高增长还是永远的高增长？

7. 你的生活水平不同于你的曾祖父母的一些特殊方面是什么？

8. 1992 年在南亚一些国家中，每 100 个上了初中的年轻人中就有 56 个年轻妇女。说明年轻妇女有更多教育机会可以加快这些国家经济增长的几种途径。

主要参考文献

1. 施蒂格利茨著，王尔山、肖倩译：《经济学小品与案例》，中国人民大学出版社 1998 年版。

2. H·范里安：《微观经济学：现代观点》，上海三联出版社 1992 年版。

3. J. E 斯蒂格里茨：《经济学》（上、下册），中国人民大学出版社 1997 年中文版。

4. K. E. 凯斯，R. C. 费尔：《经济学原理》（上、下册），中国人民大学出版社 1994 年中文版。

5. N·格里高利·曼昆：《宏观经济学》，中国人民大学出版社 2000 年版。

6. N·格里高利·曼昆：《经济学原理》（上、下册）三联书店，北京大学出版社 1999 年版。

7. 埃德温·曼斯菲尔德：《应用微观经济学》，经济科学出版社 1999 年版。

8. 彼得·蒙得尔等：《经济学解说》（上、下册），经济科学出版社 2000 年版。

9. 布赖恩·斯诺登等：《与经济学大师对话：阐释现代宏观经济学》，北京大学出版社 2000 年版。

10. 多恩布什、费希尔：《宏观经济学》，中国人民大学出版社 2002 年版。

11. 哈尔·瓦里安：《微观经济学》（高级教程），经济科学出版社 1997 年版。

12. 梁小民：《高级宏观经济学》（上、下册），北京大学出版社 1993 年版。

13. 梁小民：《西方经济学教程》，中国统计出版社 1998 年版。

14. 迈克尔·帕金著，梁小民译：《走近经济学大师》，华夏出版社 2001 年版。

15. 迈克尔·曾伯格：《经济学大师的人生哲学》，商务印书馆 2001 年版。

16. 曼斯菲尔德：《微观经济学》，中国人民大学出版社 1999 年版

17. 欧阳明、袁志刚：《宏观经济学》，上海人民出版社 1997 年版。

18. 萨缪尔森、诺德豪斯：《经济学》（十六版），华夏出版社 1999 年中文版。

19. 汪祥春主编：《微观经济学》，东北财经大学出版社 2002 年版。

20. 周惠中：《微观经济学》，上海人民出版社 1997 年版。

21. David Begg, Rudiger Dornbusch and Stanley Fischer: “Economics” Third Edition, McGraw-Hill Publishing Company 1991.

22. Michael L. Kaze and Harveys S. Richard “microeconomics” Second Edition, In-

ternational Student Edition, Richard D. Irwin, Inc. , 1994.

23. Rudiger Dornbusch and Stanley Fischer, "macroeconomics" Sixth Edition, International Student Edition, McGraw-Hill Publishing company 1994.

缩略语表

A

AC（Average Cost）：平均成本
ACT（Advance Corporation Tax）：预扣公司税
AD（Aggregate Demand）：总需求
AFC（Average Fixed Cost）：总固定成本
AMD（Aggregate Monetary Demand）：总货币需求
AP（Average Product）：平均产量
APC（Average Propensity to Consume）：平均消费倾向
APP（Average Physical Product）：平均物质产品
APR（Annual Percentage Rate）：年利率
APS（Average Propensity to Save）：平均储蓄倾向
ART（Average Rate of Tax）：平均税率
AS（Aggregate Supply）：总供给
ATC（Average Total Cost）：平均总成本
ATM（Automated Teller Machine）：自动取款机
AVC（Average Variable Cost）：平均可变成本

C

C（Consumers Expenditure）：消费支出
CBA（Cost Benefit Analysis）：成本收益分析
CED（Cross Elasticity of Demand）：需求的交叉弹性
CPI（Consumer Price Index）：消费价格指数

E

ECB（European Central Bank）：欧洲中央银行
ECSC（European Coal and Steel Community）：欧洲煤炭钢铁联合体
ECU（European Currency Unit）：欧洲货币单位
EEC（European Economic Community）：欧洲经济共同体

EFTA（European Free Trade Area）：欧洲自由贸易区
EMS（European Monetary System）：欧洲货币系统
EMU（Economic and Monetary Union）：欧洲货币同盟
EPA（Environmental Protection Agency）：环境保护署
ER（Exchange Rate）：汇率
ERM（Exchange Rate Mechanism）：汇率机制
ESCB（European System of Central Banks）：欧洲央行体系
EU（European Union）：欧盟
EUROSTAT（European Statistics Office）：欧洲统计局

F

FC（Fixed Cost）：要素成本
FOP（Factors of Production）：生产要素
Fed（Federal Reserve Banking System）：联邦储备银行系统

G

G（Government Expenditure）：政府支出
GATT（General Agreement on Tariffs and Trade）：关税与贸易总协定
GDP（Gross Domestic Product）；国内生产总值
GNP（Gross National Product）：国民生产总值

H

HDI（Human Development Index）：人类发展指数

I

I（Investment）：投资
IBRD（International Bank for Reconstruction and Development）：国际复兴开发银行
IC（Indifference Curve）：无差异曲线
IED（Income Elasticity of Demand）：需求的收入弹性
ILO（International Labor Organization）：国际劳工组织
IMF（International Monetary Fund）：国际货币基金组织
IRR（Internal Rate of Return）：内部收益率

L

LAC（Long Run Average Cost）：长期平均成本
LDC（Less Developed Country）：欠发达国家
LIFFE（London International Financial Futures Exchange）：伦敦国际金融期货交易所
LRAC（Long Run Average Cost）：长期平均成本
LRAS（Long Run Aggregate Supply）：长期总供给

M

M（Money Supply）：货币供给
M（Imports）：进口
MC（Marginal Cost）：边际成本
MEB（Marginal External Benefit）：外部边际收益
MEC（Marginal External Cost）：外部边际成本
MEC（Marginal Efficiency of Capital）：边际资本效率
MEI（Marginal Efficiency of Investment）：边际投资效率
MEW（Measure of Economic Welfare）：经济福利尺度
MFN（Most Favored Nation）：最惠国待遇
MMC（Monopolies and Mergers Commission）：（英国）垄断与兼并委员会
MNC（Multi-national Corporation）：跨国公司
MP（Marginal Product）：边际产品
MPB（Marginal Private Benefit）：边际私人受益
MPC（Marginal Propensity to Consume）：边际消费倾向
MPC（Marginal Private Cost）：边际私人成本
MPP（Marginal Physical Product）：边际物质产品
MPS（Marginal Propensity to Save）：边际储蓄倾向
MR（Marginal Revenue）：边际收益
MRP（Marginal Revenue Product）：边际收益产品
MRS（Marginal Rate of Substitution）：边际替代率
MRT（Marginal Rate of Transformation）：边际转换率
MRT（Marginal Rate of Tax）：边际税率
MSB（Marginal Social Benefit）：边际社会收益
MSC（Marginal Social Cost）：边际社会成本

MT（Maastricht Treaty）:《马斯特里赫特条约》
MU（Marginal Utility）: 边际效用

N

NAFTA（North American Free Trade Agreement）: 北美自由贸易协定
NAIRU（Non-Accelerating Inflation Rate of Unemployment）: 无加速通货膨胀的失业率
NASDAQ（National Association of Securities Dealers Automated Quotations）:（美国）全国证券经纪商协会自动报价系统（纳斯达克）
NDP（Net Domestic Product）: 国内生产净值
NNP（Net National Product）: 国民净产值
NPIFA（Net Property Income from Abroad）: 净国外财产收入
NRU（Natural Rate of Unemployment）: 自然失业率
NI（National Income）: 国民收入
NYSE（New York Stock Exchange）: 纽约证券交易所

O

OECD（Organization）:（The Organization for Economic Co-operation and Development）经济合作与发展组织
OEEC（Organization for European Economic Cooperation）: 欧洲经济合作组织
OPEC（Organization of Petroleum Exporting Countries）: 石油输出国组织

P

P/E（Price Earnings Ratio）: 市盈率
PED（Price Elasticity of Demand）: 需求的价格弹性
PES（Price Elasticity of Supply）: 供给的价格弹性
PPF（Production Possibility Frontier）: 生产可能性边界
PPI（Producer Price Index）: 生产者物价指数
PPP（Purchasing Power Parity）: 购买力平价
PPP（Polluter Pays Principle）: 污染者付费原则
PR（Public Relations）: 公共关系
PRP（Performance Related Pay）: 绩效工资

R

R&D（Research and Development）：研发
RAM（Reverse Annuity Mortgage）：反向抵押贷款
ROCE（Return on Capital Employed）：资本回报率
RONA（Return on Net Assets）：净资产回报率
ROTA（Return on Total Assets）：总资产回报率
RPI（Retail Price Index）：零售价格指数
RPIX（Retail Price Index X）：除去抵押贷款利息外的零售物价指数
RPIY（Retail Pice Index Y）：扣除贷款及间接税赋的零售物价指数
RPM（Resale Price Maintenance）：转售价格维持

S

SA（Seasonally Adjusted）：季节性调整
SDR（Special Drawing Rights）：特别提款权
SE（Stock Exchange）：证券交易所
SEA（Single European Act）：单一欧洲法案
SEC（Securities and Exchange Commission）：证券交易委员会
SIC（Standard Industrial Classification）：标准工业分类
SLA（Savings and Loans Associations）：储蓄贷款机构
SRAC（Short Run Average Cost）：短期平均成本
SRAS（Short Run Aggregate Supply）：短期总供给
SoL（Standard of Living）：生活标准

T

T（Number of Transactions）：交易数量
T（Tax Revenue）：税收
TC（Total Cost）：总成本
TFC（Total Fixed Cost）：总固定成本
TFP（Total Factor Productivity）：全要素生产率
TP（Total Product）：总产量
TPI（Tax and Price Index）：税收和价格指数
TQM（Total Quality Management）：全面质量管理
TR（Total Revenue）：总收入

TSB（Trustee Savings Bank）：信托储蓄银行
TU（Total Utility）：总效用
TU（Trade Union）：工会
TVA（Tax on Value Added）：增值税

U

UIB（Unemployment Insurance Benefits）：失业保险金
UN（United Nations）：联合国
UNCTAD（United Nations Conference on Trade and Development）：联合国贸易与发展会议
UNDP（United Nations Development Programme）：联合国发展计划署
UNIDO（United Nations Industrial Development Organization）：联合国工业发展组织

V

V（Velocity of Circulation）：流通速度
VAT（Value Added Tax）：增值税

W

WPI（Wholesale Price Index）：趸售（批发）物价指数
WTO（World Trade Organization）：世界贸易组织

X

X（Exports）：出口

经济学相关网站推荐

1. 中文网站

网　　址	网站名称及其内容简介
(1) 经济学学习与学术研究	
http://zqdong.yeah.net	似乎有知识
http://www.jjxj.com	经济学家
http://www.gjmy.com	经济学阶梯教室
http://cen.ccer.edu.cn	中国经济学教育科研网
http://jingji-book.db66.com/	市场经济百科全书
http://www.wayee.com/	人本经济学
http://www.beiwang.com/	北望亭
http://www.stevenxue.com/	制度主义时代
http://web.cenet.org.cn/web/angang/	后发大国的经济学
http://www.macrochina.com.cn/info.shtml	中国宏观经济网
http://ralphwang.home.sunbo.net/	西奈山下
http://www.hutc.zj.cn/jjxqy/nbr/nobelwinner1.htm	诺贝尔奖
http://www.21space.net/jingjixue/index7.htm	经济学空间
http://www.y-dxs.com/indexc.htm	经济学俱乐部
http://go.6to23.com/david3212/economic	经济学知识推广网
(2) 经济学杂文与随笔	
http://zypher.myetang.com/	陋室居
http://www.economics.net.cn	经济学思维
http://prozhang.nease.net/suibi/	张军经济随笔
http://mlshz.myrice.com/	马亮文集

http：//exil. 51. net/ 流亡思想网——学人文集

（3）学术机构

http：//www. ccer. edu. cn/ 北京大学中国经济研究中心

http：//www. unirule. org. cn/ 北京天则经济研究中心

http：//www. drc. gov. cn/ 国务院研究发展中心

http：//www. ncer. tsinghua. edu. cn/ 清华大学中国经济研究中心

http：//www. io-base. org/ 东北财大产业组织与企业组织研究中心

http：//www. cdi. com. cn/new/ 中国深圳综合开发研究院

http：//www. gjx. cn/ 国经协经济研究院

http：//www. amr. gov. cn/ 国家计委宏观经济研究院

http：//www. rcre. org. cn/ 农业部农村经济研究中心

http：//cemc. drc. gov. cn/ 卡斯特经济评价中心

http：//www1. cei. gov. cn/union/CASS/default. htm 中国社会科学院经济研究所

http：//yaaf. xiloo. com/ 青年读书会

http：//www. cies. org. cn/ 中国信息经济学会

（4）时事资讯

http：//www. nem2000. com/ 新经济网

http：//www. egate2china. com/ 中国经济门户网

http：//www. china. org. cn/chinese/EC-c/1716. htm 中国网

http：//www. people. com. cn/ 人民网

http：//www. wiseman. com. cn：8081/glcz/jjrd. asp 管理茶座——经济热点

http：//www. cinic. org. cn/ 中国产业经济信息网

http：//www. people. com. cn/GB/channel6/index. html 人民日报网络版经济频道

http：//www. drcnet. com. cn/ 国务院发展研究中心信息网

http：//www. gemag. com. cn/GE/ 环球企业家

http：//www. cb. com. cn/ 中国经营报

http：//www. cicn. com. cn/ 中国工商报

http：//www. cet. com. cn/ 中国经济时报

http：//www. eiahk. com 经济导报

(5) 经济数据

http：//www. stats. gov. cn/ 国家统计局

http：//www. customs. gov. cn/tongjishujv/index. asp 海关统计数据

http：//xxhs. mofcom. gov. cn/column/db. xml 商务部数据库

http：//www1. cei. gov. cn/cedb/ 中经数据

http：//www. naturalresources. csdb. cn/zrzy/G28l. asp 农业经济数据

http：//www. sannong. gov. cn/ 三农数据网

http：//www. naturalresources. csdb. cn/zrzy/G31l. asp 工业经济数据

http：//www. pbc. gov. cn/baogaoyutongjishuju/ 中国人民银行统计数据

http：//www. cee. edu. cn/pubinfo/edudata/jyjjsj. jsp 中国教育经济数据

(6) 经济政策和法规

http：//www. lzs. gxsti. net. cn/cxy/jji_fag. htm 中华人民共和国经济政策法规

http：//www. macrochina. com. cn/report/ 中国宏观经济政策报告

http：//www. drcnet. gov. cn/ 全国政策咨询信息网

http：//xxhs. mofcom. gov. cn/column/zcfb. xml 商务部政策发布

(7) 经济论坛

http：//doctor-cafe. com/index. asp 博士咖啡经济论坛

http：//www. 50forum. org. cn/ 中国经济 50 人论坛

http：//www. jjxjlt. com/ 中国经济学家论坛

http：//www. manmandi. net/it/ 世界经济论坛

http：//www. dqjj. com/ 地球经济论坛

http：//tahe. go. nease. net/ 世界经济论坛

http：//jjlt. hi. com. cn/ 中国经济论坛

http：//finance. sina. com. cn/nz/myjj/ 中国民营经济论坛

http：//www. economycn. com/bbs/ 经世论坛

网址	网站名称及其内容简介
http：//gaoleyong. vip. sina. com/economist/	青年经济论坛
(8) 经济论文	
http：//www. cnceo. com/school/lwj. asp	经济和管理论文
http：//www. forumcn. com	天润财经网
http：//www. cnceo. com	中国总经理网
http：//econwpa. wustl. edu/wpawelcome. html	经济学论文检索
http：//ideas. uqam. ca/ideas/index. html	经济学文献访问处
http：//www. interoutstandingthesis. com/zjlw3/zjlwml3. htm	国际优秀获奖论文
http：//econwpa. wustl. edu/Welcome. html	经济工作论文
http：//www. jjxj. com. cn/	经济学家
(9) 经济学家	
http：//doctor-cafe. cn	博士咖啡—中国经济学人
http：//www. people. com. cn/GB/jinji/222/5712/index. html	专家学者看经济
http：//www. china-review. com/fwsq/jlin. asp	林毅夫个人主页
http：//www. wujinglian. net/	吴敬琏个人主页
http：//prozhang. nease. net/	张军经济学网站
http：//www. yuguangyuan. net/	于光远的个人主页
http：//www. china-review. com/fwsq/mys. asp	茅于轼个人主页
http：//www. china-review. com/fwsq/sh. asp	盛洪个人主页
http：//www. china-review. com/fwsq/wtj. asp	温铁军个人主页

2. 英文网站

网　　址	网站名称及其内容简介
(1) 综合	
http：//netec. wustl. edu/EconFAQ/EconFAQ. html	美国经济协会为经济学家提供的网上资源
http：//ideas. uqam. ca/	提供经济学研究方面的资料

http://ideas.uqam.ca/ideas/data/PaperSeries.html	提供论文的机构
http://altaplana.com/gate.html	与国际经济学相关的资料
http://www.finweb.com/	金融经济学网站
http://www.economagic.com/	神奇经济数据库（集中了大量世界各国宏观经济时间序列数据，主要供计量经济学家使用）
http://www.nber.org	国民经济研究局（世界著名的研究机构，提供讨论稿、数据，中国研究人员可以免费下载）
http://www.cepr.org	经济政策研究中心（世界著名的研究机构，有许多讨论稿，部分可以免费下载）
http://www.princeton.edu/~econlib/	普林斯顿大学 Pliny Fisk 经济学和金融图书馆（提供经济学，金融方面的论文，数据，经济学和金融学网站等）
http://econlinks.com/	经济链接（提供经济学家、学生常用的链接）
http://www.elsevier.nl/homepage/sae/econbase/menu.sht	Elsevier Science/North-Holland 的经济数据（包含大量论文，有 17000 多条摘要，6500 篇文章可以全文下载，涉及经济学的大部分学科）
http://www.blackwellpublishers.co.uk/asp/listofj.asp	Blackwell 出版社出版的期刊（世界著名的出版社 Blackwell 出版的期刊，部分论文可以免费下载）
http://www.idealibrary.com/servlet	思想图书馆
http://www.ssrn.com/	社会科学研究网
http://www.iwaynet.net/~nesser/research.html	研究网站（该站点提供了很多经济学研究的网址，如工业研究、政府、会计、公司、参考工具、搜索引擎、统计资料等）
http://www.helsinki.fi/WebEc/	WebEc（University of Helsinki）（这是芬兰赫尔辛基大学建立的免费提供经济学信息的巨大文档）

(2) 数据网站

http://statlab.stat.yale.edu/SSDA/ssda.html 耶鲁大学社会科学统计实验室

http://www.census.gov/ 美国统计署

http://www.bls.gov/ 美国劳动统计署

http://www.cdc.gov/nchs/default.htm 健康统计中心（美国）

http://www.ssa.gov/ 社会保障管理局（美国）

http://www.isr.umich.edu/src/research.html 密歇根调查研究中心

http://arrow.qal.berkeley.edu/ 经济学和老龄人口中心

http://stats.bls.gov/flshome.htm 外国劳动

http://qed.econ.queensu.ca/jae/ 《计量经济学》杂志数据库

http://www.worldbank.org/data/ 世界银行数

http://www.wiso.gwdg.de/ifbg/currency.htm 货币，汇率数据

lhttp://europa.eu.int/index.htm 欧盟

http://www.oecd.org/ 经济合作与发展组织

http://www.worldbank.org/ 世界银行

(3) 商业和经济新闻

http://www.businessweek.com 《商业周刊》

http://cbs.marketwatch.com/news/newsroom.htx CBS 市场观察

http://www.economist.com/ 《经济学家》

http://www.cnnfn.com/markets/index.html CNNfn 金融市场价格

http://quote.yahoo.com/ YAHOO 金融市场价格

http://www.ft.com 《金融时报》

http://www.forbes.com/ 《福布斯》

http://pathfinder.com/fortune/ 《财富》

http://www.nytimes.com/ 《纽约时报》

http://www.wsj.com/ 《华尔街日报》

(4) 经济学会与经济期刊

http://www.vanderbilt.edu/AEA/ 美国经济协会

http：//www. afajof. org/	美国金融学会
http：//www. gsm. cornell. edu/wfa/index. html	美国会计协会
http：//www. rje. org	《兰德经济学》杂志原名为《贝尔（Bell）经济学杂志》
http：//www. journals. uchicago. edu/JPE/home. html	《政治经济学》杂志
http：//www. afajof. org/jofihome. shtml	《金融》杂志
http：//www. amstat. org/publications/jbes/index. html	《商务和经济统计》杂志
http：//www. exeter. ac. uk/restuds/Home. html	《经济研究评论》
http：//www. elsevier. nl/inca/publications/store/5/0/3/2/9/6/index. htt	《农业经济学》

责任编辑：范　莹
责任校对：杨　海
责任印制：李　鹏

经济学（第二版）

主编　张　嫚
经济科学出版社出版、发行　新华书店经销
社址：北京市海淀区阜成路甲 28 号　邮编：100142
总编部电话：88191417　发行部电话：88191540
网址：www. esp. com. cn
电子邮件：esp@ esp. com. cn
固安华明印业有限公司印装
787×1092　16 开　27 印张　650000 字
2007 年 8 月第二版　2015 年 8 月第 17 次印刷
印数：96001—101000 册
ISBN 978 -7 -5058 -6119 -0/F · 5380　定价：48.00 元（含《操作与习题手册》）
（图书出现印装问题，本社负责调换）

《经济学（第二版）》
操作与习题手册

主编　张　嫚

经 济 科 学 出 版 社

目　录

第一章 导 论

一、练习题

（一）判断题（对的填 T，错的填 F）

1. 只有落后的国家才存在资源的稀缺性和供给的短缺现象。 （ ）
2. 收入分配中有太多不公平现象是实证经济学的说法。 （ ）
3. 生产可能性边界上的所有点都意味着资源得到了有效配置。 （ ）
4. 不管做出什么选择，已经被花费出去而且不能够收回的成本叫做机会成本。 （ ）
5. 等产量线只有在边际技术替代率为正时，其生产才是有效率的。 （ ）
6. “看不见的手”原理中，那只“看不见的手”指的是市政府的管理。 （ ）
7. “看不见的手”原理是由凯恩斯提出的。 （ ）
8. 实证经济学主要回答“是什么”问题。 （ ）
9. “妇女应该与男子同工同酬”是实证经济学的说法。 （ ）
10. 机会成本的起因是人们的自私。 （ ）
11. 当经济学家说人们是理性的时候是指人们总会根据自身利益最大化做出决策。 （ ）
12. 《国民财富的性质和原理研究》是英国经济学家亚当·斯密的著作。 （ ）
13. 计算机产业的价格决定不属于微观经济学的研究对象。 （ ）
14. 经济学可以定义为企业取得利润的活动。 （ ）
15. “资源是稀缺的”指相对于人们的无限欲望而言，资源总是不足的。 （ ）
16. 有用性资源增加或技术进步会导致一国生产可能性曲线向外移动。 （ ）
17. 生产可能性边界上所有点都意味着生产效率的最高水平。 （ ）
18. 只有生产可能性边界向右移动才意味着经济增长。 （ ）
19. 微观经济学的研究对象不包括总需求和总供给。 （ ）
20. 经济模型是经济理论的另一种表达方式。 （ ）

（二）单项选择题

1. ________费用不能看作是上大学的机会成本。
   A. 因为你上大学而损失的打工所得　　B. 因为必须听课而损失的休息时间
   C. 住宿费和餐费　　D. 你必须缴纳的学费
2. ________不属于微观经济学的研究对象。
   A. 计算机产业的价格决定　　B. 通货膨胀率的决定
   C. 一家光碟厂商的产量水平　　D. 谷物市场上的供给与需求的相互作用
3. 经济学主要研究________。
   A. 如何在股票市场赚钱　　B. 如何成功地经营一项生意
   C. 社会如何管理其稀缺的资源　　D. 政府如何将稀缺物品转变为经济物品

4. 机会成本是________。

A. 人们不能利用一项机会而产生的成本

B. 为了增加可供选择的机会而产生的成本

C. 进行一项选择时所放弃的次优选择的价值

D. 利用一项机会时所必须支出的货币

5. 人们在边际上进行决策意味着他们________。

A. 等到最后一秒再做决策

B. 评价小的变化所带来的额外收益和额外成本

C. 在决策时要经常面临重大选择

D. 在决策时要考虑对其经济福利的相对较小的影响

6. 经济学可以定义为________。

A. 政府对市场制度的干预　　B. 企业取得利润的活动

C. 研究如何合理配置稀缺资源于诸多用途　　D. 人们如何支配收入

7. 对整体经济运行，特别是失业和通货膨胀等因素的研究，被称为________。

A. 实证经济学　　B. 微观经济学　　C. 规范经济学　　D. 宏观经济学

8. 斯密的代表作是________。

A. 《经济学原理》　　B. 《国富论》　　C. 《价格理论》　　D. 《成本理论》

9. 回答“应该是什么”的问题属于________。

A. 规范方法　　B. 实证方法　　C. 微观方法　　D. 宏观方法

10. 以下________是宏观经济学的研究的问题。

A. 失业率和通货膨胀率的关系　　B. 美国烟草歉收对世界烟草价格的影响

C. 最低工资对青年工人失业的影响　　D. “积极行动”项目对教师工资率的影响

11. 经济学研究的基本问题是________。

A. 证明只有市场系统可以配置资源　　B. 选择最公平的收入分配方法

C. 证明只有计划经济可以配置资源　　D. 因为资源稀缺而必须作出选择

12. ________是微观经济学研究的问题。

A. 失业率和通货膨胀率的关系　　B. 美国烟草歉收对世界烟草价格的影响

C. 贸易差额　　D. 预算赤字对价格水平的影响

13. “没有免费的午餐”这种说法的前提是________。

A. 不存在食品银行　　B. 任何事物都有机会成本

C. 人们是自私的　　D. 政府总是补贴食品生产

14. 机会成本的起因是________。

A. 自私的消费者　　B. 贪婪　　C. 稀缺性　　D. 眼界狭窄的生产者

15. 当资源不足以满足所有人的需要时________。

A. 政府必须决定谁的要求不能被满足　　B. 必须有一套市场系统起作用

C. 必须做出选择　　D. 价格必定上升

16. 稀缺性的主要含义是________。

A. 一个人不应该把今天能买到的东西明天来买

B. 需要用政府计划来决定资源的运用

C. 必须做出选择

D. 生活水平会逐渐下降

17. 经济学是关于个人和国家如何________。

A. 用有限的资源满足无限的需要　　B. 用无限的资源满足有限的需要

C. 用无限的资源满足无限的需要　　D. 用有限的资源满足有限的需要

18. 在任何时间生产出来的汽车、电视机和比萨饼的数量是________的经济学基本问题。

A. 商品如何被生产出来　　B. 生产什么和生产多少

C. 这些商品是为谁而生产　　D. 谁做出经济决策

19. 经济学的三个基本问题________。

A. 只适用于混合经济　　B. 只适用于受到调控的经济

C. 与混合经济无关，因为它们基于私利　　D. 在中央计划中，由政府来做回答

20. 宏观经济学是经济学的一个分支，主要研究________。

A. 市场经济　　B. 个体行为

C. 经济总体状况，如失业和通货膨胀等　　D. 中央计划经济

（三）简答题

1. 请简单介绍微观经济学的研究内容。
2. 利用生产可能性边界说明经济增长是如何表现出来的。
3. 实证分析和规范分析的区别。
4. 简述机会成本的含义并举一个说明机会成本的例子。
5. 导致经济增长的主要原因是什么?
6. 经济组织的三个基本问题是什么?

（四）论述题

论述宏观经济学的主要内容。

（五）案例题

案例 1　经济学家的建议

牧师、心理学家和经济学家三个人去打高尔夫球。开球后，他们排在了两个动作非常缓慢的人身后。尽管球童不断地给他们捡球、摆球，这两人动作仍然非常缓慢。到了第八个洞时，这三个人实在是忍无可忍，开始大声抱怨。牧师说："圣母玛丽亚，我祈祷他们在下一次打球时应汲取点教训，长长经验。"心理学家说："我坚信有人喜欢慢慢地来玩高尔夫球。"经济学家说："真没想到，打一轮高尔夫球要用这么长时间。"到了第九个洞时，前面两个人还是老样子，动作慢吞吞的。于是，心理学家走到球童面前，要求允许他们先打。球童迟疑了一下说："好吧，"然后解释说，"不过，这两个打球的人有些与众不同，他们是盲人，是两个退休的消防员，在一次火灾中因救人导致双目失明，所以，他们打球动作才会如此缓慢。"球童解释完后，请求这三个人不要再抱怨。听过解释后，这三人非常震惊。牧师很难过地忏悔道："作为神职人员，我竟然大声诅咒两个盲人的动作迟缓!"心理学家也很懊悔地说："身为心理学家，本该为他人扶危解困，但我竟然对两个盲人如此出言不敬!"这时，轮到经济学家发言了，经济学家沉思片刻，走到球童身边："听着，给你一个建议，下次请让盲人在夜间打球。"

问题：经济学家的回答说明了什么问题?

案例2　经济学家的心愿

一个非常富裕的上了年纪的经济学家有一个最大的心愿是抱上孙子，尽享天伦之乐。经济学家有两个女儿，两个儿子，但却没有一个人理会老父亲这一想法。于是，经济学家想出了一个办法，在感恩节这一天召开的年度家庭会议上，他委婉地批评了几个儿女不能满足他的夙愿，并表示了他的失望之情。但是，经济学家继续对孩子们说："我并没有放弃希望。昨天，我去银行建立了一个10万美金的账户，并决定把它送给我的第一个孙子。好了，现在让我们低下头默默的进行感恩祈祷。"几分钟过后，当经济学家抬起头的时候，他大吃一惊。

问题：（1）抬起头后，经济学家发现了什么？（2）这一小笑话说明了什么？

二、练习题参考答案

（一）判断题

1. F　2. F　3. T　4. F　5. F　6. F　7. F　8. T　9. F　10. F
11. T　12. T　13. F　14. F　15. T　16. T　17. T　18. F　19. T　20. T

（二）单项选择题

1. C　2. B　3. C　4. C　5. B　6. C　7. D　8. B　9. A　10. A
11. D　12. B　13. B　14. C　15. C　16. C　17. A　18. B　19. D　20. C

（三）简答题

1. 答：（1）均衡价格理论，也称价格理论；（2）消费者行为理论；（3）生产者行为理论；（4）市场结构理论；（5）收入分配理论；（6）一般均衡理论；（7）市场失灵与政府干预。

2. 答：先准确表述生产可能性曲线并画出图形，再说明生产可能性曲线是如何形成的，显示经济中生产的实际点如果不在生产可能性边界上，那么它向边界的无限靠近也体现为经济的增长。

3. 答：实证分析（Positive Analysis）是指摆脱价值判断，对经济本身的内在运行规律进行研究，并根据这些规律分析和预测经济主体经济行为后果的研究方法。通常也将运用实证分析方法，对经济行为进行描述、解释、预测的经济学理论称为实证经济学。实证分析方法是独立于任何特殊的伦理观念，不涉及价值判断，旨在回答"是什么"、"能不能做到"、"有哪些可供选择的方案，后果如何"之类的实证问题。规范分析（Normative Analysis）则是在分析经济现象时以一定的伦理和价值判断为基础来对经济问题提出评判意见的研究方法。通常也将运用规范分析方法进行经济研究的经济学理论称为规范经济学。规范分析方法是建立在实证分析方法基础上的，在运用实证分析方法剖析了事物的本质规律之后，然后来回答"应该怎样"、"好不好"、"该不该"的问题。

4. 答：所谓机会成本是指将资源用于某一用途而放弃的其他用途中可能给决策者带来最高收益的那项用途所产生的收益。从生产角度而言，用某种资源生产某种东西的机会成本，就是未把该种资源投入其他最有利可图的商品生产所放弃的收益。例如，企业的一笔资金如果用于投资某个项目的话，那么，它就失去了投资其他项目或把这笔钱存入银行获得利息的机会，相应的会带来一定的利益损失。

5. 答：一般地，导致经济增长的原因主要有两个：第一，资源供给的增加，如新资源的发现、人口增加导致的劳动力的增加以及储蓄、投资的增加导致的厂房、机器和其他资本品存量的增加。第二，技术的进步，它可以使我们从同一数量的资源中，获得更多的产品，或者说从一定的资源投入中获得更高的产出。

6. 答：三个基本问题为生产什么（What to produce）、如何生产（How to produce）、为谁生产（For whom to produce）。

（四）论述题

提示：（1）国民收入决定理论；（2）失业与通货膨胀理论；（3）宏观经济政策；（4）开放经济理论；（5）经济周期与经济增长理论。

（五）案例题

案例1解析：经济学研究的核心问题是如何有效率的配置稀缺资源。因此，经济学家思考问题始终围绕着资源有效配置问题。相对于牧师与心理学家，经济学家的思想更为理性，更注重于如何解决问题。在本例中，稀缺的高尔夫球场地资源要在不同的人之间进行分配，如何最有效率的配置这种资源？身体健康的人在白天利用场地，而盲目人在夜间利用场地，互不干扰，各得其所。经济学家的建议也许在操作中会产生一些问题，但其真正的意义在于引导人们转变了思维方式。

案例2解析：（1）他发现房间里只剩下了老两口，儿女们早已不见踪影。

（2）价格机制可以自动调节资源的配置，为经济主体的决策提供一种信号与经济激励。本例中，10万美元的奖励对经济学家的儿女们产生了足够的激励，所以才会迫不及待的去进行准备。经济学通过这种方式也实现了自己的心愿。

第二章　需求和供给的基本原理与运用

一、练习题

（一）判断题（对的填 T，错的填 F）

1. 政府对某种商品规定最高价格会造成超额供给。（　）
2. 对于所有商品，价格上升会引起对其购买量的下降。（　）
3. 如果 X 商品的价格下降导致 Y 商品的需求数量的上升，说明它们互为互补品。（　）
4. 一种商品的供给量与自身价格通常会同方向变动。（　）
5. A 的替代品价格的上升会使 A 的供给量上升。（　）
6. 原油价格的上升会促使人们去开发替代源。（　）
7. 最低工资只会对工人有利。（　）
8. 消费者对某商品的需求是指，在一定时期、一定价格下他想买的商品数量。（　）
9. 需求和供给同时增加，均衡数量必然增加，但是均衡价格的变化则不确定。（　）
10. 价格的需求弹性等于需求曲线的斜率。（　）
11. 线性需求曲线的上半部分的需求价格弹性绝对值总是大于 1。（　）
12. A 商品的支出占消费者收入的比例越小，其价格弹性越小。（　）
13. 奢侈品消费因为占人们收入的比例比较大，所以它的价格弹性相对比较小。（　）
14. 交叉价格弹性等于零，说明该商品是独立品。（　）
15. 收入弹性大于零，说明该商品是奢侈品。（　）
16. 如果一种商品的用途广泛，则它的价格弹性比较小。（　）
17. 如果 $E_{XY}<0$，则 X 和 Y 互为互补品。（　）
18. 同一条需求曲线上不同的点所对应的弹性系数通常不同。（　）
19. 需求减少，供给上升会导致均衡价格下降，均衡产量下降。（　）
20. 供给减少而需求增加，变化结果是均衡价格上升，而均衡数量变化不一定。（　）

（二）选择题

1. 政府制定最高限价可能导致________。

A. 商品积压　　B. 黑市交易

C. 买者按低价买到了想买的商品　　D. A 和 C

2. 政府对农产品规定了扶持价格，为了维持这个价格应采取的措施是________。

A. 增加农产品的税收　　B. 实行农产品配给制

C. 收购过剩农产品　　D. 对农产品给予补贴

3. 会使需求曲线内移的因素________。

A. 互补品的价格下降　　B. 人们对价格的预期会上升

C. 人们收入增加　　D. 替代品竞争的加剧

4. 某一时期内彩色电视机的需求曲线向左平移的原因可能是________。
A. 彩色电视机的价格上升　B. 消费者对彩色电视机的预期价格上升
C. 消费者对彩色电视机的预期价格下降　D. 消费者的收入水平上升

5. 对于西红柿供给的减少，不可能由于________。
A. 气候异常　B. 政策限制种植　C. 价格下降　D. 化肥价格上涨

6. 当A的需求和供给出现同时减少的情况时________。
A. 均衡价格下降，均衡产销量减少　B. 均衡价格下降，均衡产销量无法确定
C. 均衡价格上升，均衡产销量减少　D. 均衡价格无法确定，均衡产销量减少

7. 会使供给曲线向左上方移动的原因之一是________。
A. 需求减少　B. 技术进步　C. 投入品价格上涨　D. 价格降低

8. A与B是替代品，则A的价格的下降将造成________。
A. A的需求曲线向右移动　B. A的需求曲线向左移动
C. B的需求曲线向右移动　D. B的需求曲线向左移动

9. X商品价格上升对其互补品的最直接的影响是________。
A. 互补品的需求曲线向右移动　B. 互补品的需求曲线向左移动
C. 互补品的供给曲线向右移动　D. 互补品的价格上升

10. 如果两种商品X与Y的交叉弹性是-2，则________。
A. X与Y是替代品　B. X与Y是正常品　C. X与Y是劣质品　D. X与Y是互补品

11. A商品的供给曲线与横轴交于原点右方，那么它的供给价格弹性________。
A. 大于0小于1　B. 恒等于1　C. 等于斜率值　D. 大于1

12. 下列因素除________外都能使需求曲线移动。
A. 消费者收入变化　B. 商品价格变化
C. 其他商品价格下降　D. 消费者偏好发生变化

13. 在得出某商品的供给曲线时，下列除________外均保持常量。
A. 技术水平　B. 投入价格　C. 自然特点　D. 所考虑商品的价格

14. 对于标准化的产品，我们可以估计，其中任何一个生产者的产品需求将是________。
A. 无弹性　B. 有单位弹性　C. 缺乏弹性　D. 富有弹性

15. 需求和供给同时增加，将会导致________。
A. 均衡数量必然增加，而均衡价格减少
B. 均衡数量必然减少，而均衡价格增加
C. 均衡数量必然增加，而均衡价格的变化无法确定
D. 均衡数量无法确定，而均衡价格必然增加

16. 直线形需求曲线的斜率不变，因此其价格弹性也不变，这个说法________。
A. 一定正确　B. 一定不正确　C. 可能正确　D. 无法确定

17. 如果人们收入水平提高，则食物总支出在总支出的比重将________。
A. 下降　B. 不变　C. 稍有增加　D. 大大增加

18. 两种商品中的一种商品价格变化引起它们购买量的同时增加或减少，则它们的交叉弹性系数为________。
A. 负　B. 正　C. 0　D. 1

19. 消费者预期未来A价格会下降，则对A的当前需求会________。

A. 需求增加　　B. 需求减少　　C. 需求量增加　　D. 需求量减少

20. 对于劣质品的收入弹性________。

A. $E_M > 0$　　B. $E_M < 0$　　C. $0 < E_M < 1$　　D. $E_M > 1$

（三）简答题

1. 用弹性理论，说明“谷贱伤农”的经济学道理。

2. 运用供求理论分析石油输出国组织为什么要限制石油产量？

3. 对常用药品和对家用电器类商品哪一种可以采取薄利多销的策略？

4. 假如政府规定：民用航空的飞机票价一律实行统一价格，不准擅自削价。你对这种做法有何评论。

5. 石油价格提高对汽油的供给曲线有何影响？汽油价格提高对汽油的销售量和供给曲线是否会发生影响？

6. 影响需求价格弹性的因素有哪些？

（四）计算题

1. 已知 X 商品的需求方程和供给方程分别为 $Q^D = 14 - 3P$；$Q^S = 2 + 6P$，试求：均衡价格和均衡产量。当需求方程与供给方程为 $Q_1^D = 7 - 3P$；$Q_1^S = 1 + 6P$ 时的均衡价格和均衡产量，并进行比较。

2. 某消费者对 X 商品的需求函数为 $q = (90 - p)^2$，请计算当 $p = 40$ 和 $p = 60$ 时的价格弹性系数。

3. 某消费者消费商品 X 的数量与其收入的函数关系是 $Q = \frac{M}{p^2}$，试求其需求的点收入弹性与价格弹性。

4. 可口可乐公司与百事公司两家公司的主要产品的需求曲线分别为：$p_X = 1\,000 - 5Q_X$ 和 $p_Y = 1\,600 - 4Q_Y$，两家公司现在销售量分别为了 100 单位 X 和 25 单位 Y，假定 Y 降价后使 Q_Y 增加到 300 单位，同时导致 X 的销量 Q_X 下降到 75 单位，求可口可乐公司的产品 X 的交叉弹性。

（五）论述题

1. 试述价格政策在现实中的应用。

2. 论述需求变动和供给变动对均衡的影响。

（六）案例题

案例 1　如何处理器官短缺问题

目前，器官移植技术相对来说既安全又有效，但器官的供给量却严重不足。在欧洲，许多人因为无法得以移植器官而死去。尽管有些人自愿在死后捐献器官，但以这种方式提供的器官远远无法满足需要。

问题：（1）如何用供给—需求曲线来描述这种情况？（2）通过宣传来鼓励人们死后捐献器官，从而增加器官供给，这种方法是否有效？（3）另一种方法是利用价格机制解决问题，这种方法是否可行？

案例 2　上瘾品的供给控制

一般而言，上瘾品（Addictive Substances），如海洛因和烟酒等，需求价格弹性很小，对个人和社会都会造成一定危害。如何控制其供给是个很有现实意义的问题。

问题：(1) 一种方法是将其供给拒之于国门之外（目前，这种方法被用于控制海洛因和可卡因等毒品，在美国禁酒运动期间曾用于酒类），这种方法结果如何？(2) 另一种方法是对这些物品课以重税（目前这种方法被用于烟草和酒类），这种方法结果如何？(3) 上述两种方法的结果有何差异？

二、练习题参考答案

（一）判断题

1. F　2. F　3. T　4. F　5. F　6. T　7. F　8. F　9. T　10. F

11. T　12. T　13. F　14. T　15. F　16. F　17. T　18. T　19. F　20. T

提示：第 2 题 吉芬商品除外；第 7 题 最低工资有可能造成劳动力过剩，失业增加；第 8 题 想买而且有购买能力；第 15 题 奢侈品收入弹性大于 1。

（二）选择题

1. B　2. C　3. D　4. C　5. C　6. D　7. C　8. D　9. B　10. D

11. A　12. B　13. D　14. D　15. C　16. B　17. A　18. A　19. D　20. B

（三）简答题

1. 答：商品的需求价格弹性为 $E_d = \frac{\Delta Q_d}{Q_d} \Big/ \frac{\Delta P}{P}$。指一种商品的需求对自身价格变化的反映程度，价格弹性大于 1 时，该商品富有弹性；价格弹性小于 1 时，该商品缺乏弹性。“谷贱伤农”是指农产品价格降低时将使农民的收入下降。这是因为农产品的价格弹性较小，其价格下降后，需求量的增加幅度小于价格的下降幅度，从而导致农民的总收益下降。

2. 答：由于石油为各国的重要能源，其需求缺乏弹性。当石油输出国组织（OPEC）决定降低产量时，石油价格上涨的幅度大于需求下降的幅度。从短期来看会增加该组织成员国的收益，从长远来看也有利于世界石油市场的稳定。若该组织不限制石油的生产，各成员国将因产量扩大、价格下跌而导致收益减少。

3. 答：需求的价格弹性与销售总收入之间有以下关系：对于富有弹性的商品来说，其销售收入与价格呈反方向变动，即它随价格的提高而减少，随价格的降低而增加；而对需求缺乏弹性的商品来说，其销售收入与价格呈正方向变动，即它随价格的提高而增加，随价格的降低而降低。所以应对家电类商品采取这种策略。常用药品缺乏弹性，不易采用这种策略。（提示：对销售收入的数学表达式对价格求一阶导数，经过转换可以得到需求的价格弹性与销售总收入之间的关系式）

4. 答：民用航空是多家竞争的局面，既然是竞争，当然包括价格竞争与非价格竞争。也正是由于多家竞争，供应有较大的增加，飞机票价下降是一种必然趋势。竞相削价对消费者是有利的，而对民航企业则面临考验，在竞争中生存，就要改善经营管理上，提供优质服务，否则会被淘汰。实行统一票价，实际上是规定一种最低价格，民航企业不能低于政府规定的统一价格出售机票，结果必然公使民航的运载能力过剩，既是对社会资源的一种浪费，又会使消费者受损（与竞争削价相比）。

5. 答：石油价格的提高将使汽油的供给曲线向左上方移动。因为石油价格提高使汽油成本上升，进而在每一价格水平生产者愿意并且能够提供的汽油量随之减少。在其他因素不变的情况下，汽油价格提高意味增加汽油的供应量变的有利可图，因此生产和销售者将提供更多汽油上市，表现为供给曲线上点的移动。但是汽油价格的提高不会对供给曲线的变动产生影响。

6. 答：①消费者对商品的依赖程度或是商品的必需程度，即该商品是生活必需品还是奢侈品。必需品，需求弹性一般很小，而对于奢侈品，需求弹性则较高。②替代品的多少。如果一种商品替代品很多，这类商品的需求弹性就很大。相反，如果商品的替代品较少，那么相应的其需求弹性也较小。③商品用途的广泛性。用途广泛，需求弹性是很大的。相反，需求弹性就会很小。④商品在家庭支出中所占的比例。所占比例越大的商品其需求弹性就越大。除了这四个方面以外，还有许多影响需求弹性的因素，比如商品的耐用程度，所考察的消费者调节需求量的时间等。

（四）计算题

1. 解：均衡时，供给量等于需求量，即 $Q^D=Q^S$，也就是 $14-3P=2+6P$，解得均衡价格 $P=\frac{4}{3}$，均衡销量 $Q=Q^D=Q^S=10$；同理，由 $7-3P=1+6P$，解得 $P_1=\frac{2}{3}$，$Q_1=Q_1^D=Q_1^S=5$。可见，需求曲线向左下方移动，供给曲线向左上方移动造成了均衡价格和均衡产量的下降，但是需求移动的幅度大导致了降格的下降。

2. 解：由需求函数 $q=(90-p)^2$ 可得价格弹性为：

$$e_d=\frac{\mathrm{d}q}{\mathrm{d}p}\cdot\frac{p}{q}=2(90-p)\times(-1)\times\frac{p}{(90-p)^2}=\frac{-2p}{90-p}，于是，$$

$$e_d\Big|_{p=40}=\frac{-2\times40}{90-40}=-\frac{8}{5}，\quad e_d\Big|_{p=60}=\frac{-2\times60}{90-60}=-4$$

即，当价格为40和60时的价格弹性系数分别为 -4 和 $-\frac{8}{5}$。

3. 解：$E_M=\frac{\mathrm{d}Q}{\mathrm{d}M}\cdot\frac{M}{Q}=\frac{1}{P^2}\cdot\frac{M}{\frac{M}{P^2}}=1$；$E_P=\frac{\mathrm{d}Q}{\mathrm{d}P}\cdot\frac{P}{Q}=M\times(-2)\times\frac{1}{P^3}\times\frac{M}{\frac{M}{P^2}}=-2$

4. 解：由题设可知 $Q_X=100$ 和 $Q_Y=250$，则 $P_X=1\,000-5\times100=500$，$P_Y=1\,600-4\times250=600$；当 $Q'_X=75$，$Q'_Y=300$ 时，则 $P'_Y=1\,600-4\times300=400$。

$\Delta Q_X=75-100=-25$，$\Delta P_Y=400-600=-200$，于是，X 的交叉弹性：

$$E_{XY}=\frac{\Delta Q_X}{\Delta Q_Y}\cdot\frac{\frac{P_Y+P'_Y}{2}}{\frac{Q_X+Q'_X}{2}}=\frac{-25}{-200}\times\frac{\frac{600+400}{2}}{\frac{100+75}{2}}=\frac{5}{7}$$

（五）论述题

1. 提示：价格政策是政府为了收下市场机制的自发调节给社会带来的有害方面采取的影响或变动市场价格的措施。一般采用支持价格和限制价格。

（1）支持价格也称为最低限价。它是政府为支持某一行业的生产而规定的该行业产品的最低价格，支持价格都是高于均衡价格的。当价格被限定在高于均衡价格水平时，一方面会刺激供给，另一方面，会减少需求，这时供给超过需求。为维持这个价格，政府往往采用收购过剩产品的做法。支持价格对经济发展有稳定作用，特别是对于农业更是如此。在农业生产中，支持价格可以稳定生产和农民的收入，减少经济波动对农业的冲击。不过，支持价格也会产生副作用，例如会使得价格机制作用难以发挥，同时也由于政府必须购买过剩产品而加重政府财政负担。

(2) 限制价格也称为最高限价。它是政府为限制某一行业的生产而规定的该行业产品的最低价格，限制价格都是低于均衡价格的。这种政策往往在战争或自然灾害时期使用，有些国家也对一些生活必需品也长期采取限制价格政策。为此，政府通过行政命令强行把价格规定在低于均衡水平之下，一方面可以鼓励需求，另一方面会限制供给。这时需求超过供给。为维持这个价格，政府往往采用各种形式的配给制，如排队等候、配给券等。限制价格有利于社会稳定，但是也不利于刺激生产，造成长期亏损；造成价格扭曲，产生浪费现象；也可能出现黑市，败坏社会风气等弊端。

过去我国在粮食收购上基本上采取的是限制价格的做法。这在计划体制下是容易做到的，并在新中国成立初期被证明是有效的。随着我国改革开放的深入以及社会主义市场经济体制的逐步建立，限制价格所表现的弊端也越来越明显，但是我国的支持价格政策也在不断的完善之中。

2. 提示：均衡是由需求和供给共同决定的，那么，一旦需求或供给发生变化，均衡势必也要随之变动。(1) 需求变化的影响：需求增加使得均衡价格和均衡数量随之增加，在图 1 中，均衡点由 E 到 E_1，均衡价格由 P_0 变为 P_1，均衡数量由 Q_0 变为 Q_1；需求减少使得均衡价格和均衡数量随之减少。在图 1 中，均衡点由 E 到 E_2，均衡价格由 P_0 变为 P_2，均衡数量由 Q_0 变为 Q_2；(2) 供给变化的影响：供给增加使得均衡数量随之增加而均衡价格随之减小，在图 2 中，均衡点由 E 到 E_1，均衡价格由 P_0 变为 P_1，均衡数量由 Q_0 变为 Q_1，供给减少使得均衡数量随之减少而均衡价格随之增加，在图 2 中，均衡点由 E 到 E_2，均衡价格由 P_0 变为 P_2，均衡数量由 Q_0 变为 Q_2。(3) 供给与需求同时变化：①供给与需求同时增加，均衡数量必然同时增加，而均衡价格的变化则要看需求和供给哪一个变化幅度大，从而对均衡价格的变化起决定作用；②供给与需求同时减少，供给和需求同时减少使得均衡数量随之减少，而均衡价格的变化也是不一定；③供给增加而需求减少，变化结果是均衡价格下降，而均衡数量变化不一定；④供给减少而需求增加，变化结果是均衡价格上升，而均衡数量变化不一定。(图形略，具体可以自己画图分析一下)。

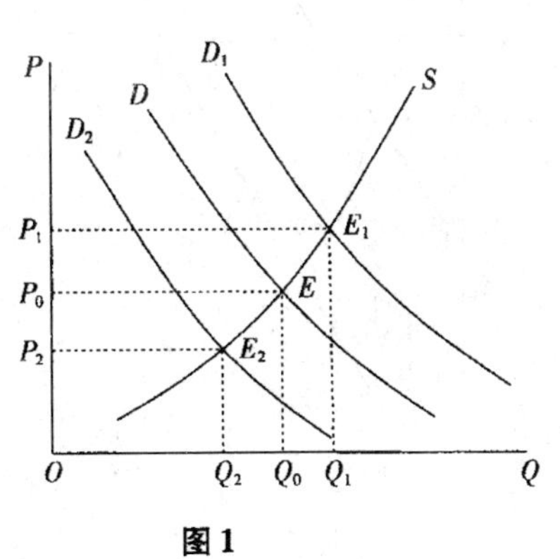

图 1

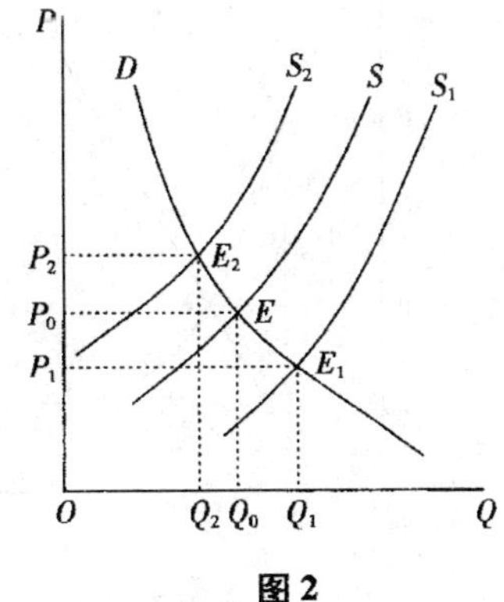

图 2

(六) 案例题

案例 1 解析：(1) 如图 3 所示，供给曲线 S_1 说明，由于有人愿意在死后捐献器官，因此尽管价格为零，每月仍有数量为 A 的器官供给。但是，如果提供器官者（或其活着的亲属）可以得到

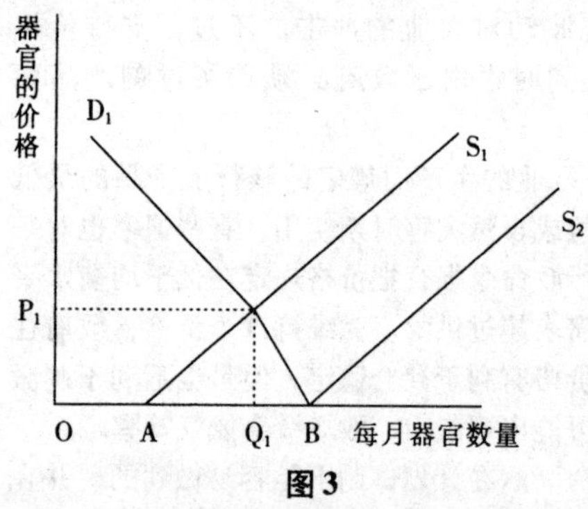

图3

一定补偿，就会有更多的器官供给。虽然患者不必花钱购买器官，但在欧洲某些国家还是要支付手术本身的费用。当器官价格为零时，每月器官需求量为B，因此存在着数量为（B－A）的过量需求无法得到满足。

（2）通过宣传鼓励人们死后捐献器官，会使器官供给增加，供给曲线向右移动，比如移至S_2。这种情况下，虽然没有任何补偿，仍能实现供求平衡。但事实并非如此，这种宣传从过去的经验看是无效的。而且，由于医疗技术的改进，更多的人希望通过器官移植来延长生命，因而需求曲线也会不断右移。

（3）通过另一种方法，即引入价格机制，器官的需求者要向提供器官者给予一定补偿。如图3所示，给定D_1和S_1，器官的均衡价格为P_1，均衡供给量为Q_1。供给和需求通过价格机制得到平衡。当然人们可能会从伦理道德角度对价格机制提出反对意见。但在现有制度下，医生也很难对有限的器官资源做出正确的抉择。

案例2解析：（1）在这种方法下，毒品的供给与需求曲线见图4。由于将毒品拒于国门之外减少了毒品的供给，使供给曲线由S移动到S'，在毒品需求不变条件下，导致商品的价格从P_0上升到P_1，而需求量变化幅度却很小，最终使毒品供给者的总收入增加，即由$P_0\times Q_0$增加为$P_1\times Q_1$。

（2）当对上瘾品课以重税时，见图5，由于成本提高，使供给减少，供给曲线向左上方移动。供给曲线向上垂直移动的距离即为单位商品征税额，即图中的距离，这时，供给者的总收入等于消费者的总支出额（$P_1\times Q_1$）减去征税额［$(P_1-P_2)\times Q_1$］，即为$P_2\times Q_1$的面积，它小于未征税之前的收入（$P_0\times Q_0$）。

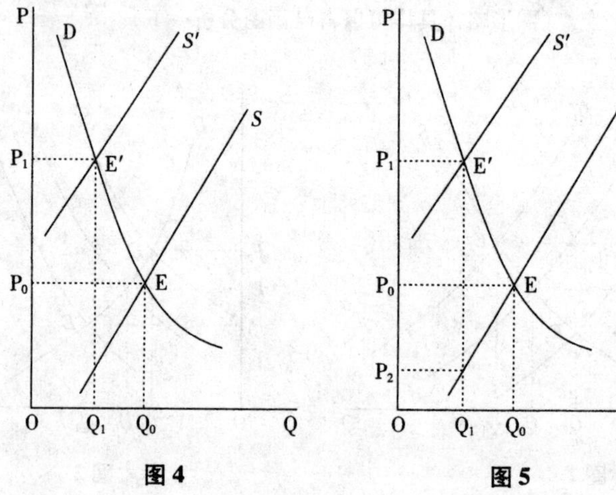

图4　　图5

（3）这两种方法的不同之处在于，前者使上瘾品供给者的总收入增加，而后者使供给者的总收入减少，而使税收增加。如果能够有效避免避税行为，两种方法都可以达到使上瘾品需求者的费用提高的目的，但后者看起来更具有经济合理性。

第三章　消费者行为

一、练习题

（一）判断题（对的填 T，错的填 F）

1. 由于效用是序数的，不是基数的，因此不同人的效用无法进行比较。（　）
2. 当所有物品边际效用完全相等时，消费者的满足程度达到最大化。（　）
3. 市场需求曲线可通过纵向加总所有单个消费者的需求曲线而得出。（　）
4. 吉芬商品是一种低档品，但是低等品不一定是吉芬商品。（　）
5. 预算线的平行移动说明消费者的收入发生变化，价格没有发生变化。（　）
6. 商品的价格越高，无差异曲线就离原点越远。（　）
7. 对于每个人来说，钱的边际效用不会递减。（　）
8. 作为消费者的合理选择，哪种商品的边际效用大就选择哪种商品。（　）
9. 如果两种商品价格相同，对消费者来说，这两种商品的效用一般是相同的。（　）
10. 两种商品的价格不同，但对消费者来说，它们的每元的边际效用有可能相同。（　）
11. 小华认为 A 商品与 B 商品相比他更需要 A，这是因为 A 商品是一种紧缺商品。（　）
12. 消费者的效用极大化要求预算线与无差异曲线相交。（　）
13. 收入消费线是由于消费者收入的变化引起的效用极大化的点的变化的轨迹。（　）
14. 无差异曲线的斜率等于两种商品的效用之比。（　）
15. 如果消费者的偏好不发生变化，那么效用极大化的均衡点也不发生变化。（　）
16. 价格上涨时，无论什么商品，其替代效应总是负数。（　）
17. 低等品价格下降时，消费者会减少对其的购买。（　）
18. 价格变化会引起预算线的斜率的变化。（　）
19. 恩格尔曲线的斜率是负数，说明这种商品是正常品。（　）
20. 消费者对某种商品的数量感到足够了，说明他对这种商品的边际效用达到了最大值。（　）

（二）选择题

1. 消费者剩余是________。
   A. 消费者进行消费活动后的货币剩余
   B. 消费者的意愿支付与实际支付的差额
   C. 衡量消费者参加市场交易后福利改善程度的指标
   D. 以上三个表述中有两个正确
2. 关于无差异曲线，不正确的是________。
   A. 曲线上每个组合的带来的效用相同　　B. 是序数效用论的重要分析工具
   C. 无差异曲线不可能是直线　　D. 两条无差异曲线不可能相交

3. 无差异曲线为斜率不变的直线时，表示结合的两种商品是________。
   A. 互不相关　　B. 互补的　　C. 完全替代　　D. 可以替代的
4. 如果商品价格变化产生的收入效应和替代效应的方向相同，则下列说法正确的是________。
   A. 该商品的需求曲线向上倾斜
   B. 该商品是低档商品
   C. 该商品是正常商品
   D. 该商品既可能是低档商品，也可能是正常商品
5. 关于基数效用论，不正确的是________。
   A. 效用可以用确定的数字表达出来
   B. 效用是不可以计量的，但是作可以计量的假设
   C. 商品之间的效用是可以比较加总的
   D. 基数效用论与序数效用论使用的分析工具是相同的
6. 人们在边际上进行决策意味着他们________。
   A. 等到最后一秒再做决策
   B. 评价小的变化所带来的额外收益和额外成本
   C. 在决策时要经常面临重大选择
   D. 在决策时要考虑对其经济福利的相对较小的影响
7. 无差异曲线的形状取决于________。
   A. 消费者的收入　　B. 消费者的偏好　　C. 所见商品的价格　　D. 商品的效用水平
8. 一般情况下，________是属于商品或服务的互补关系。
   A. 平信与特快专递　　B. 出租车与公交车
   C. Windows98 操作系统与探索者网络浏览器　　D. 算盘与计算器
9. 若某种商品的消费量随着消费者收入的增加而减少，则该商品是________。
   A. 吉芬商品　　B. 奢侈品　　C. 低档品　　D. 互补品
10. 需求量和价格之所以呈反方向的变化，是因为________。
   A. 替代效应的作用　　B. 收入效应的作用
   C. 上述两种效应的共同作用　　D. 以上均不正确
11. 在一条无差异曲线上________。
   A. 消费 X 所获得的总效用等于消费 Y 所获得的总效用
   B. 消费 X 所获得的边际效用等于消费 Y 所获得的边际效用
   C. 曲线上任何两种组合所能带来的总效用相等
   D. 曲线上任何两点的组合所获得的边际效用相等
12. 同一条无差异曲线上的不同点表示________。
   A. 效用水平不同，但所消费的两种物品的组合比例相同
   B. 效用水平不同，所消费的两种物品的组合比例也不同
   C. 效用水平相同，但所消费的两种物品的组合比例不同
   D. 效用水平相同，所消费的两种物品的组合比例也相同
13. 一种商品价格下降对其互补品最直接的影响是________。
   A. 互补品的需求曲线向右移动　　B. 互补品的需求曲线向左移动
   C. 互补品的供给曲线向右移动　　D. 互补品的价格上升

14. 已知消费者的收入是100元，商品X的价格是10元，商品Y的价格是3元。假定他打算购买7单位X和10单位Y，这时商品X和Y的边际效用分别是50和18。如要获得最大效用，他应________。

A. 停止购买　　B. 增购X，减少Y的购买量

C. 减少X的购买量，增购Y　　D. 同时增购X和Y

15. 随着收入和价格的变化，消费者的均衡也发生变化。假如在新均衡下，各种商品的边际效用均低于原均衡状态的边际效用，这意味着：消费者生活________。

A. 改善了　　B. 恶化了　　C. 没有变化

16. 恩格尔曲线从________导出。

A. 价格消费曲线　　B. 收入消费曲线　　C. 需求曲线　　D. 无差异曲线

17. 需求曲线从________导出。

A. 价格—消费曲线　　B. 收入—消费曲线　　C. 无差异曲线　　D. 预算线

18. 无差异曲线上任意一点上的商品X和商品Y的边际替代率是等于它们的________。

A. 价格之比　　B. 数量之比　　C. 边际效用之比　　D. 边际成本之比

19. 在消费者均衡的条件下，消费者购买的商品的总效用一定________他所支付的货币的总效用。

A. 小于　　B. 等于　　C. 大于　　D. 无法确定

20. 消费者剩余是________。

A. 实际所得　　B. 主观感受　　C. 没有购买的部分　　D. 消费剩余部分

（三）简答题

1. 凯恩斯有这样一种政策主张，对富人征收高额所得税，征来的钱用来救济穷人，你认为他基于什么假定？

2. 水对我们的生命很重要，但是价格很低，并不影响我们生存的钻石价格却很高，为什么？

3. 为什么两条无差异曲线不可能相交？

4. 无差异曲线有什么特点以及经济学含义？

5. 预算线可能发生的几种变动情况。

6. 什么是消费者剩余，价格变动对它有何影响？

（四）计算题

1. 假定X和Y两种商品为完全替代品，其无差异曲线的斜率为$-\frac{1}{3}$，即$MRS_{XY}=\frac{1}{3}$。当$P_X=1$，$P_Y=1$，$M=100$时，消费者均衡是什么？当$P_X=1$，$P_Y=3$时，消费者均衡是什么？

2. 小张愿买第一件小玩具付10元，第二件愿付9元……，直到第十件1元，第十一件就不愿付钱。问题：（1）假如每件需付3元，他将买多少件？他的消费者剩余是多少？价格上涨到5元时，情况又如何？（2）你能表述所获得的消费者剩余和商品价格之间的关系吗？

3. 消费者的效用函数为$U=X^aY^b$，X、Y分别为商品的消费量，a、b分别为常数且$a>0$，$b>0$。两种商品的价格分别是P_X、P_Y，消费者的收入为M。求消费者的需求函数。

4. 所有收入用于消费X、Y的消费者的效用函数$U=XY+X$，当$P_X=3$，$P_Y=2$时，对于这一消费者来说，X是哪种类型的商品？

（五）论述题

1. 序数效用论如何推导需求曲线？
2. 从收入效应与替代效应的角度说明正常商品、劣等品和吉芬商品的不同。

（六）案例题

案例1 马丁·科尔的境况

当面包价格为每块1美元时，马丁·科尔每年购买100块，当价格上升到1.5美元时，为了减轻马丁的压力，他的父亲每年给他50美元。

问题：（1）面包价格上升后，如果考虑父亲的礼物，马丁·科尔的境况比原来好了还是差了？（2）马丁·科尔的面包消费会增加还是减少？

案例2 居民如何应对能源价格上涨

下表显示了美国1992年居民消费汽油、天然气和电力的数量、价格及价格弹性情况。

美国1992年能源消费数据

能源类型	消费量（10^{12} Btu）	能源价格（每10^{6} Btu）	价格弹性
汽油	28.80	9.50美元	-0.39
天然气	20.20	6.01美元	-0.30
电力	9.30	23.70美元	-0.42

问题：（1）如果一项税收使得每种能源的价格上涨了10%，居民的消费行为会如何变化？（2）能源价格上涨后，对消费者剩余有什么影响？

案例3 如何分配奖学金才能吸引到优秀学生？

Tulane大学1995年向111名优秀的申请者提供了每人20 000美元，共计2 220 000美元的奖学金，这用去了该大学全部的奖学金预算资金。该大学既为招到的好学生感到自豪，也为来年如何支付600个优秀的申请者的奖学金而一筹莫展，因为如果不提供奖学金，几乎无人愿意申请Tulane大学。最终Tulane大学想出了一个两全齐美的方式，既可以吸引到优秀生，又不会出现资金困难。即决定1996年只提供50个全额奖学金，余下的预算资金向其他优秀申请者提供半额奖学金。结果1996年的申请者中有300人进入了Tulane大学读书。假设大学的奖学金预算固定为2 220 000美元，学费为20 000美元，所有获得全额奖学金的学生都会进入课堂学习。假设1995年600个优秀的申请者中有10个选择了该大学，1996年有310个优秀生选择了该大学。

问题：（1）运用弧弹性公式估计需求的价格弹性。（2）1996年奖学金预算超支多少？（3）假设学费和奖学金预算都没有变化，1997年该大学可以半额奖学金招到多少优秀生？

案例4 运用价格机制解决交通拥挤

交通拥挤问题已成为令许多城市感到头痛的问题。交通拥挤的机会成本是很高的，一项调查测算表明，在美国的某大城市中早晨高峰时期交通阻塞的机会成本是13 000 000美元。

问题：(1) 如何用经济学中的需求与供给理论解释交通拥挤现象？(2) 用价格机制解决交通拥挤问题的原理是什么？(3) 在具体操作中，价格机制如何实施？

二、练习题参考答案

(一) 判断题

1. F　2. F　3. F　4. T　5. F　6. F　7. F　8. F　9. F　10. T
11. F　12. F　13. T　14. F　15. F　16. T　17. F　18. F　19. F　20. F

提示：第 2 题 每元的边际效用相等时，才能达效用最大化。第 5 题 也可能是价格同比例变化，收入不变。第 6 题 与价格无关，与偏好有关。第 8 题 每元的边际效用大时，才会选择这种商品。第 11 题原因与此相同。第 9 题 人各有所爱，效用不一定相同。第 14 题 等于价格之比。第 17 题 吉芬商品才有这种情况。第 20 题 总效用达到最大。

(二) 选择题

1. B　2. C　3. C　4. A　5. D　6. B　7. B　8. C　9. C　10. C
11. C　12. C　13. A　14. C　15. A　16. B　17. A　18. A　19. C　20. B

(三) 简答题

1. 答：凯恩斯主张，对富人征收高额所得税，征来的钱用来救济穷人，他基于的假定是钱的边际效用是递减的。富人因钱多，最后一个单位的边际效用较小，而穷人因钱少，最后一个单位的边际效用较大，把富人的钱征走，让给穷人使用，会使钱的边际效用增大，从而刺激消费，促进消费。

2. 答：钻石的用处确实远不如水，所以人们从水中获得的总效用远远大于人们从钻石中得到的总效用。但是商品的需求价格不是由总效用而是由商品的边际效用的大小决定的，即由 $P=\frac{MU}{\lambda}$ 决定的。由于水资源的储存量很大，因此，水的边际效用很小，人们只愿付非常驻机构低的价格。相反，钻石的用途远不及水大，但是世界上钻石数量很少，因此，其边际效用很高，价格非常高。

3. 答：这一特征可以通过反证法加以证明。当两条无差异曲线相交时，在交点处就会出现矛盾：两条无差异曲线分别代表着两个不同的效用水平，这就意味着处于两条线交点的某一消费组合代表着两个不同的效用水平，这显然是有悖于常识的。

4. 答：(1) 无差异曲线是一条向右下方倾斜且凸向原点的曲线。含义是：在其他条件不变的情况下，在增加一种商品的消费时，必须减少另一种商品的消费。并且随着某一商品消费量的增加，所愿意放弃的另外一种商品的数量是越来越少的。(2) 在同一平面坐标系中可以有无数条无差异曲线，距离原点越远的无差异曲线，所代表的效用水平越高。(3) 任何两条无差异曲线不能相交。

5. 答：(1) 假定 P_X、P_Y 不变，只有收入 M 改变。这时，相应的预算线会平行移动。(2) 假定 P_X、P_Y 发生同方向同比例变化，而收入 M 不变。这时，相应的预算线也会平行移动。(3) 假定 P_X、P_Y 中只有一个发生变化，而收入 M 不变。这时，相应的预算线会发生转动。(4) 假定 M、P_X、P_Y 三者发生同方向同比例变动。这时，相应的预算线不发生变动。在实际研究中，可能还会出现更为复杂的变化类型，但不外乎是上面几种变化形式的组合。

6. 答：消费者剩余是消费者愿意对某物品支付的价格与其实际支付的价格的差额，是消费者的无形节约。由于消费者选择的消费数量使消费者愿意支付的价格恰好等于市场价格时的数量，所以市场价格下降时，消费者剩余增加，同时数量增加；市场价格上升时，消费者剩余减少，同是数量也减少。

（四）计算题

1. 解：（1）由于 $MRS_{XY}=\frac{1}{3}$，$\frac{P_X}{P_Y}=1$，所以 $MRS_{XY}<\frac{P_X}{P_Y}$，消费者均衡时最优商品组合为 $X=0$，$Y=\frac{M}{P_Y}=\frac{100}{1}=100$

（2）由于 $\frac{P_X}{P_Y}=\frac{1}{3}$，所以 $MRS_{XY}=\frac{P_X}{P_Y}$，故预算线上各点都是均衡点。

2. 解：（1）因为小张第八件愿意付 3 元，也就是说第八件的边际效用等于 3 元货币的效用之和，所以他会买 8 件，此时，他所花的最后 1 元钱的边际效用等于货币的边际效用。即 $\frac{MU}{P}=\lambda$。小张买第一件获剩余 7 元，第二件 6 元，……，第八件为 0，因此，消费者剩余 $=7+6+5+4+3+2+1+0=28$（元）。

（2）同理，价格为 5 时，他愿意购买 6 件，此时，消费者剩余 $=(10-5)+(9-5)+(8-5)+(7-5)+(6-5)+(5-5)=15$（元）。

（3）由以上的计算可知：消费者剩余等于愿意支付的价格总额减去实际支付的价格总额。

3. 解：消费者的预算约束为 $P_XX+P_YY=M$　　(1)

由效用函数可得：$MU_X=aX^{a-1}Y^b$；$MU_Y=bX^aY^{b-1}$　　(2)

由效用极大化条件 $\frac{MU_X}{P_X}=\frac{MU_Y}{P_Y}$，可得 $\frac{MU_X}{P_X}=\frac{aX^{a-1}Y^b}{P_X}=\frac{MU_Y}{P_Y}=\frac{bX^aY^{b-1}}{P_Y}$

化简得：$\frac{aY}{bX}=\frac{P_X}{P_Y}$　　(3)

合并（1）式和（3）式即可求得：$X=\frac{aM}{(a+b)P}$；$Y=\frac{bM}{(a+b)P}$　　(4)

这就是消费者对 X 和 Y 商品的需求函数。

4. 解：设收入为 M，预算约束为：$3X+2Y=M$　　(1)

由效用函数可得：$MU_X=Y+1$；$MU_Y=X$　　(2)

由效用极大化条件 $\frac{MU_X}{P_X}=\frac{MU_Y}{P_Y}$，可得：$\frac{MU_X}{P_X}=\frac{Y+1}{3}=\frac{MU_Y}{P_Y}=\frac{X}{3}$　　(3)

合并（1）式和（3）式可得：$X=\frac{M+2}{6}$　　(4)

需求收入弹性为：$E_{MX}=\frac{\partial X}{\partial M}\times\frac{M}{X}=\frac{M}{M+2}$

由于 $0<\frac{M}{M+2}<1$，所以 X 是正常品，且为必需品。

（五）论述题

1. 提示：序数效用论是利用无差异曲线、预算线为分析工具，通过考察一种商品的价格的变动，得到一组不同的价格水平下的均衡点来推导出需求曲线的。

答题要点：序数效用论的消费者均衡在无差异曲线与预算线相切之处，均衡条件是：$MRS_{XY}=\frac{MU_X}{MU_Y}=\frac{P_X}{P_Y}$，使用上述均衡点的获得方法，不断变化 X 的价格，则可以找到相应的均衡点，也就可以找到在这一价格水平下所对应的消费量，即价格—消费线图形（见教材图 3－11）；将价格和消费量的对应值表示在相应的坐标平面内，即为需求曲线（见教材图 3－16）。

2. 提示：本题应先说明三类商品的概念，然后从商品的替代效应和收入效应的异同上区分三类商品。三类商品的替代效应都为正值。正常品的收入效应为正值，而劣等品和吉芬商品的收入效应为负值，前者收入效应的绝对值小于替代效应，而后者则相反。

答题要点：正常品是指需求量与消费者的收入正方向变化的商品。劣等品是指需求量与消费者的收入反方向变化的商品。而吉芬商品是一类特殊的劣等品，指商品的价格上升需求量反而增加，价格下降需求量减少的商品。正常品的替代效应和收入效应都为正值，所以正常商品的需求量与价格反方向变化（见教材图 3－12）。劣等品的替代效应为正，但收入效应为负，两者在相反的方向起作用，收入效应使得替代效应减弱。在绝对值上替代效应大于收入效应，所以劣等品的价格下降总的结果是该产品的需求量增加（见教材图 3－13）。吉芬商品学兼优替代效应为下，收入效应为负。吉芬商品与一般劣等品的不同之处在于吉芬商品收入效应的绝对值大于替代效应，所以当价格下降时反而需求量减少，价格上升时需求量反而增加（见教材图 3－14）。

（六）案例题

案例 1 解析：（1）马丁·科尔的境况将会得以改善。如图 1 所示，在面包价格上涨前，马丁·科尔的预算线为 CD，消费均衡点为 A。面包价格上涨后，新的预算线为 CE，但是，尽管面包价格上涨了，但父亲 50 美元的礼物使他能够获得与涨价前一样的面包及其他商品，过原均衡点 A 平行于新的预算线做一预算线 MN。但是，MN 预算线可以达到更高的无差异曲线，获得更高的效用水平，因此，马丁的境况比原来改善了。

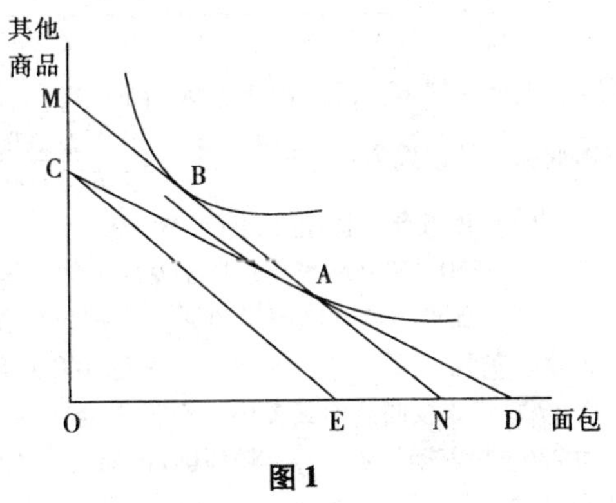

图 1

（2）新的均衡点 B 与原均衡点 A 相比位于更高的无差异曲线上，但是，此时面包的消费却减少了。

案例 2 解析：（1）以电力为例进行分析。如图 2 所示，A 点表示 1992 年的电力消费，电力需求曲线通过 A 点，并同时经过 B 点，B 点表示能源价格上涨后的电力消费。由于征税使价格上升了 10%，即上涨至 26.07，根据表中所给的弹性值，通过计算可知，需求量下降了 4.2%，税后的需求量因此变为 8.91×10^{12} Btu。

（2）由于征税导致消费者剩余损失总额为梯形 ABCD 的面积，经计算可知等于 2 158 万美元。损失的消费者剩余转化为两部分：一部分是税收支付总额；另一部分为净收益损失，前者为矩形 CDEB 的面积，等于 2 112 万美元，后者为三角形 BEA 的面积，等于 46 万美元。

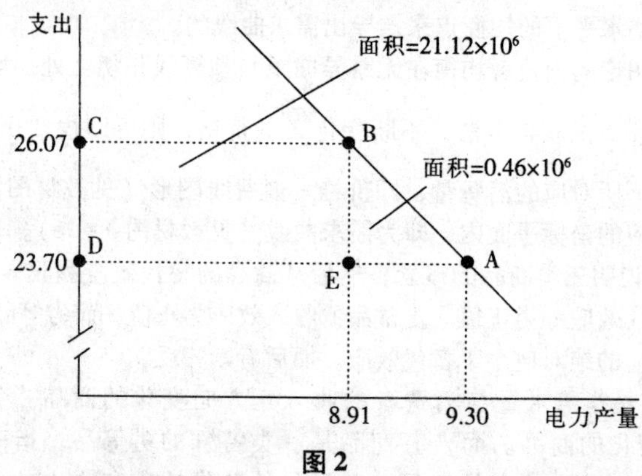

图 2

类似的计算可以得出汽油和天然气的相关指标：

汽油和天然气的税后价格、消费量及消费者剩余损失

能源类型	消费量（10^{12} Btu）	能源价格（每 10^6 Btu）	消费者剩余损失（百万美元）	总的税收支付（百万美元）	净收益损失（百万美元）
汽油	27.68	10.45 美元	26.83	26.30	0.53
天然气	19.59	6.61 美元	11.93	11.75	0.18

案例 3 解析：（1）由于 1996 年向学生提供了半额奖学金，学生只需支付 10 000 美元的学费，因此弧弹性公式为：$\frac{310-10}{(310+10)/2} \div \frac{\$20\,000-10\,000}{(\$20\,000+\$10\,000)/2}=2.81$

（2）1996 年，该校支付了 1 000 000 美元（=50×20 000 美元）用于发放全额奖学金，3 100 000 美元（=310×10 000 美元）用于发放半额奖学金，总计 4 100 000 美元，超出预算 1 900 000 美元。

（3）如果预算恰好用尽的话，该校可以招到 122 个学生，其中包括 50 个全奖的学生，每人 20 000 美元，72 个半奖的学生，每人 10 000 美元。这意味着该校应向 236 个学生发出接收函，因为 1996 年该校同意向其提供半额奖学金的 600 个申请者中有 310 个接受了该奖学金，约占 52%，而 236 的 52% 约为 122，当然其假设前提是 1997 年的情况与 1996 年相近。

案例 4 解析：（1）相对于有限的道路资源，拥挤的交通意味着对"道路资源的过度需求"，即在目前的道路资源使用价格下，需求量严重超过了供给量。在这种情况下，目前各国配置短缺的道路资源的方式是令大量的汽车在道路上排队等候通行。

（2）至少在 100 年前，用价格机制解决交通拥挤问题的观点就被提出来了，这可归功于已故的 1996 年诺贝尔奖获得者威廉·维克瑞，他认为，应通过给道路使用定价的方式解决交通拥挤问题：根据道路的不同拥挤程度分别给道路使用定价，拥挤程度的高的道路价格相对较高，高到足以使交通顺畅。因为，随着价格的提高，居住在公交车站附近的人及可以避免在高峰时期出行的人至少会在高峰期避开使用价格较高的道路，这类人群对较为拥挤的道路的需求量就会下降，只有那些必须使用道路的人才会通过付费继续使用这些道路，但是，对他们来说可以不必将时间浪费在无谓的等待之中。因此，通过价格机制的引入可以对使用交通的人群进行分流，一定程度上解决交通拥挤问题。

(3) 价格机制的实施可以通过收费的方式，类似于许多国家对桥梁使用的收费，但桥梁使用价格通常很低，对道路使用几乎起不到什么控制作用。新加坡城规定，如果轿车在高峰时期通过市中心的街道，车主必须购买价格不菲的许可证，贴在风挡玻璃上。维克瑞教授曾提出每辆车都应配备一个无线电装置，每次车辆经过指定的路口时都可以登记收费。其费用可以根据一天中不同时段及拥挤程度而分别设置。目前，功能强大的微处理器的出现已使技术问题得到解决，并已经在某些地区得到运用来加速交通的流动。一些分析家认为，今后几年道路使用的收费将会逐渐普及。

第四章 生产理论

一、练习题

（一）判断题（对的填 T，错的填 F）

1. 随着生产技术水平的变化，生产函数也会发生变化。（ ）

2. 边际产量总是小于平均产量。（ ）

3. 只要总产量减少，边际产量一定是负数。（ ）

4. 边际产量可由总产量线上的任一点的切线的斜率来表示。（ ）

5. 边际产量曲线与平均产生曲线的交点，一定在边际产量曲线向下倾斜的部分。（ ）

6. 在其他生产要素投入量不变的情况下，随着某一生产要素投入量的增加，产出的增量呈现递减的趋势。（ ）

7. 在既定的产量水平下，劳动对资本的边际技术替代率随着劳动投入量的增加呈下递减的趋势。（ ）

8. 规模报酬递减意味着长期平均成本下降。（ ）

9. 规模收益递减时边际收益递减造成的。（ ）

10. 等产量曲线表示可以带来相同产量水平的不同生产要素的组合。（ ）

11. 利用等产量曲线上任意一点所表示的生产成本要素组合，都可以生产出同一数量的产品。（ ）

12. 利用等产量曲线上任意一点所表示的生产要素组合，都可以生产出同一数量的产品。（ ）

13. 假如以生产要素 X 代替 Y 的边际技术替代率等于 3，这意味着这时增加 1 个单位 X 所增加的产量，等于减少 3 个单位 Y 所减少的产量。（ ）

14. $\frac{MP_L}{p_L}=\frac{MP_K}{p_K}$表述为企业可以通过对两种要素投入量的不断调整实现既定成本条件下最大产量。（ ）

15. 总产量下降时，MP 为零。（ ）

16. 企业总是选择最优投入组合，使得所有投入的边际产量为 0。（ ）

17. 当边际产量为正时，总产量趋于上升；当边际产量为零时，总产量达到最高点。（ ）

18. 等成本曲线的斜率等于纵轴表示的生产要素 Y 的价格与横轴表示的生产要素 X 的价格之比。（ ）

19. 为了实现既定成本条件下的最大产量，企业必须选择最优的生产要素组合，使得两要素的边际技术替代率等于两要素的价格之比。（ ）

20. 企业可以通过对两种要素投入量的不断调整，使得最后一单位的成本支出无论用来购买哪一种生产要素所获得的边际产量都相等。（ ）

（二）选择题

1. 生产要素投入和产量水平的关系称为________。
   A. 生产函数　B. 生产可行性曲线　C. 平均成本曲线　D. 边际成本曲线
2. 在总产量，平均产量和边际产量的变化过程中，下列何者首先发生________。
   A. 边际产量下降　B. 平均产量下降　C. 总产量下降　D. B和C
3. 等成本曲线平行向外移动表明________。
   A. 产量提高了　B. 成本增加了
   C. 生产要素的价格按相同比例提高了　D. 生产要素价格按不同比例提高了
4. 生产的第二阶段________始于AP开始下降处。
   A. 总是　B. 绝不是　C. 经常是　D. 有时是
5. 边际产量递减规律说明________。
   A. 当所有的投入要素都增加时，劳动的边际产量下降
   B. 生产函数表现为规模收益递减
   C. 随着资本的使用量越来越多，劳动的边际产量下降
   D. 随着一种生产要素使用量越来越多，其他要素保持不变，那么这种生产要素的边际产量最终会递减
6. 如果连续的增加某种生产要素，在总产量达到最大值的时候，边际产量曲线与________相交。
   A. 平均产量曲线　B. 纵轴　C. 横轴　D. 总产量曲线
7. 对于短期生产函数，当平均产量达到最大值时________。
   A. 总产量达到最大值　B. 总产量仍处于上升阶段，还未达到最大值
   C. 边际产量达到最大值　D. 边际产量为零
8. 要达到规模报酬递减，应该________。
   A. 按比例连续增加各种生产要素
   B. 连续的投入某种生产要素且保持其他生产要素不变
   C. 按不变的比例连续增加各种生产要素
   D. 以上均不对
9. 当劳动的边际产量为负数时，生产处于________。
   A. 劳动投入的第一阶段　B. 资本投入的第三阶段
   C. 劳动投入的第二阶段　D. 劳动投入的第三阶段
10. 等产量曲线上各点代表的是________。
    A. 为生产同等产量而投入的要素价格是不变的
    B. 为生产同等产量而投入的要素的各种组合比例是不能变化的
    C. 投入要素的各种组合所能生产的产量都是相等的
    D. 无论要素投入量是多少，产量是相等的
11. 某规模报酬不变阶段，若劳动的使用量增加5%，而资本的使用量不变，则________。
    A. 产出增加5%　B. 产出减少5%
    C. 产出的增加少于5%　D. 产出的增加大于5%
12. 等产量线表现的是不同的________。

A. 能产生相等总成本的投入组合　　B. 产生相等产量的成本
C. 生产相等产量的投入组合方式　　D. 需要相同数量投入的产量

13. 等成本曲线平行向内移动表明________。
A. 成本增加　　B. 产量增加　　C. 成本减少　　D. 产量减少

14. 代表等成本的投入组合的曲线叫做________。
A. 总成本曲线　　B. 等成本曲线　　C. 边际成本曲线　　D. 可变成本曲线

15. 如果由一个厂商生产一系列的产品比由许多厂商各自分别生产要合算，就有________。
A. 收益递减　　B. 收益减少　　C. 范围经济　　D. 规模经济

16. 一个工厂雇用工人的工作时间从7小时增加到8小时，产量从140蒲式耳增加到155蒲式耳，则额外1小时的边际产量是________。
A. 5　　B. 10　　C. 15　　D. 100

17. 如果在所有的投入的总量增加一倍时，产量正好也增加一倍，那么生产函数表现为________。
A. 收益不变　　B. 收益递减　　C. 收益递增　　D. 规模经济

18. 代表等成本的投入组合的曲线叫做________。
A. 总成本曲线　　B. 等成本曲线　　C. 边际成本曲线　　D. 可变成本曲线

19. 如果一项投入的平均产量高于其边际产量，则________。
A. 随着投入的增多，边际产量增加　　B. 随着投入的增加，平均产量一定增加
C. 边际产量将向平均产量趋近　　D. 平均产量将随投入的增加而降低

20. 当边际产量大于平均产量时________。
A. 平均产量增加　　B. 生产技术水平不变
C. 平均产量不变　　D. 平均产量达到最低点

（三）简答题

1. 边际产量曲线、总产量曲线和平均产量曲线之间存在怎样的关系？
2. 解释生产函数的概念及基本性质。
3. 什么是等成本线？如何计算其斜率值？
4. 某企业主管想聘用一名工人来生产一批产品，那么他应该考虑是劳动的平均产量还是劳动的边际产量？为什么？
5. 什么是等产量曲线？等产量曲线有何性质？
6. 生产的三阶段是如何划分的？为什么厂商只会在第二阶段生产？

（四）计算题

1. 已知某企业的单一可变投入（X）与产出（Q）的关系为 $Q=1\,000X+1\,000X^2-2X^3$，当X分别为200、300、400单位时，其边际产量和平均产量各为多少？它们分别属于生产的哪一个阶段？

2. 假定生产函数为：$f(x_1, x_2)=x_1^2x_2^2$，x_1 和 x_2 为两种生产要素，则该生产函数表示规模报酬不变、递增还是递减？并说明理由。

3. 厂商的长期生产函数为 $Q=6L^{\frac{1}{2}}K^{\frac{2}{3}}$，短期生产函数为 $Q=5L-L^2$，其中L为雇用工人数量，K为资本数量，现行工资率PL=1，PK=2，求：企业劳动投入的合理区域。

（五）论述题

1. 用既定成本曲线来分析说明厂商如何来确定最有要素投入组合的。
2. 解释规模报酬的含义，变动规律以及规模报酬和生产要素报酬的区别。

（六）案例题

案例 临时工制度的兴起

一般情况下，企业改变资本投入比较困难，而改变劳动投入却相对容易。企业为使成本降到最低，通常需要在用工决策中保持灵活性。以签订短期合同为特征的临时工制度是一种越来越被普遍采用的方式，在欧洲的企业中尤其如此，欧洲的临时工并不仅仅只从事服务员工作，还从事如飞行员、医生、核电厂工人、教师和工程师等。一些欧洲国家，如荷兰已从临时工制度中获得了巨大的经济收益。但是，在临时工数量迅速扩张的20世纪80年代，欧洲的许多工会强烈反对临时工制度，认为短期合同是在剥削工人，而现在随着尝试采用临时工制度的国家取得巨大的经济收益，劳工领导者们才很不情愿地承认这种短期合同的作用。

问题：（1）相对于固定工，临时工制度具有哪些优势？（2）如何评价工会态度的转变？

二、练习题参考答案

（一）判断题

1. T　2. F　3. T　4. T　5. T　6. T　7. T　8. T
9. F　10. T　11. T　12. T　13. T　14. T　15. T　16. F
17. T　18. F　19. T　20. T

（二）选择题

1. A　2. A　3. B　4. A　5. D　6. C　7. B　8. A
9. D　10. C　11. C　12. C　13. C　14. B　15. C　16. C
17. A　18. B　19. D　20. A

（三）简答题

1. 答：首先，在边际收益递减规律的作用下，边际产量曲线、平均产量曲线和总产量曲线都呈先上升后下降的趋势，达到最高点的先后顺序是边际产量曲线、平均产量曲线和总产量曲线。

边际产量曲线上升阶段，总产量曲线以越来越快的速度上升，当边际产量下降时，总产量曲线以越来越慢的速度上升。

总产量曲线与边际产量曲线的关系：当边际产量为正时，总产量趋于上升；当边际产量为零时，总产量达到最高点；当边际产量为负时，总产量绝对减少。

边际产量线一定穿过平均产量线的最高点，并且在交点以左，边际产量一直高于平均产量，呈先升后降的趋势；在交点以右，边际产量和平均产量都呈下降趋势，边际产量低于平均产量。

2. 答：生产函数是指，在技术水平既定的条件下，生产要素的某种组合和它所能带来的最大产量之间的相互关系。简单而言，生产函数描述了生产过程中的投入产出关系。生产函数因生产过程的不同而有所差别。生产函数可以用曲线形式表现在坐标系内。当技术水平不变时，投入要素的调整，表现为产量点沿生产函数曲线移动；当技术水平发生变化时，会引起生产函数曲线的整体移动，从而形成新的生产函数。

如果用 Q 表示总产量，L、K、N 分别表示劳动、资本、土地三种生产要素，则生产函数的一般数学表达式为：$Q=f(L, K, N)$

3. 答：等成本线又称为企业预算线，表示在生产成本和要素价格既定的条件下，生产者所能购买到的两种生产要素的不同数量的组合。等成本线表明了企业进行生产的限制条件，即它所用于购买生产要素的花费不能超过所拥有的货币资本。假定企业生产过程中使用两种生产要素——劳动和资本。分别用 p_L、p_K、L、K 和 C 表示劳动的价格、资本的价格、劳动的投入数量、资本的投入数量和企业拥有的货币资本（企业购买要素的总成本）。则企业的购买决策用方程 $C=p_L L+p_K K$ 表示，把公式转变为以 L 为自变量、K 为因变量的方程，得到公式：

$$K=-\frac{p_L}{p_K}L+\frac{C}{p_K}$$

等成本线的斜率是 $-\frac{p_L}{p_K}$

4. 答：在该主管考虑聘用工人时，他更多的是劳动的边际产量而不是劳动的平均产量。因为厂商再生产时理性的决策区域是在劳动的第二阶段。该区域中，劳动的边际产量是递减的，但其中却可那存在是劳动最大化的点。（略）

5. 答：等产量曲线表示可以带来相同产量水平的不同生产要素的组合。教材图 4－5 描述了代表不同产量水平的三条等产量曲线。等产量曲线具有基本特征：①等产量曲线向右下方倾斜，斜率为负值；②同一平面内有无数条等产量曲线，不同的等产量线代表不同的产量，离原点越远的等产量线代表的产量水平越高；③在同一平面上任意两条等产量线不能相交，如果相交则与第二个特征矛盾；④等产量曲线凸向原点。

6. 答：如教材图 4－4 所示，第Ⅰ阶段的可变要素投入从 0 到 K_3，在此区间，平均产量达到最高点，总产量一直呈上升趋势，边际产量先升后降，但一直大于平均产量。第Ⅱ阶段的可变要素投入从 K_3 到 K_4，在此区间平均产量从最高点开始下降，边际产量继续减少直至为零，总产量上升到最高点。在第Ⅱ阶段，增加可变要素的投入仍然会引起总产量的增加，但产量随要素投入的增长幅度开始下降。第Ⅱ阶段是第Ⅰ阶段的延续，生产规模比第Ⅰ阶段有所扩大，事实上，这也正是可变要素的合理投入区间。第Ⅲ阶段的可变要素投入从 K_4 开始，在此区间，总产量、平均产量和边际产量都呈下降趋势，边际产量甚至降为负值。

在此区间，总产量随着股入的增加而上升，生产者可以得到由于第Ⅰ阶段增加可变要素投入所带来的全部好处，又可以避免将可变要素投入增加到第Ⅲ阶段而带来的不利影响。

（四）计算题

1. 解：边际产量函数：$MP=\frac{dQ}{dX}=1\,000+2\,000X-6X^2$

平均产量函数：$AP=\frac{Q}{X}=1\,000+1\,000X-2X^2$

当 $X=200$ 时，$MP=161\,000$（单位），$AP=121\,000$（单位）；由于 $MP>AP$，说明 AP 仍处于上升阶段，所以，它处于阶段Ⅰ。

当 $X=300$ 时，$MP=61\,000$（单位），$AP=121\,000$（单位）；由于 $MP<AP$，说明 AP 处于下降阶段，但是 $MP>0$，所以，它处于阶段Ⅱ。

当 $X=400$ 时，$MP=-159\ 000$（单位），$AP=81\ 000$（单位）；由于 $MP<0$，所以，它处于阶段Ⅲ。

2. 解：规模报酬递增。当柯布－道格拉斯生产函数的 A + B > 1 时，成规模报酬递增。

3. 解：根据厂商的短期生产函数，$Q=5L-L^2$ 可知，该企业短期内只有劳动为可变投入。在一种可变投入要素条件下，要素的合理投入区间介于平均产量的最高点和总产量的最高点之间。首先，通过对短期生产函数（总产量函数）求一阶导，并令其等于零，可得使总产量达到最高点的劳动投入：$MP=5-2L=0$，可得 $L=2.5$。由于劳动力投入不可能为半个，因此，取整为3。所以当劳动力投入为3个时，总产量达到最大值。其次，求得平均产量函数为：$AP=5-L$，当劳动力投入为零时，平均产量最高。因此，企业劳动力投入的合理区域为0～3之间。

（五）论述题

1. 提示：假定企业用于购买这两种要素的全部成本C是既定的，企业所用的技术是不变的，生产中只使用劳动和资本两种要素，并且要素价格 P_L 和 P_K 是已知的。在既定的成本约束下，企业应选择要素的投入组合以获得最高的产量（见教材图4－9）。等产量曲线任意点的切线斜率代表的是边际技术替代率，等成本线的斜率是要素价格之比的相反数，因此，可以得到公式 $\frac{MP_L}{MP_K}=\frac{p_L}{p_K}$，为了实现既定成本条件下的最大产量，企业必须选择最优的生产要素组合，使得两要素的边际技术替代率等于两要素的价格之比。可以进一步得到公式：$\frac{MP_L}{p_L}=\frac{MP_K}{p_K}$。可以表述为：企业可以通过对两种要素投入量的不断调整，使得最后一单位的成本支出无论用来购买哪一种生产要素所获得的边际产量都相等，从而实现既定成本条件下最大产量。

2. 提示：规模报酬描述的是，在其他条件不变的前提下，企业内部各种生产要素按相同比例变动所带来的投入和产出变化之间的数量关系。规模报酬分为三种情况：规模报酬递增时，产出增加的比例大于投入增加的比例；规模报酬递减时，产出增加的比例小于投入增加的比例；规模报酬不变时，产出增加的比例等于投入增加的比例。要素报酬考察的是在既定的生产规模下，增加可变要素是相应产量的变化，数短期分析。（略）

（六）案例题

案例解析：（1）竞争的加剧迫使企业的生产必须对市场条件的迅速变化做出反应，在需求高涨时需迅速增加雇员，生产停滞时应及时减少雇员，而临时工可以随时就业与辞退的特点恰好满足了企业这一要求。企业如果与同员工签订较长期雇佣合同，由于受到法律约束很难解雇员工，而与企业签订短期工作合同的临时工制度则是一种可迅速调整生产，大量节省成本，具有很大灵活性的用工方式。

（2）工会最初认为，临时工制度的实施会加剧劳动力的失业，使工人利益受损。但是，作为工会成员的工人们却急于就业，而并不关心合同期限的长短，即使充当临时工也可以。实践证明，临时工制度不但没有减少反而增加了劳动力的就业。同时，由于失业率下降，使宏观经济发展也从中受益。荷兰已成为从临时工制度中受益的典范，经济学家将荷兰的临时工与兼职工的迅速增长与荷兰失业率的急剧下降联系起来。除了促进就业的增长，临时工制度由于将失业人员重新带回到就业大军中而被证明是有效的，每年使30%的劳动力转变为全职劳动力。面对这种情况工会才不得不承认临时工制度的有效性。

第五章　成本理论

一、练习题

（一）判断题（对的填 T，错的填 F）

1. 在 TC 曲线给定时，就有可能相应的画出 MC 曲线。（　）
2. 边际成本递增时，平均成本也是递增的。（　）
3. LAC 曲线的上升是由于边际收益递减规律引起的。（　）
4. 在总收益等于总成本时，厂商的正常利润为零。（　）
5. 只要总收益小于总成本，厂商就会停止生产。（　）
6. LAC 曲线相切于 SAC 曲线的最低点。（　）
7. 短期总成本总是大于长期总成本。（　）
8. 如果产量减少到零，短期总成本也将为零。（　）
9. 长期平均成本曲线代表了在各种产出水平下的最低平均成本。（　）
10. 可变要素边际成本总是递减的。（　）
11. 在长期中不存在可变成本。（　）
12. 长期边际成本是短期成本的包络线。（　）
13. 由于规模经济和规模不经济的作用，决定了长期平均成本 LAC 曲线表现出先下降后上升的 U 形特征。（　）
14. 虽然高固定成本可能是净亏损的原因，但它不是停产的理由。（　）
15. 边际成本 MC 和边际产量 MP 两者的变动方向是相反的。（　）
16. 由于边际报酬递减规律作用下的边际成本曲线表现出现将后生的 U 形特征。（　）
17. MC 曲线必定会分别与 AC 曲线相交于 AC 曲线的最低点，与 AVC 曲线相交于 AVC 曲线的最低点。（　）
18. 长期总成本 LTC 是长期中在每一个产量水平上通过选择最优的生产规模所能达到的最低总成本。（　）
19. 企业生产的显性成本是厂商在要素市场上购买或者租用他人所拥有的生产要素的实际支出。（　）
20. 产出增加时，总成本亦上升，即为规模不经济。（　）

（二）选择题

1. 以下说法中正确的有________。

A. 如果李朋选择上学而不是当兵，则他的机会成本等于他在学习期间的学费

B. 在经济分析中厂商的会计成本与机会成本这两个词具有同样的含义

C. 如果连续地增加某种商品的产量，该商品的机会成本将递增

D. 如果连续的增加某种产品的产量，该商品的机会成本将递减

2. 在经济学中，生产的机会成本等于________。
A. 显性成本 + 隐性成本　　B. 社会成本 + 显性成本
C. 会计成本 + 隐性成本　　D. A 和 C 都对
3. 在经济学中，短期和长期的划分标准是________。
A. 是否可以调整产量　　B. 是否可以调整产品价格
C. 时间长短　　D. 是否可以调整全部生产要素的数量
4. 假设 2 个人一天能生产 10 个零部件，3 个人一天能生产 24 个零部件，则________。
A. 劳动的边际产量上升　　B. 边际成本下降
C. 平均可变成本下降　　D. A 和 B 正确
5. 当何种情况时，厂商如果要使成本最低，应当停止营业________。
A. AC < AR　　B. P < AFC　　C. AR < AVC　　D. MR < MC
6. 假定两个人一天可以生产 60 单位产品，4 个人一天可以生产 100 单位产品，那么________。
A. AVC 是下降的　　B. AVC 是上升的　　C. MP > AP　　D. MP 是 40 单位
7. AC 曲线是由何种曲线的斜率决定的________。
A. TFC 曲线的斜率　　B. TVC 曲线的斜率
C. TC 曲线的斜率　　D. 既是 TC 曲线的斜率也是 TVC 曲线的斜率
8. 从原点出发与 TC 曲线相切的直线的斜率是________。
A. AC 的最低点　　B. 等于 MC
C. 是 AVC 和 AFC 之和　　D. 上述答案都成立
9. 当产量达到下列哪一点时，利润极大________。
A. P = MC　　B. P = AVC　　C. AVC = MC　　D. ATC = MC
10. 随着产量的增加，平均固定成本________。
A. 固定不变　　B. 先下后上
C. 不断下降　　D. 决定一个企业的关门点
11. 企业使其利润最大化意味着________。
A. 使起亏损最小化
B. 使总收益和总成本之间的差异最大
C. 根据边际收益和边际成本相等来决定产出水平
D. 以上都是
12. 一个企业在以下哪种情况下应该停业________。
A. AVC 的最低点大于价格时　　B. AC 的最低点大于价格时
C. 发生亏损时　　D. MC > MR
13. 当企业生产处于规模经济不变阶段时，长期平均成本曲线相切于短期平均成本曲线的________。
A. 左端　　B. 右端　　C. 最低点　　D. 无法确定
14. 如果生产 6 单位产量用 \$54，生产 5 单位产量用 \$40，平均成本________。
A. 大于边际成本并且平均成本上升　　B. 小于边际成本并且平均成本上升
C. 等于边际成本　　D. 大于边际成本并且平均成本下降
15. 关于企业的边际成本和平均成本，下列说法中正确的是________。
A. 边际成本高于平均成本时，平均成本下降

B. 边际成本低于平均成本时，边际成本下降

C. 平均成本曲线先于边际成本曲线达到最低点

D. 边际成本曲线通过平均成本曲线的最低点

16. 下面哪个最可能是可变成本________。

A. 财产税　　B. 保险费

C. 工资支付　　D. 按照长期合同付给雇员的钱

17. 下面哪个最可能是厂商选择的短期调整________。

A. 扩大已有工厂规模　　B. 改变庄稼品种

C. 增雇工人　　D. 建立新工厂

18. 在短期平均成本 SAC 与长期平均成本 LAC 的相切处________。

A. SMC > LMC　　B. SMC < LMC　　C. SMC = LMC　　D. 以上均不对

19. 列有关长期边际成本曲线与长期总成本曲线之间的关系的说法正确的是________。

A. 在长期边际成本曲线下降时长期总成本曲线以越来越快的速度上升

B. 在长期边际成本曲线下降时长期总成本曲线以越来越慢的速度上升

C. 在长期边际成本曲线上升时长期总成本曲线以越来越慢的速度上升

D. 以上均不正确

20. 长期总成本曲线是各种产量的________。

A. 最低成本点的轨迹　　B. 最低平均成本点的轨迹

C. 最低边际成本点的轨迹　　D. 最低平均可变成本点的轨迹

（三）简答题

1. 分析规模经济与边际报酬的区别。

2. 试分析说明会计成本与机会成本。

3. 当厂商面临一条向下倾斜的需求曲线时，厂商的总收益、平均收益和边际收益曲线各是什么？

4. 请解释长期成本曲线呈 U 形的原因。

5. 简述平均不变成本不随产量的增加而提高。

6. 简单分析边际产量曲线与边际成本曲线的关系。

（四）计算题

1. 已知某企业的成本函数为 $C = q^2 + 120$，C 为总成本，q 为产量，问题：（1）若产品市场价格 p = 40，那么产量为多少才可实现最大利润？（2）当产品市场价格达到多少时，该企业才会获得正的市场利润？

2. 已知某企业的短期总成本函数是 $STC = STC = 0.04Q^3 - 0.8Q^2 + 10Q + 5$，求最小的平均可变成本值。

3. 某企业的平均可变成本为 $AVC = Q^2 - 30Q + 300$，当市场价格为 300 时，该企业利润为零。该企业固定成本是多少？

4. 已知厂商面临的需求曲线是：$Q = 50 - 2P$。试求：（1）求厂商的边际收益函数。（2）若厂商的边际成本等于 4，求厂商利润最大化的产量和价格。

（五）论述题

1. 试从短期成本曲线推导长期总成本曲线，并说明长期总成本曲线的含义。
2. 请分析短期成本曲线综合图。

（六）案例题

案例 1 科尔布鲁克镇最后的牛奶生产者

美国康涅狄格州科尔布鲁克镇居民乔治曾拥有当地仅存的一家产奶企业。乔治拥有 60 头瑞士奶牛，每头价值 2 000 美元。每月牛奶销售额为 4 500 美元，在扣除各项费用后还无法弥补每月 3 000 美元的饲料成本。经历了连续 5 年亏损后，乔治一家最终打算卖掉畜群，离开农场。乔治亏损的主要原因在于该州的原料、劳力成本与税收都很高。

问题：（1）一些奶场主认为，该州政府应支持奶场主提高牛奶定价以抵消高税收等不利因素的影响。这一提议能够保护农场主的利益吗？（2）科尔布鲁克镇土地上的石头很多，根本无法种植草莓或甜玉米。这是否意味着乔治的土地用作奶场的机会成本较低，为什么？（3）乔治的农场曾经被吃草的奶牛所点缀，现在却布满周末度假屋。这能否说明用该土地作奶场的机会成本在上升？为什么？如何证明该乔治的土地用于其他方面会更有效率？

案例 2 边际分析：俄亥俄州的一家冰淇淋店

下面是俄亥俄州一家小型冰淇淋店每月的成本数据，其中没有包括业主的劳力成本，假设业主自有劳力要素的机会成本为每年 3 万美元。

固定成本：房租 2 012.50 美元；电费 325.00 美元；偿还贷款 737.50 美元；维修费用 295.00 美元；电话费 65.00 美元；总计 3 435.00 美元。

可变成本：（包括两部分，一是柜台后劳力成本，二是制作成本）劳力成本：该店雇用两个全职工作员工，每小时工资 4.84 美元；制作成本：生产一加仑冰淇淋的成本 3.27 美元；每一加仑大约包括 12 份冰淇淋，顾客可免费加浇头，每一份额外浇头的成本 0.05 美元。

收入：冰淇淋的平均售价 1.45 美元，商店每月开张 26 天，每天营业 8 小时，日均顾客 240 人，假设每人只购买一份冰淇淋。

问题：（1）根据以上数据计算商店的会计利润、经济利润，在此状况下该业主是否还应继续经营？（2）以下两种途径可能会改善该业主的经营：一是决定延长营业时间；二是寄希望于以后会有更多的顾客。业主将工作时间从原来的晚上 8 点延长到 11 点，每时段增加的顾客为：8～9 点；41 人；9～10 点，20 人；10～11 点，8 人。该店是否应延长工作时间？如果是，应延长到几点？企业的获利情况如何？

二、练习题参考答案

（一）判断题

1. T　2. F　3. F　4. F　5. F　6. F　7. T　8. F　9. T　10. F
11. F　12. T　13. T　14. T　15. T　16. T　17. T　18. T　19. T　20. F

（二）选择题

1. A　2. D　3. D　4. C　5. C　6. B　7. C　8. D　9. A　10. C

11. D　12. A　13. C　14. D　15. D　16. C　17. C　18. C　19. B　20. A

（三）简答题

1. 答：规模经济是长期生产过程中表现出来的。一般而言，企业的生产规模在由小到大的扩张过程中，会依次表现出规模经济与规模不经济。长期平均成本曲线的“U”形特征是由长期生产中的规模经济和规模不经济所决定的。企业作为理性的经济主体会选择表现出规模经济特征的生产规模上进行生产。

边际报酬是在短期生产中表现出来的。在其他生产要素投入量不变的情况下，随着某一生产要素投入量的增加，产出的增量呈现递减的趋势。在存在固定成本的短期生产中必然会表现出边际报酬递减规律的特征。

2. 答：会计成本也称历史成本，是企业为购买生产要素实际支付的成本，直接反映在账目中。会计成本反映了企业使用资源的实际货币支出，但从经济学角度看并没有反映出企业为使用这些资源而付出的全部代价，因此不能作为决策的主要依据，而机会成本则可反映一项经济决策的全部成本，是决策的主要依据。机会成本是经济主体选择了资源的某种用途而必须放弃的将该种资源用于可带来最高收益用途中能导致的成本。

会计成本仅表示为了企业实际的支付金额，而机会成本则表示放弃的一种资源的次好用途本来可以得到的净收入。因此，西方经济学认为机会成本才是决策的依据。当机会成本大于收益时，则这项决策就是不可行的，当机会成本小于收益时，这项决策才是可行的。

3. 答：在厂商面临向下倾斜的需求曲线时，平均收益曲线与需求曲线重合，是一条向下倾斜的曲线 AR = P(Q)。边际收益曲线在价格随着产量上升而下降的情况下，厂商收益曲线比需求曲线更低。由于边际收益递减，总收益曲线就成为从原点出发先上升后下降的曲线。

4. 答：长期平均成本曲线的“U”形特征是由长期生产中的规模经济和规模不经济所决定的。规模经济指在企业生产扩张的开始阶段，企业因扩大生产规模而使长期平均成本不断降低的情况；规模不经济指当企业的扩张达到一定的规模之后，企业继续扩大生产规模时，长期平均成本就会逐渐上升的情况。一般而言，企业的生产规模在由小到大的扩张过程中，会依次表现出规模经济与规模不经济。企业作为理性的经济主体会选择表现出规模经济特征的生产规模上进行生产。

5. 答：固定总成本是指企业在短期内必须支付的不能调整的生产要素的费用，固定总成本不随产量的变动而变动。平均固定成本是指平均每单位产品所消耗的固定成本。用数学公式表示为：$AFC=\frac{FC}{Q}$，FC 固定的情况下，随着产量 Q 的增加，AFC 将不断减少。

6. 答：边际成本与边际产量是一对对偶的指标，因此与边际产量递减相对应，边际成本存在着递增的趋势。从图形比较看：在短期中，边际产量的递增阶段对应的是边际成本的递减阶段，边际产量的递减阶段对应的是边际成本的递增阶段，与边际产量对应的最大值相对应的是边际成本的最小值。

资本是固定要素，而劳动是唯一的可变要素，而且劳动的价格 P_L 为已知，则生产函数可表示为：$Q=f(L,\ \overline{K})$ 则短期的总成本函数和可变成本函数可分别表示为：$TC=VC+FC$ 和 $VC=p_L L$

边际成本函数是总成本函数对产量 Q 求一阶导数的结果：

$$MC=\frac{\mathrm{d}TC}{\mathrm{d}Q}=\frac{\mathrm{d}VC}{\mathrm{d}Q}+\frac{\mathrm{d}FC}{\mathrm{d}Q}=p_L\frac{\mathrm{d}L}{\mathrm{d}Q}+0=p_L\frac{\mathrm{d}L}{\mathrm{d}Q}$$

根据边际产量的定义式：$MP_L=\frac{\mathrm{d}Q}{\mathrm{d}L}$可以得出边际成本与边际产量之间的反比关系：$MC=\frac{p_L}{MP_L}$。

(四)计算题

1. 解:(1)由题知:利润函数 $\pi = pq - c = 40q - q^2 - 100$ 利润最大化:$d\pi/dq = 40 - 2q = 0$,得:$q = 20$

(2)企业利润为正即:$\pi = pq - c > 0$,又因为 $MC = 2q$,$AC = q + 100/q$,所以由 $MC = AC$ 得:$q = 10$ 时 AC 达到最低点。所以,$P > AC = q + 100/q$,即:$P > 20$

2. 解:$FVC = 0.04Q^3 - 0.8Q^2 + 10Q$,$AVC = 0.04Q^2 - 0.8Q + 10$,由最大化原则可得6。

3. 解:因为利润函数:$p = TR - TC = (P - AC)Q$;因为 $AFC = AC - AVC = -Q^2 + 30Q$,$P = 300$,$AC = 300$,则得出:$TFC = -Q^3 + 30Q^2$

因为 $MC = 3Q^2 - 60Q + 300$

根据 $P = MC = AC$,得产量 $Q = 20$,

因此 $TFC = 4\ 000$

4. 解:(1)从需求曲线中可以得到 $P = \frac{1}{2}(50 - Q)$,从而 $TR = PQ = \frac{1}{2}(50Q - Q^2)$,边际收益 $MR = 25 - Q$。

(2)根据厂商的利润最大化原则 $MR = MC$,又 $MC = 4$,于是 $25 - Q = 4$,得 $Q = 21$,带入到反需求函数中得到 $P = \frac{1}{2}(50 - 21) = 14.5$。

(五)论述题

1. 提示:在长期内,根据产量既定条件下的成本最小原则,企业总是可以在每一产量水平上选择成本最低的方式进行生产。因此,可以由短期总成本曲线(STC)出发,推导出长期总成本曲线(LTC)。如教材图5-2所示。三条短期总成本曲线 STC_1、STC_2 和 STC_3 分别代表三种不同的生产规模,而且 STC_3、STC_2 和 STC_1 曲线所代表的生产规模依次递减。

从长期看企业必然要依据产量既定条件下的成本最小化原则,选择 STC_1 曲线上的A点进行生产。也就意味着企业在长期内可以变动全部的要素投入量,选择最优的生产规模。同理,当企业生产的产量是 Q_2 时,在长期内,企业必然选择 STC_2 曲线代表上的B点进行生产。而当企业生产的产量是 Q_3 时,在长期内,企业必然选择 STC_3 曲线代表的生产规模上的C点进行生产。从而使企业在每一个既定的产量水平上实现了最低的总成本。

企业可以在每一个产量水平上,都能找到相应的一个最优生产规模,把总成本降到最低水平。换言之,无数个类似于A、B和C的点的轨迹构成了图中以粗线条表示的长期总成本曲线(LTC)。显然,长期总成本曲线是无数条短期总成本曲线的包络线。在连续变化的每一个产量水平上,都存在着与长期总成本曲线相切的一条短期总成本曲线。

2. 提示:从教材图5-1中,可以发现关于短期的各种成本之间的一些关系。

(1)固定成本曲线(FC)、可变成本曲线(VC)和总成本曲线(TC)之间的关系。固定成本在短期内不变,因此随着产量的增加,成本线保持不变。在图中表现为一条水平直线。总成本是固定成本与可变成本之和,而固定成本保持不变,所以总成本曲线是可变成本曲线向上平移的结果,平移的距离由固定成本的大小决定。换言之,在总成本曲线和可变成本曲线上,产量相同的点之间的垂直距离保持恒定。

(2)固定成本曲线(FC)和平均固定成本曲线(AFC)之间的关系。平均固定成本是固定成本与产量之比。在固定成本不变的条件下，随着产量的增加，平均固定成本呈逐渐减少的趋势。因此平均固定成本曲线是一条向右下方倾斜的曲线。

（3）可变成本曲线（VC）和平均可变成本曲线（AVC）之间的关系。平均可变成本是可变成本与产量之比，用数学方法分析，平均可变成本曲线上的点表示对应的可变成本曲线上的点的斜率。该斜率指连接原点与可变成本曲线上的点的直线的斜率。在图中，可变成本上的点的斜率先减小后增加，其中，产量为 Q_2 的 C 点的斜率最小。与之相对应的平均可变成本曲线表现为先下降后上升，在产量为 Q_2 的 F 点达到最低点。

（4）总成本曲线（TC）和平均成本曲线（AC）的关系。平均成本是总成本与产量之比，用数学方法分析，平均成本曲线上的点表示对应的总成本曲线上的点的斜率。该斜率指连接原点与总成本曲线上的点的直线的斜率。从图 5 - 1 可见，总成本曲线上各点的斜率先减小后增加，其中，产量为 Q_3 的 D 点的斜率最小。与之相对应的平均成本曲线表现为先下降后上升，在产量为 Q_3 的 G 点达到最低点。

（5）边际成本曲线（MC）与总成本曲线（TC）的关系。边际成本是总成本对产量的一阶导数。用数学方法分析，边际成本上的点表示对应的总成本曲线上的点的切线斜率。在总成本曲线上，产量为 Q_1 的 A 点是总成本曲线的拐点，也就是在 A 点的切线斜率是零。因此边际成本曲线呈现先降后升的趋势，并且在产量为 Q_1 的 E 点取得最小值。

（6）边际成本曲线（MC）、平均可变成本曲线（AVC）和平均成本曲线（AC）的关系。边际成本曲线和平均可变成本曲线相交于产量为 Q_2 的 F 点，与平均成本相交于产量为 Q_3 的 G 点。而 F 点和 G 点分别是平均可变成本与平均成本的最小点。

（六）案例题

案例 1 解析：（1）这一提议最直接的效果是当牛奶价格上升时，康涅狄格州的消费者由于需要支付更高的价格，因此其利益会受到损害。但是，除非存在进入障碍，其他州的牛奶无法进入该州，否则维持本地牛奶的高价是很困难的，原因在于，如果康涅狄格州牛奶价格高于其他州，该州的居民会购买其他州生产的较为便宜的牛奶，如果事实如此，本地的奶场主并未从提高奶价中获利。

（2）不是。乔治的土地可以用于非农业用途。

（3）是的，因为对于周末度假和其他非农业用途来说，土地已变得越来越有价值，所以该土地用作奶场的机会成本增加了。当土地价格（和其他投入品价格）高得使奶牛养殖不再有利可图时，价格体系会发出将土地用于非奶牛养殖的其他用途会更有效率的信号。

案例 2 解析：（1）每月固定总成本：3 435.00 美元；每月可变总成本：每天所销售冰淇淋的成本：$3.27\times20=65.40$ 美元；每天浇头成本为：$0.05\times240=12$ 美元；每天劳力成本为：$4.84\times8\times2=77.44$ 美元。该店每天可变总成本为：$65.40+12+77.44=154.84$ 美元。由于商店每月开张 26 天，因此，每月可变总成本为：$154.84\times26=4\ 025.84$ 美元。每月总成本：$3\ 435.00+4\ 025.84=7\ 460.84$ 美元；每月的总收入为：$1.45\times240\times26=9\ 048$ 美元；因此，每月会计利润：$9\ 048-7\ 460.84=1\ 587.16$ 美元。

如果考虑到业主每年 3 万美元，每月 2 500 美元的收入，亦即该业主自有劳力要素的机会成本，因此，该店每月经济成本为：$7\ 460.84+2\ 500=9\ 960.84$ 美元；相应的，经济利润为：$9\ 048-9\ 960.84=-912.84$ 美元。从目前情况看，该业主所获经济利润为负，不应该再继续经营。

（2）该店延长工作时间各种选择的边际收益、边际成本与利润变化情况如下表所示：每份冰淇淋加浇头的成本为：3.27/12 +0.05 =0.32 美元。

延长时间	边际收入（MR）	边际成本（MC）	每小时增加的利润（MR - MC）	每月利润增量
8 -9pm	1.45 ×41 =59.45	冰淇淋：0.32 ×41 =13.12 劳　力：2 ×4.84 =9.68 总　计：22.80	36.65	36.65 ×26 =952.9
9 -10pm	1.45 ×20 =29	冰淇淋：0.32 ×20 =6.40 劳　力：2 ×4.84 =9.68 总　计：16.08	12.92	12.92 ×26 =335.92
10 -11pm	1.45 ×8 =11.6	冰淇淋：0.32 ×8 =2.56 劳　力：2 ×4.84 =9.68 总　计：12.24	-0.55	-0.55 ×26 = -14.30

从该表分析可以看出该店延长开业时间至晚上 10 点，每天利润可增加 48.97 美元，每月利润可增加 1 288.82 美元。这时该店所获的经济利润就会由原来的 -912.84 美元增加到 375.98 美元（ -912.84 +1 288.82）。因此该业主应该将营业时间延长至晚上 10 点。

第六章　完全竞争与完全垄断

一、练习题

（一）判断题（对的填 T，错的填 F）

1. 完全竞争中的产品价格是由市场决定的，所以企业之间开展的主要是非价格竞争。（　）
2. 完全竞争市场中的企业将提高产量，直到价格等于平均可变成本的那一点为止。（　）
3. 完全竞争市场中厂商的需求曲线是向右下方倾斜的。（　）
4. 完全竞争市场上企业的短期供给曲线即为边际成本曲线上升的部分。（　）
5. 长期中，完全竞争厂商一般都拥有相同的成本曲线。（　）
6. 对于一个完全竞争厂商来说，其边际收益与市场价格是相同的。（　）
7. 长期中，完全竞争市场的价格等于最低长期平均成本。（　）
8. 如果一个完全竞争厂商处于长期均衡当中，那么它也处于短期均衡，反之亦然。（　）
9. 完全竞争的市场类型中，企业达到长期均衡状态时没有经济利润。（　）
10. 长期中，完全竞争厂商利润为零使厂商倾向于退出该行业。（　）
11. 有些时候，垄断可能比竞争更可取。（　）
12. 在垄断行业资源配置是无效率，因为垄断厂商获得了超额利润，如果取消这些利润，资源配置的情况将好转。（　）
13. 如果利润最大化垄断厂商达到了均衡点，则价格一定大于边际成本。（　）
14. 完全竞争市场通常比垄断市场更能保证生产资源的有效利用。（　）
15. 垄断与完全竞争的主要区别，就在于垄断的市场需求曲线是向下方倾斜的。（　）
16. 垄断厂商的供给不能给出定义，因为在这种情况下价格和厂商的产出不存在唯一的关系。（　）
17. 垄断厂商拥有控制市场的权力，这意味着该垄断厂商可以任意制定价格。（　）
18. 垄断厂商的平均收益曲线与边际收益曲线是同一条曲线。（　）
19. 厂商的垄断地位保证了该厂商永远可以获得超额利润。（　）
20. 垄断厂商出现亏损与其利润最大化的行为假设是矛盾的。（　）

（二）选择题

1. 在完全竞争中，厂商面临一条________。

A. 垂直的需求曲线　　B. 向下倾斜的需求曲线
C. 水平的需求曲线　　D. 水平的供给曲线

2. 竞争模型中，厂商________。

A. 生产有差异的产品　　B. 把产品卖给消息闭塞的消费者
C. 控制价格　　D. 价格接受者

3. 假设某厂商处于非完全竞争市场上，________的说法是不对的。

A. 其需求曲线向右下方倾斜　　B. 其产品的需求弹性无穷大

C. 存在产业进入障碍　　D. 获取信息是有成本的

4. 完全竞争市场的总收益曲线是________。

A. 以不变斜率向上倾斜　　B. 垂直

C. 以不变斜率向下倾斜　　D. 水平

5. 完全竞争市场的厂商________。

A. 不能控制其销售的产量　　B. 边际收益与价格的差为正常数

C. 边际收益等于价格　　D. 平均收益随产量的增加而下降

6. 如果在完全竞争市场中，厂商面临边际收益大于边际成本的局面，那么________。

A. 如果厂商增加产量便会增加利润　　B. 如果厂商增加产量便会减少利润

C. 厂商一定在亏损　　D. 如果厂商增加产量利润不变

7. 如果竞争市场的价格超过________，追求利润最大化的厂商将进入。

A. 最小边际成本　B. 边际收益　C. 最小平均可变成本　D. 最小平均成本

8. 个别企业对市场价格没有任何影响的市场结构为________。

A. 完全竞争　B. 垄断竞争　C. 寡头　D. 垄断

9. 竞争企业的短期供给曲线是________。

A. 平均可变成本曲线在边际成本曲线以上的那一部分

B. 平均总成本曲线在边际成本曲线以上的那一部分

C. 边际成本曲线在平均可变成本曲线以上的那一部分

D. 边际成本曲线在平均总成本曲线以上的那一部分

10. 在竞争市场，如果一家企业使自己的产品价格高于市场价格，那么它将失去________。

A. 它的全部顾客　B. 它的小部分顾客　C. 它的大部分顾客　D. 无影响

11. 假设一个完全竞争企业的平均可变成本为 11 元，平均总成本为 20 元，产品价格为 12 元。在这种情形下，该企业会选择________。

A. 停止营业　　B. 继续营业并损失其固定成本

C. 继续营业并损失其可变成本　　D. 继续营业并获得经济利润

12. 在完全竞争市场条件下，产品的价格刚好处于企业的最低平均可变成本，那么该企业________。

A. 有亏损，为了弥补亏损而继续生产　　B. 其经济收益不能弥补固定成本，停止生产

C. 其亏损为全部可变成本　　D. 其亏损为全部总成本

13. 下列条件中与完全竞争市场中短期均衡条件不相符的是________。

A. P = MP　B. MC = MR　C. P = MC　D. MC = AR

14. 下列情形中，更容易产生垄断的是________。

A. 行业中存在大量企业　　B. 企业只能生产近似产品

C. 企业可以自由进入市场　　D. 个别企业独自拥有关键资源

15. 垄断企业的边际收益小于价格，是因为________。

A. 为了销售更多的产品，企业必须降低所有产品的价格

B. 企业不能完全控制价格

C. 企业可以销售它所希望销售的任意数量

D. 企业还未能占有全部市场份额

16. 垄断厂商拥有控制市场的权力，这意味着________。

A. 垄断厂商面对的需求曲线无法确定

B. 垄断厂商的边际收益曲线高于其需求曲线

C. 如果他的产品增加一个单位，则全部产品的销售价格必须降低

D. 垄断厂商必然利润最大化

17. 垄断可能会比竞争更可取，这是因为________。

A. 垄断厂商有更多的激励来降低其生产成本

B. 在一个污染性的行业中，垄断是限制其产出水平以降低污染的最好方法

C. 由于专利权而拥有垄断地位是回报技术创新的一个最好的途径

D. 给定的市场规模下，单一厂商往往带来规模不经济

18. 垄断企业的边际收益小于价格，是因为________。

A. 为了销售更多的产品，企业必须降低所有产品的价格

B. 企业不能完全控制价格

C. 企业可以销售它所希望销售的任意数量

D. 企业还未能占有全部市场份额

19. 某厂商是某地区市场上唯一的墙纸生产厂商，该墙纸与市场上另一厂商生产的产品 A 有正的交叉弹性，与产品 B 有负的交叉弹性，则该厂商________。

A. 是完全垄断厂商　　B. 不是完全垄断厂商，因为有替代品 A

C. 不是完全垄断厂商，因为有互补品 B　　D. 难以判断是否完全垄断

20. 当垄断竞争行业处于长期均衡状态时________。

A. 边际收益大于边际成本　　B. 边际收益等于价格

C. 价格等于平均成本　　D. 价格高于平均成本

（三）简答题

1. 为什么完全竞争市场中的厂商不愿花费资金为产品做广告？

2. 试用完全竞争市场有关理论说明，学校周围以学生为主要消费群体的饭店在学校寒暑假等淡季时间尽管入不敷出仍继续经营的原因。

3. 请绘图说明完全竞争市场中企业处于停业点时的短期均衡。

4. 完全垄断的特征有哪些？

5. 垄断市场的形成原因有哪些？

6. 实施价格歧视的条件。

（四）计算题

1. 完全竞争厂商的短期成本函数为 $LTC = 0.001q^3 - 0.425q^2 + 85q$。试求：厂商的短期供给函数。

2. 已知完全竞争市场中某商品的需求函数为 $Q_d = 60 - 2P$，供给函数为 $Q_s = 30 + 3P$。试求：（1）市场的均衡价格和均衡产量。（2）均衡点的需求弹性和供给弹性。（3）如果政府对每一件产品课以 5 元的销售税，生产者和消费者各分担多少？

3. 已知垄断厂商面临的需求曲线是：$Q = 50 - 2P$。试求：（1）厂商的边际收益函数。（2）若厂商的边际成本等于 4，求厂商利润最大化的产量和价格。

4. 完全竞争行业中某厂商的短期成本函数为 $STC = Q^3 - 6Q^2 + 30Q + 40$，假设产品价格为 66 美元。试求：（1）利润最大化时的产量及利润总额。（2）由于竞争市场供求发生变化，新的价格水

平为30美元，在新的价格下，厂商是否会发生亏损？如果会，最小的亏损额为多少？(3) 该厂商在什么情况下才会停业？

5. 设垄断厂商的产品需求函数为 $P=12-0.4Q$，总成本函数 $TC_2=0.4q_2^2+32q_2+20\ 000$，试求 (1) Q 为多少时总利润最大，价格、总收益及总利润各为多少？(2) Q 为多少时使总收益最大，与此相应的价格，总收益及总利润各为多少？

(五) 论述题

1. 为什么完全竞争厂商的需求曲线是一条与横轴平行的直线，而行业需求曲线是一条向右下倾斜的曲线？

2. 试分析为什么在完全竞争条件下，厂商的价格等于边际收益，而垄断厂商的价格大于其边际收益？

(六) 案例题

案例　拍卖与实验经济学

目前，一些学者进行了各种各样的有趣实验，在一种相对简单的环境下来研究市场是如何运作的。试验由买卖双方（通常是大学生）和试验者组成，买卖双方交易没有内在价值（intrinsic value)的商品。购买者通过从销售者处购买商品然后将其销售给实验者而获经济利润，销售者通过从实验者那里购买商品然后再将其销售给购买者而获得经济利润。实验者会将购买或销售商品的条件向实验的对象说明，这些条件决定了供给和需求曲线。在一项模拟拍卖的实验中，对拍卖的商品进行公开竞价，试验分为五个交易期。每个参与者可免费获得他所选择的任何商品。市场需求与供给曲线如图1所示，图2以交易先后为序说明了每次交易的价格。

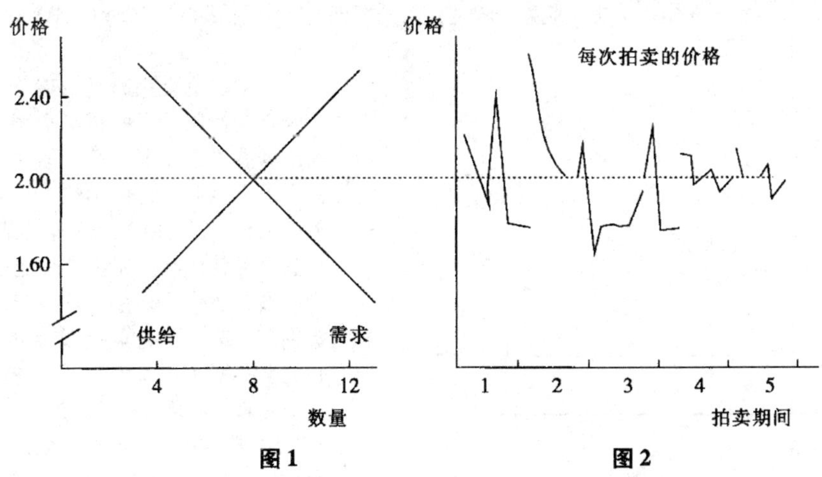

图1　　图2

问题：(1) 在此实验中，实际价格是否收敛于竞争性均衡价格？(2) 需要多少个交易期才能使实际价格落于距离竞争性均衡价格10%左右的范围内？(3) 这一实验是否体现了完全竞争市场的所有特征？(4) 这一实验是否证明了实际价格总是收敛于竞争性均衡价格？

二、练习题参考答案

（一）判断题

1. T　2. F　3. F　4. T　5. T　6. T　7. T　8. F　9. T　10. F

11. T　12. T　13. T　14. T　15. F　16. T　17. F　18. F　19. F　20. F

（二）选择题

1. C　2. D　3. B　4. A　5. C　6. A　7. D　8. A　9. C　10. A

11. B　12. B　13. A　14. D　15. B　16. C　17. A　18. B　19. B　20. C

（三）简答题

1. 答：（1）因为完全竞争本身假定生产有利消费者具有的完全的信息或知识。（2）无需做广告，厂商做广告只会增加产品的成本，使所获利润减少甚至亏损。（3）完全竞争厂商只是价格的接受者，他能根据市场决定的价格卖出他愿意生产的任何数量的产品，所以厂商不愿做广告。

2. 答：（1）学校周围以学生为主要消费群体的饭店所处的市场结构类似于完全竞争市场，产品具有同质性，进入与退出的障碍比较低。（2）在完全竞争市场中，企业是否继续经营或是否选择停业取决于企业的产品价格与其平均可变成本的相对大小：当产品价格低于平均可变成本时，企业就会选择停业；而当产品价格高于平均可变成本时则会继续经营，因为单位产品的销售收入不仅可以弥补可变成本，还可以弥补一部分固定成本。（3）上述饭店尽管在淡季经营出现亏损，但由于其销售收入仍然可以弥补其平均的可变成本，如作为临时工的服务员工资、肉菜等原材料成本，所以仍会继续经营，以等待旺季的到来。

3. 答：（1）完全竞争市场中企业处于停业点时的短期均衡满足条件：P = SMC = AVC。

（2）图形。

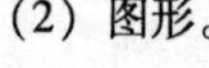

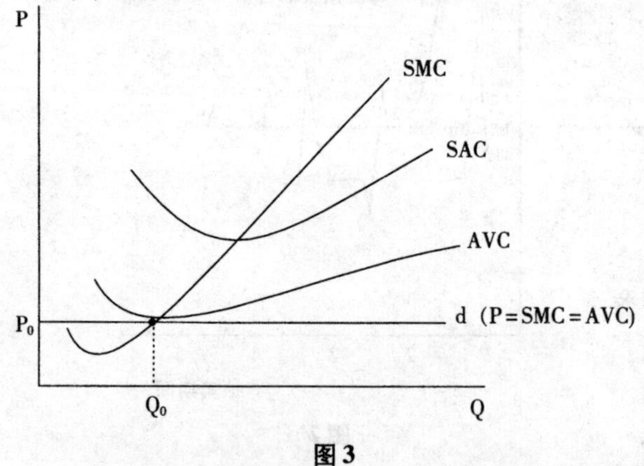

图 3

4. 答：完全垄断是指整个市场处于一家企业控制之下的市场类型。完全垄断市场有以下主要特征：第一，市场中只有单个企业，它提供整个行业的供给量，因此，行业由单个企业构成。第二，产品缺乏替代品。完全垄断企业提供的产品没有替代品，企业是该产品的唯一提供商。第三，企业是价格的制定者。在完全垄断市场条件下，企业不是价格的接受者，而是价格的制定者。

5. 答：第一，自然垄断。第二，原料控制。第三，专利。第四，行政垄断。

6. 答：价格歧视是指完全垄断企业在同一时间内对相同的产品向不同的购买者收取不同的价格。垄断企业需要具备一定的条件，才可能有效实施价格歧视。第一，各个市场对同种产品的需求弹性不同。第二，不存在转售（Resale）的可能性。

（四）计算题

1. 解：利用 $P=MC$ 可得，短期供给曲线为 $MR=25-Q$。

2. 解：（1）均衡价格为 $P=6$ 均衡产量为 $Q=48$

（2）由弹性公式：$E=-\frac{dQ}{dP}\cdot\frac{P}{Q}$，$E_d=0.25$；$E_S=0.375$

（3）政府征税后的市场均衡价格为 9，均衡产量为 42，消费者分担：$(9-6)\times42=126$；生产者分担：$210-126=84$

3. 解：（1）从需求曲线中可以得到 $P=\frac{1}{2}(50-Q)$，从而 $TP=PQ=\frac{1}{2}(50Q-Q^2)$ 边际收益 $MR=25-Q$。

（2）根据厂商的利润最大化原则 $MR=MC$，又 $MC=4$，于是 $25-Q=4Q=21$，带入到反需求函数中得到 $P=\frac{1}{2}(50-21)=14.5$。

4. 解：（1）$MC=D(STC)/DQ=3Q^2-12Q+30$

由利润最大化条件：$P=MC$，可得：$66=3Q^2-12Q+30$，即：$Q=6$，$Q=-2$（舍去）

利润总额 $=PQ-TC=176$，因此，利润最大化的产量为 6，利润总额为 176。

（2）由利润最大化条件：$P=MC$，可得：$30=3Q^2-12Q+30$，即：$Q=4$ 或 $Q=0$（舍去）

当产量为 4 时，企业的利润总额 $=-8$ 美元。因此，厂商会出现亏损，最小亏损额为 8 美元。

（3）当市场价格小于企业平均可变成本的最低点时，企业会停业。

由总成本函数可知平均可变成本函数为：$AVC(Q)=Q^2-6Q+30$，其最小值为 21，因此，当 $P<21$ 美元时企业会停业。

5. 解：（1）当 $MC=MR$ 时企业的利润实现了最大化，$MR=12-0.8Q$，$MC=1.2Q+4$，因此，当产量为 4 时实现了利润最大化，此时价格为 11.4，总收益为 45.6，总利润为 30.6。

（2）$TR(Q)=12Q-0.4Q^2$，当 $Q=15$（2 分）时总收益最大，相应的价格为 6（1 分），总收益为 90，利润为 -110。

（五）论述题

1. 提示：由于在完全竞争的市场条件下，每个厂商只能按照市场决定的价格来销售任何数量的产品，厂商只能是产品价格的接受者，所以说厂商所面临的产品需求曲线是一条与横轴平行的直线。而对整个行业来说，行业总需求是所有个体消费者需求的总和，当产品价格下降时，产品需求会上升，而产品价格上升时则下降，因此，行业需求曲线是一条向右下方倾斜的曲线。

2. 提示：在完全竞争市场条件下，单个厂商的产出相对于整个行业产出规模而言，数量非常小，厂商可以按照现行的市场价格任意的出售愿意产出的数量。故厂商每增加一个单位的产出所获得的边际收益与其价格一致。在垄断厂商的情况下，垄断厂商面对的需求曲线就是行业的需求曲线，需求曲线负的斜率意味着如果垄断厂商增加一个单位的产出，为了能够销售出去，其价格也必须相应降低，而且前面的产品价格也同时下降。这样，边际收益必小于现在的价格。

（六）案例题

案例分析：（1）是的。竞争性均衡价格为 2 美元，从图 2 中可以看到随着时间的推进，实际价格收敛于均衡价格。

（2）在第四个交易期，所有的实际价格都在市场竞争性均衡价格 2 美元上下 10% 以内。

（3）没有。根据定义，完全竞争市场包括许多买者和卖者。而这一实验只有几个参与者。值得注意的是尽管实验中买卖双方的数量不是很多，但竞争性市场均衡价格很近似于拍卖价格。

（4）不一定。实验的结果依赖于买卖双方的数量及市场组织方式。例如，如果只有一个销售者，价格就会偏离竞争性均衡价格。

第七章　垄断竞争与寡头垄断

一、练习题

（一）判断题（对的填 T，错的填 F）

1. 在长期垄断竞争厂商只能获得零利润。（　）
2. 垄断竞争市场的资源配置效率要低于完全竞争市场。（　）
3. 垄断竞争企业的价格要高于完全竞争市场价格，而产量要低于完全竞争市场中的产量。（　）
4. 垄断竞争与完全竞争的主要区别在于垄断竞争的市场需求曲线是向下倾斜的。（　）
5. 长期中，由于新厂商的进入，使得垄断竞争的价格等于厂商的长期平均成本曲线的最低点。（　）
6. 垄断竞争中企业的定价要高于其边际成本 MC。（　）
7. 垄断竞争市场上厂商的需求曲线要比完全垄断市场上厂商的需求曲线陡峭得多。（　）
8. 垄断竞争市场同完全垄断市场一样都产生了社会净福利损失和资源的无效闲置。（　）
9. 垄断竞争条件下，厂商所面临的需求曲线在所有价格水平下都更缺乏弹性。（　）
10. 寡头垄断企业是价格的寻求者。（　）
11. 库诺双寡头模型中，平均成本等于边际成本。（　）
12. 寡头垄断市场中，企业没有供给曲线。（　）
13. 寡头垄断厂商都面对一条拐折的需求曲线。（　）
14. 库诺模型中，厂商的数目 N 趋近于无穷，此时的市场形态趋近于完全竞争。（　）
15. 斯威齐模型中成本的变动对寡头垄断厂商的行为没有影响是因为中断的边际收益曲线。（　）
16. 在几个市场类型当中，完全竞争市场是最有效率的。（　）
17. 卡特尔一旦形成，它的需求曲线就是整个行业的需求曲线。（　）
18. 卡特尔根据各个厂商的价格相等来确定产量。（　）
19. 卡特尔追求的是共同利润的最大，而非个人利润最大。（　）
20. 占优策略是纳什均衡，反之亦然。（　）

（二）选择题

1. 一个行业有很多企业，每个企业销售的产品与其他企业的产品略有差别，这样的市场结构被称为________。

   A. 垄断竞争　　B. 垄断　　C. 完全竞争　　D. 寡头

2. 下列哪一个不是垄断竞争的特征________。

   A. 需求曲线向下倾斜　　B. 企业忽略其竞争对手的反应

   C. 存在产品差异　　D. 长期利润为正

3. 垄断竞争市场厂商的短期均衡发生于________。

A. 边际成本等于D需求曲线中产生的边际收益时

B. 平均成本下降时

C. D需求曲线平均成本曲线相切时

D. D需求曲线与D需求曲线相交，并且边际成本等于D需求曲线中产生的边际收益时

4. 垄断竞争厂商短期均衡时________。

A. 厂商会获得超额利润　　B. 厂商不会获得超额利润

C. 厂商只能得到正常利润　　D. 以上三种情况都可能

5. 当垄断竞争行业处于长期均衡状态时________。

A. 边际收益大于边际成本　　B. 边际收益等于价格

C. 价格等于平均成本　　D. 价格高于平均成本

6. 垄断竞争厂商的长期均衡与短期均衡的区别是长期均衡的________。

A. P = AC

B. P > AC

C. 厂商的主观需求曲线与长期平均成本曲线相切

D. 主观需求曲线与实际需求曲线相交

7. 在________的市场结构中，企业面对的需求曲线与市场需求曲线相同。

A. 完全竞争　　B. 垄断　　C. 寡头　　D. 垄断竞争

8. ________的市场类型的经济效率最高。

A. 完全竞争　　B. 垄断竞争　　C. 垄断　　D. 完全垄断

9. 垄断竞争厂商实现最大利润的途径有________。

A. 调整价格从而确定相应产量　　B. 品质竞争

C. 广告竞争　　D. 以上途径都可以用

10. 在垄断竞争市场长期均衡时，超额利润会等于零，这是由于________。

A. 新厂商进入该行业容易　　B. 产品存在差异

C. 成本最小化　　D. 收益最大化

11. 在________的市场结构中，企业必须考虑其他企业的反应。

A. 垄断　　B. 寡头　　C. 完全竞争　　D. 垄断竞争

12. 寡头垄断与垄断竞争之间的主要区别是________。

A. 厂商的广告开支不同　　B. 非价格竞争的数量不同

C. 厂商之间的相互影响不同　　D. 以上全不对

13. 寡头垄断厂商的产品是________。

A. 同质的　　B. 有差异的

C. 既可以是同质的，也可以是有差异的　　D. 以上都不对

14. 按照库诺模型，________的说法不正确。

A. 双头垄断者没有认识到他们的相互依赖性

B. 每个双头垄断商都假定对方保持产量不变

C. 每个双头垄断商都假定对方保持价格不变

D. 库诺的结果是稳定的

15. 库诺模型达到均衡时，两厂商所占的市场份额为________。

A. 1/2，1/2　　B. 1/3，1/3　　C. 1/3，2/3　　D. 3/5，2/5

16. 库诺模型中，厂商以________为目的。
A. 减少价格　　B. 利润最大化　　C. 价格稳定　　D. 扩大市场占有

17. 斯威齐模型的假设条件是________。
A. 行业内寡头厂商之间是有勾结的
B. 行业内某寡头厂商提价时，其他寡头厂商都会效仿
C. 行业内某寡头厂商降价时，其他寡头厂商都会效仿
D. 厂商可以任意进入市场

18. 关于斯威齐模型，以下说法正确地有________。
A. 拐点左右两边的需求弹性一样大　　B. 拐点左边的需求弹性小，右边的弹性大
C. 说明了厂商为何不肯轻易变动价格　　D. 假设一个厂商提价，其他厂商一样跟着提价

19. 下列有关垄断，垄断竞争，寡头垄断的说法正确地有________。
A. 垄断厂商，垄断竞争厂商及寡头垄断厂商的供给不能给出定义，因为这几种情况下，价格和厂商的产出之间不存在唯一的关系
B. 垄断厂商不必像寡头垄断厂商那样采用广告策略，因为前者没有竞争对手
C. 寡头垄断厂商都面对一条弯折的需求曲线
D. 在长期里，垄断竞争厂商得不到超额利润，所以，垄断竞争与完全竞争一样是一种有效的市场

20. 一个卡特尔要使利润极大，必须________。
A. 使每个厂商的边际成本等于行业的边际收益
B. 给每个厂商分配一产量定额
C. 厂商间有某种分配利润的制度
D. 以上都对

（三）简答题

1. 垄断竞争市场的基本特征是什么？
2. 简述垄断竞争市场上的短期均衡。
3. 简述垄断竞争市场上的长期均衡。
4. 寡头垄断市场的基本特征是什么？
5. 卡特尔组织为来保持自身的稳定，为了防止成员企业的欺骗行为，采取的措施有哪些？
6. 库诺双寡头模型的假设条件是什么？

（四）计算题

1. 垄断竞争市场中的厂商长期总成本函数为：$TC_1 = 0.4q_2^2 + 32q_2 + 20\ 000$，其中 LTC 为长期总成本，q 是月产量。不存在进入障碍，出售产品的实际需求曲线为：$q = 300 - 2.5p$，计算厂商长期的均衡价格和产量。

2. 假设有两个寡头垄断厂商的行为遵守库诺模型，他们的成本函数分别为：

$TC_1 = 0.1q_1^2 + 20q_1 + 100\ 000$，$TC_2 = 0.4q_2^2 + 32q_2 + 20\ 000$，这两个厂商生产一同质产品，其市场需求函数为 $Q = 4\ 000 - 10p$，根据库诺模型，试求：（1）厂商 1 和厂商 2 的反映函数；（2）均衡价格及厂商 1 和厂商 2 的均衡产量；（3）厂商 1 和厂商 2 的利润。

3. 市场需求为 $P = 100 - 0.5(q_1 + q_2)$，$C_1 = 5q_1$，$C_2 = 0.5q_2^2$，如果两企业进行勾结，求 q_1、q_2、

p、π_1 和 π_2。

（五）论述题

1. 试分析为什么说垄断竞争兼有竞争和垄断的因素？
2. 寡头垄断市场中，寡头的行为模式主要有哪些？

（六）案例题

案例1 体育比赛中的地垄断

通常在体育比赛的运营中存在着明显的垄断势力，导致观看体育比赛的成本逐渐在提高。由于体育爱好者对体育比赛情有独钟，因此大量金钱被抛到赛场上。英国的一家广播公司为获得英国某一俱乐部部分比赛的转播权，投入资金高达6亿2千多英镑，该广播公司会通过提供有偿转播服务的方式再向观众收费。英国伦敦经济学院的两位学者曾提出一项建议，认为政府应控制广播公司向电视观众的收费，从而可相应减少广播公司交付体育比赛组织部门的费用。即类似于其他的被规制行业，可以制定一个价格上限，在保证球队和广播公司合理回报的条件下，限制其获取过高的垄断利润。

问题：(1) 观看体育比赛的支出有哪些？这些支出是否建立在平等交易的市场关系基础上？(2) 两位学者的建议可行吗？(3) 如何应对体育比赛中存在的垄断现象，是对垄断进行规制还是鼓励竞争？

案例2 美国航空业的囚徒困境

美利坚航空（AA） \ 联合航空（UA）	高价	降价
高价	(120 100)	(-200 140)
降价	(150 -200)	(-100 -100)

尽管1990～1992年期间美国航空业面临许多有利因素：采用了节能飞机，1991～1992年油价持续下降，乘客人数增加，平均旅行里程也加长了。但是，航空业却出现了近100亿美元的巨额亏损。为什么该行业会出现如此糟糕的业绩？可以通过博弈理论来解释这一现象。考虑如下博弈，假设联合航空（UA）与美利坚（AA）航空在东西海岸之间一条热点航线上展开竞争。每个企业独立选择制定高价还是削价。从航线中所获利润依赖于两家企业所选择的策略。其策略与获利情况如图中支付矩阵所示（矩阵中数据为企业的利润，括号中左边数据表示美利坚航空公司的利润，所有数字单位都是百万美元）。

问题：(1) 如果该博弈只进行一次，那么企业是否存在占优策略？是什么？(2) 这是否是囚徒困境问题？(3) 航空公司如何能够摆脱这一困境？会产生什么影响？

案例3 契约与激励的作用

英特尔 \ 微软	遵守	违背
遵守	(250 250)	(-100 500)
违背	(500 -100)	(0 0)

假设因特尔和微软两个公司准备建立一个合资企业，假设每个公司必须投资1 000万美元用于购买该项目的专用资产。下面矩阵反映了两个企业在遵守与不遵守协议的两种策略选择下的经济利润（括号中左边数据为英特尔公司的利润，单位为万美元）。

问题：(1) 如果可以通过制定合同保证两个企业都遵守协议，他们会签署合同吗？(2) 如果无法制定出上述合同，这两个企业会建立这一合资公司吗？（3）为什么制定上述有效的合同非常困难？（4）这是一个囚徒困境问题吗？为什么？

二、练习题参考答案

（一）判断题

1. T	2. T	3. T	4. F	5. F	6. T	7. F	8. T	9. F	10. T
11. T	12. F	13. F	14. T	15. T	16. T	17. T	18. F	19. T	20. F

（二）选择题

1. A	2. D	3. D	4. D	5. C	6. C	7. B	8. A	9. D	10. A
11. B	12. C	13. C	14. C	15. B	16. B	17. C	18. C	19. A	20. D

（三）简答题

1. 答：垄断竞争市场是介于完全竞争与完全垄断市场之间的一种竞争与垄断兼而有之的市场结构。垄断竞争市场具有以下基本特征：第一，存在产品差异。产品差异是指基本功能相同的产品之间存在的差异。第二，企业数目较多。垄断竞争市场中存在大量的企业，这意味着单个企业不能决定其他企业对自己行为的反应，企业之间相互勾结的成本较高。第三，企业是价格的影响者。由于企业数目很多，且产品之间具有较强的替代性，因此单个企业不能决定产品的价格。但又由于产品之间具有差异性，企业可以根据这种差异来使产品的定价与其他企业的产品价格略有不同。因此，垄断竞争企业能够依据其略微的垄断地位拥有一定的定价自主权，但是市场里的竞争因素使得企业的定价能力十分有限。

2. 答：如果不考虑其他企业的策略行为，那么垄断竞争企业面对的主观需求曲线 D 就是实际需求曲线 D。在短期内，垄断竞争企业和垄断企业相似，如下图所示，垄断竞争企业按照 $MR = MC$ 原则实现自身利润最大化。企业的利润情况由产品价格 p 和平均成本 AC 的大小关系决定，若 $p > AC$，企业获得超额利润；若 $p < AC$，企业出现亏损；若 $p = AC$，企业超额利润为零。

3. 答：在长期内，垄断竞争厂商进出行业较自由。若获利，新厂商进入行业，提供相替代的产品与原来的厂商竞争，使原厂商市场份额缩小，产品价格下降，直到超额利润消失；反之，若亏损，行业内一些厂商逐渐退出，未退出的厂商的市场份额增加，产品价格上升，直到不亏损为止。因此，垄断竞争厂商长期均衡时，产品价格和平均成本相等。

4. 答：（1）企业数目较少。行业中只有几家企业，并且他们的产量占整个行业供给量的很大部分。其他企业由于在规模、资金、原料等方面的限制很难进入该市场。（2）企业之间的决策相互依存。寡头垄断企业之间存在着可以觉察的相互依赖关系，以致每个企业在做出决定时必须注意这一决策对其对手的影响。由于寡头垄断企业决策时必须把其他企业的反映考虑在内，因而企业是价格的“寻求者”。（3）产品差异可有可无。寡头垄断市场中，各个企业生产的产品可能有差异，如汽车行业；也可能基本无差异，如钢铁、石油行业。（4）进退障碍较高。规模经济，专利或特殊技术以及企业的策略性行为都可以成为进退障碍。而且，较高的进退障碍有效地维护了寡头企业的垄断地位。

5. 答：（1）分割市场。卡特尔通过分配给每个企业一定的购买者或市场区域，这样可以更容易地监督企业的行为，防止单个企业私自增加的欺骗行为。(2) 同等待遇承诺。卡特尔组织在长期合同或者广告中向消费者保证，如果有单个企业提供较低价格，那么销售商也将同幅度降价，或允许解除合同。这样的条款使成员企业难以欺骗。(3) 实施触发价格。卡特尔成员对产品价格达成协议，如果市场价格降到一定水平（触发价格）以下，每个企业可以将产出恢复到建立卡特尔之前的水平。因此卡特尔成员企业不会为了获得短期利益而采取欺骗行为，它们知道这样做将会导致长期收益的损失。

6. 答：(1) 双寡头垄断市场，即只存在两个寡头企业 A 和 B，且生产同质产品。(2) 每个企业都有相同且不变的边际成本 MC，没有固定成本 FC，因此，平均成本等于边际成本。(3) 需求曲线是一条向下倾斜的曲线。(4) 各方都根据对方的行动做出反应。如果企业 A 认为企业 B 将生产 q_2 的产量，那么它将能满足除 q_2 外的所有市场需求，即它面临的剩余曲线是：$q_1(p)=Q(p)-q_2$。(5) 每个企业都通过调整产量来实现利润最大化。

（四）计算题

1. 解：由 $LTC=0.001q^3-0.425q^2+85q$ 得 $q^2-25q-35\ 000=0$，由 $q=300-2.5p$ 可得 $p=120-0.4q$

长期均衡时，实际需求曲线必然与 LAC 曲线在均衡点上相交，令 $LAC=p$，则有 $0.001q^2-0.425q+85=120-0.4q$ 即 $q^2-25q-35\ 000=0$ 得 $q=200\quad p=40$

2. 解：(1) 为求厂商 1 和厂商 2 的反应函数，先要求此两厂商的利润函数。已知市场需求函数为 $Q=4\ 000-10p$，可知 $p=400-0.1Q=400-0.1(q_1+q_2)$，由此得两厂商的总收益函数分别为：

$q_2=280\quad TR_2=pq_2=[400-0.1(q_1+q_2)]q_2=400q_2-0.1q_2^2-0.1q_1q_2$

两厂商的利润分别为：

$\pi_1=TR_1-TC_1=400q_1-0.1q_1^2-0.1q_1q_2-0.1q_1^2-20q_1-100\ 000$

$\pi_2=TR_2-TC_2=400q_2-0.1q_2^2-0.1q_1q_2-0.1q_2^2-32q_2-20\ 000$

利润最大化的必要条件为：

$\dfrac{\partial\pi_1}{\partial q_1}=400-0.2q_1-0.1q_2-20=0$ 得 $0.4q_1=380-0.1q_2$

$\therefore q_1=950-0.25q_2$……厂商 1 的反应函数；

同样可得 $\therefore q_2=368-0.1q_1$……厂商 2 的反应函数。

(2) 均衡产量和均衡价格可以从两条反应曲线的交点求得：$q_1=880$，$q_2=280$，$Q=1\ 160$，$P=400-0.1\times1\ 160=284$。

(3) 厂商 1 的利润为 54 880，厂商 2 的利润为 19 200。

3. 解：$\pi=\pi_1+\pi_2=[100-0.5(q_1+q_2)](q_1+q_2)-5q_1-0.5q_2^2$

对 q_1，q_2 分别求偏导得：$\dfrac{\partial\pi}{\partial q_1}=95-q_1-q_2=0\quad\dfrac{\partial\pi}{\partial q_2}=100-q_1-2q_2=0$

解得 $q_1^*=90$，$q_2^*=5$，$P=52.5$，$\pi_1=4\ 275$，$\pi_2=250$

（五）论述题

1. 提示：垄断竞争的厂商的产品具有异质性的特点，这保证了厂商面临的需求曲线具有负的斜率，它意味着：如果其提高价格的话，不会失去所有的购买者；如果增加产出，其价格必须相应的降低。这种市场结构类似于垄断。但产品的异质性并没有排除替代的可能。产品之间存在的替代性，使得厂商彼此之间无法给对方造成明显的影响。新厂商可以自由进入该行业。垄断竞争类似于完全竞争市场。

2. 提示：要点提示：寡头垄断模型，斯威齐模型，卡特尔模型（介绍一下各个模型的特点）。

（六）案例题

案例1解析：（1）观看体育比赛的投资包括直接或间接两方面。直接方式：每次现场观看比赛支付的费用；间接方式：通过纳税为公共服务电视台提供资金，通过观看商业网络体育比赛过程中插播的广告而花费的时间，为收看有线或卫星频道节目所支付的费用。这些支出并非建立在平等交易基础上，因为体育比赛的组织者可以通过控制比赛的供给来提高电视转播权的价格，间接提高观看者的收视费用。

（2）该建议缺乏可操作性。通常观众主要以间接方式支付费用，其费用数额难以准确测算，因此，无法确定价格上限；而且，即使能够测算，广播公司也很容易绕过这种规定。如果价格上限定得太高，消费者不会受益；如果定得太低，球队的收益就会下降；如果收益降到迫使顶级球星到国外发展，以赚取更高的收入，国内的球迷就会感到不满。

（3）促进竞争是限制体育比赛垄断的一种有效办法。促进竞争的手段之一是要求各球队单独向广播公司销售其转播权，而不是作为一个垄断的卡特尔进行销售。通过单独出售转播权的方式，可以在各球队之间形成竞争压力，有利于降低转播权费用，间接使观看比赛的成本降低。当然，反垄断部门应同时严密监管体育比赛市场的竞争情况。德国的竞争管理部门最近已通知德国的足球俱乐部以上述方式出售国际比赛的转播权。

案例2解析：（1）如果是一次性博弈，那么每家企业都存在占优策略。即不管联合航空选择什么策略，美利坚航空都会选择削价策略；同理，不管美利坚航空选择什么策略，联合航空都会选择削价策略。因此，最终结果是每个企业亏损1亿美元。

（2）这是一个经典的囚徒困境问题，即如果两个企业能够进行合作，制定高价，都会从合作中获利，联合航空会获得1亿美元利润，而美利坚航空会获得1.2亿美元利润。但是，大部分国家的法律是不允许合谋的，而且在一次性博弈中，合谋也并不是稳定的结果，双方都存在背叛协议的动机。因此，在此博弈中，即使会出现巨额亏损，双方也都会选择削价策略。

（3）对此囚徒困境问题的解决办法之一是，进行重复博弈，以某种信号暗示对方，如果你制定了高价，我也会跟随。这也正是美国各航空公司为解决巨额亏损问题试图采取的措施。

但航空公司的这一举动引起了乘客及州检察官的注意，乘客及州检察官以固定价格为由对航空公司提出起诉，联邦政府也依据反托拉斯法对其提出诉讼。诉讼主要针对以下行为：航空公司通过机票预订系统提前宣布将要提高价格，但一旦竞争者不响应这种价格变化，就会在其生效之前取消提价计划。诉讼的最终结果是，航空公司同意以票价折扣的方式对政府及乘客进行赔付，并同意联邦政府提出的禁止提前公布价格调整的要求。

案例3解析：（1）会的，因为两个企业都可因此获得250万美元的利润。

（2）如无法制定出这样的合同，合资公司能否建立起来依赖于博弈的次数。如果是一次性博弈，那么，一旦公司建立起来，两家企业都会有动力违背协议。从上面矩阵可以看出，不论因特尔是否遵守协议，微软都会通过不遵守协议而获得更多的利润。类似的，不论微软是否遵守协议，因特尔都会通过违背协议而获得更多利润。换言之，对两个企业而言，不遵守协议都是一种占优策略。但是，如果这种博弈可以无限次重复，结论就会有所不同。每个都企业都会互相信任。如果每个企业有关经理出于短期利益考虑而违背协议可能会受到批评或解雇，这个协议就有可能得到遵守。

（3）试图把未来可能会出现的所有环境条件及各种不确定性因素在合同中完整、清晰地列出来，并明确在每种条件下每个企业可能会采取的行动几乎是做不到的。因此，试图制定这样一个合同通常都是不切实际的。

（4）不是。囚徒困境是无法回避的选择，而在这种情况下，两个企业都可以选择不进行这种博弈。

第八章　生产要素理论

一、练习题

（一）判断题（对的填 T，错的填 F）

1. 假如用某种生产要素所生产的商品的需求增加了，这种要素的需求曲线将向右方移动。（　）

2. 当资本的边际效率大于利息率时，厂商将继续借款进行投资仍然有利可图。（　）

3. 假如厂商使用先进的机器设备代替劳动，那么劳动的需求曲线将向右移动。（　）

4. 如果仅考虑劳动的替代效应，劳动的供给曲线向右上方倾斜。（　）

5. 如果既考虑劳动的替代效应又考虑劳动的收入效应，那么劳动的供给曲线先向右上方倾斜，再向左上方倾斜。（　）

6. 准租金等于企业的总利润。（　）

7. 当要素 A 的供给价格弹性为零时，那么该要素的需求曲线单独决定均衡价格。（　）

8. 厂商在边际收益产量大于边际要素成本的情况下得到的利润，要大于边际收益产量等于边际要素成本的情况下得到的利润。（　）

9. 生产要素的需求是一种派生需求和联合需求。（　）

10. 生产要素的需求曲线之所以向右下方倾斜，是因为要素生产的产品的边际效用递减。（　）

11. 劳动者对闲暇数量的选择是任意的，不受限制的。（　）

12. 引致需求的结果是要素市场的需求量增加。（　）

13. 在完全竞争条件下，厂商可以制定自己产品的价格，但不能决定生产要素的价格。（　）

14. 在其他情况不变时，若市场的利息率提高，任何给定的资本资产的现值将下降。（　）

15. 在完全竞争市场上，土地的需求曲线与供给曲线分别是水平的和垂直的。（　）

16. 市场中单个厂商对某种要素的需求曲线同全体厂商对该种要素的需求曲线之间的关系表现为后者较前者陡峭。（　）

17. 在完全竞争市场上，对于某一种用途的土地而言，其地租率的决定因素应该为土地的需求曲线。（　）

18. 不论土地的生产率如何不同，对它们的需求是相同的。（　）

19. 森林、矿藏、河流等自然资源不是生产要素。（　）

20. 完全竞争产品市场与不完全竞争市场两种条件下的生产要素的需求曲线相比，前者比后者平坦。（　）

（二）选择题

1. 若企业所处产品和要素市场均为完全竞争，工人工资率为 5，边际产量为 0.5，则产品价格为________。

A. 10　　B. 2.5　　C. 0.1　　D. 1.0

2. 生产要素的需求曲线之所以向右下方倾斜，是因为________。

A. 要素的边际收益递减　　B. 要素生产的产品边际效用递减

C. 要素的规模报酬递减　　D. 要素的边际产品递减

3. 如果人们的工资率提高，那么替代效应将使居民________。

A. 增加市场活动，减少非市场活动　　B. 增加非市场活动，减少市场活动

C. 同时减少市场和非市场活动　　D. 同时增加市场和非市场活动

4. 如果人们的工资率提高，那么收入效应将使居民________。

A. 增加市场活动，减少非市场活动　　B. 增加非市场活动，减少市场活动

C. 同时减少市场和非市场活动　　D. 同时增加市场和非市场活动

5. 随着工人工资率上升，如果________，则劳动供给曲线向后弯曲。

A. 工资率高于保留工资　　B. 替代效应大于收入效应

C. 收入效应大于替代效应　　D. 收入效应和替代效应同方向变动

6. 在短期里，厂商面临的资本供给曲线是________。

A. 向右上方倾斜　　B. 向右下方倾斜　　C. 完全无弹性　　D. 完全有弹性

7. 要素供给曲线________。

A. 总是向右上方倾斜　　B. 并不总是向右上方倾斜

C. 总是一条垂直线　　D. 总是一条水平线

8. 工资率上升所导致的替代效应应该是指________。

A. 工作同样长的时间可以得到更多的收入

B. 工作较短的时间也可以得到同样的收入

C. 工人宁愿工作更长的时间，以收入带来的享受代替闲暇带来的享受

D. 工人宁愿工作较短的时间，以闲暇带来的享受代替收入带来的享受

9. 完全竞争产品市场与不完全竞争市场条件下的生产要素的需求曲线________。

A. 前者与后者重合　　B. 前者比后者陡峭　　C. 前者比后者平坦　　D. 无法确定

10. 假设一厂商在产品市场上是完全竞争者，而在要素市场上是垄断者。现在假设要素供给函数为 $W = 10 + 20L$，该要素的边际产品价值为90。则要素的最优使用量为________。

A. 1　　B. 2　　C. 3　　D. 4

11. 假设一厂商生产使用K和L两种要素，那么，当生产要素K的投入量连续增加时，它的边际产品________。

A. 在技术条件不变以及L的投入量同比例增加时才下降

B. 在技术条件和L的使用量不变时下降

C. 在任何条件下都下降

D. 以上说法都不对

12. 在完全竞争市场上，厂商对生产要素的需求量取决于________。

A. 产品市场的价格　　B. 要素的边际产品　　C. 生产要素的价格　　D. A和B

13. 如果人们对闲暇的需求增加的话，那么________。

A. 工资率下降，劳动的供给量会增加　　B. 工资率下降，劳动的供给量减少

C. 工资率上升，劳动的供给量会增加　　D. 工资率上升，劳动的供给量减少

14. 如果甲行业的利率高于乙行业的利率，则________。

A. 甲行业的资本供给应该比乙行业的资本供给更缺乏弹性

B. 甲行业的资本供给将逐渐减少，而乙行业的资本供给将逐渐增加，直到利率相等为止

C. 甲行业的资本供给将逐渐增加，而乙行业的资本供给逐渐减少，直到利率相等为止

D. 甲行业的资本供给应该比乙行业更富有弹性

15. 经济租的含义是________。

A. 使用一单位资本所支付的价格

B. 使用一亩地所支付的价格

C. 某种生产要素量的支付大于所要求的那部分收入

D. 某种生产要素量的支付小于所要求的那部分收入

16. 准租金与厂商的利润相比是________。

A. 相等　　B. 大于　　C. 小于　　D. 都有可能

17. 劳动的市场供给曲线是向右上方倾斜的，是因为________。

A. 单个消费者的劳动供给曲线是向右上方倾斜的

B. 单个消费者的劳动供给曲线是向后弯曲的

C. 总的市场劳动供给一般还是随着工资的上升而增加的

D. 单个消费者的劳动供给曲线并不影响市场劳动力的供给曲线

18. 一个工人在工资率为每小时 2 元时每周赚 80 元，而在每小时 3 元时赚 105 元，则可以判断________。

A. 收入效应大于替代效应　　B. 替代效应大于收入效应

C. 收入效应和替代效应相等　　D. 替代和收入效应都没有发生作用

19. 在不完全竞争的产品市场中，要素 A 是某厂商唯一可变因素，那么，该厂商对要素 A 的需求曲线由下列何者给出________。

A. VMP 曲线　　B. MRP 曲线　　C. MFC 曲线　　D. 以上全不是

20. 若某厂商处于完全竞争的产品市场中经营，其生产要素中 A 是唯一可变的要素，则该厂商对 A 要素的需求曲线可以由以下何者推出________。

A. MPP 曲线　　B. MFC 曲线　　C. VMP 曲线　　D. 以上都不是

（三）简答题

1. 试述厂商的要素使用原则。
2. 如果工人的工资下降，那么替代和收入效应将对劳动力供给量的影响如何？
3. 土地的供给曲线为什么垂直？
4. 生产要素的需求有什么特性？
5. 在要素和产品市场中，我们说一个厂商是完全竞争者，这意味着什么？
6. 简要回答劳动的市场需求曲线及其形状。

（四）计算题

1. 一厂商生产某种产品，其单价为 15 元，月产量 200 单位，产品的平均可变成本为 8 元，平均不变成本为 5 元。试求准租金和经济利润。

2. 已知劳动是唯一的可变要素，生产函数为 $Q = A + 10L + 5L^{*}L$，产品市场是完全竞争的，竞争价格是 W，试说明厂商对劳动力的需求函数。

3. 设要素市场是完全竞争的，某生产要素的要素供给函数为 L = 50P - 400，若厂商对该种要素的需求函数为 L = 1 200 - 30P，求厂商的要素供给函数。

4. 一个垄断厂商只用劳动 Z 来生产产品 Y，它在一个竞争的市场中出售商品，价格固定为 1 元。生产函数和劳动供给函数为：Y = 36Z - 6Z˙Z，W = 6 + 2Z 请计算厂商利润最大时的 Z 和 W。其中成本函数为 C = 12Z + 6Z˙Z。

（五）论述题

1. 请用工资率变动的收入效应和替代效应来说明其劳动供给曲线形状的影响。
2. 试用劳动市场的市场需求曲线和市场供给曲线说明市场均衡工资率的决定。

（六）案例题

案例 1　购物中心应该雇用多少侦探？

一购物中心的经理对存在的店内偷窃现象很关注，并正在考虑雇用侦探来解决这一问题。雇用侦探的数量及由于避免损失而创造的价值如表 1 所示：

表 1

雇用侦探的数量	每日防止偷窃所创造的价值（美元）
0	0
1	200
2	300
3	380
4	440
5	480
6	500

问题：（1）假设该经理期望实现商店的利润最大化，给出该商店对侦探的需求表。（2）以每天 60 美元的工资可以雇用多少个侦探？为什么？

案例 2　提高最低工资一定会增加失业吗？

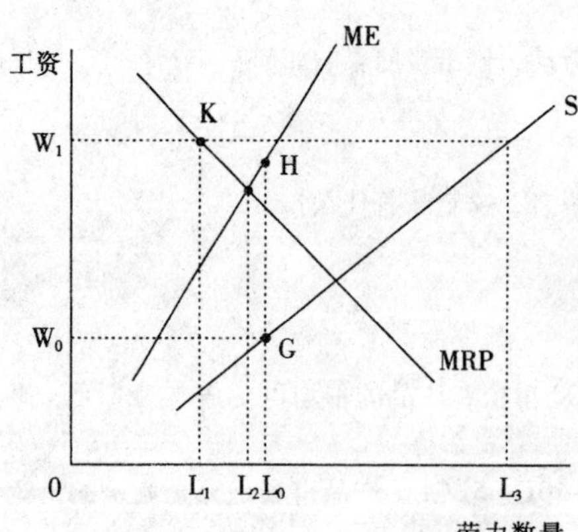

1996 年 10 月 1 日，美国就业者的最低工资增加到每小时 4.25 美元，1997 年 9 月 1 日，又提高到 5.15 美元。提高最低工资的作用一直是经济学家争议较大的问题，已被广泛接受的观点认为，较高的最低工资水平会增加失业。但以 D. Card 和 A. Krueger 为代表的经济学家对此观点提出了挑战，但同时另外一些经济学家则坚持上述观点是正确的。

问题：（1）如果劳力市场是完全竞争的，且最低工资超过了均衡工资水平，能否预期最低工资的提高会增加失业？为什么会或为什么不会？（2）Card 和 Krueger 暗示在劳力市场具有买方垄断特征。如图所示，假设该图展示了在不存在最低工资情况下，劳力的供给曲线、边际收益产品曲线、边际支出曲线。如果最低工资为 W_0，垄断买方会雇用多少劳力？会存在失业吗？如果有，有多少？（3）如果最低工资制定在 W_1，垄断买方会雇用多少劳力？会存在失业吗？如果有，有多少？（4）在买方垄断劳力市场，最低工资会降低失业吗？（5）1999 年总统经济报告指出 1996 年和 1997 年的最低工资增长对就业影响较小。是否是美国强劲的经济增长对这一结果起到了重要作用？

案例 3　大卫·李嘉图与谷物的高价格

19 世纪早期英国议会曾针对过高的谷物价格的成因与解决方式展开争论。英国著名经济学家大卫·李嘉图是积极参与者之一。在当时的英国，人口迅速扩张，市场上谷物价格急剧上升。同时，国家采取高关税抑制谷物进口，种植谷物的地主所获经济租金大幅上升。当时，一派观点认为解决此问题的办法是显而易见的，就是通过政府干预来降低租金，而李嘉图则认为这是本末倒置的办法，地主所获高租金是结果而不是起因，合理的解决方式应从提高谷物供给这一根本原因入手。

问题：（1）试用所学知识结合图形对当时谷物价格上涨的原因进行分析。（2）地主的经济租金是如何提高的？（3）解释李嘉图观点的含义实施途径。

二、练习题参考答案

（一）判断题

1. T　2. T　3. F　4. T　5. T　6. F　7. T　8. F　9. T　10. F
11. F　12. T　13. F　14. T　15. F　16. T　17. T　18. F　19. F　20. T

提示：第 3 题　劳动需求减少，应该向左移动；第 6 题　准租金大于企业的总利润；第 8 题　边际收益产量等于边际要素成本，是利润最大化的条件；第 10 题　是因为要素的边际收益产量递减；第 13 题　厂商只能够按照现有的市场价格出售自己生产的产品数量。

（二）选择题

1. A　2. A　3. A　4. B　5. C　6. C　7. B　8. C　9. C　10. B
11. B　12. D　13. D　14. C　15. C　16. B　17. C　18. A　19. B　20. C

（三）简答题

1. 答：第一，厂商在使用要素时同时遵循利润最大化的原则，即要求使用要素的边际成本和边际效用相等。第二，在一般情况下，厂商的使用要素的边际收益是边际收益产品（要素的边际产品和产品的边际收益的乘积），边际成本是边际要素成本。因此，一般厂商使用要素的原则是：边际收益产品等于边际要素成本。第三，在完全竞争的条件下，边际收益产品等于边际产品价值（要素的边际产品和产品价格的乘积），而边际要素成本等于要素价格。于是，完全竞争厂商使用要素的原则是：边际产品价值等于要素价格。

2. 答：一般来说工资率的下降，通过替代效应，工人会用闲暇来代替工作，从而减少了劳动供给量；通过收入效应，因为工资率下降减少了工人的收入，从而减少了工人对闲暇的需求，所以增加了劳动供给量。所以随着工资率的下降，替代效应使得劳动供给减少，收入效应使得劳动供给量增加。

3. 答：第一，土地供给曲线垂直并非因为自然赋予的土地数量（或假定的）固定不变。第二，土地的供给曲线垂直是因为假定土地只有一种用途即生产性用途，而没有自用用途。第三，任意一种资源，如果只能（或假定只能）用于某种用途，而无其他用途，则该资源对该种用途的供给曲线就一定垂直。

4. 答：与最终产品的需求相比生产要素的需求有两个特征，第一，生产要素的需求是一种派生的需求；第二，生产要素的需求又是一种联合的需求，即同时对多种生产要素的需求。

5. 答：在完全竞争的产品市场上，厂商可以在商品价格给定的情况下，出售任何数量的该商品，即在该商品给定的市场价格下，企业面临的需求曲线为一条水平线（弹性为无限大）。在完全竞争的要素市场上，厂商可以在要素给定的市场价格下购买任何数量的该要素，即在市场决定的价格水平上，企业面临要素的供给曲线为水平（弹性无限大）。

6. 答：在完全竞争条件下，厂商的劳动需求曲线就是劳动的边际产品价值曲线的一部分。单个厂商的劳动需求曲线是向右下方倾斜的，即随着工资率的降低，厂商对劳动的需求量增加。将所有厂商的劳动需求曲线横向相加即可得到市场的劳动需求曲线。由于厂商的劳动需求曲线的形状是向右下方倾斜的，因此市场的劳动需求曲线也向右下方倾斜。

（四）计算题

1. 解：准租金 $= TR - TVC = PQ - AVC \cdot Q = (P - AVC)Q = (15 - 8) \times 200 = 1\ 400$

经济利润 $= TR - TC = TR - (TVC + TFC) = PQ + (AVC + AFC)Q = (15 - 8 - 5) \times 200 = 400$

2. 解：$W = VMP = P \times MP = P \times (10 - 10L) = 10P - 10PL$，$L = 1 - W/10P$

3. 解：$50P - 400 = 1\ 200 - 30P$，$P = 20$

在完全竞争市场上，厂商是要素价格的接受者，面临的一条平行于 Q 轴的直线，所以厂商的要素供给函数为 $P = 20$。

4. 解：$MP = 36 - 12Z$，$MFC = 12 + 12Z$，$MP = MFC$，$36 - 12Z = 12 + 12Z$，$Z = 2W = 6 + 2 \times 2 = 10$

（五）论述题

1. 提示：劳动者的劳动供给量取决于工资率的高低，而劳动供给曲线的形状则取决于工资率变动的收入效应和替代效应的大小。工资率变动的收入效应是指工资率变动对劳动者的收入，从而对劳动时间所产生的影响。工资率提高的收入效应使得劳动者倾向于购买更多的闲暇时间，从而使得劳动时间减少。工资率变动的替代效应是指工资率变动对劳动者消费闲暇与其他商品之间的替代关系产生影响。工资率提高了替代效应使得劳动供给量增加，即若工资率提高，劳动者倾向于用消费其他商品来替代闲暇。

由此可以得出这样的结论：工资率提高的替代效应和收入效应方向相反。所以，工资率提高对劳动供给量的影响取决于收入效应与替代效应的对比。一般情况下，在工资率较低的阶段，工资率提高对劳动者的收入影响不大，工资率提高的收入效应小于替代效应，劳动供给量随工资率的上升而上升，即劳动的供给曲线朝右上方倾斜。但当工资率上升到一定程度以后，工作较少的时间就可以维持较好的生活水平，工资率提高的收入效应大于替代效应，劳动供给量随工资率的上升而下降，即劳动供给曲线开始向左上方倾斜。因此，随工资率的提高，单个劳动者的劳动供给曲线呈现出向后弯曲的形状。

2. 提示：劳动市场的均衡工资是劳动的市场需求与市场供给相互作用的结果。在完全竞争的劳动市场上，均衡工资率即是劳动的市场需求曲线和劳动的市场供给曲线的交点对应的工资率。当市场工资率高于均衡工资率时，市场上的劳动供给量大于劳动需求量，市场工资率下降；当工资率低于均衡工资时，市场上的劳动供给量小于劳动需求量，市场工资率上升。

当产品市场上产品的价格提高，或者生产过程中劳动的边际产品增加时，劳动的需求曲线将向右移动，市场均衡工资率将提高；相反，当产品的价格降低时，劳动的边际产量减少，劳动需求曲线将向右移动，市场上的均衡工资率下降。

（六）案例题

案例1解析：（1）表2给出了雇用不同数量侦探的边际产量价值（Marginal value products）。该表也给出了对侦探的需求情况：针对第二列给定的每一潜在工资水平，第一列给出了对应的需求量。

（2）如果工资为每天60美元，最多可以雇用4个侦探。雇用的前3个侦探所创造的价值要高于其劳动成本。第4个侦探创造的价值与其成本恰好相当，而第5和第6个侦探所创造的价值则低于其成本。

表2

雇用的侦探数量	侦探的边际产量价值（美元）
1	200
2	100
3	80
4	60
5	40
6	20

案例2解析：（1）会的。提高最低工资会导致劳力供给量与大于劳力需求量。

（2）如果最低工资定在 W_0，那么在买方垄断劳力市场上有效的劳力供给曲线为 W_0GS，边际支出曲线为 W_0GHE，垄断买方会雇用 L_0 单位的劳力。为什么？因为这一点是边际支出曲线（W_0GHE）与边际收益产品曲线的交点。这时不存在可观察到的失业。

（3）如果最低工资定在 W_1，那么在买方垄断劳力市场上有效的劳力供给曲线为 W_1K。这一有效的供给曲线是水平的，因此边际支出曲线也必须是水平的。这意味着垄断的买方会雇用 L_1 单位的劳力。由于在这一工资水平上会有 L_3 单位劳力供给，这样就会存在着 L_3-L_1 单位的劳力试图寻找工作但没有成功。

（4）事实上，W_0 的最低工资会增加而不是减少就业。没有最低工资，就业量为 L_2；有最低工资，就业量为 L_0。但如果最低工资太高（例如 W_1），那么就会减少就业。事实上，W_1 水平的最低工资会导致 L_1 单位的劳力就业，小于没有最低工资时的 L_2 单位的劳力就业量。

（5）毫无疑问是这样的。强劲经济增长所带来的较高劳力需求减轻了工资下降的压力。

案例3解析：（1）人口的急剧上升导致对谷物的需求迅速扩张，而政府制定的高关税政策抑制了进口，使谷物的供给只能依赖于国内有限的土地。相对于迅速扩张的需求，供给几乎是不变的。因此需求的扩张导致了谷物价格的上涨。如图1所示，

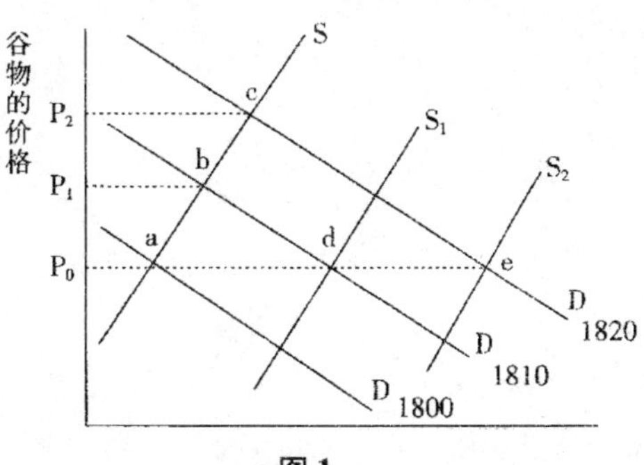

图1

当谷物供给曲线为 S 时，谷物市场的均衡从 a 移动到 b 再到 c，谷物的价格从 1800 年的 P_0 上升到 1810 年的 P_1，又上升到 1820 年的 P_2。

（2）由于谷物价格的不断上涨导致对土地要素的引致需求相应增加，而种植谷物的土地面积是固定的，因此对土地需求的上涨只会引起土地租金的上涨。如图 2 所示，由于谷物价格的上涨，使土地要素市场的均衡从 f 移动到 g，又移动到 h，地主的租金收入也由此而增加。

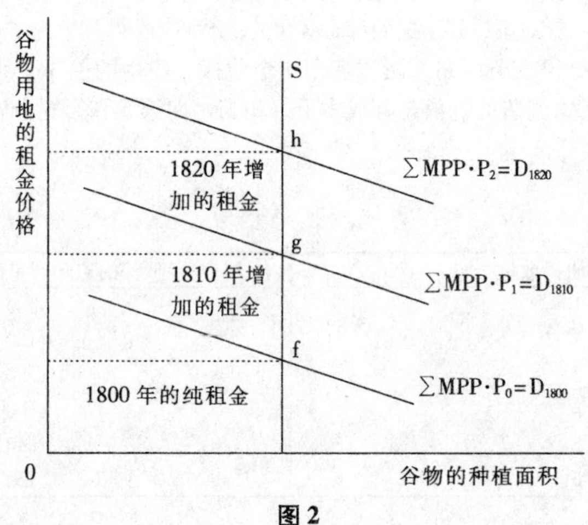

图 2

（3）李嘉图认为解决解决谷物高价格及地主高额租金的办法是增加谷物市场的供给，其途径之一是降低关税，提高谷物的进口，从而增加国内市场谷物的供给。具体过程是，到 1810 年增加到图 A 中虚线 S_1 位置，因此，均衡点就不是移动到 b，而是移动到 d；到 1820 年移动到 S_2，均衡点就不是移动到 c，而是移动到 e，因而谷物的价格会保持在 P_0。相应的，对英国谷物种植用土地的需求也会保持在 1800 年水平，这样地主的租金就会稳定在一个较低的水平。

第九章　一般均衡、市场失灵与政府微观经济职能

一、练习题

（一）判断题（对的填 T，错的填 F）

1. 一国的恩格尔系数越高意味着该国居民的生活水平越高。（　）
2. 生产可能性边界上的所有点都意味着资源得到了有效配置。（　）
3. 基尼系数越大，收入分配越平等。（　）
4. 现代经济学所认为的最优经济效率状态，一般就是帕累托最优状态。（　）
5. 在存在外部性的情况下，竞争市场的结果仍是帕累托最优的。（　）
6. 当存在外部不经济时，厂商的私人成本高于社会成本。（　）
7. 垄断对社会造成的损害只在于企业获得了超额利润。（　）
8. 从社会角度来看，私人成本和社会成本的主要差异就是导致市场失灵的原因。（　）
9. 公共物品一个显著的特征就是排他性。（　）
10. 解决外部不经济可以采取界定产权的办法。（　）
11. 科斯定理阐述的是产权和外部性的关系。（　）
12. 社会总成本不包括私人成本。（　）
13. 任何人都消费同等数量的公共物品。（　）
14. 市场失灵是市场完全不好。（　）
15. 经济管制侧重于价格，产出水平和厂商进入和退出某行业的条件。（　）
16. 在私有市场，商品的数量由企业之间的竞争决定。（　）
17. 外部经济可以描述一个养蜂人和邻近经营果园的农场主之间的关系。（　）
18. 在负的外部性的例子中，生产者忽略了社会成本。（　）
19. 边际转换率是契约曲线的斜率。（　）
20. 某个市场的需求条件只允许一个企业达到最低限度的效率规模，称为自然垄断。（　）

（二）选择题

1. 下列哪一措施不可以用于矫正外部性问题________。
   A. 政府的直接控制，如实施社会性管制　　B. 对负外部性行为收费
   C. 运用科斯定理，通过明晰产权来实现　　D. 依靠市场机制自行解决
2. 从公共利益角度出发，哪一项不是政府进行管制的理由________。
   A. 防止垄断与滥用市场力量　　B. 可防止外部性问题的发生
   C. 克服市场运行中不完全信息问题　　D. 管制机构与企业串谋以提高自身利益
3. 政府管制可分为________两种类型。
   A. 管制与放松管制　　B. 放松管制与再管制
   C. 经济性管制与社会性管制　　D. 自然垄断管制与社会性管制

4. ________不是导致市场失灵的原因。
A. 外部性的存在　B. 信息不对称　C. 公用品供给不足　D. 市场上激烈竞争
5. 不像一般均衡分析，局部均衡分析是对________的分析。
A. 一个部门的变化对其他部门的影响　B. 与供给相独立的需求的变化
C. 一个市场出现的情况，忽视其他市场　D. 经济中所有的相互作用和相互依存关系
6. 为了提高资源配置效率，政府对自然垄断部门的垄断行为是________。
A. 坚决反对　B. 不管的　C. 尽量支持　D. 加以管制
7. 如果上游的工厂污染了下游居民的用水，按照科斯定理，________问题就可以解决。
A. 不管产权是否明确，只要交易成本为零　B. 不论产权是否明确，交易成本是否为零
C. 只要产权明确，不管交易成本有多大　D. 只要产权明确，交易成本为零
8. 政府提供国防这一类公共物品的原因是________。
A. 人们对这类物品的评价不高
B. 存在私人企业可以获得的潜在的超额利润
C. 搭便车问题会引起私人市场提供时供给不足
D. 在生产这类物品方面政府比私人更有效率
9. 下列造成搭便车问题的物品是________。
A. 收费的高速公路　B. 收学费的学校　C. 路灯　D. 私人经营的商店
10. 以下哪一个不是公共物品的特征________。
A. 非排他性　B. 竞争性　C. 外部性　D. 由政府提供
11. 市场失灵是指________。
A. 市场没有达到可能达到的最佳结果
B. 市场没能使社会资源的分配达到最有效率的状态
C. 市场未能达到社会收入的公平分配
D. 以上三种都是
12. 公共物品的定价________。
A. 由市场供求决定　B. 由垄断组织通过竞争决定
C. 用成本－收益分析法进行评估　D. 由购买者决定
13. 政府进行市场干预的理由是________。
A. 税收　B. 反托拉斯法　C. 外部性　D. 以上全是
14. 当产品生产导致外部成本增加时，该产品的产出水平倾向________。
A. 过多　B. 过少
C. 不多不少　D. 如果外部成本大于私人成本时，则太多
15. 一个人的吸烟行为是________。
A. 生产的外部经济　B. 生产的外部不经济
C. 消费的外部经济　D. 消费的外部不经济
16. 通过________可以使外部不经济的产品减少供给。
A. 减税　B. 补贴　C. 增加税收　D. 市场价格变动
17. 下列哪种情况下不会出现市场失灵________。
A. 存在公共物品　B. 存在外部性
C. 卡特尔勾结起来限制产量　D. 市场上竞争非常激烈

18. 政府提供的物品与公共物品的关系________。

A. 一定是公共物品　　B. 有些是公共物品

C. 不是公共物品　　D. 都不对

19. 垄断市场上出现资源配置的低效率是由于厂商将产品价格定在该产品边际成本之________。

A. 下　　B. 上　　C. 相等　　D. 都有可能

（三）简答题

1. 什么是局部均衡和一般均衡分析？
2. 什么是帕累托最优状态？实现帕累托最优状态需要满足的必要条件是什么？
3. 外部性如何导致资源配置无效？
4. 为什么说公共物品由市场提供是失灵的？
5. 为什么说完全竞争的市场机制可以导致帕累托最优状态？
6. 垄断是如何造成市场失灵的？

（四）计算题

1. 假设某产品的市场需求函数为 $Q=1\,000-10P$，而成本函数是 $C=40Q$，要达到帕累托最优，则其价格和产量各为多少？

2. 按照消费者对于公共电视服务的偏好将消费分为三组，他们从公共电视服务中获得的边际收益分别为：$MR_1=A-AT$，$MR_2=B-BT$，$MR_3=C-CT$，其中，T 是公共电视播放的时间。假定公共电视服务是纯公共物品，提供该公共产品的边际成本等于常数，即每小时 M 元。则公共电视有效播放时间是多少？

3. 设一个公共牧场的成本是 $C=5x^2+3\,000$。其中，x 是牧场上养牛的头数，牛的价格为 $P=1\,000$ 元。求（1）牧场净收益最大化时的养牛数。（2）若该牧场有 5 户牧民，牧场成本由他们平均分摊。这时牧场上会养多少头牛？

4. 假设 10 个人住在一条街上，每个人愿意为增加一盏路灯支付 2 美元，而不管已提供的路灯数量。若提供 x 盏路灯的成本是 $C(x)=x^2$，试求路灯的最优安装盏数。

（五）论述题

1. 试述外部性对效率的影响及矫正外部性的政策。
2. 公共物品为什么不能由市场来提供？

（六）案例题

案例 1　灯塔的经济学

灯塔可向过往船只发出信号，使船只躲避危险的礁石并辨明航向。灯塔发出的光亮程度不同，船只及时收到信号的概率也不同。灯塔发出的光亮越强，船只及时收到信号的概率就越高。如图 1 所示，图中的 MC 曲线表示灯塔发出不同强度信号时的边际成本。设有 A、B、C 三条船。每一船只对不同光亮愿意付出的价格分别由图中的 A、B、C 三条个别需求曲线表示。

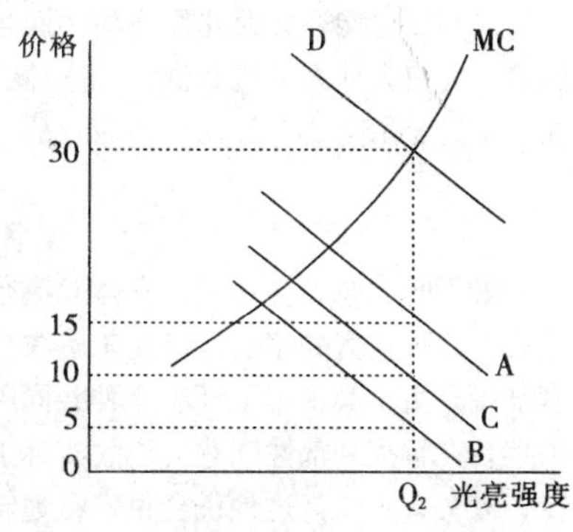

图 1

问题：(1) 灯塔提供的服务属于私用品还是共用品？(2) 最佳光亮强度是多少？(3) 每条船应支付多少灯塔服务费？(4) 灯塔是否能由私人所有与经营？

案例 2 约翰·罗尔斯论社会公平

现代社会中，提高效率是一个合理的目标，但并不是唯一的目标，收入的公平分配也是一个非常重要的政治目标。对后一目标，人们褒贬不一，有些人认为，每个人都应该得到相同数量的商品和服务，这是公平的平均主义观点。而另一些人，如哈佛大学哲学家约翰·罗尔斯（John Rawls）则提出一种社会公平理论，该理论认为，必须保证处于最不利地位的人群会获利的程度内，不公平的存在才是正当的。实际上，该理论的应用会使社会最贫困居民的福利实现最大化。下面例子可以说明这一理论：假设一个社会由两个人构成，汤姆和玛丽，位于图 2 中 ABCDE 曲线上任何一点的收入组合都是可以实现的。

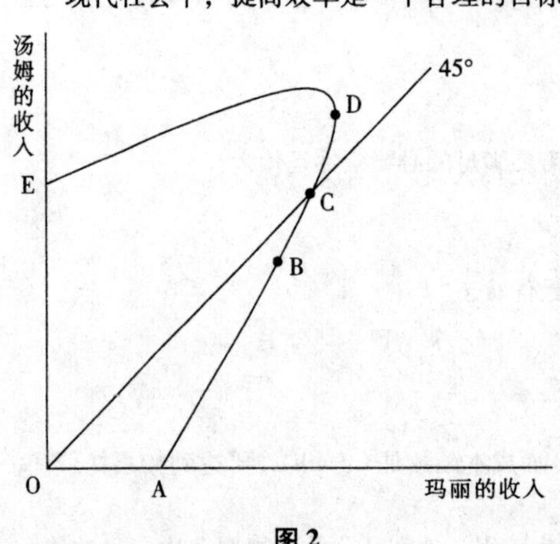

图 2

问题：(1) 如果收入组合从 B 点移至 C 点，这会减轻收入分配的不平等吗？根据罗尔斯的观点，这是一种改进吗？(2) 如果社会从 C 点移动到 D 点，收入分配不平等会减少吗？罗尔斯会赞同这种移动吗？(3) 罗尔斯的观点存在什么问题？

案例 3 不对称信息与声誉的重要性

当购买者与销售者之间存在信息不对称，购买者缺乏信息时，销售者的声誉就至关重要了。如通常情况下，人们买日用品会到沃尔玛，吃西式快餐会到麦当劳。为使潜在顾客相信其商品和服务的高品质，销售者总是尽力建立和保持好的声誉，尽力解决许多与非对称信息相关的问题。

问题：(1) 当买卖双方进行一次性交易时所引起的非对称信息问题通常更为严重。例如，如果火车上的一个陌生人（你不会再见到他）费尽心思想卖给你一块手表，那么问题就会因非对称信息而产生，如果不是一次性交易，问题就会不同。为什么？(2) Dawat 被公认为纽约城最好的印度餐馆。如果其店主决定在未来 24 小时内降低餐馆食品的质量，由于质量低下的食品成本较低，餐馆的利润可能还会因此而增加。而且由于没有人会事先知道品质的下降，可能也不会因此而失去顾客。餐馆为什么不这么做？(3) 麦当劳以其标准快餐食品而名闻世界。如果一个饥饿的旅游者在一个完全陌生之地发现麦当劳，那么麦当劳的声誉对旅游者来说就非常重要。为什么？

案例 4 污染税：环境使用者费

如果吸一包烟会对他人身体健康带来平均 1 美元的伤害，那么对每包烟征收 1 美元的污染税就代表对这种伤害的赔偿，借此来解决负外部性问题。这种税有时被称为环境使用者费，因为对污染者征税是由于其使用了环境这种共同财产。政治家们总在寻找新的收入来源，与大部分税收相比，那些旨在解决外部性问题的税收实际上会促进经济效率的提高。但污染税却并没有得到政治上的支持，有关人士认为这种税会很容易地转嫁给消费者，污染并不会因此而减少。

问题：(1) 试借助图形分析污染税的作用机制。(2) 运用污染税来解决负外部性问题会面临哪些困难？(3) 污染税会轻易地转嫁给消费者吗？

二、练习题参考答案

(一) 判断题

1. F　2. T　3. F　4. T　5. T　6. F　7. F　8. T　9. F　10. T
11. T　12. F　13. T　14. F　15. T　16. F　17. T　18. T　19. F　20. T

提示：第 3 题 越大，越不平等。第 6 题 应是社会成本高于厂商的私人成本。第 9 题 公共物品不具有排他性。第 12 题 应该包括。第 16 题 应该是由供需之间的相互作用决定。第 19 题 应该是生产可能性曲线的斜率。

(二) 选择题

1. D　2. D　3. C　4. D　5. C　6. D　7. D　8. C　9. C　10. B
11. D　12. C　13. C　14. A　15. D　16. C　17. D　18. B　19. B

(三) 简答题

1. 答：局部均衡分析就是以假定某个别市场商品的供求变化和价格的变化，并不导致其他市场的商品价格的任何变化为前提的研究。局部均衡分析，是对某个商品市场的供求均衡价格的孤立分析。如果考虑各种商品的供求关系和价格变动的相互影响，这种研究就称为一般均衡分析。

2. 答：帕累托最优状态是用于判断市场运行机制效率的一般标准。帕累托最优状态是指这样一种状态：不可能存在资源的再配置使得在经济社会中其他成员的境况至少不会变差的条件下改善某些人的境况。

需要满足的必要条件：第一，任意两个消费者对任意两种商品进行交换时边际替代率都相同。第二，任何两个厂商使用一种生产要素生产同一种产品的边际产量都相等；两种生产要素生产同一产品的边际技术替代率都相等；任意两个厂商使用既定生产要素生产任意两种产品的边际转换率都相等。第三，消费者对任意两种产品的边际替代率都等于生产者对这两种产品的边际转换率。

3. 答：外部影响可以分为外部经济和外部不经济。当私人收益小于社会收益时，外部影响就表现为外部经济。在这种情况下，一个人从事了这项经济活动，那么从社会上其他人得到的好处中拿出一部分来补偿进行这项活动的私人受到的损失后还会有剩余，也就是使一些人状况变好而没有人状况变坏。这说明在存在外部经济的情况下，私人活动的水平常常低于社会所要求的水平。

当私人成本小于社会成本时，外部影响就表现为外部不经济。在这种情况下，一个人从事了这项经济活动，那么从社会上其他人所受到的损失要大于私人所受到的损失。这样，从整个社会来看，其实是无效率的。这说明在存在外部不经济情况下，私人活动的水平常常会高于社会所要求的水平。

4. 答：由于公共物品只能作为一个整体来进行供给，因此人们对公共物品的消费就不能由市场价格来决定，市场机制就不能对公共物品的供求进行调节，这样，公共物品也就只能由政府根据社会成员的共同需求来提供。假如我们让市场来供给公共物品，那么人人都这样想，就没有人提供公共物品，市场就会失灵。

5. 答：在完全竞争经济中，产品的均衡价格可以实现交换的帕累托最优状态；在完全竞争经济中，要素的均衡价格可以实现生产的帕累托最优状态；在完全竞争的经济中，商品的均衡价格可以实现生产和交换的帕累托最优状态。

6. 答：垄断情况下，厂商的边际收益小于价格。因此，当垄断厂商按照利润最大化的原则确定产量时，其价格将不是等于而是大于边际成本的。为获得和维持垄断地位从而得到垄断利润的寻租活动是一种纯粹的浪费。这进一步加剧了垄断的低效率。

（四）计算题

1. 解：帕累托最优时，P = MC，所以，P = 40，Q = 600

2. 解：$MR = MR_1 + MR_2 + MR_3 = A + B + C - (A + B + C) \cdot T$

$MR = MC = M$，$T = (A + B + C - M)/(A + B + C)$

3. 解：（1） P = MC，$1\,000 = 10x$，$x = 100$

（2） $(5x^2 + 3\,000)/5 = x^2 + 600$

$1\,000 = 2x$，$x = 500$ 引起公地的悲剧

4. 解：$MR = 4 \times 10 = 40$，$MC = 2x$，$MR = MC = 40 = 2x$，$x = 20$

（五）论述题

1. 提示：外部性是指一经济单位的经济活动对其他经济活动单位所施加的非市场性的影响。外部性对经济效率的影响在于它使得私人提供的数量与社会需要的数量出现差异。这可以由私人成本与社会成本及私人收益与社会收益加以说明。如果一项活动产生负的外部经济影响，那么该项活动对其他经济单位施加正成本，从而社会成本大于私人成本。反之，如果私人收益小于社会收益，则该经济单位施加了正的外部影响。如果厂商对其他经济单位产生负的外部经济影响，私人厂商的最优产量大于社会的最优产量。如果厂商对其他经济单位产生正的外部影响，私人厂商的最优产量小于社会的最优产量。

矫正外部性的政策：第一，税收和补贴，即向施加负外部经济影响的厂商征收恰好等于外部边际成本的税收，而给予产生正外部经济影响的厂商等于外部边际收益的补贴。第二，合并企业，即将施加和接受外部成本和利益的经济单位合并。第三，明确产权和谈判。依照科斯定理，政府无须对外部经济影响进行直接的调节，只要明确施加和接受外部成本和收益的当事人的双方的产权，就可以通过市场谈判加以解决。

2. 提示：公共物品不具有消费的竞争性。由于公共物品不具备消费的竞争性，任何一个消费者消费一个单位公共物品的机会成本为零。这意味着，没有任何消费者要为他所消费的公共物品去与其他人竞争。因此，市场不再是竞争的。如果消费者认为他们消费的机会成本为零，他就会尽量少支付给生产者以换取公共物品的权利。如果所有消费者都这样行事，则消费者支付的数量就将不足以弥补公共物品的生产成本。结果便是低于最优数量的产出，甚至是零产出。

（六）案例题

案例1解析：（1）一般情况下，灯塔属于共用品，因为灯塔具有共用品的两个属性：非排他性和非竞争性。

（2）通过将三条个别需求曲线纵向加总，可得到由 D 表示的市场需求曲线。边际成本曲线 MC 与需求曲线 D 相交，确定最佳光亮强度为 Q_2。

（3）在 Q_2 的最佳光亮强度情况下，C 船应付 5 美元，B 船应付 10 美元，A 船应付 15 美元。

（4）不是。在英格兰，灯塔就曾经由私人所有与经营。灯塔服务费可在港口收取。一般情况下，一定时点只有一条船需要灯塔服务。由悬挂的旗帜来认定其是否已经交费，如未交费，灯塔则不发光。

案例2解析：(1) 可以减轻收入不平等。在B点，玛丽的收入超过汤姆的收入，因为B点位于45度线的右下方。而由于C点位于45度线上，两者的收入是相等的。从B到C的移动使处于不利地位的汤姆的收入上升，因此，根据罗尔斯的观点，这是一种改进。

(2) 由于D点位于45度线的左上方，此时，玛丽的收入少于汤姆的收入，而在C点，两人的收入是相等的，因此，从C点到D点的移动不但没有减轻反而加剧了收入分配的不平等。但罗尔斯认为这也是一种改进，因为即使较贫穷的人（玛丽）也从C到D的移动中获利，其在D点的收入要超过其在C点的收入。

(3) 对罗尔斯理论的一种批评认为罗尔斯只考虑了收入的分配，而没有考虑玛丽和汤姆的行为。许多经济学家认为只有当一个人的报酬与其行为恰当相联的时候，才谈得上公平问题。如果不考虑不同人的行为（每个人做了多少工作，其工作性质及其所做的其他贡献等等）及收入分配的决定过程，就无法定义什么是“公平”的收入分配。

案例3解析：(1) 如果不是一次性交易，而是存在重复交易的机会，那么销售者就会发现利用购买者对所售商品质量缺乏信息或完全不了解的劣势来赚取利润，是得不偿失的事情。因为，购买者一次上当受骗后，就很可能会在将来转向其他的销售者，因此，销售者了解了这一点之后，在重复博弈中就会重视建立信誉，而不会利用信息偏好的优势欺骗购买者。

(2) 尽管产品质量的削减会在短期内增加利润，但会损害 Dawat 的声誉，导致该餐馆顾客减少，在长期内使其利润减少。而且短期的收益不会超过长期的损失。因此该餐馆是不会这么做的。

(3) 因为麦当劳多年树立起来的声誉使旅游者事先知道在麦当劳会得到什么样的产品与服务，不存在信息不对称问题，因此，不会涉及太大的风险，当然也不会有更多的惊喜。

案例4解析：(1) 对香烟征税后的情况如图3所示。对每包烟征收1美元税后使香烟供给曲线向上垂直移动了1美元的距离，市场价格从图3中所示的税前价格上升到税后价格，价格上升后，由于消费者对香烟的需求并不是完全无弹性的，因此消费者会减少购买量，即征税后购买量要低于征税前购买量。香烟消费的减少会减轻负外部性造成的危害，从而达到保护环境的作用。

(2) 运用污染税来解决负外部性主要面临如下两个问题：第一，负外部性的存在可能依赖于时间和地点，如相对于在公共场合吸烟而言，在家中吸烟并没有带来太大的负外部性，但在征香烟税时，难以将这种差异考虑在内；第二，对污染的量度是征收污染税中面临的又一个问题，很难持续监视污染物排放，尤其是对汽车及其他流动污染源，因此难以确定污染税的水平。

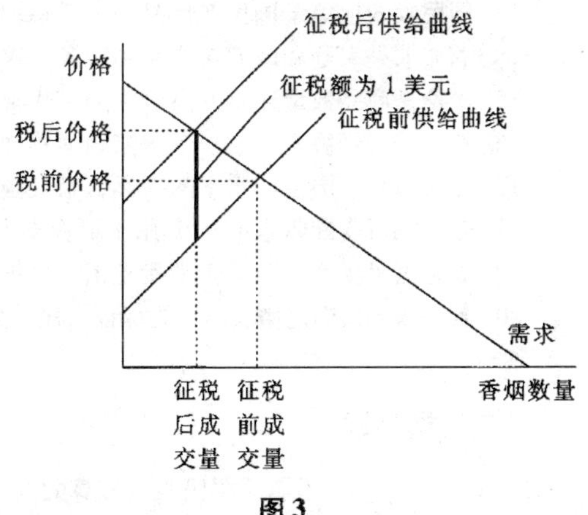

图3

(3) 由于以下两方面原因，生产者并不能简单地将税收完全转嫁给消费者。第一，这一观点忽视了需求规律，因为征税会导致生产者提高价格，但由于对香烟的需求并非是完全无弹性的，价格的提高会导致消费者需求量的减少；第二，竞争的作用也会限制生产者的税收转嫁，竞争可以迫使企业用更廉价、污染少的投入品来替代对环境的有偿使用，而不能简单的将税收转嫁出去。

第十章　国民收入核算理论

一、练习题

（一）判断题（对的填T，错的填F）

1. 一古董商出售一幅旧字画的收入应被计入其所在国家的GDP内。　（　）
2. 私人家庭购买轿车在GDP的核算中被计入投资。　（　）
3. 住宅建筑是消费者的耐用品，所以，在国民收入账户中，被作为消费支出处理。　（　）
4. 房主把房屋出租所获得的租金和自己居住所形成的虚拟租金均应计入GDP之中。　（　）
5. 国民生产净值衡量的是在一年内对在商品生产中消耗的资本作了调整后的最终产品的市场价值。　（　）
6. 若一个经济中今年的资本存量与去年的资本存量相同且折旧率为正，则其本年度的净投资为零。　（　）
7. 假定甲为乙提供服务应得报酬400美元，乙为甲提供服务应得报酬300美元，甲乙商定相互的支付相互抵消300美元。结果甲只收乙100美元。因此，GDP增加100美元。　（　）
8. 本年生产但未销售出去的最终产品的价值不应该计算在本年的国民生产总值之内。（　）
9. 某种物品是中间产品还是最终产品取决于它本身的性质，例如，汽车一定是最终产品，煤只能是中间产品。　（　）
10. 核算GDP采用的支出法和收入法分别衡量GDP的不同方面，因而彼此并不关联。（　）
11. 如果潜在GDP大于实际GDP，那么出口一定大于进口。　（　）
12. 决定存货投资的最重要的因素是维持生产与销售正常运行的需要，而不是利率。（　）
13. 国民收入恒等于国民产出是一个反映均衡关系的例子。　（　）
14. 总需求是家庭和政府对产品和服务需求的总和。　（　）
15. 不论是商品数量还是商品价格的变化都会引起实际国民生产总值的变化。　（　）
16. 在四部门经济中，若一个国家的消费增加100亿元，则其GDP也增加100亿元。（　）
17. 作为衡量一国生活水平的指标，名义国民生产总值是可获得的最好的统计数据。（　）
18. 若一国可支配收入的92%用于消费支出，则8%用于储蓄。　（　）
19. 如果国民生产总值等于消费支出加总投资、加政府购买，那么，出口就等于进口。（　）
20. 若一国人口迅速增长时，为保证人民的生活水平不致下降，GDP必须以同样快的速度增长。　（　）

（二）选择题

1. 以下________不属于国民收入核算的同一类。
   A. 利润　　B. 政府转移支付　　C. 企业净利息支付　　D. 租金收入
2. 下列哪一项不列入国民生产总值的计算________。
   A. 出口到国外的一批货物　　B. 经纪人为一座旧房买卖收取的一笔佣金

C. 政府给贫困家庭发放的一笔救济金　　D. 保险公司收到的一笔家庭财产保险费

3. 在下列项目中不属于政府购买的是________。

A. 地方政府办三所中学　　B. 政府给公务人员增加薪水

C. 政府订购一批军火　　D. 政府给低收入者提供一笔住房补贴

4. 在统计中，社会保险税增加对________有直接影响。

A. 国内生产总值　　B. 国民生产总值　　C. 个人收入　　D. 国民收入

5. 已知某国的资本存量年初为20 000亿美元，本年度生产了5 000亿美元的资本品，资本消耗折旧是3 000亿美元，则该年度的总投资和净投资分别为________。

A. 25 000亿美元和22 000亿美元　　B. 15 000亿美元和2 000亿美元

C. 5 000亿美元和2 000亿美元　　D. 5 000亿美元和3 000亿美元

6. 在GDP统计中，负的净投资数字________。

A. 不可能出现　　B. 可能出现，若折旧足够大的话

C. 可能由于库存大幅度减少而引起　　D. 将意味着经济中所生产的超过其消费的

7. 以下因素不会影响GDP的测量的是________。

A. 产品价值的变化　　B. 对政府提供的服务的价值的估计

C. 出口的增加　　D. 对非市场商品价值的估计

8. 在国民生产和国民收入中，哪种行为被经济学家视为投资________。

A. 购买新公司债券　　B. 生产性活动而导致的当前消费

C. 购买公司债券　　D. 上述都不对

9. 今年的名义GDP增加了，说明________。

A. 今年的物价上涨了　　B. 今年的物价和产出都增加了

C. 今年的产出增加了　　D. 不能确定

10. 名义GDP和实际GDP的主要区别是________。

A. 实际GDP按价格变化作了调整，而名义GDP则没有

B. 实际GDP就是绿色GDP，而名义GDP则不是

C. 名义GDP更适合于比较若干年的产出

D. 实际GDP在通货膨胀时增长更多

11. 一国的国内生产总值大于国民生产总值，则该国公民从国外取得的收入________外国公民从该国取得的收入。

A. 大于　　B. 小于　　C. 等于　　D. 不能确定

12. 我们通常用下列哪项指标来反映人民生活水平的变化________。

A. 实际国民生产总值　　B. 名义国民生产总值

C. 人均实际消费额　　D. 人均实际国民生产总值

13. 计划投资若超过计划储蓄，那么________。

A. 总供给将大于总需求　　B. 在未充分就业情况下将增加就业

C. 将产生通货膨胀缺口　　D. 经济将处于非预期状态

14. 下列选项中，________不属于总需求。

A. 政府支出　　B. 净出口　　C. 税收　　D. 投资

15. 总支出由四个部分构成，以下________不是这四个部分之一。

A. 消费　　B. 储蓄　　C. 投资　　D. 政府开支

16. 如果中国一个公司在国外建立一个工厂，那么这个活动将被________。

A. 排除在中国的 GNP 外

B. 全部计入中国的 GDP 内

C. 只对中国的资本和劳动有贡献的那部分计算在中国的 GNP 内

D. 计入中国的 GDP，但不计入 GNP

17. 如果个人收入是 570 美元，而个人所得税是 90 美元，消费是 430 美元，利息支付总额为 10 美元，个人储蓄为 40 美元，个人可支配收入则等于________。

A. 500 美元　B. 480 美元　C. 470 美元　D. 400 美元

18. 下列________项不属于要素收入但被居民收到了。

A. 租金　B. 银行存款利息　C. 红利　D. 养老金

19. 某国有企业为其总经理购买一辆汽车和该企业支付给总经理一笔钱让他自己购买一辆汽车，在国民收入账户中的区别在于________。

A. 前者使投资增加，后者使消费增加　B. 前者使消费增加，后者使投资增加

C. 前者使政府购买增加，后者使消费增加　D. 前者使消费增加，后者使政府购买增加

20. 若实际产出位于储蓄函数和投资曲线交点的左方，则________。

A. 存在超额产出　B. 存货中包含有非计划投资

C. 计划储蓄多于计划投资　D. 以上各项都是

（三）简答题

1. 为什么总产出既等于总收入又等于总支出？

2. 简述对国内生产总值（GDP）的理解。

3. 国民生产总值（GNP）与国内生产总值（GDP）的区别。

4. 为什么西方宏观经济学原来用 GNP 作为产量的主要测算值，而现在大多改用 GDP？

5. 一个艺术品收藏家在苏黎世出售了一幅毕加索的名画获得了巨额收入，该收入是否应计入该国当年的 GDP 中？拍卖行在拍卖过程中所获取的劳务费收入是否应计入 GDP 中？分别说明理由。

6. 储蓄投资恒等式为什么并不意味着计划储蓄总等于计划投资？

（四）计算题

1. 假定一国有下列国民收入统计资料，见下表：（单位：亿美元）

国民生产总值	4 800
总投资	800
净投资	300
消费	3 000
政府购买	960
政府预算盈余	30

试计算：（1）国民收入净值；（2）净出口；（3）政府税收减去政府转移支付后的收入；（4）个人可支配收入；（5）个人储蓄。

2. 假定经济由A、B、C三个厂商，A厂商年产5 000，卖给B、C和消费者，其中B买200，C买2 000，其余2 800卖给消费者。B年产500，直接卖给消费者。C年产6 000，其中3 000由A购买，其余由消费者买。求：(1) 假定投入在生产中都用光，计算价值增加。(2) 计算GDP为多少。(3) 如果只有C有500折旧，计算国民收入。

3. 设一经济社会生产六种产品，它们在1990年和1992年的产量和价格分别如下表：

产品	1990年产量	1990年价格（美元）	1992年产量	1992年价格（美元）
A	25	1.50	30	1.60
B	50	7.50	60	8.00
C	40	6.00	50	7.00
D	30	5.00	35	5.50
E	60	2.00	70	2.50

试计算：(1) 1990年和1992年的名义国内生产总值；(2) 如果以1990年作为基年，则1992年的实际国内生产总值为多少？(3) 计算1990～1992年的国内生产总值价格指数，1992年价格比1990年价格上升了多少？

4. 假设一经济有如下关系：$C = 100 + 0.8YD$（消费），$I = 50$（投资），$G = 200$（政府支出），$TR = 62.5$（政府转移支付），$t = 0.25$（边际税率），单位都是10亿美元。求：(1) 均衡收入；(2) 预算盈余BS；(3) 若投资增加到$I = 100$时，预算盈余有何变化？为什么发生这一变化？(4) 若充分就业收入$y^* = 1\ 200$，当投资分别为50和100时，充分就业预算盈余BS^*为多少？(5) 若投资$I = 50$，政府购买$G = 250$，而充分就业收入仍为1 200，试问充分就业预算盈余为多少？(6) 用本题为例说明为什么要用BS^*而不用BS去衡量财政政策的方向？

（五）论述题

1. 论述国民收入核算体系中五个总量指标及其相互关系。
2. 试述国民收入核算中的缺陷。

二、练习题参考答案

（一）判断题

1. F　2. F　3. F　4. F　5. T　6. T　7. F　8. F　9. F　10. F
11. F　12. T　13. F　14. F　15. F　16. F　17. F　18. F　19. T　20. T

提示：第1题 旧字画不是当期生产的，所以不能计入其所在国的GDP内。第4题 出租房屋所获得的租金应计入GDP，但自己居住形成的虚拟租金一般不计入GDP。第6题 净投资 = 总投资 − 折旧 = 本期的资本存量减去上期的资本存量。第8题 只要是当期生产的，无论是否售出，都要计入当期GDP内。第9题 是否是中间物品，不能取决于产品本身的性质。煤如果卖给炼钢厂，则其为中间产品；而卖给家庭，则为最终产品。第13题 在国民收入核算上，无论均衡与否，国民收入都恒等于国民产出。第15题 只有商品数量的变化会引起实际国民生产总值的变化。第16题 如果增加的消费都购买的是本国产品，那么GDP才能增加100亿元。否则，如果消费的产品有部分是外国产品，则GDP增加小于100亿元。第17题 反映生活水平的应该是实际国民收入且是人均国民收入。第 18 题 可支配收入除了用于消费和储蓄外，还可能用于支付利息。

（二）选择题

1. B　2. C　3. D　4. C　5. C　6. B　7. D　8. B　9. D　10. A
11. B　12. D　13. B　14. C　15. B　16. C　17. B　18. D　19. C　20. B

（三）简答题

1. 答：总产出是指一国在一定时期内商品和劳务的生产（仅指最终产品和劳务），也就是新创造的价值，而不是各个经济部门所创造的产品价值的总和，像我们长期以来所说的价值可以看作是所有投入的生产要素（劳动、土地、资本及企业家才能）共同创造的，因此要分别支付给这些生产要素作为报酬，形成总收入，即工资、地租、利息和利润。这里我们把利润看成是商品卖价扣除成本之后的余额。因此，总产出总等于总收入。

总产出一定等于总支出。从整个社会来看，总产出总是等于社会各个方面购买这些最终产品的总支出，比如，一辆汽车卖 10 万元，消费者购买时要支付 10 万元，恰好等于相关生产要素创造出的新价值，即产出。所有的社会最终产品都是如此，因而就全社会来看，总产出一定等于购买最终产品的总支出。

2. 答：国内生产总值是指一年内在本国领土生产的最终产品的价值总和。注意的几个问题：(1) 国内生产总值是指一年内生产出来的产品的总值。(2) 国内生产总值是指最终产品的总值。(3) 国内生产总值中的最终产品不仅包括有形的产品，而且包括无形产品——劳务。(4) 国内生产总值指的是最终产品市场价值的总和，就是要按这些产品的现期价格来计算。

3. 答：国内生产总值（GDP）指的是一国或地区一定时期（通常为一年）运用生产要素所生产的全部最终产品的市场价值。强调一国范围内生产的最终产品，是一个地域概念，按“国土原则”来衡量。

国民生产总值（GNP）指的是一国或地区国民所拥有的全部生产要素所生产的最终产品的市场价值。是一个国民的概念，按“国民原则”来衡量。

大部分国家都采用 GDP 为国民收入的核算指标。因为国外净收入的数据不足，GDP 相对于 GNP 而言更容易衡量，更能反映一国本土的经济增长情况，GDP 也是衡量国内就业潜力的更好指标。两者的关系可以表示为：GNP = GDP +（本国居民从国外获得的收入 - 外国居民从本国获得的收入）。

4. 答：国民生产总值（GNP）测量一国居民的收入，包括居民从国外取得的收入，也要减去支付给国外的同类报酬。国内生产总值（GDP）是一国在本国领土范围内生产的产品和劳务的测量值，既不包括从国外获得的报酬，也不减去国外生产要素在本国获得的报酬。GDP 是大多数欧洲国家采用的产出计量标准。1991 年以前，美国一直用 GNP 作为产出的主要测量值，从 1991 年改用 GDP。现在，大多数国家都采用 GDP。有以下几个原因：

(1) 一般来说，一个国家对外开放程度越大，用 GDP 作为测量指标的科学性也越大，由于国际贸易在各国经济中变得越来越重要，因此大多都采用 GDP。

(2) 由于来自国外的要素收入的数据较难获得，而 GDP 的数据较易获得，因而采用 GDP。

(3) 由于相对 GNP 而言，GDP 更能反映一国经济中就业潜力，因为国外到东道国投资，实际解决的是东道国的就业问题，因此 GDP 更合理。

5. 答：出售名画获得的收入不应计入该国当年的 GDP 中，因为根据 GDP 的定义及核算原则，只有当年生产的商品和劳务所取得的收入才能计入到当年 GDP 中，而毕加索的名画并非当年所生产的，因此其销售收入也不应计入当年 GDP 中；拍卖行所获得的劳务费收入应计入当年 GDP，因为这是当年形成的劳务所带来的收入。

6. 答：在国民收入核算体系中，存在的储蓄投资恒等式完全是根据储蓄和投资的定义得出的。根据定义，国内生产总值总等于消费加投资，国民收入则等于消费加储蓄，国内生产总值又等于国民总收入，这样才有了储蓄恒等于投资的关系。这种恒等关系就是两部门经济的总供给（C + S）和总需求（C + I）的恒等关系。只要遵循储蓄和投资的这些定义，储蓄和投资一定相等。但这一恒等式并不意味着人们的意愿的或事前计划的储蓄总会等于企业想要有的投资。在实际生活中，储蓄和投资的主体及动机都不一样，这就会引起计划投资和计划储蓄的不一致，形成总需求和总供给不平衡，引起经济扩张和收缩。分析宏观经济均衡时所讲的投资要等于储蓄，是指只有计划投资等于计划储蓄时，才能形成经济的均衡状态。这和国民收入核算中的实际发生的投资总等于实际发生的储蓄这种恒等关系并不是一回事。

（四）计算题

1. 解：（1）国内生产净值 = 国内生产总值 - 资本消耗补偿，而资本消耗补偿即折旧等于总投资减净投资后的余额，即 500 = 800 - 300，故国内生产净值 = 4 800 - 500 = 4 300（亿美元）

（2）从 GNP = C + I + G + NX 中可知 NX = GNP - C - I - G，因此，净出口额为：

NX = 4 800 - 3 000 - 800 - 960 = 40（亿美元）

（3）用 BS 代表政府预算盈余，T 代表净税收即政府税收减去政府转移支付后的收入，则有 BS = T - G，从而有 T = BS + G = 30 + 960 = 990（亿美元）

（4）个人可支配收入本来是个人收入减去个人所得税后的余额，本题条件中没有说明间接税、公司利润、社会保险税等因素，因此，可从国民生产净值中直接得到个人可支配收入，即 y_D = NNP - T = 4 300 - 990 = 3 310（亿美元）

（5）个人储蓄 S = y_D - C = 3 310 - 3 000 = 310（亿美元）

2. 解：（1）A 的价值增加为 5 000 - 3 000 = 2 000

B 的价值增加为 500 - 200 = 300

C 的价值增加为 6 000 - 2 000 = 4 000

合计价值增加为 2 000 + 300 + 4 000 = 6 300

（2）最终产品价值为 2 800 + 500 + 3 000 = 6 300，式中 2 800、500、3 000 分别为 A、B、C 卖给消费者的最终产品。

（3）国民收入为 6 300 - 500 = 5 800

3. 解：（1）1990 年名义国内生产总值 = 1.5 × 25 + 7.5 × 50 + 6 × 40 + 5 × 30 + 2 × 60 = 922.5（美元）

1992 年名义国内生产总值 = 1.6 × 30 + 8 × 60 + 7 × 50 + 5.5 × 35 + 2.5 × 70 = 1 245.5（美元）

（2）1992 年的实际国内生产总值 = 1.5 × 30 + 7.5 × 60 + 6 × 50 + 5 × 35 + 2 × 70 = 1 110（美元）

（3）1990 ~ 1992 年，国内生产总值价格指数为：1 245.5 ÷ 1 110 = 112.2%，可见 1992 年价格比 1990 年价格上升了 12.2%。

4. 解：（1）Y = C + I + G = 100 + 0.8YD + 50 + 200 即：Y = 100 + 0.8(Y - 0.25Y + 62.5) + 250

解得 Y = 1 000

（2）BS = tY - G - TR = 0.25 × 1 000 - 200 - 62.5 = -12.5

（3）$Y=C+I+G=100+0.8(Y-0.25Y+62.5)+100+200$ 解得 $Y=1\ 125$，

$BS=tY-G-TR=0.25\times1\ 125-200-62.5=18.75$

由预算赤字变成了预算盈余，因为投资增加，带动产出增加，在相同的边际税率下税收增加，导致出现盈余。

（4）$BS^{*}=tY^{*}-G-TR=0.25\times1\ 200-200-62.5=37.5$

（5）$BS^{*}=tY^{*}-G-TR=0.25\times1\ 200-250-62.5=-12.5$

（6）因为预算盈余或预算赤字经常是由政府实行的财政政策造成的，所以经常用盈余或赤字来判断财政政策的方向。但是盈余或赤字的变动有时是由经济情况本身变动引起的，如本例由于投资增加到100，使得赤字变成了盈余，这是经济本身的变动，而不是财政紧缩的结果。但如果用 BS^{*}，则消除了这种不确定性，比如由（4）到（5），盈余变成赤字，完全是由政府扩张性财政政策造成。所以要用 BS^{*} 而不是 BS 去衡量财政政策的方向。

（五）论述题

1. 提示：国民收入核算体系包括一系列总量指标，其中有五个基本的总量指标分别为：国民生产总值（GNP）；国民生产净值（NNP）；国民收入（NI）；个人收入（PI）；个人可支配收入（PDI）。

分别解释五项指标。

2. 提示：西方国民收入核算体系缺陷：首先，非市场交易活动得不到反映。例如，许多不经过市场交易的活动，像家务活动，自给自足生产等，难以在 GDP 统计中反映出来。家务劳动由自己干改为雇人干，GDP 就会上升，但国民经济实际产出并未增加。又如，不少地下交易，只是为了逃避税收，在这里，经济活动发生了，GDP 统计中却未得到反映。

其次，有些严重影响到社会发展和人们生活质量的内容无法得到反映。例如，GDP 核算无法说明人们享受了多少闲暇（两个生产了同样多 GDP 的国家，一国成员劳动十分紧张，一国成员享有许多闲暇，显然后者福利大于前者）。又如，GDP 无法说明环境污染到了什么程度（两个生产了同样多 GDP 的国家，如一国环境污染了，另一国并未污染，显然，前一国人们不及后一国人们幸福）。

再次，西方国民收入核算把所有市场交易活动反映到 GDP 中来，并不能正确反映社会经济发展水平。如某地赌博和黄色活动盛行，也许 GDP 水平很高，但并不说明该地区经济发展能给人民带来幸福，而只说明社会生活腐朽。

最后，由于 GDP 含劳务活动，两个国家可以拥有相同的 GDP，但物质生产水平大不一样。

第十一章　国民收入决定理论

一、练习题

（一）判断题（对的填 T，错的填 F）

1. 当经济处于均衡时，边际消费倾向必然等于边际储蓄倾向。（　　）

2. 在简单的封闭经济中，边际消费倾向恒等于边际储蓄倾向，意味着 1 美元的投资将增加 2 美元的可支配收入。（　　）

3. 边际消费倾向与投资乘数呈同向变动关系。（　　）

4. 边际消费倾向越大，政府购买变动对国民生产总值的影响就越大。（　　）

5. 国民生产净值的变化不受投资支出的影响。（　　）

6. 乘数效应只适用于投资的变化而不适用于消费的自主变化。（　　）

7. 转移支付增加 1 美元对总需求的影响总是与政府支出增加 1 美元对总需求的影响相同。（　　）

8. 政府支出的变化直接影响总需求，但税收和转移支付则是通过它们对私人消费和投资的影响间接影响总需求。（　　）

9. 根据乘数理论，企业增加对新工厂和设备支出的总额，将会引致 GDP 和消费支出上升。（　　）

10. 国民收入中的边际消费倾向的值越大，则总支出曲线就越陡。（　　）

11. 在某一可支配收入水平上，如果消费曲线与 45 度线相交，储蓄曲线一定与横轴相交。（　　）

12. 经济萧条时，政府应该采取减税措施。（　　）

13. 在任何情况下，个人储蓄的增加都会使实际国民生产总值增加。（　　）

14. 税收和转移支付的变化不会影响总需求。（　　）

15. 在短期，工资基本上是给定的，这支持了凯恩斯主义关于工资刚性的论点；而在长期，工资是完全可变的，这支持了古典学派的论点。（　　）

16. 在国民经济达到均衡时一定要求做到预算平衡、存贷平衡和外汇收支平衡。（　　）

17. 只要国民经济处于均衡状态，生产能力就会得到充分利用，失业问题就能基本解决，国民经济结构就比较合理。（　　）

18. 假定政府通过固定税收和转移支付的手段来保持预算平衡。如果政府同时增加转移支付和减少政府购买相同的数目，那么 GDP 和政府预算均衡仍将保持不变。（　　）

19. 既然实际储蓄等于实际投资，那么实际经济至少在理论上总是处于均衡状态。（　　）

20. 当总的产出水平超过总需求时，可以预料厂商将减少产量和解雇工人来提高商品价格和盈利水平。（　　）

（二）选择题

1. 在消费—收入图形上，消费曲线向上移动意味着消费者________。

A. 收入减少了不得不减少储蓄　　B. 收入增加导致储蓄增加
C. 储蓄的增加不是收入增加引起的　　D. 储蓄减少了不是收入增加引起的

2. 以下________不能改变社会的消费函数。
A. 大量有价值的自然资源的发现　　B. 总人口的变动
C. 家庭收入的变动　　D. 社会流动资产价值的改变

3. 消费函数的斜率取决于________。
A. 边际消费倾向　　B. 平均消费倾向
C. 与可支配收入无关的消费量　　D. 由于收入变化引起的投资量

4. 对于 APC 与 APS，MPC 与 MPS 之间的关系，下列________是正确的。
A. MPC 增加，那么 MPS 也增加　　B. APC + MPC = 1
C. APC + APS = MPC + MPS　　D. APC + APS < MPC + MPS

5. 当消费函数为 C = A + BY，A、B > 0，这表明，平均消费倾向________。
A. 大于边际消费倾向　　B. 小于边际消费倾向
C. 等于边际消费倾向　　D. 以上三种情况都可能

6. 就定量税而言，税收乘数和转移支付乘数的唯一区别是________。
A. 前者总比后者小 1　　B. 前者为负，后者为正
C. 后者为负，前者为正　　D. 两者互为倒数

7. 在两部门经济模型中，如果边际消费倾向值为 0.8，那么自发支出乘数值应该是________。
A. 4　　B. 2.5　　C. 5　　D. 1.6

8. 投资乘数在________情况下较大。
A. 边际消费倾向较大　　B. 边际储蓄倾向较大
C. 边际消费倾向较小　　D. 通货膨胀率较高

9. 下面________可能使国民收入增加最多。
A. 政府增加基础设施投入 100 亿美元
B. 政府增加转移支付 100 亿美元
C. 政府减少个人所得税 100 亿美元
D. 在税率为 33.33% 的情况下，政府增加购买和税收各 100 亿美元

10. 经验表明长期消费函数是一条过原点的直线，所以________。
A. 平均消费倾向等于 1　　B. 边际消费倾向大于平均消费倾向
C. 边际消费倾向小于平均消费倾向　　D. 边际消费倾向等于平均消费倾向，且为常数

11. 计划投资若超过计划储蓄，那么________。
A. 总供给将大于总需求　　B. 在未充分就业情况下将增加就业
C. 将产生通货膨胀缺口　　D. 经济将处于非预期状态

12. 如果边际储蓄倾向为 0.3，投资支出增加 60 亿元，可以预期，这将导致均衡水平 GDP 增加________亿元。
A. 20　　B. 200　　C. 180　　D. 60

13. 消费者储蓄增多而消费支出减少，则________。
A. GDP 将下降，但储蓄 S 将不变　　B. GDP 将下降，但储蓄 S 将上升
C. GDP 和储蓄 S 都将下降　　D. GDP 不变，但储蓄 S 下降

14. 在衰退时期，GDP 将________。

A. 小于潜在 GDP　　B. 大于潜在 GDP
C. 等于潜在 GDP　　D. 与潜在 GDP 的预测没有关系

15. GDP 的均衡水平与充分就业的 GDP 水平的关系是________。
A. 两者完全等同
B. 除了特殊的失衡状态，GDP 均衡水平通常意味着是充分就业时的 GDP 水平
C. GDP 的均衡水平完全不可能是充分就业的 GDP 水平
D. GDP 的均衡水平可能是也可能不是充分就业的均衡水平

16. 假设可支配收入等于 20 000 美元时，消费等于 18 000 美元。当可支配收入增加到 22 000 美元时，消费就增加到 19 200 美元。那么，边际消费倾向与边际储蓄倾向分别为________。
A. 0.90；0.10　　B. 0.87；0.13　　C. 0.60；0.40　　D. 0.40；0.60

17. 假定其他条件不变，厂商投资增加将引起________。
A. 国民收入增加，但消费水平不变　　B. 国民收入增加，但消费水平减少
C. 国民收入增加，但消费水平增加　　D. 国民收入增加，但储蓄水平下降

18. 如果 GDP 是均衡水平，则要求________。
A. 收入总额必须正好等于消费者从收入中来的计划的支出加上计划储蓄
B. GDP 总额必须正好等于计划储蓄总额与计划投资总额之和
C. 消费者支出总额必须正好等于收入的收支平衡水平
D. 所得收入总额必须正好等于全体消费者从收入中来的计划支出加上计划投资总额之和

19. 假设存在一个没有政府和折旧的简单封闭经济，那么在任何时期中，都有________。
A. C = Y　　B. C - I = S　　C. Y - C = I　　D. Y - C = I - S

20. 四部门经济与三部门经济相比，乘数效应是________。
A. 变大　　B. 变小
C. 不变　　D. 变大、变小或不变均有可能，不能确定

（三）简答题

1. 为什么西方宏观经济学家通常可假定产量是由总需求决定的？

2. 凯恩斯曾指出：当人们想储蓄更多时，其结果并不意味着国家能储蓄更多，反而导致国民产出的减少。这一现象称为“节俭悖论”。分析这一悖论形成的原因及前提条件。

3. 如何理解投资乘数的形成过程。

4. 古典模型中的总供给曲线和凯恩斯模型中的总供给曲线有什么差别，为什么有这种差别？

5. 有时候一些西方经济学家断言，将一部分国民收入从富者转移给贫者，将提高总收入水平，你认为他们的理由是什么？

6. 有人说：“我难以理解宏观经济学。有时收入变化似乎引起消费变化，有时消费变化似乎引起收入变化”。请你说说哪个对？

（四）计算题

1. 假设某经济社会的消费函数为 $C = 100 + 0.8Y_d$，意愿投资为 $I = 50$，政府购买性支出为 $G = 200$，政府转移支付 $TR = 62.5$（单位：亿元），税率 $t = 0.25$，$T_0 = 0$，试求：(1) 均衡国民产出；(2) 假定该社会达到充分就业所需的国民产出为 1 200 亿元，如果通过减税的方式实现充分就业，

应减少多少税收？

2. 已知消费函数为：$C=100+0.6Y$，投资为自主投资，$I=60$，试求：(1) 均衡国民收入（Y）是多少？(2) 均衡的储蓄量（S）为多少？(3) 如果充分就业的国民收入水平为 $Y_f=1\ 000$，那么，为使该经济达到充分就业的均衡状态，投资量应为多少？(4) 本题中投资乘数（k）为多少？

3. 假设某经济的消费函数为 $C=100+0.8Y_d$，意愿投资 $I=500$ 亿元，试求：(1) 均衡国民收入、消费和储蓄；(2) 如果实际国民收入为 4 500 亿元，企业非意愿存货积累为多少？(3) 若投资增至 1 000 亿元，求均衡国民收入的增量。

4. 假定某经济社会的消费函数为 $C=100+0.8Y_D$，（Y_D 为可支配收入），意愿投资 $I=200$，政府购买支出 $G=200$，政府转移支付 $TR=62.5$，税率 $t=0.25$，（单位都是 10 亿美元）。

试求：(1) 均衡收入；(2) 投资乘数；(3) 政府购买支出乘数，税收乘数，政府转移支付乘数，平衡预算乘数。

5. 假定经济在均衡状态 $Y_0=1\ 000$ 下运行，如果政府进行一次财政改革，税率 t 增加 0.05，政府购买增加 50，预算盈余是上升还是下降？为什么？

（五）论述题

1. 论述总需求变动对国民收入与价格水平的影响？
2. 试述乘数理论的适用性。

二、练习题参考答案

（一）判断题

1. F	2. T	3. T	4. T	5. F	6. F	7. F	8. T	9. T	10. T
11. T	12. T	13. F	14. F	15. T	16. F	17. F	18. F	19. F	20. T

提示：第 2 题 边际消费倾向加边际储蓄倾向等于 1，又因为边际消费倾向恒等于边际储蓄倾向，所以边际储蓄倾向等于 1/2，则投资乘数等于 2。第 3 题 投资乘数等于边际储蓄倾向的倒数，所以两者呈反向变动关系。第 4 题 政府购买乘数等于 1/(1 − MPC)。乘数越大，政府购买变动对国民生产总值的影响就越大。第 5 题 GDP、NDP、NI 都受投资支出的影响。在其他条件不变的情况下，投资支出增加，会导致 GDP、NDP、NI 都增加。第 6 题 消费的自发支出乘数等于投资乘数。第 13 题 当满足“节俭悖论”的条件时，储蓄的增加反而会使实际国民生产总值减少。第 16 题 国民经济均衡时，预算、外汇收支可以是不平衡的。第 17 题 国民经济均衡时，可以没有达到潜在产出水平。即国民经济均衡时，生产能力可以没有达到充分利用。第 18 题 因为政府减少一单位的政府购买将使净税收减少一个单位而这由于边际消费倾向的作用使自发支出增加小于一个单位，所以它们合在一起少于自发支出的减少。

（二）选择题

1. D	2. C	3. A	4. C	5. A	6. B	7. C	8. A	9. A	10. D
11. B	12. B	13. C	14. A	15. D	16. C	17. C	18. D	19. C	20. B

（三）简答题

1. 答：宏观经济学之所以通常假定产量决定于总需求，可以从企业的行为上作出回答。在正常条件下，大多数企业总是在有某种超额生产能力的情况下运转的。例如，美国制造业生产能力的平均利用率约86%，一些机器闲置着作为备用品，另一些机器只在三班中开两班。同样，劳动力不总处于充分就业状态，即使是充分就业时，西方社会也大约有5% ~ 6%的劳动力处于所谓自然失业率状态。因此，一旦市场对产品需求增加时，企业就有相当大余地通过增加生产能力的利用率来增加生产，企业可以把以前每年雇的工人召回，或让一些工人加班加点，增加生产。同样，当需求下降时，企业也会作出同样反应，减少生产。因此，把经济社会作为一个整体看，可以把整个社会的产量看作是由总需求决定的。在短期内，总需求的波动会引起GDP的波动。

2. 答：形成原因：本题可借助凯恩斯理论下，投资和储蓄对国民产出决定的影响的图形进行分析。根据凯恩斯的国民产出决定理论，当增加储蓄时，储蓄曲线会向上移动，导致均衡的国民产出下降。（也可根据国民产出决定的总需求和总供给分析进行解释。增加储蓄会减少消费，从而使总需求减少，在供给不变的情况下引起国民产出的减少。）

前提条件：经济中存在着闲置资源，市场机制缺乏灵活性，不能令全部储蓄都转化为投资，工资、利率等要素价格存在着粘性。如果没有这一前提条件，当储蓄增加时，会导致利率下降，从而刺激投资的增加，间接会增加国民产出。

3. 答：投资乘数产生的主要根源是社会生产各部门之间的相互关联性，它是一种产生于社会化大生产条件下的客观经济现象和规律。

投资乘数的形成过程可以理解为一种无穷的递推连锁反应过程。某一经济部门的一笔投资不仅会增加本部门的收入，而且会产生对其他部门的需求，从而增加其他部门的收入和投资，于是引起国民经济各部门的连锁反应，最终使国民收入成倍增长。

投资乘数的形成过程可进一步理解为：当某一部门增加投资时，首先引起对资本品的需求扩大，这会导致资本品部门生产和就业的扩大，就业增加直接促使国民收入增加；就业和收入增加的同时，对消费品和劳务的需求随之增加，使得消费品生产部门就业和服务业也随之扩大，于是引起收入的更大幅度增加。这样，最终收入增量必然是最初投资增量的倍数。

4. 答：（1）图形差别。古典模型中的总供给线是位于充分就业水平上的一条竖直线；而凯恩斯模型中，总供给线是一条水平线或至少是一条向上倾斜的线。

（2）短期和长期的差别。一般认为古典总供给曲线是长期总供给线，而凯恩斯供给线是短期总供给线。

（3）理论基础不同。古典学派认为劳动力市场运行是没有摩擦的，工资水平可以快速灵活调整，经济总能维持劳动力的充分就业。因此，经济中的产量总是与劳动力充分就业时的产量，即潜在产出水平。而凯恩斯学派则认为工资具有刚性，并且劳动力市场存在摩擦，充分就业和达到潜在产量只是一种理想状态，实际工资和名义工资的变化会带来劳动力供给变化，社会可以在保持价格水平不变或变化程度较小的条件下，增加就业和供给。

5. 答：他们的理由是，富者的消费倾向较低，储蓄倾向较高，而贫者的消费倾向较高（因为贫者收入低，为维持基本生活水平，他们的消费支出在收入中的比重必然大于富者），因而将一部分国民收入从富者转移给贫者，可提高整个社会的消费倾向，从而提高整个社会的总消费支出水平，于是总收入水平就会随之提高。

6. 答：两种说法都对。假定有消费函数 $C = D + BY_d$，在此自发消费 A 增加会引起消费 C 增加，从而使总需求（总支出）增加，进而会引起收入增加，而收入增加又会进而引起消费增加，即式中 BY_d 增加，这就是引致消费。引致消费增加反过来又使收入进一步增加，因此，这两种说法都正确，说明消费支出和收入是相互影响、相互促进的。

(四) 计算题

1. 解：(1) 由方程组：$\begin{cases} C=100+0.8Y_d \\ Y_d=Y-tY+TR \\ Y=C+I+G \end{cases}$

可解得：$Y=1\,000$（亿元）

(2) 税收乘数 $K_T=-\dfrac{b}{1-b(1-t)}=-2$，通过减税方式来实现充分就业，减少的税收量应满足：$\dfrac{1\,200-1\,000}{\Delta T}=|K_T|$，从而：$\Delta T=\dfrac{200}{2}=100$（亿元）

应减少的税收量为100亿元。

2. 解：(1) 根据产品市场均衡条件，可得 $Y=C+I$，从而 $Y=100+0.6Y+60$，得 $Y=400$。

(2) $S=I$ 时市场处于均衡，因而均衡储蓄量为 $S=60$。

(3) 如果充分就业的国民收入水平为 $Y_f=1\,000$，则投资量应该达到下列条件所满足的数量，即 $Y_f=100+0.6Y+I$，从而 $I=300$。

(4) 投资乘数为 $k=\dfrac{1}{1-\beta}=\dfrac{1}{1-0.6}=2.5$。

3. 解：(1) 国民经济均衡时，国民收入为：$Y=\dfrac{100+500}{1-0.8}=3\,000$（亿元）

消费为：$C=100+0.8\times3\,000=2\,500$（亿元）

储蓄为：$S=Y-C=500$（亿元）

(2) 业非意愿存货积累 $4\,500-3\,000=1\,500$（亿元）。

(3) 若投资增至1 000亿元，则收入 $Y'=\dfrac{100+1\,000}{1-0.8}=5\,500$（亿元），比原来的国民收入增加了2 500亿元（$\Delta Y=Y'-Y=2\,500$）。

4. 答：(1) 可支配收入 $Y_d=Y-T+TR=Y-250+62.5=Y-187.5$，$Y=C+I+G=100+0.8\times(Y-187.5)+50+200=100+0.8Y-150+50+200=0.8Y+200=0.8Y+200$，所以均衡收入为：$Y=200\div0.2=1\,000$

(2) 投资乘数为 $K_t=\dfrac{1}{1-b}=\dfrac{1}{0.2}=5$

(3) 政府购买支出乘数为：$K_G=\dfrac{1}{1-b}=\dfrac{1}{0.2}=5$

(4) 税收乘数为：$K_T=\dfrac{-b}{1-b}=\dfrac{-0.8}{0.2}=-4$

(5) 转移支付乘数为：$K_{TR}=\dfrac{b}{1-b}=\dfrac{0.8}{0.2}=4$

(6) 平衡预算乘数为：$K_B=K_G-K_T=\dfrac{1-b}{1-b}=1$

5. 解：设原税率为 t_0，则新税率 $t'=t_0+0.05$，原税收额 $T=1\,000t_0$，由于税率上升，收入减少，设减少的收入为 ΔY，故税率提高后收入为：$1\,000-\Delta Y$，这样：

新税收额为 $T'=(1\,000-\Delta Y)(t_0+0.05)$

税收变动量为 $\Delta T=T'-T_0=1\,000t_0-t_0\Delta T+50-0.05\Delta Y-1\,000t_0=50-\Delta Y(t_0+0.05)$

预算盈余变动为 $\Delta BS = \Delta T - \Delta G = 50 - \Delta Y(t_0 + 0.05) - 50 = -\Delta Y(t_0 + 0.05) < 0$，可见预算盈余下降。

（五）论述题

1. 提示：总需求曲线是表明物品市场与货币市场同时达到平衡时总需求与价格水平之间的关系的曲线。总供给曲线是表明物品市场与货币市场同时达到平衡时，总供给与价格水平之间关系的曲线。

必须考虑到总供给曲线的不同情况。（1）凯恩斯主义总供给曲线。在这种总供给曲线时，总需求的增加会使国民收入增加，而价格水平不变；总需求的减少会使国民收入减少，而价格水平也不变，即总需求的变动不会引起价格水平的变动，只会引起国民收入的同方向变动。（2）短期总供给曲线。总需求的增加会使国民收入增加，价格水平也上升；总需求的减少会使国民收入的减少，价格水平也会下降，即总需求的变动引起国民收入与价格水平的同方向变动。（3）长期供给曲线。在这种总供给曲线时，由于资源已得到充分的利用，所以总需求的增加只会使价格水平上升，而国民收入不会变动；即总需求的变动会引起价格水平的同方向变动，而不会引起国民收入的变动。

2. 提示：公式 $\Delta Y = A \cdot \Delta A$，其中 A 为乘数值，ΔA 为自发支出的变化，它包括投资变化 ΔI，政府购买 ΔG 转移支付变化 ΔTR 等因素，这个公式表明了自发需求变化导致产出以 A 倍变化。这个理论反映了现代经济的特点，即由于经济中各部门之间的密切关系，某一部门支出（即需求）的增加必然在经济中引起其他部门的连锁反应，从而使收入以倍值增加。一般说来，需求的增加有两个后果：一是价格水平上升；二是产出水平（即收入水平）上升。只有当经济中存在没有得到充分利用的资源时，自发需求增加 ΔA 会导致收入水平增加 $A \cdot \Delta A$；当经济中已实现了充分就业时，即没有可利用的闲置资源时，自发需求增加 ΔA 只会导致价格水平上升而不会使产出水平（或实际收入水平）上升。一般情况下，需求的增加将导致价格水平和产出水平同时上升，上升幅度一般不等。还应该指出，有时经济中的大部分资源没有得到充分利用，但由于某一种或几种重要资源处于“瓶颈状态”，这也会限制乘数发挥作用。因为这种某些资源的“瓶颈状态”会使利用其他闲置资源成为不可能。

第十二章　银行体系与货币创造

一、练习题

(一) 判断题 (对的填 T，错的填 F)

1. 实际利率的增加导致投资需求曲线本身的移动。 ( )

2. 当人们预期利息率将下降的时候，他们将出售债券。 ( )

3. 利息率越高，持有货币付出的代价越大。 ( )

4. 在西方的发达国家里，需求存款、纸币和硬币这三种货币相比较，需求存款的数量最大，纸币次之，硬币的数量最小。 ( )

5. 商业银行的经营目标不是利润最大化。 ( )

6. 因为商业银行的主要收入来源是贷款利息，所以存款是商业银行生存的血液。 ( )

7. 如果一个人把 5 000 美元作为活期存款存入银行，需求存款增加 5 000 美元，通货减少 5 000 美元，因而货币供给量保持不变。 ( )

8. 假如其他条件不变，厂商或居民提取存款来补偿商业银行的贷款，会导致货币供给量的收缩。 ( )

9. 商业银行发放更多的信用卡会降低通货在货币供给量中的比例。 ( )

10. 货币交易需求反映了货币的交换中介职能。 ( )

11. 货币贮藏只能在货币投机需求中得到了反应。 ( )

12. 私人和工商企业由于未来利润和价格的不确定性而要持有用于投机目的的货币余额。 ( )

13. 如果能在极短的时间内以极小的损失出售，就可以说这种资产具有很好的流动性。 ( )

14. 货币并不是所有资产中最具有流动性的。 ( )

15. 联储可以强令货币供给紧缩，但不能强令其扩张。 ( )

16. 假定货币供给不变，且经济处于流动陷阱中，收入的增加将导致利率的上升。 ( )

17. 货币乘数起作用的条件是公众手中的货币量没有增加。 ( )

18. 只有当货币流通速度为常数时，交易方程式才能成立。 ( )

19. 商业银行和联储并不是经济中仅有的两个货币创造机构。 ( )

20. 存款准备金制度赋予了商业银行创造货币的能力。 ( )

(二) 选择题

1. 货币供给的增加将________。

   A. 提高价格水平　　B. 提高实际工资　　C. 提高实际利息率　　D. 以上都是

2. 货币乘数是________的增加量与导致其增加的初始新存款之比。

   A. 货币供给　　B. 未结清的贷款总量　C. 储备　　D. 银行的净值

3. 商业银行向联邦储备银行借款时，要支付的利率称为________。

A. 优惠利率　B. 贴现率　C. 联邦基金利率　D. 商业票据利率

4. 在一个银行体系中，假设公众不持有通货，没有超额准备金，且最低法定准备金率规定为20%，那么商业银行一笔50万美元新存款最终会使货币供给增加________万美元。

A. 250　B. 200　C. 50　D. 40

5. 为了减少货币供给，中央银行会使用________方法。

A. 提高商业银行向中央银行借款所要支付的利率

B. 降低法定准备金规定

C. 降低贴现率

D. 购买政府债券

6. 下列________是 M_2 的一部分，但不是 M_1 的一部分。

A. 旅行支票　B. 活期存款　C. 储蓄存款　D. 其他支票存款

7. 现代货币的本质特征是________。

A. 作为支付手段而普遍接受　B. 作为价值尺度

C. 作为商品计价物　D. 作为延期支付手段

8. 如果人们工资增加，则增加的将是________。

A. 货币的交易需求　B. 货币的预防需求

C. 货币的投机需求　D. 上述三种中的任意一种

9. 利率降得很低时，人们购买债券的风险将________。

A. 变得很小　B. 变得很大　C. 可能很大也可能很小　D. 不会发生变化

10. 某国对实际货币需求减少，可能是由于________。

A. 通货膨胀率上升　B. 利率上升　C. 税收减少　D. 总产出增加

11. 下列________是商业银行的负债。

A. 库存现金　B. 贷款　C. 证券投资　D. 活期存款

12. 下列________不是中央银行的职能。

A. 制定货币政策　B. 为成员银行保存储备

C. 发行货币　D. 改变再贴现率

13. 市场利率提高，银行准备金会________。

A. 增加　B. 减少　C. 不变　D. 以上几种都有可能

14. 货币乘数大小与多个变量有关，这些变量是________。

A. 法定准备率　B. 现金存款比率　C. 超额准备率　D. 以上都是

15. 如果银行想把存款中的10%作为准备金，居民和企业想把存款中的20%作为现金持有，则货币乘数是________。

A. 2.8　B. 3.3　C. 4　D. 10

16. 中央银行在公开的市场上买进政府债券的结果将是________。

A. 银行存款减少　B. 市场利率上升

C. 公众手里的货币增加　D. 以上都不是

17. 中央银行最常用的政策工具是________。

A. 法定准备金　B. 公开市场业务　C. 再贴现率　D. 道义劝告

18. 商业银行向中央银行要求增加贴现是为了________。

A. 增加贷款　B. 减少吸收存款　C. 增加储备　D. 以上都有可能

19. 下列________业务属商业银行的金融中介职能的范围。

A. 接受储蓄存款　　B. 给电视机厂发放一笔贷款

C. 接受储蓄存款和定期存款　　D. 以上都是

20. 财政部向________出售政府债券时，基础货币会增加。

A. 居民　　B. 企业　　C. 商业银行　　D. 中央银行

（三）简答题

1. 2003 年 9 月 21 日起中国人民银行将金融机构法定存款准备金率由 6% 上调至 7%，由此冻结商业银行约 1 500 亿元存款准备金。试分析这一货币政策的实施对国民产出的影响。

2. 简述中央银行的职能。

3. 什么是货币需求？人们需要货币的动机有哪些？

4. 什么叫流动性陷阱？

5. 决定和影响货币需求的因素有哪些？

6. 什么叫货币供给？

（四）计算题

1. 假设只存在一家商业银行，公众不持有通货，最低法定准备金规定为 20%。银行的一笔 50 万元新存款。问题：(1) 最终使银行存款增加多少？(2) 银行储备增加多少？

2. 假定法定准备率是 0.12，没有超额准备，对现金的需求是 1 000 亿美元。问题：(1) 假定总准备金是 400 亿美元，货币供给是多少？(2) 若中央银行把准备率提高到 0.2，货币供给变动多少（假定总准备金仍是 400 亿美元）？(3) 中央银行买进 10 亿美元政府债券（存款准备率是 0.12），货币供给变动多少？

3. 若货币交易需求为 $L_1 = 0.2Y$，货币投机需求 $L_2 = 2\,000 - 500r$。问题：(1) 写出货币需求总函数。(2) 当利率 $r = 6$，收入 $Y = 10\,000$ 亿美元的货币需求量。(3) 当收入 $Y = 10\,000$ 亿美元，货币供给 $M = 2\,500$ 亿美元时，货币市场均衡的利率为多少？

4. 货币供给为 5 000 亿元，基础货币为 2 000 亿元，货币乘数为多少？

（五）论述题

1. 什么是货币乘数？货币乘数的大小与哪些因素有关？

2. 用图解说明货币市场均衡过程。

二、练习题参考答案

（一）判断题

1. F	2. F	3. T	4. T	5. F	6. T	7. F	8. T	9. T	10. T
11. T	12. T	13. T	14. F	15. T	16. T	17. F	18. F	19. F	20. T

（二）选择题

1. C	2. A	3. B	4. D	5. A	6. C	7. A	8. A	9. B	10. B
11. D	12. D	13. B	14. D	15. B	16. C	17. B	18. A	19. D	20. D

（三）简答题

1. 答：运用货币政策的传导机制进行分析。

在其他条件不变的情况下，调高法定准备金率会导致商业银行的法定准备金增加，由于存在着货币乘数，使货币的供应量以更大幅度减少，当货币需求不变时，导致利率上升，投资、消费和净出口相应下降，进而导致总需求下降，最终导致国民产出的下降。

2. 答：中央银行是发行货币的银行、银行的银行、国家的银行

3. 答：货币需求是指人们在不同的条件下处于各种考虑对货币的需要，或者说是个人、企业和政府对执行流通手段（或支付手段）和价值贮藏手段的货币需求。

人们需要货币的动机主要有交易动机、预防性动机、投机动机。

4. 答：持有货币的成本是等量货币购买有价证券所能取得的利息，随着利率的下降，这部分成本会随之减小。更重要的是，在这些购买有价证券的人们看来，利率持续下降至较低的位置后，继续下降的空间很小，此时有价证券市场价格不可能再上升只会跌落，所以他们会将持有的有价证券全部换成货币，以免证券价格下跌遭受损失。这里涉及到一个概念：流动偏好陷阱（或者称为凯恩斯陷阱），即人们不管有多少货币都愿意留在手中。表现在图形上就是货币需求曲线成了水平线。具体解释起来就是，当利率下降至较低水平时，利率每继续下降很小的单位，货币需求量就会上升很大的幅度，也就是说，此时前面货币需求函数中 h 的值较大。

5. 答：（1）收入的大小；（2）消费倾向；（3）货币流通速度；（4）物价水平；（5）社会商品总额；（6）利率水平。

6. 答：货币供给有狭义的货币供给和广义的货币供给之分。狭义的货币供给就是前面所说的硬币、纸币和银行活期存款的总和，一般用 M 或 M_1 表示。广义的货币供给就是在狭义货币供给的基础上加上定期存款，一般用 M_2 表示。如果在广义货币的基础上再加上个人和企业所持有的“货币近似物”（如政府债券），那就构成了更广义的货币供给，用 M_3 表示。前面货币创造过程中得到的最终货币量就是狭义的货币供给量。

（四）计算题

1. 解：（1）银行存款增加 250 万元。运用简单货币乘数进行计算：$\frac{50}{20\%}=250$

（2）银行准备金增加：50 万元。$250\times20\%=50$（万元）

2. 解：（1）货币供给 $M=1\ 000+400/0.12=4\ 333$（亿美元）

（2）当准备金率提高到 0.2，则存款变为 $400/0.2=2\ 000$（亿美元），现金仍是 1 000 亿美元，因此货币供给为 $1\ 000+2\ 000=3\ 000$（亿美元），即货币供给减少了 1 333 亿美元。

（3）中央银行买进 10 亿美元债券，即基础货币增加 10 亿美元，则货币供给增加 $M=10\times(1/0.12)=83.3$（亿美元）。

3. 解：（1）$L=L_1+L_2=0.2Y+2\ 000-500r$

（2）$M=0.2\times10\ 000+2\ 000-500\times6=1\ 000$

（3）$2\ 500=0.2\times10\ 000+2\ 000-500r$，$r=3\%$

4. 解：货币乘数 $mm=M/H=5\ 000/2\ 000=2.5$

（五）论述题

1. 提示：一单位高能货币能带来若干倍货币供给，这若干倍即货币创造乘数，也就是货币供

给的扩张倍数。如果用 C_u 表示非银行部门持有的通货，R_d 表示商业银行的法定准备金，R_e 表示商业银行的超额准备金，H 表示高能货币，那么就有 $H=C_u+R_d+R_e$。

用公式表示为：$\frac{M}{H}=\frac{C_u+D}{C_u+R_d+R_e}$

将其处理一下可以得到：$\frac{M}{H}=\frac{\frac{C_u}{D}+1}{\frac{C_u}{D}+\frac{R_d}{D}+\frac{R_e}{D}}$

从中可以看到，影响货币乘数的因素有三个：现金—存款比率、法定准备率和超额准备率。

2. 解：(1) 先对需求曲线和供给曲线加以解释 (2) 论述两线相交得到均衡 (3) 需求曲线和供给曲线变动对均衡的影响。

第十三章　通货膨胀与失业

一、练习题

（一）判断题（对的填 T，错的填 F）

1. 通货膨胀提高了金融资产的名义价值，但没有改变它们的实际价值。（　）

2. 在通货膨胀时期，使用大量已有资本进行商业活动，要负担相对更多的税。（　）

3. 需求拉上型通货膨胀和成本推进型通货膨胀实质上是同样的概念，因为都造成货币工资和物价的上涨。（　）

4. 未预期的通货膨胀使失业率高于自然失业率，而低于预期的通货膨胀使失业率低于自然失业率。（　）

5. 未预期到的通货膨胀将财富从债务人手中再分配给债权人。（　）

6. 中央银行不应该考虑将零通货膨胀率作为其目标，因为通货膨胀只是一种名义现象，它不会改变任何商品的实际价格。（　）

7. 货币政策对付需求拉上型通货膨胀会比对付成本推动型通货膨胀更为有效。（　）

8. 扩张的货币政策比扩张的财政政策更能引起通货膨胀，因为政府支出的一部分来源于税收。（　）

9. 当失业率为零时，宏观经济就实现了充分就业目标。（　）

10. 无论什么人，只要没找到工作就算处于失业状态。（　）

11. 通过增加职业介绍所可减少结构性失业。（　）

12. 失业一般对经济有直接的损失，而通货膨胀虽然也有损失但主要是长期的。（　）

13. 自然失业率不受政策变动的影响。（　）

14. 失业保险可以降低失业率，因为它可以帮助工人们更容易找到工作。（　）

15. 在一个经济中，政府通过制定 50 元/小时的最低工资，那么所有以前其工资低于 50 元/小时的工人都将看到他们的工资上涨。（　）

16. 当实际工资保持在使劳动力供给与劳动力需求达到均衡的水平之上时，就会产生摩擦性失业。（　）

17. 菲利普斯曲线表述的关系表明治理通货膨胀最有力的措施是工资和物价管制。（　）

18. 如果短期菲利普斯曲线在长期中也成立的话，那么政策制定者能够同时对付失业和通货膨胀。（　）

19. 菲利普斯曲线指出货币政策和财政政策不会影响失业率。（　）

20. 在 20 世纪 70 年代和 80 年代，菲利普斯曲线向外移动，使得在相对比较低的通货膨胀率水平上降低失业率更为容易。（　）

（二）选择题

1. 失业和通货膨胀是人们关注的两个主要问题，但是________。

A. 通货膨胀更加惹人关注，因为它伤害了每个人，而失业则不然
B. 人们的关注是非理性的，因为它们都不是一个大问题，并且都可以很容易地得到解决
C. 失业以牺牲产出为实际代价，而通货膨胀主要是再分配效应
D. 大多数通货膨胀可以提前预期到，因此是预期的通货膨胀而不是实际的通货膨胀引起人们的关注

2. 通货膨胀是________。
A. 货币发行量过多而引起的一般物价水平普遍持续的上涨
B. 货币发行量超过流通中的黄金量
C. 货币发行量超过流通中商品的价值量
D. 以上都不是

3. 需求拉上型通货膨胀通常是由________情况引起的。
A. 总需求曲线向左移动　　B. 总需求曲线向右移动
C. 总需求曲线与总供给需求均无变动　　D. 总供给曲线向左移动

4. 垄断企业和寡头企业利用市场势力谋取过高利润所导致的通货膨胀，属于________。
A. 成本推动型通货膨胀　　B. 结构型通货膨胀
C. 需求拉上型通货膨胀　　D. 以上都不对

5. 已知充分就业的国民收入是 10 000 亿元，实际国民收入是 9 900 亿元，边际消费倾向是 80%，在增加 100 亿元投资以后，经济将发生________。
A. 需求拉上型通货膨胀　　B. 成本推动型通货膨胀
C. 结构型通货膨胀　　D. 需求不足的失业

6. 当人们预期到通货膨胀率将会上升时，人们通过________来保护自己。
A. 购买政府债券　　B. 迅速借钱给他人减少货币持有
C. 持有更多的实际余额　　D. 将货币转化为实际资产

7. “滞胀”理论用菲利普斯曲线表示是________。
A. 一条垂直的菲利普斯曲线　　B. 一条斜率为正的直线
C. 短期菲利普斯曲线的不断外移　　D. 一条斜率为负的直线

8. 如果中央银行宣布，它将在未来提高货币供给量但是不会改变现在的货币供给量，那么________。
A. 名义利率将会下降，当前的价格水平将会上升
B. 名义利率将会上升，当前的价格水平将会下降
C. 名义利率和当前的价格水平将会下降
D. 名义利率和当前的价格水平将会上升

9. 如果政府想要降低通货膨胀而不造成衰退的话，所有以下情况都必须满足，除了________。
A. 工人和企业形成的预期必须是理性的　　B. 政策必须在预期形成之前宣布
C. 政策必须为工人和企业所相信　　D. 政府必须提高税收

10. 处于自然失业率水平表示________。
A. 进入和退出失业队伍的劳动者数量处于均衡
B. 对物价和工资的预期是正确的
C. A 和 B 都包括在内
D. A 和 B 都不是

11. 对于经济学家来说，失业主要是指________。

A. 部分资源闲置　　B. 配置不当

C. 经济繁荣不可避免的结果　　D. 低生活水平的结果

12. 由于经济萧条而导致的失业属于________。

A. 摩擦性失业　　B. 结构性失业　　C. 周期性失业　　D. 永久性失业

13. 如果某人由于钢铁行业不景气而失去工作，这种失业属于________。

A. 摩擦性失业　　B. 结构性失业　　C. 周期性失业　　D. 永久性失业

14. 如果某人刚刚进入劳动力队伍尚未找到工作，这是属于________。

A. 摩擦性失业　　B. 结构性失业　　C. 周期性失业　　D. 永久性失业

15. 年龄在16周岁以上的人口是4 000万，在这其中有200万人失业，2 300万人现在拥有工作。那么，这个国家的失业率为与劳动参与率分别为________。

A. 8%，62.5%　　B. 8.7%，92%　　C. 8.7%，62.5%　　D. 5%，57.5%

16. 如果工资可以上升和下降，那么劳动力需求的减少意味着________。

A. 失业将会上升　　B. 不存在摩擦性失业

C. 不存在结构性失业　　D. 不存在周期性失业

17. 失业保险通过________来增加摩擦性失业的数量。

A. 给工人寻找新工作增加紧迫感

B. 促使工人们接受他们所获得的第一份工作岗位

C. 使雇主更加不愿意解雇工人

D. 减轻失业带来的经济困难

18. 菲利普斯曲线描述________之间的关系。

A. 失业与通货膨胀　　B. 失业与产量　　C. 就业与通货膨胀　　D. 通货膨胀与产量

19. 长期菲利普斯曲线说明________。

A. 通货膨胀和失业之间不存在相互替代关系

B. 传统菲利普斯曲线仍然有效

C. 在价格很高的情况下，通货膨胀和失业之间仍有替代关系

D. 曲线离原点越来越远

20. 根据菲利普斯曲线，降低通货膨胀的办法是________。

A. 减少货币供给量　　B. 降低失业率　　C. 提高失业率　　D. 降低生产成本

（三）简答题

1. 通货膨胀的经济效应有哪些?
2. 通货膨胀是否意味着不同的商品价格将按相同的比例上升?
3. 通货膨胀的主要成因及相应的反通货膨胀措施。
4. 失业、就业和不再工作的区别是什么?
5. 哪些失业是可以消除的，哪些失业是无法消除的，为什么?
6. 失业会给社会和个人带来什么损失?

（四）计算题

1. 假设某国价格水平在1994年为107.9，1995年为111.5，1996年为114.5，求：（1）1995

年和1996年通货膨胀率各为多少？（2）若以前两年通货膨胀率的平均值作为第三年通货膨胀率的预期值，计算1997年的预期通货膨胀率。（3）若1997年的利率为6%，计算该年的实际利率。

2. 如果1991～1994年的消费者价格指数CPI分别为400、440、462、462，求：（1）计算1992年、1993年、1994年通货膨胀率。（2）假定一组工人签了从1993年开始为期2年的合同。其工资增长率为$\Delta W/W=0.1$。在现有的CPI水平下，其实际工资如何变化？（3）假定工资率依据下面公式计算：$\Delta W/W=0.05+0.5\Delta CPI/CPI$，其实际工资又如何变化？（4）如果$\Delta W/W=\Delta CPI/CPI$，其实际工资又如何变化？

3. 如果某个经济中的失业率与GNP之间满足奥肯定律，即$(Y-Y^*)/Y^*=-3(u-u^*)$，其中，u是失业率，u^*是自然失业率，Y是实际GNP，Y^*是潜在GNP。又假定1991年、1992年、1993年和1994年的失业率分别为5%、4%、5%和6%。试求：（1）当自然失业率$u^*=6\%$时，1991～1994年各年失业率所对应的GNP缺口。（2）比较4年中实际GNP与潜在GNP的关系。（3）若1993年的实际GNP为2 000万亿美元，计算当年的潜在GNP水平。

4. 假定某经济中劳动力供给方程为：$N_S=100+2W/P$，劳动力需求方程为：$N_D=200-8W/P$。（1）解均衡状态下的实际工资和就业水平。（2）假定劳动力需求有所下降，其方程变为：$N_D=190-8W/P$，请问此时均衡工资下降多少？就业减少多少？解释为什么工资下降的百分数要比就业下降的百分数大？

（五）论述题

1. 请回答问题：（1）“一个稳定的，比如每年5%左右的通货膨胀率，要比一个不稳定的，但平均起来也是约5%的通货膨胀率理想”，你同意这个观点吗？为什么？（2）“轻微的通货膨胀是刺激经济的润滑剂”，你同意这个观点吗？为什么？（3）通货膨胀的主要原因是货币发行过多，那么，我们要求每年货币发行保持在一个低水平的，比如3%～5%的增长率，你认为这个办法好吗？

2. 什么是自然失业率？哪些因素影响自然失业率的高低？

二、练习题参考答案

（一）判断题

1. F　2. T　3. F　4. F　5. F　6. F　7. T　8. F　9. F　10. F
11. F　12. T　13. F　14. F　15. F　16. F　17. F　18. F　19. F　20. F

（二）选择题

1. C　2. A　3. B　4. A　5. A　6. D　7. B　8. D　9. D　10. C
11. A　12. C　13. B　14. A　15. A　16. D　17. D　18. A　19. A　20. C

（三）简答题

1. 答：在通货膨胀不能完全预期的情况下，可以从以下几个方面认识通货膨胀对收入分配的影响。首先，通货膨胀将降低固定收入阶层的实际收入水平。其次，通货膨胀牺牲债权人的利益而使债务人受益。通货膨胀率大于名义利率时，实际利率为负值。再者，在政府与公众之间，通货膨胀有利于政府而不利于公众。这是通货膨胀的再分配效应。

通货膨胀还有产出效应：在短期内，需求拉上的通货膨胀可促进产出水平的提高；成本推动的通货膨胀却会导致产出水平的减少。需求拉上的通货膨胀就能刺激就业，减少失业；成本推动的通货膨胀通常会减少就业。在长期，通货膨胀对产出和就业的影响都会消失。

2. 答：不是的，通货膨胀衡量的是平均价格水平的走向。如果说某国或某地区在某一时期消费价格指数上升了 10%，这并不意味着所有的商品价格都上升了 10%，而只是平均价格水平上升了 10%，这一平均价格水平指数是指各种商品价格多少的加权平均，而非简单的算术平均。

3. 答：(1) 需求拉动的通货膨胀，是指总需求增加所引起的一般价格水平的持续显著上涨。可以采用衰退来降低需求拉动的通货膨胀，即实施紧缩性的财政政策和货币政策来实现紧缩需求。(2) 成本推动的通货膨胀又称成本通货膨胀或供给通货膨胀，是指在没有超额需求的情况下由于供给方面成本的提高所引起的一般价格水平的持续和显著的上涨。可以采用收入政策来抑制成本推动的通货膨胀，如实行工资、价格管制，实行收入指数化，也可以采用以税收为基础的收入政策作为前两种措施的补充。(3) 结构性通货膨胀，是指总需求和总供给处于均衡状态时，由于经济结构因素的变动，也会导致一般价格水平的上涨。可以采用人力政策来抑制此种通货膨胀，人力政策是指政府为解决失业与职位空缺并存问题而采取的措施，如劳动力在训练、移民和提供就业信息等。(4) 现实中的通货膨胀通常是多种原因综合作用的结果，因此要将各种措施结合使用，以求达到良好效果。

4. 答：在统计失业人口时，必须是针对那些面对劳动力市场的失业，这些人具有劳动能力且在寻找工作，但在劳动力市场上却找不到工作。所有不是通过劳动力市场的调节引起的失业都不能计入失业范围。如：退休人员、学生、家庭主妇等等，这些人并不寻找工作，不算失业，只能称他们为不再工作。就业是指在一定时间内在企业中工作的人。由于疾病、休假等原因暂时脱离工作的人不能当作失业人口，也不能计入不在工作的人中。

5. 答：对于由摩擦性失业和结构性失业所构成的自然失业我们只能尽力降低其失业程度，而不能完全消除，因为摩擦性失业产生的主要原因是劳动力市场的不断变化（如工作岗位、工作单位、家庭地点等等的不断变化）及信息的不完备性（一些工作岗位需要人而一些人却在找工作，彼此不了解对方的信息），在这两个条件约束下，劳动力流动需要一个过程，因而摩擦性失业不可避免。

结构性失业产生于经济结构的变化，而这种结构的变化是在经济增长过程中必然发生的，从衰落行业中游离出来的劳动者一时适应不了新兴行业的就业要求时，结构性失业就必然要发生。因此，摩擦性失业和结构性失业是无法消除的。而另一些失业，如需求不足型失业是有效需求不足引起的。对于这种失业，按照凯恩斯的看法，通过国家的干预，设法刺激有效需求是可以消除的。

6. 答：失业会给社会和个人带来损失，这就是个人和社会为失业而付出的代价。对个人来讲，如果是自愿失业，则会给他带来闲暇的享受。但如果是非自愿失业，则会使他的收入减少，从而生活水平下降。对社会来说，失业增加了社会福利支出，造成财政困难。同时，失业率过高会影响社会的安定，带来其他社会问题。

从整个经济看，失业在经济上的最大损失就是国民收入的减少。美国经济学家 A 奥肯在 20 世纪 60 年代提出的奥肯定理正是说明失业率与实际国民收入增长率之间的关系的。奥肯定律说明了失业率与实际国民收入增长率之间的经验统计规律，它表现在没有实现充分就业的情况下，失业率每增加 1%，则实际国民收入减少约 3%；反之，失业率每减少 1%，则实际国民收入增加约 3%。

(四) 计算题

1. 解：(1) 设 p_{1995}、p_{1996} 分别为 1995 年、1996 年的通货膨胀率，则有 $p_{1995} = (P_{1995} - P_{1994})/$

$P_{1994}\times 100\% = (111.5-107.9)/107.9\times 100\% = 3.34\%$，同理可求得：$p_{1996}=2.69\%$

（2）设 $p_{1997}{}^{e}$ 为 1997 年的预期通货膨胀率，则依照题意有：

$$p_{1997}{}^{e} = (p_{1995}+p_{1996})/2 = (3.34\% + 2.69\%)/2 = 3.015\%$$

（3）按照名义利率、实际利率与预期通货膨胀率之间的关系，有

实际利率$_{1997}$ = 名义利率$_{1997}$ $- p_{1997}{}^{e} = 6\% - 3.015\% = 2.985\%$

2. 解：（1）如果以 CPI 来衡量通货膨胀率 p，则某年的通货膨胀率为：

$p_1 = (CPI_t - CPI_{t-1})/CPI_{t-1}\times 100\%$

那么，$p_{1992} = (440-400)/400\times 100\% = 10\%$

$p_{1993} = (462-440)/440\times 100\% = 5\%$

$p_{1994} = (462-462)/462\times 100\% = 0\%$

（2）如果 $\Delta W/W = 0.1$，即名义利率每年以 10% 的速度增加，那么，1992 年，名义工资的增长完全为通货膨胀（$p_{1992}=10\%$）所抵消，实际工资不变；1993 年，由于 $\Delta W/W - p_{1993} = 5\%$，实际工资可上升 5%；1994 年，$\Delta W/W - p_{1994} = 0$，实际工资与名义工资同比例增长。

（3）按照所给条件计算 1992～1994 年各年的名义工资增长率：

$(\Delta W/W)_{1993} = 0.05 + 0.5\times(462-440)/440 = 7.5\%$

$(\Delta W/W)_{1994} = 0.05 + 0.5\times(462-462)/462 = 5\%$

比较对应年的通货膨胀率 $p_{1993}=5\%$，$p_{1994}=0$，可知，实际工资在 1993 年增加了 7.5%，1994 年增加了 5%。

（4）如果 $\Delta W/W = \Delta CPI/CPI$，即名义工资与通货膨胀同步增长，那么实际工资就维持原水平。

3. 解：（1）按照奥肯法则，在 6% 的自然失业率水平下，各年的 GNP 缺口分别为：

1991 年：$(Y_{91}-Y^{*})/Y^{*} = -3(5\%-6\%) = 3\%$

1992 年：$(Y_{92}-Y^{*})/Y^{*} = -3(4\%-6\%) = 6\%$

1993 年：$(Y_{93}-Y^{*})/Y^{*} = -3(5\%-6\%) = 3\%$

1994 年：$(Y_{94}-Y^{*})/Y^{*} = -3(6\%-6\%) = 0\%$

（2）由（1）可知在 1991、1992 和 1993 年，实际 GNP 都高于潜在 GNP 水平，这对 1991、1992 和 1993 年的价格水平存在上升的压力。1994 年缺口消除。

（3）若 1993 年的实际 GNP 为 2 000 万亿美元，由已知条件和奥肯法则可得：

$(2\,000-Y^{*})/Y^{*} = -3(5\%-6\%)$ 解得：$Y^{*} = 1941.75$

也就是 1993 年的潜在 GNP 水平为 1 941.75 万亿美元。

4. 解：（1）当劳动力市场上劳动力需求等于劳动力供给（即 $N_S = N_D$）时，市场达到均衡，即：$100+2W/P = 200-8W/P$，解之可得实际工资为：$W/P=10$，代之劳动力需求方程可得均衡就业：$200-8W/P = 200-8\times 10 = 120$。

（2）当劳动力需求下降时，实际工资及就业水平随之下降，在新的劳动力需求方程下，实现新的均衡，即 $100+2W/P = 190-8W/P$，解得实际工资 W/P 等于 9，均衡就业为 $190-8W/P = 190-8\times 9 = 118$，这样，实际工资下降了 10%，均衡就业下降了 1.67%（即 $2\times 2/120\times 100\%$）。工资下降的百分数大于就业下降的百分数，是因为此模型中劳动供给曲线的斜率较大，从而导致劳动供给对实际工资变动不敏感，也就是实际工资下降或上升很多时，就业减少或增加的不多。因此，当实际工资变动时，就业变动幅度就较小。

（五）论述题

1. 提示：（1）上述说法有一定的道理。因为如果每年 5% 的通货膨胀率成为一个趋势的话，就

会使国民经济的各个方面和部门产生一种合理的预期，从而根据这种预期安排有关的活动；通货膨胀率时高时低，使人们对今后国民经济的发展趋势难以做出合理的预期，会使国民经济产生较大的紊乱。

（2）这是一部分人的观点。通货膨胀不是一件好事，在一般的情况下应当防止。只是在国民经济发生严重萧条的时候，也就是发生在通货紧缩的时候，政府为刺激国民经济的复苏，采取扩张性的财政和货币政策，也就是采用适当的通货膨胀政策来抵消通货紧缩的不良影响，则“轻微的通货膨胀是刺激经济的润滑剂”这句话有一定的合理性。在解决通货紧缩的时候，用轻微的通货膨胀的经济政策对国民经济的部门之间的价格调整，也是有所帮助的，因为各个产业的需求程度不尽一致，价格的升降幅度也会有所不同，从而使国民经济的结构趋于合理化。

（3）诚然，通货膨胀的主要原因是货币发行过多，但这是针对国民产出水平而言的，如果国民经济产出水平增长8%，货币供应也增长8%左右，这不称为货币增长过多。所以，要求每年货币发行保持在一个低水平的，比如3%～5%的增长率，如果国民经济产出水平保持不变，或是负增长，即使货币发行增长3%～5%，也会引发通货膨胀；反之，如果国民经济产出水平增长超过3%～5%，货币发行增长3%～5%，也不会引发通货膨胀。

2. 提示：不同的经济学家对自然失业率的定义有着不同的看法，一般地讲，自然失业率是指经济中只存在摩擦性失业和结构性失业时的失业率，当实际失业率等于自然失业率时，就看作实现了充分就业。因此，自然失业率又称为充分就业时的失业率。

失业持续的时间和失业的频率是影响自然失业率的两个主要因素。失业持续的时间取决于经济周期及劳动力市场的结构，从劳动力市场结构看，劳动力市场组织、失业人口构成、失业者就业的意愿和能力以及失业救济金制度等等，都影响着失业持续的时间。失业频率是指劳动力在一定时期内变为失业者的平均次数。一般来讲，企业对劳动力需求变化越大，失业频率越高，新劳动力增长速度越快，失业频率也越高。

总之，失业持续的时间越长，失业频率越高，自然失业率就越高。

第十四章　宏观经济政策

一、练习题

（一）判断题（对的填T，错的填F）

1. 中央银行购买政府债券将引起货币供给量的减少。（　）
2. 中央银行的主要职能是控制国家的货币供给。（　）
3. 假如挤出效应等于100%，财政政策十分有效。（　）
4. 只要挤出效应小于100%，政府支出增加就能刺激国民收入增加。（　）
5. 消费者和地方政府的支出对利率变动的反应是迟钝的。（　）
6. 在萧条时为取得年度预算的平衡，政府必须降低税率。（　）
7. 转移支付增加一美元对总需求的影响总是与政府支出增加一美元的影响相同。（　）
8. 自动稳定器能完全抵消经济的波动。（　）
9. 中央银行提高贴现率最终目的是紧缩货币供给。（　）
10. 经济萧条时，政府应该采取减税措施。（　）
11. 中央银行调低存款准备金率可以起到抑制通货膨胀的作用。（　）
12. 当失业率为零时，宏观经济实现了充分就业目标。（　）
13. 当经济处于萧条状态时政府通常会相应采取紧缩的财政货币政策。（　）
14. 比例税制对经济也会起到内在稳定器的作用。（　）
15. 紧缩货币政策的有效与否主要取决于这一政策是否减少总支出。（　）
16. 改变商业银行活期存款准备金率是中央银行经常使用的货币工具。（　）
17. 如果消费者能根据收入变化及时地调整他们的消费水平，那么对经济就起到内在稳定的作用。（　）
18. 失业保险制度对国民收入水平变动能起到自动稳定的作用。（　）
19. 如果货币流通速度的变动频繁的话，货币政策将更为有效。（　）
20. 货币政策对付通货膨胀比对付经济衰退更为有效，因为中央银行减少商业银行准备金时，商业银行必须紧缩信贷，而中央银行增加准备金时，商业银行不必扩张信贷。（　）

（二）选择题

1. 下列________不是宏观经济政策的最终目标。

   A. 充分就业　　B. 稳定物价

   C. 稳定货币供给量和利率水平　　D. 促进经济增长

2. 如果中央银行认为通胀压力太大，其紧缩政策为________。

   A. 在公开市场出售政府债券　　B. 迫使财政部购买更多的政府债券

   C. 在公开市场购买政府债券　　D. 降低法定准备金

3. 经济学家一致认为________。

A. 货币供给的迅速变化对总需求具有重大影响
B. 在稳定经济中货币政策的作用大于财政政策
C. 在稳定经济中财政政策的作用大于货币政策
D. 货币政策和财政政策的作用都不大
4. 政府的财政收入政策通过________因素对国民收入产生影响。
A. 政府转移支付　B. 政府购买　C. 消费支出　D. 出口
5. 扩张性财政政策对经济的影响是________。
A. 缓和了经济萧条但增加了政府债务　B. 缓和了萧条也减少了政府债务
C. 加剧了通货膨胀但减轻了政府债务　D. 缓和了通货膨胀但增加了政府债务
6. 商业银行之所以有超额储备，是因为________。
A. 吸收的存款太多　B. 未找到那么多合适的贷款
C. 向中央银行申请的贴现太多　D. 以上几种情况都可能
7. 市场利率提高，银行的准备金会________。
A. 增加　B. 减少　C. 不变　D. 以上几种情况都可能
8. 中央银行降低再贴现率，会使银行准备金________。
A. 增加　B. 减少　C. 不变　D. 以上几种情况都可能
9. 中央银行在公开市场卖出政府债券是企图________。
A. 收集一笔资金帮助政府弥补财政赤字　B. 减少商业银行在中央银行的存款
C. 减少流通中基础货币以紧缩货币供给　D. 通过买卖债券获取差价利益
10. 政府可以实施的用来平抑经济周期性波动的财政政策为________。
A. 经济衰退时增加政府开支削减税收　B. 经济高涨时增加政府开支削减税收
C. 经济衰退时减少政府开支削减税收　D. 经济高涨时减少政府开支削减税收
11. 假定货币需求不变，紧缩货币政策将导致________。
A. 利率和货币存量都下降　B. 利率下降，货币存量增加
C. 利率上升，货币存量下降　D. 利率和货币存量都上升
12. ________与货币和财政政策的时滞引起的问题相关。
A. 当企业等待开始新投资时，货币政策的作用被延缓
B. 政府作出改变税收和支出的决定需要时间
C. 汇率调整缓慢
D. A 和 B
13. 若实行削减个人所得税率和增加实际国防开支的政策，在短期内将导致________。
A. 总供给减少，物价上涨　B. 增加总需求从而增加国民收入
C. 总需求减少从而减少国民收入　D. 因政策相互矛盾而使结果不确定
14. 为了减少货币供给，中央银行会使用________。
A. 提高商业银行向中央银行借款所要支付的利率
B. 降低法定准备金规定
C. 降低贴现率
D. 购买政府债券
15. 银行创造货币的做法是________。
A. 把超额准备金作为贷款放出　B. 增加自己的准备金

C. 出售自己的部分投资证券　　D. 印刷更多的钞票

16. 采纳________财政政策可将经济活动稳定在充分就业水平上。

A. 确保货币供给不会增长得过快或过慢　　B. 改变政府支出和税收水平

C. 改变国家债务的组成部分

D. 采取能够在整个经济周期使国家预算保持平衡状态的政策

17. 公开市场业务具体指________。

A. 商业银行对企业和消费者的贷款　　B. 商业银行对商业银行的贷款

C. 中央银行买入或卖出政府有价券　　D. 以上说法都不正确

18. 自动稳定器的功能是________。

A. 推迟经济衰退和有防止经济过热　　B. 旨在稳定收入，刺激价格波动

C. 足够保持经济的充分稳定　　D. 消除通货膨胀

19. 面对经济停滞，一国政府应该________。

A. 扩大支出、削减税收，同时实施紧缩的货币政策

B. 削减支出和税收，同时实施扩张的货币政策

C. 扩大支出、削减税收，同时实施扩张的货币政策

D. 增加支出和税收，同时实施扩张的货币政策

20. 货币政策影响经济的渠道之一是________。

A. 直接影响收入　C. 直接影响价格　B. 改革资金的周转　D. 改变贷款的成本

（三）简答题

1. 宏观财政政策的主要内容是什么？

2. 论述宏观货币政策的手段。

3. 经济中的自动稳定器有哪些？它们是如何发挥作用的？

4. 如果经济衰退，政府打算用一种会促进长期经济增长的方法来刺激产出，那么政府更喜欢用什么政策工具来刺激经济？

5. 2003年9月21日起中国人民银行将金融机构法定存款准备金率由6%上调至7%，由此冻结商业银行约1 500亿元存款准备金。试分析这一货币政策的实施对国民产出的影响。

6. 中国唐朝著名诗人杜甫曾写下著名诗句“朱门酒肉臭，路有冻死骨”，试结合经济学理论对这种现象加以解释，并分析如何利用宏观经济政策来改变这一局面。

（四）计算题

1. 如果政府通过征收1 000亿美元的税收和支出1 000亿美元的购买以求预算的平衡，当MPC为0.8时求对NNP的影响。

2. 假定现金存款比例 $r_0 = C_u/D = 0.38$，准备率（包括法定的和超额的）$r = 0.18$，试问货币创造乘数为多少？若增加基础货币100亿美元，货币供给增加多少？

3. 假定某国政府当前预算赤字为75亿美元，边际消费倾向 $B = 0.8$，边际税率 $t = 0.25$，如果政府为降低通货膨胀率要减少支出200亿美元，试问：支出的这种变化能否最终消灭赤字？

4. 假定货币需求函数 $L = kY - hr$ 中的 $k = 0.5$，消费函数 $C = A + BY$ 中的 $B = 0.5$，假设政府支出增加10亿美元，试问货币供给量（假定价格水平不变为1）要增加多少才能使利率保持不变？

（五）论述题

1. 试述财政政策的内涵、手段及扩张性财政政策作用机制。
2. 试述货币政策的主要工具以及当经济呈现过热势头时央行应如何运用这些工具。

二、练习题参考答案

（一）判断题

1. F	2. T	3. F	4. T	5. F	6. F	7. F	8. F	9. T	10. T
11. F	12. F	13. F	14. T	15. T	16. F	17. F	18. T	19. F	20. T

（二）选择题

1. D	2. A	3. A	4. B	5. A	6. B	7. B	8. A	9. C	10. C
11. C	12. D	13. B	14. A	15. A	16. B	17. C	18. A	19. C	20. D

（三）简答题

1. 答：财政政策的效果是指政府支出或税收变化对总需求从而对国民收入和就业的影响。就增加政府支出和减少税收的扩张性财政政策来说，这种财政政策的效果总的说来主要取决于两个方面的影响：（1）扩张财政会使利率上升多少。在其他情况不变时，若利率上升较多，财政政策效果就小一些，反之，则大一些。（2）取决于财政扩张使利率上升时，会在多大程度上“挤出”私人部门的投资。

2. 答：货币政策效果是指中央银行变动货币供给量对总需求从而对国民收入和就业的影响。就增加货币供给的扩张性货币政策来说，这种货币政策的效果的大小主要取决于这样两点：第一，增加一定数量的货币供给会使利率下降多少。从这一点看，如果货币需求对利率变动很敏感，即货币需求的利率系数 h 很大，则 LM 曲线较平缓，那么，这时增加一定数量的货币供给只会使利率稍有下降，在其他情况不变条件下，私人部门的投资增加的就较少，从而货币政策效果就比较小。第二，利率下降时会在多大程度上刺激投资。从这一点看，如果投资对利率变动很敏感，即 IS 曲线较平缓，那么，利率下降时，投资就会大幅度增加，从而货币政策效果就比较大。

3. 答：自动稳定器主要有三种：（1）税收的变动，在经济扩张时有遏制作用，在经济萧条时缓解紧缩的作用；（2）政府的转移支付，同税收作用相同；（3）维持农产品价格政策，使农场主可支配收入保持稳定。

4. 答：政府更喜欢用投资税优惠这样的减税措施，这种措施比扩张货币、降低利率的刺激投资的办法可能好一些，因为扩张货币容易造成通货膨胀，而通货膨胀又不利于经济的稳定和增长；削减个人所得税可刺激消费并进而促进投资，但这种促进作用比较有限；增加政府支出也会刺激产出，但可能出现挤出效应。相比之下，投资税优惠可能是政府更喜欢采用的措施。

5. 答：可通过货币政策的传导机制进行分析，在其他条件不变的情况下，调高法定准备金率会导致商业银行上缴中央银行的法定准备金增加，由于存在着货币乘数作用，使货币的供应量以更大幅度减少，当货币需求不变时，导致利率上升，投资、消费和净出口相应下降，进而导致总需求下降，在总供给不变的情况下，最终导致国民产出的下降。

6. 答：（1）该现象从侧面反映了该时期社会收入两极分化现象比较严重，贫富收入差距较大；

社会保障政策还存在需改进之处；宏观经济管理部门应积极利用税收和转移支付等财政政策手段，建立和完善社会保障体系来改变这一局面。

（四）计算题

1. 解：税收增加将使 NNP 减少 4 000 亿美元，支出增加将使 NNP 提高 5 000 亿美元，所以 NNP 将净增 1 000 亿美元。

2. 解：货币创造乘数 $K=(1+r_0)/(r_0+r)=(1+0.38)/(0.38+0.18)=2.46$，

若增加基础货币 100 亿美元，则货币供给增加 $\Delta M=100\times2.46=246$ 亿美元。

3. 解：在三部门经济中政府购买支出的乘数为：

$$K_G=1\div[1-B(1-t)]=1\div[1-0.8(1-0.25)]=2.5$$

当政府支出减少 200 亿美元时，收入和税收均会减少，为：

$$\Delta Y=K_G\cdot\Delta G=2.5\times(-200)=-500,\Delta T=t\cdot\Delta Y=0.25\times(-500)=-125$$

于是预算盈余增量为：$\Delta BS=\Delta T-\Delta G=-125-(-200)=75$

这说明当政府减少支出 200 亿美元时，政府预算将增加 75 亿美元，正好与当前预算赤字相抵消，这种支出的变化能最终消灭赤字。

4. 解：在利率保持不变的情况下，政府支出的增加不会引致私人投资的挤出，此时在支出乘数的作用下，均衡收入增加量为：

$$\Delta Y=K_G\cdot\Delta G=1\div(1-B)\cdot\Delta G=1\div(1-0.5)\times10=20$$

随着收入的增加，货币的交易需求增加，为保持原来的利率水平不变，则需增加货币供给量，且货币供给增加量必须等于货币交易需求增加量，故应增加的货币供给量为：

$$\Delta M=\Delta L=k\cdot\Delta Y=0.5\times20=10$$

（五）论述题

1. 提示：（1）财政政策是指政府为影响经济活动的总水平而对政府支出、税收和借债水平的选择或对政府收入和支出水平所做出的决策；财政政策主要包括财政收入政策（主要是税收政策）和财政支出政策（政府公共工程支出、政府购买、政府转移支付等）。

（2）主要手段有：第一，改变政府购买水平。在总支出不足，失业增多时，提高购买水平，反之降低。第二，改变政府支付水平。在总支出不足，失业增多时，增加社会福利费用，提高转移支付水平，反之降低。第三，改变税率。在总支出不足，失业增多时，实行减税，反之增税。（3）扩张性财政政策是指在经济萧条时期通过增加政府购买支出、减少税收及增加转移支付等手段来扩大总需求，从而增加国民产出的政策运用。

2. 提示：（1）中央银行能够使用的政策工具主要有公开市场业务、贴现政策及准备率政策。公开市场业务就是中央银行在金融市场上买进或卖出有价证券，以调节货币供给量。贴现是商业银行向中央银行贷款的方式。商业银行向中央银行进行这种贴现时所付的利息率就是贴现率。贴现政策包括变动贴现率与贴现条件，其中最主要的就是变动贴现率。准备率是商业银行吸收的存款中用于做准备金的比率，准备金包括库存现金和在中央银行的存款。中央银行变动准备率则可以通过对准备金的影响来调节货币的供给量。

（2）当呈现经济过热势头时货币政策的运用：当出现经济过热势头时，总需求将大于总供给，为了抑制需求，就要运用紧缩性的货币政策，其中包括在公开市场上卖出有价证券，提高贴现率并严格贴现条件，提高准备率等等。这些政策可以减少货币供给量，提高利息率，抑制总需求。

第十五章　经济周期

一、练习题

（一）判断题（对的填 T，错的填 F）

1. 加速原理认为当经济增长速度加快时，投资也增速。（　）
2. 经济周期可划分为四个阶段：繁荣、衰退、萧条、复苏。（　）
3. 朱格拉周期是一种短周期。（　）
4. 熊比特周期是一种综合。（　）
5. 基钦周期是一种长周期。（　）
6. 库兹涅茨周期是一种长周期。（　）
7. 衰退与复苏是经济周期的两个主要阶段。（　）
8. 创新周期理论是一种内生经济理论。（　）
9. 内因论下的经济周期理论包括纯货币理论、投资过度理论、消费不足理论、心理理论、乘数－加速原理。（　）
10. 纯货币周期理论是由凯恩斯提出的。（　）
11. 加速原理认为投资的增加导致 GDP 的数倍增加。（　）
12. 加速原理在任何时候都能发生作用。（　）
13. 乘数原理说明国民收入的决定，加速原理说明投资的决定。（　）
14. 经济周期是指 GDP 值上升和下降的交替过程。（　）
15. 复苏阶段经济的主要特征是投资减少，大量产品积压。（　）
16. 根据凯恩斯学派的观点，经济之所以会发生周期性波动，是因为外部经济因素的作用。（　）
17. 导致经济波动的投资主要是固定资产投资。（　）
18. 根据纯货币周期理论，信用收缩的原因是边际消费倾向下降。（　）
19. 创新周期理论是由美籍奥地利经济学家熊彼特提出的。（　）
20. 心理因素周期理论强调投资者的心理预期是造成经济波动的主要原因。（　）

（二）选择题

1. 萧条阶段经济的主要特征是________。

A. 投资高涨，生产就业增加　　B. 投资减少，产品积压

C. 大量工厂倒闭　　D. 大量机器更新

2. 复苏阶段经济的主要特征是________。

A. 大量机器更新　　B. 投资减少，产品积压

C. 大量工厂倒闭　　D. 物价下跌

3. 加速原理认为________。

A. 当经济升温时，通货膨胀也增加
B. 当经济增长加快时，投资也增速
C. 当政府支出增加时，投资也增加
D. 增加货币供给量可使投资增长加速

4. 一国在一定时期内 GNP 增长率在不断降低，但是总量却在不断提高，从经济周期的角度看，该国处于________阶段。

A. 繁荣　B. 衰退　C. 复苏　D. 萧条

5. 经济波动的周期的四个阶段依次为________。

A. 扩张、峰顶、衰退、谷底
B. 峰顶、衰退、谷底、扩张
C. 谷底、扩张、峰顶、衰退
D. 以上各项都对

6. 当一社会处于经济周期的扩张阶段时________。

A. 经济的生产能力超过它的消费需求
B. 总需求逐渐增长，但没有超过总供给
C. 存货的增加与需求的减少相联系
D. 总需求超过总供给

7. 根据经济周期的定义，经济周期是指________。

A. GDP 值上升和下降的交替过程
B. 人均 GDP 值上升和下降的交替过程
C. GDP 值增长率上升和下降的交替过程
D. 以上各项都对

8. 朱格拉周期是一种________。

A. 短周期　B. 中周期　C. 长周期　D. 不能确定

9. 基钦周期是一种________。

A. 短周期　B. 中周期　C. 长周期　D. 不能确定

10. 康德拉季耶夫周期是一种________。

A. 短周期　B. 中周期　C. 长周期　D. 不能确定

11. 下述关于经济波动的叙述中，________是正确的。

A. 经济波动在其衰退阶段是总需求和经济活动下降的时期，表现为 GDP 值的下降
B. 在一定时期，经济波动是围绕着长期的经济增长趋势而上下波动的
C. 乘数作用导致总产出的增加，加速作用导致总产出的减少，乘数和加速数的交织作用造成经济的周期性波动
D. 如果政府不加以政策调控，经济波动将无限地扩张和收缩

12. 经济周期性波动最大的一般是________。

A. 资本品市场　B. 农产品市场　C. 日用消费品市场　D. 没有一定的规律

13. 导致经济周期性波动的投资主要是________。

A. 存货投资　B. 固定资产投资　C. 意愿投资　D. 重置投资

14. 加速原理断言________。

A. GDP 的增加导致投资数倍增加
B. GDP 的增加导致投资数倍减少
C. 投资的增加导致 GDP 数倍增加
D. 投资的增加导致 GDP 数倍减少

15. 下列选项中________是正确表达了加速原理。

A. 投资的变动引起国民收入数倍变动
B. 消费支出随着投资的变动而数倍变动
C. 投资的变动引起国民收入增长率数倍变动
D. 消费需求的变动引起投资的数倍变动

16. 经济之所以会发生周期性波动，是因为________。

A. 乘数作用
B. 加速数作用
C. 乘数和加速数的交织作用
D. 外部经济因素的波动

17. 当国民收入在乘数和加速数的作用下趋于扩张时，其增加将因________因素而放慢。

A. 加速系数下降 B. 边际消费倾向提高 C. 失业的存在 D. 充分就业

18. 当国民收入在乘数和加速数的作用下趋于下降时，其减少将因________因素而放慢。

A. 失业增加 B. 边际消费倾向下降 C. 加速系数上升 D. 总投资为零

19. 乘数原理和加速原理的关系是________。

A. 乘数原理说明国民收入的决定，加速原理说明投资的决定

B. 两者都说明投资的决定

C. 乘数原理解释经济如何走向繁荣，加速原理说明经济怎样陷入萧条

D. 只有乘数作用时国民收入的变动比乘数、加速数作用相结合时的变动要更大一些

20. 加速原理发生作用的条件是________。

A. 国民收入或消费支出持续增长时 B. 经济活动由衰退转向扩张时

C. 社会上没有剩余生产力时 D. 任何时候均可

（三）简答题

1. 经济周期的含义？
2. 乘数原理和加速原理有什么联系和区别？
3. 投资过度理论怎样解释经济周期？
4. 用乘数－加速数模型说明经济波动为什么会有上限和下限的界限？
5. 按乘数－加速数模型政府可以如何采取措施对经济波动进行控制？
6. 简要评述乘数和加速数意味着经济更大的不确定性。

（四）论述题

1. 西方经济理论中关于政府在经济周期波动中的作用有哪些观点？
2. 分析和评论加速原理。

二、练习题参考答案

（一）判断题

1. T 2. T 3. F 4. T 5. F 6. T 7. F 8. F 9. T 10. F
11. F 12. T 13. T 14. F 15. F 16. F 17. T 18. F 19. T 20. T

（二）选择题

1. C 2. A 3. B 4. B 5. D 6. B 7. C 8. B 9. A 10. C
11. B 12. A 13. B 14. A 15. D 16. C 17. D 18. D 19. A 20. C

（三）简答题

1. 答：经济周期是指国民生产总值、失业、通货膨胀、利率及其他经济变量定期地发生偏离增长趋势水平的各种振荡的汇集，通俗些讲就是总体经济活动扩张或收缩交替反复出现的过程，对扩张和收缩，经济学家有两种不同的解释，早期认为这种扩张和收缩是指绝对量的变化，后来发展为相对量，即增长率的变化过程。每一周期分为四个阶段，每个阶段又各自有不同的特点。根据经济周期的时间可分为短周期、中周期和长周期。对经济周期的形成原因有很多解释，其中比较有影响的重要是

纯货币理论、投资过度理论、消费不足理论、创新周期理论、心理因素周期理论、乘数－加速原理理论。

2. 答：在凯恩斯国民收入决定理论中，乘数原理考察投资的变动对收入水平的影响程度。投资乘数指投资支出的变化与其带来的收入变化的比率。投资乘数的大小与边际消费倾向有关，边际消费倾向月大，投资引起的连锁反应越大，收入增加得越多，乘数就越大。同样，投资支出的减少，会引起收入的数倍减少。

加速原理则考察收入或消费需求的变动反过来怎么样影响投资的变动。其内容是：收入的增加会引起对消费品需求的增加，而消费品要靠资本品生产出来，因而消费增加会引起对资本品需求的增加，从而必将引起投资的增加。资本－产出比率越高，则收入变动对投资变动影响越大，因此，一定技术条件下的资本－产出比率被称为加速系数，同样，加速作用也是双向的。

可见，乘数原理和加速原理是从不同的角度说明投资与收入、消费之间的相互作用。只有把两者结合起来，才能全面地、准确地考察收入、消费与投资三者之间的关系，并从中找出经济依靠自身的因素发生周期性波动的原因。乘数原理和加速原理不同的是，投资的乘数作用是投资的增长（下降）导致收入的数倍增长（下降），而投资的加速作用是收入或消费需求的增长（下降）导致投资的数倍增长（下降）。

3. 答：该理论对经济由繁荣走向萧条的解释是：在经济扩张过程中，投资过度扩张，而投资过度扩张造成两方面结果：一方面，投资品过剩，消费品不足。消费品不足限制了就业的增加，从而使扩大了的生产能力不能充分利用。另一方面，资本不足或储蓄不足。尽管投资过度扩张已经侵蚀了一部分消费，使储蓄增加，然而储蓄增加仍然赶不上投资增加，结果造成储蓄不足或资本不足。在这种情况下，投资扩张不可能持续下去。由于这两方面原因，经济势必由繁荣转向萧条。

4. 答：由于乘数和加速数的结合，经济中将自发地形成周期性的波动，它由扩张和收缩过程所组成，但是，即便依靠经济本身的力量，经济波动也有一定的界限。

经济波动的上限，是指产量或收入无论怎么增加都不会超过一条界限，它取决于社会已经达到的技术水平和一切资源可以被利用的程度。在既定的技术条件下，如果社会上一切可以被利用的生产资源已充分利用，经济的扩张就会遇到不可逾越的障碍，产量停止增加，投资也停止增加，甚至减少。这就是经济波动的上限。

经济波动的下限，是指产量或收入无论怎么收缩都不会再下降的一条界限，它取决于总投资的特点和加速作用的局限性。因为总投资降至最小时即为本期厂商不购买任何机器设备，即总投资等于零，它不可能小于零。这就构成了衰退的下限。又因为从加速原理来看，它在没有生产能力剩余的情况下才起作用。如果厂商因经济收缩而开工不足，企业有过剩的生产能力，则加速原理就不起作用了。此时，只有乘数作用，经济收缩到一定程度后就会停止收缩，一旦收入不再下降，乘数作用又会使收入逐渐回升。这就是经济波动的下限。

5. 答：西方经济学家认为，虽然在乘数和加速数的作用下，经济会自发地形成周期性波动，但政府在这种经济波动面前仍可有所作为。政府可以根据对经济活动变化的预测，采取预防性措施对经济活动进行调节，以维持经济的长期稳定。政府的措施主要通过一下三个环节来实现。

（1）调节投资。经济波动时在政府支出及自发性投资不便的情况下发生的，如果政府及时变更政府支出或者采取影响私人投资的政策，就可以使经济的波动比较接近于政府的意图，从而达到控制经济波动的目的。例如，在行政投资下降时，政府可以增加公共工程的投资，增加社会福利的转移支付，或采取减税、降低利率及银行储备率等措施鼓励私人投资，从而使总需求水平不致因行政投资的下降而降低，以保持经济的稳定、持续增长。

（2）影响加速系数。如果不考虑受益递减问题，加速系数与资本－产量比率是一致的。政府可以采取措施影响加速系数以影响投资的经济效果。例如，政府可采取适当的措施来提高劳动生产率，使同样的投资能够增加更多的产量，从而对收入的增长产生经济的作用。

（3）影响边际消费倾向。政府可以通过适当的政策影响人们的消费在收入中的比例，从而影响下一期的收入。例如，当经济将要下降时，政府可以采取鼓励消费的政策，提高消费倾向，增加消费，从而增加行政投资，进而促使下期收入的增加。

6. 答：乘数原理指的是投资的变动导致收入的数倍变动，而加速数的作用是指收入的变动导致投资的数倍变动。这意味着投资的微小变动通过乘数和加速数的双重作用后将导致国民收入同方向上的较大变动。具体而言：如果增加投资，那么经乘数作用后国民收入将数倍增长，再经加速数作用后投资会在此基础上数倍增长，如此循环往复，使经济迅速扩张。反之亦然，投资的较小收缩会导致国民收入相应的较大收缩。因此，乘数和加速数双重作用的彼此加强，使得经济呈现出更大的不确定性。

（四）论述题

1. 提示：对经济周期主要有四种不同的解释：

（1）传统的经济周期理论认为经济中存在引起波动的内在力量。就是说，波动根源于经济结构自身。即波动的根源是内生的，因而经济的上升和下降在很大程度上可被预测，从而政府的政策在减轻这种波动方面可以起作用。乘数－加速数模型就是这种传统的理论。

（2）实际经济周期理论认为波动是对经济的外在冲击的结果，这种冲击是随机的和未预期到的，如某种重要的投入（如石油）的价格变动，自然灾害以及特别是技术冲击，这些冲击来自经济外部，是外生事件，因而都是政策制定者的控制之外，经济可有效率地适应这些冲击。

（3）货币主义和新古典主义把波动归纳为政府的错误导向特别是货币政策的结果。例如，在短期内，货币当局用人们预期不到的方式变动货币供给量时，价格和产出就会发生波动。因此，对于波动，政府不能解决问题，反而制造问题，政府干预引发了经济的波动，干扰了市场经济的正常运行。

（4）新凯恩斯主义者把波动看作来源于经济内部和外部的各种原因，现代经济的内在特征一些这样的干扰，并使其作用持续存在，就是说，波动起因于对总需求和总供给两方面的冲击，外生冲击的影响由于经济结构而被扩大并且被延长，这种波动靠市场经济本身不能迅速得到调整，尤其在衰退时是如此，需要也能够利用政府政策来刺激经济。

2. 提示：凯恩斯在通论中，只分析了投资的乘数作用，而忽视了收入变化对投资的影响。西方经济学认为应该用加速原理进行补充，才能充分估计乘数的作用，才能解释收入的周期波动。

加速原理是根据现代化大生产大量应用固定资产的技术特点，用来说明收入或消费变动与投资变动之间关系的理论。随着收入的增加，引致消费的增加，刺激了产品的需求，这势必要求增加投资以适应扩大了的需求。所以，加速原理的基本观点在于，投资是收入的函数，收入或产量的增加将引起投资的加倍增加，即投资的增加比收入或消费增加的速度快。加速原理运用的概念主要有两个：一是资本—产出比率。这是指生产一单位产品所需要的资本量。为简化分析，往往假定这个比率在一定时期内保持不变。如果用 k 表示资本量，y 表示产量，v 表示资本—产量比率，则 $v=k/y$ 或 $k=vy$。二是加速数。这是指增加一单位产量所需要增加的资本量，即资本增量或产量增量之比。如果用 V 表示加速数，I_t 表示本期净投资，Y_t 表示本期收入，Y_{t-1} 表示上期收入，其间的关系可以写成 $I_t=V\ (Y_t-Y_{t-1})$。这表明投资并不是绝对收入量的函数，而是收入变化量的函数。

加速原理是对凯恩斯理论的补充，使一个分析工具。它补充了乘数作用的不足，更全面地解释了经济波动的原因。加速数在一定程度上反映了现代化大生产中固定资本比重较大的技术特点，有一定的实际意义。但是，加速原理中关于产量变动同投资有严格的固定关系的假定是不符合实际的。另外加速原理发生作用的前提条件是社会不存在过剩的生产能力，这也是不符合实际的。

第十六章 经济增长

一、练习题

（一）判断题（对的填 T，错的填 F）

1. 经济增长表现为生产可能性曲线整体的向内推移。（ ）
2. 经济增长主要是与经济中生产潜力的增长以及生产能力得到利用的程度有关。（ ）
3. 技术进步在经济增长中起到了重要的作用。（ ）
4. 资本的增加是国民财富增加的源泉。（ ）
5. 新古典增长模型中合意增长率总是等于实际增长率。（ ）
6. 哈罗得 - 多马模型假定技术水平是变化的。（ ）
7. 劳动专业化是技术进步的一种表现。（ ）
8. 经济增长会加剧收入分配的不平等是新剑桥学派的重要结论。（ ）
9. 经济增长描述的是短期经济问题。（ ）
10. 在新古典理论分析中，假定技术进步为内生变量。（ ）
11. 根据哈罗得的分析，有保证的增长率大于实际增长率，经济也将长期处于萧条状态。（ ）
12. 如果实现了哈罗得的自然增长率，将实现充分就业下的稳定增长。（ ）
13. 要实现充分就业下的稳定增长，必须有保证的增长率等于实际增长率等于自然增长率。（ ）
14. 合意增长率大于自然增长率，这是这时由于劳动力不足，可能使经济长期停滞。（ ）
15. 人才的合理流动属于生产要素供给的增长。（ ）
16. 哈罗得模型是一种长期的、动态的分析。（ ）
17. 在新古典增长模型中，均衡点是指人口的增长率为零。（ ）
18. 在长期内最有可能出现的是实际的增长率。（ ）
19. 新古典增长模型是由索洛、托宾等提出的。（ ）
20. 罗默提出的新经济增长理论把技术进步作为外生变量。（ ）

（二）选择题

1. 下列各项中，________属于生产要素供给的增长。

   A. 劳动者教育年限的增加　　B. 实行劳动专业化

   C. 规模经济　　D. 电子计算机技术的迅速应用

2. 有关经济增长的描述正确的是________。

   A. 技术进步是经济增长的必要条　　B. 最早系统研究经济增长问题的是凯恩斯

   C. 产出增加意味着经济增长　　D. 应该用名义 GDP 来衡量经济增长

3. 经济增长在图形上的表现是________。

A. 生产可能性曲线内的某一点向曲线上移动　B. 生产可能性曲线外的某一点向曲线上移动
C. 生产可能性曲线上某一点沿曲线移动　D. 生产可能性曲线向外移动

4. 经济增长的最佳定义是________。
A. 投资和资本量的增加
B. 因要素供给增加或生产率提高使潜在的国民收入有所提高
C. 实际国民收入在现有水平上有所提高
D. 人均货币收入的增加

5. 如果哈罗德的实际增长率超过了有保证的增长率，则________。
A. 经济将趋向停滞，因为实际的资本存量的增长大于企业家们期望的增长
B. 经济将趋向停滞，因为实际的资本存量的增长小于企业家们期望的增长
C. 经济将经历一个螺旋上升的通货膨胀，因为企业家们希望一个大于实际发生的资本存量的增长，由此将在每一个相继的时期增加投资
D. 经济将经历通货紧缩，因为企业家们希望的资本存量的增长小于实际发生的增长，由此将在每一个相继的时期缩减投资

6. 如果合意增长率大于自然增长率即 $G_w > G_n$，则________。
A. 劳动力过多而使工资低廉，可能使经济过热
B. 劳动力不足，可能使经济长期停滞
C. 既没有通胀，又没有失业
D. 以上说法均不正确

7. 如果实际增长率大于合意增长率即 $G_t > G_w$，则________。
A. 社会总需求大于社会总供给　B. 社会总需求等于社会总供给
C. 社会总需求小于社会总供给　D. 由以上条件不能得出结论

8. 有保证的增长率 G_w 和自然增长率 G_n 的区别在于________。
A. G_w 假定资本和劳动力的比率不断提高，而 G_n 没有
B. G_w 以充分就业为前提，而 G_n 没有
C. G_w 随各种因素的变化而变化，是不稳定的增长率，而 G_n 是比较稳定的增长率
D. G_w 一定小于 G_n

9. 在长期，最大可能实现的增长率是________。
A. 有保证的增长率　B. 自然增长率　C. 实际的增长率　D. 以上说法均不正确

10. 根据索罗模型，n 表示人口增长，δ 表示折旧率，则每个工人资本变化等于________。
A. $sf(k)+(n+\delta)k$　B. $sf(k)+(n-\delta)k$
C. $sf(k)-(n+\delta)k$　D. $sf(k)-(n-\delta)k$

11. 如果劳动力的年增长率为 1.5%，劳动增长率的年增长率为 3%，则自然增长率为________。
A. 1.5%　B. 3%
C. 4.5%　D. 从已知条件无法确定

12. 根据新古典模型，人口增长率的上升将________。
A. 提高每个工人资本的稳定状态水平　B. 降低每个工人资本的稳定状态水平
C. 对每个工人资本的稳定状态水平没有影响　D. 以上说法均不正确

13. 下列选项中________是新古典经济增长模型所包含的内容。

A. 均衡增长率取决于有效需求的大小

B. 要实现充分就业的均衡增长，要使 $G_t = G_w = G_n$

C. 通过调整收入分配，降低储蓄率，可以实现充分就业的均衡增长

D. 从长期看，由于市场的作用，经济总会趋向于充分就业的均衡增长

14. 加速原理发生作用的条件是________。

A. 投资的增加会导致国民收入增加

B. 消费品的生产需要有一定数量的资本品，因而消费支出的增加会导致投资支出的增加

C. 投资的增加会导致消费支出的持续增加

D. 经济活动由衰退转向扩张时

15. 下列各项中，________不属于生产要素供给的增长。

A. 投资的增加　B. 就业人数的增加　C. 人才的合理流动　D. 发展教育事业

16. 如果实现了哈罗得的自然增长率，将使________。

A. 社会资源得到充分利用　B. 实现均衡增长

C. 实现充分就业下的均衡增长　D. 经济持续高涨

17. 经济增长的充分条件是________。

A. 技术进步　B. 制度与意识的相应调整

C. 人口素质的提高　D. 资本积累

18. 最早系统研究经济增长问题的经济学家是________。

A. 大卫·李嘉图　B. 凯恩斯　C. 熊彼特　D. 亚当·斯密

19. 假如产量的年增长率为5%，在资本产量比等于4的前提下，根据哈罗得增长模型，储蓄率应为________。

A. 1.25%　B. 0.8%　C. 20%　D. 4.5%

20. 经济增长的标志是________。

A. 失业率的下降　B. 先进技术的广泛应用

C. 社会生产能力的不断提高　D. 城市化速度加快

（三）简答题

1. 新古典增长模型的内容。
2. 哈罗得－多马模型中，如果实际增长率与合意增长率不相等，将会出现什么情况？
3. 经济增长的源泉是什么？
4. 在新古典增长模型中，为什么按人口平均的产量唯一地取决于按人口平均的资本？
5. 在新古典增长模型中，储蓄率变动对经济增长有什么影响？
6. 新经济增长理论的政策含义是什么？

（四）计算题

1. 已知经济社会的平均储蓄倾向为0.12，资本产量比等于3，求有保证的增长率。

2. 如果要使一国的产出增长率G从5%提高到7%，在资本—产出比率 $v=4$ 的前提下，根据哈罗德增长模型，储蓄率应相应如何变化？

3. 在新古典增长模型中，集约化生产函数为 $y=sf(k)=2k-0.5k^2$，人均储蓄率为0.3，设人口增长率为3%，求使经济均衡增长的 k 值。

4. 已知资本增长率 $k=2\%$，劳动增长率 $l=0.8\%$，产出或收入增长率 $y=3.1\%$，资本的国民收入份额 $a=0.25$，在以上假定条件下，技术进步对经济增长的贡献为多少？

（五）论述题

1. 评述新古典经济增长理论。
2. 说明经济增长与经济发展的关系。

二、练习题参考答案

（一）判断题

1. F	2. T	3. T	4. T	5. T	6. F	7. T	8. T	9. F	10. F
11. T	12. F	13. T	14. T	15. F	16. T	17. F	18. F	19. T	20. F

（二）选择题

1. A	2. A	3. D	4. B	5. C	6. B	7. A	8. C	9. B	10. C
11. A	12. B	13. D	14. B	15. C	16. A	17. B	18. D	19. C	20. C

（三）简答题

1. 答：(1) 新古典增长模型的基本方程和稳态增长的条件。

(2) 储蓄率变动和人口增加对经济增长的影响。

(3) 新古典增长模型提出四个产量增长率的等式：

①不存在技术进步条件下的总产量增长率$\frac{\Delta Y}{Y}$等式，即

$$\frac{\Delta Y}{Y}=a\frac{\Delta K}{K}+(1-a)\frac{\Delta L}{L};$$

②不存在技术进步条件下的人均产量增长率$\frac{\Delta Y}{Y}-\frac{\Delta L}{L}$等式，即

$$\frac{\Delta Y}{Y}-\frac{\Delta L}{L}=a\left(\frac{\Delta K}{K}-\frac{\Delta L}{L}\right);$$

③存在技术进步条件下的总产量增长率$\frac{\Delta Y}{Y}$等式，即

$$\frac{\Delta Y}{Y}=a\frac{\Delta K}{K}+(1-a)\frac{\Delta L}{L}+\frac{\Delta A}{A};$$

④存在技术进步条件下的人均产量增长率$\frac{\Delta Y}{Y}-\frac{\Delta L}{L}$等式，即

$$\frac{\Delta Y}{Y}-\frac{\Delta L}{L}=a\left(\frac{\Delta K}{K}-\frac{\Delta L}{L}\right)+\frac{\Delta A}{A}。$$

以上等式中，Y、K、L、a 分别表示产量、资本、劳动、资本收入在总收入中的比例。

(4) 新古典增长模型的经济意义是，劳动力的增长、资本存量的增长和科学技术的进步对产量的增长产生直接影响。

2. 答：合意增长率，又称有保证的增长率 G_w。是指能产生使企业家感到满意的经济活动结果的经济增长率。实际增长率 G_t，是指实际上实现了的产出增长率，它取决于有效需求的大小，即

一定资本产出比率下社会实际储蓄率。

如果 $G_t > G_w$，说明社会总需求厂商所合意的生产能力，这时，厂商将增加投资，投资的增加在乘数作用下使实际投资增长率更高，显得资本存量更不足，因此，其结果是需求膨胀，引起经济积累性持续扩张。

如果 $G_t < G_w$，说明社会总需求不足，厂商拥有的资本过剩，这时，厂商将削减投资，由于乘数作用，实际增长率将更低，显得资本过剩，结果是收入下降，经济持续收缩。

3. 答：经济增长的源泉要说明哪些因素导致了经济增长，最主要的因素是劳动数量增加和质量提高、资本存量的增加、技术进步和资源配置效率的提高。资本和劳动的增加是生产要素的增加。技术进步包括发明、发现和应用新技术、生产新的产品，降低产品的生产成本。技术进步会使生产要素的配置和利用更为有效，推动经济的增长。资源从低生产率部门转移到高生产率部门有助于社会平均生产率提高。

4. 答：在新古典增长模型中，根据技术不变和规模报酬不变的假设，就有：当总产量生产函数为 $Y = F(K,L)$ 时，$\lambda Y = F(\lambda K, \lambda L)$。令 $\lambda = 1/L$，则可得：$Y/L = F(K/L, L/L) = F(K/L, 1)$。此式即表示按人口平均的产量唯一地取决于按人口平均的资本。

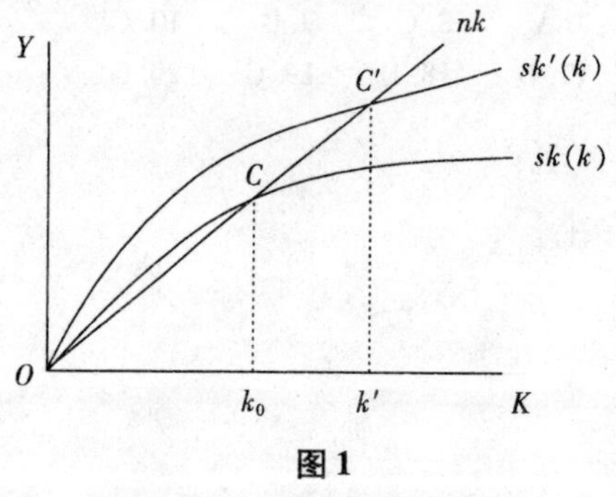

图 1

5. 答：在新古典增长模型中，储蓄率上升，会导致人均资本的上升，而人均收入是人均资本的增函数，因而储蓄率上升会增加人均产量，直到经济达到新的均衡为止。储蓄率下降的结果则反之。另一方面，储蓄率的变动不能影响到稳态的增长率，从这点上说，储蓄率的变动只有水平效应，没有增长效应。

在图中，经济最初位于点的 C 稳态均衡。现在假定人们想增加储蓄。这使储蓄曲线上移至 $sf'(k)$ 的位置。这时新的稳态为 C'，比较 C 点和 C' 点，可知储蓄率的增加提高了稳态的人均资本和人均产量。

新古典增长理论在这里得到的结论是储蓄率的增加不能影响到稳态增长率，但确实能提高收入的稳态水平。

6. 答：新经济增长理论既然认为增长是内生的，尤其是内生技术变化的产物，因此，政府可以通过政策影响人们的行为，促进经济对从事研究与开发的企业减免税收，对科研活动提供补贴，鼓励技术引进等，实行大力支持发展教育，促进人力资本投资的政策等。他们认为，政府的政策重心不应当放在对付经济周期上，而应当放在如何让促进经济长期增长上。

（四）计算题

1. 解：有保证的增长率等于社会储蓄倾向与资本产量比的比率，即 $G_w = s/v = 0.12/3 = 4\%$。

2. 解：根据哈罗德增长模型，为实现经济的均衡增长，增长率 G = 储蓄率 s/资本产出比率 v，其中 v 相对稳定，增长取决于储蓄率，由题意：

当产出年增长率为 5% 时，$G_1 = \frac{s_1}{v}$，$s_1 = G_1 \cdot v = 5\% \times 4 = 20\%$

当产出年增长率为 7% 时，$G_2 = \frac{s_2}{v}$，$s_2 = G_2 \cdot v = 7\% \times 4 = 28\%$

即为使增长率从 5% 提高到 7%，在资本 - 产出比率不变的条件下，储蓄率 s 应相应从 20% 提高到28%。

3. 解：经济均衡增长时，$sf(k)=nk$，将 $s=0.3$，$n=3\%$ 代入得：

$0.3(2k-0.5k^2)=0.03k$，得 $k=3.8$。

4. 解：由题意，劳动的国民收入份额 $b=1-a=1-0.25=0.75$

根据经济增长理论，资本和劳动这两种要素供给的增加取得的综合增长率为：

$a\times k+b\times l=0.25\times 2\%+0.75\times 0.8\%=0.5\%+0.6\%=1.1\%$

而实际的产出增长率 y 已知为3.1%，两者的差额即为因要素生产率的提高而取得的增长率，即因技术进步，提高了要素生产率，而对经济增长所作的贡献。因此，在本题中，技术进步对经济增长的贡献率为2%。

（五）论述题

1. 提示：新古典经济理论模型提出，整个经济通过人均资本调整实现稳定增长，这里假设资本和劳动是可以相互替代，并且是完全替代的。在实际中，资本和劳动的替代是存在的，但有一定的限度。在生产长期发展过程中，用资本替代劳动是必然趋势，用劳动替代资本则很少发生。此理论从20世纪60年代到80年代中期一直都在经济增长的研究中占据主导地位，但随着时间推移，逐渐暴露了一些不足和缺陷。从理论方面来说，其假定的经济中生产函数具有规模报酬不变的性质，往往与事实不符。对大多数工业化国家来说，少量的生产投入可能带来大量的产出，而一些发展中国家由于自身条件及政府政策失误等原因有可能出现规模报酬递减。此理论中，稳态增长率是外生的，无法对劳动力增长率和技术进步率作出解释。许多学者认为，增长率的外部化是新古典增长理论在理论上最主要的缺陷。新古典增长理论得出结论，认为不同国家的经济增长具有趋同性，然而现实中，各国之间存在着增长率上的较大差异，显然是与趋同论相悖的。

2. 提示：在宏观经济学中，经济增长通常被规定为产量的增加，这里，产量既可以表示为经济的总产量，也可以表示为人均产量。经济增长可具体表述为：（1）经济增长是指一国或地区所生产的物质产品和劳务在一相当长时期内的持续增长，即实际总产出的持续增加；（2）经济增长是按人口平均计算的实际产出，即人均实际产出的持续增长；（3）库兹涅茨认为经济增长为人们提供各种经济物品的能力的长期增长，这一能力的不断增长是由于技术进步以及体制和意识的相应调整。这一定义强调生产的可能性，而不是实际的生产。经济增长的程度可以用增长率来描述。经济发展是与经济增长既相联系，但又不完全相同的概念。经济发展不仅包括经济总量的增长，而且强调经济结构的优化，生态平衡的保持，环境污染的治理，文化卫生事业的发展，人民生活水平的提高，整个社会经济生活质的变化等。经济发展与经济增长是密不可分的。经济增长是推动经济发展的首要因素和必要的物质调价，没有经济增长就没有经济发展。但是经济增长又不同于经济发展。

（1）经济发展所指的是“发展”只是经济生活中并非从外部强加于它的，而是从内部自行发生变化的。经济发展不是可以从经济方面来加以解释的现象。

（2）经济增长是指一个经济社会的实际产量（或实际收入）的长期增加，即按不变价格水平所测定的充分就业产量的增加。通常以国民生产组织GNP（或人均国民生产组织）的增加来测度，GNP的增长描述了一国整体生产能力的扩增，人均国民生产总值的增长表示了物质生活水平的改善。经济增长理论主要研究发达国家的问题。其发展主要经历了哈罗德－多马模型、新古典经济增长模型和内生增长模型三个阶段。

（3）经济发展涵盖的范围要比经济增长广，不仅包括经济增长，还涉及国民的生活质量，以及整个社会经济结构和制度结构的总体进步。